Theorie und Praxis ziviler Konfliktbearbeitung

Friedensbericht 1996
1. Jahrbuch für Konfliktlösung

Theorie und Praxis ziviler Konfliktbearbeitung

Friedensbericht 1996
1. Jahrbuch für Konfliktlösung

Ergebnisse der internationalen *State-of-Peace*-Konferenz 1995
bearbeitet von Catherine Schiemann Rittri

Projektleitung
Günther Bächler / Reiner Steinweg / Arno Truger

Herausgeber
Österreichisches Studienzentrum für Frieden
und Konfliktlösung, Stadtschlaining
Schweizerische Friedensstiftung / Fondation
Suisse pour la Paix, Bern
In Zusammenarbeit mit der
Arbeitsgemeinschaft Friedens- und
Konfliktforschung e.V. (AFK)

DIALOG
Beiträge zur Friedensforschung
Band 30, Heft 1-2/1996

Verlag Rüegger

Bisher sind im Verlag Rüegger erschienen:

Friedensbericht 1995:
Tod durch Bomben
Wider den Mythos vom ethnischen Konflikt
366 Seiten, Fr. 42.80 / DM 50.20 / ÖS 364.–
(1995) ISBN 3 7253 0527 7 (Dialog Band 28)

Friedensbericht 1994:
Krieg und gewaltfreie Konfliktlösung
354 Seiten, Fr. 42.80 / DM 50.20 / ÖS 364.–
(1994) ISBN 3 7253 0503 X (Dialog Band 26)

Friedensbericht 1993:
Das neue Chaos der nationalen Egoismen
252 Seiten, Fr. 42.80 / DM 50.20 / ÖS 364.–
(1993) ISBN 3 7253 0471 8 (Dialog Band 24)

ISBN 3 7253 0552 8
Umschlagbild: Man Ray
Druck: Condrau SA, Chur

6044-13

Inhaltsverzeichnis

Teil II: Regionale Praxis der Konfliktbearbeitung

Teill III: Konfliktbearbeitung in Theorie und Konzeption

Teil IV: Brennpunkt

Teil V: Dokumentation

Vorwort

Der 11. *Friedensbericht* erscheint zum ersten Mal als Jahrbuch für Konfliktlösung. Damit reagiert das internationale Team von Friedensforscherinnen und -forschern, das für die Inhalte des Friedensberichtes verantwortlich ist, auf die neuen Anforderungen bei der Lagebeurteilung. Immer mehr wird von Leserinnen und Lesern erwartet, dass eine erfahrungswissenschaftliche Untersuchung gleichzeitig die unterschiedlichsten Ansätze zur friedlichen Regelung von Konflikten skizziert und analysiert. Das Bedürfnis nach Antworten erwächst vor dem Hintergrund der ebenso zahlreichen wie vertrackten innerstaatlichen bewaffneten Konflikte weltweit, bei deren Bearbeitung herkömmliche Mittel kaum greifen und oft genug versagen. Mehr noch: Eine Analyse erweist sich erst dann als tauglich, wenn Prognose und Therapie verlässlich sind.

Die im ersten *Jahrbuch für Konfliktlösung* versammelten Autorinnen und Autoren können und wollen keine fertigen Rezepte anbieten. Sie bemühen sich hingegen um dreierlei, wenn sie sich konzeptionell wie beispielhaft mit ziviler Konfliktbearbeitung, Krisenvorbeugung und Nachkriegsstabilisierung auseinandersetzen: Um ein besseres Verständnis gegewärtiger Konflikte, um eine konkrete Lösungsorientierung und um originelle Antworten auf schwierige politische und akteursspezifische Problemlagen.

Um die Debatte zwischen dem deutschsprachigen und dem angelsächsischen Raum zu intensivieren, wurde mit "Reinventing Governments" von *Eva Bertram* ein qualifizierter Beitrag aus einem englischsprachigen Journal übersetzt und in den Band aufgenommen. Dank gebührt Prof. Bruce M. Russett, Yale University, und SAGE Publishers für die unentgeltliche Abdruckgenehmigung des Beitrages.

Alle Mitwirkenden möchten sich bei den Sponsoren, die die Konferenz und das Jahrbuch durch ihre finanziellen Beiträge erst ermöglicht haben, bedanken: Bei der *Schweizerischen Akademie für Geisteswissenschaften*, Bern, beim *Schweizerischen Nationalfonds zur Förderung der wissenschaftlichen Forschung* und beim *Eidgenössischen Departement für Auswärtige Angelegenheiten, Friedensdienste*, Bern.

Neben den Autorinnen und Autoren nahmen folgende Persönlichkeiten an den Beratungen Anfang Dezember 1995 in Konferenzzentrum Hotel Bern in der Altstadt von Bern teil: Alt-Botschafter Fritz R. *Staehelin*, Präsident der SFS Bern, Prof.Dr. Klaus Jürgen *Gantzel*, Arbeitsgemeinschaft Kriegsursachenforschung, Universität Hamburg, Dr. Wolfgang R. *Vogt*, Vertreter des Vorstandes der Arbeitsgemeinschaft für Friedens- und Konfliktforschung (AFK), Bonn, und Maren *Haartje Bächler*, Assistentin an der SFS Bern. Ihnen allen sei bestens gedankt.

Dr. Gerald *Mader*, Präsident der ÖSFK, der dieses Jahr nicht dabei sein konnte, hat es einmal mehr ermöglicht, dass der Friedensbericht als österreichisch-schweizerisches *Joint Venture* erscheinen konnte. Dr. Reiner *Steinweg*, Friedensforschung Linz, konnte aus Zeitgründen zum ersten Mal seit elf Jahren weder an den Beratungen noch an der Redaktion der Beiträge mitwirken. Wir hoffen, den Bericht in seinem Sinn und Qualitätsbewusstsein weitergeführt zu haben. Dieses Mal zeichnet Dr. Catherine *Schiemann Rittri*, Stockholm, allein für die Redaktion der Beiträge verantwortlich. Wir möchten uns bei ihr für die zeitraubende und nicht immer leichte, aber trotzdem hervorragend erledigte Arbeit herzlich bedanken. Die Konferenz wurde von Günther *Bächler*, Catherine *Schiemann Rittri* und Arno *Truger* geleitet.

Bern/Stadtschlaining, 13. März 1995, Günther Bächler/Arno Truger

Zusammenfassende Einleitung

Von Arno Truger

Theorie und Praxis ziviler Konfliktbearbeitung gewannen in den letzten Jahren immer mehr an Bedeutung. Die Ursachen dafür liegen im wesentlichen in der qualitativen Veränderung der gewaltförmig eskalierenden Konflikte. Die bipolaren Bedrohungsszenarien und zwischenstaatlichen Konflikte, die in die Ost-West-Blockkonfrontation eingebettet und verstrickt waren, wurden zunehmend durch gewaltförmig eskalierende innerstaatliche Konflikte abgelöst. Aufgrund der sich ausweitenden wirtschaftlichen, politischen, ökologischen und militärischen internationalen Abhängigkeiten haben auch innerstaatliche Konflikte zunehmend internationale Auswirkungen. Dadurch verliert das Gebot der *Nichteinmischung* immer mehr an Legitimität gegenüber internationaler Einmischung.

Traditionelle Formen einer solchen Einmischung, die sich im wesentlichen auf die Diplomatie und das Militär stützen, stellten sich allerdings unter diesen neuen Bedingungen als höchst unzulänglich heraus. Immer klarer wird, dass es weniger darauf ankommt, sich mit strategischer Forschung, militärischer Rüstung und diplomatischem Geschick auf die Bewältigung von Krisensituationen vorzubereiten, als vielmehr möglichst frühzeitig einer gewaltförmigen Konflikteskalation vorzubeugen bzw. mit zivilen Mitteln zu einer Deeskalation beizutragen. Dazu bedarf es aber einer konzeptionellen Grundlage sowie Strukturen, Methoden, Akteuren und Instrumenten, die derzeit nicht zur Verfügung stehen.

Dieser Herausforderung können sich auch die Wissenschaftler nicht entziehen, vor allem nicht die Friedens- und Konfliktforscher. Dies betrifft natürlich auch den Friedensbericht. Anstatt wie bisher friedenspolitische Veränderungen weltweit zu untersuchen und "Friedensforscher zur Lage" berichten zu lassen, steht erstmals die Konfliktbearbeitung im Vordergrund. Berichte über erfolgreiche und weniger erfolgreiche Bearbeitung von Konflikten sowie die Erörterung von Ansätzen der Friedens- und Konfliktforschung sollen zur erfolgreichen zivilen Bearbeitung von Konflikten beitragen. Der Friedensbericht zielt dabei nicht nur auf praktische Relevanz, sondern auch auf die Belebung des Diskurses unter den deutschsprachigen Friedens- und Konfliktforschern, die – anders als im angelsächsischen Sprachraum – über keine derartige Publikationsreihe verfügen.

Das Kriegsgeschehen 1994/95

Die eingangs erwähnte stetige Zunahme innerstaatlicher gewaltförmiger Auseinandersetzungen nach dem Ende der Ost–West–Konfrontation wurde auch von der *Arbeitsgemeinschaft Kriegsursachenforschung* (AKUF) registriert und hat in ihrem diesjährigen kommentierten Überblick zu einer Veränderung ihrer Erfassungsmethode geführt. Erstmals erfasst die AKUF auch bewaffnete Konflikte, bei denen die Kriterien der Kriegsdefinition - gewaltsam ausgetragener Massenkonflikt, an dem auf mindestens einer Seite bewaffnete Streitkräfte einer Regierung teilnehmen, auf beiden Seiten ein Mindestmass an zentral gelenkter Organisation gegeben ist, und die Kämpfe sich mit einer gewissen Kontinuität ereignen - nicht in vollem Umfang erfüllt sind. Dadurch soll eine genauere Erfassung organisierter, vor allem innerstaatlicher Gewaltanwendung ermöglicht werden. 1993 und 1994 wurden 19 bzw. 18, 1995 21 bewaffnete Konflikte gezählt.

Das Kriegsregister der AKUF weist seit 1992, als mit 51 geführten Kriegen der bisherige Höchststand erreicht wurde, einen kontinuierlichen Rückgang auf: Von 45 bzw. 42 Kriegen in den Jahren 1993 und 1994 auf 40 Kriege im Jahr 1995. Die AKUF warnt aber ausdrücklich davor, von diesem Rückgang auf eine Trendwende zu schliessen. So wie die Kriegshäufigkeit einerseits die Hoffnungen jener widerlege, die mit dem Ende des Ost–West–Konfliktes den Weltfrieden eintreten sahen, so widerlege sie anderseits auch jene, die den Kalten Krieg als Ordnungsfaktor verklären und nach dessen Ende einen Anstieg der Kriegsanfälligkeit erwarteten.

Bezogen auf die verschiedenen Regionen deutet sich ein Ende aller derzeit in Europa geführten Kriege an, während die Länder der sogenannten Dritten Welt von einer derart positiven Entwicklung weit entfernt sind. 1994/95 war insbesondere Afrika das Zentrum neuer kriegerischer Gewalt.

Die Bearbeitung ethnopolitischer Konflikte

In seinem Beitrag zur konstruktiven Bearbeitung ethnopolitischer Konflikte am Beispiel der rumänisch–ungarischen Auseinandersetzungen in Siebenbürgen geht *Ropers* davon aus, dass bei der Identifikation von streitenden Gruppen ethnische Kriterien zwar eine Schlüsselrolle spielen, es aber in der Mehrzahl der Fälle um eine komplexe Kombination von verschiedenen Konfliktursachen und -themen geht. Deshalb spricht er von ethnopolitischen Konflikten, da in der Regel erst die Politisierung ethnischer Merkmale ihre Schlüsselrolle im Konfliktprozess begründet.

Zur Beschreibung der spezifischen Merkmale von ethnopolitischen Konflikten, die auch zur Typologisierung von Konfliktbearbeitung dient, schlägt *Ropers* ein Schema vor, dass sich in erster Linie am institutionellen Umfeld der

Akteure und der Interventionsebene orientiert. Entsprechend untersucht er in seinem Beitrag zwei massgebliche Strategien zur Bearbeitung ethnopolitischer Konflikte: Zum einen ihre konventionelle Behandlung im politischen System der beteiligten Staaten sowie relevanter internationaler Organisationen, d.h. die Staatenweltperspektive; zum andern die eher unkonventionelle Beteiligung nichtstaatlicher Organisationen an einer "interaktiven Konfliktlösung", d.h. die Gesellschaftsweltperspektive. Bei beiden Perspektiven unterscheidet er zwischen Interventionen, die sich auf die Makroebene beziehen, und jenen, die sich prozessorientiert auf die Mikroebene beziehen. Der konkrete Konflikt, an dem *Ropers* die genannten Strategien untersucht, ist derjenige zwischen der rumänischen Bevölkerungsmehrheit und der ungarischen Minderheit.

Die Besonderheiten ethnopolitischer Konflikte machen es erforderlich, dass sich interne wie externe Akteure aus der Staaten- wie aus der Gesellschaftswelt an der Konfliktbearbeitung beteiligen. Allerdings ergeben sich dabei zwei Dilemmata: Das eine betrifft die Staatenwelt, wenn sie einerseits den Ausbau des Minderheitenschutzes anstrebt und anderseits die interethnischen Beziehungen zu verbessern sucht. Zur Verbesserung dieser Beziehungen könnten die Foren und Akteure der Gesellschaftswelt genutzt werden. Das zweite Dilemma betrifft die Gesellschaftswelt, welche zwischen Integration und Konfrontation hin- und hergerissen ist. Eine Verbesserung dieser Problematik kann sich immer nur auf den Einzelfall beziehen und bedarf einer genauen Bestimmung der Ziele, Methoden und Akteure von gesellschaftlichen Interventionsvorhaben auf der individuellen, der mesosozialen und der makropolitischen Ebene.

Vermittlung in innerstaatlichen Kriegen

Mit der am häufigsten verwendeten Interventionsform bei der Bearbeitung innerstaatlicher Konflikte, nämlich der Vermittlung, beschäftigt sich *Paffenholz* in ihrem Beitrag zu Möglichkeiten der Transformation von innerstaatlichen Kriegen mit nicht-militärischen Mitteln. *Paffenholz* unterscheidet wie *Ropers* zwischen der staatlichen und der gesellschaftlichen Ebene und untersucht die unterschiedlichen Vermittlungsarten und -ansätze staatlicher und nicht-staatlicher Akteure. Anschliessend argumentiert sie wider die Dichotomie zwischen diesen Ebenen und diskutiert integrative bzw. komplementäre Ansätze.

Der Beitrag liefert einen komprimierten Überblick über neue Vermittlungsansätze, die im wesentlichen noch nicht in deutscher Sprache publiziert wurden. In ihren Schlussfolgerungen, die sie anhand einer Überprüfung der beschriebenen Ansätze am Beispiel der Vermittlung im Krieg in Mozambique entwickelt, plädiert *Paffenholz* für eine Integration verschiedener Ansätze und Akteure. Neben den Akteuren der staatlichen Ebene müssen auch Akteure aller gesellschaftlichen Ebenen entsprechend ihren spezifischen Fähigkeiten tätig werden. Den staatlichen Akteuren ist deshalb kein besonderer Vorrang einzuräumen.

Es soll weder einseitig einem abkommensorientierten Vermittlungsansatz (auf staatlicher Ebene), noch einem lösungs- und beziehungsorientierten Ansatz (auf gesellschaftlicher Ebene) der Vorzug gegeben werden. Beim abkommensorientierten Ansatz erfolgt die Vermittlung über ergebnisorientiertes Krisenmanagement, bei dem der Vermittler seine Vorschläge einbringt und durch positive und negative Sanktionen durchzusetzen versucht. Da aber wichtige gesellschaftliche Gruppen dabei nicht beteiligt werden, wird eine längerfristige Stabilisierung oft nicht erzielt. Beim lösungs- und beziehungsorientierten Ansatz geht es dagegen hauptsächlich um die Verbesserung der Beziehungen der Konfliktparteien untereinander, ohne dass politische, rechtliche oder wirtschaftliche Zwänge Bestandteile des Vermittlungsprozesses sind. Dieser Ansatz ist längerfristiger angelegt und vernachlässigt tendenziell die Klärung zentraler Meinungsunterschiede in Sachfragen.

Im Unterschied zu diesen Ansätzen setzt *Paffenholz* auf transformationsorientierte Ansätze, bei denen es um die Transformation von gewaltsamen zu zivilen Austragungsformen geht. Es kommt dabei darauf an, eine Infrastruktur für Konfliktbearbeitung auf allen Ebenen der Gesellschaft im Konfliktland aufzubauen, um die vorhandenen Fähigkeiten der Bevölkerung für Versöhnung und Vermittlung für die Konfliktbearbeitung nützlich zu machen. Von aussen sollten diese Potentiale unterstützt und koordiniert werden.

Das Abkommen von Dayton

Der Beitrag von *Oschlies* analysiert das Umfeld und das Ergebnis der Verhandlungen in Dayton sowie die Situation in den kriegsversehrten Gebieten des ehemaligen Jugoslawien. Die Menschen sind zwar des Krieges müde, aber noch nicht bereit für den Frieden, vor allem nicht für einen Frieden, der vom Westen konzipiert, forciert und kontrolliert ist. Der Westen seinerseits ist gezwungen, diesen und keinen anderen Frieden mit allen Mitteln durchzusetzen, da mit ihm seine Autorität, Binnenkohäsion und Wertegerüst verbunden sind.

Die Verhandlungen von Dayton, wie sie *Oschlies* beschreibt, sind ein Musterbeispiel dessen, was *Paffenholz* als abkommensorientierten Vermittlungsansatz bezeichnet, und zwar in der *power mediation*-Variante. Die USA und ihre Verbündeten (EU und Russland) setzten ihre Vorstellungen im wesentlichen mit Hilfe der Betonung positiver und negativer Sanktionen durch. Am Verhandlungstisch sassen nur vier Männer, drei Präsidenten und der Vermittler. Damit waren nicht einmal die Präsidenten aller Konfliktparteien beteiligt, geschweige denn

Vertreter der Gesellschaftsebene. Wie sieht es folglich mit der Implementierung des Abkommens von Dayton aus?

Für eine erfolgreiche Implementierung des Abkommens sieht *Oschlies* nur begrenzte Chancen. Zu schwer wiegen die Probleme der ethnischen Säuberungen, der Kriegsverbrechen, der demobilisierten Ex–Soldaten etc. Oschlies schliesst sich dabei den Aussagen eines kroatischen Journalisten an, dass mit den Regimen, die in den Kriegsgebieten Ex–Jugoslawiens am Ruder sind, letztlich kein Frieden möglich ist. Leute wie Tudjman und Milosevic haben keinen Sinn, kein Konzept, keinen Willen für den Frieden - ihre Welt ist Krieg, Kampf und Machterhalt. Entsprechend ist das Gros der Dayton–Bestimmungen nicht einmal im Ansatz angegangen worden, alte Kriegsziele und Feindbilder werden weiterhin mit provokatorischer Arroganz vertreten, frühere *warlords* werden politisch aufgewertet, lokale Übergriffe setzen gestrige Strategien fort, und die in Zagreb, Belgrad und Sarajewo stets genährte Fehlperzeption westlicher Entschlossenheit schöpft neue Gewissheit, mit einem Gemisch aus Konzessionsheuchelei, lokalen *proxy wars* und Propaganda doch noch ein zu eigenen Gunsten revidiertes Dayton zu erreichen.

Will der Westen unter diesen Bedingungen am einmal ausgehandelten Dayton festhalten und seine Implementierung ohne Abstriche durchsetzen, dann muss er bereit sein, alle Formen politischen, wirtschaftlichen und vor allem militärischen Druckes anzuwenden, da die Desperados mit oder ohne Uniform eine andere Sprache nicht verstehen.

Entwicklungszusammenarbeit und präventive Friedenspolitik

Der zunehmend innerstaatliche Charakter von Konflikten bedeutet auch eine grössere Herausforderung für die Entwicklungszusammenarbeit. *Spelten* plädiert in ihrem Beitrag dafür, dass Entwicklungspolitik als Teil einer globalen Strukturpolitik verstanden werden sollte, die neben einer Strategie der Armutsbekämfung auch Elemente einer präventiven Friedenspolitik beinhaltet. Die Autorin sieht vor allem zwei Probleme, die sich aus innerstaatlichen Konflikten für die Entwicklungszusammenarbeit ergeben. Zum einen verliert sie ihre traditionellen Partner, die staatlichen Institutionen, die immer häufiger durch innerstaatliche Machtkämpfe gelähmt oder aufgrund partikularer Eigeninteressen zweckentfremdet werden. Zum andern fehlt es an Konzepten und Zieldefinitionen für die Kooperation mit potentiell bürgerkriegsgefährdeten Staaten.

Erfolgreiche Entwicklungspolitik ist deshalb auf ein Frühwarnsystem angewiesen, das die Informationen über die innergesellschaftliche Konfliktdiffusion (materielle Versprechungen, Androhung von Repression, Ethnisierung der politischen Konkurrenz durch Propaganda etc.) bündelt und zu den Entscheidungsträgern auf entwicklungspolitischer Ebene weiterleitet. Dies hat allerdings nur einen Sinn, wenn auf *early warning* auch *early actions* folgen.

Auch *Spelten* vertritt einen integrativen Ansatz, der die politische Elite, die formalen und informellen Entscheidungsträger und die Akteure auf Dorfebene gleichzeitig einbezieht. Auf der Dorfebene sind die Förderung des Informationsaustausches, die Unterstützung von Selbsthilfegruppen sowie humanitäre Hilfe, die an Projekte zur Aufarbeitung erlebter Gewaltsituationen gekoppelt ist, von besonderer Bedeutung. In Ländern, deren Verwaltung noch einigermassen funktionstüchtig ist und deren Regierungen präventiven Massnahmen positiv gegenüberstehen, ist es auf der Ebene der Funktionsträger sinnvoll, Ausbildung zu fördern für die Verwaltung, die Sicherheitskräfte sowie den juristischen Apparat. Für die Ebene der politischen Elite schlägt *Spelten* Menschenrechts- und Wahlbeobachtung, Unterstützung bei Verfassungsänderungen sowie Geheimdiplomatie vor, die den Dialog zwischen den streitenden Parteien wiederherstellen bzw. aufrechterhalten soll.

Haupthindernisse für den Erfolg staatlicher und nicht-staatlicher Organisationen bei ihren präventiven friedenspolitischen Bemühungen sind gemäss *Spelten* Kompetenzgerangel und Berührungsängste der Beteiligten. Diese müssten durch Kooperation und Qualifikation überwunden werden.

Peace-building der Vereinten Nationen

Mit den Lehren aus dem *peace-building*, einem Konzept, das vor allem aufgrund des verstärkten Eingreifens der UNO in innerstaatliche Konflikte zunehmende Bedeutung erlangte, beschäftigt sich der Beitrag von *Bertram*. *Peace-building* wird durch drei prinzipielle und praktische Dilemmata behindert: Erstens, das Souveränitätsdilemma, welches die *peace-builders* vor die Aufgabe stellt, einerseits die Staatssouveränität zu erhalten und anderseits, zumindest teilweise, die Legitimität von Regierungen in Frage zu stellen. Zweitens, das Neutralitätsdilemma, welches zum einen auf dem Vertrauen der Streitparteien in die Unparteilichkeit der UN-Mission beruht und anderseits darauf, dass *peace-building* auch eine Neuverteilung der politischen Macht bedeutet, was kein neutraler Akt ist. Drittens, das Dilemma von Sicherheit versus Demokratie, welches die Sicherung des Friedens und die Förderung der Demokratie zum Thema hat. Insbesondere das Bestreben, zuerst Frieden zu schaffen, das Blutvergiessen zu beenden und die Kooperation der unnachgiebigen Parteien zu sichern, kann zum *Übersehen* von Menschenrechtsverletzungen führen.

Und selbst wenn diese Dilemmata gelöst werden könnten, gibt es gemäss *Bertram* drei Einschränkungen, die die Vereinten Nationen beim *peace-building* grundlegend behindern: Erstens, der oftmals fehlende politische Wille der UN-Mitgliedsstaaten, UN-Missionen genügend auszustatten; der fehlende Wille und die ungenügenden Fähigkeiten der lokalen Akteure, die *peace-building*-Ziele zu verfolgen; und drittens, die mangelnde Funktionsfähigkeit lokaler Institutionen.

So wichtig der moralische Imperativ für die internationale Gemeinschaft auch geworden ist, sich durch die UNO im *peace-building* zu engagieren, so darf nach *Bertram* der gleichwertige Imperativ nicht übersehen werden, die tatsächlichen Möglichkeiten und Grenzen der UNO beim *peace-building* zu erkennen und danach zu handeln. Eine Voraussetzung dafür ist die gründliche und vergleichende Analyse aller *peace-building*-Operationen einschliesslich ihrer Dilemmata und Einschränkungen. Vor allem muss zwischen dem traditionellen *peace-keeping* und dem *peace-building* unterschieden werden. Und es muss die Frage beantwortet werden, ob die UNO überhaupt so strukturiert, trainiert, ausgerüstet und finanziert ist, dass sie mit diesen neuen Einsatzarten effektiv umgehen kann, die zu einem immer grösseren Bestandteil ihrer Funktion werden. Solange nicht alle Implikationen des UN-*peace-building* angesprochen werden, wird es schwierig bleiben, die Mitgliedsstaaten davon zu überzeugen, dass eine Wendung hin zum *peace-building* ein wertvolles Unterfangen ist, das ihre Unterstützung verdient, selbst wenn bislang nur wenige und zerbrechliche Erfolge zu verzeichnen sind.

Das Völkerrecht als Mittel zur friedlichen Streitbeilegung?

Heintze untersucht in seinem Beitrag, inwieweit völkerrechtliche Mittel, deren Ordnungsfunktion in den internationalen Beziehungen unbestritten ist, als Mittel der Streitbeilegung dienen können. Als Vorteil der völkerrechtlichen Mittel gegenüber diplomatischen Verfahren, die zumeist formlos verlaufen und jederzeit unter- oder abgebrochen werden können, hebt der Autor deren Förmlichkeit hervor, welche die Rechtssicherheit erhöht. Bei völkerrechtlichen Verfahren kann mit einem Ergebnis durch Vergleich, Schiedsspruch oder Urteil gerechnet werden, über dessen Verbindlichkeit sich die Parteien bereits vor der Entscheidung einig sind.

Eine mögliche Ordnungsfunktion des Völkerrechts bei ethnopolitischen Konflikten untersucht *Heintze* an zwei praktischen Beispielen. Das eine ist das Gutachten über die Zugehörigkeit der Alandinseln. Dieses kann als Meilenstein bei der Herausbildung des Rechts auf Selbstbestimmung angesehen werden, weil die Respektierung der Rechte der Inselbevölkerung zur Grundlage der Lösung des Streitfalles gemacht wurde. In der Folge ging der Völkerbund davon aus, dass die Behandlung von Minderheiten keine ausschliesslich innere Angelegenheit eines Staates ist, und dass bei instabilen Situationen Lösungen auf der Basis des Selbstbestimmungsrechts anzustreben sind.

Das zweite Beispiel betrifft die Anfrage des UN-Menschenrechtsausschusses bezüglich der Menschenrechtsverletzungen in der Republik Jugoslawien (Serbien und Montenegro) und die darauffolgende Debatte. Dabei hat sich einmal mehr gezeigt, dass es bei der Durchsetzung von Menschenrechten während eines bewaffneten Konfliktes zu einer Überschneidung zwischen Menschenrechtsschutz und humanitärem Völkerrecht kommt. *Heintze* kommt zum Schluss, dass die Ordnungsfunktion des Völkerrechts bei ethnopolitischen Konflikten generell als gering einzuschätzen ist. Bedroht aber ein Konflikt den Frieden, obliegt es dem UN–Sicherheitsrat, der Ordnungsfunktion des Völkerrechts zum Durchbruch zu verhelfen. Die Nichtumsetzung des kollektiven Sicherheitssystems der UNO in der Form, wie es in der Charta konzipiert worden war, dass sich nämlich die rechtstreuen Staaten einem Rechtsbrecher entgegenstellen, bedingt nach *Heintze* verheerende Konsequenzen für die Beilegung ethnopolitischer Konflikte. Dies liegt darin begründet, dass der Sicherheitsrat Friedens– und Stabilitätsinteressen über andere Normen des Völkerrechts stellt wie das Diskriminierungsverbot, den Minderheitenschutz und das Selbstbestimmungsrecht der Völker.

Die Vereinten Nationen - ein Instrument der USA?

In seinem Beitrag untersucht *Unger* das in vieler Hinsicht spannende Verhältnis zwischen den USA und den Vereinten Nationen, das auf die Auseinandersetzungen um die Gründung des Völkerbundes zurückgeht. Die konzeptionelle Grundlage, wonach die Weltorganisation als ideeller Gesamtrepräsentant der Völkergemeinschaft fungieren soll, erwuchs aus dem von US–Präsident Woodrow Wilson (1912–1920) gleichsam zur Staatsdoktrin erhobenen geschichtsphilosophischen Theorem, dass der angelsächsische politische und ökonomische Liberalismus (*democracy*) die höchstentwickelte Stufe der Menschheit darstelle. Auf der Basis dieser Einsicht und des Willens aller zivilisierten Völker, so argumentierte Wilson, könne ein Programm für die Demokratisierung der Welt aufgestellt werden, mit dessen Hilfe Gewalt global durch Recht ersetzt wird, Rechtsverletzer eindeutig bestimmt werden und internationale Konflikte nach dem Muster innerstaatlicher Verbrechensbekämpfung behandelt werden.

Uneinigkeit herrschte darüber, wer dieses Programm umsetzen sollte. Während Wilson der Meinung war, dass seine Durchführung durch eine multilaterale Exekutivgewalt an die Hand genommen werden sollte, denunzierte sein innenpolitischer Kontrahent, Henry Cabot Lodge, Wilsons multilateralen Plan als *idealistisch* und trat für eine unilaterale Durchsetzung der amerikanischen Interessen ein. Zunächst setzte sich der Unilateralismus von Lodge durch und die USA traten dem Völkerbund schliesslich nicht bei.

Aber die Wirtschaftskrise der dreissiger Jahre und der Zweite Weltkrieg veränderten die Situation grundlegend. Die Nachkriegsordnung sollte mit entscheidender Einflussnahme der USA auf eine multilaterale Basis gestellt werden, allerdings mit einer wichtigen Revison des Wilsonismus: Der Sicherheitsrat mit seiner Vetokonstruktion. Mit dem Einsetzen des Kalten Krieges ersetzten die USA dieses Konzept der "gemeinsamen Sicherheit" mit dem Feind (UNO) schon bald durch das der "gemeinsamen Verteidigung" von Freunden (NATO), ohne dass das erste offiziell aufgegeben wurde. Die USA benutzten die Weltorganisation dort, wo es ging, als Legitimationslieferanten für ihre internationalen Aktionen (Korea). Wo es nicht ging, weil ein Veto im Sicherheitsrat es verhindert hätte, handelten sie im eigenen Namen (Guatemala, Dominikanische Republik, Vietnam, etc.).

Dennoch gelang es den Vereinten Nationen, eine gewisse unabhängige Handlungskompetenz zu gewinnen. Sie spielten eine wichtige Rolle im globalen Prozess der Entkolonialisierung und der Entstehung neuer Nationalstaaten, denen sie Legitimität und erste Sicherheit verschafften. Aus der zunehmenden Repräsentanz der Dritten Welt erwuchsen auch die verschiedenen, weitgehend im Stillen arbeitenden Unterorganisationen wie UNESCO, UNICEF und WHO. Dazu kam die Entwicklung des *peacekeeping*, das eine Domäne der Mittelmächte wurde.

Nach dem Ende des Kalten Krieges hat sich für die USA die Situation geändert. Militärisch sind die USA heute so sicher wie noch nie in den letzten Jahrzehnten. War die UNO während des Kalten Krieges noch ein politisches Instrument für die USA, so ähnelt ihre Haltung heute eher der eines Grosskunden gegenüber einem Dienstleistungsunternehmen. Die Wilson'sche Vision hat sich grösstenteils erfüllt. Jene Länder, die sich noch nicht für das westliche politische und ökonomische System entschieden haben, sollen durch "Erweiterung" (Anthony Lake) zur *democracy* gebracht werden. Allerdings scheinen sich die Mittel nicht nur auf erklärtermassen friedliche, d.h. auf politisch–ökonomische Massnahmen zu beschränken. Die Reformvorstellungen, die die US–Regierung für die UNO hegt, beinhalten auch eine verstärkte internationale Überwachung der Menschenrechte. Die Forderung der amerikanischen Botschafterin bei den Vereinten Nationen nach einem *assertive multilateralism*, d.h. ein offensiver, sich einmischender Multilateralismus, kann als verstärkte Fortführung des Wilsonismus interpretiert werden.

Friedliche Streitbeilegung durch Integration?

Inwieweit friedliche Streitbeilegung durch Integration gefördert wird, untersucht *Dietrich* anhand der Entwicklung des Panafrikanismus im allgmeinen und der Ostafrikanischen Gemeinschaft im besonderen. Er hinterfragt dabei den universalistischen Integrationsgedanken mit Überlegungen, die der postkolonialistischen Debatte in der Philosophie entnommen wurden. Historisch ist der Integrationsgedanke im Norden entstanden, von wo er auch nach Afrika exportiert wurde und dort auf Anomie, Orientierungslosigkeit und eine tiefe Sehnsucht nach der Wiederherstellung einer Ordnung prallte, die in einer gemeinsamen schwarzafrikanischen Vergangenheit vermutet wurde. Letzteres hat sich seit der Jahrhundertwende unter dem Titel *Panafrikanismus* artikuliert, welcher seinen Ausgang vor allem in der amerikanischen Diaspora nahm. Die Bemühungen, schrittweise zu einer politischen Einheit in Afrika zu kommen, scheiterten aber mit der Festschreibung des Souveränitätsprinzips in Art. III der Gründungscharta der *Organization of African Unity* (OAU) im Mai 1963. In Ostafrika führten die Integrationsbestrebungen zur Schaffung einer zwischenstaatlichen Regionalorganisation, der *East African Community* (EAC), mit Kohäsionskraft nach aussen, aber wenig innerer Bindung. Nach dem ernüchternden Zusammenbruch der EAC kam es zu heftigen Spannungen bis hin zum Krieg zwischen den ehemaligen Integrationspartnern.

Als eigentliche und vordringliche Sorge der ostafrikanischen Eliten, welche Nationalstaaten regieren wollen, aber über keine Nation verfügen, identifiziert *Dietrich* das *nation-building*. Allerdings gerät der Versuch, verschiedene Ethnien zu einer Nation zu verschweissen, im Regelfall zur Denkgewalt und kann zu Katastrophen wie jüngst in Rwanda führen, wo in der Kolonialzeit konstruierte Scheinethnien übereinander herfallen. In diesem Zusammenhang kritisiert der Autor die in den achtziger Jahren auf entwicklungspolitischen Druck der Geberländer hin begonnene zweite Welle von Demokratisierung. Demokratie, die inzwischen soweit trivialisiert wurde, dass sie für die Eliten nicht mehr gefährlich ist, verhindert die Thematisierung von Machtlosigkeit, die in ihrer undemokratischen Form noch als öffentliches Problem thematisierbar war. *Dietrich* plädiert deshalb für ein Demokratieverständnis, das inhaltlich auf die tatsächlich unvereinbare Pluralität menschlicher Gesellschaften abzielt und nicht auf die inflationäre Übermacht eines global formal-demokratischen Imperativs. Es darf weder versucht werden, die anderen den eigenen Standards anzupassen, noch sie als Unterlegene in einem aus ihrer Sicht fremdbestimmten System zu tolerieren; d.h. es geht um Respekt, nicht um Toleranz.

Mehr Sicherheit durch ein europäisches Sicherheitssystem?

Gärtner untersucht in seinem Beitrag Konzepte europäischer Sicherheit und geht dabei von der Annahme aus, dass diese von bestimmten strukturellen Voraussetzungen abhängig sind. Er unterscheidet dabei sechs verschiedene Modelle, die jeweils eine unterschiedliche Perspektive auf ein Sicherheitssystem ergeben: Das realistische Modell, das institutionalistische Modell, das Modell der pluralistischen Sicherheitsgemeinschaften, das Modell des Mächtekonzerts, das vielleicht für Kleinstaaten in Frage kommende Modell "to hide" oder "to fight alone", und schliesslich die These von Demokratie und Frieden. Nach der Darstellung der

Vor– und Nachteile der einzelnen Modelle und Modellkombinationen setzt *Gärtner* diese mit folgenden Integrationsformen in Beziehung: Integration gleicher Mitglieder, Kerneuropa, Europa verschiedener Geschwindigkeiten und konzentrischer Kreise, Europa à la carte sowie ein Europa mit einem Direktorium oder Generalsekretariat. Anschliessend untersucht er, welche der bestehenden Sicherheitsinstitutionen (EU, WEU, NATO, Eurocorps, OSZE, UNO) bzw. Kombinationen aus ihnen am ehesten den dargestellten Modellen entsprechen.

Schliesslich diskutiert *Gärtner* die Vor– und Nachteile verschiedener Sicherheitsstrategien und Institutionen für unterschiedliche Länder. Nach dem Kalten Krieg, in dem Militärbündnisse die Regel und Flexibilität die Ausnahme waren, hat sich die Situation verkehrt. Der Warschauer Pakt hat sich aufgelöst, die NATO nimmt lockerere Formen an und sucht neue Aufgaben. Flexiblere Aussenpolitik, sowohl innerhalb wie ausserhalb von Bündnissen, wird wieder möglich. Kollektive Verteidigung wird eine Restgrösse. Unterschiedliches Verhalten in bestimmten Konflikten wird wieder wahrscheinlicher, bis hin zur Nichtteilnahme an militärischen Aktionen, wenn dies dem nationalen Interesse eines Mitgliedsstaates entspricht.

Da Österreich weder den Angriff eines feindlichen Bündnisses noch eines feindlichen Staates zu erwarten hat, benötigt es keine Sicherheitsgarantien durch eine Mitgliedschaft in einem Militärbündnis. Alle anderen Konflikte (Grenzkonflikte, ethnische Konflikte) muss Österreich ohnedies alleine bewältigen, weil sich weder NATO, WEU noch ein anderes Militärbündnis in solche Konflikte einmischen würden.

Was den Umgang mit Bündnissen betrifft, ortet *Gärtner* einen Unterschied zwischen kleinen und grossen Staaten. Insbesondere kleine Staaten sehen sich gefangen zwischen der Angst, von einem Bündnis im Stich gelassen zu werden und der Verwicklung in Konflikte, mit denen sie nichts zu tun haben wollen. Dagegen behalten sich grosse Bündnismitglieder die Freiheit der Entscheidung bei militärischen Operationen ausserhalb der kollektiven Verteidigung vor (z.B. Deutschland und USA). *Gärtner* sieht deshalb nicht ein, warum ein kleiner Staat nicht ebenfalls einschränkende Bedingungen seiner Teilnahme an Bündnisaktivitäten formulieren kann.

Konfliktprävention durch Rüstungskontrolle?

Die Rüstungskontrolle ist zwar aus den Schlagzeilen geraten, doch die seit Jahrzehnten angehäufte Militärmaschinerie des Kalten Krieges ist weit davon entfernt, entscheidend abgebaut zu werden. *Neuneck* beschreibt in seinem Beitrag die fortlaufende Rüstungsdynamik und die Funktion von Rüstungskontrolle und diskutiert, ob und wie präventive Rüstungskontrolle, die frühzeitig Rüstungs–

kontrollkriterien in den Forschungs-, Entwicklungs- und Beschaffungsprozess einfliessen lässt, die technologische Aufrüstung der Zukunft dämpfen kann.

Zur Zeit sei die Situation dadurch gekennzeichnet, dass Waffen, Munition und militärtechnologisches Know-how in Märkte exportiert werden, die zum Teil durch den Zerfall der Militärstrukturen des Kalten Krieges entstanden sind. Ausserdem werden die Streitkräftestrukturen und Doktrinen vieler westlicher Industrienationen an die diffusen Konfliktszenarien der Zukunft angepasst. Die klassische Aufgabe der Landesverteidigung ist von der Zweckbestimmung des militärischen Konflikt- und Krisenmanagements abgedrängt worden. Dabei liegt das Schwergewicht weniger auf neuen Formen nicht-militärischer Konfliktregelung als auf neuen High-Tech-Beschaffungsmassnahmen. Würde nur ein Teil des für die High-Tech-Waffen ausgegebenen Geldes für Massnahmen zur friedlichen Konfliktprävention fliessen, wären möglicherweise künftige Konflikte vermeidbar.

Der Bürgerkrieg in Afghanistan

Der Beitrag von *Pohly* über den Konflikt in Afghanistan liefert gleichsam ein Musterbeispiel für die Unübersichtlichkeit innerstaatlicher Konflikte mit rasch wechselnden Parteien und Bündnispartnern in- und ausserhalb des Landes, die verwirrende Vielfalt an bestimmenden Elementen wie Religion, ethnischer Zugehörigkeit, politischen Überzeugungen sowie Machtinteressen, die einen innerstaatlichen Konflikt beeinflussen und die Durchsetzung ihrer eigenen Interessen zum Teil rücksichtslos vor Massnahmen zur konstruktiven Konfliktlösung stellen. Der Beitrag zeigt auch, wie das Intrument der *Ethnisierung* gezielt eingesetzt wird, um eine kriegsmüde Bevölkerung - die Hauptleidtragenden von kriegerischen Auseinandersetzungen - zur Weiterführung von Konflikten anzuhalten. Der Beitrag von *Pohly* ist ausserdem ein Beleg für die Schwierigkeit, allgemeingültige Regeln für die Konfliktvermittlung aufzustellen und für die Notwendigkeit, sich mit umfassendem Wissen ausgestattet auf spezifische Konflikte einzulassen.

Konfliktlösung in der Deltaregion Nigerias

Der Konflikt, dessen Ursachen, Verlauf und Lösungsversuche von *Danler* analysiert werden, ist in seiner Unterschiedlichkeit zum Afghanistan-Konflikt ein weiteres Beispiel für die Vielfalt innerstaatlicher Konflikte und ihrer Abhängigkeit von äusseren Interessen. In Nigeria sind die Träume, die man mit dem Zauberwort Öl verbunden hat, fast vierzig Jahre nach Beginn der Ölförderung für die Mehrzahl der Nigerianer zur grössten Katastrophe geworden. Unter dem

Druck billig importierter Lebensmittel brach die Landwirtschaft zusammen, und aufgrund rücksichtsloser Ölförderung und fehlender Umweltschutzbestimmungen haben sich grosse Teile früher landwirtschaftlich genutzter Flächen in unfruchtbares Land mit verseuchtem Wasser verwandelt.

Danler analysiert zwei Konfliktlinien. Die eine besteht zwischen Zentrum und Peripherie, d.h. zwischen Öl, Militär und Staat einerseits und den zahlreichen Minderheiten des Landes anderseits. Mit Hilfe der Petrodollars kam es zur Errichtung eines autoritären Zentralstaates und einer Militarisierung der nigerianischen Gesellschaft. Der zentrale politische Machtfaktor ist das Militär und der Staat hat das absolute Zugriffsrecht auf alle Rohstoffe des Landes. Die Minderheiten haben einen weitgehenden Machtverlust erlitten.

Die zweite Konfliktlinie verläuft im Niger–Delta zwischen den internationalen Ölmultis, vor allem Schell, die die Ressourcen ungeachtet der hohen Belastung der Umwelt und der Auswirkungen für die ansässige Bevölkerung ausbeuten, und dem Volk der Ogoni, das sich dem widersetzt. Der Widerstand gegen die umweltzerstörende Ölförderung und gegen den Verlust fast aller politischen und wirtschaftlichen Mitbestimmungsrechten wächst. Sechs Millionen Menschen aus mehr als zwanzig verschiedenen ethnischen Gruppen leben im Niger–Delta. Das Volk der Ogoni hat mit dem *Movement for the Survival of the Ogoni People* (MOSOP) als erstes den Widerstand gegen Militärregime und Ölkonzerne organisiert.

Die jahrelangen Auseinandersetzungen um Partizipation und gerechtere Verteilung der Öleinnahmen führten 1990 zur Unterzeichnung der *Ogoni Bill of Rights*. Deren zentrale Punkte sind: Das Recht auf Selbstbestimmung innerhalb der Föderation Nigeria; adäquate Vertretung in allen nationalen Institutionen; gerechten Anteil an den wirtschaftlichen Ressourcen für die eigene Entwicklung; das Recht, die Umwelt vor weiteren Schäden zu schützen; strikte Gewaltlosigkeit. Da die Forderungen der Ogoni von der Regierung nicht anerkannt wurden, versuchten die Ogoni, auch die Gremien der internationalen Gemeinschaft (UNO) zu nutzen. Im Laufe der Auseinandersetzungen wurde der MOSOP–Präsident Ken Saro–Wiwa verhaftet und im Oktober 1995 nach einem äusserst umstrittenen Verfahren zusammen mit acht weiteren führenden MOSOP–Mitgliedern hingerichtet.

Aufgrund der Vielschichtigkeit des aufgezeigten Konfliktes scheint für *Danler* die Anwendung eines einzigen Konfliktlösungsmodells unmöglich. Für sie bietet sich ein pragmatisches Vorgehen entlang der aufgezeigten zwei Konfliktlinien an. Konkrete Vorhaben wären unter anderem die Katalogisierung der Umweltverschmutzung, direkte Verhandlungen zwischen Ölmultis und den Dorfgemeinschaften (bzw. MOSOP) über die Beseitigung der Umweltschäden, Abzug der Militärs und Freilassung aller politischen Gefangenen, Umverteilung der Ölgelder, internationaler Druck auf die Militärregierung, Massnahmen zum Aufbau einer Zivilgesellschaft.

Präventivdiplomatie am Beispiel der OSZE-Mission in der Ukraine

Eine praxisbezogene Darstellung der Möglichkeiten und Grenzen international konzertierter Aktionen zur Eindämmung und Lösung inner- oder zwischenstaatlicher Konflikte, bevor diese eskalieren, leistet *Kohlschütter* anhand der OSZE-Mission in der Ukraine. Der intergouvernementale Präventionsansatz ist keine Neuerfindung. Nach dem Ende der Systemkonfrontation und dem Entstehen gesamteuropäischer Strukturen für kooperative Sicherheit ist der Ausbau der Präventivdiplomatie für die aussenpolitischen Eliten aber eine neue Priorität des internationalen Krisenmanagements. Beim Krim-Konflikt handelt es sich um ein innerukrainisches Dauerproblem zwischen Kiew und Simferopol sowie um einen zwischenstaatlichen Spannungsherd zwischen Kiew und Moskau. Der OSZE-Langzeitmission zur "Präventivdiplomatie und Konfliktverhütung" ging es insbesondere darum, den Ausbruch einer gewalttätigen Krim-Krise zu verhindern, Spannungen abzubauen, Vertrauen zu schaffen, verstopfte Dialogkanäle neu zu öffnen und Vorschläge zur Konfliktlösung einzubringen. Letztlich ging es um die Akzeptanz eines auch die Krim umfassenden, unabhängigen ukrainischen Staates, sowohl durch die Krim-Russen als auch durch Russland.

Kohlschütter schildert die Bemühungen der Mission und die Widerstände der Konfliktparteien sowie der eigenen Organisation. Insbesondere geht er auf den erfolgreichen "Runden Tisch von Locarno" ein, der zustande kam, als sich die Parlamente zu neuen Legislativgefechten rüsteten, alle Zeichen auf Sturm standen, nirgends effektives Krisenmanagement angeboten wurde und niemand Kraft und Willen aufbrachte, um einen Ausweg aus der politischen Sackgasse zu finden. Die OSZE spielte dabei eine aktiv begleitende und unterstützende Rolle, ohne aber zu vermitteln, was von keiner Seite gewünscht wurde. Die Rolle der OSZE-Mission bestand vielmehr darin, im partnerschaftlichen Dialog mit beiden Seiten einen Lösungsansatz vorzulegen, dessen sich die Konfliktparteien bedienen konnten. Durch aktive Informations- und Überzeugungsarbeit wurde das in Locarno entstandene Momentum ukrainischer Gemeinsamkeit erhalten und dessen Umsetzung in operative ukrainische Politikentscheidungen gefördert.

Für OSZE-Präventivdiplomatie gibt es kein allgemeingültiges Erfolgsrezept. Drei Voraussetzungen sind jedoch erforderlich für das Gelingen: Frühwarnung und Präsenz vor Ort, Akzeptanz der OSZE und ihrer Mission durch die Konfliktparteien sowie eine Konfliktsituation, die reif ist für präventivdiplomatisches Engagement. Präventivdiplomatie soll dabei stille, aber nie schweigende Diplomatie sein. Nur eine möglichst direkte und deutliche Problemsprache, auf die die klassische Diplomatie in der Regel nicht oder nur schlecht vorbereitet ist, führt zum gewünschten Erfolg. Schliesslich ist auch eine klare und koordinierte Führung mit effizienten Entscheidungsmechanismen und Kommunikationsstrukturen in der OSZE sowie bei der Kooperation mit anderen internationalen Organisationen erforderlich.

Der Konflikt um Berg-Karabach

Dehdashtis Analyse des Konfliktes um Berg–Karabach bestätigt Ropers These, wonach ein Konflikt nicht einfach als ethnischer Konflikt zu definieren ist, sondern als Mischung aus nationalen Spannungen mit sozialen und politischen Konfliktstoffen. Der Beitrag befasst sich mit den regionalen Interessen und den jeweiligen Motivationen der verschiedenen Akteure und ihren Auswirkungen auf den Vermittlungsprozess und die gegenwärtigen Verhandlungen. Wie *Pohly* konstatiert die Autorin starke politische ökonomische und geostrategische Eigeninteressen der externen Akteure, besonders der Regionalmächte Türkei und Iran.

Was die Vermittlungsbemühungen der OSZE und Russlands betrifft, bestätigt *Dehdashti* vieles, was *Kohlschütter* in bezug auf den Krim–Konflikt analysierte: Die OSZE schaltete sich zwar unmittelbar nach dem Beitritt Aserbaidschans und Armeniens zur Organisation in den Konflikt ein, der zu diesem Zeitpunkt allerdings militärisch eskaliert war – d.h. nicht frühzeitig genug. Die Konfliktparteien waren zu dieser Zeit nicht an positiven Verhandlungsergebnissen interessiert, sondern daran, die territorialen Gewinne der gegnerischen Partei mit militärischen und politischen Mitteln wieder rückgängig zu machen – d.h. die Zeit war nicht reif. Die Minsker Gruppe der OSZE betrieb demgegenüber eine den Ereignissen hinterherhinkende Diplomatie, die in geradezu unrealistischer Weise an der schnellen Einberufung der Minsker Friedenskonferenz orientiert war, während Russland als Teil der Gruppe versuchte, eigene Massnahmen wie russisches *peacekeeping* durchzusetzen – d.h. die OSZE war als Vermittler nicht respektiert. Die Lage veränderte sich, als Aserbaidschan eine militärische Niederlage erlitt und dadurch ein dauerhafter Waffenstillstand auf Vermittlung Russlands zustande kam – d.h. die Zeit war reif. Russland und die OSZE einigten sich auf ein gemeinsames Vorgehen in der Minsker Gruppe und Russland übernahm den Co–Vorsitz – d.h. die OSZE–Mission war als Vermittler akzeptiert.

Allerdings ist der Konflikt noch weit von einer Lösung entfernt. *Dehdashti* listet eine Reihe offener Kernfragen auf, wie den Abzug der Karabach–armenischen Truppen, den zukünftigen Status der Enklave, die Rückkehr der Kriegsflüchtlinge und die Stationierung von Friedentruppen, über die nach früherem Widerstand Russlands nun doch noch vor dem Abschluss eines formellen Waffenstillstandsvertrages verhandelt wird.

Neben den konkreten Bemühungen um eine Verhandlungslösung weist *Dehdashti* auf die Notwendigkeit hin, dass internationale Organisationen, Staaten und NGOs über die Leistung humanitärer Hilfe hinausgehen. Wie *Spelten* verlangt sie von ihnen die Initiierung vertrauensbildender Massnahmen, Hilfe beim Aufbau von Parteien und Gewerkschaften, demokratiebildende Schulungen, wirtschaftliche Rekonstruktionsmassnahmen etc., um den Friedensprozess zu unterstützen, konfliktträchtigen Strukturen entgegenzuarbeiten und einer politischen und ökonomischen Stabilisierung auf den Weg zu helfen.

Der russische Beitrag zur internationalen Konfliktbearbeitung

Die Beiträge zu den Konflikten in Afghanistan, in der Ukraine und in Berg-Karabach zeigen die bedeutende Rolle, die der russischen Politik bei der Bearbeitung von Konflikten zukommt. *Segbers* versucht in seinem Beitrag, mit dem Irrtum aufzuräumen, dass Russland trotz aller transitorischen Probleme ein politikfähiger Staat sei. Dafür zieht *Segbers* selbst jene Beispiele heran, die üblicherweise für eine geschlossene und ausgriffige russische Politik angeführt werden: Die Intervention in Tschetschenien, die serbenfreundliche Politik sowie die Opposition gegen die Osterweiterung der NATO.

Da die konstatierte Unfähigkeit Russlands, nationale Interessen zu definieren, aussenpolitische Strategien zu verfolgen, Entscheidungen zu treffen und durchzuhalten auch internationale Auswirkungen hat, stellt sich für den Westen die Frage, wie damit umzugehen ist. Für wenig sinnvoll erachtet *Segbers* den Versuch, einen neuen Limes in Europa zu bauen und die östliche Seite zu ignorieren. Auch die in der westlichen Öffentlichkeit diskutierten und praktizierten Formen von *Hilfe* und Einflussnahme auf die sich wandelnden Gesellschaften in der ehemaligen Sowjetunion, einschliesslich materieller Beihilfen in der Form von mehr oder weniger ungebundenen Mittelzuweisungen (Kapitaltransfers) sowohl an zentrale Apparate als auch an regionale Eliten hält *Segbers* für problematisch. Die Aufnahmeseite könne die Mittel entweder nicht zielgerichtet und effektiv einsetzen oder fühle sich zur Dissoziation ermutigt.

Generelles Ziel müsste die Förderung eines möglichst stabilen Verlaufs der Wandlungsprozesse in Osteuropa sein, beispielsweise durch Ermutigung des Wandels (bei verschiedenen sozialen und politischen Akteuren), Förderung gesamteuropäischer Kooperation (gegen Tendenzen zu neuen Blockbildungen), Vermeidung von Zonen prinzipiell unterschiedlicher ökonomischer Perspektiven und Sicherheit. Als Maxime formuliert *Segbers*: Die Aufgabe besteht nicht darin, Stabilität einer notorisch instabilen Transformation zu erreichen, sondern zu Analysen zu kommen und Politik zu betreiben unter Bedingungen eines fliessenden und widersprüchlichen, permanenten Wandels. Die Chancen und Risken der Wandlungsprozesse sind zu gewaltig, um sie ignorieren zu können.

Die "Basler Charta" zur föderalistischen Konfliktbewältigung

Diese Charta wurde von neunzig Politikern, Diplomaten, Wissenschaftlern, Vertretern von NGOs und Föderalismusexperten aus verschiedenen Kontinenten auf Einladung der Schweizerischen Friedensstiftung erarbeitet. Das Ziel war, die Tauglichkeit föderalistischer Staatssysteme für die Schaffung und den Erhalt des Friedens zu prüfen. Das Ergebnis der Tagung waren konkrete *Empfehlungen*: Leitlinien einer friedensstiftenden Praxis, die aus historischen Erfahrungen geschöpft und offen für Experimente sind. Die Basler Charta geht vom Selbstbestimmungsrecht der Völker und von der Wahrung der Minderheitenrechte aus. Beides ist in der UN-Charta verankert, wurde bisher aber nur sehr dürftig umgesetzt. Für den Vollzug des Selbstbestimmungsrechts bietet die Charta eine föderalistische Umgestaltung des Staates, lokale und regionale Formen der Autonomie sowie die Gewährung kollektiver Rechte an Minderheiten an. Diese könnten ein Ausmass an "innerer Selbstbestimmung" herbeiführen, das die Volksgruppen auf Abspaltung verzichten lässt. Bezüglich des Schutzes der Minderheitenrechte geht die Charta über den völkerrechtlichen Status quo hinaus: Sollten Staaten die Rechte und den Schutz ihrer Volksgruppen nicht gewährleisten, sie diskriminieren oder gar verfolgen, so hätten diese das Recht auf Widerstand und internationale Unterstützung.

Deklaration von Schlaining gegen Rassismus, Gewalt und Diskriminierung

Diese Deklaration wurde an einer Konferenz des Österreichischen Studienzentrums für Frieden und Konfliktlösung in Stadtschlaining erarbeitet. Ziel der Konferenz war es, in Fortsetzung der Rassendeklaration der UNESCO von 1978 sowie der Erklärung von Sevilla über Gewalt von 1986 im internationalen Jahr der Toleranz einen wissenschaftlichen Beitrag zur Überwindung von Rassismus, Gewalt und Intoleranz sowie zu einer "Kultur des Friedens" zu leisten. Die weltweit namhaftesten Wissenschaftler aus den Bereichen der Humangenetik, der Molekularbiologie und der Verhaltensforschung kamen zum Ergebnis, dass ein neuer Rassismus - insbesondere in neuen Erscheinungsformen - auftritt. Ethnonationalismus, Kulturalismus, Sexismus, Randgruppenrassismus sind nur einige Stichworte. Aber dieser neue Rassismus, diese Raserei der Intoleranz, die sich heute in Afrika ebenso wie im ehemaligen Jugoslawien abspielt, steckt nicht in den Genen der Tutsi, Hutu, Serben, Kroaten oder Muslimen, sondern hat politische und sozioökonomische Ursachen. Zwischen jedem einzelnen Individuum gibt es weitaus grössere Unterschiede als zwischen verschiedenen Völkern. Der Begriff der Rasse ist wissenschaftlich nicht haltbar, und es gibt keinerlei genetische Differenzen, die eine Verletzung der Menschenrechte rechtfertigen könnten.

Teil I

Berichterstattung und Analyse

Friedensmacht USA?

Multilateraler Wilsonismus vs. unilateraler Isolationismus

Von Frank Unger

Das Jahr 1995 schloss ab mit zwei friedenspolitischen Ereignissen, bei denen die Vereinigten Staaten von Amerika jeweils eine entscheidende Rolle spielten: In Belfast/Nordirland konnte Präsident Clinton die Ovationen einer gemischt-konfessionellen Menge entgegennehmen, die seinen Beitrag zur vorläufigen Beendigung des seit 1968 blutig ausgetragenen Konfliktes zwischen irisch-republikanischen Katholiken und britisch-loyalistischen Protestanten feierten. In Paris unterzeichneten Repräsentanten der kriegführenden Parteien im ehemaligen Jugoslawien ein Friedensabkommen, das zuvor in Klausursitzungen unter Vorsitz von Richard Holbrooke in Dayton/Ohio vorbereitet worden war. Zu seiner Implementierung hat der amerikanische Präsident 20'000 US-Soldaten bereitgestellt, die als Teil einer NATO-Truppe die Einhaltung des Abkommens überwachen sollen.

Weder in Irland noch im ehemaligen Jugoslawien – wie schon zuvor nicht in Somalia und Haiti – hatten die Vereinigten Staaten *vitale Interessen* in jenem realpolitischen Sinn zu verteidigen, wie sie während der Zeit des Kalten Krieges zur Begründung für militärische Interventionen in Übersee angeführt werden mussten. Das amerikanische Engagement schien hier allein durch einen moralischen Willen inspiriert.[1] In der Tat versteht sich die gegenwärtige US-Regierung als Erbe einer *idealistischen* Tradition amerikanischer Aussenpolitik: Der Tradition von Woodrow Wilson, des 28. Präsidenten der Vereinigten Staaten (1912–1920) und grossen ideologischen Gegenspielers Lenins.[2]

---

[1] Siehe z. B. Michael Mandelbaum: Foreign Policy as Social Work, in: Foreign Affairs, Vol. 75, Jan./Feb. 1996, No. 1, pp. 16–32. Mandelbaum beschuldigt Clinton, seine Aussenpolitik nicht nach Massgabe amerikanischer Interessen, sondern "nach den Kriterien von Mutter Theresa" zu betreiben, als eine Art "Unterabteilung von Sozialarbeit". Siehe dazu auch Thomas L. Friedman: The Clinton Gamble, in: New York Times, 6 December 1995.

[2] Anthony Lake: Remarks to Johns Hopkins School of Advanced International Studies, 21 September 1993, in: U.S. Policy & Texts, 23 September 1993, p. 6. Zur historischen Bedeutung Woodrow Wilsons in seiner Zeit siehe Arno Mayer: Wilson vs. Lenin; Political Origins of the New Diplomacy, Cleveland 1964. – N. Gordon Levin Jr.: Woodrow Wilson and World Politics, New York 1968. – Lloyd C. Gardner: A Covenant With Power; America and World Order from Wilson to Reagan, New York 1984.

Der folgende Aufsatz befasst sich im wesentlichen mit drei Fragen:
1) Wie idealistisch ist diese neue aktive Aussenpolitik der Clinton–Regierung und in welcher Tradition steht sie?
2) Welche Rolle ist unter den Auspizien des *pragmatischen Wilsonismus* den Vereinten Nationen und der OSZE zugeteilt?
3) Welche Einschätzung folgt daraus für die Zukunft internationaler Friedens-politik?

Die neue Welt-Unordnung

Als in den Jahren 1989–1991 die Drohordnung des Kalten Krieges zusammenbrach, waren Euphorie und Friedensoptimismus die zunächst wohl am häufigsten erzeugten Gefühle in der Welt. Im Osten glaubten viele, dass mit der Beendigung der nuklearen Konfrontation Ost und West in friedlicher Kooperation mit der Lösung der globalen Probleme beginnen würden. Im Süden erhofften sich viele die Etablierung einer *neuen Weltordnung*, die allen Formen des Kolonialismus und Imperialismus ein Ende bereiten würde und auf Gerechtigkeit, Ausgleich und Demokratie beruhen sollte.[3] Im Westen meinte der dadurch über Nacht berühmt gewordene *Francis Fukuyama*, nunmehr sei "das Ende der Geschichte" erreicht; ab jetzt würde es nur noch friedlichen Wettbewerb in einem globalen "liberalen Kapitalismus" geben.[4]

Die meisten übersahen in ihrer Euphorie jedoch, dass hier von völlig verschiedenen Dingen geredet wurde. Allerdings meldeten sich im Westen frühzeitig auch einige warnende Stimmen zu Wort; sie erklärten den grassierenden Optimismus für eine Illusion und brachen posthum eine Lanze für den Kalten Krieg: Die oberflächlich so gefährlich erscheinende Ära der gegenseitigen Abschreckung von zwei Weltsystemen, deren nuklear übergerüstete Führungsmächte sich offiziell nur aus Selbsterhaltungstrieb ("Wer zuerst schiesst, stirbt als zweiter!") nicht an die Gurgel gingen, habe unter dem Strich mehr Menschen Wohlstand und Stabilität gebracht als jede andere vergleichbare historische Epoche zuvor. Ihr Ende bedeute weniger einen Schritt nach vorn in eine entspannte Zukunft als einen Rückfall in die internationale Anarchie, und damit neue und unbekannte Gefahren auch für diejenigen Erdbewohner, denen in den

3 Report of the South Commission: The Challenge to the South, Oxford 1990.
4 Francis Fukuyama: The End of History? In: The National Interest, No. 16, Summer 1989. Der Autor hat seinen Gedanken anschliessend zu einem Buch verarbeitet, das auch ins Deutsche übersetzt und mit dem etwas widersprüchlichen Titel "Das Ende der Geschichte – Wo stehen wir?" (München 1992) versehen wurde.

letzten fünfzig Jahren die Sicherheit von Leib und Leben selbstverständlich geworden sei.[5]

Auch in der sogenannten Dritten Welt erzeugte das Ende der bipolaren Ordnung widersprüchliche Resultate. Auf der einen Seite machte der Wegfall des sowjetischen Drohbildes es beispielsweise für die weissen Herren Südafrikas unmöglich, ihr Minderheitsregime im Westen weiter glaubwürdig als "Bollwerk gegen den Bolschewismus" zu verkaufen. So brachte das Epochenjahr 1989 nicht nur den Fall der Mauer, sondern auch die Freilassung Nelson Mandelas und damit den Beginn der Demokratisierung Südafrikas. Auch in anderen Teilen der Dritten Welt schien es, als könnten langjährige blutige Konflikte beendet werden, wobei allerdings nicht immer genau zu unterscheiden war, ob sich hier ein wirklicher Ausgleich anbahnte oder einfach eine Kriegspartei unter Ausnutzung der veränderten globalen Kräfteverhältnisse ihre Bedingungen durchsetzen konnte.[6]

Auf der anderen Seite verloren die *Entwicklungsländer* mit ihrer Funktion als Objekte für den Konkurrenzkampf der Systeme auch ihre Kaufkraft als *Klienten*: Die Etats des Kalten Krieges wurden rigoros zusammengestrichen. Das bedeutete für viele der ärmsten Länder, insbesondere in Afrika, eine drastische Reduzierung ihrer bislang als *Entwicklungshilfe* bezogenen finanziellen Unterstützung.[7] Alte Patenschaften wurden gekündigt. Die ehemaligen sozialistischen Länder sahen sich plötzlich selbst in der Lage von Drittweltländern, und der reiche Westen hatte nun andere politische Prioritäten – wie beispielsweise die Förderung der Transformation zur Marktwirtschaft im Osten. Das abzusehende Anwachsen der Diskrepanz zwischen Arm und Reich in der Welt versprach neue Konflikte.

Im reichen Teil der Welt provozierte das Ende des Kalten Krieges Spekulationen und Wunschvorstellungen über eine friedenssichernde Nachkriegsord-

---

5 Siehe dazu z.B. John Mearsheimer: Why We Will Soon Miss the Cold War, in: The Atlantic, August 1990, pp. 35–50.

6 Das klassische Beispiel dafür ist wohl das Friedensabkommen zwischen Israel und der PLO. Seit nahezu zwanzig Jahren unterstützt praktisch der gesamte Rest der Welt – einschliesslich Amerikas NATO–Verbündete – die UN–Resolution 242 vom Januar 1976, die eine Rückkehr zu den Grenzen von vor 1967 fordert. Allein die USA gemeinsam mit Israel verhinderte jede seriöse Diskussion des Themas. Jetzt wird eine absolute Minimalregelung, die kein ernsthaftes israelisches Interesse verletzt, als Vermittlerleistung der Clinton–Regierung von der Weltpresse gepriesen. Siehe dazu die offenherzige Analyse von Alfred Leroy Atherton: The Shifting Sands of Middle East Peace, in: Foreign Policy, Spring 1992. – Amitai Etzioni: Mediation as a World Role for the United States, in: Washington Quarterly, Vol. 18, No. 3, pp. 75–87. Kritisch von arabisch–palästinensischer Position aus Edward Said: The Mirage of Peace, in: The Nation, 16 October 1995, pp. 413–420.

7 Der Sprecher der ACP–Gruppe (der afrikanischen, karibischen und pazifischen Staaten), der senegalesische Aussenhandelsminister Seydina Sy, stellte bereits 1990 verwundert fest, dass "die Pro–Kopf–Hilfe der Europäischen Union für Polen und Ungarn allein zehnmal so hoch sei wie für die ACP–Staaten". Zitiert nach: Georges Ayache/Pascal Lorot: La conquête de l'Est; Les atouts de la France dans le nouvel ordre mondial, Paris 1991, p. 187.

nung, die ähnliche Stabilität versprach wie die des Kalten Krieges, aber ohne die Risiken der Nuklearkonfrontation. Einige glaubten, die Zeit der Vereinten Nationen sei angebrochen, andere setzten auf die Vereinigten Staaten. Unmittelbar nach dem Zerfall der Sowjetunion erklärte der damalige US-Präsident Bush den Beginn einer *neuen Weltordnung*, in der die Vereinigten Staaten, mit finanzieller Unterstützung durch die EU und Japan, die Rolle der ordnenden Hegemonialmacht allein auszufüllen hätten (*Unipolarismus*). Den Golfkrieg, in welchem der Irak - ein Ex-Klient der USA - im Namen der Vereinten Nationen, aber praktisch allein von den USA brutal zurechtgewiesen wurde, feierten viele als rauschende Premiere dieser neuen Weltordnung.[8] Andere sahen darin einen erschreckenden Präzedenzfall und ein weiteres Argument für eine durchgreifende Reform der UNO, die es zukünftig unmöglich machen sollte, dass ein Staat bzw. eine Weltfraktion die Weltorganisation derartig ungeniert für seine Interessen und Ziele instrumentalisieren konnte.[9]

Die hochfliegenden Erwartungen auf die stabilisierende Kraft der Unipolarität erwiesen sich spätestens mit dem Ausbruch bewaffneter Feindseligkeiten auf dem Gebiet der ehemaligen Sowjetunion und in Jugoslawien als Illusion. War jetzt die Stunde der Vereinten Nationen gekommen? Generalsekretär Boutros Boutros-Ghali, als westlicher Wunschkandidat auf diesen Posten gewählt, reagierte auf die neue Lage mit zunehmender Selbständigkeit. In seiner "Agenda für den Frieden" propagierte er ein völlig neues Konzept für die Friedensarbeit der Weltorganisation: Trat sie bislang immer erst dann in Aktion, wenn die

---

8 Interessant für die Funktionsweise dieser neuen Weltordnung ist nicht so sehr die militärische Aktion der Vereinigten Staaten gegenüber dem Irak, sondern die Art und Weise, wie vorher im UN-Sicherheitsrat eine Entscheidung zugunsten des amerikanischen Einsatzes herbeigeführt worden war. Jedem Entwicklungsland im Sicherheitsrat wurden spezielle wirtschaftliche und militärische Hilfsangebote gemacht. China, das als permanentes Sicherheitsratsmitglied ein Vetorecht gehabt hätte, erhielt eine Woche nach seiner Stimmenthaltung in der Irak-Resolution 114 Millionen US-Dollar Wirtschaftshilfe von der Weltbank. Der Botschafter Jemens, das als einziges arabisches Land im Sicherheitsrat gegen die Resolution 678 gestimmt hatte, wurde unmittelbar nach seiner Stimmabgabe über das interne UN-Kommunikationssystem für alle Welt hörbar darüber unterrichtet, dass "dies die teuerste 'Nein'-Stimme werden würde, die Sie jemals abgegeben haben". Drei Tage später strich die US-Regierung ihr 70-Millionen-Dollar-Hilfspaket für Jemen, eines der ärmsten Länder der Region. Siehe dazu Phyllis Bennis: Command and Control; Politics and Power in the Post-Cold War United Nations, in: Phyllis Bennis/Michael Moushabeck: Altered States; A Reader in the New World Order, New York 1993, p. 41.

9 Ernsthaft kritische Stimmen kamen allerdings nur aus dem Süden. So schrieb z.B. die Times of India einige Tage nach Bushs Proklamierung seiner Version der neuen Weltordnung in bezug auf den Nahen Osten, der Westen "seeks a regional Yalta where the powerful nations agree among themselves to a share of Arab spoils", und kam zu dem Urteil, dass das Verhalten der Westmächte "has revealed the seamiest sides of Western civilization: its unrestricted appetite for dominance, its morbid fascination for hi-tech military might, its insensitivity to 'alien' cultures, its appalling jingoism". Zitiert nach Noam Chomsky: World Orders Old and New, New York 1994, p. 9. Siehe dazu auch Hamid Mowlana/George Gerbner/Herbert Schiller: Triumph of the Image, Boulder CO 1992.

Feindseligkeiten beendet waren, so sah die "Agenda" nun vor, schon zu Beginn oder besser noch vor dem Ausbruch akuter Feindseligkeiten friedensstiftend einzugreifen.[10] Inzwischen sind die Dienste der UNO als Friedensstifter bzw. *peace-builder* gefragter denn je: In den letzten fünf Jahren war die Weltorganisation in mehr friedensorganisierenden Massnahmen gleichzeitig engagiert als jemals zuvor.[11]

Beinahe überall in der Welt wird das positiv gesehen. Man gibt sich höchstens frustriert darüber, dass die Vereinten Nationen bei ihren friedensschaffenden Einsätzen nicht entschiedener auftreten, kritisiert ungeduldig die *Halbherzigkeit* vieler Massnahmen und fordert gleichzeitig eine grössere Handlungsfreiheit des Generalsekretärs, um auch ohne das Plazet der grossen Mächte friedensstiftend eingreifen zu können, wenn es die Situation gebietet. In den USA ist man dagegen alarmiert und glaubt, bedrohliche Tendenzen der Verselbständigung der UNO zu einer von Amerika unabhängigen internationalen Macht zu erkennen. Ginge es nach den Vereinigten Staaten, dann würden die unter UN-Kommando durchgeführten Friedensmassnahmen auf solche Konfliktfälle beschränkt werden, "in denen höchstens drittrangige US-Interessen involviert sind".[12]

Was sind überhaupt die Vereinten Nationen bzw. was sollen sie sein? Sind sie ein Plural oder ein Singular? Sind sie ein Ensemble souveräner Staaten, dessen Aktivitäten auf die freiwillige Mitarbeit und die Zustimmung der Mitglieder beschränkt sind - oder sind sie eine Art Weltexekutive, die als ideeller Gesamtrepräsentant aller Völker und Nationen mit Hilfe des globalen Gewaltmonopols den Frieden in der Welt zu organisieren und durchzusetzen hat? Die veröffentlichten Meinungen über Leistungen oder, häufiger noch, das Scheitern der Vereinten Nationen sind verwirrend und oft bewusst irreführend. Fakten, Interessen, Mythen, innenpolitische Motive, gezielte Desinformation und aufrichtiges internationalistisches Denken sind schwer entwirrbar miteinander verknüpft, wenn öffentlich über die Vereinten Nationen geredet wird. Das gilt insbesondere in den Vereinigten Staaten. Kein Land der Welt ist so eng mit der UNO verbunden wie die USA, aber in keinem Land ist heute die kritische Distanz zu dem, was seinerzeit ihrer Gründung als Idee zugrunde lag, grösser als dort. Die Widersprüchlichkeit dieser Beziehung ist so alt wie die Vereinten Nationen selbst, die jüngste Entwicklung hat sie nur deutlicher sichtbar gemacht.

---

[10] Boutros Boutros-Gali: An Agenda for Peace; Preventive Diplomacy, Peacemaking and Peacekeeping, Report of the Secretary-General Pursuant to the Statement Adopted by the Summit Meeting of the Security Council on 31 January 1992, New York 1992.

[11] Marrack Goulding: The Evolution of United Nations Peacekeeping, in: International Affairs, Vol. 69, No. 3, July 1993, pp.451-464.

[12] Siehe dazu Peacekeeping Guidelines, in: Washington Post, 8 May 1994, p. C-6. Siehe auch John Gerard Ruggie: Peacekeeping and U.S. Interests, in: The Washington Quarterly, Autumn 1994, p. 179.

Wilsons und Roosevelts Konzepte einer Weltorganisation

Die Idee einer Weltorganisation als ideeller Gesamtrepräsentant der Völkergemeinschaft ist beinahe so alt wie die bürgerliche Gesellschaft selbst. Nichts ist auf den ersten Blick so friedlich und universell wie der Handel zwischen individuellen Privatleuten und die sich daraus ableitenden Rechtsvorstellungen. Der Gedanke, das bürgerliche Recht zur Grundlage eines Weltstaates zu machen, drängt sich auf. Die klassische deutsche Philosophie, insbesondere Kant, entfaltete ihn theoretisch gegen Ende des 18. Jahrhunderts.[13] Die ersten Pläne, ihn praktisch umzusetzen, wurden zu Beginn des 20. Jahrhunderts in den Vereinigten Staaten gefasst.

Diese Pläne entstanden aus dem Zusammenwirken von zwei Faktoren: Erstens, der mit dem Ausbruch des Ersten Weltkrieges enorm aufgewerteten internationalen Position der USA und, zweitens, der von einer Gruppe einflussreicher amerikanischer Geschäftsleute, Politiker und Honoratioren öffentlich geführten Kampagne für die Gründung einer internationalen "Friedensliga", der alle grossen Nationen angehören sollten.[14] Die Grundidee basierte auf der Annahme, dass der angelsächsische politische und ökonomische Liberalismus (*democracy*) die höchstentwickelte Stufe der Menschheit darstelle. Ein engagierter Anhänger dieses Glaubens war der damalige Präsident Woodrow Wilson. Er war zutiefst überzeugt von Amerikas Rolle als *Pilotprojekt* der Menschheit und glaubte, dass sich die ganze Welt bereits auf dem unaufhaltsamen Weg zu einer Konföderation nach dem Muster der Vereinigten Staaten befinde, deren Nukleus die USA waren. Die Weltordnung der unmittelbaren Zukunft sah Wilson als politische Pyramide, an deren Spitze die Vereinigten Staaten wegen ihrer überlegenen politischen Institutionen zu stehen hätten.[15]

Sein Glaube an die amerikanische Beispielhaftigkeit war gleichzeitig eine teleologische Deutung des unter den anglo-amerikanischen politisch-ökonomischen Eliten seiner Zeit geläufigen Geschichtsbildes: Demnach habe das Weltmanagement britischer Geschäftsleute im 19. Jahrhundert der ganzen zivilisierten Menschheit eine historisch präzedenzlose Periode internationaler Waffenruhe und

---

13 Immanuel Kant: Zum ewigen Frieden; Ein philosophischer Entwurf, Königsberg 1795, in: Kant Werkausgabe, hrsg. von Wilhelm Weischedel, Bd. XI, Frankfurt a.M. 1978, p. 195ff.

14 Unmittelbar nach Ausbruch des Ersten Weltkrieges begann eine Reihe von amerikanischen Geschäftsleuten und Honoratioren um Theodore Marburg und Hamilton Holt Pläne für eine Friedensliga zu entwickeln, mit deren Hilfe die "efficient civilized nations" den Frieden erzwingen und künftige Kriege verhindern könnten. Die Idee war, dass die Mitglieder einer solchen Liga einen künftigen Aggressor gemeinsam bestrafen sollten. Im ursprünglichen Entwurf sollte dieser Bund "League of Great Nations" heissen und nur die "Great Nations" umfassen, aber man einigte sich schliesslich auf "all the Great Powers, all the Secondary Powers of Europe and the ABC countries of South America". Siehe dazu John H. Latané (Ed.): The Development of the League of Nations Idea, New York 1932, Vol. I, p. 61.

15 Harley Notter: The Origins of the Foreign Policy of Woodrow Wilson, New York 1965, p. 43.

ökonomischen Fortschritts beschert.[16] Deren mutwillige Beendigung durch den Ersten Weltkrieg war ein barbarischer Akt, der sich nicht wiederholen dürfe. Amerika habe gewissermassen die historische Aufgabe, mit der Ausdehnung seiner politischen und ökonomischen Verfassung auf die gesamte Welt diese goldene Zeit für immer wiederherzustellen.[17]

Aus diesem Weltbild ergab sich Wilsons Anti-Imperialismus: Es ging dabei weniger um die Emanzipation von Exoten als vielmehr um den Interessenausgleich der "zivilisierten Völker". Wilson hoffte, dass sich auf der Basis der Einsicht in die Nachteile imperialistischer Selbstzerfleischung ein Konsens der Industrieländer gewinnen lassen würde, der in ein Programm für die Demokratisierung der Welt umgesetzt werden könnte. Dieser Prozess würde unter der informellen Leitung der beiden grossen Demokratien England und Amerika vonstatten gehen. Akzeptanzprobleme würden keine auftreten, denn grundsätzlich unterschiedliche Wertauffassungen zwischen den Mitgliedern der Gemeinschaft existierten ja nicht mehr. Sie waren das gewissermassen *künstliche* Produkt des Imperialismus, oder genauer gesagt: Der Unvernünftigkeit der Industrienationen, sich de facto bereits als interdependenter Bestandteil einer an dem Vorbild der USA orientierten Weltkonföderation zu verstehen. Diese Unvernunft einmal vertraglich begraben und vergessen, können internationale Anarchie und Gewalt durch Recht ersetzt werden, internationale Konflikte nach dem Muster innerstaatlicher Verbrechensbekämpfung behandelt werden. Deren Durchführung sollte eine multilaterale Exekutivgewalt in die Hand nehmen.[18]

Die Kriterien, nach denen diese multilaterale Exekutivgewalt jeweils den Frieden gegen Aggressoren oder sonstige Friedensstörer wiederherstellen sollte, waren nach der Vorstellung Wilsons ebenfalls an die normativen Prinzipien der amerikanischen Verfassung gebunden. Wie sein praktisches Verhalten als amerikanischer Präsident gegenüber den Revolutionen in Russland und vor allem in Mexiko zeigte, sah er keinen Widerspruch zwischen seinem dezidierten Eintreten für das Selbstbestimmungsrecht der Völker und dem gleichzeitigen Entsenden

---

16 1815–1914: "Hundertjähriger Frieden" oder Pax Britannica.

17 Siehe dazu Peter Weiler: The New Liberalism; Liberal Social Theory in Great Britain 1889–1914, New York 1982. Allein vor dem Hintergrund dieses Geschichtsbildes sind Wilsons spätere Erklärungen über das Selbstbestimmungsrecht der Völker und die Gleichberechtigung der kleinen Nationen mit den grossen Nationen – wie z.B. in seinen berühmten "Vier Punkten" vom August 1914 – richtig zu verstehen. Die kleinen Nationen der Welt waren damals noch relativ unorganisiert und mussten erst einmal von der Bevormundung der anderen Grossmächte befreit werden. Im übrigen waren die Vorstellungen Wilsons und der anderen "World Order"-Visionäre von der Art, wie die Welt zukünftig regiert werden sollte, stark gefärbt von den eigenen praktischen Erfahrungen legislativer und administrativer Kultur in Amerika: Als ein von unten weitgehend ungestörter Vorgang zivilisierter Interessenaushandlung, in dem Systemopposition auch in reformistischer Form nicht existierte und alles in sozial homogenen Honoratiorenausschüssen ausgehandelt werden konnte.

18 Inis L. Claude Jr.: Power and International Relations, New York 1962, Kapitel 4 und 5.

von amerikanischen Truppen zur Beschützung der Eigentumsrechte ausländischer Investoren.[19] Dafür, dass dies unter dem Regime eines Völkerbundes nach Wilsons Vorstellung anders sein sollte, gibt es nicht den geringsten Hinweis. Nur wären dann die Interventionstruppen in Mexiko *multilateral* gewesen.

Der Glaube an die Beispielhaftigkeit Amerikas war zu Wilsons Zeiten ein Gemeinplatz. Die innenpolitischen Gegner Wilsons interpretierten ihn allerdings anders. Aus der Überzeugung, dass ökonomischer Liberalismus und politischer Föderalismus im Weltmassstab das von Gott gewollte Menschheitsziel sei, ergab sich nicht zwingend die Idee einer Weltexekutive. Die Vereinigten Staaten könnten das internationale Wohl auch allein verfolgen, denn ihr nationales Interesse sei ja an sich bereits identisch mit dem historischen Interesse der Menschheit. Das Land in freiwillige Bündnisse mit anderen Grossmächten zu verstricken, sei potentiell einengend und damit unamerikanisch. Schon die Gründerväter hätten vor Derartigem gewarnt. Henry Cabot Lodge, Wortführer der Gegner, polemisierte leidenschaftlich gegen den Entwurf eines Völkerbundes. Er denunzierte ihn als unpatriotisch. Damit meinte er die Absicht, eine vertraglich einengende Bindung mit den europäischen Mächten eingehen zu wollen.

In der Tat sah Wilson in den grossen westeuropäischen Mächten letztlich Partner einer gemeinsamen "westlichen Zivilisation", die gegen den (unzivilisierten) Rest der Welt stand. Lodge dagegen sah sie nach wie vor eher als Konkurrenten. Deshalb setzte er dem Wilson'schen *idealistischen Internationalismus* einen *realistischen Isolationismus* entgegen.[20] Der Begriff Isolationismus wird häufig missverstanden. Er bedeutete nicht, dass die Vereinigten Staaten sich bescheiden mit ihren nicht unerheblichen Ressourcen auf ihrem Territorium *einigeln* sollten. Er meinte lediglich, dass die Amerikaner besser daran täten, ihre Aussenwirtschaftspolitik in eigener Verantwortung zu betreiben. In verständige Begrifflichkeit gefasst, war der aussenpolitische Streit zwischen den Weltkriegen nicht Internationalismus vs. Isolationismus, sondern *Multilateralismus* vs. *Unilateralismus*.

Lodge's Unilateralismus setzte sich zunächst durch: Die USA traten dem von Wilson vorgeschlagenen Völkerbund nicht bei. Der Isolationismus siegte.

---

[19] Siehe dazu Lloyd C. Gardner: Woodrow Wilson and the Mexican Revolution, in: Arthur S. Link (Ed.): Woodrow Wilson and a Revolutionary World, 1913–1921, Chapel Hill NC 1982, pp. 3–48.

[20] In einer seiner berühmtesten Reden gegen den Völkerbund, gehalten im amerikanischen Senat am 12. August 1919, sagte Lodge: "Internationalism, illustrated by the Bolshevik and by the men to whom all countries are alike provided they can make a profit out of them, is to me repulsive. National I must remain, and in that way I, like all other Americans, can render the amplest service to the world... We would not have our country's vigor exhausted, or her moral force abated, by everlasting meddling and muddling in every quarrel great and small which afflicts the world. Our ideal is to make her even stronger and better and finer, because in this way alone, as we believe, can she be of the greatest service to the world's peace and the welfare of mankind." Congressional Record, Vol. 58, Pt. 4, pp. 3778–84.

Aber auch die amerikanischen Regierungen der zwanziger Jahre verfolgten weiter das strategische Ziel der ökonomischen Expansion Amerikas (in erster Linie Absatzmärkte) in möglichst viele Teile der Welt. Dabei war die militärische Intervention ein besonders häufig angewandtes Hilfsmittel, nur wurde sie mit der Verfolgung amerikanischer Interessen und nicht, wie es Wilson vorschwebte, mit einer Berufung auf angeblich universale Werte begründet.[21]

Aber der Gedanke einer *multilateralen*, d.h. kooperativ mit den anderen kapitalistischen Industrieländern organisierten Absicherung einer freizügigen Weltwirtschaft blieb stets lebendig. Die grosse Wirtschaftskrise in den dreissiger Jahren verschaffte ihm neue Legitimation; sie liess auch unter einigen der bis dahin entschiedensten Unilateralisten die Meinung aufkommen, dass der Wilson'sche Weg seinerzeit vielleicht doch der bessere gewesen wäre. Mit dem Ausbruch des Zweiten Weltkrieges, der für die USA den Ausweg aus der ökonomischen Krise wies, setzte sich unter den aussenpolitischen Eliten Amerikas vollends die Ansicht durch, dass es kurzsichtig gewesen war, Wilsons Weltordnungspläne zurückzuweisen. Zum Glück habe Amerika nun eine zweite Chance erhalten. Die neue Nachkriegsordnung sollte dieses Mal auf eine tragfähige multilaterale Basis gestellt werden, und die Vereinigten Staaten wollten von Beginn an konstruktiv mitarbeiten.[22]

Der neue, *verbesserte* Völkerbund wurden die Vereinten Nationen mit dem Hauptsitz in New York, auf amerikanischem Boden. Ihr Konstruktionsprinzip unterschied sich allerdings in einem wichtigen Punkt von der Wilson'schen Vision des Völkerbundes. Dies war hauptsächlich das Werk von Präsident Franklin D. Roosevelt. Er führte ein prinzipiell neues Element in das internationale Denken Amerikas ein: Die Politik der Einbindung des Gegners bzw. des Feindes in ein System gemeinsamer Sicherheit. Lange vor Kriegsende war abzusehen, dass eine neue Weltmacht mit einer anderen Gesellschaftsordnung die Bühne der internationalen Politik betreten würde: Die Sowjetunion. Am Ende hatte sie den Hauptanteil an der Niederwerfung Hitlerdeutschlands geleistet und dabei ihr Einflussgebiet bis weit nach Mitteleuropa hinein ausgedehnt. Aber weder ihre politische Verfassung noch ihr ökonomisches System entsprachen den Legitimitätskriterien der *democracy*. Darüber hinaus beriefen sich ihre Führer auf eine geschichtsphilosophisch abgeleitete Doktrin, die wie der Wilsonismus eine Expansion des eigenen politisch–ökonomischen Systems für notwendig erklärte.

---

21 Joan Hoff Wilson: American Business and Foreign Policy 1920–1933, Boston 1971.

22 1941 veröffentlichte Henry R. Luce, politisch mächtiger Herausgeber von Time, Life und Fortune und bis dato der sprichwörtliche "Isolationist" schlechthin, in Millionenauflage ein Pamphlet mit dem Titel "The American Century", in dem er die seinerzeitige Ablehnung der Wilson'schen Pläne bedauerte und zur Wahrnehmung von Amerikas "zweiter Chance" aufrief. Der Kernsatz lautete: "Roosevelt muss – mit unser aller Hilfe – darin Erfolg haben, woran Wilson scheiterte." Zitiert nach: William A. Williams/Thomas McCormick/Lloyd C. Gardner/Walter LaFeber: America in Vietnam; A Documentary History, Garden City NJ 1985, p. 22.

Eine Kollision mit den internationalen Zielen der Vereinigten Staaten war früher oder später abzusehen.

Für Woodrow Wilson war die russische Revolution ein Vierteljahrhundert zuvor noch Anlass gewesen, sich - wenn auch widerwillig und erst nach starkem Druck Englands und Frankreichs - an westlichen Interventionsversuchen zu beteiligen.[23] Roosevelt dagegen, der Führer der Vereinigten Staaten im Zweiten Weltkrieg, sah einen wesentlichen Zweck der zukünftigen Weltorganisation darin, auch die andersartige Sowjetunion an der multilateralen Sicherung einer internationalen Nachkriegsordnung zu beteiligen. Die Idee des Sicherheitsrates mit ihrer Vetokonstruktion war eine eindeutige Revision des Wilsonismus; sie war nicht nur "gewissermassen der Versuch, den Wilson von Versailles mit dem Metternich vom Wiener Kongress unter einen Hut zu bringen"[24], sondern sie enthielt auch das Statement, dass dauerhafter Frieden zwischen Mächten mit unterschiedlichen politisch-ökonomischen Strukturen und weltanschaulichen Kulturen nicht nur möglich, sondern zur absolut bindenden Verpflichtung gemacht werden sollte: Alle Mitglieder, so steht es ausdrücklich in der UN-Charta, enthalten sich sowohl der Gewaltanwendung als auch der Drohung mit Gewalt.

In den Vereinigten Staaten war die UNO genau aus diesem Grunde von Anfang an umstritten. Besonders nachdem 1947 der Kalte Krieg begonnen hatte und die *Eindämmung* der Sowjetunion offiziell zum obersten strategischen Ziel amerikanischer Aussenpolitik erklärt worden war, erschien die Existenz einer Weltorganisation, in der der Hauptfeind der USA ein Mitbestimmungsrecht bei allen wichtigen Entscheidungen genoss, als Widerspruch in sich, der geradewegs als Verrat empfunden wurde. Zwei Jahre nach Gründung der Vereinten Nationen gingen die USA deshalb dazu über, ihre Sicherheit in regionalen Bündnissen zu organisieren. Das Konzept *gemeinsamer Sicherheit* auf der Basis eines prinzipiellen Gewaltverzichts wurde durch das der *gemeinsamen Verteidigung* von Freunden ergänzt und damit von Beginn an untergraben. Mit der Schaffung der NATO 1949 wurde im Grunde erst realisiert, was die Gruppe der Weltregierungsvisionisten um Marburg und Holt eigentlich vor Augen hatte, als sie 1915 ihren Kernentwurf für eine "League of Great Nations" vorstellte: Ein einverständiger Klub progressiver Nationen mit Amerika als dem *primus inter pares*, dem ökonomischen Multilateralismus und der pluralistischen Demokratie verpflichtet, bis auf weiteres in Form eines militärischen Verteidigungsbündnisses organisiert, aber durchaus geeignet und gedacht als Basis für eine spätere Ausdehnung liberal-demokratischer und multilateral-markwirtschaftlicher Prinzipien auf den Rest der Welt. Vorläufig ging es um die Abwehr bzw. Delegitimierung

23 Betty Miller Unterberger: America's Siberian Expedition, 1918-1920, New York 1969.
24 Ruggie, Peacekeeping (Fn. 12), p. 177.

alternativer Entwürfe von ökonomischen Organisationsprinzipien, d.h. solcher, die staatliche Wirtschaftsplanung vorsahen.[25]

Die USA und die Vereinten Nationen im Kalten Krieg

Das Engagement für die Vereinten Nationen wurde mit der Gründung des Nordatlantikpaktes nicht aufgegeben. Aber es wurde im aussenpolitischen Diskurs Amerikas mehr und mehr die gewissermassen uneigentliche internationale Verpflichtung, aufgenötigt durch die Resultate des Zweiten Weltkrieges und stets eingeordnet in die Kategorien der Systemauseinandersetzung, die spätestens seit 1947 (Truman-Doktrin) die offizielle Aussenpolitik der USA definierten. Die spektakulären internationalen Ereignisse und Krisen des Kalten Krieges fanden unter höchstens nomineller Mitwirkung der Vereinten Nationen statt. Die Vereinigten Staaten benutzten die Weltorganisation dort, wo es ging, als Legitimation für ihre internationalen Aktionen (z.B. im Korea-Krieg). Wo es nicht ging, weil ein Veto im Sicherheitsrat zu befürchten gewesen wäre, handelten sie im eigenen Namen (Guatemala, Dominikanische Republik, Vietnam etc.). In ihrer Handlungsfreiheit liessen sie sich weder durch Vetos im Sicherheitsrat noch durch Resolutionen der Vollversammlung einschränken.

Dennoch konnten die USA es nicht verhindern, dass die Vereinten Nationen als Organisation allmählich an politischer Bedeutung gewannen. Sie spielten eine wichtige Rolle im globalen Prozess der Entkolonialisierung und der Entstehung neuer Nationalstaaten, denen sie Legitimität und erste Sicherheit verschafften. Die UNO wurde eine wichtige politische Bühne für kleine Länder, die sonst wenig oder überhaupt keine politischen Artikulationschancen im internationalen System gehabt hätten. Unter wachsendem politischen Einfluss der neuen Staaten aus der *Dritten Welt* entwickelten sich die verschiedenen, weitgehend im Stillen arbeitenden UN-Unterorganisationen wie UNESCO, UNICEF, UNEP und WHO, die bald einen wesentlichen Teil der alltäglichen internationalen Arbeit der Weltorganisation ausmachten und praktisch das einzige institutionelle Gegengewicht zu den von den westlichen Industrieländern dominierten Bretton Woods-Institutionen (IMF, Weltbank) repräsentieren.[26]

---

[25] Genau in diesem Sinne ist es zu verstehen, wenn George F. Kennan, der "Vater" der Eindämmungsdoktrin, immer wieder ausdrücklich darauf hingewiesen hat, dass "it is not Russian military power which is threatening us, it is Russian political power". Zitiert nach John Lewis Gaddis: Strategies of Containment, New York 1982, p. 40.

[26] Siehe dazu Robert S. Browne: The IMF and the World Bank in the New World Order, in: Bennis/Moushabeck, Altered States (Fn. 8), p. 125. Siehe auch Basil A. Ince: Decolonization and Conflict in the United Nations, Cambridge MA 1974.

Im Bewusstsein der westlichen Öffentlichkeit dagegen rangierten mehr die spektakulären UN-Aktivitäten wie die Beobachtermissionen in Spannungsgebieten und die friedenserhaltenden Massnahmen (*peacekeeping*) an erster Stelle. Hier überwachen aus Truppen mehrerer Länder zusammengesetzte, leicht bewaffnete Einheiten einen zuvor von den kämpfenden Parteien geschlossenen Frieden bzw. Waffenstillstand. Dass diese *Blauhelm*-Einsätze zu einem wesentlichen Tätigkeitsfeld der Vereinten Nationen wurden, ist ursprünglich dem Ehrgeiz und dem unermüdlichen Druck Kanadas zu verdanken. Als *Mittelmacht*, die ihrer Meinung nach viel zum Sieg über die Achsenmächte beigetragen hatte, verlangten die Kanadier schon während der Vorbereitungsphase der UNO gegen Ende des Zweiten Weltkrieges einen besonderen Status für sich und einige andere Nationen: Unterhalb der "Grossen Fünf", aber doch oberhalb aller anderen. Sie argumentierten, dass den mittleren Mächten am ehesten zuzutrauen sei, *desinteressiert* die objektiven Gesamtinteressen der Weltgemeinschaft zu vertreten. Im Unterschied zu den Grossen seien sie selbst nicht in der Lage, den Frieden zu gefährden, aber gemeinsam besässen sie genug Macht, um in möglichen Konfliktfällen mit Erfolg moderierend und schlichtend eingreifen zu können.[27]

Die Kanadier (und andere selbsterklärte Mittelmächte, die den Antrag unterstützten, wie z.B. Australien, Jugoslawien, Brasilien, Holland, Polen und Schweden) erreichten zwar keinen expliziten Sonderstatus für sich, aber die von ihnen vorgebrachten Argumente kamen ein gutes Jahrzehnt später bei der Zusammenstellung und Begründung der ersten offiziell so genannten *UN-peacekeeping*-Mission ins Spiel: Der damalige UN-Generalsekretär Dag Hammarskjöld benutzte sie, um den kanadischen Premierminister Lester Pearson zur Übernahme der *peacekeeper*-Rolle am Suez-Kanal zu überreden. Von da an wurden die friedenserhaltenden Massnahmen der Vereinten Nationen gewissermassen das ungeschriebene Vorrecht der *Mittelmächte*.[28]

Das bedeutete allerdings nicht, dass sie stets neutral bzw. *unparteiisch* waren. Zunächst ist zu bemerken, dass die USA trotz des offiziellen Anspruchs, ständige Sicherheitsratsmitglieder nicht an *peacekeeping*-Missionen teilnehmen zu lassen, an sieben der acht Massnahmen zu Zeiten des Kalten Krieges zumindest in Form logistischer Unterstützung mitgewirkt haben.[29] Einige der Mittelmächte, die bis 1990 am häufigsten an friedenserhaltenden Massnahmen teilnahmen und daraus einen Grossteil ihrer internationalen Reputation bezogen, waren

---

[27] R. A. MacKay: The Canadian Doctrine of the Middle Powers, in: H. L. Dyck/H. P. Krosby (Eds.): Empire and Nations; Essays in Honour of Frederic H. Soward, Toronto 1969, p. 137.

[28] Siehe dazu J.L. Granatstein: Peacekeeping; Did Canada Make a Difference? And what Difference Did Peacekeeping Make to Canada? In: John English/Norman Hillmer: Making a Difference; Canada's Foreign Policy in a Changing World Order, Toronto 1992, pp. 222-236. - Laura Neack: UN Peacekeeping; In the Interest of Community or Self? In: Journal of Peace Research, Vol. 32, No. 2, May 1995, p. 181-196.

[29] United Nations Department of Public Information: The Blue Helmets, New York 1990, pp. 419-449.

gleichzeitig in der Spitzengruppe der Waffenexporteure in die Dritte Welt (Schweden, Italien, Brasilien und Holland). Indem sie sich im Rahmen der Vereinten Nationen als *Friedensmacher* präsentierten, schufen sie sich die Qualifikation als vermeintlich *Neutrale* (d.h. ausserhalb des Ost–West–Konfliktes stehend), um in der Dritten Welt ihre Waffen an solche Kunden verkaufen zu können, die sich nicht als direkte Klienten der Supermächte abhängig machen wollten.[30]

Neben diesem unmittelbaren nationalen Exportinteresse, das mit der Beteiligung an UN–Massnahmen befördert wurde, war auch die Pose der Unparteilichkeit in vielen Fällen eine mehr oder weniger bewusste Täuschung. Von Kanada, das einerseits seine Rolle als *neutraler* UN–*peacekeeper* vor aller Welt und vor der eigenen Bevölkerung kultivierte, ist anderseits bekannt, dass es in seiner Eigenschaft als Mitglied der Internationalen Kontrollkommission in Indochina zu Zeiten des Vietnam–Krieges trotz seiner offiziellen Verpflichtung zur Neutralität ausgiebig Informationen für die Kriegspartei USA sammelte.[31] Die Annahme, dass Kanada in irgendeinem anderen Konfliktfall eine Position konträr zu oder auch nur neutral gegenüber den Vereinigten Staaten bzw. der ihr nahestehenden Konfliktpartei eingenommen hätte, kann getrost als absurd bezeichnet werden. Ähnliches kann über die NATO–Länder Grossbritannien, Dänemark, Italien und Irland gesagt werden, die ebenfalls mehr oder weniger regelmässige Teilnehmer an *peacekeeping*–Missionen waren. Ihre inhaltlichen Ziele waren eindeutig auf den Schutz westlicher Interessen bzw. auf die Bewahrung eines bestimmten Status quo gerichtet .

Es wäre jedoch falsch, die friedenspolitische Praxis der Vereinten Nationen während des Kalten Krieges auf den inhaltlichen Aspekt westlicher Hegemoniesicherung zu reduzieren und dabei die *Form*, in der dies geschah, ausser acht zu lassen. Im Unterschied zu jenen UN–Einsätzen, bei denen praktisch die USA allein und nur formell im Auftrag der UNO einen Aggressor bestrafte (Korea, Golfkrieg), setzte das *peacekeeping* durch UN–Blauhelme die Zustimmung aller beteiligten Kampfparteien voraus.[32] Einige der darauf spezialisierten Länder entwickelten dafür sogar spezielle Zusatzprogramme zur Kampfausbildung von Soldaten. Sie enthielten Elemente psychologischen Trainings, Techniken der Vermittlung von Konflikten und andere zivile Fertigkeiten.[33]

---

30 F. Pearson/M. Brzoska/Ch. Crantz: The Effects of Arms Transfers on Wars and Peace Negotiations, in: SIPRI Yearbook 1992: World Armaments and Disarmament, New York 1992, pp. 401–402.

31 Granatstein, Peacekeeping (Fn. 28). Der Autor kommentiert dazu nüchtern: "It was obviously sometimes hard to separate the peacekeeper's duty from that of the anti–communist ally." (p. 227)

32 Paul F. Diehl: International Peacekeeping, Baltimore 1993.

33 Eine ausführliche Erörterung der Unterschiede zwischen traditioneller militärischer Ausbildung und dem Training für Blauhelm–peacekeeping–Operationen findet man bei John Mackinlay: The Peacekeepers; An Assessment of Peacekeeping Operations at the Arab–Israeli Interface, London 1989.

Auf diese Weise haben sich – inspiriert von den Aufgaben des *peace-keeping* – allmählich Ansätze einer Kultur unparteiischer Konfliktmoderierung herausgebildet, die eine solide Basis für den Ausbau eines genuin internationalen Regimes institutionalisierter Konfliktlösung sein könnten. Voraussetzung dafür wäre, dass die USA und ihre westlichen Verbündeten – als *Gewinner* der Systemauseinandersetzung – dazu übergingen, auch ohne das Damoklesschwert der nuklearen Bedrohung durch eine antagonistische Grossmacht die UNO als das ernst zu nehmen, als was sie seinerzeit gegründet wurde: Als aus den Erfahrungen zweier Weltkriege geborener Versuch, mit Hilfe einer internationalen Organisation ein neues aussenpolitisches Instrumentarium aufzubauen, mit dem der Krieg als Mittel der Fortsetzung der Politik *einvernehmlich* ausgeschlossen werden würde. Denn das allein macht den Sinn der UNO aus. Sie ist kein allmächtiger Deus ex machina, der Frieden schafft, wenn irgendwo in der Welt die Völker aufeinander einschlagen. Sie ist immer nur das, was ihre Mitglieder, insbesondere die mächtigsten unter ihnen, wollen und dafür zu tun bereit sind.

Wilsonismus anstatt Vereinte Nationen

Doch das Gefühl des *historischen Sieges* ohne militärische Verluste lässt offenbar den Gedanken des Friedens um seiner selbst willen als politisches Ziel überholt erscheinen. In den USA ist heute die folgende Deutung der jüngsten Geschichte aktuell: Mit dem Zusammenbruch der Sowjetunion ist die westliche Nachkriegsstrategie im wesentlichen erfüllt; es bleibt nur noch die Vollendung bis zu dem Punkt, wo alle Länder dieser Erde in die Gemeinschaft der Marktdemokratien heimgeholt worden sind, also vor allem die verbliebenen Staaten mit nominell noch sozialistischer Verfassung wie Kuba, Nordkorea und China. Die Völker der Welt haben sich mehrheitlich für das westliche politische und ökonomische System entschieden. Die multilaterale Organisation, die diesen Erfolg hauptsächlich herbeigeführt hat, ist die NATO. Die Vereinten Nationen haben damit in den Augen der politischen Eliten Amerikas im Grunde jeden politischen Wert für den Westen verloren. Sahen sie die UNO während des Kalten Krieges noch als ein politisches Instrument, so ähnelt ihre Haltung heute eher der eines Grosskunden gegenüber einem öffentlichen Dienstleistungsunternehmen, das bürokratisch aufgebläht ist und eigentlich privatisiert werden könnte.[34]

---

[34] Die ersten Schritte in dieser Richtung sind schon unternommen worden. Die Clinton-Regierung hat gegenüber der UNO folgende konkrete Reformvorstellungen:

a) Der Kostenanteil der Vereinigten Staaten an peacekeeping-Operationen soll künftig von 30% auf 25% gesenkt werden.

b) Die Vereinten Nationen sollen einen "Generalinspekteur" einstellen, der als eine Art Manager die Kosteneffektivität insbesondere der Unterorganisationen überwacht.

Hinzu kommt, dass in den USA heute die aussenpolitischen Positionen der Zwischenkriegszeit gleichsam wiederauferstanden sind: *Multilateraler Wilsonismus* vs. *unilateraler Isolationismus*. Die neue *Freshmen-class* der republikanischen Kongressabgeordneten, die mit Hilfe von Newt Gingrich's neuer Kampagnentechnik ins Parlament geschwemmt worden ist, aber auch der republikanische Präsidentschaftsbewerber Bob Dole vertreten eine Form des Unilateralismus, der rhetorisch an den Diskurs von Cabot Lodge anknüpft. Darüber hinaus ist durch einen anderen republikanischen Präsidentschaftsbewerber, den ehemaligen Reagan-Berater Pat Buchanan, zum ersten Mal in der amerikanischen Nachkriegsgeschichte ernsthaft der Protektionismus - bis vor kurzem überparteilich akzeptiertes Anathema - wieder in die öffentliche Debatte eingeführt worden.[35]

Unter diesen Bedingungen ist es für die Clinton-Regierung, die - wie alle amerikanischen Präsidenten der letzten fünfzig Jahre - dem Freihandel und der internationalen Freizügigkeit von Kapital verpflichtet ist, von ausserordentlicher Bedeutung, den *Internationalismus* konsensfähig zu halten. In diesem Kontext ist die Bosnien-Friedensinitiative der Clinton-Regierung zu verstehen: Sie ist der Versuch, den inneren Konsens für den ökonomischen Multilateralismus durch die Hintertür des militärischen Engagements zu festigen. Es geht hier um eine neue Durchsetzung der Selbstverständlichkeit amerikanischer Präsenz in Europa, darüber hinaus aber um die Abwehr von isolationistisch-protektionistischen Tendenzen schlechthin. Mit anderen Worten: Es geht vor allem um die Behauptung des *wilsonistischen Internationalismus*.

Das Bosnien-Engagement erfolgt in einem Konfliktgebiet, in welchem - in der Lesart der USA - die Vereinten Nationen auf der ganzen Linie *versagt* haben. Die Greuel des bosnischen Bürgerkrieges sind schliesslich beinahe drei Jahre lang durchs Fernsehen in die amerikanischen Wohnstuben übertragen worden, meist mit dem politischen Unterton: Und die UNO schaut zu. Nun haben die USA die Sache demonstrativ unter der Bezeichnung NATO in die Hand genommen. Damit haben sie zuhause und in der Welt demonstriert, welche multilaterale Organisation in Zukunft für sie allein von Bedeutung sein soll: Nicht die UNO, in deren Charta ein Verzicht aller Mitglieder auf Gewaltanwendung steht, sondern das militärische Verteidigungsbündnis der westlichen Wertegemeinschaft. Damit sollen auch für die Osterweiterung der NATO unwiderruflich die Weichen gestellt werden.[36]

---

c) Die Clinton-Regierung wird in Zukunft ihren Anteil an den bislang selbstverständlichen Inflationsausgleichs- und Wechselkursanpassungskosten nicht mehr übernehmen.

35 Mark Levinson: The Buchanan Manifesto, in: New York Times, 8 January 1996.

36 Siehe dazu Strobe Talbott: Why NATO Should Grow, in: New York Review of Books, 10 August 1995. Darüber allerdings ist in den USA der Konsens noch lange nicht hergestellt. Gerade eine Reihe von "Realpolitikern" des Kalten Krieges hat sich öffentlich entschieden dagegen ausgesprochen, darunter die Graue Eminenz von vierzig Jahren Nuklearstrategie, Paul Nitze. Siehe dazu: Should NATO Grow? A Dissent, Offener Brief des ehemaligen Botschafters der

Für die Zukunft der UNO bedeutet das folgendes: Die USA werden versuchen, sie wie die Sowjetunion auf den Abfallhaufen der Geschichte zu hieven. Selbstverständlich kann das nicht von heute auf morgen geschehen. Die Absicht klar auszusprechen, wäre denn doch ein zu grosser Schock für den Rest der Welt, aber auch für Teile der Clinton-Administration. Denn dort wissen viele nicht, was sie tun, aber sie tun es und folgen dabei oft dem Druck der Massenmedien. In Europa ist man verwirrt. Einige machen Bedenken geltend, andere verkünden mit Nachdruck die Auffassung, dass es ohne die engagierte Vermittlertätigkeit der US-Regierung nicht so schnell einen vorläufigen Frieden im ehemaligen Jugoslawien gegeben hätte. Meist wird die rhetorische Frage hinzugefügt, wer denn sonst "das Schlachten auf dem Balkan" hätte beenden können, wenn nicht die Amerikaner.[37]

Ist es aber wirklich so egal, wer und in welchem Namen den Frieden, ob auf dem Balkan oder anderswo in der Welt, herbeizwingt? Diejenigen, die dieser Meinung sind, übersehen, dass es einen grundsätzlichen Unterschied gibt zwischen einer internationalen Organisation, deren Ziel die Ächtung des Krieges ist, und einem Militärbündnis, dessen Ziel die Verteidigung einer mächtigen globalen Werte- bzw. Interessengemeinschaft ist. Und es gibt einen fundamentalen Unterschied in der Qualität und der Dauerhaftigkeit von Friedensschlüssen, die auf die eine oder andere Weise zustande gekommen sind. Dies ist kein Zynismus gegenüber den Opfern des jugoslawischen Bürgerkrieges, sondern die traurige Feststellung, dass sie im Begriff sind, posthum für den Weiterverkauf einer globalpolitischen Strategie missbraucht zu werden, die nicht nur strikt parteilich ist, sondern der auch eine universalistische Ideologie zugrunde liegt, deren Verfallsdatum mit dem Ende der Systemauseinandersetzung ebenso erreicht war wie das ihres Gegenstücks, des Leninismus. *Ernst-Otto Czempiel* hat es kürzlich auf den Punkt gebracht:

> "Ein amerikanisches Sprichwort sagt, dass man bekommt, worauf man sich vorbereitet. Die Informationsgesellschaft von heute kann doch nicht die Aussenpolitik des Feudalismus weiterbetreiben. Sie hat in den Vereinten Nationen, in der internationalen Organisation ein höchst modernes, flexibles und erfolgreiches Instrument in der Hand. Man muss es nur benutzen."[38]

Dem ist nichts hinzuzufügen. Nur sollte es statt Feudalismus *Wilsonismus* heissen.

USA in Polen (1973-78), R.T. Davies, an Under Secretary of State, Strobe Talbott, unterzeichnet von neunzehn ehemaligen hochrangigen Mitarbeitern des diplomatischen Dienstes.

37 Arthur Heinrich: Danke, Amerika! In: Blätter für deutsche und internationale Politik, 1/1996, pp. 35-48.

38 Ernst-Otto Czempiel: UNO ade? In: Ibid., 9/1995, p. 1034.

Innere Blockaden aussenpolitischer Handlungsfähigkeit

Zum Konsistenzproblem russischer Politik

Von Klaus Segbers

Im Westen dominiert noch immer die Vorstellung, dass Russland trotz aller innerer und transitorischer Probleme ein Staat sei, der politikfähig ist – oder es gerade wieder werde. Die Debatte wird darüber geführt, wie die registrierte – und von vielen als zunehmend konfrontativ angesehene – Politik bewertet werden soll, und wie gegebenenfalls auf Entscheidungsträger Einfluss genommen werden kann. In diesem Papier soll gezeigt werden, dass diese Grundannahme auf einem Irrtum beruht. Der Kern der Fehlwahrnehmung besteht darin, eine Konsistenz international relevanter russischer Politik oder des Aussenverhaltens russischer Akteure anzunehmen.

Tatsächlich sind internationale Beziehungen stets Resultat komplexer Interaktionen in der Regel zahlreicher Akteure, die auf mehreren Ebenen wirken. Dabei spielen innere Faktoren ebenso eine Rolle wie äussere Einflüsse auf nationalstaatliche Politik. Damit werden für analytische Bemühungen schwierige Fragen aufgeworfen, insbesondere die nach den jeweils relevanten Akteuren und Ebenen (*units and levels of analysis*). Diese Frage ist generell von Bedeutung, auch bei westlichen und *normalen* Staaten. Das gilt umso mehr angesichts einer Lage, die von einer relativen Bedeutungsminderung der nationalstaatlichen Ebene gekennzeichnet ist: Staaten werden vor und mehr noch nach dem Ende des Ost-West-Konfliktes nach oben von internationalen Regimen überwölbt, von transnationalen Akteuren *passiert* und im Innern von nicht-staatlichen Gruppen und subföderalen Einheiten ausgehöhlt.

Dies gilt allgemein, aber es gilt in den nachsowjetischen Transformationsräumen in besonderer Weise. Es geht somit darum zu zeigen, dass und warum in der Russischen Föderation – wie auch in den meisten anderen FSU-Räumen – keine Institution existiert, die nationale Interessen und die Instrumente von Aussenpolitik ähnlich effektiv oder ineffektiv formulieren und implemetieren kann wie andere, vor allem westliche Staaten. Das Argument ist somit keineswegs, dass andere Staaten eine in hohem Masse konzise Aussenpolitik verfolgen – weit entfernt davon. Die Aussage besteht darin, dass dies in der Russischen Föderation noch viel weniger der Fall ist, als 1) in anderen Staaten und 2) durch einen grossen Teil der öffentlichen Debatten suggeriert wird. Das Phänomen ist also als solches nicht spezifisch, seine Ausprägung ist es. Und es ist auch nicht neu. Die Vermutung eines hohen Integrationsgrades sowjetischer Politik im allgemeinen und sowjetischer Aussenpolitik im besonderen beruhte entweder auf einem Irrtum oder aber auf dem Wunsch danach. Tatsächlich zeichnet sich auch die sowjetische Realgeschichte durch die permanente Auseinandersetzung über eine angemessene aussenpolitische Linie aus – angefangen mit dem Streit über den Friedensschluss von Brest-Litovsk. Weiter war der Zusammenhang zwischen äusserer Bedrohung und innerer Entwicklungsstrategie geradezu prägend für die sowjetische Politik der zwanziger und dreissiger Jahre. Der spanische Bürgerkrieg, die Komintern-Politik, die Deutschland-Politik in der Vorkriegszeit waren ebenso umkämpft wie die Krisen(anpassungs)fähigkeit der kapitalistischen Staaten in den späten vierziger Jahren und der Nutzen der Entspannungspolitik seit 1963 umstritten waren. Zentralen Entscheidungen wie die Interventionen in Berlin 1953, in Prag 1968 und in Kabul 1979 gingen ausführliche innere Debatten und Konflikte voraus. Ein Grossteil der Memoirenliteratur und der jetzt zugänglichen Archive macht dies deutlich.

Zugleich haben unterschiedliche Interessen und Voten politischer Akteure vor 1985 in der Regel Entscheidungen nicht verhindert – Entscheidungen, die im wesentlichen auch durchgesetzt und durchgehalten wurden. Damit war eine Grundvoraussetzung für die faktische Stabilität der bipolaren Welt und ihrer sicherheitspolitischen Spielregeln gegeben. Eine weitere, nicht minder wesentliche Voraussetzung bestand darin, dass die Hauptakteure in der UdSSR nach aussen kommunikationsfähig waren, und dass in zentralen Politikbereichen dieselben Spielregeln galten und eingehalten wurden. Dies zeigen gerade die grossen Konflikte, von der Berlin- über die Korea- bis hin zur Kuba-Krise. Dies war auch die Grundlage der sogenannten Entspannungspolitik. Nach 1989/91 haben sich wesentliche Merkmale des internationalen Systems teils stärker ausgeprägt, teils verändert. Kennzeichen der internationalen Staaten- und Gesellschaftswelt heute sind vor allem:

- Weg von Bipolarität hin zu Unübersichtlichkeit (Multipolarität oder Chaos);
- Globalisierung und Integration (von Kapital, Kommunikation, Mobilität etc.) vs. Fragmentierung und Regionalisierung;
- Steuerungsverluste der Nationalstaaten (Proliferation, Terrorismus etc.)
- Entgrenzungen (neue interne Konflikt- und Unordnungslagen);
- Problematik der Innenwendung der Eliten angesichts übergreifender Probleme, die *global governance* erfordern.

Man kann ohne Händereiben konstatieren, dass die Welt mit dem Zerfall der UdSSR und dem Verlust positiver Utopien (vielleicht mit Ausnahme des Islam) nicht, wie Jahrzehnte erwartet oder behauptet, sicherer geworden ist. Doch ist das Vergehen der ehedem zweiten Weltmacht auch Ausdruck tiefgreifender Veränderungen im Weltmassstab, und es gibt kein Zurück.

Mit der 1987 einsetzenden Transformation der gesamten ökonomischen, sozialen und politischen Regulationsmechanismen der Sowjetunion haben sich auch Effekte eingestellt, die zu einer weitgehenden aussenpolitischen Lähmung der nachsowjetischen Räume (Länder) führten. Dazu zählen in erster Linie folgende Faktoren:

a) *Inland wurde zu Ausland.* Die bisherigen Unionsrepubliken erhielten formal den Status unabhängiger Staaten, ohne diese Rolle tatsächlich ausfüllen zu können. Die neuen Prioritäten innerer wie äusserer Politik waren in den meisten Ländern weitgehend ungewiss, während Russland unter El'cin und Gajdar eine deutliche Umorientierung auf innere russische Reforminteressen vornahm – oft zulasten der wirtschaftlichen und politischen Verbindungen mit den (neuen) Nachbarstaaten. In den vielfach unklaren Beziehungen der Nachfolgestaaten untereinander wurzelt das politische Konstrukt des *nahen Auslandes*, das weniger neoimperialistische Ambitionen als Verarbeitungsprobleme einer neuen geopolitischen Realität anzeigt.

b) Es gibt in vielen Fällen *keine etablierten Nationalstaaten*. Das gilt vor allem für die Russische Föderation. Formale Attribute der Staatlichkeit besagen nicht, dass die entsprechenden Voraussetzungen auch gegeben wären: Klare Grenzziehungen und gesicherte Grenzen, Gewaltmonopol, funktionierende Verwaltungen, nationale Identitäten der Bevölkerung etc. Prozesse des *nation-building* brauchen Zeit, wenn sie gelingen sollen. Wahrscheinlich werden sie auch nicht überall erfolgreich sein.

c) Es fand und findet eine *Vervielfältigung von Räumen, Interessen und Akteuren* statt. Nicht eine sowjetische Regierung (oder Parteiführung) ist zuständig, sondern fünfzehn Nachfolgeregierungen (oder -präsidenten) und zahllose regionale, sektorale und gesellschaftliche Akteure mit eigenen Interessen.

d) Es war – und ist – eine *starke Innenwendung aller Akteure* zu registrieren. Man kann von einem eindeutigen Vorrang innenpolitischer bzw. nachsowjetischer Themen auf der politischen Agenda der meisten Akteure sprechen. Aussenpolitische Themen sind weitgehend irrelevant – nicht für die öffentlichen Diskurse, sondern für das Kräfteverhältnis zwischen den wichtigen Binnenakteuren und für deren *agenda-building*. Innere Belange dominieren eindeutig – auch wenn die im Westen wahrnehmbare (oder wahrgenommene) Rhetorik eine stärkere Rolle internationaler Themen suggeriert.[1]

e) Alle Nachfolgeländer, vor allem aber Russland, haben einen *dreifachen Statusverlust* zu verarbeiten: Kein FSU-Staat ist mehr Weltmacht, das Imperium ist zerbrochen und die Staatlichkeit selbst prekär, weil entweder noch nicht etabliert oder von weiterer Fragmentierung bedroht.

---

[1] Ein neuer Beleg dafür war die Fernsehwerbung aller politischen Parteien und Blöcke im Vorfeld der Wahlen zur Staatsduma im Dezember 1995, die aussenpolitische Themen fast aussparte.

Zentrale Aufgabe und somit zentrales Interesse für Individuen und Gruppen in den postsowjetischen Räumen ist das Überleben unter schwierigen Bedingungen. Die Absicht und die Fähigkeit zu gestalten, ist dagegen nur schwach ausgeprägt. Dies zu verstehen, ist die wesentliche Voraussetzung dafür, um sich der Realität dieser Transformationsräume erfolgreich anzunähern. Für die meisten Gruppen, Personen etc. geht es nicht darum, etwas zu realisieren und umzusetzen – etwa Konzeptionen und Ähnliches –, sondern von Tag zu Tag zu reagieren, über die Runden zu kommen und ihre Position in einer höchst instabilen inneren Situation zu halten oder zu verbessern. Der Vorrang des *Geschehens* durch Ad-hoc-Reaktionen gilt gleichermassen für innere wie für äussere Politik: Sowenig wie es eine *Schocktherapie* von Herrn Gajdar gab, gab und gibt es eine Balkan-, Westeuropa-Politik etc. Statt dessen gibt es situatives Reagieren.

Das hat auch positive Wirkungen: Die vergleichsweise noch immer stabile Textur postsowjetischer Gesellschaften beruht inzwischen in nicht geringem Masse auf der Fähigkeit von Individuen und Gruppen, Formen der Selbstinitiative und -organisation zu entwickeln und den (überforderten) Staat zu entlasten. Die insgesamt nicht so düstere Zwischenbilanz des Systemwechsels kann die Posten auf der Habenseite in erheblichem Mass auf die Ingeniosität und die Anpassungsfähigkeit der Gesellschaften buchen.

Interessen und Akteure

Für westliche Analyse und Politik bedeutsam ist die Definition realer Interessen und Akteure in den Transformationsräumen. Dabei zeigt sich, dass folgende Annahmen sinnvoll sind: Der Wandel kennt keine "Stunde Null", weder 1985 noch 1991, sondern er passt sich ein in eine lange Modernisierungsbewegung vor-, hoch- wie spätsowjetischer Zeit. Die meisten der jetzt tätigen Akteure haben auch früher relevante Positionen eingenommen, die sie jetzt zu festigen, zu verbessern und zu legalisieren suchen. Damit handelt es sich um einen dynamischen Wandel. Bei den Hauptakteuren liegen *stabile* wie *treibende Interessen* vor. Zur Gruppe der stabilen Interessen zählen insbesondere:

- Das Überleben unter neuen und zumeist schwierigen Rahmenbedingungen;
- Kontrolle und Verfügung über Ressourcen jeder Art, was nach siebzig Jahren (formal) zentraler Verfügung jetzt möglich ist;
- Nähe zu entscheidenden (zentralen, regionalen und sektoralen) Verteilungszentren von Ressourcen aller Art. Damit ergibt sich auch das überragende Interesse an der Nähe zum Präsidenten und an den Präsidentschaftswahlen;
- Beeinflussung der politischen Spiel- und der ökonomischen Verteilungsregeln;
- persönliche Unversehrtheit und juristische Immunität der Akteure.

Daneben gibt es Themenfelder, die von einzelnen Gruppen besetzt werden und um die Konkurrenzen entstehen. Diese Themenfelder (*issues*) sind nicht sehr festgefügt und treiben mitunter von Gruppe zu Gruppe. Häufig werden sie auch von mehreren oder zahlreichen Gruppen besetzt und dienen dann den konkurrierenden Eliten als Massstab der Politikfähigkeit oder der politischen Ehrbarkeit.[2] Zur Gruppe der *treibenden Interessen* (*drifting interests*) zählen Begriffe wie *Reformen*, *Patriotismus* sowie *Loyalitäten* zu bestimmten Personen, Gruppen und Themen in Abhängigkeit von deren Nutzen und Funktionalität bezogen auf die oben genannten stabilen Interessen. Dagegen ist das Beziehen von Positionen zu den meisten Themen der internationalen Politik für die dominanten Interessen und Binnenakteure einfach nicht relevant. Externe Akteure und deren Verhalten sind für die innenpolitischen Primärkalküle russischer Akteure von geringer Bedeutung.

Welche Interessen- und Akteursgruppen lassen sich nun im russischen Kontext sinnvollerweise definieren? Im einzelnen lassen sich zunächst folgende wesentliche *Gliederungslogiken* für relevante Interessen und Akteure, und somit für Konkurrenzbeziehungen und Einflussstrategien feststellen:

- regionale Territorialität;
- Branchen- und Wirtschaftssektoren;
- zentrale staatliche Funktionen;
- gesellschaftliche Rollen;
- internationale Faktoren;
- regionale, persönliche, ethnische und politische Seilschaften, sogenannte Kadergruppen (*kadrovye gruppirovki*).

Unter Zurückstellung des wichtigen regionalen Faktors, der eine gesonderte Behandlung verdient, ergeben sich in Russland folgende *Hauptinteressengruppen*:

I Wirtschaftliche Interessengruppen

Finanzbereich:

1 Banken
2 Andere private Finanzstrukturen (Versicherungen etc.)
3 Andere
4 Grosshandelsorganisationen

---

[2] Solche Themenfelder oder Begriffe gibt es auch in westlichen politischen Systemen: Demokratie, soziale Marktwirtschaft, atlantische Orientierung, Menschenrechte etc., die unabhängig von ihrem konkreten Gehalt und den primären Interessen der einzelnen Akteure als "gatekeeper" zum politischen Hauptdiskurs dienen.

Exportsektor:
5 Öl, Gas und Pipelines
6 Waffen
7 Flugzeuge und Weltraumausrüstung
8 Andere Branchen (Metalle, Diamanten, Gold)

Binnensektor:
9 Agro-industrieller Komplex (APK)
10 Transport
11 Militärisch-industrieller Komplex MIC (VPK): andere, technisch intensive Branchen (Elektronik)
12 MIC: andere, technisch nicht intensive Branchen
13 Andere Sektoren der Verarbeitungsindustrie

II Zentrale, staatliche Strukturen
14 Exekutivmacht (Apparat des Präsidenten und des Ministerrates, zentrale wirtschaftliche Stellen)
15 Machtstrukturen (Ministerien für Verteidigung, Inneres, Staatssicherheit, andere verwandte Abteilungen und Stellen)
16 Apparat der Repräsentativstrukturen

III Bürgerliche (gesellschaftliche) Strukturen
17 Gewerkschaftsführung
18 Kirchenhierarchie
19 Elitenetz; Dienstleistungen
20 Illegale Strukturen
21 Ethno-Eliten

IV Ausländische Interessengruppen
22 Ausländische Firmen
23 IMF, Weltbank, G 7 und andere

Diese Hauptgruppen koalieren miteinander. Und die russische Regierung ist deshalb eher als Koalition aus bestimmten, derzeit an Stabilisierung interessierten Wirtschaftslobbies denn als politisch homogener Block zu verstehen. Aus den genannten Gruppen und aus den oben definierten Primärinteressen lassen sich, bezogen auf die derzeitige politische Landschaft Russlands, drei *positionale* (nicht thematisch oder inhaltlich definierte) Hauptlager bilden: *Stabilisatoren*, *Umverteiler* und *Fundamentalisten*. Diese Einteilung ist auch im unmittelbar politischen Sinne, etwa bei Wahlen, von mehr als orientierender Bedeutung. Bei allen vergangenen Wahlen (zur Präsidentschaft im Juni 1991, zur Föderalen Versammlung im Dezember 1993 und 1995) gilt auch vor den Präsidentschaftswahlen im Juni 1996, dass die Durchsicht der formal um Sitze und Posten konkurrierenden Parteien, Gruppierungen und Personen wenig Aufschluss gibt über die realen Interessen und politischen Varianten, um die es geht.

Die *Stabilisatoren* haben sich rechtzeitig auf die grossen Transformationen eingestellt und/oder Startvorteile genutzt, die sie aufgrund ihrer Positionen vor Reformbeginn hatten. Der Herkunft und den ursprünglichen politischen Überzeugungen nach ist dieses Lager heterogen - Direktoren staatlicher Betriebe, konvertierte Vertreter regionaler Verwaltungen und sektoraler Hauptverwaltungen, ehemalige Komsomolzen, aber auch Aufsteiger, die zu Sowjetzeiten zu jung waren, um eine wesentliche Rolle zu spielen, und die in den achtziger Jahren frühzeitig die Veränderungen und ihre Möglichkeiten erspürten.

Hauptinteresse dieser Gruppe ist es, neue Umverteilungen zu ihren Ungunsten zu verhindern und eine weitgehende Stabilität der politischen und ökonomischen Rahmenbedingungen bei relativer sozialer Ruhe zu erhalten. Deshalb befürworten sie die Einhaltung der geltenden Spielregeln (Verfassung, Wahlen, nationale und internationale Vereinbarungen etc.), solange diese nicht in einen erheblichen Gegensatz zu ihren Primärzielen geraten. Bei einigen von ihnen mag das Interesse an strafrechtlicher Unantastbarkeit wegen ihrer Beteiligung an früheren Konflikten - Auflösung der Union im Dezember 1991, Verfassungs- und Machtkonflikt mit Umverteilern und Chaoten im Oktober 1993, Militärintervention in Tschetschenien seit November 1994 - sowie wegen unterstellter Korruption und/oder Wirtschaftskriminalität hinzutreten. Diese Gruppe hat von grösseren politischen Kurskorrekturen am meisten zu verlieren und ist deshalb an der Sicherung einer kalkulierten Erbfolge der Präsidentschaft (des *Regimes*, wie die Gegner sagen) sehr interessiert.

Ausser den genannten hat diese Gruppe keine allgemeinen fundamentalen politischen (inneren/äusseren) Interessen. Die Positionen einzelner ihrer Vertreter in - aus ihrer Sicht - zweit- oder drittrangigen Fragen können durchaus auseinandergehen. Keineswegs treten sie unbedingt in allen Bereichen für Reformen ein. So ist es nicht überraschend, dass viele Analytiker darauf hinweisen, dass es keinen klar formulierten politischen und wirtschaftlichen Kurs gibt, auf dem das Land geführt würde. Wichtige Mittel zum Erhalt und zum Ausbau des eigenen Einflusses sind, soweit dieser auch an öffentlichen Wahrnehmungen hängt, die Kontrolle oder zumindest Beeinflussung wichtiger Massenmedien, vor allem der elektronischen. Zu nennen ist hier vor allen anderen ORT - der erste TV-Kanal. Ein weiteres Mittel der Einflussnahme kann die staatliche Wahlbehörde *Centrizbirkom* sein. Internationale Interessengruppen (Finanzinstitutionen, westliche Regierungen) sind in der Regel auf seiten der Stabilisatoren bzw. des Präsidenten als deren Symbol.

Wichtigstes einzelnes Element dieser Gruppe ist der Energie- und Brennstoffsektor (TEK). Dieser unterteilt sich vor allem in den Gas- und den Ölbereich, deren Interessen in wesentlichen Fragen - Begrenzung der Zulassung ausländischer Investoren, Export- und Steuerprivilegien etc. - konvergieren. Der seit Januar 1993 amtierende Ministerpräsident Viktor Cernomyrdin, der selbst aus dem Gasbereich kommt, repräsentiert nach Meinung vieler Analytiker den gesamten TEK in der russischen Regierung. Der TEK liefert einen Grossteil der staatlichen Haushaltseinnahmen (*Gasprom* allein ca. 12%) und ist der Hauptdevisenbringer Russlands. Die Einnahmen aus dem Export von Gas und Öl werden über den Staatshaushalt umverteilt, hauptsächlich auf den Luft- und Raumfahrtsektor und die Infrastruktur. *Aerokosmos*, die nur teilweise weltmarktfähigen Luft- und Raumfahrtproduzenten, sind wegen ihrer Abhängigkeit von staatlichen Transferleistungen ebenfalls an die Stabilisatoren gebunden. Exporteure sind generell eine Stütze des gegenwärtig regierenden Blockes. Sie werden durch eine stabile Geldpolitik zwar nicht gefördert, geniessen aber ansonsten zahlreiche Präferenzen. Auch Importeure unterstützen - je nach Sektor und Zollsätzen - diese Regierung.

Grosse Banken, Versicherungen und Fonds, d.h. der gesamte Bereich der privatwirtschaftlich organisierten Zirkulationssphäre, fühlen sich bei der gegenwärtigen Regierung besser aufgehoben als bei jedem anderen Lager. Ein Konsortium von acht grossen Banken sowie einige der grössten Konzerne (*Olbi*, *Logovaz*, *Avtovaz* etc.) unterstützen die Stabilisatoren offen. Ihnen gehört auch weitgehend der erste Fernsehkanal ORT, den sie eigens zur Wahlvorbereitung übernommen haben. Einige der illegalen Strukturen, die sich ansonsten auf die Hauptlager verteilen, finden sich ebenfalls hier. Auch ein Teil der privilegierten Machtapparate und der Sonder- und Elite-Einheiten gehört zum korporativen Block der Stabilisatoren.

Zu den Stabilisatoren unter den bekannteren Politikern zählen Präsident El'cin, Premier Cernomyrdin, die früheren Sprecher von Staatsduma und Föderationsrat, Ivan Rybkin und Vladimir Sumejko, dessen Nachfolger Egor Stroev, der Leiter des Föderalen (Inland-) Sicherheitsdienstes, Michail Barsukov, der Chef des Präsidialen Sicherheitsdienstes, Aleksandr Korzakov, der Sekretär des Sicherheitsrates, Oleg Lobov, der Leiter der Präsidialkanzlei und oberster Berater, Viktor Iljusin, und der frühere wie der jetzige Leiter der Präsidialadministration, Sergej Filatov und Nikolaj Egorov. Dabei sind die El'cin persönlich besonders ergebenen und weitgehend von ihm abhängigen Barsukov, Korzakov, Egorov, Lobov und Iljusin besonders hervorzuheben. Alle genannten Personen sind (ausser Cernomyrdin, dem Ex-Agrarier Rybkin, Sumejko und Stroev) weniger Vertreter konkreter regionaler oder sektoraler Interessengruppen als eine Kadergruppe um El'cin herum und definieren sich im wesentlichen durch und über diesen. Der eigens für die Duma-Wahlen geschaffene politische Flügel der Stabilisatoren ist die Bewegung "Unser Haus Russland" (*Nas dom Rossija*, NDR, mit Cernomyrdin). Sie erhielt rund fünfzig (von 450) Duma-Sitzen. In gewissem Sinn handelt es sich bei den Stabilisatoren um die *partija vlasti*, die "Partei der (derzeitigen) Macht".

Die *Umverteiler* unterscheiden sich von den Stabilisatoren vor allem dadurch, dass sie sich in deren Positionen wünschen. Keine Definition könnte ihre Primärziele treffender beschreiben. Ihre Herkunft ist ebenfalls heterogen, doch finden sich hier weniger neue und junge Aufsteiger als bei den Stabilisatoren. Die Umverteiler repräsentieren vor allem die derzeit von der Moskauer Zentrale wenig geförderten Regionen und Territorien, die binnenmarktbezogenen Produzenten, die Beschäftigten des Staatssektors, den nicht privatisierten (überwiegenden) Teil der Landwirtschaft und grössere Teile der älteren Generation. Die Umverteiler haben keinen direkten Zugang zu den zentralen elektronischen Medien. Auf regionaler und lokaler Ebene sieht es dagegen oft anders aus. Dafür sind sie bei den Printmedien recht gut vertreten. Die dort vermittelte, gegen die Regierung und den Präsidenten gerichtete Wahlpropaganda ist eine wesentliche Form der politischen Auseinandersetzung. Ausländische Partner stehen kaum zur Verfügung.

Von den Wirtschaftssektoren zählen insbesondere die Binnenmarktproduzenten zu den Umverteilern. Sie fühlen sich vom gegenwärtigen *Regime* vernachlässigt oder ignoriert. Sie leiden unter hohen Transportkosten, steigenden Energiepreisen und der chronischen *neplateza*, d.h. dem allseitigen Nichtbegleichen von Rechnungen und der Nichtauszahlung von Gehältern. "Die Regierung ist seit 1993 auf die Interessen der Exporteure ausgerichtet; alle anderen Gruppen auf die Interessen des Binnenmarktes", wie ein Beobachter im Sommer bemerkte.

Die Kommunisten (KPRF) mit Gennadij Zjuganov (sowie der ehemaligen Chasbulatov–Stellvertreterin Gorjaceva und dem Kemerovo–Aktivisten Tuleev) bestehen überwiegend aus Untergruppen und Personen, die die neuen Spielregeln zu ihren Gunsten nutzen wollen. Viele Unternehmer und Direktoren, die die KPRF finanzieren und fördern, sowie Teile der Generalität erwarten von einer Machtbeteiligung der KPRF keine revolutionären Inszenierungen, sondern andere Prioritäten bei Haushaltsentscheidungen und Privatisierungsstrategien. Eine Minderheit in der Partei gehört zu den Fundamentalisten. Die KP erhielt in den Dezemberwahlen rund 160 Duma–Sitze.

Ein wesentlicher Bestandteil der Umverteiler ist der Agrarsektor (APK). Die Agrarpartei (APR) mit Ivan Lapsin an der Spitze ist eine recht geschlossene Gruppe, wie ihre Arbeit in den vergangenen Parlamenten zeigt (jetzt noch mit gut zwanzig Sitzen vertreten). Kolchosverwaltungen und örtliche Administrationen in ländlichen Gegenden sorgen für ein nachhaltiges *Lobbying* in Moskau. Da diese Anstrengungen in den vergangenen beiden Jahren nicht zu den erwarteten Erfolgen führten – obgleich Vertreter der APR als stellvertretender Regierungschef (Zaverjucha) und als Landwirtschaftsminister (Nazarcuk) in der Regierung sitzen bzw. sassen –, wird die Parlamentsfraktion eher oppositionell geführt. In wesentlichen programmatischen und taktischen Fragen kooperiert die APR mit der KPRF, auch in Form von Listenverbindungen. Die Demokratische Partei (DPR) mit Sergej Glaz'ev gehört in dieses Lager, hat sich aber für die letzten Wahlen unter dem Dach des Kongresses der russischen Gemeinwesen (KRO) mit Gruppierungen zusammengetan, die mit den derzeitigen Stabilisatoren kooperieren. Beide haben nur wenige Duma-Sitze erhalten.

Die Machtapparate (*silovye struktury*) - Geheim- und Sicherheitsdienste, Innenministerium, Verteidigungsministerium, Grenztruppen - sind stark fragmentiert. Die Gruppen, die von Aleksandr Korzakov und Michail Barsukov kontrolliert und mit Haushaltszuwendungen gut versorgt werden, zählen eher zu den Stützen der Stabilisatoren. Die anderen Institutionen und Einheiten verteilen sich mit ihren oppositionellen Stimmungen über die Lager der Umverteiler (eher höhere Ränge und Funktionen) und der Fundamentalisten (mittlere Ränge).

Der Rüstungssektor, *Oboronka*, besteht nicht als geschlossener Bereich mit homogenen Interessen. Hier wird er pragmatisch verstanden im Sinne der wenig konkurrenzfähigen Industrien, d.h. ohne Luft- und Raumfahrt. Dieser stark binnenmarktabhängige, aber exportinteressierte Sektor wird vertreten vom Staatskomitee für Rüstungssektoren, der "Liga für die Rüstungsbetriebe" und, im politischen Raum, vor allem von Duma-Lobbyisten. Der KRO und die KPRF vertreten Positionen, die eine Umverteilung von Haushaltsmitteln zugunsten rüstungsintensiver Sektoren verlangen. Tatsächlich haben sich Ausrüstung und Schlagkraft der russischen Streitkräfte wesentlich verschlechtert. Dies zeigen die Vorgänge in Tschetschenien und Experteneinschätzungen, nicht zuletzt russischer Fachleute. Ausrüstung und Fähigkeiten der Armee werden oft überschätzt.

Einige Ethno-Eliten - vor allem der grössere Teil der Kosakenverbände, aber auch weitere Eliten, die sich ethnisch zu definieren suchen - mit oder ohne Territorium suchen Ressourcen zu ihren Gunsten umzuleiten und Einfluss über die Etablierung politisch-nationaler Territorien zu gewinnen bzw. zu behalten. Das betrifft viele der ehemaligen *Autonomien*, jetzt Republiken im Bestand der Russischen Föderation. Clanmotive, wirtschaftliche, politische und ideologische Zusatzinteressen erschweren es oft, den Kern der Motivlage zu erkennen.

Ein Teil der nicht-legalen Strukturen (*nelegaly*), die derzeit durch andere nicht-, noch nicht oder halblegale Strukturen zurückgedrängt sind, suchen sich über die Unterstützung der politischen Umverteiler eine bessere Position für Gegenaktionen zu verschaffen.

Eine Untergruppe der Umverteiler besteht aus den gemässigten Teilen, die auch eine Kooperation mit den Stabilisatoren nicht prinzipiell ablehnen. Dazu zählen insbesondere die im KRO zusammengeschlossenen Gruppen und Personen (Jurij Skokov, Aleksandr Lebed', Sergej Glaz'ev).

Gruppierungen, die in das Lager der *Fundamentalisten* gehören, sind in hohem Masse heterogen. Vertreter dieser Abteilung sind nur schwer einzuschätzen. Das ist ihre Schwäche, aber auch ihre Stärke. Ideologisch sind sie sehr uneinheitlich: Liberale, kommunistische, nationalistische Überzeugungen und personenbezogene Ausrichtungen konvergieren in ihrer unterschiedlich ausgeprägten Abneigung, mit dem *Regime* zu kooperieren. Viele der radikaleren Gruppen sehen in den kommenden zwei Wahlen und den damit einhergehenden politischen Instabilitäten ihre letzte Chance, den sich vollziehenden Wandel, den sie oft als geplanten und gesteuerten Verrat verstehen, anzuhalten und die politische Welt grundlegend zu ändern. Einige der Gruppen lieben die Anzettelung von Skandalen, die Fabrikation von kompromittierendem Material über die Gegner, die Ausstreuung von Gerüchten oder einfach prinzipielles Auftreten ohne realpolitische Kalküle, was sie gleichzeitig berechenbar und unberechenbar macht. Teilweise werden sie dabei von den Massenmedien unterstützt, die immer wieder als Verstärker wirken. Einzelne Gruppen zählen auch terroristische Aktionen zu ihren Instrumenten. Das gilt für paramilitärische Verbände der Ultranationalisten wie für religiöse Fundamentalisten und illegale Strukturen. Nicht wenige der radikalen Gruppen verfügen über eigene Zeitschriften, oft mit beträchtlicher Auflage (*Zavtra*, *Al'-Kods* und andere).

Das *Demokratische Russland* ist direkt ein sympathischer Vertreter dieser Richtung. Es handelt sich hier um ehemalige Mitstreiter El'cins, Sacharovs und anderer Demokraten der ersten Stunden in den achtziger Jahren, die heute entweder gestorben oder (real)politisch gewendet sind. Die Ethnologin Galina Starovojtova und der Priester Gleb Jakunin gehören zu diesem prinzipienfesten demokratischen Aufgebot der ersten *perestrojka*-Jahre.

Ein ganz anderes Profil hat die LDPR mit Vladimir Zirinovskij (rund fünfzig Duma-Sitze), die sich nach aussen radikal-prinzipiell geben. Tatsächlich haben sie in der ablaufenden Legislaturperiode der Duma nicht selten Präsident und Regierung vor peinlichen Abstimmungsniederlagen bei wichtigen Entscheidungen (wie über Misstrauensanträge) bewahrt. Ihren grossen Überraschungssieg von 1993 haben sie nicht wiederholen können, aber sie sind nach wie vor ein wichtiger Faktor.

Eine Reihe von radikalen kommunistischen (Anpilov), nationalistischen und imperialistischen Gruppierungen figurieren hier. Einige Ethno-Eliten, vor allem islamischer Ausrichtung, zählen ebenfalls zum schwer kalkulierbaren Bestand der Irrationalität. *Nelegaly* sind auch hier vertreten. Eine Untergruppe dieser Richtung besteht aus gemässigten politischen Fundamentalisten oder aus Gruppierungen, die nur auf eine Person orientiert und im übrigen nicht klar zuzuordnen sind. Das gilt auch für *Jabloko* mit Grigorij Javlinskij (rund fünfzig Sitze). *Jabloko* kritisiert Präsident und Regierung scharf, vor allem im wirtschaftlichen Bereich und zunehmend auch auf dem Feld der Aussenbeziehungen. Nur selten kommt es zu punktueller Kooperation, vor allem in den Duma-Ausschüssen. In der Substanz hat *Jabloko* jedoch Mühe, wesentliche politische Unterschiede zum *Regime* zu formulieren - sowohl in der Ökonomie wie in anderen Bereichen. Wichtigster Programmpunkt ist die Promotion des Parteichefs zum Präsidenten.

Damit ergibt sich Anfang 1996 folgende Gliederung der wesentlichen russischen Interessengruppen:

I Stabilisatoren

1 Banken
2 Andere private Finanzstrukturen (Versicherungen etc.)
4 Grosshandelsorganisationen
5 Öl, Gas and Pipelines
6 Waffen (Exporteure)
7 Flugzeuge und Weltraumausrüstung
8 Andere Branchen (Metalle, Diamanten, Gold)
14 Exekutivmacht (Apparat des Präsidenten und des Ministerrates, zentrale wirtschaftliche Stellen)
15 Machtstrukturen (Ministerien für Verteidigung, Inneres, Staatssicherheit, andere verwandte Abteilungen und Stellen)
16 Apparat der Repräsentativstrukturen (*Sovet Federacii*)
18 Kirchenhierarchie
19 Elitenetz; Dienstleistungen
20 Illegale Strukturen
21 Ethno-Eliten
22 Ausländische Firmen
23 IMF, Weltbank, G 7 und andere

II Umverteiler

9 Agro-Industrieller Komplex (APK)
10 Transport
11 Militärisch-industrieller Komplex MIC (VPK): andere, technisch intensive Branchen (Elektronik)
12 MIC: andere, technisch nicht intensive Branchen
13 Andere Sektoren der Verarbeitungsindustrie
15 Machtstrukturen (Ministerien für Verteidigung, Inneres, Staatssicherheit, andere verwandte Abteilungen und Stellen)
16 Apparat der Repräsentativstrukturen: Duma
17 Gewerkschaftsführung
20 Illegale Strukturen
21 Ethno-Eliten

Konsequenzen für die Aussenpolitik

In der klassischen Innen- wie Aussenpolitik bleiben somit recht wenige Primärinteressen für substantielle politische Auseinandersetzungen. Andere *issues* dienen eher dazu, die genannten und dominanten Interessen zu befördern und die entsprechenden Konflikte zu instrumentieren. Die so beschriebene Konstellation ist als solche nicht ungewöhnlich, wenn man die spezifische vor- und hochsowjetische Vorgeschichte zugrunde legt. Die Präsenz ausgebildeter Lobbies, Parteien und kompetenter Akteure, die über klassische staatliche Politik in der Substanz streiten, müsste eher erstaunen. Die dennoch von vielen im Westen erwarteten *gewohnten* Strukturen, Akteure, Interessen und Handlungsmuster werden sich später teilweise herausbilden, wenn sich die ökonomischen und sozialen Differenzierungsprozesse, die zunehmende gesellschaftliche Arbeitsteilung, die kulturelle Modernisierung mit dem Ziel des *nation-building* und organische föderale Beziehungen weiter entwickeln werden. Dann werden auch die dafür erforderlichen politischen Regulierungsformen angepasst - nicht umgekehrt.

Aussenpolitik ist, wie gesagt, wenig relevant. Die Schnittstelle zwischen den russischen Aktionsräumen zur Akkumulation von Kapital und Ressourcen und der Restwelt ist im wesentlichen nur dann interessant, wenn sie die Primärinteressen berührt: Wird die Tätigkeit ausländischer Banken und Versicherungen in der Russischen Föderation zugelassen? Was sind die geltenden Regime für den Ex- und Import von Waren? Wie sind Exportlizenzen für strategische Rohstoffe zu erhalten? Wie kann die Existenz von völkerrechtlich gültigen, aber faktisch ungewissen Grenzen zu einem geldwerten Vorteil gewendet werden? Etc.

Daraus folgt schlüssig und wahrscheinlich mittelfristig die Unfähigkeit, nationale Interessen verbindlich zu definieren und einen wirksamen Konsens darüber herzustellen. Hinzu kommt das Fehlen von Gestaltungsabsichten jenseits der unmittelbaren *concerns*. In der Folge ergibt sich ein *partikularer Charakter aussenpolitischer Interessen*. Die russischen Banken, die Hersteller von Flugzeugen und Raketen, die Produzenten von Öl und Gas, regionale Verwaltungen, zentrale Bürokratien - sie alle haben eigene Kalküle, die zumeist indirekt auch mit der Aussenwelt verbunden sind. Aber es fehlt eine mediatisierende und harmonisierende, auch Kompromisse erzwingende Instanz. Der Russische Staat ist nicht - noch nicht? - in der Lage, diese Rolle auszuüben.

Er simuliert sie stattdessen. Die Instrumente und Foren für Simulation sind die OSZE, der UN-Sicherheitsrat, Kontaktgruppen etc., d.h. Gremien, die er von der Sowjetunion geerbt hat. Die westlichen Partner akzeptieren diese Simulation in der Regel mit Dankbarkeit. Die ganzen Debatten im Westen über Institutionenbildung, Regimeausdehnung etc. verraten einen fast verzweifelten Hunger nach Aktions- und Integrationsfähigkeit in den osteuropäischen Transformationsräumen. Man sollte aber lieber zur Kenntnis nehmen, dass diese alle möglichen anderen Sorgen haben, und dass die Erweiterungs- und Anti-Ausdehnungsdebatten in Wirklichkeit die neueste und derzeit höchste Form der Selbsttherapie aussenpolitischer Eliten im Westen sind. Die Simulation wird dadurch erleichtert, dass aussenpoltisch relevante Fragen in der innenpolitischen Auseinandersetzung in der Russischen Föderation tatsächlich anklingen: Die offizielle, d.h. aussenamtliche und präsidiale Rhetorik in der Balkankrise, zur NATO-Osterweiterung, zu START und NPT etc. wird in der Staatsduma und von einigen

Medien aufgegriffen, attackiert und konterkariert. Doch geht es bei diesen Polemiken selten um die Substanz der Frage, sondern vielmehr um ihren *innenpolitischen Tauschwert*.

Damit sind wir beim nächsten Thema – der Instrumentalisierung aussenpolitischer Themen für innere Auseinandersetzungen. Im Rahmen des Gebrauchswerts der nicht–russischen Welt und ihrer Angelegenheiten für innerrussische Auseinandersetzungen haben die Themen und ihre Verpackung unterschiedlichen Nährwert. Zu den unbedingt gängigen Motiven zählen:

– Die Frage der nationalen Grösse und Würde Russlands, die als Metapher um so wichtiger wird, je geringer die reale Stärke ist.

– Die Westorientierung des Landes im Sinne von Spielregeln, die im wesentlichen marktreguliert sind und Interessenpluralismus organisieren sollen, ist grundsätzlich bis weit ins kommuno–patriotische Lager hinein unumstritten. Die innenpolitischen Gefechtslagen erfordern es jedoch, dass mehr und mehr Akteure ihre Interessen gegen westliche definieren.

– Das Motiv des Eurasismus, der als Gedankenströmung eine ehrenwerte Tradition hat, ist inzwischen zur wohlfeilen Brücke verkommen, die die merkantilen Fähigkeiten und Interessen von Gesinnungsliberalen und Patrioten mit der allfälligen Betonung der eigenen Spezifizität verbinden hilft.

Dabei ist die Skandalisierung der Perspektive, zu einem Rohstoffanhängsel (*pridatok*) des Westens zu werden, aus einem Instrument der Abwehr gegen die Exportinteressen des Energiekomplexes in der heimischen Ressourcenkonkurrenz inzwischen ein fast hegemoniefähiges nationales Ideologem geworden.

Nun ist es an der Zeit, einige der gängigsten Beispiele für eine angeblich geschlossene russische Politik vor dem Hintergrund der bisherigen Argumentation zu prüfen:

a) "*Die Intervention in Tschetschenien belegt den zunehmend aggressiven Charakter russischer Politik.*" Selten gab es einen Vorgang mit auch internationaler Wirkung, der so wenig aussenpolitisch motiviert war. Er war nicht einmal wesentlich regionalpolitisch motiviert – drei Jahre lang war dort eine unübersichtliche und wenig moskaufreundliche Lage von allen Seiten ausgehalten worden. Im Vergleich zu anderen Konfliktherden im Nord– und Transkaukasus (Ingusetija/Nordossetien, Nagorni Karabach etc.) war die Lage in Tschetschenien zudem nicht kriegerischer oder dramatischer. Dass im Herbst 1994 erst verdeckt und dann offen militärisch eingegriffen wurde, hatte fast ausschliesslich mit relativ engen machtpolitischen Kalkülen einiger Berater um den Präsidenten zu tun, die seine innenpolitische Lage und seine Wahlchancen durch eine schnelle und erfolgreiche *Polizeiaktion* verbessern wollten. Diese Absicht ist tragisch gescheitert, und als Nebeneffekt haben wir eine Demonstration der äusserst kritischen Lage der russischen Streitkräfte und Sicherheitsdienste geboten bekommen. Eine durchdachte aussenpolitische Strategie gab es nicht. Nach dramatischen Zuspit–

zungen geht es inzwischen um die Frage, welchen materiellen, politischen, psychologischen und humanitären Wert der Erhalt der territorialen Integrität der Russländischen Föderation hat.

b) "*Die serbenfreundliche Politik Russlands spricht für die Verfolgung geopolitischer Interessen Moskaus.*" Es ist keine wesentliche Gruppierung in Russland erkennbar, die nachvollziehbare und explizite Interessen auf dem Balkan hätte. Die "slawische Verwandtschaft" ist eine gemütvolle Behauptung ohne reale Substanz. Offizielle Äusserungen russischer Diplomaten bestimmten sich wesentlich dadurch, in diesem Politikfeld Gegenpositionen zu westlichen Auffassungen zu beziehen und dadurch eine Eigenständigkeit zu demonstrieren, die für den Hausgebrauch zu nutzen ist und zugleich nicht viel kostet. Dies ist allerdings nach den NATO-Aktionen 1995 schwieriger geworden - die russischen Akteure, die Verbindungen zur und Interesse an der Restwelt haben, äussern sich beleidigt darüber, dass sie vom Westen ignoriert werden. Zugleich können sie nicht leugnen, dass die Russische Föderation derzeit keine nutzbaren Ressourcen hat, um einen Grossmachtstatus auszufüllen - ausser gelegentlichen *threats by weakness*. Das Serbien/Bosnien-Thema dient somit als innenpolitischer Lackmustest für Patriotismus sowie als Schauplatz für Paralleldiplomatien zahlreicher rusisscher Interessenten.

c) "*Die russische Opposition gegen die Erweiterung der NATO nach Osten belegt einen neuen sicherheitspolitischen Gegensatz.*" Dieses Thema hat, wie bekannt, viele Aspekte: Vor allem die Frage der Wirkung einer Erweiterung auf die NATO selbst, nach dem realen Sicherheitsbedarf in den Kandidatenländern, nach der zu erwartenden Wirkung einer Entscheidung in Ostmitteleuropa, nach Angeboten für die Länder, die zunächst nicht aufgenommen werden sollen (Ukraine, Belarus', die baltischen Staaten und die Russische Föderation) und manches mehr.

Hier soll nur der letzte dieser Aspekte behandelt werden: Das Thema NATO steht real auf der politischen Agenda in Moskau. Zugleich ist es keines, das die russische Öffentlichkeit oder die Wirtschaftseliten mobilisieren könnte. Die politischen Eliten behandeln es als Test für die Ausprägung von Würde und Selbständigkeit Russlands, für das Ernstgenommenwerden durch westliche Staaten. Es geht nicht darum, die Existenz der NATO und ihre stabilisierende Wirkung in Frage zu stellen. Es geht vielmehr darum, dass - aus Sicht der in Moskau agierenden Politiker - ein Sicherheitsgewinn für die Visegrad-Staaten zu erwarten ist, vielleicht auch ein Stabilitätstransfer, während für die Räume östlich davon keine ernsthaften sicherheitspolitischen Konzeptionen erkennbar sind. Dies wird - von den wenigen, die sich überhaupt für die Frage interessieren - als Diskriminierung, Ignoranz oder Arroganz empfunden, auch von durchaus kooperationsbereiten und nüchternen Analytikern. Hinzu kommt, dass bisher alle russischen Vorschläge abgelehnt wurden (Beitritt Russlands zur NATO,

Aufwertung der OSZE bzw. Kompensation durch GUS-*peacekeeping*, KVE-Flankenregelungen), und dass dadurch Signale nach Osten geschickt werden, die kein besonderes westliches Interesse an einer Einbindung dieser Transformationsräume und an wirksamen gesamteuropäischen Regelungen erkennen lassen. Wenn hier ein sicherheitspolitischer Gegensatz vorliegen sollte, ist er jedenfalls nicht einseitig durch Akteure in Moskau herbeigeführt worden.

d) "*Russland verfolgt gegenüber der GUS eine klare Hegemonialpolitik.*" Dafür sprechen angeblich die (re)integrationsbetonte Rhetorik russischer Sprecher und das Verhalten Russlands in den Konflikten zwischen Georgien und Abchasien, gegenüber Aserbaidschan, Ukraine, Belarus' und in Tadschikistan. Es kann hier nicht jeder einzelne Fall geprüft werden. Allerdings sind folgende Umstände zu beachten: Die logistische und militärische Unterstützung der abchasischen Separatisten geschah auch durch russische Akteure (Armee-Einheiten in Georgien und im Wehrkreis Nordkaukasus, die Vereinigung kaukasischer Bergvölker etc.), aber weniger deutlich oder gar nicht durch die Präsidial- und Regierungsstrukturen in Moskau. Als der dort angeblich gewünschte Effekt – der Beitritt Georgiens zur GUS – möglich wurde, stimmte das patriotisch gestimmte Parlament gegen den Beitrittsvertrag, der angeblich von Anfang an angestrebt worden war. Der Nachfolger des auch durch russische Intrigen gestürzten früheren aserbaidschanischen Präsidenten Elcibej, Aliev, verfolgt eine nicht minder pragmatische und in vielem *westliche* Politik wie sein Vorgänger. Die Erschliessung und Realisierung der Kaspi-Ölreserven sind ein zu grosser Preis, um russischem Druck nachzugeben. Zudem spricht die russische Regierung in dieser Frage mit mehreren offiziellen Stimmen. Der Fall Belarus' zeigt, dass in Minsk und Moskau die jeweiligen Machteliten eine hörbare Integrationsrhetorik betreiben, der dann keine Taten folgen. Zwar läge ein Beitritt Weissrusslands zur Russischen Föderation vielleicht im strategischen Interesse Moskauer Geopolitiker, wäre ökonomisch aber sehr teuer.

Es zeigt sich an diesen wie an anderen Beispielen, dass es äusserst schwierig ist, *die* – oder eine – Moskauer Politik zu entdecken. Nimmt man regionale Aktivitäten von Provinzverwaltungen, Wehrkreisen und Kosakentümern hinzu, so ergibt sich ein gut gewürztes Menü der russischen Küche. Im übrigen gibt es wenig Interesse und noch weniger Instrumente, um eine neue Konfrontation mit dem Westen einzuleiten und zu bestehen. Es muss bei der Beurteilung um *capabilities* gehen, nicht um Deklarationen, Rhetorik und verkündete Absichten. Und: Es sollte um die Wirkung westlicher Massnahmen gehen, um die Wirkung auf reale Akteure, nicht auf leerlaufende Staatsgeschäfte. Die hier kurz behandelten Beispiele belegen nicht eine neue russische *assertiveness*. Sie lassen sich hinlänglich mit den anfangs entwickelten Kategorien und Erklärungen interpretieren.

Schlussfolgerungen

Nach all diesen Überlegungen sollte es leichter fallen, auf das Bild einer geschlossenen und konsequent verfolgten russischen Politik nach aussen zu verzichten. Darüber hinaus sollte auch die Vorstellung von Zufälligkeiten aussenpolitischen Agierens (nicht nur in Tschetschenien) und von *Ad-hocerie* zugelassen werden. Vor dem Hintergrund dieser Argumentation liegt die Beweisführung für die Konsistenz nationaler russischer Aussenpolitik wesentlich stärker bei denen, die eine solche behaupten, als bei denen, die sie nicht erkennen können.

Wer gegen alle Realität und Evidenz an der Existenz aktionsfähiger Administrationen und aussenpolitikfähiger Staaten etwa in Osteuropa festhält, weil diese Vorstellung vordergründig bequemer, verbreiteter und irgendwie eingängiger ist – der ähnelt einem Schachspieler, der darauf beharrt, eine Partie mit einem Gegenüber nach scheinbar verabredeten Regeln zu spielen, und dabei ignoriert, dass sein Partner aus einer Gruppe besteht, die an einem anderen Brett Mühle spielt. Wobei gelegentlich ein Mitglied dieser anderen Gruppe an das Schachbrett kommt, eher beiläufig einen Zug macht und wieder geht. Dieser Schlenderer, nennen wir ihn Kozyrev, Primakov oder Ivanov, existiert tatsächlich, und sein Job besteht darin, gelegentlich an das westliche Schachbrett zu kommen, Züge zu machen und den Eindruck zu vermitteln, er akzeptiere die Regeln und verfüge über die Ressourcen, Verluste notfalls auszugleichen. Der Westen hingegen erinnert an den Partner, der treu seine Partie mit diesem Russen spielt, obwohl er ob der prekären Lage seines sichtbaren Gegenübers weiss und ahnt, dass es dort Mitspieler und Regisseure gibt, die an der ganzen Partie desinterssiert sind. Man kann diese Partie natürlich aus Lustgründen spielen. Immer wieder.

Die verbreitete Unfähigkeit, *nationale Interessen zu definieren, aussenpolitische Strategien zu verfolgen, Entscheidungen zu treffen und durchzuhalten* bedeutet natürlich nicht, dass die Verhaltensweisen und auch das Nichtverhalten zu vielen Fragen in der Post-UdSSR nicht *internationale Wirkungen* haben. Die haben sie zweifellos. Die eigentliche Aufgabe, die sich westlicher Analyse und Politik stellt, lautet damit, wie mit hochgradig fragmentierten Räumen und Territorien mit politischen Ansprüchen, die selbst nicht der Lage sind, ihre eigenen Interessen zu aggregieren, d.h. die in gewisser Hinsicht keine Subjektqualität haben, umzugehen ist.

Die eine Variante wäre, sie zu ignorieren, falls dies möglich wäre. Warum aber sollte der Bau eines neuen Limes in Europa erfolgreicher sein als der alte? Die zweite Variante bestünde darin, die Transformationsräume in der Perspektive politik- und integrationsfähig zu machen. Das setzt zunächst wohl eine deutliche Entstaatlichung westlicher Politik und eine Verbreiterung der Kontaktstrategien voraus, ergänzt durch eine realistische Sicht der Transformationsperspektive. Ferner sollten wechselseitige Überforderungen vermieden werden, die jeweiligen Hauptinteressen gesehen und zunächst akzeptiert werden und die richtigen Beziehungsebenen gefunden werden. Insoweit dies nicht die Nationalstaaten sind, müssen die realen Akteure in ihrer Vielfalt identifiziert und in Kontakte einbezogen werden.

Nach der bisher angestellten Analyse fällt es schwer, im Rahmen der bisher in der westlichen Öffentlichkeit diskutierten und praktizierten Formen von *Hilfe* und Einflussnahme auf die sich wandelnden Gesellschaften in der ehemaligen Sowjetunion wirklich effektive und sinnvolle Formen zu identifizieren. Materielle Beihilfen in der Form globaler und mehr oder weniger ungebundener Mittelzuweisungen (Kapitaltransfers) sowohl an zentrale Apparate wie an regionale Eliten sind problematisch. Die Aufnahmeseite kann die Mittel entweder nicht zielgerichtet und effektiv einsetzen, oder sie fühlt sich zur Dissoziation ermutigt.

Was könnten sinnvolle Primärinteressen bezogen auf die Transformationen in Osteuropa sein? Ein wichtigeres Ziel als die Förderung eines möglichst stabilen Verlaufs der Wandlungsprozesse in Ostmitteleuropa und der früheren Sowjetunion kann ich mir nicht vorstellen. Das heisst: Ermutigung des Wandels bei verschiedenen sozialen und politischen Akteuren, Förderung gesamteuropäischer Kooperation gegen Tendenzen zu neuen Blockbildungen und Segmentierungen, Vermeidung von Zonen prinzipiell unterschiedlicher ökonomischer Perspektiven und Sicherheit etc. Eine sinnvolle Politik vor allem der OECD-Staaten und Gesellschaften gegenüber den sich transformierenden Räumen in Osteuropa müsste zunächst folgende Bereiche erfassen:

- die abgestufte politische und ökonomische Integration der osteuropäischen Regionen als regulierende Idee heute und als reale Möglichkeit in der Zukunft;
- die Vermeidung unbedachter Regimebildungen (übereilte Ostausdehnung von EU und NATO);
- die Öffnung westlicher Märkte für einige der ohnehin wenigen konkurrenzfähigen Produkte aus Osteuropa, d.h. selektive Öffnung für bestimmte Produktgruppen;
- eine reflektierte, kalkulierbare und koordinierte (Ein)Wanderungspolitik;
- die Erarbeitung und Förderung breiter, dezentraler Kontaktstrategien mit osteuropäischen Akteuren;
- Förderung im Grundlagenbereich, vor allem in der Infrastruktur (Transport und Kommunikation, Bildung und Gesundheit);
- Ausbau zwischenregionaler (substaatlicher) Kooperationen;
- Förderung der Vernetzung von NGOs und Selbsthilfegruppen;
- Akzeptanz der Herausbildung von eigenen politischen Interessen der hegemoniefähigen Eliten in Ostmitteleuropa und der früheren Sowjetunion, auch wenn sie sich teilweise von denen des Westens unterscheiden.

In kaum einem dieser Bereiche ist in absehbarer Zeit mit sichtbaren Erfolgen zu rechnen, da, erstens, die inneren Voraussetzungen für stabilisierende Aktivitäten nach aussen in vielen der potentiellen Partnerstaaten fehlen (zunehmend), und da, zweitens, Interessengegensätze zwischen westlichen Staaten eine ausreichend abgestimmte und effektive Politik nach Osten offensichtlich verhindern. Drittens intensiviert sich die Innenwendung wesentlicher Akteure. Äusseres (Re)Agieren wird oft durch innengeleitete Kalküle geformt. Dies bedeutet, dass die Aussichten auf eine erfolgreiche, realistische, abgestimmte und wirksame Politik der Einwirkung auf die sich wandelnden Gesellschaften Osteuropas und der früheren Sowjetunion, nüchtern betrachtet, gering sind. Eine Maxime, die dennoch Gültigkeit beanspruchen kann, lautet: Die Aufgabe besteht nicht darin, Stabilität einer notorisch instabilen Transformation zu erreichen, sondern Analysen und Politik unter Bedingungen eines fliessenden und widersprüchlichen, permanenten Wandels zu betreiben.

Sicherheitsinstitutionen im Wandel

Die Zukunft europäischer Sicherheit und Österreich

Von Heinz Gärtner

Österreich beteiligt sich mit einer kleinen Transporteinheit an der internationalen Friedenstruppe in Bosnien. Diese steht vor Ort unter NATO-Kommando. Die Rolle der NATO ist dabei durch eine Resolution des UN-Sicherheitsrates autorisiert. Die Beteiligung Österreichs an dieser Operation wirft eine Reihe von weiteren Fragen auf: Ist diese Teilnahme eine Vorstufe zum Beitritt Österreichs zur NATO? Muss Österreich seine Neutralität aufgeben? Ist die Teilnahme Österreichs an der Gemeinsamen Aussen- und Sicherheitspolitik (GASP) der Europäischen Union (EU) letztlich an eine Mitgliedschaft in der Westeuropäischen Union (WEU) oder auch der NATO gebunden? Und ist der Einsatz österreichischer Soldaten dann an Entscheidungen der WEU oder NATO gebunden? Um diese Fragen beantworten zu können, müssen vorerst einige grundsätzlichere Überlegungen über die veränderte Situation angestellt werden, in der sich die Bündnisse in der Zeit nach dem Kalten Krieg befinden.

Veränderung der Bündnisse

Die NATO

Die NATO-Strategie der kollektiven Verteidigung beruht auf dem Prinzip der Abschreckung und des Mächtegleichgewichts. Sie ist in Art. V des Nordatlantikvertrages von 1949 definiert. Darin heisst es:

> "Die Parteien vereinbaren, dass ein bewaffneter Angriff gegen eine oder mehrere von ihnen in Europa oder Nordamerika als Angriff gegen sie alle angesehen wird..."

Der Artikel legt sodann die Verpflichtungen der Mitgliedsstaaten im Fall eines bewaffneten Angriffes fest. Sie müssen unverzüglich einzeln und im Zusammenwirken mit den anderen Vertragsparteien diejenigen Massnahmen treffen, einschliesslich der Anwendung von Waffengewalt, die jeder einzelne für erforderlich hält. Es steht damit jedem Land frei, die von ihm für nötig befundenen Schritte zu unternehmen. Damit gibt die NATO den Mitgliedern einerseits Sicherheitsgarantien, anderseits ist nicht festgelegt, worin diese Garantien bestehen.

Nach dem Ende des Kalten Krieges ergab sich für die NATO eine neue Situation. Alle Militärexperten des Westens sind sich einig, dass die massive und unmittelbare Bedrohung, wie sie im Kalten Krieg vorhanden war, weggefallen ist. Russlands Militärpotential ist östlich des Urals konzentriert. Nach Berechnungen des Londoner Internationalen Instituts für Strategische Studien (IISS) liegt das russische Militärpotential in der Zentralregion zwischen 50% und 70% unter dem Russland im KSE–Vertrag (Vertrag über Konventionelle Streitkräfte in Europa) von 1990 zugestandenen Niveau. Die Vorwarnzeiten für einen russischen Angriff haben sich nach Expertenangaben von einigen Tagen auf mehrere Jahre erhöht.

Vertreter der realistischen Schule sind der Meinung, dass Bündnisse ohne Bedrohung keine längerfristige Überlebenschance haben. *Kenneth Waltz* ist überzeugt, dass ein Ende der NATO zwar nicht eine Frage von Monaten, aber doch von Jahren ist. Diese Einschätzung scheint sich jedoch als falsch herauszustellen. Fünf Jahre nach Ende des Ost–West–Konfliktes zeigt die NATO keine Anzeichen, sich aufzulösen. Das Wegfallen sowohl einer offensichtlichen Bedrohung als auch einer klaren Führung hat aber zur inneren Auflockerung des Bündnisses geführt. Das Prinzip der kollektiven Verteidigung mit Sicherheitsgarantien verliert an Bedeutung. Die NATO wird dieses Prinzip zwar nicht aufgeben, denn es ist Teil ihrer Identität, aber nach dem Kalten Krieg braucht sie neue Aufgaben und Instrumente. Mit dem Programm "Partnerschaft für den Frieden" (PfP) hat die NATO ein Instrument geschaffen, mit dem sie eine neue Orientierung einleitet, ohne die alte zu sehr verändern zu müssen. Das Programm hat den Vorteil, dass es so flexibel formuliert ist, dass jedes Land nach seinen Möglichkeiten und Wünschen daran teilnehmen kann. Die wichtigsten Elemente sind:

- Schaffung von Transparenz bei Planung und Finanzierung;
- demokratische Kontrolle der Streitkräfte;
- kooperative militärische Beziehungen mit der NATO zur gemeinsamen Durchführung von Planung, Training und Manövern, um die Fähigkeit für *peacekeeping* und humanitäre Operationen zu stärken;
- die Fähigkeit, Operationen unter dem Mandat von multilateralen Organisationen (UNO, OSZE) durchzuführen;
- Konsultationen mit der NATO im Krisenfall.

Die NATO übernimmt auch neue Missionen wie präventive Diplomatie und *peacekeeping*. Ihre Aufgabe ist nicht mehr nur die Förderung der Solidarität unter den Mitgliedern, sondern auch die Verstärkung der Kooperation mit den ostmit–

teleuropäischen Ländern sowie Russland. Zusätzliche Aufgaben könnten hinzukommen, wie etwa die Verhinderung von Proliferation.

NATO-Erweiterung

Welches Modell ist geeignet, die Erweiterung eines Sicherheitssystems auf Ostmitteleuropa und Russland zu erfassen? Die Debatte um die Erweiterung der NATO hängt eng damit zusammen, welchen Weg die NATO einschlagen wird. Bleibt sie vorwiegend ein Instrument der Abschreckung, dann wird sich Russland der Aufnahme der ostmitteleuropäischen Länder wahrscheinlich vehement widersetzen. Russland wird annehmen, dass die NATO im wesentlichen eine antirussische Organisation ist. Verfolgt die NATO hingegen eine institutionalistische Strategie im Sinne der Schaffung von Sicherheit und Stabilität durch Kooperation zwischen den Mitgliedern und darüber hinaus, dann wird Russland einer Erweiterung weniger skeptisch gegenüberstehen.

Vorerst will die NATO beides sein: Abschreckung und Basis für Kooperation. Das äussert sich darin, dass man den beitrittswilligen Ländern zu verstehen gibt, dass die NATO einen Schutz gegen ihre historische Bedrohung darstellt, während man Russland gleichzeitig versichert, dass eine NATO-Erweiterung nichts mit einer russischen Bedrohung zu tun hätte. Will die NATO aber primär eine Organisation kollektiver Verteidigung sein und bleiben, dann macht eine Erweiterung nur Sinn, wenn sie gegen eine Bedrohung gerichtet ist. Dafür gibt es auf absehbare Zeit keine Notwendigkeit: Auch für die ostmitteleuropäischen Länder stellt Russland keine unmittelbare Bedrohung dar. Wenn Russland tatsächlich als Bedrohung empfunden würde, würden sie nicht wie alle westlichen Länder abrüsten, Militärausgaben kürzen und die Militärdienstzeiten verringern. Und die Erweiterung der NATO nach Osten würde das Mächtegleichgewicht in Europa verändern. Entwickelt sich die NATO hingegen zu einer Institution kooperativer Sicherheit, in der kollektive Verteidigung nur eine untergeordnete Rolle spielt und nur für die Kernländer im traditionellen Verständnis gilt, dann werden die beitrittswilligen Länder enttäuscht sein, dass sie vielleicht nicht die klaren Sicherheitsgarantien erhalten, die sie erwarten. Sicherheitsgarantien wären aber der einzig zwingende Beitrittsgrund.[1]

Natürlich gibt es auch andere Gründe für diese Staaten, sich dem atlantischen oder einem noch zu gründenden europäischen Bündnis anschliessen zu wollen: Erlangung westlicher Identität, Unterstützung bei der Demokratisierung, Verhinderung von ethnischen und anderen inneren Konflikten. Alle diese Gründe

[1] Zu Argumenten für die NATO-Erweiterung siehe Ronald D. Asmus/Richard L. Kugler/F. Stephen Larrabee: NATO Expansion; The Next Steps, in: Survival, 37, No. 1, Spring 1995, pp. 7-33.

sind aber nicht notwendigerweise mit einem NATO–Beitritt verknüpft. Sie sind Ergebnisse bestimmter Zivilisierungsprozesse und nicht von formalen Mitgliedschaften. Institutionen können dabei sicherlich eine Hilfestellung geben. Dafür sind aber OSZE, Europarat oder die "Partnerschaft für den Frieden" besser geeignet als ein System kollektiver Verteidigung. Sicherheitsgarantien leisten dabei keinen Beitrag. Sollte die NATO aber tatsächlich in der Lage sein, diese Probleme zu lösen, dann müssten ganz andere Staaten Mitglieder werden, wie etwa die Balkanstaaten, die baltischen Staaten, die Ukraine, Moldova, Weissrussland etc.[2]

Für die NATO wäre es aber auch ein Risiko, wenn sie Aufgaben übernehmen würde, für die sie nicht gerüstet ist.[3] Würde sie Sicherheitsgarantien für Länder abgeben, in denen der Ausbruch gewaltsamer innerer Auseinandersetzungen wahrscheinlich ist, würde sie entweder in diese Konflikte hineingezogen werden, ohne wirklich Lösungen anbieten zu können, oder sie würde unglaubwürdig werden. Man braucht sich nur vorzustellen, das ehemalige Jugoslawien wäre ein Mitglied der NATO mit Sicherheitsgarantien gewesen, um die ganze Tragweite dieses Argumentes abschätzen zu können.

Eine Möglichkeit, diese Gefahr für die NATO zu verringern, wäre, Ausnahmen für Sicherheitsgarantien zu definieren. Art. V würde dann für innere Konflikte oder bei Grenzkonflikten von Nachbarstaaten nicht gelten. Solche Ausnahmeregelungen würden aber einerseits – nach Frankreich, Dänemark und Norwegen – weitere Kategorien von Mitgliedern schaffen und sich auf die Kohäsion der NATO insgesamt auswirken, während anderseits die Erwartungen der beitrittswilligen Länder nicht erfüllt würden.[4]

Mit Sicherheitsgarantien ist auch der Schutz bei einem Nuklearangriff verbunden. Nukleargarantien in einem System kollektiver Verteidigung beinhalten auch, dass die abschreckende Macht einen atomaren Schlag auf das eigene Territorium riskiert. Eine NATO–Erweiterung würde deshalb bedeuten, dass die USA ihren Nuklearschirm weiter nach Osten ausdehnen. Sie müssten notfalls bereit sein, Chicago oder Seattle für Bratislava, Budapest, Warschau oder Prag zu opfern. Es ist nicht zu erwarten, dass der US–Kongress dies leichtfertig akzeptiert.

---

[2] Michael Mandelbaum: Preserving the Peace; The Case against NATO Expansion, in: Foreign Affairs, 74, No. 3, May/June 1995, pp. 9–13.

[3] Zu Argumenten gegen die NATO–Erweiterung siehe Michael E. Brown: The Flawless Logic of NATO Expansion, in: Survival, 37, No. 1, Spring 1995, pp. 34–52.

[4] Ähnliche Ausnahmeregelungen hat auch die WEU bei potentiellen Konflikten im Hinblick auf das griechisch–türkische Verhältnis zwischen Mitgliedern und assoziierten Mitgliedern geschaffen. Beim Treffen der Aussen– und Verteidigungsminister der WEU im November 1992 wurde Art. V des WEU–Vertrages, der Sicherheitsgarantien vorsieht, dahingehend interpretiert, dass im Falle von "Problemen" eines WEU–Mitgliedes mit einem assoziierten Mitglied eine diplomatische Lösung gesucht werden sollte.

Die Gemeinsame Aussen- und Sicherheitspolitik (GASP)

Die GASP steht vor einer ähnlichen Entscheidung. Voraussetzung, dass sie sich zu einem Militärbündnis entwickelt, wäre eine entsprechende Bedrohung, gegen die die EU eine Abschreckungsmacht aufbaut. Es reicht vermutlich nicht aus, ein Bedrohungsbild zu schaffen, ohne dass dahinter eine reale Bedrohung mit feindlichen Absichten und entsprechenden militärischen Kapazitäten steht. Die GASP könnte im Sinne kollektiver Verteidigung das Prinzip der Sicherheitsgarantien für alle Mitglieder einführen. Institutionell würde dies dadurch möglich, dass die EU die Beistandspflicht des Brüsseler Vertrages der WEU (Art. V) übernimmt. Offen ist allerdings, ob alle Mitglieder diese Verpflichtungen übernehmen wollen, ohne dass sie die damit verbundenen Sicherheitsgarantien tatsächlich benötigen.

Man kann aber davon ausgehen, dass potentielle neue Bündnisse (WEU, GASP) keine so festen Strukturen haben werden die NATO während des Kalten Krieges. Eine erfolgversprechendere Strategie wäre daher, wenn sich die GASP darauf konzentrieren würde, die Sicherheit durch die Förderung verschiedener Formen von Kooperation und Konsultation zwischen den Mitgliedern zu erhöhen. Das schliesst gemeinsame Aktionen durchaus mit ein, die auch auf den verteidigungspolitischen und militärischen Bereich ausgedehnt werden könnten. Eine Möglichkeit wäre, dass die EU die Missionen übernimmt, die in der Petersberger Erklärung der WEU vom Juni 1992 enthalten sind. Dazu gehören Krisenmanagement, *peacekeeping*, humanitäre Aktionen, aber auch Kampfeinsätze. Dieses Modell müsste jedoch auf Freiwilligkeit beruhen. Mehrheitsentscheidungen wären möglich, Staaten sollten aber nicht gezwungen werden, an bestimmten Aktionen teilzunehmen. Die Petersberger Erklärung nimmt darauf Rücksicht: "Über die Teilnahme an bestimmten Operationen" entscheiden nämlich "die Mitglieder als souveräne Staaten entsprechend ihrer jeweiligen Verfassung".[5]

Flexibilität und Neutralität

Neutralität im Kalten Krieg und während der Entspannungsperiode war ein theoretischer Anachronismus. Die *balance-of-power*-Theorie kennt Neutralität im Prinzip nicht. Staaten würden sich entweder gegen die mächtigsten Staaten zusammenschliessen, um Gefahrenquellen auszugleichen, oder sie wären gezwungen, sich mit mächtigen Staaten zu verbünden (*bandwagoning*). Nach dieser Theorie hätten sich die neutralen Staaten einem der beiden Blöcke anschliessen müssen: Entweder um Macht auszugleichen oder um Macht nachzu-

[5] Petersberger Erklärung des Ministerrates der Westeuropäischen Union (WEU) über seine Tagung am 19. Juni 1992 in Bonn, II.3, abgedruckt in: Europa-Archiv, Folge 14, 1992.

geben. Folgerichtig zählten viele amerikanischen *balance-of-power*-Theoretiker die neutralen Staaten zur potentiellen Einflusszone der Sowjetunion.

Die *balance-of-threat*-Theorie nimmt dagegen an, dass sich Staaten gegen Bedrohungen und nicht gegen Machtpotentiale zusammenschliessen. Nach dieser Theorie hätten die neutralen Staaten dem westlichen Bündnissystem beitreten müssen, um die Bedrohung durch den Warschauer Pakt auszugleichen.

Während des Kalten Krieges waren Militärbündnisse die Regel, Flexibilität die Ausnahme. Nach dem Ende des Kalten Krieges stellt sich die Situation ganz anders dar. Ein Bündnis hat sich völlig aufgelöst, das andere nimmt lockere Formen an und sucht neue Aufgaben. Flexiblere Aussenpolitik sowohl innerhalb als auch ausserhalb von Bündnissen wird wieder möglich. Kollektive Verteidigung wird eine Restgrösse. Es ist letztlich auch nur dieser Kern der kollektiven Verteidigung, der mit Neutralität unvereinbar ist. Unterschiedliches Verhalten in bestimmten Konflikten wird wieder wahrscheinlich. Die Mitgliedsstaaten von Bündnissen werden die Konsultationsmechanismen - wie in Art. IV des Nordatlantikvertrages und Art. VIII des WEU-Vertrages vorgesehen - verstärkt nützen, um ihre Gründe darzulegen, ob und in welcher Weise eine Bedrohung oder ein Konflikt ihre Teilnahme erforderlich macht. Die grossen Staaten werden gegebenenfalls ihre nationalen Interessen geltend machen, was im Einzelfall durchaus Nichtteilnahme an militärischen Aktionen (neutrales Verhalten) bedeuten kann.

Österreich benötigt keine Sicherheitsgarantien. Der Angriff eines feindlichen Bündnisses oder Staates auf Österreich ist nicht zu erwarten. Alle anderen Konflikte - Grenzkonflikte, ethnische Konflikte -, die Österreich betreffen könnten, muss das Bundesheer allein bewältigen. Weder die NATO, die WEU noch ein anderes Militärbündnis werden sich in einen solchen Konflikt einmischen wollen.

Die Konzentration der Debatte auf Sicherheitsgarantien verstellt die Sicht auf die vielfältigen Möglichkeiten, in Sicherheitssystemen aktiv zu werden. Die Bedrohungen sind flexibler geworden, und sie erfordern flexible, problembezogene Antworten. Dazu gehören Aufgaben wie der Schutz und die Unterstützung demokratisch-parlamentarischer Einrichtungen, die Förderung sozialer und marktwirtschaftlicher Strukturen, Konfliktverhütung und -lösung, Krisenmanagement, *peacekeeping* sowie humanitäre Aktionen. Erstere sind im Nordatlantikvertrag vorgesehen, letztere hat etwa die Petersberger Erklärung der WEU formuliert. Sie sind nicht Teil kollektiver Verteidigung, also keine Art.-V-Operationen. Neue Instrumente zur Durchführung dieser Aufgaben, die durchaus mit einer flexiblen Interpretation von Neutralität vereinbar sind, sind:

1) Die *Partnerschaft für den Frieden* (PfP). Das PfP-Programm hat fünf Hauptanliegen: a) Die Erhöhung der Transparenz nationaler Verteidigungs- und Budgetplanung; b) die Aufrechterhaltung der Kapazität und Bereitschaft, zu UN- oder OSZE-Operationen beizutragen; c) Entwicklung kooperativer militärischer

Beziehungen mit der NATO; d) die Verbesserung der Kompatibilität mit den NATO–Streitkräften; f) die demokratische Kontrolle der Streitkräfte. Zusätzlich sind Konsultationen im Krisenfall vorgesehen. Der grosse Vorteil von PfP ist, dass die einzelnen Mitgliedsstaaten flexible "individuelle Partnerschafts-programme" ausarbeiten können. Nicht–NATO–Mitglieder nehmen im Rahmen von IFOR und PfP an der Aktion *Joint Endeavour* teil.

2) Die *Combined Joint Task Force* (CJTF). Das beim NATO–Gipfel im Januar 1994 ins Leben gerufene Konzept verfolgt im wesentlichen drei Ziele: a) Die NATO–Struktur flexibler zu gestalten, um auch auf Nicht–Art.–V–Fälle reagieren zu können, die Anfragen der UNO oder der OSZE einschliessen; b) zu erleichtern, dass NATO–Streitkräfte doppelt, d.h. für die NATO und die WEU - "separable but not separate" - eingesetzt werden können; c) Nicht–NATO–Partnern die Möglichkeit geben, an NATO–Operationen, Übungen und Training teilzunehmen, wie es in der PfP vorgesehen ist. Bisher ist allerdings die Implementierung dieses Konzeptes nicht weit vorangekommen.

3) Eine *coalition of the willing*, d.h. von Staaten, die eine Aktion durchführen wollen, von den nicht–teilnehmenden Staaten aber nicht behindert werden.

4) *Ad–hoc–Koalitionen* nach dem Vorbild des zweiten Golfkrieges 1991; *case–by–case*–Operationen.

5) *Bilaterale Übereinkünfte*. Sie stehen nicht im Widerspruch zum Vertrag von Maastricht. Art. J.4 (5) von Titel V stellt fest, dass der Artikel eine engere Kooperation zwischen zwei oder mehreren Mitgliedsstaaten nicht behindern darf.

Die Teilnahme von im Kern neutralen Staaten an diesen Aktionen ist durchaus möglich. Die Einsätze müssen mit den Bestimmungen der UN–Charta im Einklang stehen und vom UN–Sicherheitsrat autorisiert sein. Unter diesen Bedingungen wäre selbst die Teilnahme an Kampfeinsätzen denkbar. Österreich kann anbieten, sich an Aktionen zu beteiligen, ohne dafür gleich Garantien einzufordern. Über die Art und Weise müsste es allerdings von Fall zu Fall selbst entscheiden. Eine politisch–parlamentarische Entscheidung ist zudem bei weitem demokratischer als eine jeweilige Neuinterpretation des Neutralitätsrechts.

Kleine und grosse Staaten

Insbesondere kleine Staaten sind gefangen zwischen der Angst, einerseits von einem Bündnis im Stich gelassen zu werden, anderseits durch eine Mitgliedschaft in Konflikte verwickelt zu werden, mit denen man nichts zu tun haben will. Kleinere Staaten haben deshalb oft die Neigung, Beistandsverpflichtungen ernster zu nehmen als grosse Bündnismitglieder, und sind dann gezwungen, auch die Konsequenzen zu tragen. Neuseeland etwa, das wegen Bündnisverpflichtungen an beiden Weltkriegen, am Korea–, Vietnam– und Golfkrieg teilnahm, hatte ins–

gesamt die höchste Zahl an Opfern im Verhältnis zur Gesamtbevölkerung zu beklagen. Grosse Bündnismitglieder haben sich dagegen Möglichkeiten der Freiheit der Entscheidung bei militärischen Operationen ausserhalb der kollektiven Verteidigung geschaffen:
- Auf deutschen Wunsch sind die in der Petersberger Erklärung vorgesehenen Missionen nicht Teil der kollektiven Verteidigung.
- Das Urteil des deutschen Bundesverfassungsgerichtes vom 12. Juli 1994 verweist darauf, dass das Grundgesetz die Bundesregierung verpflichtet, für einen Einsatz bewaffneter Streitkräfte die - grundsätzlich vorherige - konstitutive Zustimmung des Deutschen Bundestages einzuholen.
- Die *Presidential Decision Directive 25* des amerikanischen Präsidenten vom Mai 1994 formuliert für die Teilnahme von US-Truppen an UN-Operationen starke Beschränkungen: Amerikanische Interessen müssen berührt sein; die Zustimmung des Kongresses ist erforderlich; klare politische und militärische Ziele müssen vorgegeben sein; ein Ende der Beteiligung von US-Truppen muss absehbar sein; es müssen akzeptable Kommandostrukturen bestehen; die Notwendigkeit von US-Truppen für den Erfolg der Operation muss gegeben sein.

Es ist nicht klar, warum ein kleiner Staat nicht ähnliche Bedingungen formulieren kann. Natürlich müssten diese angepasst werden. Insbesondere sollten kleinere und neutrale Staaten spezifische Aufgaben übernehmen, auf die sie spezialisiert sind und wofür Personal ausgebildet ist. Eine Mitgliedschaft in Militärbündnissen ist dafür allerdings keine Bedingung.

Modelle für die Zukunft

Die Ausgestaltung eines europäischen Sicherheitssystems ist unklar. Im folgenden sollen einige Optionen basierend auf Theoriemodellen diskutiert werden. Sechs Modelle werden vorgestellt, die jeweils eine unterschiedliche Perspektive einnehmen:
- Das realistische/neorealistische Modell
- Das institutionalistische Modell
- Das Modell des Mächtekonzertes
- Das Modell der pluralistischen Sicherheitsgemeinschaften
- Die These von Demokratie und Frieden
- Ein Modell für Kleinstaaten?

Das realistische/neorealistische Modell

Für klassische Realisten (*Morgenthau*[6]) wie für Neorealisten (*Waltz*) sind Militärbündnisse temporäre Erscheinungen. Auch *John Mearsheimer*[7] ist wie *Kenneth Waltz* der Meinung, dass die Tage der NATO gezählt sind und sie sich auflösen könnte. Militärbündnisse werden für bzw. gegen Bedrohungen und Kriege gegründet und verlieren mit dem Verschwinden der Bedrohungen auch wieder ihre Funktion.[8]

Stephen Walt[9] hat das Prinzip des Machtausgleichs durch das des Bedrohungsausgleichs (*balance of threat*) erweitert. Nach dieser Theorie bilden Staaten nicht so sehr Gegengewichte und Bündnisse gegen die dominante Macht, sondern gegen die wahrgenommene Bedrohung. Bündnisse verändern sich daher, wenn sich die Bedrohung verändert. Die Betonung von Bedrohung gegenüber Macht ändert jedoch nichts an der grundsätzlichen Annahme, dass Militärbündnisse verschwinden, wenn die Bedingungen, die zu ihrer Gründung geführt haben, nicht länger existieren.

Da es für die NATO, die WEU oder die GASP weder ein übermächtiges Militärpotential auszugleichen gilt, noch eine entscheidende Bedrohung vorhanden ist, scheint dieses Modell für die europäische Sicherheit nach Ende des Kalten Krieges wenig Relevanz zu haben. Es ist nicht wahrscheinlich, dass Sicherheitssysteme oder Militärbündnisse nach diesem Modell ausgerichtet werden, vor allem weil Vertreter dieser Schule selbst vom Ende der klassischen Militärbündnisse sprechen. Wenn (Neo–)Realisten in diesem Punkt in bezug auf die NATO auch nicht recht behalten, so scheint sich doch zu bestätigen, dass der "realistische Kern" der NATO, die kollektive Verteidigung (Art. V des NATO-Vertrages) an Bedeutung verliert. Das Modell des *balance of threat* könnte nur dann wieder aktuell werden, wenn Russland erneut zu einer realen militärischen Bedrohung werden würde. Auf absehbare Zukunft dürfte das aber nicht der Fall sein.

Ein vereintes Europa könnte nach *Waltz* im Sinne des Mächtegleichgewichts dann entstehen, wenn Europa eine dritte Supermacht wird. Trotz der Schwierigkeiten, eine effektive politische Einheit zu schaffen, die nicht nur die Wirtschaft, sondern auch die Aussen- und Verteidigungspolitik umfasst, könnten

[6] Hans Morgenthau: Politics among Nations, New York 1985, sixth ed., pp. 205–206.
[7] John J. Mearsheimer: Back to the Future, in: International Security, 15, No. 1, Summer 1990, p. 52.
[8] Der Unterschied zwischen Waltz und Morgenthau besteht darin, dass für Morgenthau subjektive Motivation und Absicht hinter dem Gleichgewichtsverhalten stehen, während für Waltz Machtgleichgewicht aus der objektiven Struktur der internationalen Anarchie und dem Überlebenswillen von Staaten entsteht.
[9] Stephen M. Walt: The Origins of Alliances, Ithaca NY 1987.

für *Waltz* die Ängste vor einem mächtigen Deutschland und die Konkurrenz mit Japan und den USA Westeuropa zur Einheit befähigen.[10]

Das institutionalistische Modell

Die (neo–)realistische und institutionalistische Schule unterscheiden sich vor allem in der Beurteilung des Einflusses der internationalen Institutionen auf internationale Stabilität. (Neo–)Realisten nehmen an, dass internationale Institutionen die Machtverhältnisse reflektieren, während Institutionalisten davon ausgehen, dass sie staatliches Verhalten entscheidend beeinflussen können. Für (Neo–)Realisten dominiert das Eigeninteresse der Staaten. Institutionalisten argumentieren hingegen, dass internationale Institutionen Staaten dazu bringen können, Eigeninteresse zugunsten von Kooperation zurückzustellen.

Institutionalisten fühlen sich durch die Entwicklung nach dem Ende des Kalten Krieges bestätigt. Internationale Organisationen wären in der Lage gewesen, die Übergangsperiode weitgehend friedlich zu gestalten.[11] *Robert Keohane* und *Celeste Wallander*[12] argumentieren sogar, dass die NATO während des Kalten Krieges erfolgreich war, nicht weil sie dem Prinzip des Mächtegleichgewichts folgte, sondern weil sie eine Institution war.[13] Institutionalisten sehen die Aufgabe der Institutionen in der Reduzierung von Unsicherheit. Internationale Institutionen können symmetrische und glaubwürdige Information zur Verfügung stellen, die allen interessierten Teilnehmern erlaubt, gute von schlechten Partnern zu unterscheiden, und daher die Transaktionskosten reduziert.[14]

Während des Kalten Krieges war die NATO dem Prinzip des Mächtegleichgewichts und der Abschreckung durch kollektive Verteidigung verpflichtet. Wegen der veränderten Bedrohungssituation nach dem Kalten Krieg ist anzunehmen, dass sich die NATO mehr und mehr vom realistischen zum institutionalistischen Prinzip bewegt. Der realistische Kern der kollektiven Verteidigung wird dann erhalten bleiben, aber nicht länger entscheidend sein. Das Schwergewicht würde sich auf die Schaffung von Sicherheit und Stabilität durch Förderung von Kooperation verlegen. Die NATO kann nicht mehr ausschliesslich am Prin–

---

10 Kenneth N. Waltz: The Emerging Structure of International Politics, in: International Security, 18, No. 2, Fall 1993, pp. 69–70.

11 Robert O. Keohane/Joseph S. Nye/Stanley Hoffman (Eds.): After the Cold War; International Institutions and State Strategies in Europe, 1989–1991, Cambridge MA 1993.

12 Celeste A. Wallander/Robert O. Keohane: Toward an Institutional Theory of Alliances, Paper Prepared for the Meeting of the International Studies Association in Chicago, 21–25 February 1995, pp. 10–11. – Robert O. Keohane/Lisa L. Martin: The Promise of Institutionalist Theory, in: International Security, 20, No. 1, Summer 1995, pp. 39–51.

13 Mearsheimer führt dagegen an, dass institutionalistische Vorstellungen nichts mit Abschrekkung zu tun hätten. Siehe dazu John J. Mearsheimer: A Realist Reply, in: Ibid., pp. 83–87.

14 Wallander/Keohane, Toward an Institutional Theorie (Fn. 12).

zip der kollektiven Verteidigung festhalten, sondern sie muss neue Aufgaben übernehmen. Das institutionalistische Modell würde in der NATO zu einer Aufwertung der Konsultationsmechanismen von Art. IV des Nordatlantikvertrages und in der WEU von Art. VIII des Brüsseler Vertrages führen. Im Rahmen des institutionalistischen Modells können auch die Partnerschaft für den Frieden, Konfliktverhütung, Krisenmanagement, friedenserhaltende Operationen, humanitäre Aktionen etc. angesiedelt werden.

Das Modell des Mächtekonzertes

Für das Modell des Mächtekonzertes[15] ist Grossmächtekooperation auf der Basis gemeinsamer Interessen die beste Garantie für Sicherheit. Voraussetzung für die Errichtung eines Grossmächtekonzertes ist eine von den Grossmächten garantierte multipolare Ordnung in Europa. Vorbild für dieses Modell ist die nach-Napoleonische Zeit, beginnend mit dem Wiener Kongress 1815. Konzerte basieren neben der Grossmächtekooperation auf dem Prinzip des Mächtegleichgewichts. Keiner darf stärker sein als alle anderen zusammen. Realisten betrachten dieses Prinzip als entscheidend für das Funktionieren von Konzerten.[16] Andere Autoren glauben, dass sie wie Systeme kollektiver Sicherheit gestaltet sein könnten.[17] Sie dienten der Erhaltung des Friedens und würden immer nur ein Gleichgewicht gegen potentielle Aggressoren herstellen. Realisten hingegen betrachten kollektive Sicherheitssysteme zur Erhaltung des Friedens und Konzerte zur Erhaltung eines Mächtegleichgewichts als gegensätzlich und nicht miteinander vereinbar.

Das Modell basiert auf der Annahme einer kontinuierlichen Kooperation der europäischen Grossmächte Deutschland, Frankreich und Grossbritannien. Fragen der Sicherheit würden von ihnen gemeinsam gestaltet. Manche reduzieren das Modell auf eine Kooperation zwischen Deutschland und Frankreich. Die Idee eines *Kerneuropa*[18] würde letztlich auf ein Konzert hinauslaufen, wenn auch einige kleinere Staaten (Benelux) daran beteiligt sein würden.[19] Auch die Schaffung eines *Direktoriums* im Rahmen der Europäischen Union würde sich an einem Konzert orientieren.

---

15 Charles A. Kupchan/Clifford A. Kupchan: Concerts, Collective Security, and the Future of Europe, in: International Security, 16, No. 1, Summer 1991, pp. 114–161.

16 Mearsheimer, A Realist Reply (Fn. 13), pp. 82–93.

17 Charles A. Kupchan/Clifford A. Kupchan: The Promise of Collective Security, in: International Security, 20, No. 1, Summer 1995, pp. 52–61

18 CDU/CSU-Fraktion des Deutschen Bundestages, 1.9.1994.

19 Am Mächtekonzert nach 1845 waren neben den grossen europäischen Mächten auch das Königreich der Niederlande beteiligt.

Das Modell der pluralistischen Sicherheitsgemeinschaften

Für das Modell der pluralistischen Sicherheitsgemeinschaften, das von *Karl Deutsch*[20] entwickelt wurde, sind weder Militärbündnisse noch eine formale Institutionalisierung von Sicherheit und Verteidigung notwendig. Bei den pluralistischen Sicherheitsgemeinschaften behalten die Mitgliedsstaaten weitgehend ihre Souveränität, haben aber das Instrument des Krieges zwischen ihnen abgeschafft. Für pluralistische Sicherheitsgemeinschaften genügen drei Hauptvoraussetzungen:

1) Vereinbarkeit der wichtigsten politischen Werte;
2) schnelle, angemessene und gewaltlose Reaktionen auf Aktionen der Partner;
3) relevante Aspekte des Verhaltens müssen berechenbar sein.

Für *Deutsch* gibt es noch die Variante der amalgamierten Sicherheitsgemeinschaften. Dabei bilden die Staaten letztlich eine integrierte Regierungsstruktur. Sie entsteht, wenn sich unabhängige Einheiten zu einer einzigen grösseren Einheit zusammenschliessen. Neben einer Reihe gesellschaftlicher und wirtschaftlicher Voraussetzungen müssen die politisch relevanten Schichten aller beteiligten politischen Einheiten gemeinsame Regierungsinstitutionen akzeptieren und ihnen umfassende politische Loyalität geben. Diese Art der Sicherheitsgemeinschaft ist schwer zu erreichen, da die Mitgliedsstaaten ihre Souveränität aufgeben müssen, und sie ist durch innere Konflikte und Sezession immer wieder hochgradig vom Zerfall bedroht.

Im Unterschied zum (neo–)realistischen oder institutionalistischen Modell geht *Deutsch* nicht von vorgegebenen Einheiten aus, da er glaubt, dass die soziale Veränderbarkeit der internationalen Beziehungen auch die Interessen und das Verhalten von Staaten transformieren kann. Frieden wird nicht nur durch Mächtegleichgewicht (Realisten) oder durch internationale Institutionen (Institutionalisten) aufrechterhalten, sondern auch durch soziales Wissen, durch Lernen und durch Normen.

Die Europäische Union ist auf dem Weg, eine pluralistische Sicherheitsgemeinschaft zu entwickeln. Ein Krieg zwischen den Mitgliedsstaaten ist unwahrscheinlich geworden. Nach diesem Modell wäre aber eine Vertiefung in Richtung gemeinsamer Sicherheit und Verteidigung nicht unbedingt notwendig. Verfolgt die EU hingegen das wesentlich ehrgeizigere Ziel der amalgamierten Sicherheitsgemeinschaft, ist die Gefahr von Desintegration und Fragmentierung nicht ausgeschlossen.

---

20 Karl W. Deutsch: Die Analyse internationaler Beziehungen, Frankfurt a.M. 1968, pp. 272–288.

Die These von Demokratie und Frieden

Im Demokratiemodell ist die demokratische Verfasstheit von Staaten die Grundlage von Frieden, da entwickelte Demokratien dazu tendieren, gegeneinander keine Kriege zu führen. Diese These kann mit den pluralistischen Sicherheitsgemeinschaften von *Karl Deutsch* verknüpft werden, da alle beteiligten Staaten den gemeinsamen Wert Demokratie aufweisen. Wenn man die relativ geringe Zahl von Demokratien berücksichtigt, die seit 1815 in der Lage gewesen wären, gegeneinander Krieg zu führen, ist diese These empirisch weitgehend abgesichert. Die theoretischen Begründungen sind allerdings vielfältig, und keine überzeugt voll.[21]

Wenn diese These zutrifft, dann war es das System demokratischer Verfassungsstaaten und nicht die institutionalisierte Interdependenz im Rahmen der Europäischen Gemeinschaft bzw. Union, das den Frieden in Europa gesichert hat. Für diese These spricht, dass es nicht nur zwischen Deutschland und Frankreich, sondern auch zwischen Deutschland und den USA sowie England seit 1945 keine Kriege mehr gegeben hat. Zur Friedenssicherung in Europa wäre es dann entscheidend, demokratische Entwicklungen zu fördern und zu vertiefen, und nicht unbedingt eine gemeinsame Verteidigung aufzubauen. Entwickelte Demokratien sind auch an Staaten geknüpft. Supranationale Entwicklungen, die die demokratischen Verfassungsstaaten auflösen, könnten auch ihren Friedensgehalt gefährden.

Ein Modell für Kleinstaaten?

Bei einem Sicherheitssystem mit bindenden Beistandspflichten sind Kleinstaaten immer in Gefahr, in die Falle zwischen *abandonment* und *entrapment* zu geraten.[22] Es ist einerseits die Angst, im Stich gelassen zu werden, anderseits die Besorgnis, durch Bündnisse in Kriege hineingezogen werden, die nicht im eigenen Interesse sind. Als gesichert kann das Ergebnis empirischer Untersuchungen

---

21 Die Literatur zu diesem Thema ist reichhaltig. Siehe unter anderem Bruce Russett: Graping the Democratic Peace; Principles for a Post-Cold War World, Princeton NJ 1993. - Günther Bächler: Friedensfähigkeit von Demokratien, Demokratisierung der Sicherheitspolitik und Strukturelle Angriffsunfähigkeit; Ein Beitrag zur Demokratieproblematik in der Sicherheitspolitik, Hamburg, Institut für Friedensforschung und Sicherheitspolitik, 1988. - Beiträge von Christopher Layne, David E. Spiro, John M. Owen in: International Security, 19, No. 2, Fall 1994, pp. 5-125, und von Henry S. Farber/Joanne Gowa, Ido Oren in: Ibid., 20, No. 2, Fall 1995, pp. 63-122. - Edward D. Mansfield/Jack Snyder: Democratization and the Danger of War, in: Ibid., 20. No. 1, Summer 1995, pp. 5-38.

22 Die Begriffe "abandonment" und "entrapment" gehen auf Michael Mandelbaum zurück. Siehe dazu Michael Mandelbaum: The Nuclear Revolution; International Politics before and after Hiroshima, New York 1981.

gelten, dass Bündnismitglieder viel öfter in militärische Konflikte und Kriege verwickelt werden als Nichtbündnismitglieder. Lediglich verbündete Demokratien führen keine Kriege gegeneinander.[23]

Entsteht in Europa im Rahmen der GASP und/oder der WEU und/oder der NATO ein Militärbündnis mit bindenden Beistandsverpflichtungen, in dem Grossmächte dominieren, dann haben kleinere Staaten verschiedene Möglichkeiten: Blockfrei (*non-alignment*) zu sein oder sich zu verstecken (*hiding*)[24]; sich grossen Mächten anschliessen, um Schutz zu erhalten (*bandwagoning*)[25], ihre Interessen besser durchsetzen zu können (*voice of opportunity*), den Grossstaaten die Hauptlast der Verteidigung überlassen (*free riding*) oder mit ihnen ein Bündnis eingehen aus Angst, den Zug zu versäumen (*bandwagoning for profit*)[26]; sie können aber auch einen maximalen Verteidigungsbeitrag im Bündnis leisten (*balance and fight*) oder alleine alle Lasten tragen (*fight alone*). Sind die Motive der ostmitteleuropäischen Staaten die Erwartung auf finanzielle und politische Vorteile, dann handelt es sich dabei um *bandwagoning for profit*.

Da es nach obiger Analyse kaum wahrscheinlich ist, dass sich in Europa ein Militärbündnis wie im Kalten Krieg entwickeln wird, kommen solchen Kleinstaatenstrategien ausser *bandwagoning for profit* und *voice of opportunity* kaum Bedeutung zu. Vielmehr wird es so sein, dass sich grössere Staaten und Bündnismitglieder vermehrt das Recht herausnehmen werden, sich von Fall zu Fall neutral zu verhalten. Das Prinzip der Neutralität bleibt also erhalten.

Zusammenfassung und Schlussfolgerung

Ein europäisches Sicherheitssystem dürfte auf absehbare Zeit wegen der verminderten Bedrohung kaum die Gestalt eines Militärbündnisses nach Vorbild des Kalten Krieges annehmen. Gleichwohl scheint sich die NATO nicht aufzulösen, wie Realisten vermutet haben. Der realistische Kern der NATO, die kollektive Verteidigung, verliert aber an Bedeutung. Zunehmen dürfte die Relevanz der Konsultationsmechanismen im Sinne des institutionalistischen Modells. Militärische Aktionen wie Krisenmanagement, *peacekeeping*, humanitäre Aktionen, aber

23 James Lee Ray: Friends as Foes; International Conflict and Wars between Formal Allies, in: C.S. Gochman/A.N. Sabrosky (Eds.): Prisoners of War? Nation-States in the Modern Era, Lexington MA, pp. 73-91.

24 Paul Schroeder: Historical Reality vs. Neo-Realist Theory, in: International Security, 19, No. 1, Summer 1994, pp. 108-148.

25 Siehe dazu vor allem die Debatte von Eric J. Labs/Robert G. Kaufman/Stephen M. Walt: Balancing vs. Bandwagoning, in: Security Studies, 1, No. 3, Spring 1992.

26 Randall L. Schweller: Bandwagoning for Profit; Bringing the Revisionist State back in, in: International Security, 19, No. 1, Summer 1994, pp. 72-109.

auch *peace-enforcement* im Rahmen von PfP, CJTF und der Petersberger Missionen würden auf Basis dieser institutionellen Kooperation durchgeführt werden. Die pluralistische Sicherheitsgemeinschaft und die These von Demokratie und Frieden sind an keine strategischen oder institutionellen Verbindungen geknüpft.

An und für sich könnte sich die GASP an den meisten der diskutierten Modelle orientieren. Es ist aber wenig wahrscheinlich, dass sie sich zu einem Militärbündnis im realistischen Sinn entwickelt. Sie kann aber eine institutionalistische Richtung verfolgen, und sie kann als amalgamierte oder pluralistische Sicherheitsgemeinschaft oder als Mächtekonzert (*Kerneuropa*) enden. Der Grund für die erfolgreiche Integration, die Krieg zwischen den Mitgliedern unwahrscheinlich macht, kann aber auch darin liegen, dass die Europäische Union aus demokratischen Staaten mit einem bestimmten gemeinsamen Zivilisierungsniveau besteht. Kleinstaatenstrategien wie Neutralität, Verstecken, Trittbrettfahren oder maximaler Schutz im Bündnis mit Grossmächten haben nur Bedeutung im Rahmen von traditionellen Militärbündnissen und angesichts einer grossen Bedrohung. Wohl können sich Kleinstaaten mit grossen Mächten in Bündnissen arrangieren, um grösseres Gewicht zu erhalten. Die Wahrscheinlichkeit ist gross, dass ein künftiges europäisches Sicherheitsmodell sehr flexible Strukturen (*coalition of the willing*, Ad-hoc-Koalitionen) aufweisen wird, so dass für grosse wie für kleine Staaten vielfältige Sicherheitsstrategien möglich werden. Das schliesst aktive Teilnahme an *peace-enforcement* ebenso ein wie neutrales Verhalten in bestimmten Fällen.

Ergebnisse

	NATO	WEU	EU (GASP)	Prinzip Neutralität
Realistisches Modell	Kalter Krieg Koll.Vert. Art. V	Beistands. verpflicht. Art. V	Sicherheits- garantie Art. V (WEU)	nur perm. Neutralität möglich
Institutionalistisches Modell	Konsultat. Information Art. IV	Konsultat. Art. VIII Petersberg	Interdepend. "coalition of the willing	nicht- Art. V Operation
Mächte- konzert			"Kerneurop." "Direktorium" deutsch-franz.	abhängig v. Großm.
Pluralist. Sicherheits- gemeinsch.			Wertegem. souveräner Staaten	keine gemein. Verpflicht.
Demokratie und Frieden	Keine Kriege zwischen verbündeten Demokratien		System demokrat. Staate	möglich aber nicht wichtig
Kleinstaaten Modell	"balance and fight" "non-alignment" "free riding"		"voice of opportunity" "bandwagon"	"fight alone" "hiding"

Dayton: Ruhe vor oder nach dem Balkansturm?

Versuch einer Bilanz nach vier Jahren Krieg in Ex-Jugoslawien

Von Wolf Oschlies

Einführung

Gerade einem Lynchanschlag durch einen kroatischen Mob entgangen, fasste Hans Koschnick, deutscher EU–Verwalter im herzegowinischen Mostar, Anfang Februar 1996 die Gesamtlage in einen prägnanten Satz: "Die Leute sind schon kriegsmüde, aber noch nicht friedensbereit". Sie sind eines Krieges müde, der – eine Handvoll Kriegsgewinnler auf allen Seiten ausgenommen – niemandem einen Gewinn, allen aber schwerste, auf Generationen hin spürbare Verluste gebracht hat. Sie sind jedoch nicht bereit für einen Frieden, der vom westlichen Ausland konzipiert, forciert und kontrolliert ist. Der Westen wiederum ist gezwungen, diesen und keinen anderen Frieden mit allen Mitteln durchzusetzen, da mit ihm seine Autorität, Selbstachtung, Binnenkohäsion und Wertegerüst verbunden sind. Womit die Karten für ein potentiell konfliktreiches Spiel gemischt wären. "Abmachungen sind die Basis für einen Frieden, aber Menschen gestalten die Beziehungen", sagte im Oktober 1995 Milorad Dodik, Sprecher der zehn oppositionellen Abgeordneten im Parlament der Serbischen Republik des Radovan Karadzic. Und diese Menschen wollen noch nicht einsehen, dass *Frieden* im wesentlichen mit einem wiedererlangten *Status quo ante* identisch ist. Sie glauben, dass ihr jahrelanger Kampf irgendein Resultat in ihrem jeweiligen Sinne haben müsste, während der Westen davon ausgeht, dass die Kriegsjahre ein selbstmörderischer Unsinn waren, den man im Dienste einer gedeihlichen Zukunft möglichst rasch und restlos aufgeben sollte.

Die Volkszählung von 1991 wies in Bosnien–Herzegowina 4'380'000 Einwohner aus. Von diesen haben, vorsichtigsten Schätzungen zufolge, 200'000 im Krieg ihr Leben verloren, davon 90% Zivilisten. Allein Sarajewo hat 10'000 Tote zu beklagen, unter ihnen 2'000 Kinder. Die Zahl der Invaliden dürfte der Zahl der Kriegstoten entsprechen. Knapp drei Millionen Menschen wurden durch *ethnische Säuberungen* aus ihren Heimstätten vertrieben: 800'000 Muslime aus der östlichen Herzegowina und aus Ostbosnien, 800'000 Serben aus der westlichen Herzegowina, Mittel- und Westbosnien, 500'000 Kroaten aus Mittel–

bosnien. Hunderttausende Bosnier sind ins Ausland geflohen. Die materiellen Kriegsschäden sind noch nicht annähernd zu schätzen.

Kann all das rückgängig gemacht werden? Natürlich nicht, jedenfalls nicht sofort. Aber man kann einen Friedensrahmen für eine postbellizistische Phase entwerfen, diesen prinzipienfest-pragmatisch implementieren, den Wiederaufbau des zerstörten Landes beginnen und befriedete Regionen mit landesweiter Beispielkraft schaffen. Diese vier *Essentials* sind seit dem Jahresende 1995 in Bosnien-Herzegowina auf einem guten Weg, wie vier Stichwörter erinnerlich machen: Dayton, IFOR, Marschall-Plan für Bosnien-Herzegowina, integrales Sarajewo.

Dagegen steht eine wachsende Fülle von Phänomenen und Vorfällen, die eine Befriedung Bosnien-Herzegowinas mehr als fraglich erscheinen lassen: Das Gros der Dayton-Bestimmungen ist nicht einmal im Ansatz angegangen, alte Kriegsziele und Feindbilder werden mit nachgerade provokativer Arroganz vertreten, frühere *warlords* werden politisch aufgewertet, lokale Übergriffe setzen gestrige Strategien fort - die in Zagreb, Belgrad und Sarajewo stets genährte Fehlperzeption westlicher Entschlossenheit schöpft neue Gewissheit mittels eines Gemisches aus Konzessionsheuchelei, örtlichen *proxy wars* und enmifikatorischer Propaganda doch noch ein zu eigenen Gunsten revidiertes Dayton zu erlangen.

Dayton: Umfeld und Ergebnis eines "historischen Treffens"

Auf der *Wright-Patterson Air Force Base* bei Dayton (Ohio) trafen die Präsidenten Alija Izetbegovic (Bosnien-Herzegowina), Franjo Tudjman (Kroatien) und Slobodan Milosevic (Serbien) vom 1. bis 21. November 1995 zusammen. Hier sollten (und mussten) sich die drei wie in Sartres "Geschlossener Gesellschaft" fühlen, in bewusst arrangierter Enge untergebracht, bei jedem Schritt aus der Tür mit einer grossen Bosnien-Karte konfrontiert, auf der jeder Ort ihrer Taten akribisch vermerkt war. Ein partiell veröffentlichtes Tagebuch von Ivo Komsic, Mitglied der bosnischen Verhandlungsdelegation, belegt detailliert, dass die amerikanischen Gastgeber wahrlich keinen psychischen, zeitlichen und diplomatischen Druck, nicht einmal durchsichtigste Tricks verschmähten, um das vorbereitete Friedenspaket, das den drei Präsidenten erst am ersten Verhandlungstag zugestellt wurde, gebilligt und unterzeichnet zu bekommen. Das begann schon bei der Eröffnung, als US-Aussenminister Warren Christopher die drei Präsidenten zwang ("Diese Situation, meine Herren, verlangt einen Handschlag"), sich die Hände zu schütteln. Damit war von Anfang an klar, wer Regie führen würde, denn natürlich wussten die Amerikaner, dass die Präsidenten zueinander standen, wie Izetbegovic einmal drastisch formuliert hatte: "Die Wahl zwischen Milosevic und Tudjman ist dasselbe wie eine Auswahl zwischen Leukämie und Gehirntumor".

Die Amerikaner und ihre Verbündeten (EU, Frankreich, Deutschland, England und Russland) wollten ein integrales Bosnien[1], eine ungeteilte Hauptstadt Sarajewo und zusätzliche Abmachungen zur Reintegration Bosnien-Herzegowinas. Das stand zwar alles in den Dokumenten, wurde aber während der ersten zehn Konferenztage nicht weiter betont, so dass die drei Delegationen sich in endloses bi- und trilaterales Feilschen um Regionen, Ortschaften, Gebietsaustausch etc. verstrickten. Am Ende konnten dann die amerikanischen *Mediatoren* auf den Tisch schlagen, ihr Desinteresse an den strittigen Territorialfragen bekunden und fordern, dass augenblicklich unterschrieben werde - entweder das Vertragspaket oder eine Erklärung für die internationale Öffentlichkeit, dass die Konferenz gescheitert sei. Das wollten die drei Präsidenten, völlig übermüdet und von den Gastgebern mit wachsender Ruppigkeit abgefertigt, nicht auf sich nehmen, so dass in buchstäblich letzter Minute das Paket unterzeichnet wurde.

Dayton umfasst eine allgemeine Erklärung, fünfzehn Zusatzvereinbarungen sowie abschliessende Vereinbarungen auf rund 165 Schreibmaschinenseiten bzw. vierzehn grossformatigen Zeitungsseiten.[2] Die wesentlichsten Punkte sind:

1) *Allgemeines Rahmenabkommen für einen Frieden in Bosnien-Herzegowina*: Die Vertragsparteien verpflichten sich, ihre Beziehungen entsprechend der UN-Charta und den OSZE-Dokumenten zu gestalten, sich aller Aktionen "gegen die territoriale Integrität oder politische Unabhängigkeit Bosnien-Herzegowinas" zu enthalten und alle weiteren Abmachungen des Friedenspaketes einzuhalten.

2) Annex 1 A, *Abmachung über Militäraspekte des Friedensvertrages*: Die Parteien verpflichten sich zu einem dauernden Waffenstillstand, zum Rückzug ihrer Truppen hinter bestimmte Linien innerhalb vereinbarter Fristen und zur Zustimmung für die Entsendung einer "internationalen Implementierungstruppe" (IFOR) "für eine Periode von etwa einem Jahr". Von besonderer Wichtigkeit sind in Annex 1 A die Artikel X, der alle Parteien unter anderem zur Zusammenarbeit mit dem Internationalen Strafgerichtshof für das ehemalige Jugoslawien verpflichtet, und Artikel VI, der IFOR ermächtigt, die Einhaltung der eingegangen Verpflichtungen notfalls zu erzwingen.

3) Annex 1 B, *Vereinbarung über regionale Stabilisierung*: Die Parteien verpflichten sich, zur regionalen Friedenssicherung und Vertrauensbildung entsprechende sicherheitspolitische Schritte zu unternehmen.

4) Annex 2, *Vereinbarung über interethnische Trennungslinien und verwandte Fragen*: Die Parteien stimmen den Abgrenzungen zwischen der Föderation Bosnien-Herzegowina und der Serbischen Republik zu, wobei einzelne Gebiete

---

1 Mit einer Binnenaufteilung entsprechend dem Kontaktgruppenplan von 1994, nämlich 49%:51% für Serbien bzw. die bosnisch-muslimische Föderation.

2 Oslobodjenje, 7.-14.12.1995.

"von einer Entität zur anderen übergehen"; für das strittige Gebiet im Norden ("Flaschenhals von Brcko") wird binnen sechs Monaten ein Schiedsspruch gefällt.
5) Annex 3, *Vereinbarung über Wahlen*: Binnen sechs Monaten finden unter OSZE–Kontrolle freie und demokratische Wahlen statt, "die den Grund für eine repräsentative Macht legen und ein progressives Erreichen demokratischer Ziele in ganz Bosnien–Herzegowina sichern".[3]
6) Annex 4, *Verfassung*: "Bosnier, Kroaten und Serben als konstitutive Völker (zusammen mit anderen)" einigen sich auf einen Katalog von Grundrechten und –pflichten und auf den gemeinsamen "demokratischen Staat", bestehend "aus zwei Entitäten, der Föderation Bosnien–Herzegowina und der Serbischen Republik". Über beiden Entitäten werden "Institutionen Bosnien–Herzegowinas" (Parlament mit zwei Kammern, Präsidium, Ministerrat) mit zentralen Kompetenzen sowie ein Verfassungsgericht und eine Zentralbank stehen.
7) Annex I, *Zusatzvertrag über Menschenrechte*, die in Bosnien–Herzegowina zur Geltung kommen: Katalog der internationalen Konventionen zu Menschen- und Minderheitenrechten, die seit 1948 vereinbart wurden und künftig auch in Bosnien–Herzegowina beachtet werden.
8) Annex II, *Übergangsbestimmungen*: Die Parteien einigen sich auf die Bildung einer Übergangskommission zur Regelung "praktischer Fragen in Verbindung mit der Anwendung der Verfassung Bosnien–Herzegowinas sowie des Allgemeinen Rahmenabkommens und seiner Annexe".
9) Annex 5, *Vereinbarung über ein Schiedsgericht*: Streitigkeiten zwischen den Entitäten sollen durch ein "Schiedsgericht mit verpflichtender Wirkung" geregelt werden.
10) Annex 6, *Vereinbarung über Menschenrechte*: "Die Parteien werden allen Personen innerhalb ihrer Jurisdiktion das höchste Niveau der international anerkannten Menschenrechte und Grundfreiheiten sichern", was durch eine eigene Kommission, einen Ombudsmann und eine Kammer für Menschenrechte mit eigener Jurisdiktion kontrolliert werden wird.
11) Annex 7, *Vereinbarung über Flüchtlinge und ausgesiedelte Personen*: Alle Flüchtlinge haben das Recht auf freie Heimkehr in ihre Heimstätten, Rückgabe ihres Besitzes oder Kompensation, wo eine Rückgabe nicht möglich ist. "Die Parteien werden sicherstellen, dass den Flüchtlingen eine ungehinderte Rückkehr erlaubt ist", ohne alle Bedrohung oder Diskriminierung aus ethnischen, religiösen oder politischen Gründen.
12) Annex 8, *Vereinbarung über eine Kommission zum Schutz nationaler Denkmäler*: Die in Bosnien–Herzegowina präsenten Parteien (Republik, Föderation, Serbische Republik) einigen sich auf die Bildung einer Zentralkommission zum

[3] Details regelt ein Zusatz zu Annex 3.

Schutz nationaler Denkmäler, die für den gemeinsamen Staat oder für eine Entität von Bedeutung sind.
13) Annex 9, *Vereinbarung über die Gründung öffentlicher Korporationen Bosnien-Herzegowinas*: Zur "Wiederherstellung der Infrastruktur und des Funktionierens von Verkehrs- und anderer Kapazitäten, die für die Wiederbelebung Bosnien-Herzegowinas bedeutsam sind", wird eine entsprechende Kommission mit zentralen Kompetenzen gebildet.
14) Annex 10, *Zivile Implementierung des Friedensabkommens*: Um die fortzuführende internationale Hilfe zu koordinieren und mit allen Aktivitäten der zivilen Implementierung des Friedensabkommens abzustimmen, wird ein "hoher Repräsentant" der UNO tätig werden. Mit dem ehemaligen schwedischen Ministerpräsidenten Carl Bildt scheint man einen sehr geeigneten Repräsentanten gefunden zu haben.
15) Annex 11, *Abmachung über internationale Polizeikräfte*: Um die in der Verfassung garantierte allgemeine Sicherheit wirklich realisieren zu können, ersuchen die Parteien die UNO, ihnen dabei in Form "Internationaler Polizeikräfte der Vereinten Nationen" (IPTF) zu helfen, die völlig autonom im ganzen Land tätig sind.
16) *Vereinbarung über die Paraphierung des Allgemeinen Rahmenabkommens für den Frieden in Bosnien-Herzegowina*: "In dem Wunsch, Frieden und Fortschritt überall in Bosnien-Herzegowina voranzubringen", paraphieren die Parteien jedes Teilstück des Vertragspaketes, um so zu dokumentieren, "dass sie an diese Abmachungen gebunden sind".

Mit diesem Paket *leben* konnte vor allem der Serbe Milosevic, der in Dayton überdeutlich demonstrierte, dass ihn das Verhandlungsmarathon im Grunde nichts anging. Mit seinem Anhang ging er in Ohio Schuhe kaufen, Änderungen im Vertragstext kommentierte er lässig mit Mutmassungen über eine längere Konferenzdauer, und seine im Rahmenabkommen ausdrücklich erwähnte Rolle als Sprecher für die Serbische Republik (Pale) behandelte er als lästige Pflicht: Die bosnischen Serben bezeichnete er als "Verrückte" (*ludjaci*), ihre Truppen als "unsere Räuber" (*nasi razbojnici*), und als Krajisnik, Präsident des *Parlamentes* von Pale, die Konferenz mit einer pathetischen Rede langweilte, verliess Milosevic den Saal und bat den amerikanischen Chefunterhändler Richard Holbrooke, solche Auftritte künftig zu unterbinden.

Milosevic sah sein grosses Ziel, die Aufhebung der internationalen Sanktionen gegen Serbien und Montenegro (Bundesrepublik Jugoslawien), zu Recht greifbar nahe und spürte darum keine Motivation, sich für die Serben von Pale (Serbische Republik) sonderlich ins Zeug zu legen. Mit ihnen hatte er bereits im August 1994 mehr oder minder vollständig gebrochen, ihr Territorium war danach faktisch in die ostbosnische *Wagenburg* Pale und in das westbosnische liberale Banja Luka gespalten. Die erfolgreichen kroatischen Feldzüge gegen

Westslawonien (Anfang Mai 1995) und die Krajina (Anfang August 1995), die NATO–Bombardierungen serbischer Stellungen in Ostbosnien (30. August 1995) und der nachfolgende bosnisch–kroatische Siegeszug gegen die Pale–Serben (seit 15. September 1995) hatten diese soviel Territorium und Substanz gekostet, dass ihnen Dayton wie eine *Rettung* erscheinen musste. Das alles hatte Milosevic kühl einkalkuliert, der sich daraufhin in Belgrad als Friedensbringer feiern liess und sich der internationalen Gemeinschaft als Befreier zweier in Pale gefangener französischer Piloten in beste Erinnerung brachte.

Auch der Bosnier Izetbegovic konnte mit Dayton halbwegs zufrieden sein: Die staatliche Einheit Bosnien–Herzegowinas blieb gewahrt, Sarajewo wurde nicht geteilt, die Rückkehr der Flüchtlinge war festgeschrieben (und damit auch die Möglichkeit, die ethnischen Säuberungen rückgängig zu machen), die Entitäten durften keine parastaatlichen Kompetenzen beanspruchen, also auch keine *Konföderationen* mit benachbarten *Mutterländern* eingehen. Aufgrund dieser und weiterer Vorteile war man in Sarajewo bereit, über einige *Pferdefüsse* von Dayton hinwegzusehen. Zum einen gab es in Bosnien–Herzegowina nicht zwei, sondern *vier* Entitäten: Die international anerkannte Republik Bosnien–Herzegowina, die bosnisch–kroatische Föderation, die Serbische Republik und den kroatischen Separatstaat in der Herzegowina "Kroatische Republik Herzeg–Bosna". Zum andern konnte niemand bei den bosnischen Muslimen verstehen, warum die internationale Gemeinschaft auf dem Höhepunkt des Krieges nur ein paar leichtbewaffnete Blauhelme für sie erübrigte, im Masse des absehbaren muslimischen Sieges aber auf immer stärkere militärische Präsenz bedacht war – zuerst mit einer Internationalen Schnellen Eingreiftruppe (RRF), nach Dayton mit IFOR. Aber das war zu verschmerzen angesichts des Marschall–Plans zum Wiederaufbau Bosnien–Herzegowinas, den die internationale Gemeinschaft eiligst in Aussicht stellte.

Als wahrer Verlierer von Dayton muss der kroatische Präsident, Ex–Tito–General Franjo Tudjman, angesehen werden. Kurz vor Verhandlungsbeginn hatte er mit dem Trick, die in Bosnien–Herzegowina lebenden Kroaten, also fremde Staatsangehörige, bei den kroatischen Wahlen mitstimmen zu lassen, auf die absolute Mehrheit seiner rechtsautoritären Bewegung *Kroatische Demokratische Union* (HDZ) gezielt. Dieses Ziel verfehlte er eindeutig, weswegen er in Dayton nervös und unkonzentriert wirkte, den Verhandlungsort auch kurzfristig verliess, um in Zagreb eine neue Regierung zu bilden. Zudem hatte er die provokatorische Dummheit begangen, General Tihomir Blaskic, Chef des *Kroatischen Verteidigungsrates* (HVO) in Bosnien–Herzegowina, just in dem Moment zu befördern, als dieser vom Haager Jugoslawien–Tribunal als Kriegsverbrecher angeklagt wurde. Kurz: Tudjman wirkte in Dayton *abwesend* – während der Verhandlungen bot er grosszügig nordwestbosnische Territorien um Mrkonjic Grad, die der HVO kontrollierte, zum Gebietstausch an; praktisch im Anschluss an Dayton liess er dieselben Gebiete von kroatischen Truppen zerstören und brandschatzen, um sie den Serben als *verbrannte Erde* zu überlassen. Der UN–Sicherheitsrat und die US–Regierung verurteilten die Zagreber Führung Anfang Dezember 1995 in aller Schärfe - wohl ahnend, dass hier nicht das letzte Hindernis für eine Implementierung des Abkommens von Dayton bestand.

Die Implementierung von Dayton

Der internationale Hintergrund

Die reinste Freude über Dayton herrschte in Sarajewo: Nach 1'250 Tagen Belagerung durch Truppen der Serbischen Republik unter General Ratko Mladic konnte man in der bosnischen Hauptstadt endlich wieder aufatmen - das Schreckensgespenst eines vierten Kriegswinters war gebannt, die Preise fielen abrupt, über wieder geöffnete Zugangswege rollte humanitäre Hilfe in die Stadt.

Auch der Westen konnte aufatmen: Nach fast vier Jahren Verhandlungsdiplomatie mit weit über 300 geschlossenen und nie gehaltenen Verträgen und Abkommen waren Ex–Jugoslawien und speziell Bosnien zu einer Zerreissprobe für die Allianz geworden, die von Verwirrung ihrer Emissäre, Misstrauen unter ihren Zentren und dem drohenden Verlust ihrer Visionen von einem freien und friedlichen Europa geprägt war. Dayton schien die willkommene Möglichkeit zu bieten, Schäden zu reparieren, eine dauerhafte Sicherheitsstruktur auf dem mittleren Balkan einzurichten, die Glaubwürdigkeit des Westens wiederherzustellen und ihm die Rolle eines kontinentalen Ordnungshüters zuzuweisen.

Die neue Hoffnung wurde allerdings um den Preis zahlreicher aufgegebener Lieblingsideen erkauft: Weder wird eine Restitution Jugoslawiens als integraler Staat möglich sein, noch wird sich das Versprechen einer freien und ungehinderten Rückkehr der Flüchtlinge so einlösen lassen, dass in Kroatien, Bosnien–Herzegowina und Serbien multiethnische Gesellschaften wie etwa noch 1991 wiederentstehen. Dennoch war es kein *Fehler*, eben diese Absichten in die Daytoner Abkommen hineinzuschreiben: Was dem Westen die schwersten *Gewissensbisse*[4] verursacht hat, eben die ethnischen Säuberungen, sollte deren Urhebern und Exekutoren nachhaltig ins Zeugnis notiert werden - als Memento, als Warnung, als Druckmittel. Gerade die - vermutlich unerfüllbare - Forderung nach Rückkehr der Flüchtlinge signalisiert die Entschlossenheit des Westens, eine stabile und halbwegs gerechte Lösung zu finden und dazu die Einhaltung des Dayton–Paketes strikt zu überwachen (allerdings nicht immer seinem Buchstaben nach).

---

[4] Michael Brenner, University of Pittsburgh.

Die USA als Hauptpromotor von Dayton haben sich damit in eine neue Lage begeben: Als sie im Februar 1994 die bosnisch-kroatische Föderation (und Konföderation der beiden Republiken) zusammenbrachten, mochten sie noch an gute und ehrliche Absichten Zagrebs geglaubt haben – inzwischen wissen sie es besser: Wenn die HDZ und Tudjman könnten, wie sie wollten, würden sie lieber heute als morgen Bosnien-Herzegowina zwischen Kroatien und Serbien aufteilen – eine entsprechende Karte hat Tudjman im Mai 1995 in London gezeichnet, entsprechende Äusserungen in seltener Unverfrorenheit im Oktober 1995 in Paris getan. Die einfachste Lösung wäre für die USA, die Führung in Sarajewo militärisch zu stärken – was Präsident Clinton zwar wollte, nach Protesten aus dem Kongress und von den Verbündeten aber wieder zurücknahm. Also haben die USA erstmals auch Bodentruppen nach Bosnien geschickt, um das Land zu befähigen, aus eigener Kraft bis zu einer regionalen Kräftebalance stark zu werden – kombiniert mit Druck jeder Art auf Zagreb und Belgrad.

Die USA haben 1993/94 zugesehen, als reguläre kroatische Truppen und kroatische Freischärler aus der Herzegowina, beide zur Tarnung im HVO vereint, ihren eigenen blutigen Krieg gegen die Muslime führten. Und sie haben kaum reagiert, als Kroatien 1995 Westslawonien und die Krajina angriff – was in Zagreb die Vorstellung nährte, mit dem Westen und seiner Führungsmacht USA einen *Papiertiger* vor sich zu haben. Ähnlich hatten auch Belgrad und Pale gedacht, bis sie durch US-Bomber im August 1995 eines Besseren belehrt wurden. Eine solche *Lehre* fehlt für Kroatien noch, aber sie wird kommen, nachdem Washington ein für allemal die fatalen Konsequenzen einer angeschlagenen Glaubwürdigkeit verinnerlicht hat.

IFOR

Auch die Dislozierung der internationalen Implementierungstruppe (IFOR) zeigt, dass man dem in Dayton beschworenen guten Willen nicht allzu weit traut. Bosnien-Herzegowina ist in drei Sektoren aufgeteilt, in denen jeweils eine *Multinationale Division* (MND) steht. Die Sektoren gehen ziemlich unbekümmert über die Abgrenzungen der einzelnen Entitäten hinweg: Im Norden, mit dem Hauptquartier Tuzla, steht die MND(N), deren Kern 20'000 US-Soldaten bilden. Im Südwesten ist die MND(SW) eingesetzt, die ihr Hauptquartier in Gornji Vakuf hat und die vor allem aus 13'000–14'000 britischen Soldaten besteht. Im Südosten ist schliesslich die MND(SE) präsent, deren Hauptquartier in Mostar eingerichtet ist und die 9'000 französische Soldaten, davon 7'500 mit Blauhelm- oder RRF-Erfahrungen in Bosnien, als ihren Kern aufweist. Hinzu kommen Truppenkontingente aus weiteren zwanzig Ländern: 1'500–2'000 Russen, mehrheitlich Ingenieurtruppen; das Nordische Bataillon, bestehend aus 1'000 Dänen, 1'000 Schweden, 850 Finnen, 750 Norwegern und 800 Polen; 1'000 Pakistaner; 2'000 Niederländer; 1'000–1'500 Spanier; 800 Tschechen; 2'100 Italiener, 300–900 Portugiesen; 1'000 Türken; 1'000 Belgier; 1'200–1'500 Kanadier; 300 Luxemburger; 300 Österreicher; 2'000 Griechen (angekündigt) und 4'000–5'000 Deutsche, die aber zu logistischen Zwecken in Kroatien stationiert werden. Mit anderen Worten: Bis auf Island ist die ganze NATO vertreten, dazu noch acht weitere Staaten. Kämen, wie angekündigt, auch noch andere Länder wie Malaysia etc. hinzu, dann würde die Gesamtzahl von IFOR die ins Auge gefassten 60'000 Mann deutlich übersteigen.

Seit Mitte Februar 1996 ist IFOR in der vorgesehenen Stärke vor Ort, wo auch der in Dayton abgesteckte Zeitrahmen in etwa eingehalten wurde: Bis zum 19. Januar Rückzug der Truppen der Dayton–Parteien von den Waffenstillstandslinien, Gefangenenaustausch und Informationsaustausch über schwere Waffen; bis zum 3. Februar Rückzug der Truppen aus Gebieten, die an andere Entitäten übergehen ("Transfergebiete"). Bis zum 17. April müssen die Parteien ihre Waffen und Streitkräfte in Kasernen und Lager zurückziehen und überschüssige Kräfte demobilisieren. Im Sommer 1996 werden die NATO–Gremien eine politische Entscheidung fällen müssen, ob die IFOR–Operationen bis Jahresende, wie vorgesehen, erfolgreich abgeschlossen und darum die Rückverlegung im Herbst begonnen werden kann, oder ob eine Verlängerung bzw. Nachfolge von IFOR ins Auge gefasst werden sollte. Vermutlich wird es mit Jahresende 1996 nichts werden, da die im Dayton–Annex 1 B vorgesehenen vertrauensbildenden Massnahmen, deren Umsetzung vom norwegischen General Eide geleitet wurde, von Anfang an einen schweren Stand hatten.

Marschall-Plan für Bosnien

Schon Monate vor Dayton war eine internationale Bosnien–Hilfe im Gespräch, die der damalige bosnische Premier Haris Silajdzic Ende August 1995 in Bonn "Marschall–Plan zum Wiederaufbau Bosnien–Herzegowinas" nannte. Am 10. Dezember 1995 fand in London eine Bosnien–Konferenz statt, bei der Weltbankpräsident Jim Wolfensohn den dringendsten Finanzbedarf Bosniens für die nächsten drei Jahre auf 4,9 Milliarden US–Dollar bezifferte. 52 Staaten sagten ihre Hilfe zu, und auf einem Expertentreffen am 20./21. Dezember 1995 in Brüssel kamen für ein Sofortprogramm (Januar bis März 1996) immerhin 518 Millionen US–Dollar zusammen, später nochmals knapp 524 Millionen. Unabhängig von der Wiederaufbauhilfe wurde die humanitäre Hilfe fortgeführt, da sie sich allein an dem Kriterium der Bedürftigkeit von Menschen orientiert und im Erfolgsfalle zu einer Stabilisierung der politischen Lage führt.

Ende Januar 1996 bewilligte die Weltbank 150 Millionen US–Dollar für unaufschiebbare Arbeiten an Transportwegen, Strom–, Wasser– und Gasversorgung, Abwassersystemen etc. Neben den Geldern der Brüsseler Geberkonferenz hat die US–Regierung 600 Millionen US–Dollar für den Wiederaufbau zugesagt, und auch die Weltbank will mehr als die erwähnten 150 Millionen ausgeben. Dafür aber müsste Bosnien–Herzegowina erst ordentliches Mitglied der Weltbank sein und darum 450 Millionen US–Dollar ausstehende Schulden zurückzahlen. Ähnlich war die Lage beim Internationalen Währungsfonds, wo indessen nach Rückzahlung von lediglich 39 Millionen US–Dollar alle Probleme ausgeräumt sind.

Wenn man es ganz streng nimmt, ist das ganze Hilfsproblem weder ausschliesslich von ausländischen Hilfszahlungen, noch von deren Höhe abhängig: Im Oktober 1995 gab die bosnische Regierung bekannt, dass die gesamten Kriegsschäden an Bauten rund 10 Milliarden US–Dollar ausmachten, zu deren Wiederaufbau ein jährlicher Finanzbedarf von 300–400 Millionen D-Mark ausreiche - was geringer als ausländische Hilfsschätzungen ausfällt. Unter Umständen benötigt Bosnien–Herzegowina überhaupt keine Zahlungen. Es würde für den Anfang genügen, alte Verbindungen wie etwa das VW–Werk in Sarajewo wiederzubeleben, um der bosnischen Wirtschaft auf die Beine zu helfen. Gerade die Entität der bosnisch–kroatischen Föderation besitzt die urbanisierten, industrialisierten und rohstoffreichen Regionen in den zentralbosnischen Flusstälern der Bosna und Neretva, wo sich auch die alten Anlagen, Infrastrukturen und Facharbeiter erhalten haben, die das Land in eine international abgestimmte Hilfsaktion als Aktivposten einbringen könnte.

Ein in diesem Zusammenhang auftretendes, potentiell gefährliches Problem sind die Zehntausenden demobilisierten Ex–Soldaten, die demnächst in Bosnien, Kroatien und Serbien auftreten werden. In keinem der drei Länder gibt es auch nur die geringsten Vorkehrungen, diese Menschen unterzubringen, zu beschäftigen, zu versorgen, medizinisch zu betreuen etc. Man hat sie jahrelang als *Helden* gefeiert, im übrigen aber so getan, als würde ihr baldiger Heldentod alle Fürsorgeprobleme lösen. Jetzt sieht es so aus, als habe der Krieg *zu wenige* Menschenopfer gefordert (wenn man es zynisch ausdrücken wollte). Was aber wird aus dem ganzen Frieden, wenn diese Helden von gestern aktive, an Waffen geschulte Kriminelle oder gar politische Radikale werden?

Rückkehr der Flüchtlinge

Nach Schätzungen des UNHCR mussten in Bosnien rund 3,2 Millionen Menschen während der Kriegsjahre ihre Heimstätten verlassen. 1,2 Millionen von ihnen blieben im Land, dieselbe Anzahl fand irgendwo in Ex–Jugoslawien Unterschlupf, die restlichen 800'000 sind über 110 Länder in aller Welt verstreut worden. In Bosnien selber haben sich drei mehr oder minder *ethnisch saubere* Regionen herausgebildet: In der Serbischen Republik gibt es vielleicht noch 1% Kroaten und Muslime, in der Kroatischen Republik Herceg–Bosna noch ein paar hundert oder tausend Muslime, vorwiegend in Mostar. Allein in den von Muslimen kontrollierten bosnischen Gebieten leben noch Serben und Kroaten, wenn auch in weit geringerer Zahl als vor dem Krieg.

Die meisten Flüchtlinge, die Bosnien und Ex-Jugoslawien verlassen haben, leben in Westeuropa, allein in *Deutschland* sind es rund 350'000. Ab 1. Juli 1996 soll ihre Rückkehr einsetzen, beginnend mit Einzelpersonen oder solchen, deren Familienangehörige bereits in der alten Heimat leben. Auf diese Weise hofft man, binnen eines Jahres 160-200'000 Menschen zu repatriieren. Der nächste Schub soll Familien mit Kindern umfassen, in den folgenden zwei Jahren folgen die *schweren* Fälle: Opfer von Gewalt, Personen über 65 Jahre, Schüler in der Ausbildung etc. 14 Milliarden D-Mark hat Deutschland bislang die *Duldung* der Bosnien-Flüchtlinge gekostet, die man nun nicht mehr dulden will: Bosnien, so die oft gehörte Politikermeinung, braucht Kräfte zum Wiederaufbau, und wenn Deutschland dazu schon deutsche Soldaten schickt, dann sollten auch bosnische Flüchtlinge heimkehren.

Anderswo ist die Lage anders. In *Schweden* haben beispielsweise die meisten der 53'000 Flüchtlinge eine unbegrenzte Aufenthalts- und Arbeitserlaubnis bekommen, die alle drei Jahre automatisch verlängert wird. Da die meisten Flüchtlinge im Herbst 1993 kamen, wird sich im Herbst 1996 zeigen, ob und wieviele von ihnen zurückgehen. Es werden vermutlich nicht wenige sein, da Schweden eine hohe Arbeitslosigkeit (12%) und niedrige Arbeitslosenhilfe hat.

In *Österreich* leben nur 20'000 Flüchtlinge von staatlicher Unterstützung, 60'000 dagegen von eigener Arbeit. Das Land hat ihnen eine Arbeitserlaubnis verschafft und sie dadurch zu einer gelungenen Integration befähigt, so dass kaum einer von ihnen zurückkehren wird.

Frankreich hat seinen 10'000-12'000 Bosnien-Flüchtlingen praktisch automatisch einen Asylantenstatus verliehen, was einen zehnjährigen Aufenthalt samt Arbeitserlaubnis (bzw. 1'300 Francs monatlich bei Arbeitslosigkeit) bedeutet. Unter diesen Umständen sind einstweilen vorwiegend ältere Flüchtlinge zur Rückkehr entschlossen.

Norwegen beherbergt 15'000 Flüchtlinge, die gut untergebracht sind, sich aber wachsendem Rückkehrdruck seitens der norwegischen Regierung ausgesetzt sehen. Trotzdem werden vermutlich nicht wenige von ihnen 1996 politisches Asyl oder ständigen Aufenthalt beantragen, da sie das nach drei Jahren im Land können.

In der *Tschechischen Republik* leben 1'200 Flüchtlinge und weitere mehrere tausend Bosnier, die hier Arbeit und Wohnung fanden, nachdem sie Bosnien wegen des Kriegs verliessen, sich in der Tschechischen Republik aber nicht als Flüchtlinge anmeldeten. Die tschechischen Behörden regeln die Rückkehr nach dem Prinzip der Freiwilligkeit - wer gehen will, kann gehen, wer nicht, kann bleiben.

Es wird abzuwarten sein, ob die in Dayton zugesagte freie und ungehinderte Rückkehr realisierbar sein wird. Drei Gründe sprechen dagegen. Zum einen ist im Lande keine Bereitschaft zu spüren, die einmal erreichte *ethnische Homogenität* der Regionen durch die Wiederaufnahme der Flüchtlinge zu ändern - schon gar nicht der muslimischen, die mit ihren hohen Geburtenraten Überfremdungsängste wecken. Zum zweiten sind die im westlichen Ausland lebenden Flüchtlinge ein wichtiger Aktivposten für die bosnische Regierung, die sie mit allerlei Kriegssteuern, Beiträgen etc. zur Kasse bittet. Zum dritten hat auch der ärmlichste Flüchtling im Westen zehnfach besser gelebt als sein in Bosnien verbliebener Landsmann - was schon früher häufig ein Anlass für Neid und Beschuldigungen war.

Kriegsverbrecher nach Den Haag?

Vermutlich im Juli 1996 wird der Chefankläger am Haager Tribunal, der südafrikanische Verfassungsrichter Richard Goldstone, sein Amt nach zweijähriger Tätigkeit wieder verlassen. Bis Ende 1995 hatte er 57 Anklagen gegen Serben und Kroaten fertiggestellt, dabei aber oft Merkwürdigkeiten erlebt. So klagte er beispielsweise die serbischen Offiziere Generaloberst Mile Mrksic, Oberst Veselin Sljivancanin und Major Miroslav Radic an, im Herbst 1991 261 Zivilpersonen in Ovcara (bei Vukovar) getötet zu haben. Die Angeklagten gaben in Belgrad und Podgorica (Montenegro) ihre laufenden Aufgaben an andere weitere und liessen sich vom militärischen Abschirmdienst KOS an sicheren Plätzen verstecken - man sah und hörte nichts mehr von ihnen. Die *jugoslawische* Regierung behauptete, das Trio habe das Land verlassen - mehr fiel ihr gegenüber einer Institution der Vereinten Nationen nicht ein.

Die Weltöffentlichkeit scheint vor allem daran interessiert zu sein, die beiden grössten Kriegsverbrecher aus Pale, Präsident Radovan Karadzic und General Ratko Mladic, vor das Haager Tribunal zu bringen. Im Sommer 1995 wurde gegen beide Anklage erhoben, die zum Jahresende um den Anklagepunkt "Genozid an bosnischen Menschen in Srebrenica" erweitert wurde. Karadzic spielte daraufhin mit dem Gedanken, durch Rücktritt der Verfolgung zu entgehen, während Mladic einen *griechischen* Anwalt zu seiner Verteidigung engagierte. Mit ihm sind zahlreiche weitere serbische Offiziere angeklagt, die langsam spüren, dass frühere *grosserbische* Projekte im Winde zerstoben sind und ihre momentane Sicherheit in Pale bald zu Ende sein wird.

Wegen mutmasslicher Kriegsverbrechen hat das Haager Tribunal auch sechs kroatische Offiziere angeklagt: General Tihomir Blaskic, 1992 HVO-Chef für Mittelbosnien; Oberst Dario Kordic, Blaskics Stellvertreter; Pero Skopljak, HVO-Kommandant; Ivan Santic, HVO-Soldat; Mario Cerkez, HVO-Brigadekommandant und Zlatko Aleksovski, ehemaliger Kommandant der kroatischen

KZs "Kaonik" (bei Vitez) und "Heliodor" (bei Mostar). Nach Ausbruch der Kämpfe der Kroaten gegen die Muslime wurden alle befördert: Blaskic zum HVO-Oberbefehlshaber, später zum Inspekteur der regulären kroatischen Armee, Kordic zum bosnischen Chef der Tudjman-Bewegung HDZ, Skopljak zum Staatssekretär des Verteidigungsministers der Kroatischen Republik Herceg-Bosna und Santic zum Bürgermeister von Vitez. Als die Anklagen gegen die sechs bekannt wurden, zogen sie sich nach Zagreb zurück, wo der erfolgreiche Anwalt Zvonimir Hodak die Verteidigung der Offiziere vorbereiten soll. Wie diese aussehen wird, verriet Vladimir Soljic, Verteidigungsminister von Herceg-Bosna: Die Offiziere haben nur Befehle ausgeführt - Befehle, die letztlich der kroatische Verteidigungsminister Gojko Susak in Zagreb gegeben hat.

Wer immer in Den Haag anklagt wurde, *verschwand* in sicherer Umgebung, von allerhöchster Stelle geschützt. Bislang sass nur ein einziger Angeklagter in einer der 24 reservierten Zellen des Gefängnisses von Scheveningen, nämlich der Serbe Dusko Tadic, dessen Prozess im Sommer 1996 beginnen soll. Mitte Februar 1996 kamen mit General Djordje Dukic und Oberst Aleksa Krsmanovic zwei Landsleute hinzu. Gefangengenommen und ausgeliefert hatte sie die bosnische Regierung, die eigenen Angaben zufolge "Listen mit den Namen Tausender weiterer mutmasslicher Täter einschliesslich Beweismaterials" besitzt. Aber zunächst einmal gab es Konflikte: Die Serbische Republik brach alle Kontakte zu IFOR ab, IFOR beklagte sich über die Aktivitäten des Tribunals, die den Frieden gefährdeten, und Richard Holbrooke handelte in Sarajewo *Spielregeln* für die Festnahme mutmasslicher Kriegsverbrecher aus. In Zagreb und Belgrad erklärten Tudjman und Milosevic, sie wollten mit Den Haag kooperieren, obwohl sie bekannte und gesuchte Kriegsverbrecher zuvor befördert oder versteckt hatten.

Goldstone hat mit seinem Tribunal gute Arbeit geleistet: Es ist respektiert und wird gefürchtet, auch und gerade von Leuten wie Karadzic und Mladic. Dennoch ist das Tribunal nicht mehr als ein Placebo für internationale Gewissensqualen: Der Krieg ist von Anfang an ein einziges Verbrechen gewesen, geführt zumeist von dem ans Tageslicht getretenen kriminellen Untergrund. Nur die in Sarajewo erscheinende Wochenzeitung *Oslobodjenje* hat vor zwei Jahren den Mut gehabt einzugestehen, dass alle die noch kürzlich gefeierten, verehrten *Helden* des Krieges in Wirklichkeit Verbrecher, Mörder und Kriegsgewinnler waren. Und so sieht es überall aus: Sollten alle Kriegsverbrecher verurteilt werden, reichten ein paar Hundert Tribunale nicht hin. Lieber sollte man der Idee nahetreten, die schon vor Jahren der bosnische Lyriker Izet Sarajlic vetrat: In einem "Nürnberger Prozess für Sarajevo" wird jede Volksgruppe ihre Kriegsverbrecher zum Tode verurteilen und hinrichten, "so wie Mussolini von den Italienern aufgeknüpft wurde". Diese Menschen wissen schliesslich am besten, wer den Krieg begonnen, geführt und zum Genozid ausgeweitet hat.

Ausblick

Der in London lebende kroatische Journalist Krsto Cviic hat es 1995 ausgesprochen: Mit den Regimen, die in den Kriegsgebieten Ex–Jugoslawiens am Ruder sind, ist letztlich kein Frieden möglich. Leute wie Tudjman und Milosevic haben keinen Sinn, kein Konzept, keinen Willen für den Frieden – ihre Welt sind Krieg, Kampf und Machterhalt, ihre Instrumente Durchhalteappelle oder Siegeseuphorie. Das alte Jugoslawien ist daran zerbrochen, dass seine staatlich–föderative Ordnung Volksgruppenrechte vor Menschenrechte, Ethnizität und Demokratie setzte und damit polemischer Demagogie Tür und Tor öffnete: Machterhalt war am besten dann zu sichern, wenn man sich an die Spitze einer nationalen Kohäsion stellte, die durch Bedrohungsszenarien vom Nachbarn geschürt und getragen wurde – den Kroaten (Serben) wird es erst dann besser gehen, wenn die bösen *Cetniks* (*Ustasi*) vernichtet sind! Solange charismatische Persönlichkeiten wie Tito und seine Partei diesem nationalistischen Unsinn gegensteuern konnten, blieb eine gewisse Balance gewahrt. Aber als sie verschwanden, eskalierten die Feindbilder zum offenen Krieg.

Dayton hat eine Pause im Krieg verschafft – nicht mehr, und auch das nur zu immensen Kosten. Wie die Lage wirklich ist, konnte man anfangs 1996 in Sarajewo beobachten: Aus den "serbischen Vierteln" – wann hat es in tausend Jahren Sarajewo dort jemals "serbische Viertel" gegeben? – flohen die Menschen unbedrängt, aber in panischer Angst vor den "islamischen Fundamentalisten", den *Balije* (Schimpfwort für Muslime) des Alija Izetbegovic, denen sie nicht einmal ihre Toten zurücklassen wollten. Oder ähnliche Bilder in Mostar, wo "kroatischer Lynchmob" (so ein EU–Vertreter) auf Koschnicks Auto einschlug und auf den Insassen schoss – auf den angeblichen Muslim–Förderer *Hassan* Koschnick.

Koschnick wollte neben sechs ethnisch homogenen Bezirken einen siebenten gemeinsamen Bezirk im Mostarer Zentrum schaffen, was ihm den – aus Zagreb gesteuerten – Hass kroatischer Nationalisten zuzog. Was in Mostar im Kleinen geschah, prägte bis Ende Januar 1996 auch das Innenleben der bosnisch-kroatischen Föderation: Grosse Bekenntnisse zum "gemeinsamen Staat", aber von kroatischer Seite kein einziger Schritt, durch den Abbau "grosskroatischer" Hindernisse (wie der Kroatischen Republik Herceg–Bosna) wirklich zu Gemeinsamkeiten zu kommen. Hinzu kamen Störungen der bosnisch–kroatischen Waffenruhe, Zerstörungen serbischer Häuser durch bosnische Regierungstruppen, Übergriffe auf IFOR–Soldaten, Machtkämpfe in der bosnischen Regierungspartei SDA (aus der Ex–Premier Haris Silajdzic ausgeschieden ist) und vieles mehr.

Natürlich haben die Hauptakteure in Rom Besserung gelobt und jede gewünschte Zusicherung gegeben – um sich ganz gewiss daheim neue Tricks und Schikanen auszudenken oder die von ihnen manipulierte und zensierte Presse anzuweisen, neue Propagandakampagnen gegen westliche Gefährdungen eigener *Identitäten* zu starten. Was kann der Westen tun? Am 19. Februar 1996 zeigte die

ZDF-Nachrichtensendung "Heute" einen Film aus dem bosnischen Alltag: Ein IFOR-Offizier sollte von Serben daran gehindert werden, ein Waffenlager zu inspizieren, worauf dieser nur kurz auf die Helikopter verwies, die er habe – und die auch prompt am Himmel auftauchten. Da war die Inspektion plötzlich kein Problem mehr. Und so wird man immer und überall verfahren müssen: Entweder Rückkehr zur fruchtlosen Verhandlungsdiplomatie mit immer neuen *Mini-Daytons* oder Festhalten am einmal ausgehandelten Dayton und seiner Implementierung ohne Abstriche, garniert mit allen Formen politischen, wirtschaftlichen und militärischen Druckes. Letzterer insbesondere, denn eine andere Sprache verstehen die Desperados mit und ohne Uniform ohnehin nicht!

Der Kampf um Kabul

Vom heiligen Krieg zum Krieg der Parteien

Von Michael Pohly

Afghanistan war lange Zeit ein Teil des alten Iran, zwischen Turan und Hindustan gelegen. Fast tausend Jahre vergingen zwischen den Anfängen der achämenidischen Kultur und der Ankunft der ersten Turk-sprachigen Gruppen (ca. 500 a.c.). Die Eroberungen von Alexander dem Grossen hinterliessen nur wenige Spuren. Es war vor allem die mongolische Invasion mit den Feldzügen Dschinghis Khans und Timurs (13./14. Jahrhundert), die zu erheblichen ethnischen Verschiebungen führte und im Bewusstsein der Afghanen bis heute gegenwärtig ist. Die Gebirgsmassen des Hindukusch waren lange eine Trennlinie zwischen Zentralasien und dem indischen Subkontinent im Süden. Der Norden Afghanistans stand unter der Kontrolle der Usbeken und war nach Zentralasien orientiert, der Westen war integraler Bestandteil des persischen Reiches unter den Safawiden, während der südliche und östliche Landesteil dem indischen Moghul-Reich und nach dessen Zerfall Britisch-Indien angehörte. Seit der Gründung des afghanischen Reiches am Ende des 18. Jahrhunderts bemühten sich die einzelnen Herrscher mit unterschiedlichem Erfolg, das in viele Ethnien aufgesplitterte Land zu einen. Lässt sich die gegenwärtige de facto Dreiteilung des Pufferstaates Afghanistan auf seine geschichtlichen und kulturellen Wurzeln zurückführen? Oder ist sie Ausdruck der politischen Gemengenlage in jenem Raum?

Im März 1992 wurde die afghanische Hauptstadt Kabul von Einheiten der Hazara, Usbeken, Turkmenen und Tadschiken eingenommen. Die internationale Presse sprach von der Machtergreifung durch die Islamisten in Kabul, ohne dabei die Besonderheit der Machtverschiebung zur Kenntnis zu nehmen: Die Machtübernahme der ethnischen Minderheiten gegen die bislang dominierenden Paschtunen. Viele Paschtunen hatten das Land verlassen und mehr als 80% der afghanischen Flüchtlinge in Pakistan waren paschtunischer Abstammung.[1] War der Einmarsch in Kabul vom März 1992 das Ergebnis demographischer Entwicklungen, die sich im Schatten des vierzehnjährigen Krieges unmerklich vollzogen

---

[1] 1987 waren 84,6% der Flüchtlinge Paschtunen, 6% Tadschiken, 0,1% Hazara, 0,5% Usbeken, 1% Turkmenen, 2,9% Nuristani, 1,3% Balutschen und der Rest andere. Siehe dazu M. Sliwinski: Evaluation des conséquences humaines, sociales et écologiques de la guerre en Afghanistan, Paris 1988, p. 14.

hatten, oder war die Machtverschiebung Ausdruck der Rivalitäten zwischen Iran auf der einen und Pakistan auf der anderen Seite?

Das Revolutionäre der *neuen Ordnung* war nicht nur der Islamismus – eine landesfremde Defomierung der tradierten Religion des Islam –, sondern die Umkehrung der bisherigen ethnischen Verhältnisse. Die Machtübernahme in Kabul durch die ethnischen Minderheiten der Hazara, Usbeken, Turkmenen und Tadschiken war ein Rückschlag für die Strategen Pakistans und Saudi-Arabiens. Seit der sowjetischen Invasion 1979 hatten diese beiden Staaten nichts unversucht gelassen, um ihre radikalen islamistischen Parteigänger an die Macht zu bringen. Zu Beginn stand der Panislamismus – Islam gegen Kommunismus – im Vordergrund. Die islamistischen Parteien konnten damit sowohl der *expansionsorientierten* kommunistischen Weltrevolution sowjetischer Prägung Paroli bieten als auch den demokratischen Gruppen in Afghanistan ideologischen Widerstand leisten, die nach der Befreiung von den Sowjets einen afghanischen Nationalstaat anstrebten. Nach dem Wegfall der kommunistischen Bedrohung, d.h. dem Abzug der Sowjets und dem anschliessenden Zerfall der Sowjetunion zerbrach das alte Feindbild, und die Religion verlor weitgehend ihre integrative Funktion. Die islamistischen Parteien riefen gegeneinander zum *jihad* auf, und es kam zum "islam killing".[2] Zwischen den kriegführenden Parteien wurden Bündnisse geschlossen und wieder aufgelöst. Der versprochene Friede rückte in weite Ferne und die islamistischen Parteien wurden nicht mehr als Friedensbringer, sondern als Kriegstreiber angesehen, denen es um lokale/regionale Einflusssphären ging.

Mit islamistischen Parolen lassen sich heute keine Afghanen mehr gegeneinander ins Feld führen, eher noch mit grösseren finanziellen Zuwendungen. Um die Kriegsmaschinerie am Laufen zu halten, werden tribale, ethnische oder religiöse (Sunniten gegen Schiiten) Gründe herangezogen. Ähnlich wie die afghanischen Widerstandsgruppen sind die regionalen Mächte Pakistan (USA), Iran, Russland, Saudi-Arabien und Indien uneinig und ausschliesslich am eigenen Vorteil orientiert. Deren Interessenkonflikte werden durch die verschiedenen Widerstandsgruppen in Afghanistan ausgetragen. So gelingt es den verschiedenen Führern immer wieder, sich durch wechselnde Bündnisse (nach innen und aussen) und Partner Geld und Nachschub für die Fortdauer des Krieges zu verschaffen. Die ungelöste Flüchtlingsproblematik macht es zudem einfach, immer wieder Soldaten bzw. Söldner zu rekrutieren. Die *Mujahedin*-Führer degenerierten zu *warlords*, die alle um die Einnahme von Kabul kämpfen, dem Zentrum der zur Zeit eher symbolischen Macht Afghanistans.

---

2 Die Afghanen bezeichneten den Krieg untereinander als "islam killing".

Das kommunistische Regime in Kabul wird bündnisfähig

Die Aussichten des sowjettreuen Kabuler Regimes mit Präsident Najibullah an der Spitze waren nach dem Abzug der Sowjets alles andere als rosig. Moskau unterstützte die afghanischen Machthaber zwar noch immer mit Militärberatern, Waffen und Geld, gab aber gleichzeitig zu verstehen, dass es die Alimentierung des Regimes als befristet betrachtete.[3] Das Regime in Kabul reagierte auf die Warnungen, zumal ihm die zunehmende Kriegsmüdigkeit der Bevölkerung nicht verborgen geblieben war. Die ländlichen Gebiete wurden geräumt und dem Widerstand bzw. den Milizen überlassen. Häufig wurden vor der Auflassung der Posten Verträge mit lokalen Gruppen geschlossen, die einem Stillhalteabkommen gleichkamen und zum Teil sogar gegenseitige Hilfsmassnahmen vorsahen. Das Ziel Kabuls war es, den Widerstand zu zersplittern und das Eindringen der islamistischen Parteien in wichtige Bereiche zu verhindern. Militärische Aktivitäten zur Absicherung wurden besonders um Kabul, Jalalabad und im Norden entlang der sowjetischen Grenze unternommen. Das strategische Zentrum war Mazar. Mazar ist für Afghanistan nicht nur aus wirtschaftlichen Gründen (Erdgas) sehr wichtig, sondern es gilt auch als Vornewegverteidigungslinie der Nachfolgestaaten der ehemaligen Sowjetunion – insbesondere Tadschikistans und Usbekistans.

Neben der Verlagerung von schwerem militärischen Gerät verfolgte das Kabuler Regime zwei unterschiedliche Strategien: Zum einen baute es Milizenführer wie Dostam auf, indem dieser zunächst mit Unterstützung regulärer Einheiten lokale Widerstandsführer bekriegte oder durch Bestechung auf seine Seite zog. Durch seine usbekische Herkunft bot er den ethnisch in dieser Region dominierenden, aber politisch völlig unterprivilegierten Usbeken eine Identifikationsfigur. Er versprach ihnen, sie aus den Kämpfen der *Hezb-e islami ye afganistan* (*Hezb-e* Hekmatyar, überwiegend Paschtunen) und *Jam'iat-e islami-ye afganistan* (*jam'iat* Rabbani, überwiegend Tadschiken) herauszuhalten.

Zum andern unterstützten die Kabuler Machthalter die Ausbreitung von Mas'uds (*jam'iat*) Machtbereich in den Norden Afghanistans. Mas'ud, der Held des *Pang-Sir*-Gebirges und wichtigster Militärführer Rabbanis, hatte nach seinen verlustreichen Kämpfen mit den Sowjets das *Pang-Sir*-Gebiet aufgelassen und noch vor dem Abzug der Sowjets versucht, seinen Einfluss nach Norden hin zu erweitern. Aus diesem Grund schuf er ein Zweckbündnis, die *shura-ye nazar*. Mit Hilfe der Kabuler Statthalter und sowjetischen Truppen gelang es ihm, einflussreiche lokale Befehlshaber anderer Widerstandsgruppen zu eliminieren (Salim, Amer Gholam, *hezb-e islami*).[4] Weniger widerspenstige Kommandanten wurden mit Erpressung und/oder Bestechung zum Einlenken gebracht.

---

3 Offiziell gab es bereits seit dem endgültigen Abzug der Roten Armee keine Militärberater mehr in Afghanistan. Inoffiziell waren aber noch bis zu 30'000 Mann im Land.

4 Michael Pohly: Krieg und Widerstand in Afghanistan, Berlin 1992, pp. 368f.

Die Gründung der *nazar* sollte jedoch nur Auftakt zu einem noch spektakuläreren Coup sein. In Absprache mit dem Regime in Kabul wurde der Norden Afghanistans von Dostam und Mas'ud aufgerollt. 1991 wurde aus den Geheimabsprachen offizielle Politik, und die Gründung der "Koalition des Nordens" (*Gonbes-e melli-ye islami afghanistan safat-e somali*) wurde bekanntgegeben. Der Architekt dieses ungewöhnlichen Bündnisses war Ex-Präsident Babrak Karmal, den die Sowjets bei ihrer Intervention mit ins Land gebracht hatten. Neben *nazar* gehörten *nahzat-e melli-ye islami afganistan* (Dostam), *setam-e melli*, *groh-e kar* (*Pangsiri*) sowie einige kleinere Linksparteien dem Bündnis an.

Der Coup d'Etat

Nun wurde der Iran in die Pläne Kabuls miteinbezogen. In Mazar traf eine iranische Delegation mit Mas'ud, Dostam und Nabi 'Azami (Generalstabschef des Kabuler Regimes) zusammen. Beabsichtigt war, in raschen Schritten die Provinzen Balkh, Mazar und Samangan unter Kontrolle zu bringen, um nach aussen politische Stärke und Handlungsfähigkeit zu demonstrieren. Die Eroberung der Provinzen war am 19. März 1992 abgeschlossen. Damit war auch eine wesentliche Bedingung für die Unterstützung aus der ehemaligen Sowjetunion erfüllt. Mit dieser Eroberung war eine Sicherheitszone geschaffen worden, die Russland zum Schutz der ehemaligen südlichen Sowjetrepubliken wiederholt gefordert hatte.

In Kabul gab ein Exekutivrat bestehend aus Nabi Azam, Momen, Azif Delawar, Baba Khan, Mohammad Baryali, Farid A. Mazdak und Abdul Wakil bekannt, dass sie die Macht in Kabul übernommen hätten. Der Chef von WHAD (Sicherheitsdienst des Kabuler Regimes), General Yar Mohammad, verkündete, dass die Vaterlandspartei (Nachfolgerin der DVPA) beschlossen habe, die Macht im Land an die Koalition des Nordens abzutreten. Unmittelbar darauf sickerten Einheiten der Koalition mit Duldung des Exekutivrates in die Hauptstadt ein. An dieser Aktion beteiligte sich auch *Wahdat* (Hazara), das zu diesem Bündnis hinzugestossen war.

Von dieser Entwicklung überrascht wurden vor allem der pakistanische ISI (militärische Geheimdienst) und sein besonderer Schützling Hekmatyar. Die Sensation war perfekt – in zweifacher Hinsicht: Zum einen zogen die Minderheiten Afghanistans, die Tadschiken, Usbeken und Hazara, in Kabul ein. Zum andern gab es einen Zusammenschluss zwischen den Kommunisten, einem vielen verhassten Milizenführer (Dostam), einer islamistischen Organisation *Jam'iat* (Rabbani, Tadschiken) sowie von *Wahdat* als Vertreter der schiitischen *underdogs*, den Hazara. Der iranische Aussenminister Welayati, der eine Teilung Afghanistans nach ethnischen Gesichtspunkten befürchtete, verkündete am 24.

April 1992, hauptsächlich an die Adresse Pakistans gerichtet, dass Iran Schutzmacht dieses neuen Bündnisses sei, und dass eine Teilung Afghanistans nicht akzeptiert werden könne.

Pakistan, alarmiert durch die sich überstürzenden Ereignisse, versuchte zu retten, was zu retten war. Es wurde eine Ratsversammlung (*sura-ye qiadi*) einberufen, an der rund fünfzig Personen teilnahmen. Im wesentlichen handelte es sich um Vertreter der überwiegenden paschtunischen Widerstandsgruppen aus Peschawar. Es wurde beschlossen, dass Mogadeddi, der noch zu Zeiten der sowjetischen Invasion berufene Präsident der Mujahedin-Gegenregierung, sich mit seinem Schattenkabinett nach Kabul begeben sollte. Die weiteren Übereinkünfte, die mit Pakistan in jener Nacht getroffen wurden, bargen bereits den Keim neuen Streites in sich. In der Diskussion über eine eventuelle Neustruktur Afghanistans war man zu sehr auf Kompromisse aus, und die Widersprüche zwischen den unterschiedlichen Interessen wurden nicht ausgeräumt, so dass keine tragfähige Basis für eine zukünftige Regierung zustande kam. Gemäss den Absprachen sollte der zukünftige Präsident zusammen mit dem Ministerpräsidenten den Oberbefehl über die Streitkräfte erhalten. Der Ministerpräsident sollte in allen wichtigen Belangen den Präsidenten und das Parlament konsultieren. Die Verfassung würde aus einer Mischung von präsidialen und parlamentarischen Elementen bestehen.

Strittig blieb, wie beispielsweise die Beteiligung an einer künftigen Regierung aussehen solle, d.h. ob nur islamische Parteien zugelassen würden oder nicht. Auch die Aufgaben des Verteidigungsministers blieben offen. Eine weitere Absprache war, dass der Präsident der jeweiligen Interimsregierung aus den Reihen des islamistischen Widerstandes kommen und dem Kabinett jeweils für drei Monate vorsitzen sollte. Rabbani wurde als Nachfolger Mogadeddis bestimmt. Unter dem Geleitschutz pakistanischer Soldaten und Polizisten traf die von Pakistan ausgewählte Regierung mit ca. 500 Autos Ende April 1992 in Kabul ein und wurde dort empfangen. Die wichtigste Handlung Mogadeddis war die Verkündung einer Amnestie, danach wurde er durch Rabbani ersetzt.

Von der Interimsregierung zur Präsidentschaft

Rabbani sollte innerhalb von zwei Monaten den Entwurf einer Verfassung und Neuwahlen für eine reguläre Regierung Ende Oktober 1992 vorbereiten. Anstatt jedoch einen Verfassungsentwurf vorzulegen bzw. sein Amt an Mohammadi, seinen designierten Nachfolger, weiterzugeben, bestimmte ein von Rabbani zusammengestellter Rat der Rechtsgläubigen (*sura-ye ahl hal-u-'aqd*)[5] Rabbani

5 In der islamischen Geschichte taucht dieser Begriff erstmals am Ende der abbasidischen Herr-

weiterhin zum Präsidenten. Der Rat beschloss auch, dass in Afghanistan in Zukunft ein "gottgefälliger Staat" errichtet werden solle mit der Scharia als Gesetzesgrundlage.

Der noch in Pakistan zusammengestellte Führungsrat (*sura-ye qiadi*) antwortete mit einer Fristsetzung von 45 Tagen, in denen Rabbani einen Rat aller Parteien einberufen sollte, um die zukünftige Struktur Afghanistans zu diskutieren. Rabbani liess diese Frist Mitte Dezember 1992 verstreichen und gab das Präsidentenamt nicht an den Führungsrat zurück. Die Vertreter der Widerstandsgruppen beharrten darauf, dass Mohammadi die Nachfolge Rabbanis antreten sollte. Ende Dezember traf Mohammadi in Kabul ein, um das Amt anzutreten. Rabbani hatte jedoch zuvor den Rat der Rechtsgläubigen einberufen und liess sich mit einem zweifelhaften Wahlverfahren (Bestechung, Androhung von Gewalt etc.) auf weitere zwei Jahre zum Präsidenten wählen. Mohammadi musste unverrichteter Dinge wieder abreisen.

Nach dieser Machtergreifung durch Rabbani begannen Truppen der verschiedenen Widerstandsparteien in die Umgebung Kabuls einzusickern. Die Hazara besetzten den Südwesten, Sayyaf kontrollierte Pagman, sein Stammgebiet, im Süden Kabuls setzte sich Hekmatyar fest, während der Norden und Osten sowie die wichtigsten zentralen Punkte von Dostam und Mas'ud eingenommen wurden. Unmittelbar danach lebten die Kämpfe in Kabul wieder auf. Zunächst prallten *Wahdat* und Sayyaf aufeinander. Die Gefechte mit der von Saudi-Arabien ins Leben gerufenen Islamischen Union (*ettehad-e islami-ye Sayyaf*) gehörten zu den blutigsten und grausamsten und liessen Kabul 1992 zu einem zweiten Beirut werden. Anfang 1994 unterstanden rund drei Viertel der afghanischen Hauptstadt der Kontrolle von *Wahdat*.[6]

Saudi-Arabien zog in diesem Stellvertreterkrieg gegen den Iran zunächst den kürzeren. An den Kämpfen nahmen auch Iraner (bei *Wahdat*) und Araber (bei Sayyaf) teil, aber das Wahhabitentum der Saudis gilt bei den Afghanen insgesamt als landesfremde Häresie. Deshalb blieb die Truppe um Sayyaf eine kleine Söldnertruppe, gut bezahlt, doch ohne Rückhalt im Volk. *Wahdat* dagegen verkörpert die Entschlossenheit der Hazara, sich nie wieder mit der Rolle einer unterdrückten Minderheit abzufinden. Nachdem Dostam und Mas'ud nicht zugunsten von *Wahdat* eingriffen, verliess *Wahdat* das gemeinsame Bündnis. Rabbani erklärte anlässlich eines Besuches bei Qazi Hosein Ahmad (Islamistenführer Pakistans), dass die Nachfolger Dschinghis Khans, nämlich die Hazara, für ihre Greuel, die sie während der mongolischen Eroberungen in Mittel- und Zentralasien verübt

---

schaft auf, als das Khalifat in Frage gestellt war. Mowardy vertrat die Idee, dass die religiöse und politische Macht nicht teilbar ist. Der Khalif ist der absolute Herrscher. Über den Modus, wie der Khalif an die Macht gelangt, durch Wahl oder durch Erbfolge, wurde gestritten. Die Existenz der Schiiten entstammt diesem Streit.

6 Kabul liegt in einem ethnischen Dreieck, d.h. zwischen den Siedlungsgebieten der Paschtunen, Tadschiken und Hazara.

hatten, bestraft werden müssen.

Trotz der scheinbar unüberbrückbaren Gegensätze gelang es, eine afghanische Koalitionsregierung zu bilden, die den Hazara drei Ministerposten zubilligte, eine Konzession, die zunächst den neuen Machtverhältnissen im Land Rechnung trug. Dabei war die Zusammensetzung der von vielen Seiten angefochtenen Regierung des sunnitischen Islamisten Rabbani aus Afghanisch-Tadschikistan zunächst einmal zweitrangig. Entscheidender war das taktische Element und die Bereitschaft der Hazara, Kompromisse zu schliessen und den Bestand des afghanischen Staates nicht vollends aufs Spiel zu setzen.

Offensichtlich spielte Teheran seine Karten geschickter aus als die Rivalen in Riad. *Wahdat*-Chef Abd-al-Ali Mazari, ein schiitischer Geistlicher, gab sich gemässigt und versöhnlich. Ausserdem versuchte er, den Anschein zu erwecken, unabhängig von Iran zu operieren. Keiner der drei Hazara-Minister war als Islamist oder Teheran-hörig bekannt. Wirtschaftsminister Sarobi beispielsweise ist ein Technokrat aus der Zeit der Monarchie.

Interessenverlagerung Pakistans oder taktischer Zug?

Zugute kam Iran die Umorientierung der pakistanischen Politik. Dies äusserte sich darin, dass Pakistan das Interesse an seinem einstigen Zögling, dem sunnitischen Islamisten-Chef Hekmatyar, endgültig verloren zu haben schien. Dieser hatte sich nicht nur bei der überwiegenden Mehrheit der Afghanen unbeliebt gemacht. Mitte Januar 1993 untersagte die Regierung in Islamabad Hekmatyar das Betreten pakistanischen Bodens - ein beachtlicher Schritt, wenn man bedenkt, dass Hekmatyar während fast zehn Jahren Hauptempfänger der vom CIA über den pakistanischen ISI an den afghanischen Widerstand gelieferten Waffen war. Es gab verschiedene Gründe für Pakistan: Nach der Einnahme Kabuls durch die Koalition des Nordens bestehend aus Tadschiken, Hazara, Turkmenen und Usbeken begann Hekmatyar, auf die Paschtunen-Karte zu setzen. Aus dem islamischen Internationalisten wurde über Nacht ein Paschtunen-Chauvinist. Die offene Paschtunistan-Frage war für Pakistan lange Zeit der Grund gewesen, an Hekmatyar festzuhalten, da dieser als Islamist im Ruf stand, nicht dem Paschtunen-Irredentismus anheim zu fallen.

Pakistan war ob seiner Unterstützung für Hekmatyar zudem international unter Druck geraten. Hekmatyar scharte den grössten Anteil arabischer Freischärler um sich, die sich in Afghanistan auf Terroraktionen vorbereiteten, vor allem in Ägypten, Algerien, Tunesien und im Jemen. Dies hatte die arabischen Regierungen in Alarmstimmung versetzt und war der Anlass für mehrere Konferenzen zur Koordinierung der Bekämpfung der *afghanis*, wie man diese militanten Muslime nennt.[7] In Washington waren 1992, nach dem Anschlag auf das World-Trade-Center, Bestrebungen im Gange, Pakistan auf die Liste der Terroristenstaaten zu setzen. Damit wäre Pakistan von bedeutender finanzieller Unterstützung und günstigen Handelskonditionen mit den USA ausgeschlossen worden. Islamabad reagierte darauf mediengerecht. Um den amerikanischen Argumenten den Boden zu entziehen, wurden mehrere hundert in Pakistan verbliebene arabische Afghanistan-Freischärler in Gewahrsam genommen, um sie als Beweis des guten Willens notfalls abzuschieben.[8] Hekmatyars Pakistan-Verbot ist ebenfalls in diesem Zusammenhang zu sehen. Gleichzeitig wurden die Grenzen zu Afghanistan geschlossen.[9]

Ein weiterer Aspekt für die Umorientierung der pakistanischen Politik war die Aussicht, auf den Märkten in den ehemaligen Südrepubliken der Sowjetunion Fuss zu fassen. Für Pakistan sind diese nur auf dem Luftweg oder auf dem Landweg durch Afghanistan zu erreichen, wodurch die Konkurrenten Iran und Türkei einen strategischen Vorteil haben. Die Fortdauer des Krieges in Afghanistan verhindert grösseres Engagement Pakistans in dieser Richtung. Solange die Konvois von jedem kleinen Kommandanten angehalten, mit Zöllen belegt oder geplündert werden können, gerät das Geschäft mit den zentralasiatischen Republiken zum Verlustgeschäft.

Die instabile Situation in Afghanistan führte auch zu einer grossen finanziellen Belastung für Pakistan, da der Strom der heimkehrenden Afghanistan-Flüchtlinge fast versiegte bzw. kurzfristig die Zahl der Flüchtlinge sogar ansteigen liess. Nachdem 1992 ein vielverheissender Exodus begonnen hatte, blieb nun die Mehrheit vorerst doch in Pakistan. Aus dem Ausland kommt jedoch kaum noch Unterstützung für die Flüchtlinge, so dass Pakistan die Kosten zum grössten Teil selbst tragen muss. So waren die Pakistani sehr ungehalten, als Rabbani sein abgelaufenes Mandat entgegen der Absprachen und trotz heftigen Widerstandes eigenmächtig um zwei Jahre verlängern liess. Nicht zu Unrecht meinte man in Islamabad, dass Afghanistan nicht zur Ruhe kommen könne, so lange jeder Übergangspräsident rücksichtslos darauf hinarbeite, zum Präsidenten auf Lebenszeit zu werden.

---

[7] Etliche von ihnen sind auch im indisch-besetzten Teil Kaschmirs, Tschetschenien, Bosnien und Aserbaidschan tätig geworden.

[8] Solche Aktionen wurden während der letzten zehn Jahre immer wieder unternommen. Ein Teil der Verhafteten wurde dann auch tatsächlich abgeschoben. Im Grunde genommen blieb es jedoch bei einem demonstrativen symbolhaften Verhalten. Der Anschlag auf die ägyptische Botschaft in Islamabad 1995 geht auf das Konto der Islamisten.

[9] Das bedeutete vor allem für die kleineren Widerstandsgruppen erhebliche Probleme bei der Aufrechterhaltung des Nachschubs.

Alte Strukturen, neue Allianzen oder das Ende des *jihad*?

Fast unbemerkt von der Öffentlichkeit bahnte sich eine neue Koalition an. Anfang 1994 verkündete eine "Koalition der Unterdrückten" bestehend aus Dostam, Hekmatyar und *Wahdat*, dass Rabbani und seine *jam'iat* jegliche Legitimation zum Weiterregieren verloren habe und forderte den Präsidenten auf, sein Amt niederzulegen. Eingefädelt wurde diese Allianz durch den Halbbruder Babrak Karmals, Bareyali, der Kontakte zu den alten *Khalq*–Genossen, die in der Mehrzahl bei Hekmatyar untergetaucht waren, aufgenommen hatte. Nicht nur die alten Parteikontakte zwischen den verfeindeten DVPA–Flügeln, sondern auch Pakistans Unterstützung waren entscheidend für das Zustandekommen. Wali Khan, Paschtune und Chef der AWAMI–Liga in Pakistan, vermittelte die Kontakte zwischen den *Khalq*– und *Parcam*–Genossen.

Rabbani, der vom Überlaufen Dostams nichts ahnte, hatte zuvor noch die Unterstützung von Dostam gegen Hekmatyar erbeten und erhalten. Sayyaf, Khales, Mohammadi und Gailani (er allerdings nur verbal) sprangen dem bedrängten Präsidenten Rabbani bei und erklärten Hekmatyars Zusammengehen mit *Wahdat* und Dostam zum Verrat. Die Stützpunkte der Regierung in Kabul wurden angegriffen. Zunächst beschränkten sich die Kämpfe auf Kabul–Stadt und konzentrierten sich auf den Präsidentenpalast und den Flughafen. Keine Seite konnte entscheidende Geländegewinne verbuchen. Eines wurde allerdings erreicht: Kabul, das während des Krieges rund zwei Millionen Menschen beherbergt hatte, wurde zu einer Geisterstadt.

Wahdat erklärte nach drei Tagen andauernder Gefechte und hoher Verluste seine Neutralität. Der Ex–Präsident der Gegenregierung, Mogaddedi, jahrelang kein Freund von Hekmatyar, stiess jetzt zu dessen Bündnis. Auch die Provinz blieb nicht ruhig. Die Grenzlandstämme verkündeten nach langer politischer Abstinenz zum ersten Mal nach über zwölf Jahren, dass sie nicht länger gewillt waren, dem Treiben der Parteien in Kabul zuzusehen und deshalb ihre Neutralität aufgeben würden. Sie sagten allerdings nicht, zu wessen Gunsten sie eingreifen wollten.

Gleichzeitig bereitete Hekmatyar mit dem stellvertretenden zweiten Kommandanten von Jalalabad, Somali Khan, einen Putsch in Jalalabad vor. Zwei Tage vor der geplanten Durchführung wurde der Coup aufgedeckt, und Somali Khan und fünf seiner Begleiter wurden ermordet. Hekmatyar versuchte dennoch, Jalalabad mit Hilfe der Ahmadzai–Paschtunen einzunehmen, deren Stammesangehöriger Somali Khan war. Es kam zu erbitterten Kämpfen in Sorubi und Tagao. Haggi Qadir und die Regierung in Jalalabad erhielten Unterstützung von Rabbani, sodass Hekmatyar in einen Zweifrontenkrieg geriet und mehrere strategische Posten verlor. Insgesamt kosteten die Kämpfe einigen hundert Menschen das Leben. Hintergrund dieser ganzen Aktion war, dass Hekmatyar und der pakistanische ISI Jalalabad zum Sitz einer Gegenregierung mit Hekmatyar als

Präsidenten machen wollten. Keine Seite konnte jedoch entscheidende Geländegewinne erzielen. Um und in Kabul, im Norden des Landes (Kunduz)[10] und im Westen (Herat) tobten Kämpfe unterschiedlicher Intensität.

Im Norden geriet Dostam zusehends unter Druck. Isma'il Khan aus Herat griff in Farah Stützpunkte Dostams an, die Ismailiten–Milizen und *jam'iat*–Verbände eroberten Posten von Dostam in Taher und Kunduz. Der mit Rabbani verbündete Sayyaf eroberte Sir Khan Bandar im Dezember 1993. Sir Khan Bandar ist am Fluss Amu (Oxus) gelegen an der Grenze zu Tadschikistan. Wegen der inneren Unruhen in diesem Nachbarland ist die Kontrolle über den Hafen in militärischer wie politischer Hinsicht von grosser strategischer Bedeutung. Zudem sind entlang der afghanisch–tadschikischen Grenze rund 25'000 Soldaten aus den GUS–Staaten stationiert. Dass der Hafen ausgerechnet Sayyaf in die Hände fiel, einem Islamisten mit engen Verbindungen zu arabischen Extremisten, brachte die anliegenden Staaten auf den Plan. Die geflüchteten Anhänger Dostams, die nach dem Fall des Hafens nach Tadschikistan geflohen waren, wurden über Usbekistan zurückgeschickt. Usbekistan leistete Dostam bei der erfolgreichen Wiedereroberung des Hafens militärischen Beistand.

Die Taliban

Unbemerkt von der Öffentlichkeit begannen sich im Süden Afghanistans die Dinge merklich zu verändern. Seit August 1994 trat eine unbekannte Gruppe namens Taliban in Aktion. Ihre spektakulärste Aktion im Raum Kandahar war das Freikämpfen eines pakistanischen Konvois, der für Turkmenistan bestimmt war und von lokalen Kommandanten festgehalten wurde, innerhalb von 48 Stunden. Unter der Führung von General Imam (ISI) und zweier hoher pakistanischer Offiziere eroberten sie Kandahar im Sturm. Die neue Macht, die ursprünglich – so die Legende – nur etwa aus achtzig Mann bestand, stellt inzwischen 30'000–40'000 Mann auf die Beine. Ausgerüstet mit schweren Waffen, Helikoptern und Flugzeugen sind sie ein ernst zu nehmender Faktor geworden. Die Provinzen Helmand und Zabul wurden erobert, und Ende Januar 1995 wurde Ghazni im Sturm genommen. Am 10. Februar fiel Maidan Sahr, Hekmatyars Hauptquartier, und eine Woche später Cehar–asiab, sein Ausweichquartier.

Dort, wo Taliban auftritt, wird eine besonders rigide Auffassung von islamischem Recht durchgesetzt. Dazu Mullah Taj Mohammad:

"We oppose anybody who does not support Shariat. Shariat forbids clean–

[10] Am 29.1.1995 griff Dostam mit Luft– und Bodentruppen Stützpunkte Rabbanis in Kunduz an. Er erhielt Unterstützung durch die GUS–Streitkräfte.

> shaven faces for men, radio, television, cinema, and picture-taking with cameras, thus being the answer to all social evils."[11]

Zur Abschreckung werden Wegelagerer aufgehängt, Dieben Hand und Fuss abgehackt, Schulen für Frauen verboten und aufgelöst. Frauen wurde das Einkaufen in Kandahar und Herat verboten, wenn sie nicht in Begleitung einer männlichen Person waren - kein leichtes Unterfangen in einer durch Krieg zum Teil bedingten männerlosen Gesellschaft. Rauschgifthändler wurden verfolgt, die Ernte (Opium, Hanf) abgefackelt. Die kleinen Kommandanten mit ihrem Anhang wurden entwaffnet oder bei Widerstand niedergewalzt. In den eroberten Gebieten gilt zumeist eine nächtliche Ausgangssperre ab 22 Uhr.

Der rasche Vorstoss der Taliban, deren Führer Mullah Omar oder Mufti Mohammad Mahzum gänzlich unbekannt sind, lässt einige Fragen offen. Angesichts der gut ausgebildeten und ausgerüsteten Kämpfer ist es schwer vorstellbar, dass die Armee ohne Zutun Pakistans aufgebaut wurde. Untersucht man den militärischen Vorstoss von Taliban genauer, so endeckt man eine wesentliche Stossrichtung. In taktischer Zusammenarbeit mit Rabbani wurde zunächst Hekmatyar ausgeschaltet. Auffällig war, dass es über längere Zeit keine Konfrontation mit den Truppen von Regierungschef Rabbani gegeben hatte. Im Gegenteil, es fanden konzertierte Aktionen bei der Eroberung von Kandahar, Ghazni und Maidan statt. So befanden sich beispielsweise die Einheiten der *hezb-e islami* im Dezember und Januar 1994/95 im Kampf mit Gefolgsleuten des Gouverneurs von Ghazni, der der *Harakat-e enqelabi* (Mohammadi) angehörte, die wiederum mit Rabbani verbündet war. Die Taliban griffen zu ihren Gunsten in die Kämpfe ein und verdrängte die *hezb-e* aus ihren Stellungen.

Der Angriff in Maidan wurde von Zangenbewegungen am Boden und in der Luft begleitet. Während die Taliban mit schwerer Artillerie und Bodentruppen das Hauptquartier Hekmatyars angriffen, bombardierten Flugzeugstaffeln der Regierung den Stützpunkt. Hekmatyar gelang zwar die Flucht nach Sarobi (ca. 60 km von Kabul entfernt), aber das schwere Gerät (Panzer, Artillerie etc. sowie einige Hubschrauber) blieben zurück. Kabul konnte erstmals seit langer Zeit wieder ungestört mit Lebensmitteln versorgt werden. Nach der Eroberung von Maidan sahr, die für die *hezb-e islami* (Hekmatyar) das politische und militärische Aus bedeutete, rückten die Truppen der *jam'iat* in die Stellungen der *hezb-e* vor.

Nun wendete sich die Stossrichtung der Taliban auf Rabbani. Auf Druck der anderen afghanischen Parteien forderte Taliban, welche sich *neutral* gibt, die *jam'iat* auf, die eroberten Stellungen zu räumen und stellte ein Ultimatum, welches bis Mitte Februar 1995 befristet war. Andernfalls, so die Drohung, würde sie die Milizen der *jam'iat* mit Gewalt vertreiben. Das Ultimatum verstrich, ohne

[11] Is Pakistan Taliban's next Target? In: Pakistan Link, 24.2.1995, pp. 1ff.

dass ein Schusswechsel stattgefunden hatte. Die *jam'iat* zog jedoch zwei Tage später aus einem Teil der Stellungen ab.

Die militärischen Veränderungen bedeuteten einen unmittelbaren Machtgewinn für Rabbani. Dostam, alliiert mit Hekmatyar, erklärte, dass er die Angriffe auf Hekmatyar als ein gegen die Allianz gerichtetes Manöver betrachtete und drohte, mit seinen Truppen einzuschreiten, falls Taliban nach Norden vorrücken sollte. Zugunsten seines Verbündeten intervenierte er jedoch nicht. Weiterhin würde er bei einem eventuellen Angriff in Betracht ziehen, den Norden Afghanistans für unabhängig zu erklären. Und er gab zu verstehen, dass er die Einheit und Existenz Afghanistans nicht auf der Grundlage von ethnischen Gegebenheiten verteidigen würde.

Ende Januar 1995 lebten die Kämpfe zwischen den Einheiten der *jam'iat* und *Wahdat* wieder auf. Taliban beteiligte sich nicht an den Auseinandersetzungen, forderte die Schiitenmiliz jedoch auf, die Waffen niederzulegen. Obwohl Iran gegen das Vorgehen protestierte und ankündigte, nicht weiter neutral zu bleiben, rückten die Truppen Rabbanis gegen die Stellungen von *Wahdat* in Kabul vor. Bei diesen Auseinandersetzungen wurde auch der mit Hekmatyar verbündete *Wahdat*-Führer Mazari getötet.[12]

Taliban setzte Rabbani erneut ein Ultimatum, welches dieser verstreichen liess. Rabbani griff Taliban an und brachte den bislang siegreichen Truppen eine empfindliche Niederlage bei und konnte den Vorstoss der Taliban kurzfristig bremsen. Taliban konterte mit der Eroberung Herats und vertrieb Rabbanis zweitwichtigsten Mann, Isma'il Khan, aus Herat. Mit dieser Eroberung besetzt Taliban den gesamten Süden und Westen Afghanistans und kontrolliert die wichtigste Strassenroute in Afghanistan, die den Zugang zu den südlichen Republiken der ehemaligen UdSSR ermöglicht.[13]

Wer steht hinter Taliban?

Bislang gibt es wenig Indizien darüber, wer die treibende Kraft hinter Taliban ist. "With the help of God Almighty, we will enforce Shariat not only here but also in Pakistan, Iran and Tajikistan", sagte Mullah Taj Mohammad. Mit dieser Botschaft will sich im Moment keiner der angesprochenen Nachbarstaaten identifizieren. Die pakistanische Zeitung *Jang*[14] und andere versuchen seit dem spektakulären Auftauchen von Taliban, deren Ursprung zu ergründen. Eine Variante der

12 Mazari war auf dem Weg zu Verhandlungen mit Taliban, die ihn gefangesetzten und ermordeten. Mas'ud rückte daraufhin in die von Taliban und Wahdat gehaltenen Stellungen vor. Der Stellvertreter Mazaris, Scheich Akbari, verbündete sich nach diesem Vorfall mit Rabbani.

13 Is Pakistan the next Target (Fn. 11).

14 Jang, Lahore, 16.2.1995.

Verschwörungstheorie, die in pakistanischen Zeitungen kursiert, vermutet die USA, Grossbritannien und die UNO als Drahtzieher. Hintergrund für dieses Szenario soll die Verhinderung einer islamischen Regierung in Afghanistan sein, um die fundamentalistischen Glaubenskämpfer loszuwerden. Als Beweis werden Aussagen von UN-Vertretern angeführt, beispielsweise von Charles Santos, einem engen Mitarbeiter des UN-Sonderbeauftragten M. Mestiri, der nach dem Fall von Cehar-asiab folgenden Kommentar abgab:

> "Hekmatyar's defeat marks the most significant progress towards the establishment of peace in Afghanistan, and the Taleban organisation will be included in the peace process."[15]

Angeblich soll bereits vor zwei Jahren ein entsprechendes Netz durch den britischen Hochkommissar in Pakistan im westlichen Teil der Provinz Kandahar aufgebaut worden sein.[16] Überzeugender ist allerdings die Argumentation, dass die Gründer von Taliban davon ausgingen, dass in Afghanistan momentan keine Organisation an die Macht gelangen könnte, wenn sie nicht den Islam "auf ihre Fahnen" geschrieben hat bzw. einen islamischen Staat aufbauen will.[17]

Die zweite Phase des Aufbaus begann vor ungefähr einem Jahr. Dem vorausgegangen war eine Aktion des *Office of Peace and Disarmament* (OPD) in Quetta, welches Afghanen rekrutierte und trainierte, die gegen die Mujahedin gekämpft hatten. Den ehemaligen Regierungssoldaten wurde zwischen 500 und 1'000 US-Dollar im Monat angeboten. Kommunisten, Nationalisten und ehemalige Schah-Anhänger trainierten die neue Truppe. Einer der bekanntesten war ein Mann namens Bahlol, der einst Vorsitzender des *Cooperatives Department at the Secretariat of the People's Democratic Party of Afghanistan* gewesen war. Er behauptete öffentlich, im direkten Auftrag der Vereinten Nationen zu arbeiten.

Die dritte Phase bestand darin, eine religiöse Partei in Pakistan für den Plan zu gewinnen. Die *Gami'at al-'Ulama-i-Islam* um Fazl-ur-Rahman bot sich aufgrund religiöser und politischer Differenzen mit der um die Macht konkurrierenden *Gama'at-i-Islami* an, die Hekmatyar unterstützte. Der Parteiführung versprach man, in Kabul eine islamische Regierung ihrer Wahl an die Macht zu bringen. Nach *Jang* gilt es, den Aufstieg der Islamisten in Afghanistan zu unterbinden, um die Entstehung eines islamischen Blockes aus Kaschmir, den zentralasiatischen Republiken, Pakistan, Afghanistan und Iran zu verhindern.

---

15 Taleban; Students of the line of which 'imam'? In: impact international, March 1995, p. 33.

16 "Two non-government organisations (NGOs) in Quetta used to send special vehicles and equipment to Kandahar on the pretext of helping the people of that war-torn area. These vehicles had antennas in the shape of side mirrors with mini computers hidden inside. These computers and antennas were intended to send via satellite the information collected from the local people directly to the UK or the headquarters of local planners."

17 Taliban heisst Koranschüler.

Schlussbemerkungen

Seit der sowjetischen Invasion in Afghanistan 1979 und der darauffolgenden Etablierung der islamistischen Parteien in Pakistan und Iran kämpfen die verschiedenen Gruppen in unterschiedlichen Allianzen um die Macht. Zunächst dominierte der nationale Widerstand, der von Pakistan und Iran unterstützt wurde. War zu Anfang der Kampf gegen den kommunistischen Usurpator das einigende Band für den Volksaufstand, so veränderten sich die Ziele im Laufe der Zeit. Zunächst gewannen die neuen islamistischen Parteien den Kampf gegen den nationalen Widerstand ideologisch - nicht mehr ein Befreiungskrieg wurde geführt, sondern ein *jihad*. Diesem fielen zuerst die afghanischen Linken, Nationalisten und Traditionalisten zum Opfer. Das Paktieren der islamistischen Parteien mit den kommunistischen Machthabern zu deren Ausschaltung ist ausreichend dokumentiert. Offiziell wurde eine Zusammenarbeit aber nie zugegeben. Nachdem der originäre Widerstand ausgeschaltet war, begannen die Kämpfe zwischen den islamistischen Parteien. Hauptgegner in diesen Auseinandersetzungen waren *jam'iat* und *hezb-e islami*.

Halten die kriegerischen Auseinandersetzungen weiter an, kommt es zu neuen Flüchtlingsströmen, und die Flüchtlingslager leeren sich nicht. Solange diese bestehen, werden sich immer wieder junge Menschen von allen Parteien rekrutieren lassen, um ihre Familien zu ernähren. Aber die Bevölkerung ist kriegsmüde, und keiner der islamistischen Führer verfügt über Ansehen. Die *Ethnisierung* des Krieges scheint die politische Konsequenz mangelnder Legitimität zu sein. Zur Zeit ist keine Gruppe stark genug, um sich militärisch durchzusetzen. Bis auf die ehemaligen Kommunisten, die sich inzwischen mit allen islamistischen Parteien verbündet haben, verfügt keine der Parteien über eine differenzierte *Ideologie*.

Afghanistan ist heute in drei militärische Zonen geteilt: Der Norden steht unter der Kontrolle Dostams. Das Zentralmassiv mit der Hauptstadt Kabul und der Nordosten unterstehen der Regierung Rabbani. Der Süden und Südwesten (einschliesslich Herat) sind in den Händen der Taliban. Lediglich im Osten (Jalalabad) haben sich die Grenzlandstämme aus den Querelen der Parteien weitgehend heraushalten können.

Rückendeckung erhalten die Kontrahenten von verschiedenen Seiten: Dostam bekommt aufgrund seiner strategischen Lage Unterstützung vor allem von den angrenzenden Republiken Tadschikistan, Usbekistan und Turkmenistan sowie aus den GUS-Staaten, aber auch von Iran. Rabbani wird von Iran, Russland und Indien, zum Teil auch von den arabischen Golfstaaten gefördert. Taliban wird von Pakistan, den USA und Saudi-Arabien unterstützt. Pakistan greift wie früher schon mit regulären Einheiten in die Kämpfe ein. Man kann davon ausgehen, dass sich Pakistan in einem unerklärten Krieg mit Afghanistan befindet.

Versuche, eine friedliche Lösung in Afghanistan herbeizuführen, gab es zahlreiche. Sie scheiterten vor allem an der zwiespältigen Politik der pakistanischen Regierung und des militärischen Geheimdienstes ISI. Solange aber Pakistan und der ISI an einer militärischen Lösung in Afghanistan arbeiten, werden alle Friedensinitiativen scheitern. Nur durch äusseren Druck der USA und Europas werden die Anrainerstaaten wie Pakistan und Iran zum Einlenken bereit sein und von einer militärischen Lösung in Afghanistan absehen.

Afghanistan scheint weiterhin in der Kontinuität der "zentrifugalen Kräfte" Zentralasiens, Irans und des indischen Subkontinentes zu liegen. Der Weg vom Pufferstaat hin zu einem Nationalstaat mit eigener Identität ist noch nicht gefunden. Die Hoffnungen der legendären Widerstandskämpfer, der Brüder Majid Kalakan und Qayyum, dass Afghanistan im Kampf um die Freiheit zu einem Nationalstaat zusammenwachsen würde, in der jede Ethnie und Religion gleichberechtigt ihren Platz hätte, hat sich nicht erfüllt.

Anhang

Am 15. Februar 1989 war der Abzug der sowjetischen Truppen aus Afghanistan offiziell beendet. Sie hatten gegen einen Widerstand gekämpft, der sich grob in drei Hauptformierungen einteilen lässt, entsprechend ihrer ethnischen, religiösen und politischen Zusammensetzung.
1) Der sunnitische Widerstand (auch Peschawar-Parteien oder "Siebener Allianz" genannt), von Pakistan unterstützt;
2) der schiitische Widerstand (auch "Achter Allianz" genannt), von Iran unterstützt und dominiert;
3) der unabhängige, national-demokratische Widerstand.

Jede dieser Gruppen lässt sich weiter differenzieren. So bestand der sunnitische Widerstand aus folgenden Parteien:
a) *Hezb-e islami afganistan* (*hezb-e* Hekmatyar)
Ethnische Zusammensetzung: Überwiegend Paschtunen, auch Tadschiken und vereinzelt die übrigen ethnischen Gruppen Afghanistans.
b) *Gam'iat-e islami-ye afganistan* (*gam'iat* Rabbani)
Ethnische Zusammensetzung: Tadschiken, Usbeken, vereinzelt Paschtunen
c) *Hezb-e islami afganistan* (Hales)
Ethnische Zusammensetzung: Paschtunen
d) *Gebheh-ye islami afganistan* (Sayyaf)
Ethnische Zusammensetzung: Überwiegend Paschtunen
e) *Mahad-e melli-ye islami-ye afganistan* (*mahad* Seyyed Amad Gailani Effendi)
Ethnische Zusammensetzung: Hauptsächlich Paschtunen, vereinzelt Tadschiken

f) *Gebheh-ye melli negat-e afganistan* (*gebheh* Sebgatollah Mogadeddi)
Ethnische Zusammensetzung: Tadschiken (überwiegend) und Paschtunen
g) *Harakat-e enqelab-e islami* (*harakat* Maulawi Mohammad Nabi Mohammadi)
Ethnische Zusammensetzung: Paschtunen, kleinere Gruppen von Tadschiken und vereinzelt Balutschen

Der schiitische Widerstand formiert sich aus folgenden Parteien:
a) *Sazman-e nasr afganistan* (*nasr*)
Ethnische Zusammensetzung: Hazaras
b) *Sepah-e pasdaran-e enqelab-e afganistan* (*sepah*)
Ethnische Zusammensetzung: Hazaras
c) *Wahdat-e nahdat-e azadibahs* (*wahdat*)[18]
d) *Islam mektab-e tauhid*
Ethnische Zusammensetzung: Hazaras, Tadschiken
e) *Hezbollah*
f) *Hezb-e ra'd-e islami*
g) *Sazman-e mostasafin*
Ethnische Zusammensetzung: Tadschiken, Hazaras
h) *Harakat-e islami-ye afganistan* (*Harakat-e* Mohseini)
Ethnische Zusammensetzung: Hazaras, die schiitische städtische Bevölkerung Kabuls, Kandahars und Herats[19]
i) *Sura-ye enqelab-e ettefaq-e islami* (*sura*)[20]
Ethnische Zusammensetzung: Hazaras

Der national-demokratische Widerstand wurde im wesentlichen von den folgenden Parteien gebildet:[21]
a) *Gebheh-ye motahad-e melli afganistan* (NEFA)
Ethnische Zusammensetzung: Alle afghanischen Nationalitäten

---

18 Als Wahdat werden später alle schiitischen Gruppen bezeichnet, da Iran sie unter ein gemeinsames Dach zwang.

19 Diese Gruppierung könnte aufgrund ihrer Entwicklung auch dem national-demokratischen Widerstand zugeordnet werden. Die Einteilung an dieser Stelle ist eher historisch.

20 Die Zugehörigkeit der *sura* zum national-demokratischen Widerstand ist eindeutig. Obige Zuordnung erfolgt aus systematischen Gründen, da sie hauptsächlich aus Hazaras und Schiiten besteht und zunächst auch nach Iran orientiert war. Diese und auch die letztgenannte Parteil füllten nach der Zerschlagung durch den Iran die lokalen Gruppierungen des national-demokratischen Widerstandes auf.

21 Da die Parteien des national-demokratischen Widerstandes weder in Pakistan noch in Iran eigene Flüchtlingslager unterhalten durften, sind sie in der öffentlichen Berichterstattung kaum bekannt geworden. Diese Parteien haben häufig unter dem Schutzschild anderer Parteien operiert, da sie sowohl von den Islamisten, als auch von den Sowjets und ihren Kabuler Marionetten verfolgt wurden. Auch in Iran und Pakistan waren sie vor den Nachstellungen der Islamisten nicht sicher.

b) *Sazman-e azadibahs-e mardom-e afganistan* (SAMA)
Ethnische Zusammensetzung: Alle afghanischen Nationalitäten
c) *Afgan mellat*
Ethnische Zusammensetzung: Überwiegend Paschtunen, vereinzelt Tadschiken und Hazaras
d) Paschtunische sozialdemokratische Partei (PSDP)
Ethnische Zusammensetzung: Paschtunen
e) *Setam-e melli*
Ethnische Zusammensetzung: Tadschiken
f) *So'leh-ye gawid*
Ethnische Zusammensetzung: Überwiegend Tadschiken

Das Kriegsgeschehen 1994/95

Ein kommentierter Überblick der Arbeitsgemeinschaft Kriegsursachenforschung Hamburg

Von Karen Jaehrling, Astrid Nissen, Dirk Pieper

Seit dem Ende des Zweiten Weltkrieges hat die Arbeitsgemeinschaft Kriegsursachenforschung (AKUF) insgesamt 194 Kriege registriert.[1] Krieg wird von der AKUF definiert als gewaltsam ausgetragener Massenkonflikt, an dem auf mindestens einer Seite bewaffnete Streitkräfte einer Regierung teilnehmen, auf beiden Seiten ein Mindestmass an zentral gelenkter Organisation gegeben ist, und die Kämpfe sich mit einer gewissen Kontinuierlichkeit ereignen.[2] Seit 1993 werden von der AKUF auch *bewaffnete Konflikte* erfasst, die im diesjährigen Überblick erstmals auch Gegenstand der Analyse sind. Bewaffnete Konflikte sind definiert als gewaltsame Auseinandersetzungen, bei denen die Kriterien der Kriegsdefinition - häufig das der Kontinuierlichkeit - nicht in vollem Umfang erfüllt sind. In anderen Fällen lässt die Informationslage eine zweifelsfreie Einordnung als Krieg nicht zu. Während 1993 neunzehn bewaffnete Konflikte ausgetragen wurden, waren es 1994 sechzehn und 1995 zwanzig bewaffnete Konflikte, die neben den Kriegen als Formen der organisierten Gewalt erfasst wurden. Mit der Einführung dieser Kategorie wird eine differenziertere Erfassung vor allem innerstaatlicher Gewaltanwendung erreicht.

Was sagen die Zahlen?

Im Berichtszeitraum 1994/1995 zählte die AKUF weltweit insgesamt 47 Kriege. 1994 endeten zehn Kriege.[3] Im selben Jahr wurden sechs Kriege neu in die Krie-

[1] Stand ist der 1. Dezember 1995.

[2] Definition und Erfassungskriterien werden nochmals ausführlich diskutiert in Klaus Jürgen Gantzel/Thorsten Schwinghammer: Die Kriege nach dem Zweiten Weltkrieg 1945 bis 1992; Daten und Tendenzen (= Kriege und miliante Konflikte, Bd. 1), Münster 1995, pp. 31–48.

[3] Dies waren die Kriege in Nordirland, Niger, Rwanda, Republik Südafrika, Israel, Aserbaidschan, Georgien (Abchasien), Russ. Föderation (Inguschien), Indonesien (Ost-Timor) und in Peru (MRTA).

geliste aufgenommen.[4] Das Jahr 1995 begann mit dem Krieg zwischen Ecuador und Peru, seit Februar ist es dort jedoch zu keinen Kampfhandlungen mehr gekommen.[5] Darüber hinaus eskalierten im Verlauf des Jahres 1995 die bewaffneten Konflikte in Pakistan (Sind), Uganda und Senegal zu Kriegen.

Pro Jahr begonnene, beendete und geführte Kriege 1945-1995

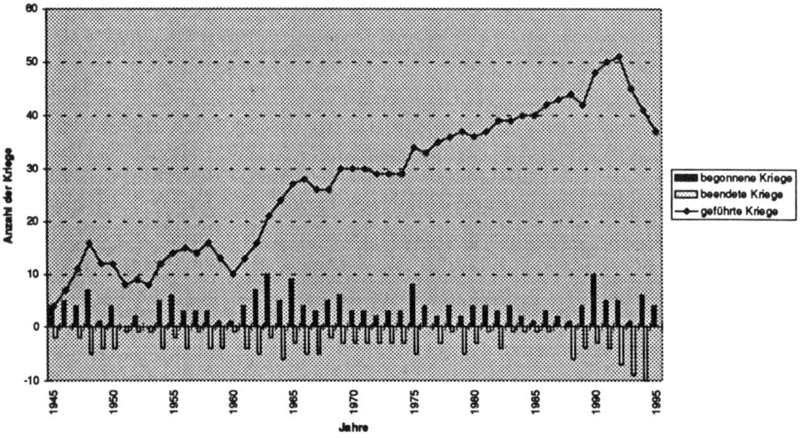

Die von der AKUF ermittelte Entwicklung des Kriegsgeschehens seit dem Ende des Zweiten Weltkrieges deckt sich für die zurückliegenden sechs Jahre im wesentlichen mit der jüngst von *Wallensteen/Sollenberg*[6] veröffentlichten Liste, die von 1989 bis 1994 reicht, obwohl dieser eine andere, quantitative Kriegsdefinition zugrunde liegt. In beiden Kriegelisten ist das Jahr 1992 mit 51 Kriegen bzw. 55 "armed conflicts" der bisherige Höhepunkt der Kriegsstatistik, was übereinstimmend mit dem Zerfall der ehemaligen UdSSR erklärt wird.[7] Nach 1992 nimmt in beiden Kriegelisten die Zahl der geführten Kriege bzw. kriegerischen Konflikte ab.

---

4 Es kommt vor, dass ein Krieg auf benachbarte Länder übergreift und dort die Herausbildung eigenständiger Kriege provoziert, wie dies in den vergangenen zwei Jahren etwa in Mali/Niger (1994) und Liberia/Sierra Leone (1995) der Fall war. Für die Statistik gelten diese Kriege dann als neue Kriege, was dem realen Kriegsgeschehen jedoch nur bedingt entspricht.

5 Ein Krieg gilt erst dann als beendet, wenn mindestens ein Jahr Waffenruhe herrscht. Dieser Krieg wurde daher bisher nicht aus der Kriegeliste der AKUF gestrichen.

6 Peter Wallensteen/Margareta Sollenberg: After the Cold War; Emerging Patterns of Armed Conflict 1989–94, in: Journal of Peace Research, Vol. 32, No. 3, pp. 345–360.

7 Ibid., p. 347. - Gantzel/ Schwinghammer, Die Kriege (Fn. 2), p. 90.

Wie die Zahlen die Hoffnung zerstört haben, dass mit dem Ende des Ost-West-Konfliktes der Weltfriede eintreten würde, dürften sie ebenso zur Desillusionierung derjenigen genügen, die den Kalten Krieg zu einem Ordnungsfaktor verklären und nach dessen Ende einen kontinuierlichen Anstieg der Kriegsanfälligkeit erwartet haben. Vielmehr scheint der Verlauf des Kriegsgeschehens nach 1989 die These zu bestätigen, dass das weltweite Kriegsgeschehen nach 1945 nicht in erster Linie vom Ost-West-Konflikt bestimmt wurde.[8]

Basierend auf den Kriegen der letzten fünf Jahre lassen sich jedoch in einer ersten vorsichtigen Beurteilung sowohl einige positive als auch negative Auswirkungen feststellen, die das Ende des Systemgegensatzes auf das Kriegsgeschehen gezeitigt hat. Hindernisse konnten abgebaut werden, die bisher die Aktivität internationaler Organisationen kollektiver Sicherheit blockierten. So verzeichnet die UNO seit 1988 einen Anstieg ihrer "Tätigkeiten im Zusammenhang mit der Wahrung von Frieden und Sicherheit".[9] Dem entsprach auf Seiten der Kriegsparteien eine erhöhte Zugänglichkeit für Verhandlungslösungen, insbesondere da, wo das Entfallen von *Sicherheitsinteressen* die jeweiligen Bündnispartner zu einer Kürzung finanzieller und militärischer Hilfe veranlasste und den derart geschwächten Kriegsparteien die Hoffnung auf einen militärischen Sieg nahm.

Allerdings zieht der Zusammenbruch von Koalitionen häufig lediglich eine Umorientierung der Akteure nach sich. Afghanistan und Kambodscha sind Beispiele dafür, dass die zuvor internationalisierten Kriege oft einer Renationalisierung unterliegen. Zunehmend beziehen die Kriegsparteien ihre Rüstungsgüter aus anderen Ländern der sogenannten Dritten Welt. Der Waffenmarkt der neunziger Jahre legt seinen Kunden weniger Beschränkungen denn je auf. Der Ausverkauf von Armeebeständen des ehemaligen Ostblocks öffnet auch weniger zahlungskräftigen Gruppen den Zugang zu moderner Waffentechnologie. Die Tatsache, dass heute keine Blockgrenzen mehr die Belieferung bestimmter Länder ausschliessen, sichert den Käufern freie Auswahl unter den Lieferanten.[10]

Diese Beobachtungen erhellen auch die Interpretation der Graphik: Sie können erklären, warum in den vergangenen Jahren eine überdurchschnittliche Anzahl von Kriegen beendet wurde, welches zu einem Absinken des Kriegsniveaus führte. Gleichzeitig lassen sich hier Anhaltspunkte finden zur Begründung der anhaltend hohen Anzahl neu begonnener Kriege, welche auf das Weiterbestehen gewaltbesetzter Widersprüche verweisen. Die heuristische Chan-

---

8 Jens Siegelberg: Kapitalismus und Krieg; Eine Theorie des Krieges in der Weltgesellschaft (= Kriege und militante Konflikte, Bd. 5), Münster 1994, p. 159.

9 Beispielsweise stiegen die "aktiven Eingriffe vorbeugender Diplomatie oder Friedensschaffung" von 11 (1988) auf 28 (1994). Siehe Vereinte Nationen, zitiert nach Hanne-Margret Birkenbach/Uli Jäger/Christian Wellmann (Hrsg.): Jahrbuch Frieden, München 1995, p. 16.

10 Ksenia Gonchar/Peter Lock: Observations on the Global Supply of Small Arms, Arbeitspapier Nr. 84 der Forschungsstelle Kriege, Rüstung und Entwicklung, Universität Hamburg - IPW 1994.

ce, die das Ende des Ost–West–Konfliktes mit sich bringt, liegt in einem ideologisch weniger belasteten Blick auf diese Widersprüche und damit in einem analytischen Zugewinn bei der Betrachtung der Kriegsursachen. Ursachen, die bisher zugunsten einseitiger Interpretationen als *Stellvertreterkriege* unter den Tisch fielen, treten deutlicher zutage.

Entwicklung in den Regionen

Das Absinken des weltweiten Kriegsniveaus seit 1993 auf heute 37 Kriege geht nicht zuletzt auf eine *Normalisierung* des Kriegsgeschehens auf dem Gebiet des ehemaligen Ostblocks zurück, welches sich an eine tiefe Umbruchsituation anschloss und zwischen 1989 und 1992 zu einem disproportionalen Anstieg in der Kriegestatistik geführt hatte. Fünf der ingesamt neun Kriege, die seit Ende des Kalten Krieges auf dem Gebiet der *GUS* und in Jugoslawien begonnen wurden, sind inzwischen beendet; dagegen begann dort im Laufe der vergangenen zwei Jahre nur ein neuer Krieg (Tschetschenien). Selbst in den längsten und blutigsten Auseinandersetzungen dieser Umbruchsituation, den Kriegen in Ex–Jugoslawien, besteht Ende 1995 Hoffnung, dass die Bemühungen um eine friedliche Konfliktbeilegung nunmehr zu dauerhafteren Ergebnissen führen könnten. Zusammen mit den Friedensverhandlungen in Nordirland deutet sich so das Ende aller derzeit in *Europa* geführten Kriege an.

Das anhaltende Kriegsgeschehen in den Ländern der Dritten Welt zeigt hingegen, dass diese Regionen von derartigen positiven Entwicklungen weit entfernt sind. Insbesondere *Afrika* war 1994/95 das Zentrum neuer kriegerischer Gewalt. Unter den elf neuen Kriegen, die 1994 und 1995 ausbrachen, befanden sich sechs afrikanische Kriege. Mit den Friedensverhandlungen und dem Ende des Apartheidsystems in der Republik Südafrika ist zwar ein wichtiger kriegsursächlicher Faktor für die Region weggefallen. Ebensowenig wie das Ende des Ost–West–Gegensatzes hat dies jedoch eine unmittelbare befriedende Wirkung auf das Kriegsgeschehen in Angola gezeitigt. Im Gegenteil: Während nach dem Rückzug der antagonistischen Unterstützerstaaten aus dem Krieg zwischen Unita und Regierungstruppen die ursprüngliche Konfliktkonstellation zwischen traditionaler Landbevölkerung und modernisierter Stadtbevölkerung deutlicher zutage trat, und es trotz der Präsenz von UN–Friedenstruppen ab April 1995 weiterhin zu Verletzungen des Waffenstillstandes kam, eskalierte der bewaffnete Konflikt um die Enklave Cabinda 1994 zusätzlich zum Krieg. Auch die jahrelangen Unruhen in Burundi, dem Nachbarland des im Zentrum der öffentlichen Aufmerksamkeit stehenden Rwandas, haben sich mittlerweile zum Krieg ausgeweitet.

Im *Nahen und Mittleren Osten* sind die Friedensverhandlungen Israels mit der palästinensischen Führung und den arabischen Staaten als positive Entwick–

lung zu verzeichnen. Die im Zuge dieses Prozesses allmählich verblassende arabisch-jüdische Konfliktlinie hatte in der Vergangenheit allein sechs Kriege verursacht und weitere massgeblich beeinflusst, wie beispielsweise den Krieg im Libanon. Die andauernden Zusammenstösse zwischen israelischer Armee und Hisbollah im Südlibanon verweisen jedoch auf die Langwierigkeit derartiger Friedensprozesse. Die gewaltsamen Auseinandersetzungen in der Türkei, im Irak und im Iran um die kurdische Autonomie nahmen indes in Folge der innerkurdischen Kämpfe um eine weitere Dimension zu. Zudem eskalierte der alte Konflikt zwischen Nord- und Südjemen 1994 erneut zum Krieg.

Mit dem Ende des Krieges in Indonesien (Ost-Timor) wurde eine Entwicklung fortgesetzt, in der seit 1992 zehn teilweise sehr lang andauernde Kriege in *Süd-* und *Südostasien* beendet wurden. Die Zahlen dürfen jedoch nicht darüber hinwegtäuschen, dass sich an den zugrunde liegenden Konfliktkonstellationen kaum etwas geändert hat, und organisierte Gewalt weiterhin eine grosse Rolle in diesen Ländern spielt. So wurden acht dieser beendeten Kriege als bewaffnete Konflikte fortgesetzt. Hier wie auch in anderen Regionen zeichnet staatliche Repression und nicht die Aufhebung konfliktiver Widersprüche für das vordergründige Ende von Kriegen verantwortlich. Das Beispiel Pakistan (Sind) verdeutlicht, dass unter diesen Umständen auch eine erneute Eskalation von beendet geglaubten Kriegen möglich ist.

Diese weiterhin virulenten Widersprüche, die hauptsächlich aus dem Prozess der "nachholenden Konsolidierung vorausgesetzter Staatlichkeit"[11] hervorgehen, begründen jenseits der Statistik die Skepsis hinsichtlich eines baldigen Weltfriedens. Die inhaltliche Ausgestaltung und Belebung der von aussen vorgegebenen Form des modernen Staates stehen im Zentrum innergesellschaftlicher Kämpfe in den Ländern des ehemaligen Ostblocks und der sogenannten Dritten Welt. Wie tief die gesellschaftliche Verankerung des Konfliktpotentials ist, zeigt sich daran, dass der Schwerpunkt des Kriegsgeschehens weiterhin auf den innerstaatlichen Kriegen liegt. Dabei setzt sich die ab Ende der achtziger Jahre festgestellte Tendenz der Zunahme der Kriege des Kriegstyps B (sonstige innerstaatliche Kriege) gegenüber den Anti-Regime-Kriegen (Kriegstyp A) fort. Als Residualkategorie in der Zeit der Dominanz der Anti-Regime-Kriege entstanden, sammeln sich in der B-Kategorie inzwischen ebenfalls Kriege mit recht homogenen Strukturen: Es dominieren die Sezessions- und Autonomiekriege, häufig im Gewand des sogenannten ethnischen Konfliktes ausgetragen. Sieben der elf neu in die Kriegeliste aufgenommenen Kriege waren reine B-Kriege oder hatten einen B-Schwerpunkt.

Sogar in der klassischen Region der Anti-Regime-Kriege, *Lateinamerika*, ist mit dem Krieg in Mexiko im Februar 1994 ein B-Krieg ausgebrochen, nach 1945 erst der zweite in der Region. An diesem Krieg lassen sich die Veränderun-

---

[11] Siegelberg, Kapitalismus und Krieg (Fn. 8), p. 151.

gen, die mit dem Ende des Ost–West–Konfliktes einhergehen, besonders gut ablesen: Bei grosser Ähnlichkeit der strukturellen Konfliktlinien mit den Anti-Regime–Kriegen der achtziger Jahre[12] entfällt hier die ideologische Komponente, die den Krieg vordergründig zu einem Krieg um das wirtschaftliche und politische System werden liess. Während militärische Eingriffe insbesondere seitens der USA die Kriege Lateinamerikas zur Zeit des Kalten Krieges zusätzlich intensivierten und verlängerten, griffen in Mexiko die Bemühungen um friedliche Konfliktbeilegung recht schnell - ohne allerdings bisher zu einer friedlichen Lösung geführt zu haben.

Das Ende des Krieges in Peru ist dagegen ein Beispiel für die generell zu beobachtende abnehmende Kriegsanfälligkeit der Region Lateinamerika. Wurden dort in den achtziger Jahren noch insgesamt zehn Kriege begonnen, waren es in den neunziger Jahren bisher nur zwei. Die Kriege werden allerdings abgelöst durch andere Formen der Gewalt, die sich unter dem Phänomen der Privatisierung der Gewalt fassen lassen. Abseits kollektiver Strukturen - mithin auch abseits des Staates - wenden Einzelpersonen zur Durchsetzung privater Ziele Gewalt an und machen sich dabei die Infrastruktur vergangener Kriege dienstbar. Mitglieder der berüchtigten Todesschwadrone finden so in Grossgrundbesitzern und Geschäftsleuten neue Auftraggeber, die auf diese Weise Landbesetzungen oder den Diebstählen durch Strassenkinder ein Ende zu setzen suchen. Auch die Ausmasse der organisierten Kriminalität nehmen zu, eine Entwicklung, die auch in den Nachkriegsgesellschaften anderer Regionen zu beobachten ist.

Bewaffnete Konflikte - Lasten der Vergangenheit, Kriege der Zukunft

Neues Konfliktpotential zeichnet sich bereits in den derzeit fünfzehn bewaffneten Konflikten ab, welche bisher noch nicht zu Kriegen eskaliert sind. Afrika und Asien führen hier wiederum die Liste an. Wie anhand der im Zeitraum 1994/95 begonnenen Kriege in Angola (Cabinda), Burundi, Senegal, Uganda, Pakistan (Sind), Tschetschenien und Jemen deutlich wird, beginnen Kriege häufig als bewaffnete Konflikte. Es bleibt also abzuwarten, wieviele der aktuellen Konflikte sich in einem Eskalationsprozess zu Kriegen verdichten.

Kriege fangen jedoch nicht nur als bewaffnete Konflikte an, sie hören oft auch als solche auf. Von den 27 seit 1993 beendeten Kriegen wurden sechzehn als bewaffnete Konflikte weitergeführt. Dies wirft auch Probleme für die friedliche

12 Sabine Kurtenbach: Vom Krieg zum Frieden in Lateinamerika, in: Volker Matthies (Hrsg.): Vom Krieg zum Frieden; Kriegsbeendigung, Friedensregelung, Kriegsfolgenbewältigung und Friedenskonsolidierung, Bremen, im Erscheinen.

Konfliktvermittlung auf, da die Konfliktkonstellationen in dieser Form von gewaltsamem Konflikt einer institutionellen Regelung nur noch schwer zugänglich sind. Der Krieg selbst ist hier zum Verursacher neuer, losgelöster Gewaltfaktoren geworden, indem etwa entstandene Kriegsökonomien, wie Waffen- und Drogenhandel, den Boden für lang anhaltende kriminelle Gewalt abgeben.[13] Die Unterscheidung zwischen krimineller und organisierter Gewalt ist hier oftmals schwierig, Akteure wie Ursachen der Gewalt sind kaum zu verorten, wie beispielsweise der Konflikt in Pakistan zeigt. Insbesondere die Wiedereingliederung von Soldaten/Kämpfern in das zivile Leben übersteigt die materiellen Ressourcen vieler Länder und begründet so ein Gewaltpotential, das von den ursprünglichen Kriegsursachen losgelöst ist. Auch kann gerade in besonders kriegsbetroffenen Ländern eine Kultur der Gewalt entstehen, in der aufgrund einer Militarisierung der Gesellschaft der Griff zur Waffe zum naheliegenden Mittel der Interessendurchsetzung wird.

---

13 Dietrich Jung/Klaus Schlichte/Jens Siegelberg: Das Kriegsgeschehen 1994; Ein Register der Kriege und bewaffneten Konflikte, Arbeitspapier Nr. 87 der Forschungsstelle Kriege, Rüstung und Entwicklung, Universität Hamburg - IPW, 1995, p. 13.

Kriegeliste 1994/95[1]

AFRIKA

Name/Land	Zeit raum	Kriegs typ	Kriegführende	Konfliktgegenstand/ Ziele	Stand 1994/1995 Veränderungen, Interventionen, Beendigung
Algerien	Feb. 1992 –	A–2	GIA (Groupe islamique armé); AIS (Armée islamique du salut); MIA (Mouvement islamique armé) // Regierungstruppen	Herrschaftskonflikt (Verhinderung der Regierungsübernahme und Verfassungsänderung durch die islamische Opposition)	– Dez .94/Jan. 95: Treffen der Oppositionsparteien und der FIS in Rom; Ergebnis: Gemeinsame Verhandlungsgrundlage für Gespräche mit der Regierung über die Beendigung der kriegerischen Auseinandersetzungen – weiterhin unvermindert andauernder Terror und Verhärtung der Fronten – keine Veränderung der Situation nach den Präsidentschaftswahlen im November '95

1 Stand ist der 1. Dezember 1995.

Angola (Unita)	Feb. 1961 –	A–2	Unita (*Uniao Nacional pel a Independencia Total de Angola*) // Regierungs- truppen	seit 1992 vor allem Herrschaftskonflikt (nach Wahlniederlage der Unita)	– Nov. '94: Offizieller Waffenstillstand (Lusaka–Protokoll); seitdem zahlreiche Verletzungen der Waffenruhe – seit April '95: Aufbau der 7'000 Mann star- ken Truppe, die im Rahmen der UNAVEM III–Mission den Friedensprozess kontrollieren soll – Zweite Hälfte '95: Weitgehende Einhaltung der Waffenruhe – Beginn der Entwaffnung der Aufständischen
Angola (Cabinda)	1994 –	B–2	FLEC–FAC (*Frente a libertacao do Enclave de Cabinda – Forces armées Cabindais*); FLEC–Renové // Regierungstruppen	Sezession (Eigenstaatlichkeit der zwischen Zaire und dem Kongo gelegenen Enklave Cabinda)	– 1994 und 1995 Weiterführung der Kämpfe – FLEC–Fraktionen verweigern sich den offiziellen Friedensverhandlungen zwischen der Unita und der Regierung – Abnahme der Intensität der Auseinander- setzungen (mutmasslich aufgrund fehlender Unterstützung der FLEC durch die Unita) – Sept. '95: Auf 4 Monate befristetes Waffenstillstandsabkommen zwischen FLEC– Renové und der Regierung

Burundi	Sept. 1994 –	A–1	FDD (*Forces de Défense de la Démocratie*); 'Palipehutu'// Regierungs-truppen	Herrschaftskonflikt (Hutu–Tutsi–Antago-nismus)	– Sept. '94: offizielle Kriegserklärung der Hutu–Milizen – Seit Anfang 1995 Ausweitung der bewaff-neten Auseinandersetzungen zwischen den von den Tutsi dominierten Regierungstruppen und den Hutu–Milizen vor allem in der Hauptstadt und in den nördlichen Provinzen des Landes
Djibouti	Okt. 1991 –	AB–2	FRUD (*Front pour la Re-stauration de l'Unité et de la Démocratie*) // Regie-rungstruppen	Systemreform (Beseitigung politischer und sozioökonomischer Benachteiligung der Volksgruppe der Afar)	– Dez. '94: Friedensabkommen zwischen Regierung und FRUD; trotz nomineller Weiterführung des Kampfes durch eine Abspaltung der FRUD seitdem weitgehende Einhaltung der Waffenruhe – ernsthafte Schritte zur Implementierung des Friedensabkommens unterbleiben

Liberia	Dez. 1989 –	A–1	*National Patriotic Front of Liberia* (NPFL); *United Liberation Mouvement for Democracy* (ULIMO); *Lofa Defence Forces* (LDF); *Liberian Peace Council* (LPC)// Regierungstruppen (*Armed Forces of Liberia*, AFL)	Systemreform und Herrschaftskonflikt (Kampf der verschiedenen Organisationen um die Macht)	– Wiederaufflammen der Kämpfe im Okt. '94 – Abzug tansanischer und ugandischer Truppen aus ECOMOG (Interventionstruppe der ECOWAS) aufgrund stagnierender Friedensgespräche – September '95: Waffenstillstandsabkommen und Bildung eines Übergangsrates mit Beteiligung der Führer der drei wichtigsten Rebellengruppen (NPFL, ULIMO, LPC) – Ab Ende September weitgehende Einhaltung der Waffenruhe
Mali	Juni 1990 –	B–2	*Mouvement Populaire de l'Azaward* (MPA); *Armée Révolutionnaire de Libération de l'Azaward* (ARLA); *Front Islamique Arabe de l'Azaward* (FIAA) // Regierungstruppen	Autonomie der von den Mauren und Tuareg bewohnten Gebiete	– heftige Kämpfe zwischen Anfang '94 und Anfang '95 – Mai '95: Als letzte Gruppierung erklärt sich die FIAA zu Friedensverhandlungen mit der Regierung bereit – seitdem weitgehende Einhaltung einer ausgehandelten Waffenruhe

Niger	Mai 1990 – Ende 1994	B–2	*Front pour la Libération de l'Air et de l'Azaward* (FLAA) // Regierungstruppen	Autonomie der von den Tuareg bewohnten Gebiete	– Herbst '94: Unterzeichnung eines vom Präsidenten Burkina Fasos ausgehandelten Waffenstillstandes – Waffenruhe wird weitgehend eingehalten; Intensität der Kämpfe sinkt unter die Kriegsschwelle
Rwanda	Okt. 1990 – Juni 1994	AB–1	*Front Patriotique Rwandais*) (FPR) // Regierungstruppen	Herrschaftskonflikt (Hutu–Tutsi–Antagonismus) Konflikt um die Rückkehr der Flüchtlinge aus den Nachbarstaaten	– Mai/Juni '94: UN–Truppenkontingent (UNAMIR) wird nach Rwanda entsandt; Ankunft einer frz. Eingreiftruppe – gespannte innenpolitische Situation durch die weiterhin ungeklärte Situation der ca. 2 Mio. Flüchtlinge in den Nachbarstaaten; zahlreiche Zwischenfälle bei der Räumung von Flüchtlingslagern – Intensität des Konfliktes sinkt unter die Kriegsschwelle
Senegal	1990	B–2	*Mouvement des Forces Démocratiques de la Casamance* (MFDC) // Regierungstruppen	Autonomie (der Basse-Casamance); Konflikt um Partikularinteressen (Ressourcenkontrolle)	–Seit Januar '95: Erneute bewaffnete Zusammenstösse zwischen Regierungstruppen und der Separatistenbewegung – Eskalation der Auseinandersetungen im Verlauf von '95

Sierra Leone	1993 –	A–1	*Revolutionary United Front* (RUF); Bewaffnete Banden u.a. aus desertierten Soldaten // Regierungstruppen	Herrschaftskonflikt	– November '94: Mit Geiselnahmen u.a. westlicher Zivilisten meldet sich die RUF nach fast einjähriger Pause zurück. – Kriegsgeschehen weitet sich im ersten Quartal '95 auf fast alle Landesteile aus – Juli '95: Grossoffensive der Armee im Rückzugsgebiet der Rebellen – andauernde Aktivitäten der RUF und anderer bewaffneter Banden; Regierung Strasser kontrolliert nur noch Hauptstadt und wenige Enklaven
Somalia	Mai 1988 –	A–2 / AB–2	verschiedene Clan–Milizen // Regierungstruppen	ab 1991 Herrschaftskonflikt (zwischen unterschiedlichen Clans); Sezession (Nordsomalia)	– März '95: Ende des UN–Mandats und Abzug der internationalen Interventionstruppe (UNOSOM II) – Weiterführung der kriegerischen Auseinandersetzung zwischen den Clan–Milizen im gesamten Verlauf '95

Sudan (Zweiter sudanes. Bürger-krieg)	Sept. 1983 –	BA–2	verschiedene Fraktionen der *Sudan People's Liberation Army/Movement* (SPLA/SPLM) // Regierungstruppen	Sezession bzw. Autonomie (Gegen Diskriminierung des Süd–Sudan und der Islamisierungspolitik der Zentralregierung); Konflikt um Partikularinteressen (Ressourcenkontrolle)	– März '94: erneute, jedoch erfolglose Verhandlungen zwischen SPLA/M–Vertretern und der Regierung – März '95: nach Grossoffensive der Regierung und mehreren militärischen Erfolgen über die durch zahlreiche Abspaltungen geschwächte SPLA/M einigen sich Konfliktparteien auf einen Waffenstillstand – Zusammenschluss verschiedener SPLA–Fraktionen; beiderseitige Aufkündigung des Waffenstillstandes im Juli '95 – Nov. '95: Deutliche Siege für SPLA
Republik Südafrika	1976 – 1994	AB–2/ A–2	*African National Congress* (ANC) // Inkatha // Regierungstruppen	Systemumgestaltung (Abschaffung des Apartheidsystems); Herrschaftskonflikt (Inkatha vs. ANC)	– Entspannung der innenpolitischen Lage nach dem klaren Wahlsieg des ANC im April '94 – Kriegerische Auseinandersetzungen wurden beendet – Trotzdem weiterhin blutige Zusammenstösse zwischen Anhängern der ehemaligen Kriegsparteien

Tschad	Juni 1966 –	AB–2	*Mouvement pour la Démocratie et le Développement* (MDD); *Forces armées pour la République Fédérale* (FARF); *Conseil de Salut pour la Paix et la Démocratie* (CSNPD) // Regierungstruppen	Systemreform (Aufstand gegen die Benachteiligung des schwarzafrikanischen Südens); Herrschaftskonflikt (Machtkampf der verschiedenen Gruppen)	–Aug. '94: Offizielles Waffenstillstandsabkommen zwischen CSNPD und Regierung, das Ende 1995 weitgehend umgesetzt ist – Weiterführung der Kämpfe zwischen MDD, FARF und Regierungstruppen; Versuch der Regierung Deby, durch Aufbau guter Beziehungen zu Nachbarstaaten Sudan, Libyen, Nigeria Aktivität der von dort aus operierenden Rebellengruppen zu unterbinden –April '95: Verschiebung der Wahlen um ein weiteres Jahr
Uganda	April 1995 –	A–2	*National Democratic Army* (NDA); *Lord's Resistance Army*; *Federal Republic Mouvement* (FEREMO); *Uganda Democratic Freedom Mouvement* (UDFM) // Regierungstruppen	Systemreform	– Eskalation der bewaffneten Auseinandersetzungen als Reaktion auf die Politik von Präsident Museveni – Ausweitung der Kampfhandlungen auf fast alle Teile des Landes

ASIEN

Name/Land	Zeit raum	Kriegs typ	Kriegführende	Konfliktgegenstand/ Ziele	Stand 1994/1995 Veränderungen, Interventionen, Beendigung
Burma (Myanmar)	Jan. 1948 –	AB–2	Gruppierungen der verschiedenen ethnischen Minderheiten unter dem Dachverband DAB (*Democratic Alliance of Burma*) // *Warlords* // Regierungstruppen	Autonomie oder Sezession (ethnischer Minderheiten); Konflikt um Partikularinteressen (ökonomische Interessen der *Warlords*)	–1994/95: Heftige Auseinandersetzungen v.a. im ökonomisch relevanten (Opiumanbau) Shan–Territorium – Im Verlauf der Jahre 94/95 bilateral ausgehandelte Waffenstillstandsabkommen zwischen Regierung und ca. 15 Rebellenorganisationen – Doppelstrategie der Regierung: Parallel zu Verhandlungen auch Verletzungen einzelner Waffenstillstandsabkommen (Juni '95); Überfälle auf Flüchtlingslager (April '95)

Indien (Kaschmir)	Jan. 1990 –	B–2	*Jammu and Kashmir Liberation Front* (JKLF); sowie zahlreiche propakistanische, fundamentalistische und säkulare Unabhängigkeitsbewegungen // Regierungstruppen	Sezession (Region Kaschmir); zeitweise territoriale Revision (Zusammenschluss mit dem pakistanischen Teil Kaschmirs)	– Jan. '94: Bilaterale Verhandlungen zwischen Indien und Pakistan über beiderseitige Ansprüche auf Gesamtkaschmir verlaufen ergebnislos; Verschärfung der diplomatischen Konfrontation im Berichtszeitraum – Radikalisierung des Konfliktes durch Abspaltungen militanter fundamental-islamischer Gruppen; Zuspitzung der Auseinandersetzungen nach Zerstörung des Sheikh-Nurrudin-Schreins durch radikal-islamistische Aufständische im März '95 – Heftige Übergriffe durch die paramilitärische Gruppierung BSF (*Border Security Forces*)

Indonesien (Ost–Timor)	Aug. 1975 – Ende 1994	B–2	FRETELIN (*Frente Revo–lucionaria de Timor Leste Independiente*) // Regie–rungstruppen	Sezession (von Indone–sien); Systemumgestal–tung (Einführung eines sozialistischen Gesell–schaftsmodells)	– Okt. '94: FRETELIN verkündigt einseitigen Waffenstillstand, auf den die Regierung nicht eingeht – Verhandlungen im Januar und Mai '95 erstmals unter Beteiligung aller politischen Gruppierungen Ost–Timors – parallel weiterhin Bekämpfung der Guerilla durch die Armee, sowie brutale Repression der wachsenden zivilen osttimoresischen Widerstandsbewegung – Intensität der Auseinandersetzungen sinkt unter die Kriegsschwelle

Kambod-scha (3. Indochina-Krieg)	Dez. 1975 –	A-1	*Rote Khmer*; *Armée Nationaliste Sihanoukienne* (ANS); *Kambodian People's National Liberation Front* (KPLNF) // Regierungstruppen	Ab 1979 Systemrestauration (Kampf der Roten Khmer um die Rückkehr zur Macht); Herrschaftskonflikt (Kampf der verschiedenen Gruppierungen um die Macht)	– Im Verlauf des Jahres '94 verstärkte Regierungsoffensiven in den ressourcenreichen Roten-Khmer-Gebieten im Nordwesten Kambodschas – Anfang '95: Wiederaufnahme der Kampfhandlungen vor allem in der Provinz Battambang ; zahlreiche Übergriffe auf Zivilisten – Mai/Juni '95: bei schweren Gefechten zwischen Roten Khmer und Regierungsarmee beweist sich die anhaltend hohe militärische Schlagkraft der Roten Khmer. 20'000 Menschen fliehen 1995 im Gefolge der Gefechte im Nordwesten
Pakistan (Sind)	Nov. 1986 –	B-2	*Muhajir Qaumi Mouvement* (MQM); *Jeeya-Sind*-Bewegung; Paschtunische Drogen- und Waffenmaffia // Regierungstruppen; paramilit. Ordnungskräfte	Autonomie bzw. Sezession; Herrschaftskonflikt (Rückgewinnung der alten Machtposition der *Muhajir*)	– 1995: Zunehmende Terroraktionen der MQM und Gegenterror der staatlichen und paramilitärischen Kräfte fordern insbesondere Opfer unter der Zivilbevölkerung und schaffen quasi-anarchische Zustände in der Hauptstadt Karachi

Papua-Neuguinea (Insel Bougainville)	Feb. 1989 –	B–2	*Bougainville Revolutionary Army* (BRA) // Regierungstruppen	Autonomie der Insel Bougainville; Territoriale Revision (Anschluss an Salomon-Inseln); Forderungen nach Entschädigungen für Umweltzerstörungen durch Zinnmine	– Sept./Okt. '94: Scheitern offizieller Friedensgespräche – Trotz der Vermittlung des *Bougainville Transitional Government* Weiterführung der kriegerischen Auseinandersetzung – Sep. '95: Friedenskonferenz in Australien; Annäherung der Positionen; jedoch weiterhin instabile Situation
Philippinen (Mindanao)	1970 –	B–2	*Moro National Liberation Front* (MNLF); *Moro Islamic Liberation Front* (MILF); Abu–Sayyaf–Gruppe // Regierungstruppen	Sezession (der Inseln Mindanao und Sulu)	–Intensivierung der Kämpfe zwischen MILF, Abu–Sayyaf–Gruppe und den Regierungstruppen nach dem Waffenstillstand zwischen MNLF und Regierung im Januar '94; – Januar '95: Offzielle Friedensgespräche zwischen MNLF und Regierung um die Schaffung einer provisorischen Autonomie-regierung – Fortsetzung der Kämpfe im gesamten Jahr '95; Stagnieren der Verhandlungen

Philippinen (NPA)	1970 –	A–2	*New People's Army* (NPA) // Regierungstruppen	Systemreform (Herbeiführung einer nationalen, demokratischen Revolution als Vorstufe einer sozialistischen Gesellschaftsordnung)	– starkes Nachlassen der militärischen Aktivitäten der NPA – Februar '95: Wiederaufnahme der im Herbst '94 abgebrochenen offiziellen Friedensgespräche mit Regierung – Mai '95: Nach Gefecht Festnahme eines regionalen NPA–Führers, der Verhandlungsdelegation für Friedensgespräche im Juni in Brüssel angehören sollte. Abbruch der Gespräche.
Sri Lanka	Juli 1983 –	B–2/AB–1/B–1	*Liberation Tigers of Tamil Eelam* (LTTE, *Tamil Tigers*); weitere kleinere tamilische Guerillaorganisationen // Regierungstruppen	Sezession (der Nord- und Nordostregion); Bildung eines Tamilen-Staates; Herrschaftskonflikt (Machtkampf der tamilischen Organisationen)	– 1994: Friedensverhandlungen trotz anhaltender Anschläge durch LTTE; Waffenstillstandsabkommen zwischen Regierung und LTTE im Januar '95 – April '95: Bruch des Waffenstillstandes durch die LTTE, Abbruch der Friedensgespräche – Hochrüstung beider Streitkräfte; heftige Kämpfe mit 2'000 getöteten Rebellen und über 100'000 neuen tamilischen Flüchtlingen; – Dez. '95: Einnahme der LTTE–Hochburg Jaffna–Stadt durch Armee; Rückzug der LTTE in nördliches Dschungelgebiet

EUROPA

Name/Land	Zeit raum	Kriegs typ	Kriegführende	Konfliktgegenstand/ Ziele	Stand 1994/1995 Veränderungen, Interventionen, Beendigung
Bosnien–Herzego–wina	März 1992 –	BC–1	Serbisch–bosnische Armee; serbische Freischärler; Jugoslawische Volksarmee (JVA) // Bosnische Natio–nalgarde; Kroatische Nationalgarde; bosnisch–kroatische Verbände // Muslimische Verbände	Kampf um die territo–riale Aufteilung des Landes in drei Einfluss–zonen	– Frühjahr '94: Bildung einer bosnisch–kroa–tischen Föderation – vereinzelte militärische Erfolge der Föderation gegen die Serben; dennoch bestimmen die Serben weiterhin das Kriegs–geschehen, insbesondere in den Regionen um Gorazde, Brcko und Srebrenica; ethnische Säuberungen seitens der Serben; wiederholte Übergriffe auf UN–Truppen – Aug. '95: Massive NATO–Luftangriffe auf serbische Stellungen – Okt. '95: Inkrafttreten eines offiziellen Waffenstillstandes – Dez. '95: Unterzeichnung des unter amerikanischer Führung ausgehandelten Friedensabkommens von Dayton

Kroatien / Serbien	Juli 1991 –	BC–2	Kroatische Nationalgarde; Kroatische Freischärler // JVA; Serbische Freischärler	Unabhängigkeit (mehrheitlich serbisch besiedelter Gebiete in Kroatien); Expansion/territoriale Revision (wechselseitige Gebietsansprüche)	– Trotz der Präsenz der UNPROFOR–Truppen bleibt ein im März '94 vereinbarter Waffen–stillstand brüchig – April '95: Neues Mandat für die Stationie–rung der UNPROFOR–Truppen in Kroatien – April '95: Erneute Eskalation der Ausein–andersetzungen durch den erfolgreichen Vorstoss kroatischer Truppen ins serbisch besetzte Westslawonien – Aug. '95: Kroatische Armee bringt die gesamte Krajina unter ihre Kontrolle; bosnische Schutzzone wird aus der serbischen Umzingelung befreit
Nordirland	Aug. 1969 – 1994	B–2	*Irish Republican Army* (IRA) // *Ulster Defence Association* (UDA); *Ulster Freedom Fighters* (UFF); *Ulster Volunteer Force* (UVF) // Britische Armee; *Royal Ulster Constab* (RUC)	Sezession Nordirlands von Grossbritannien; Systemreform zugunsten der ärmeren politisch und sozial diskriminier–ten katholischen Bevöl–kerung	– Sept. '94: IRA erklärt einseitigen, unbefri–steten Waffenstillstand; protestantische Mili–zen reagieren darauf einen Monat später ebenfalls mit Verkündung einer Waffenruhe – Dez. '94: Beginn erster offizieller Gespräche zwischen britischer Regierung und Sinn Fein – Waffenstillstand wird weitgehend eingehal–ten; damit Beendigung des Krieges, Friedens–verhandlungen sind jedoch ins Stocken gera–ten (seit Frühjahr '95)

LATEINAMERIKA

Ecuador / Peru	Jan. 1995 –	C–2	Peruanische Regierungstruppen // Ecuadorianische Regierungstruppen	Territoriale Revision (gegenseitiger Gebietsanspruch auf das Grenzgebiet); Partikularinteressen (Ressourcenkontrolle)	– Jan. '95: Auseinandersetzungen um das umstrittene Grenzgebiet eskalieren erneut zum Krieg – nach einer kurzen Phase heftiger Kampfhandlungen einigen sich die Konfliktparteien Ende Februar '95 auf ein Waffenstillstandsabkommen unter Vermittlung der USA, Brasilien, Argentinien und Chile; keine weiteren Kampfhandlungen
Guatemala	1980 –	A–2	URNG (*Unidad Revolucionaria Nacional Guatemalteca* = Zusammenschluss der vier Guerillaorganisationen) // Regierungstruppen	Systemreform (Ausdehnung der soz. und polit. Partizipationsmöglichkeiten der indigenen Bevölkerung)	– März '94: Wiederaufnahme der Friedensverhandlungen zwischen URNG und Regierung – zunehmende Meldungen über Menschenrechtsverletzungen des Militärs – Weiterführung der unterbrochenen Friedensgespräche Anfang '95 unter Mitwirkung der UNO; parallel Weiterführung der Kämpfe – Ende '95: Guerilla erklärt einseitigen Waffenstillstand während der Wahlen

Kolumbien (FARC)	Mai 1964 –	A–2	*Fuerzas Armadas Revolucionarias de Colombia* (FARC); *Ejército Popular de Liberación* (EPL) // Regierungstruppen	Systemreform (Veränderung der politischen und ökonomischen Strukturen; Ausweitung der Partizipationsmöglichkeiten)	– Nov. '94: Regierung legt Guerillagruppen einen Friedensplan vor – Trotz beiderseitiger Fortführung der Kampfhandlungen erklären sich beide Seiten zu Friedensgesprächen bereit – Ausnahmezustand in der Region Ubara nach heftigen Übergriffen durch die Guerilla; Hoffnung auf Fortführung des Friedensprozesses scheinen zerstört
Kolumbien (ELN)	Jan. 1965 –	A–2	*Ejército de Liberación Nacional* (ELN) // Regierungstruppen	Systemumgestaltung (nach dem Vorbild der kubanischen Revolution)	– Scheitern verschiedener Friedensinitiativen im Verlauf des Jahres '94 – Aug. '95: Verhängung eines Ausnahmezustandes aufgrund massiver Terroraktionen seitens der Guerilla – Regierung lehnt Angebot zu Friedensgesprächen ab

Mexiko	Jan. 1994 –	B–2	*Ejército Zapatista de Liberación Nacional* (EZLN) // Regierungstruppen	Autonomieansprüche der indigenen Bevölkerung Chiapas; Systemreform (Ausweitung der soz. und polit. Partizipationsmöglichkeiten)	– Nov. '94: EZLN bricht die Anfang des Jahres begonnenen Friedensgespräche mit der Regierung ab – erneute Eskalation der Auseinandersetzungen Anfang '95 – Friedensverhandlungen nach Wiederaufnahme der Gespräche im April '95 bleiben erfolglos
Peru (Sendero Luminoso)	Mai 1980 –	A–2	Sendero Luminoso // Regierungstruppen	Systemumgestaltung (Errichtung eines nach maoistischer Theorie ausgerichteten Staates)	– April '94: Massive *Counter–Insurgency*–Operationen des Militärs im Huallaga–Tal – Im Verlauf der Jahre 1994/95 erhebliche Schwächung der Guerilla durch zahlreiche Festnahmen
Peru (MRTA)	Nov. 1987 – Ende 1994	A–2	*Movimiento Revolucionario Tupac Amaru* (MRTA) // Regierungstruppen	Systemreform; Verbesserung der polit. und soz. Partizipationsmöglichkeiten der Bevölkerung	– Ende '94: Zusammenschluss einzelner bewaffneter Verbände des Sendero Luminoso und der MRTA – vereinzelte Zusammenstösse zwischen MRTA und Militär – Erhebliche Schwächung der Guerilla durch Festnahmen im Verlauf von '95; Intensität der Auseinandersetzungen überschreitet die Kriegsschwelle nicht

NAHER UND MITTLERER OSTEN

Name/Land	Zeit raum	Kriegs typ	Kriegführende	Konfliktgegenstand/ Ziele	Stand 1994/1995 Veränderungen, Interventionen, Beendigung
Afghanistan	Okt. 1978 –	A–1	Konservativ–traditionalistische und muslimisch–fundamentalistische Widerstandsgruppen (Mudschaheddin) // Regierungstruppen	Systemrestauration; Herrschaftskonflikt	– seit Herbst '94: Offensiven der neuen milit. Kraft *Taliban* gegen Stellungen Hekmatyars und gegen Regierungstruppen Rabbanis mit wechselndem Erfolg; zeitweise Kontrolle der Hauptstadt Kabul durch Taliban – März '95: Scheitern der von der UNO ausgehandelten Übergabe der Macht Rabbanis an eine Übergangsregierung – Herbst '95: Angriffe verschiedener Gruppen auf Kabul; Taliban kontrollieren Hälfte des Staatsgebietes
Aserbaidschan	Jan 1990 – Mai 1994	B–2	Armenische Milizen Nagornyj–Karabachs // Regierungstruppen	Sezession (der Region Nagornyj–Karabach); territoriale Revision (Angliederung an Armenien)	– Mai '94: Unterzeichnung eines Waffenstillstandes – Ende '94 beschliesst die KSZE die Entsendung einer 3'000 Mann starken Beobachtertruppe – weiterhin angespannte Lage in der Region; jedoch weitgehene Einhaltung der Waffenruhe; Beendigung des Krieges

Georgien (Abchasien)	Aug. 1992 – Juni 1994	B–2	Abchasische Milizen sowie freiwillige der "Konföderation der Bergvölker des Kaukasus" und versch. autonomer Republiken // Regierungstruppen	Sezession (Abchasiens)	– März '94: Bruch des Waffenstillstands-abkommens und heftige Kämpfe bis Mai '94 – Mitte '94: Erneuter Waffenstillstand und Stationierung russ. Truppen in neu eingerichteter Pufferzone – Zweite Hälfte '94: Weitgehende Beruhigung der Situation; Beendigung des Krieges – Feb. '95: Friedensverhandlungen unter UN-Aufsicht; Aushandlung einer föderalistischen Lösung

Irak (6. Irakisch-kurdischer Krieg)	Mai 1976 –	BA–1	*Iraqi Kurdistan Front* (Zusammenschluss verschiedener kurdischer Unabhängigkeitsbewegungen) // Regierungstruppen	Autonomie der Kurden	– Ab Mai '94: Heftige gewaltsame Auseinandersetzungen innerhalb der Iraqi Kurdistan Front – Übergriffe auf die Autonomiegebiete durch irakische und türkische Truppen – April '95: Innerkurdische Auseinandersetzungen werden unter türkischer Vermittlung beigelegt – Ab Aug. '95: Friedensgespräche zwischen kurdischen Gruppierungen unter Vermittlung der USA und des Iran – Aug. '95: Bewaffnete Auseinandersetzungen zwischen der irakischen Kurdenorganisation KDP und der türk. PKK
Irak (Schiiten)	März 1991 –	A–2	Irakische Schiiten // Regierungstruppen	Systemumgestaltung (Übernahme der Regierung durch schiitische Widerstandsbewegung – Islamisierung des Irak)	– Weiterführung der Kampfhandlungen im Verlauf der Jahre 1994/95; Durchführung mehrerer Grossoffensiven der irakischen Armee, in denen Napalm zum Einsatz gekommen sein soll – Feb. '95: Heftigste Auseinandersetzungen seit Beginn des Krieges – seit Apr. '95: Keine weiteren Kampfhandlungen

Israel (Palästina)	1968 – 1994	B–2	PLO (*Palestinian Liberation Organisation*); Hamas und andere Befrei- ungsorganisationen // Regierungstruppen // extremistische israelische Gruppierungen	Territoriale Revision (Gründung des Staates Palästina)	– Im Verlauf der Jahre 94/95 Wechselspiel zwischen Fortschritten im Friedensprozess auf administrativer Ebene und, durch radikale Friedensgegner auf beiden Seiten verursachte, gewalttätige Eskalationen des Konfliktes – Auf beiden Seiten innergesellschaftliche gewaltsame Auseinandersetzungen; Intensität sinkt unter die Kriegsschwelle
Jemen	April 1994 –	AB–2	Nordjemenitische Streitkräfte // Südjemenitische Streitkräfte	Sezession (des Südjemen)	– Mai '94: Südjemen erklärt seine Unabhängigkeit – Juli '94: Nordjemenitische Truppen nehmen die im Südjemen gelegene Hauptstadt Aden ein; weitgehende Beendigung der Kämpfe; offizielle Wiederherstellung der Einheit des Staates; Ende des Krieges

Libanon	April 1975 –	ABC-2	Südlibanesische Armee (SLA) // Israelische Regierungstruppen // PLO // Libanesische Regierungstruppen // Hisbollah (schiitische Gruppierung)	Systemumgestaltung; Herrschaftskonflikt; Territoriale Expansion (Israels); Hegemoniekonflikt (Einflusssicherung Syriens)	– Im Verlauf der Jahre 94/95: Eskalation der Auseinandersetzungen v.a. zwischen Hisbollah und israelischer Armee; Kampfhandlungen konzentrieren sich in der an der israelischen Grenze im Südlibanon gelegenen Sicherheitszone – Seit Mai '95: Bruch des Katjuscha-Abkommens von '93, das eine Beschränkung der Angriffe auf militärische Ziele in der Sicherheitszone vorsah, gegenseitige Luftangriffe in Südlibanon und Nordisrael
Russ. Föderation (Inguschien)	Okt. 1992 – Anf. 1994	B-2	Bewaffnete inguschische Kräfte // Truppen der Autonomen Republik Nordossetien	Territoriale Revision (Anschluss des Prigorodny-Bezirks an Inguschien)	– Anfang '94: Trotz der Verlängerung des Ausnahmezustandes durch russ. Regierung Abklingen der Unruhen; Beendigung des Krieges

Russ. Föde-ration (Tschet-schenien)	Dez. 1994 –	B–2	Tschetschenische Unabhängigkeitsbewegung // Regierungstruppen	Sezession (Tschetscheniens)	– Dez. '94 Einmarsch russischer Truppen – Feb. '95: Russische Truppen nehmen die Hauptstadt Grosny ein; Verlagerung der Kämpfe in die umliegenden Bergregionen und Dörfer – Mai '95: Beginn von Friedensverhandlun-gen; Entsendung einer OSZE–Beobachter-gruppe – Juli '95: Einigung auf ein Militärabkommen (Entwaffnung); seitdem beiderseitige Verlet-zungen der ausgehandelten Waffenruhe in unregelmässiger Folge – Dez. '95: Abkommen über den Verbleib der Republik in der Russ. Föd.
Tadschiki-stan	Aug. 1992 –	A–2	verschiedene nationalisti-sche und islamisch–funda-mentalistische Wider-standsbewegungen // Regierungstruppen	Systemumgestaltung (Beseitigung des sozia-listischen Systems)	– Weiterführung der Kampfhandlungen v.a. an der afghanisch–tadschikischen Grenze und in verschiedenen Bergregionen – Aug. '95: Offizielle Friedensverhandlungen in Wien unter Vermittlung der Russ. Födera-tion und des Iran – Zweite Hälfte '95: Trotz erneuter Friedens-verhandlungen Weiterführung der Kämpfe

Türkei (Kurden)	Aug. 1984 –	B–2	*Partiya Karkeren Kurdistan* (PKK) // Regierungstruppen	Sezession (der Kurden); Errichtung eines gesamtkurdischen Staates	– Durch Anschläge im westlichen Teil der Türkei weitet sich das Kriegsgeschehen aus – März '95: türkische Streitkräfte beginnen erneute Offensive gegen PKK–Stützpunkte und stossen dabei bis zu 40 km in den ebenfalls kurdisch besiedelten Nordirak vor – Ein seit 1987 geltender Ausnahmezustand für die Südostprovinzen wird verlängert; Weiterführung der Kämpfe in der zweiten Hälfte '95

Bewaffnete Konflikte 1994/95[2]

Lateinamerika	**Haiti**; Nicaragua; **Peru** (MRTA)
Naher und Mittlerer Osten	Georgien (Abchasien); Israel; **Iran** (Kurden); Jemen; **Russ. Föderation** (Inguschien); *Russ. Föderation* (Tschetschenien)
Afrika	*Angola* (Cabinda); **Ägypten**; **Äthiopien**; *Burundi*; **Ghana**; **Kamerun–Nigeria**; **Kenia**; **Kongo**; **Mozambique**; **Niger**; **Ruanda**; **Rep. Südafrika**; *Senegal*; *Uganda*; Westsahara; Zaire (Anti–Mobutu); Zaire (Shaba und Kivu)
Asien	**Bangladesch** (Chittagong); Indien (Bodo); Indien (Nagaland); Indien (Naxaliten); Indien (Punjab); Indonesien (Ost–Timor); Indonesien (West–Irian); *Pakistan* (Sind);

Legende

Kriegstyp:	A = Anti–Regime–Kriege	Militärische Intervention:	1 = mit Intervention
	B = sonstige innerstaatliche Kriege		2 = ohne Intervention
	C = zwischenstaatliche Kriege		
	BA, AB, ABC etc. = Mischtypen		

2 Die fett gedruckten bewaffneten Konflikte sind solche, die am 1.12.1995 noch nicht beendet waren. Die kursiv gedruckten bewaffneten Konflikte sind solche, die innerhalb des Berichtszeitraumes zu Kriegen eskalierten und am 1.12. 1995 noch als solche geführt wurden. Die verbleibenden bewaffneten Konflikte sind mittlerweile beendet.

Teil II

Regionale Praxis der Konfliktbearbeitung

Möglichkeiten und Grenzen der Präventivdiplomatie

Das Beispiel der OSZE-Mission in der Ukraine

Von Andreas V. Kohlschütter

Einleitung

Der folgende Beitrag soll primär als empirische Fallstudie (*case study*) verstanden werden, also thematisch begrenzt auf das Beispiel der OSZE–Mission Ukraine, zeitlich begrenzt auf den Zeitraum November 1994 bis Juni 1995, d.h. von der Arbeitsaufnahme der im Sommer 1994 beschlossenen neuen OSZE–Mission bis zum Ende der Amtszeit des ersten Missionschefs, sowie räumlich begrenzt aus der Sicht der Mission vor Ort (Kiew, Simferopol). Es geht um eine ausgesprochen praxisbezogene Darstellung von Möglichkeiten und Grenzen multilateraler OSZE–Präventivdiplomatie. Dieser Begriff beinhaltet international konzertierte Aktionen zur Eindämmung und Lösung inner- oder zwischenstaatlicher Konflikte, bevor diese offen ausbrechen und zur Gewaltanwendung eskalieren. Auf eine Kurzformel gebracht: Krisenmanagement im Vorfeld einer Krise.

Präventivdiplomatie ist gewiss keine Zauberformel, mit deren Hilfe sich internationale Konfliktherde leicht, schnell und schmerzfrei neutralisieren und beseitigen lassen. Sie kann aber auch nicht – wie das ihre Kritiker tun – auf eine reine Modeerscheinung und Schaumschlägerei populistischer, effekthaschender Politiker reduziert werden. Und Präventivdiplomatie ist auch keine Neuerfindung der internationalen Diplomatie, die sich immer schon mit Kisenverhütung beschäftigte. Neu nach 1989 und dem Ende des Kalten Krieges sind vielmehr die Rahmenbedingungen für wirkungsvolle Präventivdiplomatie wie das Wegfallen des nuklear–bipolaren Globalsystems der beiden konkurrierenden Supermächte USA und UdSSR und das Entstehen gesamteuropäischer Strukturen für kooperative Sicherheit. Neu und hoffnungsvoll ist zugleich das Interesse der aussenpolitischen Eliten am Ausbau der Präventivdiplomatie zu einer Priorität des internationalen Krisenmanagements.

So forderte der am 31. Januar 1992 auf höchster Staats- und Regierungsebene zusammengetretene UN–Sicherheitsrat Generalsekretär Boutros Boutros–Ghali auf, Vorschläge zur "Stärkung der UNO–Kapazitäten im Bereich der Präventivdiplomatie, Friedensschaffung und Friedenssicherung" auszuarbeiten. Im Juli 1992 unterstrich Boutros–Ghali die neue Priorität der Präventivdiplomatie in seiner "Agenda for Peace", unter Hinweis auf enge Zusammenarbeit mit Regionalorganisationen wie der KSZE. Diese baute Ende 1992 ihr Instrumentarium für Frühwarnung, Konfliktverhütung und Krisenbewältigung aus: Durch die Einrichtung von ersten KSZE-Langzeitmissionen im früheren Jugoslawien (Serbien und Montenegro) sowie die Schaffung des Postens eines KSZE-Hochkommissars für Nationale Minderheiten. In diesem präventivdiplomatisch verstärkten KSZE-Rahmen wurde am 25. August 1994 vom Ständigen Komitee in Wien auch das Mandat für die KSZE/OSZE-Mission in der Ukraine beschlossen, die am 21. November 1994 ihre Arbeit aufnahm.

Mandat und Brennpunkt Krim

Am 25. August 1994 verabschiedete das Ständige Komitee der KSZE (heute OSZE und Ständiger Rat) das umfangreiche Mandat für eine sechsköpfige KSZE-Mission in der Ukraine. Dieses Mandat stellte das eigentliche Pflichtenheft der Mission dar und zwar mit folgenden Schwerpunkten:
- Aufnahme von Kontakten auf allen Ebenen mit dem Ziel, Infomationen zu sammeln, Spannungen zu verhüten und das gegenseitige Einvernehmen zu fördern;
- objektive und regelmässige Berichterstattung "über alle Aspekte der Lage in der Autonomen Republik Krim (Ukraine)", alle Faktoren, die diese Lage beeinflussen sowie über alle Bemühungen um eine Problemlösung;
- Präsentation von Lageanalysen und Vorschlägen für eine Lösung bestehender Probleme in der Autonomen Republik Krim;
- Förderung des Dialoges zwischen der ukrainischen Zentralregierung in Kiew und den Krim-Behören über den Autonomiestatus der Republik Krim innerhalb der Ukraine, in enger Zusammenarbeit mit dem OSZE-Hochkommissar für Nationale Minderheiten sowie den von der OSZE entsandten Wirtschafts- und Verfassungsexperten;
- Lageberichte über Menschenrechte und Minderheitenschutz auf der Krim;
- Ausarbeitung von wirtschaftlichen Entwicklungsprogrammen, die sich auf die Vorschläge der OSZE-Experten beziehen und auch die Autonome Republik Krim umfassen;
- Überwachung und Förderung der Pressefreiheit;
- die Mission ist für das ganze Staatsgebiet der Ukraine zuständig; sie hat ihr Hauptquartier in Kiew und unterhält ein Zweigbüro in Simferopol.

Unter Auslassung des Wirtschafts- und Medienbereichs konzentrierte sich die OSZE-Mission Ukraine von November 1994 bis Juni 1995 auf die politischen und konstitutionellen Dimensionen der Krim-Frage. Diese bleibt für die ukrainische Zentralregierung in Kiew ein problematisches Erbstück aus der Hinterlassenschaft der Sowjetunion: Die Halbinsel im Schwarzen Meer bildet das einzige Gebiet der Ukraine mit einer russischstämmigen Bevölkerungsmehrheit.

Hintergrund des Krim-Problems

Wenige Wochen nach der ukrainischen Unabhängigkeitserklärung vom Dezember 1991 begann der Streit zwischen Kiew und Simferopol bzw. Moskau um den Status der Krim sowie um die auf der Krim stationierte ehemals sowjetische Schwarzmeerflotte mit ihrem Hauptstützpunkt Sewastopol. Drei Faktoren spielten bei dieser Auseinandersetzung eine wichtige Rolle: Erstens die Tatsache, dass die 1783 vom Zarenreich annektierte Krim innerhalb der UdSSR zur Russischen Föderativen Republik gehörte und erst 1954 von Chruschtschew der ukrainischen Sowjetrepublik zugeschlagen wurde anlässlich des 300. Geburtstages der *Wiedervereinigung* der Ukraine mit Russland. Zweitens der Umstand, dass sich laut Volkszählung von 1989 der Anteil der russischstämmigen Bevölkerung an der rund 2,5 Millionen zählenden Gesamtbevölkerung der Krim auf 67% beläuft, derjenige der Ukrainer dagegen nur auf 25%, von denen rund die Hälfte Russisch als Muttersprache angaben. Drittens die Realität der wirtschaftlichen Abhängigkeit der Krim von der Ukraine in lebenswichtigen Bereichen wie Wasser, Kohle und Elektrizität.

Vor dem Hintergrund des Zerfalls der Sowjetunion und der staatlichen Unabhängigkeit der Ukraine formierten sich Ende 1991 unter der russischen Bevölkerungsmehrheit auf der Krim starke Kräfte, die auf Selbstbestimmung und Unabhängigkeit von Kiew drängten. Diese Krim–Separatisten, die wenn nicht den Anschluss, so doch engste politische und wirtschaftliche Anlehnung an Moskau forderten, wurden in der Folge immer wieder von nationalistisch-konservativen *Patrioten* im russischen Parlament lautstark unterstützt. Auf der anderen Seite standen die Kräfte, die sich für eine möglichst enge Anbindung der Krim an die Ukraine einsetzten: Die national–ukrainische Minderheit und vor allem auch die von Stalin 1944 nach Zentralasien deportierten, in den letzten Jahren auf die Krim zurückkehrenden Krim–Tataren.[1]

Die Krim–Frage entwickelte sich nach 1991 zu einem innerukrainischen Dauerproblem zwischen Kiew und Simferopol, zugleich aber auch zu einem zwischenstaatlichen Spannungsherd zwischen Kiew und Moskau. Letztlich ging es um das Problem der Akzeptanz eines, auch die Krim umfassenden, unabhängigen ukrainischen Staates, sowohl durch die Krim–Russen wie auch durch Russ–

[1] Ihre Rücksiedelung, wie auch diejenige der anderen unter Stalin deportierten Volksgruppen, wird von der heute mehrheitlich russischstämmigen Krim–Bevölkerung entschieden abgelehnt.

land. Ausgetragen wurde dieser Streit jedoch (noch) nicht auf der Strasse und unter Anwendung von Gewalt, sondern auf der Ebene legislativer Entscheidungen der beiden Parlamente in Kiew und Simferopol.

Im Mittelpunkt stand dabei die Ausgestaltung des ungenau definierten Autonomiestatuts der Krim, also eine Fixierung der Kompetenzbereiche zwischen Kiew und Simferopol. Die Spannungen erreichten im Jahre 1992 einen ersten Höhepunkt: Am 29. April verabschiedete das ukrainische Parlament in Kiew ein Gesetz "Über den Status der Autonomen Republik Krim", das in Simferopol, im Vergleich zu dem in Verhandlungen erarbeiteten Gesetzesentwurf, als Rückschritt zu Lasten der Autonomie empfunden wurde. Das Krim-Parlament reagierte am 5. Mai mit einer eigentlichen *Unabhängigkeitserklärung*, die die Krim zum souveränen Staat erklärte. Zudem wurde die Abhaltung eines Unabhängigkeitsplebiszites für Anfang August beschlossen und am 6. Mai eine Krim-Verfassung gutgeheissen, die den Souveränitätsanspruch der Krim unterstrich und die Herstellung staatsvertraglicher Beziehungen zu Kiew forderte.

Das Kiewer Parlament erklärte alle diese Massnahmen für illegal und verfassungswidrig und verlangte ultimativ deren sofortige Aufhebung. Gleichzeitig wurden der Krim neue Gespräche über eine Kompromisslösung angeboten. In der Folge widerrief das Krim-Parlament seine Unabhängigkeitserklärung und suspendierte die zu dieser Frage geplante Volksbefragung. Ferner wurde die Zugehörigkeit der Krim zur Ukraine ausdrücklich bestätigt und die neue Krim-Verfassung in diesem Sinne revidiert.

Am 30. Juni 1992 verabschiedete das Parlament in Kiew ein - mit dem Ziel wirtschaftlicher, sozialer und kultureller Autonomieerweiterung - neu überarbeitetes Gesetz "Über die Kompetenzabgrenzung zwischen den Staatsorganen der Ukraine und der Republik Krim". Dieses neue Krim-Grundgesetz trat allerdings nie in Kraft, da die Bedingungen, an die es geknüpft war (z.B. zusätzliche Änderungen der Krim-Verfassung und deren Absegnung durch das ukrainische Parlament), von der Krim nie erfüllt wurden. Erreicht wurde jedoch eine Art Stillhaltezustand, der zu einer Entspannung der Lage führte.

Der innerukrainische Krim-Konflikt schwelte jedoch weiter. Keiner der potentiell destabilisierenden Faktoren war beseitigt. Erschwert wurde und wird jeder Lösungsversuch durch die wirtschaftliche Situation in der Ukraine, die sich im Vergleich zur russischen deutlich verschlechtert hat. Allgemein wird davon ausgegangen, dass die Mehrheit von 54%, die am 1. Dezember 1991 auf der Krim für die Unabhängigkeit der Ukraine stimmte[2], von der Hoffnung auf wirtschaftliche Besserstellung motiviert war. Diese Hoffnung wurde enttäuscht, und man orientierte sich zusehends in Richtung Moskau und Wiederanschluss an Russland.

Parallel dazu verstärkten sich im russischen Parlament in Moskau die Kräfte, die sich mit der Zugehörigkeit der Krim zur Ukraine, letztlich wohl auch

---

[2] In den anderen Wahlbezirken der Ukraine lagen die Mehrheiten zwischen 83-98%.

mit einer von Russland unabhängigen Ukraine, nicht abfinden wollen. So wurde Ende Mai 1992 in einer geschlossenen Sitzung eine Resolution angenommen, die Chruschtschews Abtretung der Krim an die Ukraine aus dem Jahre 1954 für null und nichtig, "ohne Gesetzeskraft vom Moment ihrer Annahme an" erklärte. Im Juli 1993 beschloss dasselbe Gremium, dass die Hafenstadt Sewastopol auf der Krim weiterhin russisches Territorium sei, ein Anspruch, der sowohl von Kiew als auch vom UN-Sicherheitsrat umgehend zurückgewiesen wurde. Auch wenn sich Präsident Jelzin mit diesen Forderungen nicht identifizierte, und diese Parlamentsbeschlüsse nicht in operative russische Regierungspolitik (z.B. Forderung nach russisch-ukrainischen Regierungsverhandlungen zur Lösung des Krim-Konfliktes) umgesetzt wurden, reflektierten sie doch Positionen, die von führenden Persönlichkeiten in Jelzins Umfeld mitgetragen und auch von einem Grossteil der russischen Demokraten geteilt wurden. Nicht zu übersehen war ausserdem, dass diese Krim-politische Radikalisierung im russischen Parlament zusammenfiel mit einer deutlich härteren Gangart Moskaus *und* Jelzins im Hinblick auf Interventionsrechte zum Schutz von russischen Minderheiten im *nahen Ausland*, d.h. in den ehemaligen Sowjetrepubliken. Die Ukraine und die Krim waren zwar nicht namentlich angesprochen, aber sie gehören ebenfalls zu dieser von Moskau beanspruchten Interventionszone.

Fest steht, dass diese russischen Positionsbezüge immer wieder neue Krim-Spannungen schürten und in Simferopol die von Jurij Meschkow (Mitglied des Krim-Parlamentes) angeführte Unabhängigkeitsbewegung anfeuerten, die auf eine Trennung der Krim von der Ukraine hinarbeitete. Gleichzeitig versteifte sich die Haltung Kiews. Sowohl in der ukrainischen Exekutive als auch in der Legislative gewannen die auf Zentralisierung und vertikale Straffung der Ukraine drängenden Stimmen an Lautstärke.

1994 eskalierte der Legislativkrieg (*legislative war*) zwischen Kiew und Simferopol. Im Januar ermächtige das Parlament in Kiew den ukrainischen Präsidenten, Beschlüsse der Krim-Regierung, die ukrainischen Gesetzen widersprechen, zu annullieren. Im selben Monat wurde Juri Meschkow, der die Wiedervereinigung der Krim mit Russland zum zentralen Thema seiner Wahlplattform gemacht hatte, zum ersten Krim-Präsidenten gewählt. Bei den Wahlen im März und April gewann Meschkows "Russland"-Block die Mehrheit im Krim-Parlament. Diese neue separatistische Mehrheit setzte im Mai die von Kiew 1992 für verfassungswidrig erklärte Krim-Verfassung wieder in Kraft und dekretierte im Juni provokativ den Vorrang von Krim-Gesetzen über die zentralukrainische Gesetzgebung. Das ukrainische Parlament in Kiew erklärte im November seinerseits vierzig Krim-Gesetze aus den Jahren 1991-94 für null und nichtig. Die Auseinandersetzung erreichte einen kritischen Punkt, als das ukrainische Zentralparlament am 17. März 1995 die Krim-Verfassung, das lokale Wahlgesetz sowie das Amt des Krim-Präsidenten für null und nichtig erklärte. Per Dekret setzte der ukrainische Präsident auch noch die autonome, vom Krim-Parlament gewählte

Krim–Regierung ab und unterstellte sie fortan direkt der Zentralregierung in Kiew. Der Autonomiestatus der Krim wurde durch diese Massnahmen drastisch beschnitten.

Phase 1: Arbeitsbeginn der OSZE-Mission und erste Schwierigkeiten

Wachsende Spannungen und eine Verhärtung der Fronten in der Krim–Frage führten dazu, dass die OSZE im Sommer 1994 die Schaffung einer Langzeitmission beschloss. In einem gereizten Klima gegenseitiger Anschuldigungen, wachsenden Misstrauens und sinkender Gesprächsbereitschaft zwischen Kiew und Simferopol nahm die Mission am 25. November 1994 ihre Arbeit auf. Wichtigste Aufgaben der OSZE–Mission Ukraine waren Präventivdiplomatie und Konfliktverhütung. Es ging vor allem darum, den Ausbruch einer offenen und gewalttätigen Krim–Krise zu verhindern, Spannungen abzubauen, neues Vertrauen zu schaffen, verstopfte Dialogkanäle neu zu öffnen und Vorschläge zur Konfliktlösung einzubringen.

Diese Prioritäten führten in den ersten sechs Monaten zu einer Konzentration der Arbeit auf den politisch–konstitutionellen Bereich der Spannungen zwischen den ukrainischen Machtstrukturen in Kiew und der von einer russischstämmigen Bevölkerungsmehrheit dominierten Autonomen Republik Krim. Die im OSZE–Mandat ebenfalls aufgeführte Frage der Wirtschaftsentwicklung in der Ukraine und auf der Krim wurde zurückgestellt. Dasselbe galt für die vielfältigen Existenzprobleme der aus der zentralasiatischen Verbannung auf die Krim zurückkehrenden Krim–Tataren.

Der Start der OSZE–Mission war schwierig, und das politische Klima war frostig. In Kiew wurde auf höchster Ebene der Verdacht geäussert, die auf das Krim–Problem fixierte Mission diene bloss der "Internationalisierung einer innerukrainischen Angelegenheit", mit der man am besten selber fertig geworden wäre. Ferner wurde unterstellt, die OSZE–Mission würde sich bei ihren Aktivitäten dem "Diktat der Krim" unterwerfen. Auch in Simferopol herrschte zu Beginn eine ausgesprochen feindselige Stimmung, und die Öffnung des im OSZE–Mandat vorgesehenen Zweigbüros der Mission wurde bis auf weiteres ausdrücklich untersagt. Es hiess, die OSZE habe sich bereits in der Vergangenheit auf der Krim (Besuche des Hochkommissars für Nationale Minderheiten) "bloss um die Souveränität und territoriale Integrität der Ukraine sowie um die Tataren gekümmert" und die Anliegen der russischen (Mehr–)Minderheit vernachlässigt. Die OSZE–Mission werde ein Gleiches tun und sich als reines "Instrument der ukrainischen Zentralregierung in Kiew" erweisen.

Die OSZE–Mission stand in dieser ersten Phase ihrer Tätigkeit vor einer Doppelaufgabe, die sie bis Februar 1995 bewältigte. Sie musste *Flagge zeigen*, ihre Infrastruktur und Präsenz aufbauen, Kontakte mit allen relevanten politischen Persönlichkeiten, Regierungsstellen, Behörden und Institutionen herstellen. Sie musste ausserdem Aufklärungs- und Überzeugungsarbeit leisten, ihre Zielsetzungen und ihre "Position der Mitte" in einem äusserst polarisierten Umfeld erklären und definieren.

Diese Anfangsphase war sowohl in Kiew als auch in Simferopol voller Hindernisse. Zwar wurde in dem von der Ukraine mitgetragenen Mandat der OSZE–Mission statuiert, dass Büroraum für die Mission in Kiew und Simferopol von der Regierung der Ukraine kostenlos zur Verfügung gestellt würde. Das war jedoch nicht der Fall, wenn man von den völlig unakzeptablen, zum Teil abbruchreifen Lokalitäten absieht, die der Mission nach zahllosen Interventionen und Bittschreiben angeboten wurden. So blieb die OSZE–Mission in Kiew und Simferopol zu hohen Selbstkosten auf kleine Hotelzimmer beschränkt, die den räumlichen Anforderungen eines Sekretariats sowie einer angemessenen Infrastruktur für je drei OSZE–Diplomaten keineswegs genügten und die Arbeit wesentlich erschwerten.

Ebenso belastend für die Entfaltung der Tätigkeiten der OSZE–Mission war die Tatsache, dass die Basisvereinbarung (*Memorandum of Understanding*) zwischen ukrainischer Regierung und OSZE–Mission erst mit grosser Verzögerung zustande kam. Von der Unterzeichnung dieses Memorandums hingen Akkreditierung, Diplomatenstatus (Spezialausweise, Eröffnung eines Devisenkontos, Einführen von Dienstwagen und Büroeinrichtungen etc.) sowie die operationelle Entfaltung der OSZE–Mission ab. Das von der Mission bereits am 28. November 1994 eingereichte Memorandum wurde erst am 24. Januar 1995 von einem Stellvertretenden Aussenminister rechtsgültig unterzeichnet.

Zur anfänglichen "Politik der kalten Schulter", mit der die OSZE–Mission in der Ukraine empfangen wurde, gehörte auch die von führenden Politikern praktizierte Verweigerung von Gesprächskontakten. Direkte Kontakte der Mission mit der ukrainischen Präsidentschaft und Ministerpräsidentschaft kamen in Kiew nie zustande. In Simferopol wurde ein Gespräch mit Anatoli Frantschuk, dem Kiew nahestehenden und mit Staatspräsident Kutschma verschwägerten Regierungschef der Krim, erst im März 1995 möglich.

Beide Seiten versuchten immer wieder, die OSZE–Mission für ihre Anliegen einzuspannen. Besonders insistent erwies sich dabei die im ukrainischen Aussenministerium in Kiew für die OSZE–Mission zuständige Abteilung. Von einem ihrer Vertreter wurde dem Leiter der OSZE–Mission ein völlig unakzeptabler Verhaltenskodex für den Umgang mit den Krim–Behörden zur Unterschrift vorgelegt. Praktisch lief dieses Ansinnen auf eine Neuformulierung des OSZE–Mandates hinaus, mit dem unverkennbaren Ziel, die Ukraine–Mission an die Krim–Politik der ukrainischen Zentralregierung zu fesseln. Die Mission liess sich jedoch weder in der einen noch in der anderen Richtung instrumentalisieren. Sie hat ihre Position der Mitte erfolgreich verteidigt und durchgehalten. Das war in dieser ersten Phase die wichtigste und zugleich schwierigste Aufgabe. Aber nur so war es möglich, die konfliktverhütenden Zielsetzungen des OSZE-Mandates wirkungsvoll und glaubwürdig in Angriff zu nehmen und zwar sowohl in Kiew als auch in Simferopol.

Beiden Seiten mussten mit viel Geduld immer wieder die Grundprinzipien der OSZE erklärt werden, die es zu respektieren galt: Die Souveränität und territoriale Integrität der Ukraine unter Einschluss der Krim *und* die Autonomie der Krim innerhalb der Ukraine. Beiden Seiten musste immer wieder verdeutlicht werden, dass sowohl die Souveränitätsdimension als auch die sogenannte *menschliche Dimension* der Menschen-, Minderheiten-, Selbstverwaltungs-, Demokratie- und Autonomierechte OSZE-Prinzipien sind, zu deren Schutz und Respektierung die OSZE-Mission in der Ukraine mandatiert wurde.

Diese Balance, die zu den präventivdiplomatischen Stärken der aus der Helsinki-Charta von 1975 (Korb I und Korb III) herausgewachsenen OSZE gehört, galt es zu wahren. Gerade auch für die um ihre innere und äussere Konsolidierung bemühte Ukraine erwachsen daraus nicht zu unterschätzende Sicherheitsventile. Sie verleihen der jungen Souveränität Stärke durch Elastizität. Sie ermöglichen Kiew, sich mit der Krim-Autonomie sowie den ihr zugrunde liegenden demographischen Realitäten zu arrangieren und gleichzeitig gegen nationalistisch-ethnische Verwerfungen zu schützen.

Bereits in dieser ersten Phase wurde jedenfalls klar: Zur Grundproblematik eines solchen OSZE-Einsatzes gehört, dass jede Mission aus der Sicht des jeweiligen Gastlandes eine *Einmischung* in eine innenpolitische Spannungs- und Konfliktsituation darstellt. Es handelt sich dabei allerdings um eine kooperativ abgesicherte, vom Gastland im Rahmen der OSZE-Strukturen bewilligte Einmischung (*consensual intervention*). Es handelt sich zudem um eine innere Angelegenheit besonderer Art, denn sie fällt unter den Begriff "Verpflichtungen im Bereich der menschlichen Dimension" (Menschen-Minderheiten-Selbstverwaltungsrechte, Demokratie und Rechtsstaatlichkeit). Das heisst

> "Verpflichtungen, die alle OSZE-Staaten direkt sowie legitimerweise berühren und nicht alleinige innere Angelegenheit des betroffenen Staates sind".[3]

Dennoch wird jede aktive OSZE-Mission im Gastland zu einem innenpolitischen Faktor – und damit Zielscheibe lokalpolitischer Kritik. Das kriegte auch die OSZE-Mission in der Ukraine zu spüren. Aus dieser Grundproblematik erklären sich viele der Schwierigkeiten, mit denen die Mission von allem Anfang an in

3 KSZE-Gipfelkonferenz in Helsinki 1992.

Kiew und Simferopol konfrontiert wurde. Einige liessen sich ausräumen, andere wurden noch grösser, je intensiver und initiativer sich die Mission um Erfüllung ihres Mandates bemühte. Im Spannungsfeld zwischen ukrainischer Zentralregierung und Autonomer Republik Krim verlangte dieses Mandat ausdrücklich ein ausgewogenes aktives Tätigwerden, um Spannungen zu verhindern, den Dialog zu fördern und Lösungsvorschläge zu präsentieren. Aber je mehr es der Mission gelang, diese Forderungen zu konkretisieren, desto grösser wurde in Kiew der Widerstand jener politischen Kräfte, die die OSZE–Mission in der Krim–Frage für ihre Ziele einer unnachgiebig harten und unelastisch–nationalistischen Souveränitätspolitik einzuspannen versuchten.

Phase 2: Bewährungsprobe der OSZE-Mission in der Märzkrise 1995

Ihre eigentliche Bewährungsprobe hatte die OSZE–Mission im Frühling 1995 (17.–31. März) zu bestehen, als infolge der einschneidenden Zwangsmassnahmen Kiews gegen die Autonome Republik Krim eine krisenträchtige Entwicklung begann. Damit wurde am Fundament des bisherigen Autonomiestatuts der Krim, also am Grundlagenvertrag zwischen ukrainischer Zentralregierung und Autonomer Republik Krim gerüttelt. Das Diktat des ukrainischen Parlamentes wurde zwar unter Hinweis auf zahlreiche gegen die ukrainische Verfassung verstossende Krim–Gesetze gerechtfertigt. Aber in Ermangelung einer ukrainischen Verfassungsgerichtsbarkeit war nur zu offensichtlich, dass es dabei weniger um eine rechtliche, als vielmehr um eine politische Entscheidung ging: Um die von ukrainischen Parlamentariern beschlossene Zentralisierung der Staatsmacht.

Direkt betroffen bzw. in Frage gestellt wurde durch diese Zwangsmassnahmen auch das Mandat der OSZE–Mission. Sie war von der OSZE–Staatengemeinschaft zur Entschärfung der um die Krim entstandenen Spannungen und zur Ausarbeitung von Lösungsvorschlägen ins Leben gerufen worden. Gleichzeitig war sie Ausdruck eines gesamteuropäischen Engagements zur Konfliktverhütung und Friedenswahrung, über das sich die zentralen Machtorgane der Ukraine einseitig, ohne Konsultation oder auch nur Information, hinwegsetzten.

Die Ereignisse trafen die Mission nicht unvorbereitet. Sie waren – gestützt auf exzellente Kontakte mit den in der Krim–Frage federführenden Parlamentariern in Kiew – bereits in früheren Lageberichten angesprochen worden. Im Bericht Nr. 2 vom 17. Januar 1995 hiess es unter Hinweis auf die ungebremste Eskalation des *Legislativkrieges* zwischen der ukrainischen Zentralregierung und Simferopol: "Aus zwei hochrangigen Quellen hat die Mission erfahren, dass Kiew zusehends die Geduld verliert." Im Bericht Nr. 3 vom 14. Februar 1995 wurden die verschiedenen Krim–Optionen aufgelistet, die im ukrainischen

Parlament im Hinblick auf eine Krim-politische Schicksalsdebatte zur Diskussion standen: Annullierung der Krim-Verfassung, Auflösung des Krim-Parlamentes und von Kiew dekretierte Neuwahlen, Auflösung des Autonomiestatuts und Gleichstellung der Krim mit den übrigen ukrainischen Verwaltungsbezirken.

Diese frühen Warnrufe der Mission verhallten indes wirkungslos, ohne dass die führenden OSZE-Gremien darauf reagierten. Auch der OSZE-Hochkommissar für Nationale Minderheiten schwieg sich aus, selbst nach dem Fait accompli des März-Coups. Anlässlich eines Besuches in der Ukraine Anfang April vermittelte er seinen hochrangigen Gesprächspartnern sowie Medienvertretern in Kiew den Eindruck, das robuste Vorgehen gegen die Krim-Autonomie, von dem nicht zuletzt auch die Krim-tatarische Minderheit betroffen war, kritiklos gutzuheissen. Auch die in Kiew von der Mission mehrmals angesprochenen Troika-Botschaften (Ungarn, Italien, Schweiz) sowie die Vertretungen besonders interessierter skandinavischer OSZE-Staaten verzichteten gegenüber der ukrainischen Zentralregierung auf jegliche präventivdiplomatische Intervention. Immerhin blieben in einer späteren Phase die kritischen Alarmrufe der OSZE-Mission - angesichts bedrohter Autonomie- und Minderheitenrechte auf der Krim sowie damit verbundener Eskalationsgefahren - nicht ganz ohne Wirkung. In einer dem Ständigen Rat der OSZE am 23. März 1995 vorgelegten EU-Erklärung brachte der französische OSZE-Botschafter in Wien die Besorgnis der Europäischen Union über die jüngste Entwicklung zum Ausdruck.

Am 30. März schickte die ungarische OSZE-Präsidentschaft den OSZE-Missionschef in Kiew mit einer kritisch ermahnenden Note zum Ersten Stellvertretenden Aussenminister der Ukraine. Getragen vom Bemühen, "eine weitere Verschlechterung der Lage in und um die Autonome Republik Krim zu verhindern", wurde Kiew im Namen der OSZE empfohlen, das der Krim auferlegte neue Autonomiegesetz rückgängig zu machen, den Dialog mit Simferopol wiederaufzunehmen und sofortige Neuverhandlungen über den "Sonderstatus der Krim innerhalb der Ukraine" einzuleiten.

Am 27. April legte der ungarische OSZE-Botschafter beim Ständigen Rat in Wien eine schriftliche Erklärung des Vorsitzenden (*Chairman's Statement*) vor, die im wesentlichen den Inhalt der OSZE-Präsidentschaftsnote vom 30. März bekräftigte und vor weiteren "einseitigen Schritten" warnte, die zu einer Eskalation der Spannungen führen könnten. Dieser Erklärung stimmten alle anwesenden OSZE-Delegationen im Ständigen Rat zu, mit Ausnahme der ukrainischen, die sich darauf berief, "keine Instruktionen aus Kiew" erhalten zu haben. Die förmliche, vom allgemeinen Konsens getragene Annahme der Erklärung wurde in der Folge auf die nächste Sitzung verschoben, kam dann aber - am 4. Mai 1995 - bedauerlicherweise überhaupt nicht mehr zur Sprache. In der Zwischenzeit hatte die ungarische OSZE-Präsidentschaft eine Kehrtwendung vollzogen und die Parole ausgegeben: "Let's not make things difficult for the Ukrainians... ."

Es musste auffallen, dass dieser Schwenk von Ukraine–Kritik zu Ukraine-*Appeasement* mit einer geostrategischen Aufwertung der Ukraine[4] im Anschluss an das russische Tschetschenien–Debakel zusammenfiel. Das galt vor allem für die USA, deren Ostpolitik sich vermehrt auch auf einen ukrainischen Pfeiler abzustützen begann. Das entsprach zugleich einer von führenden EU– sowie mittelosteuropäischen Staaten geteilten Interessenlage, die kursbestimmend in die OSZE–Strukturen hineinwirkte.

Die Mission - und das sollte nicht übersehen werden - war gut und frühzeitig informiert über die vom ukrainischen Parlament geplanten Schritte, die im März 1995 zu einer wesentlichen Beschneidung der Krim–Autonomie führten. Diese Massnahmen - Annullierung der Krim–Verfassung, des lokalen Wahlgesetzes, der lokalen Wahlen, Absetzung des Krim–Präsidenten und der Krim–Regierung, einseitiger Erlass eines neuen Autonomiegesetzes - konnten jedoch trotz aller frühzeitigen, auf die Eskalationsrisiken aufmerksam machenden Appelle der Mission, insbesondere an die Adresse führender ukrainischer Parlamentarier, nicht verhindert werden. Die Mission war indes in der Lage, zu bremsen und diplomatischen Lärm zu schlagen: Durch intensive Berichterstattung und ständige Konsultationen im Rahmen der OSZE, durch Kontakte mit dem Europarat sowie Informationstreffen mit allen OSZE–Botschaften in Kiew, durch wiederholte Gespräche mit den massgebenden Kommissionsvorsitzenden im ukrainischen Parlament, und nicht zuletzt durch offizielle Presseerklärungen und Positionsbezüge.

Vielleicht konnten so noch drastischere Massnahmen gegen die Krim–Autonomie verhindert werden, da die Ukraine gleichzeitig intensiv um internationalen, westeuropäischen, vor allem aber amerikanischen Goodwill bemüht war. Auf Extremlösungen wie die von ukrainischen Nationalisten und Rechtskräften vorgeschlagene Abschaffung der Krim–Autonomie oder die ebenfalls anvisierte Auflösung des Krim–Parlamentes wurde jedenfalls verzichtet. Diese Massnahmen hätten in der Tat zu einer gefährlichen Emotionalisierung geführt und politisch unberechenbare Eskalationskräfte freigesetzt.

Auch nach dem gravierenden Fait accompli vom 17. März 1995 wirkte die Mission aktiv an der erfolgreichen Abfederung gewisser negativer Konsequenzen der Kiewer Zwangsmassnahmen mit. So beispielsweise, wo es im Interesse der Krim–Tataren um spezifische Korrekturen am ukrainischen Lokalwahlgesetz ging, das der Krim neu aufoktroyiert worden war. Vor allem aber intensivierte die OSZE–Mission ihre Anstrengungen für die Abhaltung eines Krim–Seminars für Politiker aus Kiew und Simferopol. Es galt, diese Initiative, die von der Mission bereits im Januar im Hinblick auf die sich abzeichnende Verhärtung der Fronten ergriffen worden war, den neuen und erschwerten Rahmenbedingungen für eine Eindämmung und eventuelle Lösung des Krim–Konfliktes anzupassen. Dabei

[4] IMF–Kreditgewährung, Europarat–Öffnung, Clinton–Besuch vom 10./11. Mai.

konnten zweifellos rundum bestehende Ängste vor einer folgenschweren internationalen Ausweitung der Krim-Krise mobilisiert und genutzt werden.

Vor dem Hintergrund der krisenartigen Zuspitzung des Krim-Konfliktes hatte sich nämlich auch das russisch-ukrainische Verhältnis rapide verschlechtert. Anfänglich schien Moskau - wohl aufgrund seiner durch Tschetschenien schwer angeschlagenen Position - das von Kiew vorgebrachte Argument hinzunehmen, wonach das Vorgehen gegen die Krim-Autonomie eine innere Angelegenheit der Ukraine darstelle. Das änderte sich jedoch nach der an Russlands Gewissen appellierenden Rede, die der Parlamentspräsident der Krim, Sergei Tsekov, am 14. April in der russischen Volkskammer (Duma) hielt. In Kiew und Moskau erhitzten sich die nationalistischen Gemüter; in beiden Parlamenten kam es zur Schändung der russischen bzw. ukrainischen Flagge durch extremistische Abgeordnete.

Der bisher in der Krim-Frage äusserst zurückhaltende russische Präsident Jelzin sprach in einer Presseerklärung plötzlich von Russlands "bedeutendem Interesse an der (Krim)Halbinsel" und verknüpfte den Abschluss des russisch-ukrainischen Freundschaftsvertrages mit einer für die Krim-Russen zufriedenstellenden Normalisierung zwischen Kiew und Simferopol. Gleichzeitig bewegte man sich in den Verhandlungen zwischen Kiew und Moskau um die Schwarzmeerflotte und den territorialen Status des von Russland mit Souveränitätsansprüchen belegten Marinestützpunktes Sewastopol auf den Nullpunkt von 1991/92 zurück. Unter Anspielung auf die "Rechte der Krim-Bevölkerung" sowie die "Respektierung von OSZE-Prinzipien" orakelte der russische Aussenminister Andrei Kozirew: "Zum Schutz unserer im Ausland lebenden Staatsbürger könnte sich der Einsatz militärischer Gewalt als nötig erweisen."

Aus dem Blickwinkel der OSZE-Mission stand fest, dass sich der innerukrainische Krim-Streit vom stillen zu einem virulenten zwischenstaatlichen Spannungs- und Konfliktherd zwischen Kiew und Moskau auszuweiten drohte. Das Risiko lokaler, regionaler und internationaler Destabilisierung war unübersehbar.

Phase 3: OSZE-Runder Tisch von Locarno und Folgeentwicklung

Das in Kiew und Simferopol geschaffene Vertrauenskapital nutzend, gelang es der Mission, die Streitparteien auf neutralem Schweizer Boden an einem Runden Tisch zusammenzubringen. Diese ukrainische Gesprächsrunde unter OSZE-Dach fand auf Einladung des schweizerischen Aussenministeriums (EDA) vom 11.-14. Mai 1995 in Locarno statt. Gesprächsteilnehmer waren sechzehn führende politische Persönlichkeiten aus Kiew, Simferopol und Sewastopol. Geleitet wurden die

Diskussionen vom OSZE–Hochkommisar für Nationale Minderheiten, Max van der Stoel, und dem Schweizer OSZE–Missionschef in der Ukraine.

Das Treffen von Locarno kam in einer sich zuspitzenden Situation zwischen Kiew und Simferopol zustande. In beiden Parlamenten hatten sich die Positionen bis zur Unbeweglichkeit verhärtet. Auf der Krim versteifte sich der kompromisslose Widerstand gegen die Zwangsmassnahmen der Zentralregierung vom März. Nach einer hitzigen Debatte im Krim–Parlament setzte sich am 25. April die russische Mehrheit gegen die pro–ukrainische Minderheit durch und erzwang die Durchführung eines Plebiszits über die am 17. März von Kiew ausser Kraft gesetzte Krim–Verfassung. Es bestand kein Zweifel daran, dass dieser Volksentscheid angesichts der mehrheitlich russischstämmigen Krim–Bevölkerung gegen Kiew ausfallen würde. Dieser Schritt wurde in Kiew denn auch als anti–ukrainische Provokation und weiterer Beweis für den staats- und verfassungsfeindlichen Kurs der führenden Politkräfte auf der Krim verstanden. Umso mehr, als diese vom russischen Parlament in Moskau sofort lautstarke Unterstützung für den Plebiszitentscheid erhielten. Der ukrainische Staatspräsident und sein Generalstaatsanwalt bezeichneten denn auch eine solche Volksbefragung auf der Krim sogleich als "illegal". Im ukrainischen Parlament mehrten sich erneut die Rufe und Motionen nach einer Bestrafung der Krim, nach Auflösung des Krim–Parlamentes, ja nach einer totalen Abschaffung der Krim–Autonomie. Rückenstärkung erhielten diese Kreise vom Oppositionsblock in Simferopol, der sich Kiew, unter Führung der Krim–Tataren, als anti–russisches Ersatz- und Übergangsparlament anbot.

In diesem konfrontativen Klima kam die Ausarbeitung einer neuen Krim–Verfassung, deren Entwurf Kiew bis zum 15. Mai vorgelegt werden sollte, im Krim–Parlament überhaupt nicht voran. Nach dem 15. Mai wollte das ukrainische Parlament eine neue Krim–Debatte führen und an deren Ende ein neues, noch schärferes Machtwort sprechen.

Beidseitig war die Dialog- und Kompromissbereitschaft auf einen Tiefststand gesunken. In Kiew und Simferopol rüsteten sich die Parlamente zu neuen Legislativgefechten. Alle Zeichen standen auf Sturm. Nirgends bot sich effektives Krisenmanagement an, niemand wollte Kraft und Willen aufbringen, um einen Ausweg aus der politischen Sackgasse zu finden. Erst der Runde Tisch von Locarno eröffnete einen Ausweg aus der sich zuspitzenden Krim–Krise:

- Der *Locarno–Prozess* brachte den abgebrochenen politisch–konstitutionellen Dialog zwischen den Konfliktparteien wieder in Gang;
- es wurde eine beidseitig akzeptable Basis für die Kompetenzaufteilung zwischen Kiew und Simferopol sowie für den zukünftigen Autonomiestatus der Krim erarbeitet;
- Kiew und Simferopol konnten sich für den Neuanlauf zur Ausarbeitung einer Krim–Verfassung fortan ohne Gesichtsverlust auf den *Geist von Locarno* berufen;

– die Konflikteskalation wurde gestoppt, weitere Unruhe schürende Zwangsmassnahmen Kiews (Auflösung des Krim–Parlamentes, Abschaffung der Autonomie) wurden vermieden;
– es wurden die Grundlagen gelegt für eine längerfristige Entschärfung der Krim–Krise.

Der *Geist von Locarno* war ein erstes Erfolgselement dieser OSZE–Initiative. Trotz der Märzkrise um die Krim–Autonomie und der zunehmenden Entfremdung zwischen Kiew und Simferopol war es erstmals möglich, politische Führungspersönlichkeiten beider Seiten mit OSZE–Vertretern an einem Tisch zu vereinen. Die sehr private, von den Medien abgeschirmte Begegnung auf neutralem Boden und engem Hotelraum schuf in kürzester Zeit eine positive Atmosphäre ukrainischer Zusammengehörigkeit, allen Differenzen zum Trotz.

Das Zustandekommen eines gemeinsamen, vom allgemeinen Konsens getragenen *Locarno–Papiers* stellte ein zweites Erfolgselement dar. Angesichts der von der Märzkrise angeheizten Unversöhnlichkeit war mit dem Zustandekommen einer gemeinsamen Plattform für die Wiederaufnahme des blockierten politisch–konstitutionellen Dialoges zwischen Kiew und Simferopol kaum mehr gerechnet worden. Aus den in Locarno unter Ukrainern geführten Debatten ergab sich gemeinsame Zustimmung zu dem nie in Kraft getretenen "Gesetz über die Kompetenzabgrenzung zwischen den Staatsorganen der Ukraine und der Autonomen Republik Krim" vom 30. Juni 1992. Dieses Dokument enthalte, so wurde allgemein anerkannt, die Grundlagen für ein beidseitig akzeptables neues Autonomiestatut und eine neue Krim–Verfassung.

Durch dieses Locarno–Dokument wurde zugleich der *Locarno–Prozess* in Gang gesetzt, d.h. jenes von Locarno ausgehende Momentum, das zur Wiederaufnahme eines konstruktiven Polit– und Verfassungsdialoges zwischen ukrainischem Zentralparlament und Krim–Parlament führte. Die OSZE–Mission spielte in diesem Prozess eine aktiv begleitende und unterstützende Rolle, immer ausgehend von der im Locarno–Papier neu bekräftigten Balance zwischen Staatsrecht und Menschenrecht abdeckenden OSZE–Prinzipien: Respekt für die Souveränität und territoriale Integrität der Ukraine einschliesslich der Krim einerseits *und* Respekt für die Autonomie der Krim innerhalb der Ukraine anderseits.

Nach Locarno wurde die Aufrechterhaltung des Locarno–Momentums und die Umsetzung des Locarno–Prozesses zur Hauptaufgabe der Mission. Es kam zu intensiven Kontakten mit den Präsidenten der beiden Parlamente (Alexander Moroz in Kiew, Sergei Tsekov in Simferopol), und es gelang, die beiden Parlamente auf der Basis des Locarno–Dokumentes von ihrem immer auswegloser in die Sackgasse führenden Konfrontationskurs abzubringen und zur Aufnahme eines substantiellen Polit– und Verfassungsdialoges zu bewegen:
1) Den Anfang machte eine Resolution des Parlamentspräsidiums der Krim vom 22. Mai, die – den OSZE–Empfehlungen von Locarno folgend – dem ukraini–

schen Parlament die Annahme des Kompetenzabgrenzungsgesetzes von 1992 als Grundlage für ein neues Autonomiestatut der Krim vorschlug und als Gegenleistung den Verzicht auf das vorgesehene Verfassungsplebiszit in Aussicht stellte.
2) Ebenfalls am 22. Mai brachte der ukrainische Aussenminister dem OSZE-Missionschef gegenüber seinen Dank für die Organisation des Locarno-Treffens zum Ausdruck und legte sich im Namen der ukrainischen Zentralregierung auf eine "friedliche Lösung des Krim-Problems" sowie " volle Respektierung des Autonomiestatus der Republik Krim" fest.
3) Am 24. Mai traf der OSZE-Missionschef zu einem langen Gespräch über den Locarno-Prozess mit dem Präsidenten des ukrainischen Parlamentes, Alexander Moroz, zusammen. Moroz reagierte auf das Locarno-Papier und die OSZE-Initiative, wie er sich ausdrückte, "mit grosser Dankbarkeit und Enthusiasmus". Er anerkannte, dass durch Locarno "eine neue Situation" und "Hoffnung auf einen zivilisierten Ausweg" entstanden sei. Der Locarno-Prozess stelle "den konstruktivsten Lösungsbeitrag" seit Beginn der Krim-Krise im Sommer 1994 dar. Moroz erklärte sein "völliges Einverständnis" mit dem Locarno-Dokument und dessen Kernpunkten: Kompetenzabgrenzungsgesetz von 1992 als Grundlage der Krim-Autonomie; Verzicht des Krim-Parlamentes auf ein Verfassungsplebiszit; Verzicht Kiews auf Auflösung des Krim-Parlamentes;
4) Am 25. Mai stellte Moroz im Plenum des Parlamentes den als Beobachter anwesenden OSZE-Missionschef offiziell vor. Anschliessend informierte der Vorsitzende die Abgeordneten über die positiven Ergebnisse des OSZE-Treffens von Locarno. Dann liess er über seinen im Geist von Locarno vorbereiteten Kompromissvorschlag zur Weiterbehandlung der Krim-Frage abstimmen. Darin wurde - gemäss den OSZE-Empfehlungen von Locarno - das Krim-Parlament zur Annullierung des geplanten Verfassungsplebiszites sowie zur Ausarbeitung eines Verfassungsentwurfes auf der Grundlage des Kompetenzabgrenzungsgesetzes von 1992 aufgefordert. Diese Motion von Moroz wurde mit grosser Mehrheit angenommen und ermöglichte einen neuen Brückenschlag zwischen den Parlamenten in Kiew und Simferopol. Beide Parlamentspräsidenten konnten sich jetzt für einen politischen Neuanlauf und einen Spannungsabbau ohne Gesichtsverlust auf das von beiden Seiten akzeptierte Locarno-Papier berufen.
5) Am 26. Mai traf der OSZE-Missionschef ein weiteres Mal mit dem Vorsitzenden des ukrainischen Parlamentes zusammen. Moroz wies dabei auf den Druck hin, dem er mit seiner von Locarno inspirierten Kompromissbereitschaft von rechts-nationalistischen Kreisen ausgesetzt sei. Der Widerruf des provozierenden Verfassungsplebiszites durch die russische Mehrheit im Krim-Parlament, die diese Volksbefragung einen Monat zuvor beschlossen hatte, sei unabdingbare Voraussetzung für jede weitere Normalisierung. Als ausgesprochen positiv nahm Moroz zur Kenntnis, dass der OSZE-Missionschef die Einladung des Krim-Parlamentes in Simferopol angenommen hatte, um in einer Direktansprache die

Abgeordneten über den Locarno-Prozess zu informieren und den russischen Mehrheitsblock für einen Widerruf des Plebiszites zu gewinnen;
6) Am 31. Mai hielt der OSZE-Missionschef - als erster ausländischer Gast im Plenum des Krim-Parlamentes - diese Rede. Er schilderte den Abgeordneten, wie das Locarno-Papier zustande gekommen war und wie positiv sich der in Gang gekommene Normalisierungsprozess seither entwickelt habe. Im Namen der OSZE drängte er auf einen Widerruf der für Ende Juni geplanten Volksbefragung sowie des damit verknüpften Konsultativreferendums über eine Union der Ukraine mit Weissrussland und Russland. Nach der Rede des OSZE-Missionschefs kam es zu einer heftigen Debatte über Bestätigung oder Widerruf des Verfassungsreferendums. Der die Weichen auf Locarno stellende Vorsitzende und Sprecher des Krim-Parlamentes, Sergei Tsekov, war so unsicher über den Ausgang der Abstimmung, dass er sein Rücktrittsschreiben schon vorbereitet hatte für den, wie er meinte, wahrscheinlichen Fall, dass das Parlament an dem Verfassungsplebiszit festhalten sollte. Mit einer hauchdünnen Mehrheit von 51 von insgesamt 98 Stimmen machte schliesslich der russische Mehrheitsblock seinen Plebiszitentscheid rückgängig. Gleichzeitig beauftragte das Parlament die am 4. April eingesetzte Verfassungskommission, ihre Arbeit nun tatkräftig voranzutreiben, um möglichst bald einen Entwurf für eine neue Krim-Verfassung präsentieren zu können.

Die von den Krim-Tataren angeführte Opposition mit ihren rund vierzig Stimmen nahm weder an der Debatte noch an der schicksalsträchtigen Abstimmung teil, die ja auch über Eskalation oder Deeskalation der Krim-Krise zwischen Kiew und Simferopol entschied. Die Russenmehrheit sollte eigenhändig wiedergutmachen, so erklärten die Tataren, was sie sich selbst eingebrockt hatte - keine sehr konstruktive Haltung. Man wurde den unguten Eindruck nicht los, dass die Krim-Opposition mit den Tataren als Einpaukern am liebsten eine weitere Zuspitzung der Krise (Auflösung des Krim-Parlamentes sowie von Kiew erzwungene Abdankung der russischen Führungselite) gesehen hätte.

Mit seinem Beschluss vom 31. Mai 1995 ging das Krim-Parlament ganz konkret auf die Vorschläge bzw. Bedingungen des ukrainischen Zentralparlamentes vom 25. Mai für die Wiederaufnahme eines politischen und konstitutionellen Dialoges ein. Nach Ansicht führender politischer Persönlichkeiten in Kiew und Simferopol spielten dabei Locarno-Papier, Locarno-Prozess sowie die Rede des OSZE-Missionschefs vor dem Parlament in Simferopol eine entscheidende Rolle. Die Wende hin zum Kompromiss und einem neuen Krim-Dialog war jedenfalls vollzogen - und zwar ohne politischen Gesichtsverlust. Das war für den ukrainischen Parlamentspräsidenten Moroz und vor allem für den russischen Mehrheitsblock auf der Krim ein wichtiges Argument. Beiden eröffnete sich durch den Locarno-Prozess ein Ausweg aus der Krim-politischen Sackgasse. Beide konnten unter Berufung auf das OSZE-Forum von Locarno von Extrempositionen abrücken und Verständigung anstreben, ohne innenpolitischen

Schaden zu nehmen. So wurde in der Einleitung zum bahnbrechenden Entscheid des Krim–Parlamentes vom 31. Mai erklärt, man habe sich den Forderungen Kiews nach Annullierung des Plebiszites und Schaffung einer neuen Krim-Verfassung auf der Grundlage des Kompetenzabgrenzungsgesetzes von 1992 anschliessen können, weil diese Forderungen "vollumfänglich den OSZE-Empfehlungen (von Locarno) entsprachen".

Die OSZE–Mission war im Rahmen des Locarno–Prozesses nicht als Vermittler aufgetreten. Das war von keiner Seite gewünscht, von Kiew sogar klar abgelehnt worden. Die Rolle der OSZE und ihrer Mission bestand vielmehr darin, im engen partnerschaftlichen Dialog mit beiden Seiten (Runder Tisch von Locarno) einen Lösungsansatz (Locarno–Papier) vorzulegen, dessen sich Kiew und Simferopol dann im selbst erkannten Eigeninteresse bedienen konnten (Locarno–Prozess). Im Rahmen des Locarno–Prozesses ging es für die OSZE-Mission darum, das in Locarno zustande gekommene Momentum ukrainischer Gemeinsamkeit zu erhalten und dessen Umsetzung in operative ukrainische Politentscheidungen zu fördern. Das geschah durch aktive Informations–, Erklärungs– und Überzeugungsarbeit in Kiew wie auf der Krim.

Das eigentliche Krim–Krisenmangement wurde von den ukrainischen Akteuren selbst wahrgenommen, denen die OSZE inspirierend, motivierend, kanalisierend und begleitend zur Seite stand. Dadurch konnten weitere, separatistische Unruhe schürende Zwangsmassnahmen Kiews oder provokative Widerstandsaktionen Simferopols vermieden werden. Fest steht, dass es der OSZE-Mission gelang, bereits wenige Monate nach der Aufnahme ihrer Arbeit und unter beträchtlichem Krisendruck, in der Ukraine präventivdiplomatisch wirksam zu werden.

Der Krim–Konflikt wurde jedenfalls für den Rest des Jahres 1995 erfolgreich entschärft und eine Zuspitzung der Krise verhindert, die zweifellos auch das ukrainisch–russische Verhältnis destabilisiert hätte. Moskau beharrte auf seiner Nichteinmischungspolitik. Das stärkte im Krim–Parlament den realpolitischen Kräften im russischstämmigen Lager den Rücken. Im Zeichen eines konstruktiven Autonomiearrangements mit Kiew und des Verzichts auf Separatismus übernahmen sie ab Sommer 1995 die Parlamentsführung. Diese Entwicklung wiederum erlaubte es dem ukrainischen Staatspräsidenten, die am 31. März dekretierte politische Entmündigung der Krim rückgängig zu machen und die Krim–Regierung, die vorübergehend von Kiew ernannt worden war, wieder dem Krim-Parlament zu unterstellen.

Die Normalisierung der Lage nahm ihren Lauf: Die Krim–Tataren beendeten ihren Boykott und kehrten ins Krim–Parlament zurück. Am 1. November 1995 einigte sich eine qualifizierte Mehrheit der Abgeordneten in Simferopol auf den Entwurf einer neuen Krim–Verfassung - allerdings gegen weiterhin starke Opposition seitens der Krim–Tataren und andauernden Widerstand seitens der Zentralregierung in Kiew.

Lehren und Schlussfolgerungen

Es gibt für die Präventivdiplomatie von OSZE-Langzeitmissionen kein allgemeingültiges Erfolgsrezept. Der Rahmen muss stimmen, aber die Rahmenbedingungen sind meist unberechenbar. Sie variieren von Fall zu Fall und sind schwer zu beeinflussen. Wunder hat auch die OSZE-Mission in der Ukraine keine vollbracht. Sie hat jedoch ihre Chance wahrgenommen, einige kleine erfolgreiche Schritte in die richtige Richtung zu tun. Und zwar unter Ausnützung von drei Voraussetzungen, die für das präventivdiplomatische Gelingen von OSZE-Missionen entscheidend sind:
1) *Frühwarnung und frühe Präsenz vor Ort.* Sie waren im Fall der Ukraine-Mission und der Krim-Problematik gegeben: Durch Inspektionsreisen des OSZE-Hochkommissars für Nationale Minderheiten und mehrerer OSZE-Experten im Sommer und Frühherbst 1994; durch die Mandatserteilung des Ständigen Komitees der OSZE in Wien zur Eröffnung einer Langzeitmission in der Ukraine; durch die Einrichtung dieser Mission in Kiew und auf der Krim ab 25. November 1994.

Frühe Präsenz und möglichst frühes Tätigwerden vor Ort sind entscheidend für erfolgversprechende OSZE-Missions- und Präventivdiplomatie, d.h. für wirksames Krisenmanagement vor Krisenausbruch. Wo sich die OSZE erst spät oder zu spät einschaltet, verliert sie rasch an Boden und Aktionsradius. Wenn einmal der erste Schuss gefallen ist, hat die OSZE mit dem ihre Stärke ausmachenden Angebot von Konfliktverhütung und präventiver Konfliktlösung im Grunde nichts mehr zu suchen. Wo dagegen frühzeitige Einsatzmöglichkeiten einer OSZE-Mission gegeben sind - wie in der Ukraine und auf der Krim - können rechtzeitig jene engen lokalen Kontakt- und Beziehungsnetze aufgebaut und über sie dann problemlösende Prozesse und nachhaltige Krisenverhütung in Gang gesetzt werden.

OSZE-Präventivdiplomatie setzt geduldige Aufbau- und Überzeugungsarbeit voraus. Erfolge bei der Krisenverhütung unter OSZE-Regie sind nicht durch militärische Kraftakte zu erzwingen. Sie müssen vielmehr in diplomatisch-menschlichen Begegnungen und Gesprächen zwischen OSZE-Mission und Konfliktparteien gemeinsam erarbeitet werden, geht es doch bei diesen präventivdiplomatischen Interventionen um eine kooperative, nicht eine konfrontative Durchsetzung europäischer Sicherheitsinteressen. Das heisst, die Konfliktparteien müssen über ihre Interessen und Kompromissbereitschaft als tragende Kräfte in den von der OSZE-Mission angestossenen Problemlösungsprozess eingebunden werden. Das braucht Zeit und erfordert unbedingte Frühzeitpräsenz vor Ort.

2) *Akzeptanz der OSZE und ihrer Mission durch alle Konfliktparteien.* Sie liefert der OSZE-Präventivdiplomatie die notwendige Legitimation für internationale Einmischung in die inneren Angelegenheiten eines souveränen Staates oder auto-

nomen Gemeinwesens. Ohne diesen Grundkonsens läuft nichts. Dabei erwies sich in dem hier behandelten Fall die Zugehörigkeit der Ukraine zur OSZE, d.h. zu dieser gesamteuropäischen Werte- und Sicherheitsgemeinschaft, die sich einstimmig für die Entsendung einer Langzeitmission nach Kiew und auf die Krim ausgesprochen hatte, als grosser Vorteil. Denn damit wurde diese Intervention zu einer "kooperativen und bewilligten Einmischung", die nur durch Zustimmung auch des Gastlandes Ukraine zustande kam, und zu einer "inneren Angelegenheit besonderer Art", weil das Konfliktpotential der Krim gesamteuropäische Stabilitätsinteressen berührt und die Ukraine zur neuen kooperativen Sicherheitszone der OSZE gehört.

Um von allen Parteien im Krim-Konflikt akzeptiert zu werden, musste die OSZE-Mission Verständnis für alle Seiten aufbringen und vertrauensbildende Kommunikationskanäle zu allen Kontrahenten offenhalten. Das war anfänglich ein Problem auf der Krim, wo die Mission bei ihren ersten Kontakten mit Führern des russischen Mehrheitsblockes auf feindselige Ablehnung stiess. Hier ging es zuallererst darum, das bestehende Misstrauen gegenüber der OSZE ("ein Instrument der ukrainischen Zentralregierung in Kiew") abzubauen und Akzeptanz Schritt für Schritt, Begegnung für Begegnung aufzubauen. Dies gelang der Mission, indem sie es konsequent und demonstrativ ablehnte, sich von irgendeiner Seite politisch instrumentalisieren zu lassen. Sie vertrat in ihren prinzipiellen Stellungnahmen, in ihren immer wieder klar definierten Zielvorstellungen und praktischen Lösungsansätzen zum Krim-Konflikt eine energische Position der Mitte: Respekt für die Souveränität der Ukraine über die Krim *und* Respekt für eine substantielle Selbstverwaltungsautonomie der Krim innerhalb der Ukraine.

Zentrales Anliegen der OSZE-Mission in der Krim-Frage war es, die Balance zwischen Staatsrecht (Souveränität) und Menschenrecht (Autonomie) zu wahren, auf der sowohl prinzipiell wie auch in der präventivdiplomatischen Praxis die Stärke der OSZE beruht. Diese Balance bietet stabilisierende Sicherheitsventile gegen nationalistisch-ethnische Verwerfungen. Sie rüstet die internationale Ordnung souveräner Staaten mit der nötigen menschenrechtlich-demokratischen Elastizität und Flexibilität aus und schützt so Stabilität und Bestand dieser Ordnung. Von ihrer Position der Mitte aus schaffte es die OSZE-Mission schliesslich, von allen Seiten - von der Zentralregierung in Kiew gelegentlich nur zähneknirschend - respektiert und akzeptiert zu werden. Das zeigte sich während der Märzkrise 1995, am Runden-Tisch-Treffen von Locarno im Mai 1995 und im Verlauf des Spannungen abbauenden Locarno-Prozesses. Nur voll abgestützt auf Rundumakzeptanz konnte die OSZE-Mission 1995 ihren so zentralen Beitrag zur erfolgreichen Krim-Krisenverhütung leisten.

3) Eine *Konfliktsituation, die reif und empfänglich ist für präventivdiplomatisches Engagement*. Nur dann kann eine OSZE-Mission ihre auf langfristige Eigeninteressen abgestützte kooperative Interventionsrolle erfolgreich spielen. Im Krim-

Konflikt wurde dieser Punkt im März 1995 mit den Zwangsmassnahmen Kiews gegen die Krim-Autonomie erreicht:
- Erstens lief zwischen Kiew und Simferopol nichts mehr. Selbst die pro-ukrainische Krim-Regierung unter Anatoli Frantschuk vermochte angesichts ihrer erbitterten Grabenkämpfe mit dem pro-russischen Krim-Parlament immer weniger auszurichten und verlor auf der Krim immer mehr an Boden. Die Konfliktparteien hatten sich in eine schier ausweglose Sackgasse hineinmanövriert. Ihre Bereitschaft zum Dialog war an einem toten Punkt angelangt.
- Zweitens verlieh das Drama des russischen Gewaltaktes gegen den Separatismus in Tschetschenien auch der ukrainischen Krim-Problematik eine neue Dimension von Dringlichkeit, Bedrohlichkeit und Sorge. Es festigte sich auf beiden Seiten und aller Starrköpfigkeit zum Trotz die Überzeugung, dass der Streit um den Autonomiestatus der Krim auf keinen Fall wie in Grosny ausarten dürfe. Die Bereitschaft wuchs, sich unter Umständen auf einen Neuanlauf in der Krim-Frage einzulassen. Wie dies geschehen könnte, wusste allerdings niemand. In Kiew wie auf der Krim herrschte Ratlosigkeit, gleichzeitig stieg damit aber auch die Attraktivität von OSZE-Vorschlägen für eine gesichtswahrende Kompromisslösung.
- Drittens erkannte Kiew, dass die Ukraine von Moskaus Tschetschenien-Blamage und diplomatischer Schwächung in zweifacher Hinsicht profitieren konnte: Einerseits zur Durchsetzung einer neuen Autonomieregelung für die Krim im Sinne einer festeren, aber gewaltfreien Anbindung der unbotmässigen Autonomen Republik an die Zentralregierung; anderseits zur Verbesserung der internationalen Position der Ukraine, deren Attraktivität für westliche Strategie- und Wirtschaftsinteressen nach dem russischen Tschetschenien-Debakel deutlich zugenommen hatte. So kam es im Frühsommer 1995 zur wohlwollenden IMF-Kreditgewährung, zur grosszügigen Aufnahme der Ukraine in den Europarat, und nicht zuletzt zu einem überschwenglichen Clinton-Besuch in Kiew, in dessen Verlauf die Ukraine vor aller Welt als zentraler Hauptpfeiler der amerikanischen Ostpolitik präsentiert wurde.

Mit dieser *internationalen Aufwertung*, an der Kiew sehr gelegen war, erhöhten sich zugleich die *Möglichkeiten internationaler Einflussnahme*. Gleichzeitig stellte diese profitable Westöffnung für die ukrainische Zentralregierung einen wichtigen Anreiz dar, um sich gerade in der Krim-Frage durch Mässigung, Flexibilität und gewaltfreie Problemlösung als respektabler und salonfähiger Partner zu erweisen. Da konnte die OSZE und ihre Ukraine-Mission ansetzen. Die "reife Gesamtsituation" führte dazu, dass das präventivdiplomatische Instrumentarium, das die OSZE-Mission bereitgestellt hatte, plötzlich zu greifen begann. So kam es zur *Chance von Locarno*.

Die OSZE verfügt über keine militärischen und wirtschaftlichen Einsatzkräfte, um ihrem krisenverhütenden Engagement Biss und Anreize zu verleihen. Ihre

Interventionen sind im wesentlichen begrenzt auf: Dialog, Vertrauensbildung und Überzeugungsarbeit; Appelle an Vernunft und Eigeninteressen der Konfliktparteien; Expertise und Denkanstösse zur Ingangsetzung sowie Steuerung problemlösender Prozesse. Das braucht viel Zeit und Geduld. Frühe Präsenz vor Ort, Rundumakzeptanz und situationsbedingte Lösungsbereitschaft sind nicht zuletzt deswegen so entscheidend für wirkungsvolle OSZE–Präventivdiplomatie, weil sie das Ansetzen multilateraler Hebelkräfte auf dem Konfliktterrain wesentlich erleichtern.

Aktive Präventivdiplomatie, wie sie von der OSZE–Mission in der Ukraine betrieben wurde, ist eine herausfordernde Tätigkeit. Die klassische Diplomatie wird aus ihrem oft so geheimniskrämerisch verstaubten Schneckenhaus herausgezwungen. Wirksame Präventivdiplomatie, von der Signalwirkung zur Krisenverhinderung sowie Anstösse zur Konfliktlösung ausgehen sollen, kann stille, darf aber nie schweigende Diplomatie sein. Nur eine möglichst direkte und deutliche Problemansprache, auf die die klassische Diplomatie in der Regel nicht oder nur schlecht vorbereitet ist, führt zum gewünschten Erfolg. Praktisches Tätigwerden, Eindeutigkeit und Geradlinigkeit sind gefordert; Wegsehen und Vertuschen bringen nichts, denn ohne klar verständliche Signale geht jede Präventivwirkung verloren.

Wirksame Präventivdiplomatie hat mit *Demokratie* zu tun: Sie braucht Transparenz, Ausstrahlungs– und Überzeugungskraft; in der von einem Konflikt bedrohten Gesellschaft sowie auf dem internationalen Parkett ist sie auf die Mobilisierung krisenverhindernder öffentlicher Abwehrkräfte angewiesen. Die OSZE täte jedenfalls gut daran, ihre Präventiv– und Missionsdiplomatie nicht allein klassischen Vollblutdiplomaten zu überlassen, sondern in personeller Hinsicht vermehrt auf die Einbeziehung geeigneter Persönlichkeiten anderer Bildungs–und Berufswege (Parlamentarier, Unternehmer, Wirtschaftskader, praxisorientierte Akademiker etc.) zu achten.

Doch Präventivdiplomatie ist schwer. Einmal, weil sie so viel Geduld und so langen Atem erfordert; weil sie sich kaum je in grossen Sprüngen, sondern in vielen kleinen Schritten vollzieht; weil selbst Erfolge kaum messbar und kausal meist nicht auf eine genau bestimmbare Handlung zurückzuführen sind. Es fehlen ferner wissenschaftlich zuverlässige Indikatoren und Kriterien, mit deren Hilfe Krisen frühzeitig diagnostiziert und krisenverhütende Aktionen rechtzeitig geplant und eingeleitet werden können. Da der Ausbruch einer Krise nicht mathematisch beweisbar und fahrplanmässig bestimmbar ist, bleibt wirksame Präventivdiplomatie immer auch ein spekulatives, mit mannigfachen Unvorhersehbarkeiten belastetes Unterfangen. Das führt im weiteren dazu, dass sich Präventivdiplomatie publizistisch und politisch schwer verkaufen lässt, denn die Krise, die es zu verhüten gilt, ist noch nicht ausgebrochen, nicht direkt ansprechbar und auf den Fernsehschirmen als Kriegs– und Gewaltspektakel noch nicht darstellbar. Und welcher Politiker setzt sich schon gerne für eine kostspielige präventive Rettungsaktion ein – selbst wenn sie weitaus billiger zu stehen kommt als eine spätere Krisenbewältigung – solange der Ernstfall nicht eingetreten und die Katastrophe noch nicht bewiesen ist.

OSZE–Präventivdiplomatie, daran sei nochmals erinnert, bringt Souveränitätseinbussen mit sich. Und jede OSZE–Mission bedeutet *Einmischung*, womit jede aktive OSZE–Mission im Gastland zu einem Faktor der innenpolitischen Auseinandersetzung wird. Das war auch in der Ukraine der Fall. Die Lösungsansätze des Runden Tisches von Locarno (Mai 1995) dienten den Pragmatikern in Kiew und auf der Krim zur Wiederaufnahme eines die Lage entspannenden politisch–konstitutionellen Dialoges. Damit geriet jedoch die OSZE–Mission zugleich ins innenpolitische Kreuzfeuer von Kräften (ukrainische und tatarische Nationalisten), die aufgrund ihrer extrem anti–russischen Haltung eine politische Entspannung auf der Krim gar nicht wünschten.

Spannungen im Gastland rund um die Präsenz einer OSZE–Mission, die präventivdiplomatisch tätig werden will, sind vorprogrammiert. Kritik von dieser oder jener Seite ist unausweichlich – vielleicht sogar ein Qualitätsbeweis. Denn die Priorität für erfolgreiche OSZE Präventiv- und Missionsdiplomatie darf – im Unterschied zur klassischen Diplomatie – nicht darin bestehen, unangenehmen Problemen möglichst aus dem Weg zu gehen. Verlangt wird vielmehr eine möglichst klare Problemansprache. Deutliche Warnzeichen müssen gesetzt und die Streitparteien durch klar erkennbare Alarmsignale dazu gebracht werden, den Konflikt zu entschärfen, bevor es zu Gewalthandlungen kommt. Das schafft einer OSZE–Mission im Gastland nicht nur Freunde, und es erfordert ein gesundes Mass an dicker Haut und Stehvermögen – auf allen OSZE–Ebenen.

Und schliesslich rennt man natürlich oft den Ereignissen hinterher. Kontraproduktive Dinge geschehen im Gastland. Es werden politische oder gar militärische Entscheidungen getroffen, die allen präventivdiplomatischen Überlegungen zuwiderlaufen, auf die jedoch eine OSZE–Mission keinen Einfluss hat.

Das heisst aber noch lange nicht, wie süffisante Kritiker gelegentlich einwenden, dass sich Präventivdiplomatie von der "nachholenden Spätdiplomatie" (*late diplomacy*) dadurch unterscheidet, dass sie bereits in einem Frühstadium der Krise scheitert, anstatt in einem späteren. Die OSZE–Mission in Kiew konnte zwar im März 1995 die zur jüngsten Krim–Krise führende Beschneidung der Krim–Autonomie durch die ukrainischen Zentralgewalten nicht verhindern. Diese Hilflosigkeit traf aber nur für die erste Krisenphase zu. Dank Rundumakzeptanz der OSZE und aktiver Präsenz der OSZE–Mission in Kiew und Simferopol – wo bis heute keine einzelstaatlichen diplomatischen Vertretungen zugelassen sind – sowie aufgrund einer wachsenden Bereitschaft zur Problemlösung vor Ort konnte die OSZE–Mission jedoch in einer zweiten Krisenphase wirksam und nachhaltig auf die Ereignisse einwirken.

Dennoch kann es nicht schaden, darüber nachzudenken, wie sich die Wirksamkeit des präventivdiplomatischen Instrumentariums der OSZE und ihrer

Missionen erhöhen lässt. Vor dem Hintergrund der Krim–Erfahrung betrifft dies vor allem die Schwachstellen in den *Entscheidungsmechanismen* und *Kommunikationsstrukturen* der OSZE. Sie spielten im Moment der kritischen Zuspitzung des Krim–Problems eine enttäuschend schwache Rolle, die zum Glück durch den Runden Tisch von Locarno und den daraus resultierenden Locarno–Prozess wieder aufgewertet wurde. *Es fehlte eine klare, kohärente und koordinierte Führung*. Die OSZE–Signale, die anlässlich der Zuspitzung der Situation im März 1995 ausgesendet wurden, waren lange Zeit widersprüchlich. Unklar abgesteckte Verantwortungsbereiche wirkten ebenso lähmend und verunsichernd wie die häufigen und längeren Abwesenheiten von *unersetzlichen* OSZE–Entscheidungsträgern. In dem für die Krisenprävention entscheidenden Zeitpunkt wurde vom OSZE–Vorsitz in Budapest, vom Permanenzrat und Generalsekretariat in Wien, vom OSZE–Büro für Demokratische Institutionen und Menschenrechte in Warschau, vor allem auch vom Hochkommissar für Nationale Minderheiten in Den Haag keine gemeinsame klare und daher präventivdiplomatisch wirksame Sprache gesprochen.

Das führte zu einer *unguten Vereinsamung* der Mission in Kiew und Simferopol, der OSZE–intern kaum effiziente politische Entscheidungshilfe und Rückendeckung geboten wurde. So war trotz hektischer Bemühungen OSZE–intern keine rechtliche Beurteilung des neuen, vom ukrainischen Parlament dekretierten Autonomiegesetzes für die Krim zu erhalten. Erst am 9. Mai – und sehr zum Ärger des OSZE–Hochkommissars – meldete sich der zuvor reisebedingt abwesende Kronjurist des OSZE–Menschenrechtsbüros in Warschau zu Wort. In einer kurzen Note charakterisierte er das neue ukrainische Autonomiegesetz für die Krim als " schlecht abgefasst, widersprüchlich, an Schlüsselstellen unverständlich", geprägt "mehr vom Machtstreben der Verfasser als vom Bemühen um die Errichtung neuer Rahmenbedingungen für eine friedliche, prosperierende und autonome Krim". Die Mission geriet vorübergehend in eine schwierige Lage, da das ukrainische Aussenministerium sofort die verschiedenen OSZE–Instanzen gegeneinander auszuspielen und einseitig für Kiews Krim–Politik der "harten Souveränität" einzuspannen begann. Das Resultat war ein in Kiew wie auf der Krim deutlich spürbarer Verlust an präventivdiplomatischer Glaubwürdigkeit und Wirksamkeit – ein OSZE–Defizit, das erst durch den Locarno–Prozess wieder beseitigt werden konnte.

Weiter sei die Wünschbarkeit *vermehrter Kooperation* bzw. Verzahnung zwischen der OSZE–Mission vor Ort und anderen europäischen und internationalen Organisationen wie EU, Europarat oder UNO erwähnt. Zwischen der UNO/UNDP–Vertretung in Kiew und der neu geschaffenen OSZE–Mission verdichteten sich zwar erfreulicherweise die kooperativen Kontakte im Sinne von abstimmendem Gedankenaustausch zur Krim–Problematik. Ebenso positiv war der regelmässige Austausch von Informationen mit Vertretern des Europarates, die an der Ausarbeitung einer neuen demokratischen Verfassung für die Ukraine mitwirkten. Doch es bleibt noch viel zu tun, um die organisatorische Eigenbrötlerei der verschiedenen internationalen Akteure in arbeitsteiliges Miteinander umzuwandeln.

Die OSZE könnte ihre präventivdiplomatische Hebelwirkung in Osteuropa und auf dem Territorium der ehemaligen UdSSR wesentlich steigern durch eine engere Vernetzung mit der vor allem wirtschaftliche Anreize bietenden Leistungspalette beispielsweise der EU oder der Europäischen Bank für Wiederaufbau und Entwicklung. Kompromissbereitschaft und politisches Wohlverhalten von Konfliktparteien sollten von der OSZE und ihren Missionen belohnt werden können – und sei es auch nur durch Erleichterung von Kontakten zu anderen internationalen Organisationen, die als Planer und/oder Geldgeber für wirtschaftliche Projekthilfe in Frage kommen.

OSZE–Wirtschaftsexperten, die zur Lösung der Krim–Frage aufgeboten wurden, operieren noch allzusehr im geschlossenen OSZE–Raum. Sie verfügen in der Regel nicht über präventivdiplomatisch fruchtbare Querkontakte (*crossfeeding*) zu Wirtschafts- und Finanzprojekten einzelner OSZE–Staaten, zu multilateralen Institutionen der EU und der UNO oder auch zu NGOs (z.B. *Soros Foundation*), die sich oft tat- und finanzkräftig in derselben Krisenregion engagieren. Da alle OSZE–Teilnehmerstaaten zugleich auch UN–Mitglieder sind, sollte es beispielsweise möglich sein, OSZE–Präventivdiplomatie im Krim–Konflikt sowie UN–Programme für die Ukraine und die Krim in ein synergetisches Komplementärverhältnis zueinander zu bringen. Das ist leider bis heute nicht wirklich der Fall.

Auch wenn die OSZE–Mission in der Ukraine – mit Blick auf den Locarno–Prozess – einen konstruktiven Beitrag zur Krisenverhütung und längerfristigen Entspannung in der Krim–Frage leisten konnte, so sind doch die Wurzeln des Konfliktes noch nicht beseitigt. Eine eigentliche Konfliktregelung steht immer noch aus. Sie bedarf zusätzlicher und kontinuierlicher Anstrengungen durch alle Beteiligten, wobei Rückschläge nicht auszuschliessen sind. Das Engagement der OSZE ist weiterhin gefragt, und die Arbeit der OSZE–Mission in der Ukraine ist noch nicht zu Ende.

Dabei dürfte es nützlich sein, den Locarno–Prozess als gutes Beispiel für die präventivdiplomatischen Möglichkeiten, aber auch Grenzen von OSZE-Langzeitmissionen im Auge zu behalten. Durch internationales Krisenmanagement lassen sich von aussen Anstösse zur Verhütung und Lösung von Konflikten geben. Die multilaterale Präventivdiplomatie der OSZE kann Wegweiser aufstellen, wie das im Krisenfall Krim und im Rahmen des Locarno–Prozesses geschehen ist. Doch den Weg gehen, das müssen die lokalen Konfliktparteien selbst, angetrieben von ihrem politischen Willen und Eigeninteresse. Wo dieser Selbstantrieb und diese Selbststeuerung in Richtung dauerhafter Krisenverhütung und Konfliktregelung fehlen, kann auch der intensivste Einsatz einer OSZE–Mission nicht viel ausrichten.

Die konstruktive Bearbeitung ethnopolitischer Konflikte

Die rumänisch-ungarischen Auseinandersetzungen in Siebenbürgen 1990-95

Von Norbert Ropers

Einleitung: Die Bearbeitung ethnopolitischer Konflikte in der Staaten- und Gesellschaftswelt

Die weit überwiegende Zahl der gegenwärtig gewaltsam ausgetragenen Konflikte sind keine *klassischen* Auseinandersetzungen zwischen verschiedenen Staaten, sondern Konflikte innerhalb von Staaten zwischen rivalisierenden Gruppen bzw. zwischen diesen Gruppen und dem jeweiligen Staat.[1] Eine Schlüsselrolle bei der Identifikation der streitenden Gruppen spielen ethnische Kriterien, so dass diese Auseinandersetzungen bevorzugt als ethnische Konflikte beschrieben werden. In der Mehrzahl der Fälle geht es allerdings um eine komplexe Kombination von verschiedenen Konfliktursachen und –themen. Im folgenden Beitrag soll deshalb von ethnopolitischen Konflikten gesprochen werden, da in der Regel erst die Politisierung ethnischer Merkmale ihre Schlüsselrolle im Konfliktprozess begründet.[2]

Ethnopolitische Auseinandersetzungen werden meist als besonders komplexe, langwierige (*protracted*), eskalationsgefährdete und schwer zu regelnde Konflikte beschrieben. Die Konfliktbearbeitung kann in diesen Fällen nur erfolgreich sein, wenn sie der Komplexität, der Langwierigkeit und der Eskalationsgefahr durch eine multidimensionale Strategie präventiver und akuter Massnahmen Rechnung trägt, die letztlich auf eine umfassende Transformation des Konfliktes hinauslaufen.[3] Allerdings ist ungeklärt, auf welche Dimensionen der Konfliktaustragung sich die Transformation vor allem beziehen sollte.

Immerhin lässt sich aus mehreren Gründen die These aufstellen, dass der Bezugsrahmen für eine solche komplexe Strategie nicht mehr allein die Staaten–

---

1 Siehe den Beitrag der AKUF Hamburg in diesem Band.

2 Ted Robert Gurr: Minorities at Risk; A Global View of Ethnopolitical Conflicts, Washington DC 1993, US Institute of Peace.

3 Ronald J. Fisher/Loraleigh Keashly: The Potential Complementarity of Mediation and Consultation within a Contingency Model of Third Party Intervention, in: Journal of Peace Research, 28, 1, 1992, pp. 29–42.

welt sein kann. Am Ende des 20. Jahrhunderts wird das Weltgeschehen zunehmend von nicht–staatlichen Akteuren und Kräften beeinflusst. Zusammen mit den gewachsenen sozioökonomischen Interdependenzen und der massiven Zunahme transnationaler Kommunikation hat die *Gesellschaftswelt* neben der Staatenwelt einen nicht zu unterschätzenden Einfluss auf der internationalen Bühne gewonnen.[4] Ihre Dynamik beeinflusst auch die Entwicklung ethnopolitischer Konflikte, da sie mitverantwortlich ist für das zunehmende Gewicht nicht–staatlicher kollektiver Identitäten.

Die Strukturen und Prozesse ethnopolitischer Auseinandersetzungen sind allerdings in der Staaten– und Gesellschaftswelt höchst unterschiedlich. Dies betrifft sowohl die Eskalationsdynamik als auch die Bemühungen zur Deeskalation und zur konstruktiven Intervention. Im folgenden soll untersucht werden, welche Stärken und Schwächen die Ansätze zur Konfliktbearbeitung in der Staaten– und Gesellschaftswelt aufweisen und wie sie sich möglicherweise wechselseitig ergänzen können. Die Frage soll am Beispiel des Konfliktes zwischen der rumänischen Regierung und der Bevölkerungsmehrheit einerseits und der ungarischen Minderheit in Rumänien anderseits behandelt werden. Dieser Konflikt bezieht sich vor allem auf die Region Siebenbürgen. Der Untersuchungszeitraum umfasst die Jahre von 1990 bis 1995, als dieser Konflikt nach dem Sturz des Ceaucescu–Regimes zum einen eskalierte, es zum andern aber auch neue Chancen der konstruktiven Bearbeitung gab. Im einzelnen geht es um die Analyse von zwei Ansätzen, die jeweils für die Staaten– und Gesellschaftsweltebene stehen:

1) Die Bearbeitung im politischen System Rumäniens sowie einiger europäischer zwischenstaatlicher Organisationen. Im Mittelpunkt stehen dabei die Kontroversen um die ordnungspolitischen Vorstellungen der Konfliktparteien. Das Quellenmaterial sind die Publikationen der betreffenden politischen Institutionen, einige wissenschaftliche Arbeiten sowie die Presseberichterstattung.

2) Die Bearbeitung auf der gesellschaftlichen Ebene in Rumänien mit Hilfe einer ausländischen, nicht–staatlichen Organisation im Rahmen eines Aktionsforschungsprojektes, an dem der Verfasser persönlich beteiligt war. Dieser Ansatz ist zwangsläufig weit weniger exemplarisch als der erstgenannte, er reicht jedoch aus, um die strukturellen Unterschiede herauszuarbeiten.

Um die beiden Ansätze, ihre Stärken und Schwächen besser vergleichen zu können, zuvor ein kurzes Resümee der Besonderheiten ethnopolitischer Konflikte sowie der Strukturen einer möglichen ethnopolitischen Konfliktbearbeitung. Ferner eine knappe historische Skizze der ethnopolitischen Konfliktkonstellation in Rumänien.

---

4 Ernst–Otto Czempiel: Weltpolitik im Umbruch; Das internationale System nach dem Ende des Ost–West–Konflikts, München 1991.

Die besonderen Herausforderungen ethnopolitischer Konflikte

Ethnopolitische Konflikte zeichnen sich unter anderem durch drei Merkmale aus, die es zwar auch bei anderen Konfliktkonstellationen gibt, deren Kombination jedoch wesentlich zu ihrem besonders langwierigen und schwer lösbaren Charakter beiträgt:

1) Ethnische Gruppen bilden sich in einem langen historischen Prozess als Gemeinschaften heraus, die durch einen hohen Anteil gemeinsamer, von Geburt zugeschriebener Merkmale gekennzeichnet sind. Dabei spielen die Grenzziehung gegenüber anderen ethnischen Gruppen, die Kooperations- und Konfliktbeziehungen mit ihnen sowie die Assimilations- und Integrationsprozesse eine massgebliche Rolle. Selbstzuschreibungen und Fremdzuschreibungen beeinflussen sich dabei wechselseitig. Bis heute ist allerdings umstritten, ob diese Zuschreibungen als *primordial*, d.h. als quasi durch die Geburt weitgehend vorgegebene Grösse verstanden werden sollten, oder ob sie primär von Herrschaftsgruppen für ihre Zwecke *instrumentell* entwickelt und gefördert wurden und werden. Plausibel erscheint mir, dass beide Faktoren eine Rolle spielen und sich im historischen Einzelfall auf unterschiedliche Weise wechselseitig beeinflusst haben.[5]

Unabhängig von der Frage der Kausalität hat die Definition eines Konfliktes als interethnischer eine erhebliche Konsequenz für die Angehörigen der betroffenen ethnischen Gruppen: Ob sie es wollen oder nicht, unterliegen sie einem erheblichen Druck, sich als Konfliktpartei zu verstehen und dementsprechend zu handeln. Dieser Druck kann sowohl von den Angehörigen der eigenen wie der anderen Seite ausgehen, beispielsweise mit Vorwürfen des Verrats oder der Mithaftung.

In den interethnischen Beziehungen lassen sich zumindest analytisch zwei Ebenen unterscheiden, auf denen die Identitätsdefinitionen konfliktrelevant werden: Eine meist offen ausgesprochene Ebene politischer Forderungen und Interessen und eine weniger explizite, tiefer liegende Ebene kollektiver, häufig negativer und kränkender Gemeinschaftserfahrungen. Zur zweiten Ebene zählen insbesondere Ereignisse, bei denen eine grosse Zahl von Angehörigen einer Gruppe zum Opfer von Willkürherrschaft und Vertreibung, einer militärischen Niederlage oder einer anderen Form von Gewalt wurde.[6]

Im kollektiven Bewusstsein *ethnischer Schicksalsgemeinschaften* gibt es häufig eine Reihe solcher kollektiven Verletzungen, die über Generationen hinweg tradiert bzw. zielstrebig am Leben gehalten werden können. Im rumänisch–ungarischen Verhältnis gibt es auf beiden Seiten solche kollektiven Traumata: So nehmen die Rumänen die Geschichte Siebenbürgens vor allem als eine

---

[5] Siehe zu dieser Auffassung Anthony D. Smith: The Ethnic Origin of Nations, Oxford/Cambridge MA 1986.

[6] Vamik Volkan: The Need to Have Enemies and Allies; From Clinical Practice to International Relationships, Northvale NJ/London 1994.

Geschichte der jahrhundertelangen imperialen Unterdrückung durch die ungarischen Feudalherren und die Habsburger Doppelmonarchie wahr, die erst mit dem Vertrag von Trianon 1920 und der Vereinigung mit dem restlichen Rumänien ein Ende fand. Umgekehrt sind es gerade dieser Vertrag bzw. genauer die aus ungarischer Sicht seitdem nicht eingehaltenen Zusagen eines besonderen Schutzes der ungarischen Minderheit in Siebenbürgen, die von den Ungarn als traumatisch erlebt wurden bzw. werden.

Die wichtigste Konsequenz dieser zwei Ebenen ist, dass ethnopolitische Konfliktbearbeitung beide Ebenen berücksichtigen muss: Die politische Ebene von Verhandlungen und Interessenausgleich, aber auch die historische und psychosoziale Tiefendimension kollektiver Erfahrungen und Traumata. Die vielen gescheiterten Versuche der ausschliesslich politischen Konfliktbearbeitung auf einer sachlichen Ebene sind ein Beleg dafür, ebenso die gelegentlich scheinbar unvermittelt auftauchenden Widerstände und Abwehrreaktionen in solchen Verhandlungen. Allerdings gibt es bislang erst wenige Foren und Mechanismen, um diese tiefer liegenden Dimensionen konstruktiv zu bearbeiten.

2) Ein zweites Merkmal ethnopolitischer Konflikte ist ihr asymmetrischer Charakter. Das betrifft zunächst schlicht den personell–quantitativen Umfang der streitenden Gruppen. Die meisten Konflikte können deshalb auch als Mehrheiten–Minderheiten–Konflikte beschrieben werden. Die Konsequenz ist, dass mit den traditionellen Formen der Mehrheitsdemokratie diese Konflikte nicht befriedet werden können.

Die Asymmetrie trifft in den allermeisten Fällen aber auch noch in einem zweiten, qualitativen Sinne zu und hier liegt einer der Schlüssel vor allem für die Schwierigkeiten der Bearbeitung auf der staatlichen Ebene: Während nämlich eine Partei im Namen eines *staatlich* legitimierten Status quo auftritt, fordert die andere mit Hinweis auf *gesellschaftliche* Ungerechtigkeiten die Änderung dieses Status quo zu ihren Gunsten. Dahinter steht ein grundsätzliches Dilemma unserer heutigen Staatenwelt. Die "Erfindung der Nation" hat nämlich dazu geführt, dass zumindest alle grösseren ethnischen Gruppen einem starken Druck ausgesetzt sind, sich selbst als *Nation* zu konstituieren.[7] Wie kann das aber in einer Welt gelingen, in der die bewohnbare Fläche nahezu vollständig unter den gut 190 Nationalstaaten aufgeteilt ist, es daneben aber mindestens 170 weitere ethnische Gruppen ohne *eigenen* Staat, aber mit der Forderung nach Autonomie und politischer Selbstbestimmung gibt?[8]

Das rumänisch–ungarische Beispiel macht darüber hinaus eine weitere Komplikation deutlich: Die ungarische Minderheit in Siebenbürgen hat im Nach–

7 Benedict Anderson: Die Erfindung der Nation; Zur Karriere eines erfolgreichen Konzepts, Frankfurt a.M./New York 1988.

8 Minority Rights Group (Ed.): World Directory of Minorities, Essex 1990.

barland Ungarn eine *Schutzmacht*, die auf internationaler Ebene zu ihren Gunsten tätig werden kann; gerade diese Konstellation wird von vielen Rumänen aber als eine zusätzliche *Bedrohung* wahrgenommen.

Die Schlussfolgerungen aus diesen Asymmetriemerkmalen für die Konfliktbearbeitung sind ausserordentlich weitreichend. Zum einen stellt sich die grundsätzliche Frage, ob und inwieweit nicht auch der Ausgleich der Ungleichgewichte, d.h. konkret das "empowerment" der unterlegenen Seite Bestandteil konstruktiver Konfliktbearbeitung sein muss. Aber was heisst das beispielsweise im rumänisch-ungarischen Fall: Wer braucht hier "empowerment"? Zum anderen lässt sich mit guten Gründen die These formulieren, dass eine dauerhafte Befriedung zwischen der Status-quo-Staatenwelt und den in ihr benachteiligten Gruppen nur möglich ist, wenn die Staaten zu umfassenden verfassungspolitischen und staatsrechtlichen Reformen bereit sind. Die Stichworte lauten: Minderheitenrechte, Föderalismus, multiethnische Gewaltenteilung, vielleicht auch Verrechtlichung der Sezession.

3) Ein drittes Merkmal ethnopolitischer Konflikte ist ihr spezifisches Eskalationsprofil. Es ist wesentlich geprägt durch die politische Mobilisierung ethnischer Zugehörigkeiten vor dem Hintergrund sozialer und ökonomischer Transformationen und Krisen. Angesichts ungewisser und als bedrohlich erlebter Entwicklungen werden die tatsächlichen oder vermeintlichen Abstammungsgemeinschaften als zentrale politische Identifizierungssubjekte beschworen. Diese Mobilisierung erfolgt in bewusster Abgrenzung von anderen ethnischen Gruppen, indem die ethnischen Differenzen als Schlüssel für alle möglichen anderen sozialen Differenzen deklariert werden. Bedeutsame Eskalationsmechanismen sind ferner die Mythologisierung und schliesslich die *Reinigung* der ethnischen Gemeinschaften.[9]

Generell wird auch vorsätzliche Eskalation, d.h. das systematische Vorantreiben des Konfliktes auf eine höhere Intensitätsstufe, von den Beteiligten als *rational* angesehen. Der Vorteil ist zum einen die integrierende Wirkung innerhalb der eigenen Gruppe, zum andern die Hoffnung, auf diese Weise die andere Seite zum Nachgeben zu bewegen. Am bekanntesten ist diese Methode bei der Androhung von Gewalt, wobei jedoch meist das Gegenteil erreicht wird. Der österreichische Konfliktforscher *Friedrich Glasl* nennt das "Beschleunigung durch Bremsen".[10]

Andere Eskalationsmechanismen sind die Neigung zur Projektion eigener interner Auseinandersetzungen und Schwierigkeiten auf den Gegner, die ständige Ausweitung der Konfliktthemen, während gleichzeitig der Grundkonflikt immer

---

[9] Georg Elwert: Ethnizität und Nationalismus; Über die Bildung von Wir-Gruppen, Berlin 1989.

[10] Friedrich Glasl: Konfliktmanagement; Ein Handbuch für Führungskräfte und Berater, Bern/Stuttgart 1994.

mehr zu einem zwischen Gut und Böse wird. Die Folge ist, dass ethnopolitische Konflikte leicht in eine Spirale der wechselseitigen Abschottung und Verfeindung geraten, aus der die Beteiligten allein nur schwer einen Ausweg finden.

Aus diesem Merkmal ergibt sich vor allem die Notwendigkeit, die Konfliktbearbeitung im weiteren Zusammenhang einer nachhaltigen sozioökonomischen Entwicklung zu sehen sowie die Bedeutung präventiver Massnahmen. Diese Aspekte sollen im rumänisch-ungarischen Fall allerdings nicht weiter untersucht werden, da sie den Rahmen dieses Beitrages sprengen würden. Statt dessen soll auf einen anderen Aspekt hoch eskalierter ethnopolitischer Konflikte aufmerksam gemacht werden: Die Beteiligung dritter Parteien. Ab einer bestimmten Eskalationsstufe können solche dritten Parteien eine hilfreiche Funktion übernehmen, da sie nicht oder weniger in die Konfliktdynamik verstrickt sind. Sie können entweder aus dem Spannungsfeld selbst stammen, so wie beispielsweise die deutsche Minderheit in Siebenbürgen jahrhundertelang eine Art Vermittlungsfunktion zwischen den Ungarn und den Rumänen wahrgenommen hat. Sie können aber auch von aussen kommen, so wie in den letzten Jahren Einrichtungen des Europarates und der KSZE/OSZE eine Brückenfunktion zwischen den politischen Vertretungen der Rumänen und Ungarn darstellten.

Konfliktbearbeitungsstrategien in der Staaten- und Gesellschaftswelt

Zur Typologisierung von Konfliktbearbeitung gibt es diverse Vorschläge. Die bekanntesten sind diejenigen im Hinblick auf die Reichweite und Tiefe der Intervention (z.B. Konfliktmanagement versus Konfliktlösung) sowie die Unterscheidung aufgrund der eingesetzten Mittel und der Art der beteiligten Akteure zwischen *peacekeeping*, *peacemaking* und *peace-building*.[11] Mit Rücksicht auf die Besonderheiten ethnopolitischer Spannungen ergibt sich auch eine sinnvolle Einteilung, wenn danach gefragt wird, ob die Bearbeitung darauf zielt, die ethnischen Differenzen zu eliminieren oder zu *managen*.[12]

Hier soll ein Schema vorgeschlagen werden, dass sich in erster Linie an dem institutionellen Umfeld der Akteure und der Interventionsebene orientiert (Schaubild 1). Die erste Unterscheidung betrifft die bereits erwähnte Unterteilung in die Staaten- und Gesellschaftswelt. Auf der zweiten Dimension werden die Ansätze ethnopolitischer Konfliktbearbeitung danach unterschieden, ob sie eher auf einer Mikro- oder Makroebene angesiedelt sind.

---

11 Stephen Ryan: Ethnic Conflict and International Relations, Aldershot 1990.

12 John McGarry/Brendan O'Leary (Eds.): The Politics of Ethnic Conflict Regulation, London-/New York 1993.

Schaubild 1: Ansätze zur konstruktiven Bearbeitung von ethnopolitischen Konflikten in der Staaten- und Gesellschaftswelt

	Staatenwelt	Gesellschaftswelt
Mikro-ebene (pro-zessbe-zogen)	- Kriseninterventionen - Ad-hoc-Programme zur Verbesserung der Situation von benachteiligten Gruppen - Minderheitenvertretungen mit vorwiegend symbolischen Rechten - Minderheitenrechte mit individuellem Bezug - OSZE-Langzeitmissionen	- "Empowerment" von benachteiligten Gruppen - Verbesserung multiethnischer Lebensbedingungen - Austausch- und Begegnungs-programme - Förderung multipler Identitäten - Transnationale Netzwerke von Menschenrechts-NGOs - "Problem-Solving-Workshops"
Makro-ebene (struk-turbe-zogen)	- Mehr Demokratie und Rechtsstaat-lichkeit - Minderheitenrechte mit kollektivem Bezug - Nicht-territoriale Autonomie - Territoriale Autonomie - Andere Konzepte des "power-sharings" (Grosse Koalition, Proportionalität, Minderheitenveto, Kondominium etc.) - Sezession	- Berufsethische Verhaltensregeln für konfliktrelevante Gruppen und Institutionen (Journalisten, Lehrer) - Institutionalisierung von Konflikt-kultur - Mobilisierung von gesellschaftlichen Akteuren zugunsten von "peace constituencies" - Stärkung von multi- und trans-ethnischen Identitäten

Die Unterscheidung zwischen der Makro- und der Mikroebene ist hier lediglich idealtypisch zu verstehen, da es etliche Abstufungen dazwischen gibt und in diesen Bezeichnungen mehrere Definitionskriterien zusammengefasst werden. Als eindeutige Massnahmen auf der Makroebene können alle Interventionen verstanden werden, die entweder von ihrer Intention auf die *Struktur* der Gesamtgesellschaft zielen oder faktisch eine dementsprechende strukturelle Wirkung haben. Ein Beispiel sind Verfassungsänderungen zugunsten föderalistischer Strukturen. Eindeutige Massnahmen auf der Mikroebene sind demgegenüber nur von begrenzter zeitlicher und räumlicher Relevanz. Sie sind *prozessorientiert*, beispielsweise eine Versöhnungsgeste der Regierung zur Bewältigung einer akuten ethnopolitischen Krise.

Die beiden Ebenen markieren unterschiedliche Zugänge zur Konfliktbearbeitung. Sie spiegeln damit auch einen Teil der, wie erwähnt, oft asymmetrischen Konfliktkonstellationen: Während die den staatlichen Status quo repräsentierende Seite lediglich prozessorientierte *Mikro*-Massnahmen für erforderlich hält, dringt die Minderheitenvertretung auf makropolitische Strukturänderungen. Die beiden Ebenen machen aber auch deutlich, dass struktur- und prozessbezogene Massnahmen in einer Wechselwirkung zueinanderstehen. So kommt es in der Regel erst dann zu Strukturänderungen, wenn sie durch prozessorientierte Interaktionen vorbereitet worden sind. Charakteristisch sind dafür nicht selten direkte, persönliche (*face-to-face*) Begegnungen zwischen einflussreichen Personen beider Seiten, deren makropolitischer Effekt erst im nachhinein beurteilt werden kann. Umgekehrt beeinflussen Strukturänderungen natürlich massgeblich die interethnischen Prozesse.

Ohne die vier Felder des ersten Schaubildes im einzelnen zu untersuchen, soll hier die These aufgestellt werden, dass eine dauerhafte Befriedung ethnopolitischer Konflikte nur möglich ist, wenn entsprechende Initiativen sowohl in der Staaten- wie in der Gesellschaftswelt als auch auf der Mikro- und Makroebene unternommen werden.[13] Belege für diese These sollen im folgenden durch die genauere Betrachtung von Bearbeitungsstrategien in der Staaten- und in der Gesellschaftswelt zusammengetragen werden. Beide Strategien enthalten Schwierigkeiten, Dilemmata, die allein innerhalb des jeweiligen Bezugsrahmens nicht überwunden werden können. Zuvor jedoch noch eine kurze Skizze des ethnopolitischen Konfliktfeldes in Siebenbürgen.

Die ethnopolitische Konfliktkonstellation in Siebenbürgen

Siebenbürgen (rumänisch: Ardeal/Transilvania, ungarisch: Erdély) erstreckt sich zwischen den Karpaten und der heutigen ungarischen und (rest-)jugoslawischen Staatsgrenze. Seit Jahrhunderten haben in dieser Region Rumänen, Ungarn, Sachsen, Roma und andere kleine ethnische Gruppen nebeneinander gelebt. In dieser Zeit gab es die unterschiedlichsten staatlichen Formationen: Dakisches Königreich, Provinz des römischen Reiches, Teil des mittelalterlichen Ungarns, Fürstentum in Abhängigkeit vom Osmanischen Reich, Bestandteil der Österreichisch-Ungarischen Monarchie, seit dem Vertrag von Trianon 1920, mit einer kurzen Unterbrechung während des Zweiten Weltkrieges, eine Provinz Rumäniens.[14]

Die Frage, welche ethnische Gruppe das *Recht* der ersten Besiedlung für sich geltend machen kann, ist bis heute ein heftig umstrittenes Thema in der rumänischen wie ungarischen Publizistik und Geschichtswissenschaft.[15] Unabhängig davon besteht Übereinstimmung, dass seit dem 18. Jahrhundert die Rumänen die Bevölkerungsmehrheit stellten, aber erst mit dem Zusammenbruch des

---

13 Norbert Ropers: Friedliche Einmischung; Strukturen, Prozesse und Strategien zur konstruktiven Bearbeitung ethnopolitischer Konflikte, Berlin 1995, Berghof Report 1.

14 Bela Köpeczi u.a. (Hrsg.): Kurze Geschichte Siebenbürgens, Budapest 1990.

15 Stefan Pascu/Stefan Stefanescu (Hrsg.): Das gefährliche Spiel der Geschichtsfälschung, Bukarest 1987, in Reaktion auf Köpeczi (Fn. 14).

Habsburger-Reiches die Chance bekamen, Siebenbürgen mit dem rumänischen *Altreich* (Moldau und Walachei) zu vereinigen. Diese Vorgeschichte hat dazu geführt, dass die rumänische Seite ihre historischen Traumata vor allem in der langen Zeit der ungarischen Vorherrschaft verankert sieht, während die ungarische Seite primär ihre Behandlung als mehr oder weniger diskriminierte Minderheit seit 1920 hervorhebt. Bis heute unbewältigt ist auch die Zeit des Zweiten Weltkrieges, als der nördliche Teil Siebenbürgens aufgrund des "2. Wiener Schiedspruches" Ungarn zugeschlagen wurde (von 1940 bis 1944) und von Ungarn, Deutschen wie Rumänen eine Unzahl von Kriegs- und Vertreibungsverbrechen begangen wurden.

Im kommunistischen Nachkriegsrumänien wurden der ungarischen Minderheit zunächst in Anlehnung an die sowjetische Nationalitätenpolitik eine Reihe von kollektiven Rechten eingeräumt, insbesondere zur Erhaltung einer eigenen ungarischen Sprachkultur. Die Entscheidung für eine forcierte eigenständige Industrialisierung und der damit einhergehende Konflikt mit der Sowjetunion änderten jedoch die Legitimation des rumänischen Modells grundlegend. Unter Ceaucescu verlegte sich die kommunistische Partei deshalb darauf, ihre führende Rolle zunehmend mit einer nationalen Mission zu rechtfertigen.[16] Die individuellen und kollektiven Rechte der Minderheiten wurden eingeschränkt bzw. administrativ ausgehöhlt, der Gebrauch der Muttersprache erschwert, das Kultur- und Medienangebot verringert, die Kontakte mit dem Ausland zensiert und reduziert.[17]

Der Umsturz vom Dezember 1989, massgeblich angestossen von einem ungarischen Pfarrer in Timisoara, führte unmittelbar zu einer eigenständigen Interessenvertretung der ungarischen Minderheit in der *Democratic Alliance of Hungarians in Romania* (DAHR, rumänische Abkürzung: UDMR), die sich wenig später auch als Partei konstituierte, und zu Hoffnungen auf eine Wiederbelebung ungarischer Bildungs- und Kultureinrichtungen in Siebenbürgen. Wie in anderen Staaten Osteuropas stellte sich jedoch bald die *nationale Frage* als brisantes Thema im Prozess der Transformation zu demokratischen Strukturen heraus. Im März 1990 kam es in Tirgu Mures zu blutigen Auseinandersetzungen, nachdem Anhänger der nationalistischen Vereinigung *Vatra Romaneasca* (Rumänische Heimstatt) das UDMR-Büro überfallen hatten. Seitdem bilden die Auseinandersetzungen zwischen der ungarischen Minderheit und den tragenden Kräften des neuen Rumäniens ein Schlüsselthema der Innenpolitik – mit Auswirkungen auf die internationalen Beziehungen des Landes.

---

[16] Katherine Verdery: National Ideology under Socialism; Identity and Cultural Politics in Ceausescu's Romania, Berkeley CA 1991.

[17] Brigitte Mihok: Die rumänische Nationalitätenpolitik seit 1945, in: Südosteuropa 39, 3-4, 1990, pp. 204-221. – Georg Schöpflin/Hugh Poulton: Romania's Ethnic Hungarians, Minority Rights Group Report, London 1990.

Nach dem Zensus von 1992 hat Rumänien insgesamt 22,8 Millionen Einwohner, von denen sich 1,6 Millionen als Ungarn bezeichnen, d.h. 7,1% der Bevölkerung.[18] Nach kirchlichen Schätzungen sind es rund zwei Millionen. Damit stellen die Ungarn in Rumänien die grösste Minderheit in Europa westlich der Nachfolgestaaten der UdSSR dar. Bezogen auf Siebenbürgen beträgt der ungarische Bevölkerungsanteil über 20%, in zwei Landesbezirken (Harghita und Kovasna) stellen sie die Bevölkerungsmehrheit.[19] Die deutsche Minderheit ist wegen der Auswanderungswelle in die Bundesrepublik stark geschrumpft. Waren es 1992 offiziell noch rund 111'000, so sind es inzwischen vermutlich weniger als 50'000. Die Minderheit der Roma wird inoffiziell auf zwei bis drei Millionen geschätzt (offiziell 410'000). Ihre Interessenvertretung ist jedoch stark fragmentiert, so dass es bislang trotz massiver Diskriminierungen keinen vergleichbaren ethnopolitischen Konfliktdiskurs gibt wie im rumänisch-ungarischen Fall.[20]

Ein Ausdruck für das Gewicht der Auseinandersetzungen zwischen ungarischer Minderheit und rumänischer Mehrheit im neuen politischen System des Landes ist die Tatsache, dass die weit überwiegende Zahl der ungarischen Wahlberechtigten ihre Stimme bei der letzten Parlamentswahl 1992 der ethnonationalen Interessenvertretung UDMR gegeben hat.[21] Andere parteipolitische Differenzen, die es natürlich auch innerhalb der UDMR gibt und die angesichts der Transformationsprobleme in Rumänien ebenfalls mit grosser Heftigkeit ausgetragen werden, wurden deshalb von den UDMR-Wählern zurückgestellt.

Umstritten ist, wieweit auf der Seite der rumänischen Mehrheit die Gemeinsamkeiten in der Auseinandersetzung mit der ungarischen Minderheit reichen. Unumstritten besteht der Hauptkonflikt derzeit mit der Partei des Präsidenten Iliescu und wichtigsten Regierungspartei, der *Party of Social-Democracy in Romania* (PDSR), einem Zusammenschluss einflussreicher Angehöriger der früheren Nomenklatura. Angeheizt wurde der Konflikt dadurch, dass die PDSR wegen der knappen Mehrheitsverhältnisse im Parlament vorübergehend ein Bündnis mit der nationalistischen *Romanian National Unity Party* (PUNR) sowie zwei kleineren rechtsextremistischen Parteien eingegangen ist (*Great Romania Party*, PRM, und *Socialist Labour Party*, PSM), für die die *ungarische Gefahr* einen der zentralen politischen Programmpunkte darstellt.[22]

Zur Opposition gehören die aus der Übergangsregierung unter Führung des ehemaligen Ministerpräsidenten Roman hervorgegangene *Democratic Party*

---

18 Vlad-Andrei Moga: Romania and Its Minorities, in: Balkan Forum 2, 4, 1994, pp. 243-268.

19 Democratic Alliance of Hungarians in Romania (DAHR) (Ed.): Documents 1, 1994.

20 Katrin Reemtsma: Roma in Rumänien, Göttingen 1994, Gesellschaft für bedrohte Völker.

21 7,6% = 12 Sitze im Senat und 7,5% = 27 Sitze im Abgeordnetenhaus. Siehe dazu Moga, Romania and Its Minorities (Fn. 18).

22 Gabriel Andreescu/Renate Weber: Nationalism and Its Impact upon the Rule of Law in Romania, Bucharest 1995. - Valentin Stan: Nationalism and European Security; Romania's Euro-Atlantic Integration, Bucharest 1995.

(*National Salvation Front*, PD/FSN)) sowie ein Spektrum kleinerer Parteien von Christdemokraten über Liberale bis zu Sozialdemokraten, die sich in einer Demokratischen Konvention zusammengeschlossen haben. Zur letztgenannten Gruppierung zählt auch die UDMR. Allerdings gibt es gerade in den Fragen, an denen der ungarischen Vertretung besonders gelegen ist, keinesfalls einen Konsens, so dass die Hauptkonfrontation mit den Regierungsparteien auch schlicht durch deren gegenwärtige Machtposition erklärt werden kann.

Die Konfliktaustragung im politischen System Rumäniens und in der Staatenwelt zwischen dem Ausbau des Minderheitenschutzes und der Verbesserung der interethnischen Beziehungen

Die Austragung des rumänisch–ungarischen Konfliktes in bzw. für Siebenbürgen ist spätestens seit der zunehmenden Kritik am Ceaucescu–Regime keine rein innerstaatliche Angelegenheit Rumäniens mehr gewesen. Verantwortlich dafür war zunächst vor allem die Politik der *Schutzmacht* Ungarn, das bereits in den achtziger Jahren die Veranstaltungen der KSZE genutzt hatte, um auf die Lage seiner Landsleute hinzuweisen. Seit dem Umbruch von 1989/90 traten zwei weitere Faktoren hinzu: Das Bemühen der neuen rumänischen Führung um eine Aufnahme in die euro–atlantischen Strukturen der westlichen Welt und die gezielte Nutzung multilateraler Foren und Standards eben dieser Welt durch die ungarische Interessenvertretung.

So entstand in der ersten Hälfte der neunziger Jahre ein Netzwerk von Konfliktbearbeitungsaktivitäten, das sowohl die innenpolitischen Akteure in Rumänien umfasste als auch andere, vor allem westliche Regierungen und multilaterale Institutionen sowie einige einflussreiche nicht–gouvernementale Organisationen (NGOs). In diesem Rahmen wurden und werden sowohl die grundsätzlichen Fragen nach dem verfassungsrechtlichen Charakter des neuen Rumäniens als auch praktisch–politische Fragen des interethnischen Zusammenlebens thematisiert.

Schaubild 2: Auszüge aus der Rumänischen Verfassung von 1991 und dem UDMR-Minderheitengesetzentwurf von 1993[23]

Constitution of Romania	DAHR-Draft Law on National Minorities
Article 1 (1) Romania is a National State, sovereign and independent, unitary and indivisible. Article 2 (1) *National sovereignty is vested in the Romanian people*. The people shall exercise its sovereignty through representative bodies and by referendums. Article 4 (1) The State is based on the *unity of the Romanian People*. (2) Romania is the common and indivisible country of all its citizens, without any discrimination on account of race, nationality, ethnic origin, language, religion, sex, opinion and political allegiance, wealth or social background.	Article 2 The national identity is a fundamental human right and both individuals and communities are equally entitled to it. It is the inalienable right of each national minority, to define itself as an autonomous community. *The national minorities and autonomous communities together with the Romanian nations are political subjects and state-forming communities.* National minorities, which define themselves as autonomous communities, shall have the right to *personal autonomy* based on the minority rights of persons belonging to them, as well as to local self-government and regional autonomy.
Article 6 (1) The State recognizes and guarantees to any person belonging to a national minority *the right to the preservation*, development and expression of one's *ethnic*, cultural, linguistic and religious *identity*. (2) The protective measures taken by the State for the preservation, development and expression of identity of the national minorities shall conform to the principles of equality and non-discrimination in relation to the other Romanian citizens.	Article 6 In those units of public administration, in which persons belonging to a national minority or to an autonomous community constitute the majority, they may exercise *local self-government* and, collectively, the shall have *regional autonomy*. Article 8 In those units of public administration, in which the national minorities or autonomous communities live in numeric inferiority as compared to the total number of the population, the national minorities and autonomous communities have limited *right to veto in questions affecting their self identity.*
Article 7 The State shall support the strengthening of ties with the Romanians *living abroad* and shall act for the preservation, development and expression of their ethnic, cultural, linguistic and religious identity, while observing the laws of the State whose citizens they are.	Article 12 The minority institutions and organizations may receive financial *support from foreign organizations*, foundations and private persons. Non-profit donations are duty-free.

23 ROMPRES (Ed.): Constituent Assembly; The Constitution of Romania, Bucharest 1991. – Democratic Alliance of Hungarians (Fn. 19).

Das offizielle rumänische Staatsverständnis findet sich in der Verfassung von 1991 (siehe Schaubild 2). In Anlehnung an das 1918/19 entstandene grossrumänische Reich nach französischem Vorbild wird Rumänien als einheitlicher Nationalstaat definiert (Art. 1), in dem lediglich der rumänischen Nation(alität) ein staatsbildender Charakter zugebilligt wird (Art. 4) und in dem nur Rumänisch als offizielle Sprache anerkannt ist (Art. 13). In Art. 6 werden zwar auch die "nationalen Minderheiten" anerkannt und der Ausdruck, die Erhaltung und Entwicklung ihrer Identität unter den Schutz des Staates gestellt. Zugleich wird jedoch ausdrücklich betont, dass keine Massnahmen zu ihren Gunsten ergriffen werden dürfen, die andere rumänische Staatsbürger in ihren Rechten und Ansprüchen auf Gleichbehandlung diskriminieren, was als Verbot von "positiver Diskriminierung" bzw. von "affirmative actions" interpretiert werden kann, auf jeden Fall aber dem Bemühen der ungarischen Seite um kollektiven Minderheitenschutz entgegensteht.

Die ungarische Interessenvertretung UDMR hat demgegenüber ihre Grundvorstellungen in einem Minderheitengesetzentwurf von 1993 niedergelegt, der zusammen mit zwei anderen Entwürfen der Abgeordnetenkammer des Parlamentes vorliegt (siehe Schaubild 2). Danach werden die nationalen Minderheiten als "staatsbildende Gemeinschaften" zusammen mit der rumänischen Mehrheitsnation betrachtet (Art. 2). Zugleich wird gefordert, dass die nationalen Minderheiten als "autonome Gemeinschaften" und "politische Subjekte" anerkannt werden, denen aufgrund "interner Selbstbestimmung" das Recht auf "personale Autonomie" und lokale Selbstverwaltung sowie auf regionale Autonomie zusteht (Art. 2, 6). Die Etablierung von Gruppenrechten auf nicht-territorialer Basis ("personale Autonomie") soll sich vor allem auf Fragen des Schul- und Hochschulsystems, der Kultur- und Medienpolitik beziehen. Die territoriale Selbstbestimmung bezieht sich auf alle Fragen der Kommunal- bzw. Regionalverwaltung in jenen Gebieten, in denen die Minderheit, d.h. praktisch die Ungarn, die örtliche Mehrheit stellen. In den übrigen Gebieten sollen sie ein begrenztes Vetorecht in allen identitätsrelevanten Fragen erhalten (Art. 8).

Die ungarische Seite sieht sich durch die rumänische Verfassung als Staatsbürger zweiter Klasse diskriminiert. Sie macht geltend, dass es nach Jahrzehnten der Unterdrückung endlich an der Zeit sei, ihr zumindest einige jener kollektiven Rechte zuzugestehen, die sie als ständische Nation in Siebenbürgen über Jahrhunderte hinweg innegehabt hätte. Sie sieht dieses Anliegen als einen integralen Teil eines umfassenden Programms zur Förderung von demokratischen, rechtsstaatlichen und marktwirtschaftlichen Verhältnissen in Rumänien. Legitimiert fühlt sie sich überdies durch die "Empfehlung 1201" der Beratenden Versammlung des Europarates von 1993, in der nationalen Minderheiten ebenfalls Gruppenrechte zugestanden werden, insbesondere, im Fall örtlicher Mehrheitsverhältnisse, ein Gruppenrecht auf Selbstverwaltung.[24] Um ihren Forderungen internationale Resonanz zu geben, verfasste die UDMR–Vertretung 1993 anlässlich der Verhandlungen über die Aufnahme Rumäniens in den Europarat ein Memorandum, in dem sie die Gewährung derartiger Gruppenrechte als Voraussetzung für die *Europatauglichkeit* des Landes darstellte.[25]

Die rumänische Regierung und ein Teil der Oppositionsparteien betrachten die konstitutionellen Kernforderungen der ungarischen Seite als nicht verfassungskonform und ihre Präsentation gegenüber den europäischen Institutionen als höchst illoyal. Die nationalistischen Parteien bezeichnen sie sogar als verfassungsfeindlich und als hinreichenden Grund, um die ungarische Interessenvertretung zu verbieten. Die rumänische Seite kann ausserdem darauf verweisen, dass es auf gesamteuropäischer Ebene bislang keinesfalls einen Konsens über die Gewährung kollektiver Minderheitenrechte gibt und die Standards des Minderheitenschutzes auch in etlichen westeuropäischen Ländern zu wünschen übrig lassen.

In der politischen Praxis drückt sich der rumänisch–ungarische Konflikt in einer Reihe von Themen aus, in denen der verfassungsrechtliche Grunddissens in unterschiedlicher Form auftaucht. Die ungarische Seite interpretiert diese Themen dabei in der Regel als Ausdruck des Grundproblems der Verweigerung individueller und kollektiver Minderheitenrechte. Die rumänische Seite hält dagegen die ungarischen Klagepunkte meist für übertrieben, künstlich erzeugt und jedenfalls nicht repräsentativ für die aus ihrer Sicht doch allgemein sehr guten interethnischen Beziehungen in Rumänien.[26] Die wichtigsten Konfliktfelder neben der grundsätzlichen Frage der Verfassungsordnung lassen sich in fünf Punkten zusammenfassen:

1) *Schulsystem*

Vermutlich die zentrale praktische Forderung der ungarischen Seite ist die Gewährleistung eines eigenständigen und selbstverwalteten ungarischsprachigen Bildungssystems vom Kindergarten bis zur Universität, das ihr einen muttersprachlichen Unterricht in allen Fächern garantiert (natürlich mit Ausnahme des rumänischen und sonstigen Sprachunterrichts). Im Hinblick auf diese Forderung kritisiert sie die systematische Benachteiligung und Fremdbestimmung der bestehenden ungarischsprachigen Schulen und Unterrichtszweige und verlangt insbesondere die Wiedereinrichtung einer ungarischsprachigen Universität (der Bolyai–Universität in Cluj/Kolozsvár/Klausenburg). Als Provokation empfindet sie zudem die im Unterrichtsgesetz von 1995 enthaltene Bestimmung, wonach das in der Verfassung garantierte Recht auf Unterricht in der Muttersprache in

---

24 Parliamentary Assembly of the Council of Europe: Recommendation 1201 on an Additional Protocol on the Rights of National Minorities to the European Convention on Human Rights, Strassburg 1993.

25 DAHR, Documents 1 (Fn. 19).

26 Moga, Romania and Its Minorities (Fn. 18).

den Fächern rumänische Geschichte und Erdkunde für die Gymnasial- und Fachoberschulstufe nicht gelten soll. Diese Fächer sollen ebenso wie der technische Fachunterricht an Berufsschulen nur in Rumänisch unterrichtet werden. Die rumänische Regierung macht dafür offiziell allein sachliche Begründungen geltend.

2) *Konfessionelle Schulen, Rückgabe des enteigneten Kirchenbesitzes*

Zum Interesse der Ungarn an einem eigenständigen muttersprachlichen Schulsystem gehört auch die Wiederbelebung von Schulen in kirchlicher Trägerschaft, die in Siebenbürgen eine lange Tradition haben - eine Forderung, die aus der Sicht der Regierung dem Aufbau eines einheitlichen, staatlich kontrollierten Bildungssystems entgegensteht. Noch kontroverser sind die Auseinandersetzungen um die Rückgabe des vom kommunistischen Regime enteigneten Kirchenbesitzes. Wie ähnliche Konflikte in den anderen Transformationsgesellschaften Osteuropas zeigen, wird diese Frage nicht nur deshalb so heftig ausgetragen, weil es um erhebliche Vermögenswerte geht, sondern auch um Symbole der religiösen Identität, die in Siebenbürgen deutliche Bezüge zur ethnischen Identität aufweist (rumänisch = orthodox, ungarisch = römisch–katholisch oder protestantisch).

3) *Symbole der Zugehörigkeit und Anerkennung*

Generell repräsentieren alle Symbole der ethnischen Zugehörigkeit und Anerkennung ein ausserordentlich emotionales Thema für beide Seiten: Die nationalen Fahnen, Wappen und Hymnen; die Ein–, Zwei- oder Dreisprachigkeit von Ortsschildern und anderen öffentlichen Beschriftungen; die Monumente und Denkmäler zur Erinnerung an glorreiche oder tragische Momente der nationalen Geschichte etc. So fügte das rumänische Parlament 1994 dem Strafgesetzbuch einen neuen Paragraphen hinzu, der das Zeigen ausländischer Flaggen oder das Anstimmen ausländischer Hymnen unter Strafe stellt – eine Massnahme, die sich in der Praxis nur gegen die ungarischen Symbole richtet. Umgekehrt liessen viele ungarisch kontrollierte Kommunalverwaltungen entgegen den Weisungen aus Bukarest zweisprachige Ortsschilder anbringen. Der nationalistische Bürgermeister von Cluj provozierte die ungarische Bevölkerung seiner Stadt mit Ausgrabungsarbeiten zur angeblichen dako–romanischen Spurensicherung, die das von den Ungarn verehrte Denkmal für König Mathias gefährdeten.

4) *Dezentralisierung der Verwaltung*

Eine Dezentralisierung des Verwaltungssystems, einschliesslich eigener Finanzhoheit auf kommunaler und regionaler Ebene, wird auch von etlichen Oppositionsparteien gefordert. Aus verständlichen Gründen steht jedoch die ungarische Interessenvertretung für Siebenbürgen an der Spitze dieser Bewegung. Praktische Massnahmen in dieser Richtung, wie beispielsweise die Einrichtung eines gemeinsamen Gremiums aller UDMR–Bürgermeister und kommunalen Ratsvertreter im Januar 1995, wurden von der Regierung als Alarmsignal der "gefährlichen Utopie territorialer Autonomie auf ethnischer Basis" bezeichnet.[27]

5) *Legitimierung der Verbindungen mit der Republik Ungarn*

Aus ungarischer Sicht gehört die Legitimierung der Verbindungen mit Ungarn zu den Kernelementen der kulturellen Identitätssicherung. Sie fordern deshalb die offizielle Anerkennung von in Ungarn erworbenen Bildungsabschlüssen und die Möglichkeit der steuerfreien Finanzierung ungarischer Einrichtungen aus dem Nachbarland.[28] Für viele politische Institutionen auf der rumänischen Seite ist das ein Schreckensszenario, würde doch damit die Gefahr eines Staates im Staat virulent werden. Umgekehrt weisen die Ungarn darauf hin, dass genau diese Politik aus rumänischer Perspektive im Hinblick auf ihre eigenen Landsleute im Ausland sogar Eingang in die Verfassung gefunden hätte.[29]

Im Vierfelderschema der Konfliktbearbeitung (Schaubild 1) zielt die ungarische Seite auf makropolitische Strukturänderungen, während die rumänische Seite allenfalls zu Mikroanpassungen bereit ist. Die rumänische Regierung handelt dabei zwar aus einer durch die ethnischen Mehrheitsverhältnisse gegebenen Position der Stärke, unübersehbar sind aber auch eine in etlichen Punkten ausgesprochen defensive Haltung und die gelegentlichen emotionalen Ausbrüche am Rande des Mehrheitsspektrums, die auch leicht gegen sie instrumentiert werden können. Die ungarische Seite sieht sich selbst in einer "David-gegen-Goliath"-Perspektive, was recht treffend die Machtverhältnisse wiedergibt, aber auch ihr Geschick, das internationale politische Instrumentarium für ihre Zwecke einzusetzen und in die Offensive zu gehen.

Eine Schlüsselstellung zwischen beiden Parteien nehmen wichtige westliche Regierungen und die multilateralen euro-atlantischen Strukturen ein. Die ungarische Seite kann für sich vor allem die multilateralen Bemühungen zur Verstärkung des Minderheitenschutzes ins Feld führen.[30] Auch wenn viele der einschlägigen Bestimmungen der KSZE/OSZE und des Europarates nur Empfehlungscharakter haben, und auch wenn viele westeuropäische Staaten auf diesem Gebiet nicht gerade als Vorbilder glänzen, in der öffentlichen Meinung gilt die Verstärkung des Minderheitenschutzes als einer der wichtigsten Hebel zur Prävention gewaltsamer Konflikte und zur Befriedung der östlichen Transformationsgesellschaften. Einen institutionellen Ausdruck hat diese Politik im "Stabilitätspakt" der OSZE-Mitgliedsstaaten vom März 1995 gefunden. Dieses vom damaligen französischen Premierminister Balladur 1993 initiierte Vertragswerk legt den östlichen Beitrittskandidaten zu den euro-atlantischen Strukturen nahe, ihre internen Streitigkeiten, insbesondere im Hinblick auf die Grenzen und

---

27 Presseerklärung des Premierministers Vacaroiu vom 20.1.1995.

28 Siehe Art. 12 im ungarischen Minderheitengesetzentwurf, Schaubild 2.

29 Siehe Art. 7 in der rumänischen Verfassung, Schaubild 2.

30 Dieter Bricke: Minderheiten im östlichen Mitteleuropa; Deutsche und europäische Optionen, Baden-Baden 1995.

die Behandlung von Minderheiten durch "Verträge über gute Nachbarschaft" zu regeln. Die Nachdrücklichkeit, mit der die westeuropäischen Staaten solche Nachbarschaftsverträge anmahnten, bestand und besteht hauptsächlich darin, dass sie sie zur Voraussetzung für eine Aufnahme insbesondere in die Europäische Union erklärten.

Im Vorfeld der Stabilitätspaktunterzeichnung gab es die heftigsten Auseinandersetzungen über die bilateralen Verträge zwischen Ungarn und der Slowakei sowie zwischen Ungarn und Rumänien. Während es im ersten Fall tatsächlich zu einer Einigung kam - womöglich, weil die Slowakei realistische Chancen für eine Aufnahme in die EU in absehbarer Zeit hat, was für Rumänien nicht gilt -, scheiterten die Verhandlungen im zweiten Fall. Das ursprüngliche Modell eines Interessenausgleichs durch die nochmalige Anerkennung der Nachkriegsgrenzen durch Ungarn sowie einen verbesserten Minderheitenschutz auf der Basis der Europaratsempfehlungen 1201 liess sich nicht verwirklichen. Auf beiden Seiten wurden Befürchtungen laut, dass das ein "schlechtes Geschäft" sei. Hinzu kam, dass die ungarische Minderheitenvertretung grundsätzlich kritisierte, dass diese Vereinbarung sozusagen über ihre Köpfe hinweg zwischen den Regierungen abgeschlossen werden sollte.

Auffällig ist an den allermeisten dieser Auseinandersetzungen und Verhandlungen, dass der bzw. die Konflikte vor allem auf einer *Sachebene* ausgetragen werden: Die Ungarn fordern mehr Minderheitenrechte, die rumänische Regierung beharrt auf der Souveränität ihres einheitlichen Nationalstaates. Direkte Gespräche über die Positionsdifferenzen sind selten, noch seltener sind aber Versuche, von diesen Positionen zu den zugrunde liegenden Interessendifferenzen vorzustossen, wie es die amerikanische *Alternative Dispute Resolution*-Bewegung nahelegt. Einer der wenigen Versuche sind die zuletzt im Februar 1995 in Atlanta von der amerikanischen NGO *Project on Ethnic Relations* (PER) unternommenen Bemühungen, mit Spitzenvertretern beider Seiten zu einer wechselseitigen Verständigung zu kommen.[31] Sie haben immerhin dazu geführt, dass es seitdem erste direkte Gespräche zwischen der Regierungspartei PDSR und der UDMR gegeben hat.

Wo sind jedoch die Möglichkeiten und Foren, um über die *Beziehungsebene* zwischen Ungarn und Rumänen zu sprechen? Auf beiden Seiten gibt es Ängste und Bedrohtheitsgefühle, die als historisch und psychosozial tief verwurzelt erlebt werden. Vertreter beider Seiten können mit Leichtigkeit eine Reihe historischer Traumata benennen und sie in die Zukunft verlängern. So erscheint vielen Rumänen die Vision keinesfalls abwegig, dass die Ungarn durch geschickte und mit dem Westen verbündete Politik auf der Basis territorialer und nicht-territorialer Autonomie ihre (ihnen unterstellten) geheimen Sezessionspläne langfristig doch verwirklichen könnten. Umgekehrt sehen sich viele Ungarn

31 Presseerklärung des Carter Centers, Atlanta, 15.2.1995.

in Siebenbürgen jenseits der westlichen Interessenzone und ohne zusätzliche Gruppenrechte einem schwer zu widerstehenden Assimilationsdruck ausgesetzt.

Diese, die Identität beider Seiten berührenden Vorstellungen, Ängste und Gefühle kommen auf den innenpolitisch anerkannten und international legitimierten Foren jedoch kaum zu Wort. Sie finden sich zwar vereinzelt in den Medien beider Seiten und in den Stellungnahmen insbesondere von extremistischen Politikern. Gerade weil sie aus diesen Ecken kommen, werden sie aber entweder nicht ernst genommen oder derart verfehmt, dass sich ihre Bearbeitung verbietet.

Aufgrund dieses Ungleichgewichtes zwischen der Sach– und der Beziehungsebene ergibt sich eine zentrale Schwierigkeit der ethnopolitischen Konfliktbearbeitung in der Staatenwelt: Eine nachhaltige Befriedung zwischen den streitenden Parteien ist in vielen Fällen, wie hier im rumänisch–ungarischen Fall, nur möglich, wenn diese auf der Basis der wechselseitigen Anerkennung ihrer Identitäten zu einem neuen makropolitischen Verfassungsarrangement kommen. Diese Einigung kann aber nicht allein dadurch erreicht werden, dass über die Legitimität oder Illegitimität von Gruppenrechten gerungen wird. Sie wird nur gelingen, wenn beide Seiten sich auch mit ihren Beziehungen, ihren wechselseitigen Verletzungen, Kränkungen, Bedrohtheitsgefühlen und Befürchtungen auseinandersetzen. Kurzgefasst: Eine substantielle Verbesserung des Minderheitenschutzes ist nicht ohne eine Verbesserung der Beziehungen zwischen Minderheiten und Mehrheiten zu haben. Für diese Aufgabe sind die politischen Systeme und die Staatenwelt insgesamt schlecht gerüstet. Im folgenden Abschnitt soll deshalb am Beispiel einer Workshop–Reihe mit rumänischen und ungarischen Jugendmultiplikatoren untersucht werden, welche Möglichkeiten es dafür in der Gesellschaftswelt gibt.

Die Konfliktbearbeitung in der Gesellschaftswelt

In allen Gesellschaften sind auch nicht–staatliche Organisationen an der Konfliktbearbeitung beteiligt. Welchen Anteil sie daran haben, hängt massgeblich mit der *Konfliktkultur* und dem Entwicklungsgrad an *Zivilgesellschaft* zusammen. Gemeint ist mit letzterem vor allem die Verankerung demokratischer, liberaler und rechtsstaatlicher Einstellungen und Verhaltensweisen in allen Lebensbereichen der Gesellschaft, aber auch die Fähigkeit, Konflikte durch Kommunikation, Interessenausgleich und die Anerkennung der Menschenrechte für alle Beteiligten gewaltfrei zu bearbeiten. Wesentlich für die gesellschaftliche Bearbeitung ethnopolitischer Konflikte ist nicht zuletzt, wie stark die Strukturen und Akteure der Gesellschaftswelt durch transethnische Verbindungen und Loyalitäten geprägt sind.

Leider sind viele ethnopolitische Krisenregionen durch einen geringen Grad an Zivilgesellschaftlichkeit und einen massiven Trend zur ethnischen Homogenisierung der sozialen Infrastruktur geprägt. Unter diesen Rahmenbedingungen sind die einheimischen NGOs mit der Frage der ethnopolitischen Konfliktbearbeitung überfordert. Hinzu kommt bei hoch eskalierten Konflikten die Schwierigkeit, als *Insider*-Organisation hinreichend neutral bzw. unparteiisch für eine Vermittlung im weitesten Sinne zu sein. Um die Gesellschaftswelt für die Konfliktbearbeitung zu mobilisieren, können deshalb auch ausländische bzw. multinational tätige NGOs hilfreich sein. Zu diesen Akteuren "zwischengesellschaftlicher Diplomatie" gehören kirchliche, entwicklungspolitische und wissenschaftliche Einrichtungen, Hilfswerke, Menschenrechtsorganisationen, Friedensgruppen sowie einige gesellschaftliche Gruppen, die sich ausdrücklich der präventiven Diplomatie und der Konfliktbearbeitung als Dritte Parteien verschrieben haben.[32]

Diese zuletzt genannten Gruppen sind hier besonders erwähnenswert, weil sie in der Regel Ansätze der "interaktiven Konfliktbearbeitung" verfolgen, d.h. explizit von der Vorstellung ausgehen, dass es neben den Sachproblemen wesentlich auf die Klärung der Beziehungen zwischen den Parteien ankommt.[33] Zwei Ansätze haben in der zwischengesellschaftlichen Praxis einige, wenn auch insgesamt bisher eher bescheidene Verbreitung gefunden: Die Konzeption der *Problem-Solving Workshops* und die Veranstaltung von Trainings in verschiedenen Methoden konstruktiver Konfliktbearbeitung.

Die Methode der *Problem-Solving Workshops* wurde seit den sechziger Jahren von den angelsächsischen Aktionsforschern *Burton*, *Doob*, *Kelman* u.a. insbesondere für die interaktive Bearbeitung ethnopolitischer Konflikte entwickelt.[34] Dabei handelt es sich um mehrtägige, problemorientierte Kleingruppendiskussionen mit einflussreichen Vertretern der Konfliktparteien, die initiiert und begleitet werden von einer dritten Partei, die für den Prozess der Interaktion, aber nicht für den Inhalt verantwortlich ist. Ziel ist es nicht, die politischen Verhandlungen zu ersetzen, sondern in schwierigen Konfliktbeziehungen die zugrunde liegenden Bedürfnisse und Befürchtungen wichtigen Vertretern der Konfliktparteien bewusst und kommunizierbar zu machen und damit neue Wege der Verständigung und der kreativen Konflikt- und Problemlösung zu eröffnen.[35]

---

[32] Louise Diamond/John McDonald: Multi-Track Diplomacy; A Systems Approach to Peace, Washington DC 1993, The Institute for Multi-Track Diplomacy.

[33] Ronald J. Fisher: Developing the Field of Interactive Conflict Resolution; Issues in Training, Funding and Institutionalization, in: Political Psychology, 14, 1, 1993, pp. 123–138.

[34] Barbara J. Hill: An Analysis of Conflict Resolution Techniques; From Problem Solving Workshops to Theory, in: Journal of Conflict Resolution, 26, 1, 1982, pp. 109–138. – John Burton/Frank Dukes (Eds.): Conflict; Readings in Management and Resolution, London 1990.

[35] Ronald J. Fisher/Loraleigh Keashly: Third Party Interventions in Intergroup Conflict; Consultation Is Not Mediation, in: Negotiation Journal (October), 1988, pp. 381–393.

Bei den *Trainings* in verschiedenen Methoden konstruktiver Konfliktbearbeitung geht es nicht speziell um die Bearbeitung eines konkreten ethnopolitischen Disputs, auch wenn alle TeilnehmerInnen eines Seminars aus einem solchen Spannungsfeld kommen. Vielmehr ist das Ziel, diesen, ebenfalls wegen ihres potentiellen Einflusses ausgesuchten TeilnehmerInnen möglichst viele generelle Fähigkeiten und Fertigkeiten zur konstruktiven Konfliktbearbeitung zu vermitteln - in der Erwartung, dass sich diese individuelle Qualifizierung später vor Ort als nützlich erweisen wird.[36]

Ein exemplarisches Projekt der rumänisch-ungarischen Konfliktbearbeitung mit Jugendvertretern

Bei dem im folgenden beschriebenen Vorhaben der deutschen NGO KSZE CONSULT: "Entwicklung von Modellworkshops zum Konfliktmanagement in ethnonationalen Spannungsfeldern" handelte es sich um eine Kombination aus einer Serie von *Problem-Solving Workshops* und von Trainings in Konfliktbearbeitung, ergänzt um Elemente interkulturellen Lernens und politischer Bildung. In einem Zeitraum von knapp drei Jahren (Juni 1992–Januar 1995) wurden sieben einwöchige Seminare mit einer konstanten Gruppe von rumänischen und ungarischen Multiplikatoren der Jugendarbeit und jungen Vertretern des rumänischen Parteienspektrums durchgeführt (siehe Schaubild 3). Insgesamt waren an dem Projekt rund 25 Jugendvertreter beteiligt, von denen die eine Hälfte die rumänische Mehrheit und die andere Hälfte die ungarische Minderheit sowie mit je ein bis zwei Personen die Minderheiten der Roma und der Deutschen repräsentierte.

Die Workshops wurden durch ein multiethnisch zusammengesetztes Team von zwei deutschen Aktionsforschern/Trainern und je einem Vertreter bzw. einer Vertreterin der beiden Hauptkonfliktparteien geleitet. Ausserdem gehörten zur Projektbegleitung vier weitere Personen mit organisatorischen Aufgaben sowie den Funktionen der Dokumentation und wissenschaftlichen Auswertung. Das Ziel war es, sowohl einen praktischen Beitrag zur konstruktiven Konfliktbearbeitung in Rumänien zu leisten, als auch die Möglichkeiten und Grenzen eines solchen Modellvorhabens auszuloten und zu bewerten. Das Projektdesign enthielt eine Reihe vorgegebener Elemente, wie beispielsweise die aus der *Problem-Solving Workshop*-Methode bekannten Grundregeln der Interaktion (Vertraulichkeit, sprachliche Kommunikation, Umgang mit Störungen etc.); die Absicht, eine Vielzahl von Methoden des sozialen Lernens und der politischen Bildung einzusetzen; die Veränderung des Veranstaltungsortes etc. Im Hinblick auf die inhaltlichen Kernfragen und die Reihenfolge ihrer Bearbeitung folgte das Projekt

36 International Alert (Ed.): Conflict Resolution Training in the North Caucasus and Georgia, Report of the Piatigorsk Seminar, London 1993.

jedoch dem Konzept der "rollenden Planung", d.h. es gab kein starres Seminarkonzept.

Schaubild 3: Überblick über den Ablauf des Projektes rumänisch-ungarischer Konfliktmanagementseminare 1991-1995[37]

Stages	Contents	Relationships
Preparation 1991/92	· Identifying conflict structures, parties and participants · Concept and team development and fund-raising	
1. Dörnberg (D) June 1992	· Introduction · Ground rules · Planning of content structure	· Entering claims · Stressing differences · We + Them
2. Walberberg (D) October 1992	· History · Ethnic identity	· Conflict avoidance · Conflict shifting
3. Hoheneck (D) March 1993	· Human rights and/or minority rights · Media	· Open disputes concerning content differences · Indications of internal regrouping
4. Piriul Rece (Ro) August 1993	· Civil society · Intercultural learning	· Conflict fragmentation · Individualization
5. Szigliget (H) December 1993	· Group dynamics · Escalation theory	· Meta communication · Dispute concerning relationships · We-Feeling
6. Ilieni (Ro) May 1994	· Group dynamics · Mediation · Future workshops	· Conflict fragmentation · Working on joint projects
7. Lavacherie (B) January 1995	· Mediation · Transfer	· Disturbances micro-/ meso-/ macro-level · Personal trust and familiarity
Follow-up 1995-?	· Personal impact on participants · NGO-activities in this field	

Das grobe Themenraster für das Gesamtvorhaben wurde auf dem ersten Workshop gemeinsam mit allen TeilnehmerInnen erarbeitet und später entsprechend der Projektdynamik schrittweise modifiziert. Ein wesentliches Ziel war es, der Beziehungsebene genauso viel Aufmerksamkeit zu schenken wie der Ebene der

37 Petra Haumersen und Norbert Ropers.

Sachkonfliktbearbeitung. Eine der Fragestellungen des Projektes richtete sich zudem auf das Verhältnis zwischen den beiden Ebenen (siehe Schaubild 3). Charakteristisch waren in dieser Hinsicht folgende Beobachtungen:

1) *Die asymmetrische Konfliktwahrnehmung und ihr Wandel*

Für die Minderheitenvertreter war der Konflikt das zentrale Strukturmerkmal des politischen Systems in Rumänien. Sie hatten ein relativ differenziertes Bild der *Gegenseite* und traten als eine vergleichsweise homogene Gruppe auf. Die Mehrheitenvertreter wiesen ein wesentlich breiteres Einstellungsspektrum auf; für sie war der Konflikt nur ein Thema unter vielen anderen und ihr Bild der ungarischen Seite war eher diffus und wenig profiliert. Im Laufe der Workshop-Serie differenzierte und profilierte sich vor allem die Konfliktwahrnehmung auf der rumänischen Seite, während die UngarInnen sich nur schwer von ihrer gelegentlich *missionarischen* Haltung trennen konnten.

2) *Das Anerkennungsdilemma*

Für beide Seiten war es ein zentrales Anliegen, mit ihrer Situations- und Identitätsdefinition ernst genommen und anerkannt zu werden. Erst auf dieser Basis, so wurde immer wieder betont, könnten Verhandlungen und Vereinbarungen über die praktische Konfliktregelung aufbauen. Das Dilemma ergab sich daraus, dass sich diese Situations- und Identitätsdefinitionen (scheinbar?) ausschlossen. Auf jeden Fall war die Erwartungshaltung "Wenn Ihr zunächst den Grundsatz des einheitlichen rumänischen Nationalstaates bzw. der ungarischen Gruppenrechte akzeptiert, dann lässt sich über vieles reden ..." auf beiden Seiten vorhanden.

3) *Die Geschichte als kollektives Gedächtnis und Streitgegenstand*

Sowohl auf der rumänischen wie ungarischen Seite spielten historische Ereignisse eine wesentliche Rolle bei der Identitäts- und der Konfliktdefinition. Die in dem Projekt verfolgte Idee, zunächst dieses Thema sowie andere Kernelemente der Identitätsunterschiede zu bearbeiten, und sich dann praktischen Fragen der Entwicklung einer multiethnischen rumänischen Zivilgesellschaft zuzuwenden, entsprach nicht den Erfordernissen des Aufbaus einer lern- und arbeitsfähigen Seminargruppe. Das Thema der Geschichte im zweiten Seminar hatte einen polarisierenden Effekt und vermochte nicht, eine tiefere Auseinandersetzung im Sinne eines "Lernens aus der Geschichte" in Gang zu setzen. Sinnvoller wäre es gewesen, diese Fragen erst zu bearbeiten, nachdem sich mehr Vertrauen zwischen den TeilnehmerInnen herausgebildet hatte.

4) *Der Minderheitenschutz als Streitgegenstand*

Zwei in dem Projekt gewählte Formen der Auseinandersetzung mit diesem Thema waren die Vorstellung und Diskussion von Minderheitenschutzregelungen in ausgewählten europäischen Ländern sowie ein Rollenspiel zur Kontroverse zwischen den Idealtypen individuellen und kollektiven Minderheitenschutzes. Beide Formen haben sich bewährt und zur Differenzierung der Ansichten sowohl bei den rumänischen wie ungarischen TeilnehmerInnen beigetragen. Allerdings dürfte es wichtig sein, dass eine Vermittlungsmethodik gewählt wird, die

Zwischenpositionen zulässt und der Gegenseite transparent macht, wie beispielsweise die *fish-bowl*-Methode, bei der eine Gruppe in einem Innenkreis ein Thema diskutiert, während die andere Gruppe im Aussenkreis zuhört.

5) *Die Bedeutung kultureller Wertigkeitseinschätzungen*
Der rumänisch-ungarische Konflikt wird auf kultureller Ebene gelegentlich auch als ein Spannungsverhältnis zwischen Minderwertigkeitskomplex auf der rumänischen und Überlegenheitskomplex auf ungarischer Seite beschrieben. Dieser Aspekt könnte noch verstärkt worden sein durch die (deutsche) Nationalität der dritten Partei. Für die Kernfrage der wechselseitigen Anerkennung hatte er eine massgebliche Bedeutung. Auch dieses Thema konnte allerdings erst bearbeitet werden, als es eine hinreichende Vertrauensbasis unter den TeilnehmerInnen gab.

Zur Wirkungsanalyse von Projekten der Gesellschaftswelt; das Dilemma von Integration und Konfrontation

Um die Wirkungen des Projektes mit den Jugendvertretern zu beurteilen, gilt es, drei Erfolgskriterien zu differenzieren, die generell bei solchen Vorhaben in der Gesellschaftswelt denkbar sind:[38]

1) *Der Einfluss auf die individuellen Einstellungen und Verhaltensorientierungen der Teilnehmer.* In dieser Hinsicht ist der Effekt am einfachsten zu ermitteln. Dabei geht es vor allem um die Verbreiterung der Perspektiven, in denen der Konflikt gesehen wird; um korrektere und präzisere Kenntnisse über die andere Seite sowie den Charakter und die Hintergründe der Auseinandersetzungen; um die Anerkennung der ethnischen Differenzen und um die Bereitschaft zu einem entsprechenden politisch-gesellschaftlichen Engagement. Im Hinblick auf den Trainingsteil sind ausserdem die gewonnenen sozialen Fähigkeiten und Fertigkeiten zu berücksichtigen. Bei einer beachtlichen Gruppe der Teilnehmer sind hier Fortschritte feststellbar.

2) *Die Auswirkungen auf das institutionelle politische und gesellschaftliche Umfeld sowie die Bezugsgruppen der Teilnehmer (Mesosoziale Ebene).* Dieser Effekt ist schwieriger zu ermitteln, da er sich weitgehend der Einsichtnahme durch die Aktionsforscher entzieht. Eine Ausnahme ist es, wenn die Teilnehmer untereinander zu konkreten Vereinbarungen kommen. In dem beschriebenen Fall ist das durch die Gründung einer rumänischen NGO geschehen, mit deren Hilfe Seminare zu interethnischen Themen in Rumänien für politisch relevante Zielgruppen durchgeführt werden sollen.

---

[38] Christopher R. Mitchell: Problem-Solving Exercises and Theories of Conflict Resolution, in: Dennis J.D. Sandole/Hugo van der Merwe (Eds.): Conflict Resolution; Theory and Practice, Integration and Application, Manchester/New York 1993, pp. 78-94.

3) *Die Auswirkungen auf den ethnopolitischen Makrokonflikt.* Ein solcher Effekt ist bei Projekten der Gesellschaftswelt angesichts der komplexen Zusammenhänge und der Grössenordnung der Aufgabe wohl nur in Ausnahmefällen nachweisbar. Grundsätzlich hängt diese Wirkungsebene mit den Positionen und den Einflussmöglichkeiten der Teilnehmer zusammen. Im rumänisch–ungarischen Fall wäre es sicher vermessen, von einem derartigen Projekt eine makropolitische Wirkung zu erwarten. Wenn es jedoch gelingen sollte, in etlichen rumänischen Parteien und Organisationen vergleichbare Folgeprojekte anzuregen, könnte die Sache schon anders aussehen.

Die allermeisten Projekte dieser Art in der Gesellschaftswelt gehen von der Prämisse aus, dass Erfolge auf diesen drei Dimensionen sich wechselseitig ergänzen und bedingen. Das ist unmittelbar plausibel, übersieht allerdings, dass die Optimierung der Erfolge auf einer Dimension keinesfalls identisch ist mit einer Optimierung auf den beiden anderen Dimensionen. So können die individuellen Effekte beispielsweise leicht dadurch verbessert werden, dass Personen ausgewählt werden, die gegenüber der anderen Seite ohnehin besonders aufgeschlossen sind. Das sind dann jedoch im Regelfall nicht die für die makropolitische Konfliktaustragung besonders einflussreichen Personen. Problematisch ist es auch, sich bei der Arbeit mit *hardlinern* zu sehr auf Erfolge in den Workshops zu konzentrieren, wenn das eigentliche Problem der Transfer in die mesosoziale Praxis ist.

Diese Schwierigkeiten lassen sich als ein grundlegendes Dilemma formulieren, das für all diese Ansätze zur ethnopolitischen Konfliktbearbeitung in der Gesellschaftswelt charakteristisch ist: Das Dilemma zwischen Integration und Konfrontation. Einerseits können die Leistungen interaktiver Projekte zur Arbeit an den Beziehungen nämlich nur erbracht werden, wenn ihre Integrationskräfte stark genug sind, um die auseinanderstrebenden Teile sozial zusammenzuhalten. Anderseits wird der Zweck der Übung nur erreicht, wenn es gelingt, die zentralen Kontroversen und Differenzen auch tatsächlich herauszuarbeiten. Das erfordert jedoch auch Konfrontationen, die häufig das Wagnis der Desintegration, d.h. des Scheiterns eines Projektes beinhalten. Im Fall des rumänisch–ungarischen Projektes machte sich dieses Dilemma vor allem an drei Aspekten bemerkbar: Der Teilnehmerauswahl, der Themengestaltung und dem Interventionsverhalten des Teams.

Sowohl in der ersten Phase des Projektes, als die Teilnehmerauswahl noch nicht endgültig abgeschlossen war, aber auch später in Krisensituationen stand das Team mehrfach vor der Frage, welche Rolle Teilnehmer spielen, die durch Störungen und negative Machtpositionen als *problematisch* definiert wurden: Sind sie wichtige Akteure für die notwendige Konfrontation mit der Konfliktrealität oder verlangen sie derart starke Integrationsleistungen, dass sie cinc tiefere Auseinandersetzung eher behindern?

Im Hinblick auf die Themengestaltung ist bereits erwähnt worden, dass es zu Beginn eines interaktiven Lern- und Arbeitsprozesses, wenn die soziale Integrationswirkung noch gering ist, nicht zweckmässig ist, extrem konfrontative Themen aufzugreifen. Umgekehrt lehrt die rumänisch-ungarische Projekterfahrung auch, dass ohne ihre Bearbeitung ein substantieller Fortschritt in den Beziehungen, d.h. insbesondere die wechselseitige Anerkennung der Andersartigkeit nicht gelingen kann.

Das Dilemma zwischen Integration und Konfrontation äussert sich vor allem im Interventionsverhalten des Teams. Aus der Vielzahl der Einflussfaktoren, die im rumänisch-ungarischen Projekt sichtbar geworden sind, ragt insbesondere der Faktor der internen Handlungsfähigkeit des Teams heraus. Ungeklärte Teamkonstellationen und -entscheidungen führten häufig dazu, dass das Team entweder einen zu integrativen Kurs einschlug oder sich selbst in Konfrontationen begab. In Anlehnung an generelle Erfahrungen in der Gruppendynamik könnte deshalb die These aufgestellt werden, dass je besser es dem Team gelingt, seine internen Auseinandersetzungen offen auszutragen und zu einer klaren und tragfähigen Verantwortungsteilung zu kommen, um so eher wird es auch in der Lage sein, das Spannungsverhältnis zwischen Integration und Konfrontation gemeinsam zu bewältigen.

Schlussfolgerungen

Die Besonderheiten ethnopolitischer Konflikte machen es erforderlich, dass interne wie externe Akteure aus der Staaten- wie der Gesellschaftswelt sich an der Konfliktbearbeitung beteiligen. Dabei weisen die Interventionsstrategien in der Staaten- und Gesellschaftswelt Stärken und Schwächen auf, die sich auch als Dilemmata formulieren lassen. Eine wesentliche Schwierigkeit in der Staatenwelt ist diejenige zwischen dem Ausbau des Minderheitenschutzes und der Verbesserung der interethnischen Beziehungen. Auf der einen Seite wird es zu einer dauerhaften Befriedung vieler ethnopolitischer Spannungsfelder nur kommen, wenn die Konfliktparteien zu einem neuen multiethnischen verfassungsrechtlichen Arrangement kommen. Der Weg dorthin wird jedoch auf der anderen Seite nur möglich sein, wenn es genügend Gelegenheiten gibt, sich über die wechselseitigen Befürchtungen und Bedrohtheitsgefühle auseinanderzusetzen. In der Staatenwelt gibt es für die Beziehungsverbesserung aber keine ausreichenden Foren, Kanäle und Mechanismen. Oft genug wird die Auseinandersetzung auch belastet durch wechselseitige Vorbedingungen: Erst wenn bestimmte makropolitische Prinzipien akzeptiert würden (z.B. ethnonationaler Einheitsstaat versus Gruppenrechte), sei ein Gespräch möglich!

Ein möglicher Ausweg aus diesem Dilemma ist es, die Akteure und Foren der Gesellschaftswelt stärker für die Beziehungsarbeit in Anspruch zu nehmen. Allerdings weisen auch Projekte zur Beziehungsverbesserung in der Gesellschaftswelt ein grundlegendes Dilemma auf: Dasjenige zwischen Integration und Konfrontation. Eine Lösung dieses Dilemmas kann sich immer nur auf den Einzelfall beziehen und bedarf einer genauen Bestimmung der Ziele von gesellschaftlichen Interventionsvorhaben auf der individuellen, der mesosozialen und der makropolitischen Ebene. Wesentlich sind ferner ein sorgfältig überlegtes und gestaltetes Design im Hinblick auf die Zusammensetzung der Teilnehmer, die thematische Abfolge und Gestaltung sowie die Arbeitsfähigkeit und interkulturelle Kompetenz des Teams. Ein denkbarer Indikator für die richtige Balance zwischen integrativen und konfrontativen Interventionen des Teams ist dabei die Berücksichtigung der Auseinandersetzungen in der Staatenwelt.

Zusätzliche Literatur

Gabriel *Andreescu*/Valentin *Stan*/Renate *Weber*: Study on the Conception of Democratic Alliance of Hungarians in Romania on the Rights of National Minorities; A Critical Analysis of the DAHR Documents, Bucharest 1994, The Center for Human Rights/APADOR-CH.

Tobias *Debiel*: Kriege, in: Ingomar Hauchler (Hrsg.): Globale Trends 1995/96, Frankfurt a.M., im Erscheinen.

Ministry for Foreign Affairs, Romania: White Paper on the Rights of Persons Belonging to National, Ethnic, Linguistic or Religious Minorities in Romania, Bucharest 1992.

Norbert *Ropers*/Tobias *Debiel* (Hrsg.): Friedliche Konfliktbearbeitung in der Staaten- und Gesellschaftswelt, Bonn, Stiftung Entwicklung und Frieden, im Erscheinen.

Berg-Karabach

Interessenkonflikte und konkurrierende Vermittlungsbemühungen

Von Rexane Dehdashti

Der Konflikt um Berg–Karabach geht in sein achtes Jahr. Konfliktgegenstand ist die territoriale Zugehörigkeit Berg–Karabachs, eines 4'400 km^2 grossen, vorwiegend von Armeniern bewohnten Gebietes, das unter sowjetischer Herrschaft der Unionsrepublik Aserbaidschan zugeordnet worden war und deshalb nach dem Zerfall der UdSSR Bestandteil des Staates Aserbaidschan blieb. In der Auseinandersetzung um den politischen Status fordert die armenische Seite den Anschluss des Gebietes an Armenien oder zumindest die Unabhängigkeit Berg–Karabachs. Sie beruft sich dabei darauf, dass Karabach vor dem Kriegsausbruch zu 70% von Armeniern bewohnt war und diese Bevölkerung jahrzehntelang unter der gesellschaftlichen Diskriminierung und kulturellen Unterdrückung durch Aserbaidschan gelitten habe. Demgegenüber besteht Aserbaidschan auf der territorialen Integrität seines Staatsgebietes.

Der Konflikt eskalierte im Februar 1988, als der Regionalrat von Berg-Karabach die Obersten Sowjets von Aserbaidschan und Armenien offiziell um den Transfer der Enklave an Armenien ersuchte. Als Reaktion darauf kam es zu Massakern an der armenischen Bevölkerung in aserbaidschanischen Städten und zur Flucht und Vertreibung der armenischen und aserbaidschanischen Minderheit aus der jeweils anderen Republik. Im Sommer 1989 verhängte Aserbaidschan eine bis heute andauernde Totalblockade über Berg–Karabach und Armenien, der sich 1993 auch die Türkei anschloss. Armenien revanchierte sich mit einer Blockade der aserbaidschanischen Enklave Nachitschewan, die durch armenisches Staatsgebiet von Aserbaidschan getrennt ist.

Mit der Auflösung der Sowjetunion Ende 1991 und der Unabhängigkeit ihrer Teilrepubliken änderten sich die Rahmenbedingungen des Konfliktes. So anerkannten Armenien und Aserbaidschan nach ihrem Eintritt in internationale Organisationen die Unverletzlichkeit der gegenseitigen Grenzen. Hätte die Republik Armenien danach territoriale Ansprüche auf Berg–Karabach aufrechterhalten, hätte sich der zuvor innerstaatliche Konflikt in einen zwischenstaatlichen Krieg verwandelt, bei dem nach den Regeln des Völkerrechts die Republik

Armenien als Aggressor gegolten hätte.[1] Statt dessen besteht Armenien darauf, dass es sich bei dem Konflikt um einen Krieg zwischen Berg–Karabach und Aserbaidschan handelt, an dem es selbst nicht beteiligt ist. Die wirklichen Beziehungen zwischen Berg–Karabach und Armenien sind jedoch komplizierter, denn das kleine Karabach erhält wirtschaftliche und militärische Hilfeleistungen von Armenien, aber auch von der armenischen Diaspora in westlichen Ländern. Die armenische Regierung übt grossen Einfluss auf die Führung Berg–Karabachs aus, hat aber keineswegs die volle Kontrolle über deren politische und militärische Entscheidungen. So wurde mancher zwischen Armenien und Aserbaidschan geschlossene Waffenstillstand durch eine unmittelbar darauffolgende Offensive der Karabach–Armenier zunichte gemacht.

Nachdem Aserbaidschan lange Zeit militärisch im Vorteil schien, wendete sich das Blatt 1992/1993. Die Karabach–Armenier besetzten nach erfolgreichen Offensiven Gebiete im Süden und Osten Karabachs, insgesamt etwa ein Fünftel Aserbaidschans. Der militärische Sieg der armenischen Seite führte im Mai 1994 zur Unterzeichnung eines Waffenstillstandes, der bis heute in Kraft ist. Seit 1992 werden Friedensverhandlungen geführt. Auf staatlicher Ebene sind die wichtigsten Vermittler Russland und die OSZE[2], daneben intervenieren auch die benach–

[1] Insbesondere die KSZE–Schlussakte von Helsinki von 1975, die Armenien und Aserbaidschan unterschrieben haben, räumt der Unverletzlichkeit der bestehenden Grenzen Vorrang vor territorialer Selbstbestimmung und Sezession ein.

[2] Im folgenden wird das Kürzel OSZE (Organisation für Sicherheit und Zusammenarbeit in Europa) für alle Ereignisse verwendet, die nach der Umbenennung der Organisation auf dem Budapester Gipfeltreffen im Dezember 1994 stattfanden. Für Ereignisse vor diesem Zeitpunkt

barten Regionalmächte Türkei und Iran. Die externen Akteure verknüpfen ihre Vermittlungstätigkeiten stark mit der Wahrnehmung politischer, ökonomischer und geostrategischer Eigeninteressen.

Der vorliegende Artikel befasst sich mit der Rolle der staatlichen Vermittler im Karabach–Krieg. Um die Aktivitäten der externen Akteure friedenspolitisch einordnen und bewerten zu können, werden im folgenden zunächst die Ursachen des armenisch–aserbaidschanischen Konfliktes untersucht. In weiteren Schritten werden die jeweiligen Motivationen und regionalen Interessen der verschiedenen externen Akteure analysiert und auf ihre Wirkung im Vermittlungsprozess und in den gegenwärtigen Verhandlungen untersucht.

Konfliktursachen

Ein Grossteil der Ursachen für den Karabach–Krieg sind in der neueren Geschichte der Region zu suchen und hängen eng mit den politischen, sozioökonomischen und administrativen Strukturen der Sowjetunion zusammen. Gleichzeitig reichen viele Konfliktfaktoren bis in die vorsowjetische Zeit zurück. Eine genaue Analyse, wie die einzelnen Faktoren für die Eskalation des Konfliktes genau gewichtet werden müssen, kann erst nach weitergehenderen Untersuchungen geleistet werden.

Traditionell ist der Transkaukasus ein ethnisch heterogenes Gebiet. So wurde die armenische Hauptstadt Erewan noch Anfang dieses Jahrhunderts mehrheitlich von Muslimen bewohnt, während im aserbaidschanischen Baku und im georgischen Tiflis Armenier und Russen dominierten.[3] Im Russischen Reich beschränkten sich nicht–russische Nationalismen zumeist auf die urbane bürgerliche Intelligenz. Die Mehrheit der Aserbaidschaner identifizierte sich eher mit den Bewohnern ihrer näheren Umgebung, mit denen sie mehr soziale und religiöse Gemeinsamkeiten hatte, als mit einer aserbaidschanischen Nation. Bei den Armeniern, die auch noch im Osmanischen Reich und im Iran lebten, überwog dagegen ein vertikaler Nationalismus, der sich nicht ausschliesslich territorial definierte.[4] Ihre geographische Verstreutheit begünstigte eine Eigenwahrnehmung als verletzliches, stärkeren politischen Mächten schutzlos ausgeliefertes Volk. Schon in der sowjetischen Zeit und besonders seit 1965 entwickelte sich die Er–

wird die Bezeichnung Konferenz für Sicherheit und Zusammenarbeit in Europa und das Kürzel KSZE verwendet.

[3] Ronald G. Suny: The Revenge of the Past; Socialism and Ethnic Conflict in Transcaucasia, in: New Left Review, 184/1990, pp. 5–34, hier p. 7.

[4] Siehe Ronald G. Suny: Sozialismus und Nationalitätenkonflikt in Transkaukasien, in: Das Argument, 33, 1991, 2, pp. 213–225, hier p. 217.

innerung an den Genozid von 1915[5] zu einem wichtigen nationalen Bezugspunkt für die Sowjetarmenier. Damit einher geht bis heute die Tendenz, die turksprachigen Aserbaidschaner mit den Türken gleichzusetzen und beide negativ abzugrenzen.

Die sowjetische Nationalitätenpolitik übte einen wichtigen Einfluss auf die gegenwärtige Konfliktkonstellation aus. Sie trieb den Prozess der Nationenbildung voran, indem sie nationale Verwaltungseinheiten wie Unionsrepubliken und innerhalb dieser Autonome Republiken und Autonome Regionen errichtete. Hierbei wurden politische und wirtschaftliche Aufstiegsmöglichkeiten sowie Identitätsbildungen entlang ethnisch-territorialer Kriterien begünstigt. In den jeweiligen nationalen Gebietskörperschaften, vor allem in den Unionsrepubliken, wurden national ausgerichtete Kultur- und Bildungseinrichtungen gezielt gefördert. Die politischen Eliten und Mittelschichten der sogenannten Titularnationen wurden gegenüber anderen dort lebenden Völkern privilegiert. Ziel dieser Politik war es, die nationalen Eliten eng an die Zentralmacht zu binden, um Allianzen ausserhalb des Sowjetsystems zu verhindern.[6] Da wirkliche politische Selbstbestimmung (*self-government*) jedoch allen Nationalitäten gleichermassen vorenthalten wurde, entwickelte sich die *Nation* nicht zu einer politischen Kategorie etwa im Sinne einer Gemeinschaft gleichberechtigter und mündiger Staatsbürger, sondern stagnierte als ethnisches Unterscheidungsmerkmal.

Die ethnische Homogenisierung der einzelnen Unionsrepubliken wurde in der Sowjetzeit vorangetrieben, so dass die drei Kaukasusrepubliken Armenien, Aserbaidschan und Georgien zur Zeit der Perestroika weitgehend monoethnische Gesellschaften waren. Zwar gab es noch nationale Minderheiten und autonome Enklaven, doch wurden die Minderheiten nun als eine von der Norm abweichende *Anomalie* wahrgenommen.

Innerhalb der nationalen Verwaltungseinheiten wurde die Machtstellung der Titularnationen in Politik, Wirtschaft und Verwaltung nicht nur von der offiziellen Politik, sondern auch durch informelle klientelistische Netzwerke gefördert; traditionelle Familienwirtschaft und Korruption blühten durch Ämtervergabe und Gewährung wirtschaftlicher Vorteile.[7] In Berg-Karabach verleitete dies die armenische Bevölkerung dazu, Inkompetenz und Korruption seitens der aser-

---

5 Von 1915 bis 1922 wurden im Osmanischen Reich schätzungsweise 1,5 Millionen Armenier ermordet.

6 Siehe Ronald G. Suny: The Making of the Georgian Nation, Bloomington 1988, p. 290. – Victor Zaslavsky: Success and Collapse; Traditional Soviet Nationality Policy, in: Ian Bremmer/Ray Taras (Eds.): Nations and Politics in the Soviet Successor States, Cambridge 1993, pp. 29–42, hier p. 37.

7 Siehe Suny, Sozialismus und Nationalitätenkonflikt (Fn. 4), p. 219. – Ekaterina A. Mikadze: Ethnizität und Konflikt im Kaukasus; Das fehlende Glied, Unveröffentlichtes Manuskript 1995. – Philip Goldman/Gail Lapidus/Victor Zaslavsky: Introduction; Soviet Federalism; Its Origin, Evolution, and Demise, in: Goldman et.al. (Ed.): From Union to Commonwealth; Nationalism and Separatism in the Soviet Republics, Cambridge 1992, pp. 1–21, hier pp. 2f.

baidschanisch dominierten Führungselite durch die *ethnische Brille* zu sehen. Mit der politischen Hegemonie der Titularnationen ging auch eine stärkere Förderung ihrer kulturellen Ausdrucksformen in den jeweiligen territorialen Verwaltungseinheiten zu Lasten der jeweiligen Minderheiten einher.[8]

Schon während der Sowjetzeit erwies sich die oftmals an den Herrschaftsinteressen der Moskauer Zentrale orientierte Grenzziehung zwischen den nationalen Territorien als problematisch. So war die Eingliederung Berg-Karabachs in die Unionsrepublik Aserbaidschan zum grossen Teil ein Zugeständnis der Sowjetregierung an die benachbarte Türkei gewesen, die sich als Schutzmacht der Aserbaidschaner versteht. Seit den zwanziger Jahren gab es Bestrebungen von armenischer Seite, diese Grenzziehung rückgängig zu machen. Um so konfliktträchtiger war es, dass die internen sowjetischen Verwaltungsgrenzen nach 1991 quasi automatisch zu zwischenstaatlichen Grenzen wurden. Gleichzeitig entwickelte sich die Karabach-Frage zum politisch-moralischen Symbol für mehrfach empfundenes *historisches Unrecht*: Dem Völkermord von 1915, der Vertreibung aus dem in der heutigen Türkei liegenden Westarmenien und dem Verlust Nachitschewans und Berg-Karabachs an Aserbaidschan.[9]

Sozialer Konfliktstoff zwischen Armeniern und Aserbaidschanern hatte sich bereits im letzten Jahrhundert aus einer ethnischen Arbeitsteilung entwickelt. Aufgrund der sozialen Zusammensetzung der beiden Bevölkerungsgruppen nahmen in der Region, vor allem aber in der Erdölmetropole Baku, die schlechtbezahlten aserbaidschanischen Arbeiter und Bauern die unteren sozialen Positionen ein, während die armenische Bevölkerung wirtschaftlich weit besser gestellt war, den grössten Teil der regionalen Händlerklasse ausmachte und viele reiche Erdölmagnaten stellte.[10] Aus dieser Zeit stammen viele nationale Stereotypen und Feindbilder.[11] Die soziale Hierarchie aus dem 19. Jahrhundert setzt sich zum Teil bis in die Gegenwart fort und sorgt für soziale Spannungen. So hatte in den achtziger Jahren die armenische Minderheit in Aserbaidschan zwar weiterhin einen höheren Bildungsstand und war in den oberen sozialen Einkommensschichten stärker vertreten. Bedingt durch die sowjetische Nationalitätenpolitik besetzten jedoch die Aserbaidschaner die meisten öffentlichen Ämter und einflussreichen Positionen.

---

8 Wladimir K. Wolkow: Ethnokratie; Ein verhängnisvolles Erbe in der postkommunistischen Welt, in: Aus Politik und Zeitgeschichte, B 52-53/1991, pp. 35-43, hier pp. 37f.

9 Volker Jacoby: Nationale Identität und Transformation in Armenien und Berg-Karabach 1988-1994, Exposé zur Dissertation, Unveröffentlichtes Papier, Dezember 1994, pp. 11f.

10 Emine de Saint-Blanquat: Transcaucasie, Arménie soviétique; Une question de nation, in: Defénse nationale, 35, 1989, 1, pp. 81-90, hier p. 89.

11 Demnach sehen viele Aserbaidschaner die Armenier als mächtige und einflussreiche Leute, die der sowjetischen Zentralmacht nahestehen und es auf ihr Land abgesehen haben, während die Armenier die Aserbaidschaner für unzivilisiert und primitiv halten. Siehe dazu Suny, Sozialismus und Nationalitätenkonflikt (Fn. 4), p. 222.

Mit der Einführung des sozialistischen Systems stiegen Einfluss und Kontrolle des Staates in Politik und Wirtschaft beträchtlich. In Aserbaidschan wurde die staatliche Macht nun von Angehörigen der aserbaidschanischen Bevölkerungsgruppe repräsentiert, die den Armeniern als der vormals sozial privilegierten Gruppe mit einigen Ressentiments gegenüberstanden. Dies bedeutete, dass der armenischen Bevölkerung in Aserbaidschan frühere Freiräume entzogen wurden. Auch wenn sie sich gegenüber den Aserbaidschanern ökonomisch weiterhin einigermassen behaupten konnte, nahm sie den Verlust ihrer Privilegien subjektiv als Schlechterstellung und Diskriminierung wahr.

Die Karabach–Frage wurde im Zuge der innenpolitischen Lockerungen unter Gorbatschow wieder verstärkt thematisiert. Gegen Ende der achtziger Jahre entstanden in Armenien und Aserbaidschan - wie in fast allen Unionsrepubliken - Demokratiebewegungen, sogenannte nationale Volksfronten, wobei nationale Zielsetzungen schon bald über Forderungen nach Demokratie und Pluralismus dominierten. In Aserbaidschan setzte sich schliesslich sogar die alte Machtelite durch, indem sie den Nationalismus als politische Legitimationsidee nutzte. Die Dominanz des Nationalismus wurde auch dadurch begünstigt, dass die neuen politischen Bewegungen in Gesellschaften agierten, in denen sich die Interessen verschiedener sozialer Gruppen gerade erst auszuformulieren begannen, da der sowjetische Totalitarismus oppositionsverdächtige gesellschaftliche Gruppen ausgeschaltet hatte. Mit dem Zerfall der Zentralmacht konzentrierten sich die gesellschaftlichen Bewegungen auf die lokalen Bedingungen, die von nationalen Territorien, nationalpolitischen Legitimationsmustern und ethnoterritorialen Trennlinien geprägt waren. Die politische und nationale Mobilisierung der Armenier artikulierte sich auch deshalb in der Karabach–Frage, weil diese in ihren Augen ein wiederkehrendes Geschichtsmuster von Vertreibung, Mord und Gebietsverlust widerspiegelt. Mit der *Perestroika* schien zum ersten Mal eine Möglichkeit zu bestehen, dieses historische *Unrecht* zu korrigieren.

Der Karabach–Konflikt weist jedoch auch viele Elemente der europäischen Nationenbildungsprozesse des 19. Jahrhunderts auf. So bestand die Führung der armenischen Nationalbewegung, insbesondere des Karabach–Komitees, ausschliesslich aus Vertretern des sogenannten Bildungsbürgertums, vor allem aus Wissenschaftlern, Historikern und Schriftstellern.[12] Die Historiker beider Seiten sahen ihre Aufgabe zumeist darin, die territorialen Ansprüche ihrer jeweiligen Völker wissenschaftlich zu untermauern. Das Thema Berg–Karabach schuf eine gemeinsame Grundlage im Transformationsprozess und verband alle Schichten und politischen Fraktionen der armenischen und der aserbaidschanischen Gesellschaft miteinander. Insofern erfüllte der Nationalismus eine identitätsstiftende und integrierende Funktion, wobei sich unterscheidende Merkmale

[12] Siehe Henry R. Huttenbach: In Support of Nagorno Karabakh; Social Components of the Armenian Nationalist Movement, in: Nationalities Papers, 18, 1990, 2, pp. 5–14, hier p. 13.

beider Gruppen wie Sprache und Religion sowie die Erinnerung an geschichtliche Konflikte in bewusster Abgrenzung gegeneinander als Symbole kollektiver Identität herausgestellt wurden.

Seit der Unabhängigkeit des armenischen Staates und seiner zunehmenden inneren Konsolidierung bröckelt der frühere nationale Konsens über die Karabach–Frage bei den politischen Kräften zusehends ab. In der Politik der gegenwärtigen armenischen Regierung dominieren andere Themen. Aufbauend auf dem gleichen *kollektiven Gedächtnis* vertritt die regierende Armenische Allnationale Bewegung heute den Standpunkt, dass "ein matyrologisches Geschichtsbild" dysfunktional für eine zukunftsorientierte Nation sei. Sie befürwortet eine wesentlich pragmatischere Lösung des Karabach–Konfliktes als zum Beispiel die oppositionellen Parteien Nationale Allianz und *Daschnaktzujun* oder die politische Führung Berg–Karabachs.

Die Vermittler und ihre Interessen

OSZE

Die OSZE vermittelt im Karabach–Konflikt in ihrer Rolle als regionale Dachorganisation gewissermassen im Auftrag der Vereinten Nationen. Sie schaltete sich fast unmittelbar nach dem Beitritt Aserbaidschans und Armeniens im Januar 1992 in den Konflikt ein. Im März 1992 bildete sie einen Ausschuss aus elf Mitgliedsstaaten zur Vorbereitung und späteren Durchführung einer Friedenskonferenz in Minsk, wobei die Zusammensetzung dieser Gruppe sich mehrmals änderte. Zu den Mitgliedern der Minsker Gruppe zählen gegenwärtig neben Aserbaidschan und Armenien die Regionalmächte Russland und die Türkei sowie Finnland, Deutschland, Frankreich, Italien, Ungarn, USA und die Schweiz. Berg-Karabach nimmt mit dem Status einer "interessierten Partei" an den Sitzungen teil.

Für die OSZE, die ihr Aufgabengebiet nach dem Ende des Kalten Krieges erheblich erweitert hat, ist der Karabach–Krieg einer der ersten Nationalitätenkonflikte in der GUS, mit dessen Beilegung sie sich befasst, und stellt somit eine Art Testfall für ihre Vermittlungskapazitäten und eine Probe für die künftige politische Zusammenarbeit mit Russland dar. Für die zentraleuropäischen Mitgliedsstaaten der OSZE geht es auch darum, ihr aussenpolitisches Engagement zu koordinieren und in der GUS mitzureden. Da die Organisation seit nunmehr vier Jahren aktiv an einer Regelung des Karabach–Konfliktes arbeitet, wird sie auch an den Ergebnissen ihres Engagements gemessen werden. Insbesondere am Karabach–Konflikt wird sich zeigen, ob die OSZE ihr Ziel, sich als handlungsfähige Regionalorganisation zu etablieren und eine "kooperative

Sicherheit" mit Russland zu entwickeln, auf dem bisher eingeschlagenen Weg erreichen kann.

Die Schwierigkeiten der OSZE liegen in ihrer geringen Erfahrung, ihren noch unerprobten institutionellen Regelungsmechanismen und dem ungeklärten Umgang mit den russischen Interessen in der GUS. Ein weiteres Problem stellt der bislang viermalige Wechsel des Vorsitzes und die wechselnde Besetzung der Minsker Gruppe während des Verhandlungsprozesses dar. Mit der Neubesetzung des wichtigen Postens des Vorsitzenden gehen meist Veränderungen in der Verhandlungsführung einher. Zudem muss das Vertrauensverhältnis zwischen den Repräsentanten der Konfliktparteien und der Person des Vermittlers stets von neuem aufgebaut werden.

Als supranationale Organisation verfolgt die OSZE zwar keine Eigeninteressen im Transkaukasus, doch bei einigen Mitgliedern der Minsker Gruppe ist dies zum Teil der Fall. So gehört ihr beispielsweise mit den USA ein Staat an, dessen Ölgesellschaften jenes westliche Ölkonsortium dominieren, das in Zukunft die aserbaidschanischen Ölfelder ausbeuten wird. Wie und bis zu welchem Grad sich staatliche Einzelinteressen auf die Vermittlungsaktivitäten der OSZE-Gruppe auswirken, kann nicht völlig geklärt werden. Sicher ist, dass die Regionalmächte und zum Teil wohl auch die Konfliktparteien die Aktivitäten der Minsker Gruppe auch vor dem Hintergrund der einzelstaatlichen Interessen und regionalen Bindungen ihrer Mitglieder bewerten. Frankreich wird beispielsweise aufgrund seiner historischen Beziehungen zu Armenien nicht zu Unrecht als proarmenisch wahrgenommen, während die Türkei aufgrund ihrer besonderen Beziehungen zu Aserbaidschan klar als proaserbaidschanisch gilt.

Russland

Russland übt den grössten Einfluss auf den Friedensprozess aus. Die Grossmacht definiert den GUS-Raum als legitimes Einflussgebiet und "Sphäre strategischer Interessen" und versucht, die neuen unabhängigen Staaten politisch, wirtschaftlich und militärisch eng an sich zu binden, um jede potentielle Ausrichtung auf Drittmächte zu verhindern. Zu diesem Zweck verfolgt Russland eine zweigleisige Politik, indem es einerseits die GUS-Strukturen ausbaut und anderseits bilaterale Beziehungen zu den einzelnen Staaten entwickelt.[13] Dabei gestalten sich die zwischenstaatlichen Beziehungen nicht gleichberechtigt, sondern werden einseitig von Russland als der bei weitem einflussreicheren Macht dominiert.

Im Transkaukasus verfolgt Russland mehrere Interessen. Die Region ist aufgrund ihrer Lage an der Schnittstelle zwischen Europa und Asien und ihrem

13 Siehe Olga Alexandrova: Russland und sein "nahes Ausland"; Integrationsvorstellungen und Ansätze der russischen Integrationspolitik, BIost-Bericht, Nr. 20/1995, p. 4 und p. 18.

Zugang zum Schwarzen Meer strategisch von Bedeutung. Deshalb strebt Russland danach, mittels sicherheitspolitischer Kooperationsverträge, eines gemeinsamen Grenzkontrollsystems und der Einrichtung russischer Stützpunkte eine militärische Präsenz zu etablieren.

Das ökonomische Interesse Russlands richtet sich auf die grossen Rohstoffvorkommen der Region. Die Grossmacht strebt vor allem danach, die aussenwirtschaftlichen Entscheidungen der neuen Staaten zu kontrollieren. Hauptkonflikte waren bislang die Beteiligung an den aserbaidschanischen Erdölfeldern im Kaspischen Meer und der langwierige und erst vor kurzem beigelegte Streit um den Öltransportweg in den Westen.[14] Russland hat mit wirtschaftlichen Blockademassnahmen und allem Anschein nach auch mit der Androhung militärischen Beistandes für die Armenier massiven Druck auf Aserbaidschan ausgeübt. Wenn Aserbaidschan sein Öl an Russland vorbei explorieren und ausführen würde, entstünde aus russischer Sicht eine Konkurrenz zu den eigenen Ölexporten sowie die Gefahr einer zu grossen Selbständigkeit des Landes mit Signalwirkung auf die übrigen GUS-Staaten.[15]

Seine hegemoniale Stellung im postsowjetischen Raum ermöglicht Russland, politische Konflikte in dieser Region im eigenen Interesse zu instrumentalisieren. Es gibt viele Anzeichen dafür, dass die Grossmacht bürgerkriegsähnliche Konflikte in denjenigen neuen Staaten verstärkte, die wie Georgien zunächst nicht bereit gewesen waren, der GUS beizutreten, oder wie Aserbaidschan ihre Mitgliedschaft aufgehoben hatten. Von den drei transkaukasischen Staaten zeigte Armenien von Anfang an die grösste Bereitschaft, sich an Russland anzulehnen, während Georgien, das zunächst nach Abgrenzung strebte, 1993/1994 unter massivem russischem Druck in die GUS zurückgezwungen wurde. Aserbaidschan, das sich nach der Machtergreifung seines gegenwärtigen Präsidenten Haidar Alijews Russland zunächst annäherte, legt inzwischen den stärksten Widerstand gegen eine über wirtschaftliche Zusammenarbeit hinausgehende Kooperation mit Russland an den Tag. So verweigert es kategorisch die Einrichtung russischer Stützpunkte auf seinem Staatsgebiet.

---

[14] Am 20. September 1994 unterschrieb Aserbaidschan einen Vertrag mit einem internationalen Ölkonsortium über die Ausbeutung dreier Ölfelder im Kaspischen Meer. Die mehrheitlich staatliche russische Erdölgesellschaft Lukoil ist an dem von westlichen Firmen dominierten Konsortium mit 10% beteiligt. Ursprünglich konkurrierten Russland, die Türkei, Georgien, Iran und Armenien um die strategisch wichtigen Exportwege. Im Oktober 1995 fiel die Entscheidung, das kaspische Öl über zwei verschiedene Routen auf den Weltmarkt zu befördern: Eine Pipeline wird über Russland zum russischen Schwarzmeerhafen Novorossijsk und die andere über Georgien zum in der Nähe der türkischen Grenze gelegenen Hafen Batumi führen. Die Türkei beabsichtigt, eine Anschlusspipeline zu bauen, um das Öl weiter zum Mittelmeerhafen Adana zu transportieren. Der Kompromiss kommt den beiden Hauptrivalen in diesem Konflikt, Russland und der Türkei, entgegen, schränkt aber auch die russische Möglichkeit ein, durch eine totale Kontrolle der Exportwege Druck auf Aserbaidschan auszuüben. Siehe NZZ vom 10.10.1995 und FAZ vom 10.10.1995.

[15] Stephen Blank: Russia's Real Drive to the South, in: Orbis, Summer 1995, p. 371.

Zur OSZE hat Russland ein kompliziertes Verhältnis. Das Land war von Anfang an Mitglied der Minsker Gruppe und ist bisher auch nachdrücklich für den Ausbau der OSZE zur wichtigsten sicherheitspolitischen Institution Europas eingetreten. Dahinter stand der Wunsch, die Hierarchie der europäischen Organisationen zu Lasten der sich exklusiv definierenden NATO und WEU umzukehren, um sich über die OSZE mehr Einflussmöglichkeiten zu verschaffen. Wie viele andere Mitgliedsstaaten wünscht Russland jedoch eine starke OSZE nur bis zu dem Punkt, an dem sie deren Entscheidungen und Aktivitäten kontrollieren kann. Im Karabach-Konflikt nahm Russland die OSZE überwiegend als eine Art Interessenvertretung der westlichen Länder wahr. Ihr Engagement impliziert aus russischer Sicht die Gefahr, dass der Westen sich wichtige Einflusszonen in der GUS verschafft, während Russland aus westlichen Einflussgebieten in Europa - siehe das Beispiel der NATO-Osterweiterung - herausgehalten wird.

In den regionalen Aktivitäten der Türkei sieht Russland ebenfalls die Gefahr, dass deren westliche Verbündete sich einen Zugang zum Transkaukasus verschaffen, und strebt nach Zurückdrängung des türkischen Einflusses. Russland arbeitet auch der Schwarzmeerkooperationszone entgegen, da diese als Grundstein für das wirtschaftliche und politische Einflussstreben der Türkei in der Region gilt.[16] Im Vergleich dazu werden die regionalen Aktivitäten des Iran wenig behindert. Dies mag zum einen an der relativen aussenpolitischen Isolation des Landes liegen, zum anderen damit zusammenhängen, dass Russland die *iranische Karte* gegen den Westen ausspielen kann.

Türkei

Die Türkei hat auf internationalen Foren stets Partei für das turksprachige Aserbaidschan ergriffen. Während des Krieges lieferte die Türkei offenbar, wenn auch in kleinerem Ausmass, Waffen an das Land und stellte Militärberater zur Verfügung.[17] Im April 1993 schloss sich die Türkei nach den militärischen Eroberungen der Karabach-Armenier der Wirtschafts- und Verkehrsblockade an, die Aserbaidschan über Armenien verhängt hatte. Aserbaidschan ist der wichtigste Handelspartner der Türkei unter den muslimischen GUS-Staaten und die Türkei hofft, mit seiner Hilfe ihren wirtschaftlichen und politischen Einfluss auf die mittelasiatischen Staaten auszuweiten, in denen ebenfalls mehrheitlich Turkvölker leben.[18] Schliesslich konkurriert das Land mit Russland und dem Iran um die politische und wirtschaftliche Führungsrolle im Transkaukasus und in Zentralasien. Ein Hauptinteresse der Türkei gilt auch dem aserbaidschanischen Ölge-

[16] Ibid., p. 373.

[17] NZZ vom 21.4.1993. - Die Welt vom 15.6.1992. - The Guardian vom 13.8.1992.

[18] Bess Brown/Elizabeth Fuller: Die Türkei und die muslimischen Republiken der Sowjetunion, Konrad-Adenauer-Stiftung, Interne Studien, Nr. 84/1994, p. 40.

schäft, an dem sie mit 7% beteiligt ist. Am Tauziehen um den Pipelineverlauf war das Land deshalb massgeblich beteiligt.

Gleichzeitig ist die Türkei an der Beilegung des Karabach-Konfliktes interessiert: Einerseits will sie vermeiden, dass der Konflikt die Nachbarstaaten Iran und Russland zu militärischen Interventionen motiviert; anderseits muss sie ein schwieriges Gleichgewicht zwischen eigener militärischer Neutralität und dem Bemühen herstellen, ihre Beziehungen zu den zentralasiatischen Turkstaaten nicht durch mangelnde moralische Unterstützung Aserbaidschans zu gefährden. Zudem würde eine Eskalation des Konfliktes die Gefahr eines politischen Gegensatzes zwischen einer dezidiert proaserbaidschanischen Türkei und ihren NATO-Partnern heraufbeschwören.

Iran

Der Iran begreift den Konflikt hauptsächlich als Sicherheitsproblem. Abgesehen von der Sorge, zukünftig noch mehr aserbaidschanische Flüchtlinge aus der Kriegsregion beherbergen zu müssen als bisher[19], fürchtet das Land separatistische Einflüsse auf die eigene aserbaidschanische Minderheit, die ein Fünftel der Bevölkerung ausmacht. Der Iran ist deshalb nicht an einem starken pantürkisch orientierten Aserbaidschan interessiert. Ebensowenig liegt ein armenischer Sieg über Aserbaidschan im iranischen Interesse, da die Bewahrung des territorialen Status quo als Sicherheitsziel definiert wird.[20] Deshalb unterhält das Land recht gute Beziehungen zu beiden Staaten und unterläuft deren gegenseitige Blockaden. So geht der grösste Teil der Importe und der Energieversorgung Armeniens gegenwärtig über den Iran. Und Aserbaidschan versorgt die Enklave Nachitschewan über den Iran.

Ähnlich wie Russland fürchtet der Iran, dass das Engagement der Minsker Gruppe ein machtpolitisches Vordringen des Westens in die Region mit sich bringt, zumal der Iran kein Mitglied der OSZE und deshalb von deren Aktivitäten ausgeschlossen ist. Im regionalen Tauziehen um politischen Einfluss und wirtschaftliche Gewinne hat sich bislang ein russisch-iranisches Zusammengehen gegen eine amerikanisch-türkische Allianz abgezeichnet.

---

19 Der iranische Präsident Rafsandschani beim Treffen mit dem aserbaidschanischen Aussenminister Hassanov. In: Etela'at Siasi - Eghtesadi (Teheran), 6 (1371) 78, p. 560.

20 Mahmoud Vaezi, Berater für europäische und US-amerikanische Angelegenheiten im iranischen Aussenministerium. In: Ibid., p. 561.

Der Vermittlungsprozess

Erste Versuche, auf politischem Wege eine Lösung zu vermitteln, wurden im September 1991 durch die Präsidenten Russlands und Kasachstans unternommen. Weitere Vermittlungsbemühungen Russlands im Februar 1992 und des Iran im Frühjahr 1992 führten zwar zum Abschluss von Waffenstillstandsverträgen, diese wurden aber jeweils kurz darauf durch erneute Kämpfe zunichte gemacht.

Die KSZE bildete im März 1992 mit der Minsker Gruppe einen Ausschuss zur Durchführung einer Friedenskonferenz zur Regelung des Konfliktes. Die Schaffung der Minsker Gruppe fiel in eine Zeit russischer Schwäche. Russland existierte als Staat erst seit wenigen Monaten und eine russische Aussenpolitik begann sich gerade erst zu formieren. Entsprechend zurückhaltend verhielt sich Russland anfangs in der Minsker Gruppe. Hinzu kam, dass diese in ihrer Anfangsphase stark darauf ausgerichtet war, Russland zu umgehen bzw. den russischen Einfluss auf die Verhandlungen zu minimieren. Insgesamt verstärkte dieses Vorgehen nur den Gegensatz zwischen Russland und der Minsker Gruppe, verbuchte auf dem Verhandlungsfeld aber keine positiven Ergebnisse. Dies war auch darin begründet, dass die Konfliktparteien zu dieser Zeit vor allem daran interessiert waren, die jeweiligen territorialen Gewinne der gegnerischen Partei mit militärischen und politischen Mitteln wieder rückgängig zu machen. Die Minsker Gruppe betrieb demgegenüber eine den Ereignissen hinterherhinkende Diplomatie, die in geradezu unrealistischer Weise an der schnellen Einberufung der Minsker Friedenskonferenz orientiert war. Die Weiterführung des Krieges liess Anfang Mai 1992 auch einen gemeinsamen Friedensplan der USA, Russlands und der Türkei erfolglos verhallen.

Die Rahmenbedingungen für den Verhandlungsprozess änderten sich, als sich in Aserbaidschan im Juni 1993 eine neue Führung an die Macht putschte. Unter der alten Regierung von Abulfaz Eltschibey hatte sich Aserbaidschan aussenpolitisch durch eine starke Anlehnung an die Türkei und eine Abwendung von Russland hervorgetan und war im Mai 1992 sogar aus der GUS ausgetreten. Die neue Regierung unter dem früheren ersten Sekretär der aserbaidschanischen KP Haidar Alijew orientierte sich zunächst wieder stärker an Russland und führte Aserbaidschan im September 1993 in die GUS zurück. Durch den Machtwechsel wurde Russland in den nächsten Monaten zum dominierenden Vermittler und initiierte nun verstärkt eigene Parallelverhandlungen ausserhalb der Minsker Gruppe. Das Zusammenrücken von Aserbaidschan und Russland drängte die KSZE-Aktivitäten zurück, brachte aber auch Teilerfolge. So fanden im September 1993 auf russische Vermittlung hin erstmals direkte Gespräche zwischen Repräsentanten von Aserbaidschan und Berg-Karabach statt.

Dennoch leiteten die karabach-armenischen Truppen im Herbst 1993 neue militärische Offensiven ein und besetzten grosse Teile Aserbaidschans südlich und westlich von Berg-Karabach. Infolge der militärischen Erfolge verhärtete sich die Verhandlungsposition Berg-Karabachs Ende 1993 zunehmend. Parallel dazu verweigerte sich Aserbaidschan weiteren Friedensinitiativen und versuchte, seine Verhandlungsposition durch die Rückeroberung der besetzten Gebiete zu verbessern.

Derweil spitzte sich der Konflikt zwischen Russland und der KSZE zu. Russland führte mit den Konfliktparteien vermehrt eigene Verhandlungen, ohne Rücksprache mit der KSZE zu halten. Auf der Jahreskonferenz der KSZE-Aussenminister Ende November 1993 in Rom forderte der russische Aussenminister Kosyrew ein offizielles KSZE-Mandat für russische bzw. russisch dominierte GUS-*peacekeeping*-Truppen in der Krisenregion und ihre Finanzierung durch die KSZE. Die KSZE strebte dagegen die Entsendung eigener multilateraler *peacekeeping*-Truppen an und lehnte es ab, Russland Exklusivrechte als Friedensüberwacher in der GUS zuzubilligen. Auch die aserbaidschanische Regierung lehnte rein russische bzw. russisch dominierte GUS-Friedenstruppen auf ihrem Gebiet ab, aus Angst, dass diese allzu leicht zu einer militärischer Ausweitung des Interessenbereichs Russlands führen würden. Die Auseinandersetzungen zwischen den Vermittlern irritierten die Konfliktparteien, die ihrerseits versuchten, die Vermittler gegeneinander auszuspielen, um sich Verhandlungsvorteile zu verschaffen.

Erst die militärische Niederlage Aserbaidschans im Frühjahr 1994 brachte Bewegung in die festgefahrenen Friedensbemühungen. Quasi im Alleingang erreichte Russland am 12. Mai 1994 die Unterzeichnung eines Waffenstillstandsvertrages. Dieser erwies sich - anders als die vorangegangenen Abmachungen - als dauerhaft und wurde zur Basis erneut einsetzender Friedensverhandlungen. Allerdings war dieser Erfolg weniger auf die Verhandlungsführung als auf den militärischen Sieg einer der Konfliktparteien zurückzuführen.

Auf dem Budapester KSZE-Gipfel am 5. und 6. Dezember 1994 wurden schliesslich neue Weichen für die Fortführung des Friedensprozesses gestellt, die darauf ausgerichtet waren, die ständige Rivalität zwischen den beiden Hauptvermittlern zu beenden. In einer gemeinsamen Erklärung vereinbarten die Mitgliedsstaaten, die Vermittlungsinitiativen Russlands und der Minsker Gruppe künftig "in einer einzigen koordinierten Bemühung im Rahmen der KSZE zu harmonisieren".[21] Im Gegenzug wurde Russland der gleichberechtigte Co-Vorsitz der Minsker Konferenz und der Minsker Gruppe angeboten.[22] Des weite-

---

21 Konferenz über Sicherheit und Zusammenarbeit in Europa: Treffen der Staats- und Regierungschefs der Teilnehmerstaaten der KSZE am 5. und 6. Dezember 1994 in Budapest, Budapester Dokument 1994, in: Bulletin, Nr. 120, p. 1097. Presse- und Informationsamt der Bundesregierung, p.1101.

22 Seit April 1995 sitzen mit Heikki Talvitie und Valentin Lozinsky ein finnischer und ein russischer Diplomat dem Präsidium der Minsker Konferenz vor. Ebenso verhält es sich mit dem diplomatisch untergeordneten Vorsitz der Minsker Gruppe, den sich Rene Nyberg und Wladimir Kazimirow teilen.

ren wurde beschlossen, eine Friedenstruppe unter der Ägide der KSZE in die Krisenregion zu entsenden. Dafür wurden jedoch zwei Vorbedingungen festgeschrieben: Die Unterzeichnung eines Abkommens, das die bewaffnete Phase des Konfliktes abschliesst und zugleich einige politische Rahmenbedingungen für die Regelung des Konfliktes skizziert sowie eine entsprechende Resolution des UN-Sicherheitsrates. Der Verzicht Russlands auf eigene Friedenstruppen stellte einen diplomatischen Sieg der KSZE dar, der dadurch ermöglicht wurde, dass sich die Grossmacht mit der letztgenannten Bestimmung die Möglichkeit vorbehielt, die multilaterale *peacekeeping*-Mission im Zweifelsfall durch ein Veto im UN-Sicherheitsrat zu verhindern.

Im August 1995 institutionalisierte die OSZE ihr Engagement im Karabach-Konflikt weiter, indem sie eine ständige Vertretung für den Konflikt in der Region vereinbarte. Der polnische Botschafter Stanislaw Przygodski soll als persönlicher Beauftragter des amtierenden Vorsitzenden der OSZE zusammen mit vier *field assistants* ein Büro im georgischen Tiflis eröffnen und von dort aus regelmässig nach Baku, Erewan und Berg-Karabach reisen, um dem Vorsitz über Vorbereitungen einer möglichen OSZE-*peacekeeping*-Operation zu berichten und die Konfliktregelung voranzutreiben.[23]

Der Verhandlungsstand

Gemäss den Budapester Vereinbarungen vom Dezember 1994 wird gegenwärtig ein formeller Waffenstillstandsvertrag ausgehandelt, der zugleich den politischen Rahmen für die Konfliktregelung abstecken soll. Kernfragen der Verhandlungen sind der Abzug der karabach-armenischen Truppen und der zukünftige politische Status der Enklave. Daneben spielen auch die Rückkehr der Kriegsflüchtlinge und die Stationierung von Friedenstruppen eine wichtige Rolle. Die Vermittler selbst waren sich lange Zeit uneinig, ob die Kernfragen überhaupt in das anstehende Abkommen aufgenommen werden sollten. Russland wollte diese hintanstellen und argumentierte, dass das Problempaket ansonsten zu gross werde. Dagegen bestanden vor allem die westlichen Mitglieder der Minsker Gruppe darauf, bereits zu diesem Zeitpunkt den Rahmen für eine politische Lösung festzulegen, mit dem Argument, dass Kompromisse nur zu erwarten wären, wenn die Konfliktparteien das Endergebnis der Verhandlungen einigermassen einschätzen könnten. Zusätzlich blockierte der ungeklärte Status Berg-Karabachs bei den Verhandlungen Gespräche über die Kernfragen des Konfliktes.[24] Seit Frühsommer 1995 werden

[23] OSCE-Newsletter, Vol. 2, 1995, No. 9, pp. 1ff.

[24] Während Karabach auf den Status einer gleichberechtigten Konfliktpartei beharrt, weigert sich Aserbaidschan, Berg-Karabach als eigenständige Konfliktpartei anzuerkennen. Dahinter steht vor allem die Furcht, die Frage der Souveränität Karabachs vorwegzunehmen.

nun erstmals die zentralen politischen Streitfragen und die militärisch-technischen Fragen des Truppenrückzuges und der Bildung einer Pufferzone gleichzeitig verhandelt.[25]

Truppenabzug und Sicherheitsfrage

Eine Schlüsselfrage der Abzugsverhandlungen ist der Rückzug karabach-armenischer Truppen aus den aserbaidschanischen Gebieten um Latschin sowie östlich und südlich von Berg-Karabach. Die Gebiete um Latschin bilden einen Korridor zwischen Karabach und Armenien. Kern des Latschin-Problems ist deshalb die Frage des freien oder kontrollierten Personen- und Güterverkehrs von und nach Karabach. Aserbaidschan fordert einen Rückzug und plädiert zum Teil für eine internationale Aufsicht, während Karabach den Zugang zu Armenien als existentielles Sicherheitsinteresse definiert und nicht bereit ist, die Kontrolle des Korridors aus der Hand zu geben. Den Rückzug aus den Gebieten südlich und östlich von Karabach verknüpft die armenische Seite wiederum mit der Forderung nach weitreichenden Sicherheitsgarantien, vor allem aber mit der Anerkennung eines politischen Status' für Berg-Karabach, der ihrem Unabhängigkeitsbestreben möglichst nahekommt. Damit wird gewissermassen die aus dem Nahostkonflikt bekannte Formel "Land gegen Frieden" adaptiert und eine Paketlösung gefordert. Dagegen besteht Aserbaidschan auf einem Stufenprozess; der Rückzug aus den besetzten Gebieten wird als Vorbedingung für eine Diskussion der Statusfrage gesehen.

Der Standpunkt der Republik Armenien weicht insofern von der Linie Karabachs ab, als die Rückgabe der besetzten Gebiete an Aserbaidschan ohne grössere Vorbedingungen befürwortet wird. Die Einbehaltung des Latschin-Korridors wird im Verbund mit der Stationierung von Friedenstruppen im Osten Karabachs als ausreichende Sicherheitsgarantie angesehen.

Der Status von Berg-Karabach

Die Frage nach dem endgültigen politischen Status von Berg-Karabach bildet den Hauptstreitpunkt der Verhandlungen. Die karabachische Führung verweist auf ihre faktische Unabhängigkeit und zeigt sich in ihren öffentlichen Äusserungen bestenfalls bereit, eine Art lockere und gleichberechtigte Konföderation mit Aserbaidschan einzugehen. Im Unterschied dazu verfolgt das unter der Verkehrs- und Wirtschaftsblockade leidende Armenien eine pragmatischere Linie und besteht vor allem auf der Aufrechterhaltung freier Zufahrtswege zwischen

---

25 OSCE Newsletter, Vol. 2, 1995, No. 7, p. 3.

Armenien und Karabach. Aserbaidschan dagegen pocht unverändert auf seine territoriale Integrität.

Russland als weichenstellende Einflussmacht wird, nicht zuletzt aus Furcht vor Präzedenzwirkungen im eigenen Vielvölkerstaat, keinen selbständigen Staat Berg–Karabach oder eine Angliederung an Armenien akzeptieren und strebt statt dessen eine Föderationsregelung innerhalb Aserbaidschans an. Ein ähnliches Interesse vertritt die OSZE, die als Staatenvertretung grundsätzlich Konfliktregelungen innerhalb bestehender staatlicher Systeme befürwortet. Vieles spricht dafür, dass man sich letztlich auf einen weitgefassten Autonomiestatus für Berg-Karabach sowie Sonderregelungen für den Zugang zu Armenien einigen wird. Für deren konkrete Ausgestaltung wie die Aufgabenteilung zwischen Zentralregierung und Berg–Karabach gibt es aber noch keine Hinweise.

Rückkehr der Flüchtlinge

Ein wichtiger Verhandlungspunkt ist auch die Zukunft der Flüchtlinge. Als Folge des Krieges gibt es etwa 380'000 armenische Flüchtlinge und rund eine Million aserbaidschanische Flüchtlinge, von denen etwa 200'000 aus Armenien, 45'000 aus Berg–Karabach und etwa 750'000 aus den besetzten aserbaidschanischen Gebieten stammen. Verhandelt wird aber im wesentlichen über die Rückkehr der aserbaidschanischen Flüchtlinge nach Berg–Karabach. Dabei besteht Aserbaidschan vor allem auf der Repatriierung der Flüchtlinge aus der Stadt Schuschi, die Armeniern und Aserbaidschanern gleichermassen als kulturell–historisches Erbe gilt.

Friedenstruppen

Gemäss der Budapester Entscheidung werden OSZE–Friedenstruppen erst nach Unterzeichnung des gegenwärtig verhandelten Abkommens ins Konfliktgebiet entsandt, um sich bei einem Rückzug der armenischen Einheiten zwischen die Parteien zu stellen. Entsprechend ungewiss ist, ob und wann die OSZE–Friedenstruppen tatsächlich zum Einsatz kommen. Ein solcher Einsatz wäre für die Organisation ein Präzedenzfall, da sie bislang kein *peacekeeping* betreibt. Die Entsendung multilateraler Friedenstruppen wäre auch der erste internationale Einsatz in der von Russland als "nahes Ausland" beanspruchten Interessensphäre. Damit würde der russische Anspruch, einziger Garant für Frieden und Stabilität im GUS–Raum zu sein, erstmals durch eine internationale Organisation eingeschränkt.

In der ersten Jahreshälfte 1995 arbeitete die *High Level Planning Group* in Wien, bestehend aus dreissig Offizieren aus OSZE–Staaten, militärische und logistische Pläne für den Einsatz einer OSZE-Friedenstruppe im Karabach-Konflikt aus. Dabei wurden alternativ Konzepte für Truppenkontingente in Höhe von 1'500, 3'000 und 4'500 Soldaten ausgearbeitet. Unklar ist bislang nicht nur, für welche Variante sich die OSZE letztlich entscheidet und welche Mitgliedsstaaten sich daran beteiligen, sondern auch, wie die Operation finanziert werden soll. Die Entsendung würde eine Vervielfachung des gegenwärtig nur 46 Millionen DM betragenden Organisationsbudgets voraussetzen. Die USA als einer der wichtigsten Geldgeber der Organisation haben bereits angekündigt, dass sie die Aktion zwar politisch unterstützen, aber ihre Mittel für die OSZE nicht erhöhen werden.

Für Russland, das lange gegen multilaterale Friedenstruppen opponiert hatte, bliebe nach der aserbaidschanischen Weigerung, rein russische Truppen auf seinem Territorium zu akzeptieren, damit die Möglichkeit, zumindest im Rahmen des OSZE-*peacekeeping*, aber dafür mit stärkerer Legitimation, Einfluss zu nehmen. Und schliesslich bedeuten OSZE-Friedenstruppen auch eine Entlastung des russischen Budgets.

Schlussbemerkungen und Ausblick

Die obigen Ausführungen zeigen, dass die beiden Hauptvermittler Russland und die OSZE sich sehr unterschiedlicher Strategien und Mittel bedienen. In der Sprache der Vermittlungstheorien spielt Russland die Rolle eines "host neighbours"[26], eines ressourcenstarken Nachbarstaates, der durch Eigeninteressen eng in den Konflikt eingebunden ist und diesen durch Parteinahme zugunsten einer der Konfliktparteien oder mittels wechselnder Bündnispolitik wesentlich beeinflusst. Die Grossmacht bedient sich stark direktiver Strategien, setzt beständig Druckmittel und Anreize ein und instrumentalisiert den Konflikt für ihre Interessen. Dagegen basieren die Aktivitäten der OSZE als einer internationalen Organisation mit wenig Zwangsinstrumenten im wesentlichen auf der Freiwilligkeit der Konfliktparteien. Auch verfolgt die Organisation eher indirekte Interessen, so die Ausweitung ihrer institutionellen Befugnisse und die Verwirklichung des "OSCE-first"-Prinzips in ihrem Geltungsraum. Sowohl Russland als auch die OSZE bedienen sich kommunikationsfördernder Strategien und der stillen Diplomatie. So führen die Vermittler beständig Einzelgespräche mit Vertretern der Konfliktparteien, um eine Annäherung in den Streitpunkten zu erreichen.

---

26 I. William Zartman: Negotiations and Prenegotiations in Ethnic Conflict; The Beginning, the Middle and the End, in: Joseph Montville (Ed.): Conflict and Peacemaking in Multiethnic Societies, Lexington 1990, pp. 511-534.

Während Russland aufgrund seiner Eigeninteressen nicht als unparteiische dritte Partei gelten kann, ist die OSZE in bezug auf die von ihr angestrebte Konfliktregelung ebenfalls nicht neutral. Als zwischenstaatliche Organisation verfolgt sie prinzipiell Lösungen innerhalb bestehender staatlicher Grenzen. Mit dem Präferieren einer Autonomieregelung für Berg–Karabach haben die Konkurrenten OSZE und Russland sogar ähnliche Zielvorstellungen. Letztlich ermöglichte dies bisher das partielle Zusammenwirken der beiden. Auch die Türkei und der Iran treten grundsätzlich für eine Autonomieregelung ein. Diese weitgehende Übereinstimmung in bezug auf das Vermittlungsziel ist selten für einen Konflikt, in dem mehrere konkurrierende Regionalmächte intervenieren.

Der den Friedensprozess belastende Konflikt zwischen der westlich dominierten Minsker Gruppe und Russland basiert nicht nur auf Unstimmigkeiten bezüglich der Vermittlungsstrategien und der Instrumentalisierung des Krieges durch Russland. Das Entstehen der alten KSZE war auch eng mit der Spaltung Europas in zwei feindliche Blöcke verbunden. Folgerichtig wandten die beiden Akteure im Umgang miteinander viele Mittel und Konzepte aus dem Kalten Krieg an. Insofern kann die Einbeziehung Russlands in das Präsidium der Minsker Gruppe auch als ein Versuch gelten, die alten Verhaltensmuster zu überwinden.

Die Friedensverhandlungen werden stark von den Kriegsfolgeproblemen dominiert. Weniger die sozialen und politischen Konfliktursachen und die Erleichterung des Transformationsprozesses stehen im Mittelpunkt als vielmehr Fragen über die Rückkehr der Flüchtlinge, den Abzug aus den besetzten Gebieten sowie die Stationierung von Friedenstruppen. Die regionalen Interessen und Machtkonstellationen sowie die Konflikte zwischen den Vermittlern überlagern die Verhandlungen erheblich. Schliesslich agieren und reagieren die Konfliktparteien in diesem Rahmen und versuchen ihrerseits, günstige Konstellationen für die eigenen Maximalziele auszunutzen.

Ein Erfolg der Friedensverhandlungen ist die Tatsache, dass ein stetiger und geregelter Kommunikationsprozess in Gang gesetzt wurde. Über diese Feststellung hinaus sind gegenwärtig sehr unterschiedliche Einschätzungen und Prognosen über den künftigen Verhandlungsverlauf möglich. Für eine positive Sichtweise spricht, dass die Konfliktparteien seit einigen Monaten erstmals über die Schlüsselfragen des Konfliktes, nämlich den Truppenabzug aus den besetzten Gebieten und den künftigen Status von Berg–Karabach, verhandeln. Auch wenn konkrete Kompromisse derzeit noch ausstehen, könnte dies als Indiz dafür gelten, dass zumindest zwei wichtige Störfaktoren die Gespräche in Zukunft weniger blockieren werden: Zum einen die zeitraubenden Auseinandersetzungen über den Verhandlungsstatus von Berg–Karabach und zum anderen der Dauerkonflikt zwischen Russland und der Minsker Gruppe. Für eine eher positive Prognose sprechen auch andere Entwicklungen. Als wichtigster Punkt wäre hier die Veränderung der OSZE–Strategie durch die Aufnahme Russlands in das Präsidium der

Minsker Gruppe zu nennen. Auch hat Russland inzwischen wichtige Ziele in der Region erreicht; es hat sich in der Pipelinefrage teilweise durchgesetzt und im März 1995 einen Truppenstationierungsvertrag mit Armenien unterzeichnet sowie ein Abkommen über russische Stützpunkte mit Georgien paraphiert. Diese Faktoren könnten der Stabilität und einem baldigen Frieden in der Kaukasusregion förderlich sein.

Mit zunehmender Kriegsmüdigkeit entwickelte sich bei der Republik Armenien eine grössere Regelungsbereitschaft. Das Land konnte sich seit dem Waffenstillstand vom Mai 1994 ökonomisch etwas erholen, und erstmals seit Kriegsbeginn stiegen Nationaleinkommen und Industrieproduktion und wecken Hoffnungen auf eine baldige Besserung der Lage. Aserbaidschan, das derzeit rund eine Million Flüchtlinge zu verkraften hat, benötigt dringend die Erlöse aus seinen Ölvorkommen, die seit dem Pipelinekompromiss in greifbare Nähe gerückt sind. Frieden und politische Stabilität würden die schnelle Förderung und den Verkauf des Erdöls erleichtern.

Aber auch wesentlich pessimistischere Prognosen sind möglich. Dass die Vermittler immer noch keine konkreten Ergebnisse vorzeigen können, spricht für eine fortdauernde Stagnation der Verhandlungen, zumal die Entsendung der OSZE–Friedenstruppen noch in weiter Ferne zu liegen scheint. Die Blockierung der Verhandlungen kann von der wiedererstarkten Rivalität zwischen OSZE und Russland oder der Haltung der Konfliktparteien herrühren. Tatsächlich kommt der Führung von Berg–Karabach die gegenwärtig ungeklärte Situation entgegen. Sie hat seit dem Waffenstillstand die staatlichen Strukturen der Enklave stetig ausgebaut, Parlaments- und Präsidentschaftswahlen abgehalten und hofft offensichtlich, die Unabhängigkeit Karabachs bald zu einer unumkehrbaren Tatsache zu machen. Bislang zeigt auch die Regierung Alijew wenig Kompromissbereitschaft, obwohl sie durch ihren Wahlsieg im November 1995 gegenüber der stärker national ausgerichteten aserbaidschanischen Opposition an politischer Handlungsfreiheit gewonnen hat. So besteht langfristig die Gefahr, dass Aserbaidschan die Zeit und seine neuen Petrodollars nutzen wird, um seine Armee wiederaufzubauen und eine neuerliche Offensive zu führen. Bei der russischen Führung dominiert möglicherweise die Absicht, den Konflikt als wirkungsvolles Instrument für die Kontrolle renitenter transkaukasischer Regierungen – vor allem der aserbaidschanischen – zu nutzen, über das Interesse an regionaler Stabilität.

Eindeutige Prognosen über den Erfolg des Friedensprozesses lassen sich also gegenwärtig nicht abgeben. Auch die politischen Rahmenbedingungen für das Engagement der OSZE in Berg–Karabach haben sich nicht verbessert. So besteht gegenwärtig die Gefahr, dass die neuen Aufgaben der OSZE in Bosnien ihr Engagement im Karabach–Konflikt in den Hintergrund drängen. Schliesslich bietet der Bosnien–Konflikt gegenwärtig sehr viel mehr Möglichkeiten, sich gegenüber den anderen europäischen Organisationen zu profilieren, als der Minsker Friedensprozess.

Die Formel von der künftigen Autonomie Berg–Karabachs scheint bisher inhaltlich kaum konkretisiert. Die Konfliktparteien selber verwenden sie oft plakativ und verbinden damit viele Befürchtungen. Die OSZE ist hier gefordert, sie in Zusammenarbeit mit internationalen und regionalen Experten, Wissenschaftlern, Politikern sowie gesellschaftlichen Akteuren und NGOs weiterzuentwickeln. Schon jetzt sollten zumindest einige Gestaltungsvorschläge in der Öffentlichkeit der betroffenen Länder diskutiert werden, um die Gesellschaften stärker als bisher in den Friedensprozess miteinzubeziehen. Von einer solchen Diskussion könnten möglicherweise auch neue Impulse für den Friedensprozess ausgehen.

Die Geschichte des Karabach–Konfliktes zeigt, dass ethnisch–territoriale Autonomieregelungen ambivalent sein können. Da jedoch andere Regelungen des Konfliktes, wie beispielsweise eine territoriale Neuordnung, eine liberale Integrationspolitik, die Einführung eines Proporz- bzw. Konkordanzsystems etc. gegenwärtig nicht realistisch sind, müssen Wege gefunden werden, um eine künftige Friedensregelung mit demokratischen Inhalten zu füllen und rechtsstaatlich abzusichern. Erfahrungsgemäss sind regionale Arrangements oder auch Gruppenrechtsabkommen dann am erfolgreichsten, wenn sie Teil einer allgemeinen politischen Neuordnung und eines demokratischen Transformationsprozesses sind. Schliesslich können nur gesicherte rechtsstaatliche Strukturen die Implementierung jedweder Friedensregelung, Menschen- und Minderheitenrechte garantieren. Hier liegt langfristig die schwierigste Herausforderung des Friedensprozesses und der internationalen Vermittler, hat doch der Karabach–Konflikt selbst dazu beigetragen, dass sich die autoritären Strukturen der politischen Landschaft der Region wieder verstärkt haben.

Panafrikanismus und Frieden

Das Scheitern der Ostafrikanischen Gemeinschaft als Beispiel der friedenspolitischen Fragwürdigkeit des Integrationsgedankens

Von Wolfgang Dietrich

> "The vision of a new society in Africa will need to be developed *in* Africa, born out of the African historical experience and the sense of continuity of African history. The African is not yet master of his own fate, but neither is he completely at the mercy of fate."
>
> *Molefi Kete Asante*

Schon seit Jahrzehnten bestreitet ein beachtlicher Teil der afrikanischen Historiker und Politologen die grundsätzliche Kommunizierbarkeit wissenschaftlicher Ergebnisse zwischen der afrikanischen und der europäisch-amerikanischen Kollegenschaft. *African Studies* sollten *Insidern* vorbehalten werden, sagen sie, weil nur sie in der Lage wären, die Fakten aus der kolonialen Erfahrung heraus zu interpretieren.[1] Diese radikale und verbitterte Position begründete sich vor allem im amerikanischen Ursprung der Politikwissenschaft und in der systemlegitimatorischen Funktion der Internationalen Beziehungen als Disziplin. Aus beiden ergab sich die absolute Prädominanz des liberal-universalistischen Paradigmas, das durch *behavioralism, comparative politics, area studies* und marxistische Ansätze, die ihrerseits der abendländischen Philosophie entspringen, nur zaghaft und spät herausgefordert wurde. Drei Viertel aller registrierten Politologen der Welt waren noch Mitte der siebziger Jahre Nordamerikaner und nur knapp ein Drittel aller Dissertationen zum tropischen Afrika wurde damals auch von Afrikanern verfasst.

Der *Mainstream* der Disziplin baut auch heute noch auf das universalistische Paradigma. Der in den letzten Jahren in den USA in Mode gekommene

---

1 Siehe dazu die hervorragende Zusammenfassung dieser Diskussion bei James Coleman: American Political Science and Tropical Africa, London 1994, pp. 206–252. Zu einem ähnlichen Resultat gelangt der soziolinguistische Ansatz, exemplarisch vertreten von Wa Thiong'o Ngugi: Decolonising the Mind, Nairobi 1988.

Kommunitarismus steht mit seiner Betonung des Gemeinschaftlichen vor dem Individuellen zwar in einem gewissen Spannungsfeld zum Liberalismus und seinen Institutionen, birgt in sich aber wieder eine universalistische Heilsversprechung, die ausserhalb des realen Kontextes der USA leicht als romantisch-konservativer Ansatz missdeutet werden kann. Und eine gängige Antwort der radikalen afrikanischen Kollegenschaft besteht heute wie vor zwanzig - oder hundert - Jahren aus einem schwarzen Gegenuniversalismus und der Behauptung, dass zwischen den beiden zwangsläufig rivalisierenden Universalismen keine Kommunizierbarkeit bestehe.

Doch das offensichtliche Scheitern der grossen Entwicklungstheorien öffnete in den letzten Jahren auch den Raum für postmoderne Ansätze, deren entscheidende Gemeinsamkeit bei allen Differenzen das Bekenntnis zum Pluralismus, zum demokratischen Dissens ist. Wesentliche Beiträge zu dieser Diskussion kommen von indischen, lateinamerikanischen und afrikanischen Autorinnen und Autoren und sind von transdisziplinären Denkansätzen angeregt. Der pluralistische Ansatz sollte auch ein entscheidender Impuls für die Friedensforschung nach dem Kalten Krieg sein, begibt er sich doch auf jene gemeinsame Diskussionsebene, die vor dem Hintergrund kolonialistisch gedachter Vorgaben tatsächlich schwer vorstellbar ist. In diesem Aufsatz möchte ich am bewusst so gewählten, eher technokratischen Beispiel der Integration in Ostafrika die inhaltliche Annäherung an eine postkolonialistische Diskussionsebene versuchen.

Europa, lebendes Laboratorium der Integrationstheorien?

Spätestens mit der Vertiefung und Erweiterung der Europäischen Gemeinschaften zur Europäischen Union verfestigte sich sowohl in der Tagespolitik als auch in der politischen Wissenschaft Europas ein Selbstverständnis, das Integration als Emblem für friedenspolitische Heilsversprechungen neben Demokratie, Menschenrechte und Rechtsstaatlichkeit stellt. Für die europäische Integration nach dem Zweiten Weltkrieg bildeten die Vorstellung von einer Friedens- und Wertegemeinschaft sowie die Erarbeitung eines konkret bedienbaren Problemlösungsrahmens die Leitbilder. Vor allem die Auflösung der alten und in der Vergangenheit oftmals kriegerischen Rivalitäten zwischen Deutschland und Frankreich durch die Verflechtung ihrer Schwermetallindustrien wird gerne als Paradebeispiel geglückter Friedenspolitik durch Integration genannt. Als richtungsweisende Neuerung der europäischen Integration ab 1951 gegenüber den bis dahin üblichen Ansätzen intergouvernementaler Zusammenarbeit ohne Einschränkung nationaler Souveränität galt vor allem die Bereitschaft der ursprünglichen Sechsergemeinschaft zu einem supranationalen Gemeinschaftsmodell, also zur Übertragung bestimmter hoheitlicher Kompetenzen der Nationalstaaten an Gemeinschaftsorgane und deren Ermächtigung zur verbindlichen Rechtsetzung für alle Mitglieder.

Heute eher in Vergessenheit geraten ist die Tatsache, dass dieses Modell ursprünglich auf eine Integrationsdichte und -tiefe abzielte, die es bislang trotz Maastricht nicht erreicht hat. Schon seit den vierziger Jahren bestanden sehr konkrete Pläne zur Errichtung einer Europäischen Verteidigungsgemeinschaft (1948) und einer Europäischen Politischen Gemeinschaft derselben Staaten, wobei die Politische Gemeinschaft als mit Aussen- und Wirtschaftskompetenzen ausgestattete und parlamentarisch organisierte Klammer über die beiden anderen gedacht war. Ein derart weitreichender Verlust nationalstaatlicher Souveränität war aber im Europa der Sechsergemeinschaft damals politisch nicht durchsetzbar. So wurde die Europäische Wirtschaftsgemeinschaft über Jahrzehnte zur Triebfeder des gesamteuropäischen Integrationsprozesses.[2]

Die wirtschaftliche Schlagseite der europäischen Integration bewirkte auch eine Orientierung an ökonomischen Normen und Daten für die Evaluierung des Erfolges der Gemeinschaft. Gemeinschaftseuropäische Prosperität sicherte den Bestand der "Werte- und Friedensgemeinschaft" und verlegte den Fokus der Analyse somit nach innen. Anders ausgedrückt, systemtypisch angelegte, aber für Dritte problematische Aussenwirkungen wurden durchaus akzeptiert, in ihrer Bedeutung aber vernachlässigt oder geleugnet. Ein Beispiel für ersteres ist der Entwicklungsbereich mit seinen Assoziierungsabkommen und den vielgerühmten Jaundé-, Arusha- und Lomé-Verträgen mit Staaten Afrikas, der Karibik und des Pazifiks. Allen humanitären Beteuerungen zum Trotz besteht und bestand der Hauptzweck dieser Abkommen aus gemeinschaftseuropäischer Sicht darin, die Rohstoffzufuhr für die eigenen Industrien zu sichern, Arbeitsplätze in Europa zu schaffen und stabile Absätzmärkte für die eigenen Produkte zu garantieren. Ein EU-Leistungsbilanzüberschuss gegenüber den siebzig Vertragspartnern von Lomé von 130 Milliarden US-Dollar allein 1993 bei steigender Tendenz, während der EU-europäische Binnenhandel im gleichen Jahr um 10% zurückging[3], ist ein hartes makroökonomisches Faktum, das keinen Raum für moralisierende Abschwächungen dieses Argumentes lässt.

Als Beispiel für die völlige Leugnung der problematischen Aussenwirkungen dieser Art von Integration kann die Balkanfrage dienen, wo jede systemtheoretische Analyse zu dem Ergebnis gelangen muss, dass das eigentliche Versagen der EU in diesem Konflikt nicht so sehr in den gescheiterten Vermittlungsbemühungen nach Ausbruch der Gewalt liegt, als vielmehr in der Nichtbeachtung der Folgen einer konsequenten Marginalisierung dieser Semiperipherie im Zuge der Vertiefung und Erweiterung der gemeinschaftseuropäischen Integration während

---

2 Wichard Woyke: Europäische Union, in: Uwe Andersen/Wichard Woyke (Hrsg.): Handwörterbuch Internationale Organisationen, Opladen 1995, pp. 102–109.

3 So immerhin auch die Meinung von WTO-Generaldirektor Renato Ruggiero in: Die Zeit, Nr. 20 vom 12.5.1995.

der achtziger Jahre, aus jugoslawischer Sicht also in jener entscheidenden Periode, die zwischen Titos Tod und dem Ausbruch des Krieges liegt.[4]

Aber nicht nur in der Praxis, auch in der Theoriebildung setzte sich ein Integrationsverständnis durch, welches sich an Kriterien der neoklassischen Nationalökonomie orientierte und Europa zum "lebenden Laboratorium der Integrationstheorie" erklärte.[5] Aus diesem Laboratorium kam die Doktrin, dass regionale Integration auch für Entwicklungsländer günstig wäre, weil einerseits im Sinne der neoklassischen Theorie in einem hinter Schutzzöllen integrierten Absatzmarkt effizientere Produktionsbedingungen ausgebildet und damit *Entwicklung* beschleunigt werden könne, anderseits im Sinne strukturalistischer Theorieansätze die Nachfrage aus Industrieländern für Produkte aus Entwicklungsländern an Zyklen gebunden wäre, weshalb die Zusammenarbeit zwischen Entwicklungsländern Nachfrageausfälle aus den Industrieländern besser kompensieren könne. Der Integrations-*Highway* zum Erfolg läuft in beiden Fällen vom Präferenzraum über die Freihandelszone zur Zollunion und schliesslich zur Wirtschaftsunion, die eventuell auch zur politischen Union ausgebaut werden kann.

Panafrikanismus

Im Lateinischen meint *integrare* den Grundbegriff zur Bezeichnung der Wiederherstellung eines Ganzen aus seinen Teilen. Das für die moralische Begründbarkeit des politischen Prozesses wesentliche Moment der *Wieder*herstellung eines ursprünglichen Zustandes ging im europäischen Verständnis von Integration seit dem 17. Jahrhundert verloren. Die dadurch entstandene moralische Leerstelle wurde durch das Argument makroökonomischer Nützlichkeit, politischer und militärischer Sicherheit oder durch die historisierenden Mythen des Nationalismus ersetzt.

In Afrika prallte dieses europäische Integrationsverständnis - verkörpert durch weisse Siedler und Kolonialbeamte, aber in zunehmendem Mass auch durch die schwarzen Abgänger der Missionsschulen, die in der Verwaltung und im Militär aufstiegen - noch vor wenigen Jahrzehnten auf weit verbreitete, durch Sklavenhandel und brutale Unterdrückung hervorgerufene Anomie, also auf ein kollektives Gefühl des Wertverlustes und der Orientierungslosigkeit, die auch die tiefe Sehnsucht nach der Wiederherstellung einer Ordnung bewirkte, die in einer gemeinsamen, schwarzafrikanischen Vergangenheit vermutet wurde.

---

4 Ausführlich begründet habe ich dieses Argument in: Systemerhaltung und Fortschrittszauber, in: Margit Pieber (Hrsg.): Europa - Zukunft eines Kontinents, Münster 1994.

5 Eliawony Kisanga: Industrial and Trade Cooperation in Eastern and Southern Africa, Aldershot 1991.

Dieses Gefühl artikulierte sich seit der Jahrhundertwende unter dem Titel *Panafrikanismus*, und es ist kein Zufall, dass diese Bewegung ihren Ausgang nicht in autochthonen Gemeinschaften Afrikas nahm, sondern in den heraufdämmernden Bewegungen schwarzer Intellektueller in den USA, in der britischen Karibik und in England, ehe sie im späteren Ghana und Nigeria ihren ersten afrikanischen Fokus bildete.[6] Der Panafrikanismus entstand also vor allem in der schwarzen Diaspora und als Ableitung aus einem idealisierten Afrikabild, das in erster Linie als Ersatz für das durch weissen Rassismus verwehrte Gefühl positiver kollektiver Identifizierung dienen musste. Ohne die kultur- und sozialgeschichtlichen Leistungen der Panafrikanisten und die durch sie bewirkte Korrektur des europäischen Blickes auf die afrikanische Geschichte in irgendeiner Weise gering schätzen zu wollen, muss doch festgehalten werden, dass der Panafrikanismus von seinem Ursprung her die Antwort afroamerikanischer Intellektueller auf den weissen Rassismus und eurozentrischen Universalismus war. Der reaktive Charakter der Bewegung bewirkte eine oft situativ bedingte Verschwommenheit in ihren Zielen. Diese reichten von
- eher ideeller Rassensolidarität über
- bürgerlich-demokratische Emanzipation für afrikanische und afroamerikanische Menschen,
- Reafrikanisierung der Afroamerikaner
- und der erstmals im Jahr 1900 auf der ersten Panafrikanischen Konferenz von London geäusserten Forderung nach Selbstregierung der afrikanischen Völker bis zur
- politischen Einheit eines einzigen unabhängigen Staates in Afrika, eine Hoffnung die vor allem durch Überlegungen genährt wurden, die die britische *Labour Party* am Ende des Erstens Weltkrieges zur Diskussion stellte.[7]

Bis zum Ende des Zweiten Weltkrieges, oder anders ausgedrückt, bis zum 5. Panafrikanischen Kongress von Manchester im Oktober 1945 figurieren all diese Strömungen unter dem Titel Panafrikanismus.[8] Danach gewinnt dieser einen eindeutig kontinentalafrikanischen Charakter und verwandelt sich schrittweise zu einer Bewegung für die politische Einheit Afrikas. In Kwameh Nkrumah, dem Präsidenten Ghanas, also jenes Staates, der aufgrund seiner spezifischen Vorgeschichte im Zweiten Weltkrieg als erste ehemalige Kolonie in Afrika die politische Unabhängigkeit erlangte, findet diese ihren entschiedensten und prominentesten Fürsprecher. Nkrumah arbeitete mit Nachdruck auf eine rasche politische und wirtschaftliche Union aller nun sukzessive unabhängig werdenden Kolonien

6 Imanuel Geiss: Geschichte des Rassismus, Frankfurt 1988.
7 Kenneth Ingham: Tanganyika, The Mandate and Cameron, in: Vincent Harlow (Ed.): History of East Africa, Oxford 1965, p. 544.
8 Ditutu Bukasa: Die Integrationsbewegungen in Afrika mit besonderer Berücksichtigung Schwarzafrikas, Wien 1981.

der europäischen Staaten in Afrika hin. Doch innerhalb von wenigen Jahren erwies sich das besonders von frankophonen Eliten Afrikas ausgehende Konzept, welches ihre Länder als souveräne Nationalstaaten in ihren alten Grenzen und in einer Wertegemeinschaft mit der alten Kolonialmacht auffasste, dem Verständnis von Nkrumah überlegen. Mit der Festschreibung des Souveränitätsprinzips in Artikel III der Gründungscharta der Organisation Afrikanischer Einheit (OAU) im Mai 1963 war Nkrumahs Kampf um die Vereinigten Staaten Afrikas nach amerikanischem Vorbild[9] definitiv verloren. Das Scheitern dieses frühen, weitreichenden und ehrgeizigen Integrationsprojektes für Afrika lässt sich anhand von drei Hauptkomponenten erklären:

1) Die Staatsklassen der neuen Länder waren im wesentlichen noch während der Kolonialzeit entstanden, sodass Gruppen und Individuen bereits ausgeprägte Machtinteressen in die Unabhängigkeit mitbrachten.

2) Die Assoziierungs- und Entwicklungspolitik der europäischen Sechsergemeinschaft richtete sich damals wie heute stark nach den Interessen Frankreichs, der politisch repressivsten Kolonialmacht. In diesem Sinn muss vor allem das Jaundé-I-Abkommen zwischen der EWG und den nationalistisch orientierten, von Frankreich regelrecht zwangsassoziierten Ländern der *Union Africaine et Malgache* (UAM) vom 20.7.1963 verstanden werden, das entgegen seinem Namen kein europäisch-afrikanischer Kooperationsvertrag war, sondern der ideologisch motivierte und erfolgreiche Versuch der Bewahrung französischer Kolonialinteressen.[10]

3) Dadurch geriet die Panafrikanismusfrage in die Logik des Ost-West-Konfliktes. Die Panafrikanisten gerieten in den Verdacht, radikale Anti-Westler zu sein, während sie die Anhänger des Souveränitätsprinzips als "fidèle interprète du néo-colonialisme en Afrique"[11] bezeichneten. Und was Neokolonialismus heisst, definierte Nkrumah folgendermassen:

> "Der neokolonialistische Staat kann dazu gezwungen werden, ausschliesslich die Fertigprodukte der imperialistischen Macht zu kaufen. Die Kontrolle über die Regierungspolitik kann auch dadurch gewährleistet sein, dass die imperialistische Macht dem neokolonialen Staat Finanzmittel für seine Verwaltung zur Verfügung stellt. Auf diese Weise kann die Schutz-

---

9 So noch explizit festgehalten in der Deklaration von Accra gemeinsam mit Sékou Touré am 24.11.1958.

10 Diese herbe Kritik an Jaundé findet sich unter anderem bei Joseph Ki-Zerbo: Die Geschichte Schwarz-Afrikas, Frankfurt 1993, pp. 686-706. - Peter Hartman: Die Entwicklungspolitik der Europäischen Gemeinschaft am Beispiel der Lomé-Abkommen, München 1985. - Franz Anspenger: Perspektiven der EG-Assoziierung aus der Sicht Afrikanischer Staaten, in: IFO-Forschungsberichte/49 vom Dezember 1973.

11 Touré über Senghor und Houphouet-Boigny in Le Monde vom 18.5.1971. Auf die Diskussion um das in den frankophonen Ländern vorherrschende "negritude-Konzept" wird hier wegen des Schwerpunktes auf Ostafrika nicht weiter eingegangen.

macht durch Vermittlung einflussreicher Beamter des betreffenden Landes den Aussenhandel und das Bankensystem in die Hand nehmen."[12]

Das schrieb Nkrumah zu einem Zeitpunkt, als die Abkommen von Lomé noch in weiter Ferne lagen, also jene Abkommen der afrikanischen Staaten mit den Europäischen Gemeinschaften, von denen er sagte, sie wären "ein neues System des kollektiven Kolonialismus, das mit seinen Auswirkungen auf Afrika noch gefährlicher und schädlicher sein wird als der alte Kolonialismus".[13]

Die Kombination aus Eigeninteressen der während der Kolonialzeit herangezogenen Machteliten und dem Fortdauern der Einflussnahme von aussen, jetzt unter dem Vorzeichen des Kalten Krieges, machte aus dem ehrgeizigsten und weitreichendsten Integrationskonzept schlicht eine zwischenstaatliche Regionalorganisation, die weniger den Charakter einer festen internationalen Behörde mit klarer Aufgabenstellung, mit Dienstleistungsfunktionen und eigenen Kompetenzen hatte, als den einer locker institutionalisierten Konferenz. In ihrer weiteren Geschichte bewies die OAU fallweise zwar eine beachtliche Kohäsionskraft nach aussen, blieb nach innen aber das meiste von dem schuldig, was sich die panafrikanistischen Vordenker erträumt haben mögen.[14]

Ostafrika

Nachdem somit der grosse Wurf zur Integration des unabhängigen Afrika schon früh gescheitert war, richtete sich die Aufmerksamkeit auf eine Vielzahl kleinerer, regionaler Integrationsansätze, aus denen in den sechziger Jahren vor allem die *East African Community* als idealtypischer Hoffnungsträger herausragte. Diese Hoffnung mündete allerdings nicht nur in einen ernüchternden Zusammenbruch nach zehn Jahren, sondern auch in heftige Spannungen bis hin zum Krieg zwischen den ehemaligen Integrationspartnern. Versuchen wir, uns auch diesem Scheitern über eine historische Betrachtung zu nähern.

Weder die Geographie noch die vorkoloniale Geschichte geben irgendeinen Hinweis dafür, dass die heute als Ostafrika bezeichnete Region je eine natürliche Einheit gebildet hätte. In äusserst unterschiedlichen Lebensräumen existierten ebenso unterschiedliche Gesellschaften, deren organisatorisches Spektrum von stark hierarchisierten und territorial gebundenen Monarchien zu

---

12 Übersetzt nach Kwameh Nkrumah: Neocolonialism – the Last Stage of Imperialism, London 1965.

13 Zitiert nach S.K.B. Asante: Pan-Africanism and Regional Integration, in: Ali Mazrui (Ed.): General History of Africa, 8, Oxford 1993.

14 Eine authentische und mutige "Streitschrift gegen schwarze Eliten und weisse Helfer", in der die Konsequenzen dieses Scheiterns angeklagt werden, verfasste Axelle Kabou: Weder arm noch ohnmächtig, Basel 1993.

eher egalitaristischen, nur lose verbundenen und nomadisierenden Clansystemen reichte. Aus der Sicht des europäischen Kolonialismus war Ostafrika bis 1919 zumindest zweigeteilt. Der Süden, Tanganjika einschliesslich des heutigen Rwanda und Burundi, stand unter deutscher Verwaltung, der Norden, Kenia und Uganda, unter britischer. Die verkehrs- und verwaltungsmässige Erschliessung der beiden Territorien erfolgte völlig unabhängig voneinander und entsprechend der jeweils herrschenden politischen Doktrin der beiden Kolonialmächte. Überlegungen zur Integration der Gebiete kamen erst auf, als Tanganjika 1919 als Völkerbundmandat in britische Verwaltung gelangte. Nunmehr bestand nämlich innerhalb der britischen Herrschaftszone eine völkerrechtlich komplexe Struktur: Uganda war seit 1890 britische Kolonie, Kenia seit demselben Zeitpunkt Protektorat und Tanganjika Mandatsgebiet, ab 1946 UN–Treuhandgebiet. Hinter dieser juristischen Differenzierung, die durch erhebliche Grenzverschiebungen noch verkompliziert wurde, verbargen sich Widersprüche, die aus der Praxis der europäischen Kolonial- und Besiedlungsgeschichte resultierten.

In der britischen Kolonialpolitik der Zwischenkriegszeit lassen sich grob gesprochen zwei rivalisierende Tendenzen beobachten. Die eine betonte die ökonomischen Interessen des Empire und argumentierte mit der Verantwortung des *Mutterlandes* für die Kolonialvölker, vertrat also eine Vorform dessen, was nach dem Zweiten Weltkrieg als Entwicklungsparadigma die internationale Politik leiten sollte. Die andere stützte die Anliegen britischer Siedler in den Kolonien, strebte also tendenziell nach administrativer und ökonomischer Unabhängigkeit und neigte zur Diskriminierung der afrikanischen Bevölkerung in den betroffenen Gebieten. Das politische Gewicht der beiden Tendenzen hing von der Besiedlungsdichte des jeweiligen Gebietes durch europäische Siedler ab.

Uganda hatte sich relativ früh als ungeeignet für die üblichen Produktions- und Wirtschaftsformen der britischen Siedler erwiesen. Gleichwohl erlaubten die Königreiche zumindest im Süden und Südwesten die Etablierung einer relativ gut funktionierenden Variante des *Indirect Rule*, welches letztlich auch im Norden durchgesetzt werden konnte. Auf der Basis traditioneller afrikanischer Produktionsweisen entstand ein koloniales Wirtschaftssystem, welches auch für die zahlenmässig sehr kleine europäische Gemeinde gewinnträchtig blieb. Diese zeigte infolgedessen wenig Ambitionen, wie sie für die Siedlerminderheiten in anderen Kolonien typisch waren: Zahlenmässige Aufstockung der europäischen Gemeinde, rassistische Abgrenzung und Streben nach verstärkter politischer Repräsentanz zwecks Steigerung der Macht und Wohlfahrt der eigenen Bevölkerungsminderheit. Ihre Interessen verbanden sich vielmehr mit denen der durch dieses System – vor allem die Baumwollproduktion – gestärkten Bantu–Königreiche, besonders der Baganda, im Süden des Landes, die aufgrund ihrer privilegierten Position Gegner jeder administrativen Veränderung in der Region waren.[15]

Ganz anders war die Situation in *Kenia*, wo die Verkehrslage und die günstigen geographischen Bedingungen einzelner Landstriche seit der Jahrhundertwende das rasche Anwachsen europäischer Siedlerkolonien förderten. Diese etablierten Strukturen lokaler Akkumulation sollten sich über die Unabhängigkeit hinaus als stabil erweisen. Während die ostafrikanischen *cash crops* für den Weltmarkt mit afrikanischer Arbeitskraft in Uganda und Tanganjika produziert wurden, bildete sich in Kenia ein regionales Subzentrum des kapitalistischen Weltsystems, dessen Exponenten nun ähnlich wie die Siedler in Südafrika und Rhodesien auf ein weitgehend selbstverwaltetes System mit Dominanz ihrer Minderheit in Verwaltung, Gesetzgebung und Rechtssprechung hinarbeiteten. Dementsprechend nimmt hier die rassistische Ausgrenzung der als *petty bourgeoisie* ins Land geholten Asiaten schon früh Gestalt an. Ebenso früh kommt es zu gewalttätigen Landkonflikten mit der diskriminierten afrikanischen Bevölkerung.[16]

Tanganjika nahm durch den Übergang seines ertragreichen Hinterlandes Rwanda und Burundi in belgische Verwaltung eine ähnlich periphäre Stellung ein wie Uganda. Die Neuorganisation des Mandates auf den Trümmern der deutschen Verwaltung Tanganjikas folgte ökonomisch dem Prinzip der Plantagenbewirtschaftung, womit der umfangreiche Abfluss der Profite in die Zentren eine lokale Akkumulation von Bedeutung verhinderte. Zugleich folgte die administrative Neuordnung den im zeitlichen Kontext progressiven Vorstellungen des Gouverneurs Donald Cameron, die eine vergleichsweise geringe Differenzierung der Gesellschaft im Innern bewirkten. Cameron band von Beginn an die asiatische Minderheit in den von ihm gestalteten Legislativrat ein und entwarf ein Modell des *Indirect Rule* für die afrikanische Bevölkerung auf lokaler Ebene. Einerseits orientierte sich dieses an vernakulären Formen der Verwaltung und Rechtssprechung und rehabilitierte traditionelle Autoritäten nach der deutschen Herrschaft, anderseits zielte es auf die schrittweise Einbeziehung der Afrikaner in die Verwaltung und Gesetzgebung für das gesamte Mandatsgebiet ab. Dadurch wurde zaghaft eine lokale Kleinbourgeoisie ausgebildet, die nach der Unabhängigkeit daran gehen sollte, unter Zuhilfenahme des Staates die etablierten Produktionsstrukturen zu transformieren. Stärker noch als in Uganda wurde also auch in Tanganjika eine Politik verfolgt, die im klaren Widerspruch zu den Ambitionen der britischen Siedler Kenias stand, weshalb von dieser Seite auch kein besonderes Interesse an einer Integration der britischen Zone Ostafrikas mit Kenia als Subzentrum bestand. Erst als in den dreissiger Jahren zurückgekehrte und neu

15 Siehe dazu ausführlich R.C. Pratt: Administration and Politics in Uganda 1919–1945, in: Harlow, History of East Africa (Fn. 7), pp. 476–541.

16 Siehe dazu ausführlich Stefan Collignon: Regionale Integration und Entwicklung in Ostafrika, Hamburg 1990, pp. 120–123.

zugereiste deutsche Siedler, aber auch das offizielle Deutschland Interesse an einer Rückgewinnung der Kolonie verkündeten, bewirkte dies eine Hinwendung insbesondere der britischen Siedler Tanganjikas zum Subzentrum in Kenia und stärkte damit den Integrationsgedanken.[17]

Obwohl sich also die gesellschaftliche Stratifikation und die politische Praxis in allen drei Territorien Ostafrikas unter britischer Herrschaft so unterschied, dass an einen gewollten Integrationsprozess nicht zu denken war, erzwang besonders die isolierte geographische Lage Ugandas schon früh Massnahmen, die in letzter Konsequenz auf eine wirtschaftliche Integration hinwirkten. Dies begann bereits vor dem Ersten Weltkrieg mit verschiedenen Versuchen, die Abwicklung der Importzölle für Uganda in Mombasa durch Ausgleichszahlungen Kenias zu regeln. Ab 1917 führte dies zu einer gemeinsamen Zollverwaltung, an der ab 1927 auch Tanganjika teilhatte. Ab diesem Zeitpunkt berechneten die drei Territorien einen gemeinsamen Aussentarif und gewährten einander Freihandel. Die sukzessive Verschmelzung verschiedener Verwaltungseinrichtungen erlauben es, von einer Zollunion zu sprechen. Allerdings muss beachtet werden, dass es sich hier um abhängige Gebiete handelte und die Akteure weit davon entfernt waren, eine gemeinsame Wirtschaftspolitik gegenüber Drittstaaten zu betreiben. Vielmehr benutzte Kenia die gemeinsamen Aussenzölle zur Gestaltung innerer Wettbewerbsvorteile und auch mit nicht-tarifären Handelshemmnissen wurde gegeneinander gearbeitet. Der Integrationsprozess blieb daher ein im wesentlichen von der Kolonialmacht gesteuerter und auf den wirtschaftlich-administrativen Bereich beschränkter Vorgang, dessen Ausweitung auf die politische Ebene in Form einer verstärkten Selbstbestimmung durch die britische Siedlerkolonie trotz der Versuche etlicher Expertenkommissionen nicht ernsthaft verhandelbar war. Die Frage der regionalen Integration in Ostafrika entstand als Projekt der Kolonialverwaltung, der europäischen Siedler und bestenfalls noch der asiatischen Minderheiten. Aus der Sicht der afrikanischen Mehrheiten jedoch schien sie irrelevant bis bedrohlich.

Dies blieb auch nach dem Zweiten Weltkrieg so, wenngleich nun die systematische Errichtung oder Neuordnung wichtiger gemeinschaftlicher Einrichtungen erfolgte. Betroffen waren davon das gesamte Post- und Telekommunikationswesen, Eisenbahnen, Häfen und Luftfahrt, die Zollverwaltung, das Steuerwesen, die Währung, Forschung und Lehre. Die Integrationsfortschritte, die in diesen Bereichen gemacht wurden, standen allerdings im krassen Gegensatz zur Unfähigkeit, sie durch die Ausbildung effizienter Integrationsorgane abzusichern. Die *East African High Commission* (Rat der drei Gouverneure) und die *Central Legislative Assembly* sehen vom Organigramm her zwar wie die Struktur einer Intergrationszone aus. In der Praxis wurden sie aber von den jeweiligen Partikularinteressen, der Frage der Rassentrennung und der Zentralgewalt in London

---

[17] Siehe dazu ausführlich Ingham, Tanganyika (Fn. 7), pp. 543–594.

soweit in ihrer Kompetenz behindert, dass sie eher als Konsultativforen der Interessenvertreter herandämmernder Nationalstaaten denn als Organe von Integrationszonen bezeichnet werden müssen.

Diese Struktur und ihre Problematik nahmen die Organe in die Unabhängigkeit zu Beginn der sechziger Jahre mit. Die *East African Common Services Organization* folgte der kolonialen Integration als ein von Präsidenten und Ministern sowie deren machtpolitischen Einzelinteressen geprägtes Forum. Anfangs bekannten sich alle zur Föderation und das Kampala-*Agreement* von 1964 enthielt noch Vereinbarungen, deren Formulierung deutlich in die Richtung einer Wirtschaftsunion unabhängiger Staaten weist. Die strukturellen Hindernisse aber blieben trotz der veränderten äusseren Umstände dieselben. Die Föderation, bis dahin Symbol befürchteter Siedlerherrschaft, verwandelte sich nun zum Schlagwort für afrikanische Einheit, aber eine Einheit, in der die nun als *national* definierten Interessen aller Beteiligten politischen Vorrang vor den gemeinschaftlichen behielten.

Insofern kann es als diplomatischer Kraftakt betrachtet werden, dass es dennoch gelang, die *East African Common Services Organization* per 1.12.1967 in eine *East African Community* umzuwandeln, die ihrem völkerrechtlichen Charakter nach zwar nur eine Wirtschaftsgemeinschaft war, aber im ersten Artikel ihres Gründungsvertrages auch die politische Föderation zumindest nicht ausschloss.

Somit war es gelungen, die kolonialherrschaftlichen Integrationsstrukturen auf relativ elegante Weise in solche von souveränen Nationalstaaten überzuleiten. Unbeantwortet blieb allerdings folgende Frage: Wenn der Nutzen aus Integration zur Kolonialzeit irgendwo im Spannungsfeld von Siedlern und Empire lag – in wessen Interesse erfolgte sie jetzt? Diese Frage mit der Nutzenmaximierung aller drei Nationalstaaten zu beantworten, führt in die Irre, denn bestenfalls bildeten sich in den einzelnen Ländern Staatsklassen heraus, eine Nation bestand nicht einmal als Mythos. Alle drei Nationalökonomien waren stärker nach aussen als auf den intraregionalen Handel orientiert und somit abhängig von externen Zentren. Zuerst waren dies vor allem Grossbritannien mit einem Aussenhandelsanteil von mehr als 30% und die EWG. Diese schloss mit der Gemeinschaft die beiden in der Praxis wenig relevanten Assoziierungsabkommen von Arusha (26.7.1968, 24.9.1969) nach dem Vorbild der Jaundé-Abkommen. Allerdings mussten die ehedem britischen Kolonien Ostafrikas ebenso wie Nigeria bis zum EG-Beitritt Grossbritanniens die Assoziierung mit geringeren Präferenzen akzeptieren als die französischen Gebiete. Dessen ungeachtet waren sie damit bereits in jenes neokoloniale Abhängigkeitsverhältnis von Gemeinschaftseuropa geraten, vor dem Nkrumah so gewarnt hatte.[18] Zugleich begann ihr Versuch einer Diversifizierung dieser Abhängigkeiten und nicht der regionalen Vertiefung.

[18] Jürgen Becker: Die Partnerschaft von Lomé, Baden-Baden 1979, pp. 34/35.

Kenyatta festigte den Schulterschluss des von ihm regierten Subzentrums Kenia mit der alten Kolonialmacht und orientierte sich nach Europa. Nyerere versuchte sein Projekt eines afrikanischen Sozialismus in Tansania, lehnte sich dabei an China und orientierte sich regional nach Süden in der Hoffnung, sein Land aus dem Schatten Kenias zu führen. Uganda schliesslich geriet bald in das Chaos unter Idi Amin und damit in die Feindschaft zu beiden Nachbarn, suchte sich seine Verbündeten zuerst in Israel, dann in Libyen, fand den wichtigsten Handelspartner in den USA und landete militärisch im Einflussbereich der UdSSR.[19] Unter den äusseren Bedingungen des Kalten Krieges musste die Ostafrikanische Gemeinschaft somit lange vor ihrem formellen Ende politisch und wirtschaftlich an strukturellen Unvereinbarkeiten scheitern, die sie aus Jahrzehnten der kolonialen Ausbeutung mitgebracht hatte. Dass letztlich ein Streit um die gemeinsame Verwaltung im Transportwesen und die bevorzugte Stellung Kenias 1977 das definitive Ende brachte, war in gewisser Weise sinnbildlich - denn alle Integrationsversuche waren Jahrzehnte zuvor genau von dieser Frage ausgegangen. Schliesslich muss es als Meisterleistung der internationalen Mediatoren angesehen werden, dass die Trennung des einstigen Gemeinschaftseigentums in einem langwierigen Prozess ohne direkte zwischenstaatliche Gewaltanwendung gelungen ist.

Nationalstaat, Integration und Frieden

Die Analyse des Scheiterns der ostafrikanischen Integration wirkt aus friedensforscherischer Sicht auch heute noch erhellend, weil sich durch den Wegfall des Kalten Krieges in der historischen Perspektive einige Erkenntnisse auftun, denen früher nur geringe Aufmerksamkeit geschenkt wurde.

Es sei nochmals betont, dass die ostafrikanische Integration ein von der Kolonialmacht begonnenes Unterfangen mit kolonialpolitischen Absichten darstellte. Die politischen Führer der unabhängig gewordenen Staaten führten dieses Projekt formell fort, obwohl es im Widerspruch zu dem Projekt stand, das jeder auf seine Art in seinem Land verfolgte: Nationale Integration. Wer an die seit der Unabhängigkeit laufend schärfer werdenden ethnopolitischen Auseinandersetzungen in Kenia denkt, an die ernste Gefährdung der erst 1964 aus Tanganjika und Sansibar hervorgegangenen Republik Tansania durch ethnisch-religiös begründete Turbulenzen, oder wer die Versuche des ugandischen Präsidenten, Yoweri Museveni, bezüglich der Integration der diversen Königreiche Ugandas und ihres Verhältnisses zu den Völkern im Norden des Landes studiert, begreift,

[19] Oliver Furley: Britain and Uganda from Amin to Museweni, in: Kumar Rupesinghe (Ed.): Conflict Resolution in Uganda, Oslo 1989, pp. 275–295.

dass *nation-building* bis zum heutigen Tag die eigentliche und vordringliche Sorge der ostafrikanischen Eliten darstellt, die Nationalstaaten regieren wollen, aber über keine Nation verfügen.

In weiten Teilen Ostafrikas lässt sich die Ethnie nicht als festgefügte Stammes-, d.h. Sprach- und Kulturgemeinschaft mit fixem territorialem Bezugspunkt verstehen, sondern als eine zeitlich und räumlich im Fluss begriffene Abfolge von Gemeinschaften, für die nationale Mythenbildung nicht sinnstiftend sein kann. Ausnahmen wie die Baganda oder die Nandi bestätigen die Regel. Der Versuch, diese Gruppen zu einer Nation zu verschweissen, gerät in der Regel zur Denkgewalt und kann dort, wo auch mit physischer Gewalt geführt, Katastrophen wie jüngst in Rwanda auslösen, wo in der Kolonialzeit konstruierte Scheinethnien übereinander herfallen.[20] Die Benennung eines äusseren Feindes als beliebtes, weil so einfaches und wirkungsvolles Mittel des *nation-building* ist dabei kein afrikanisches Spezifikum. In diesem Sinne muss klargestellt werden, dass regionale Integration als friedenspolitisches Erfolgsrezept (z.B. deutsch-französische Verständigung) erst vollständig gedacht ist, wenn man die gewalttätige Vorgeschichte mitberücksichtigt. Die zum Zweck der nationalen Integration in einem ostafrikanischen Land betriebene Ausgrenzung der Bevölkerung des anderen Landes stellt deshalb ein folgerichtiges Prinzip dar. So gesehen müssen der tansanisch-ugandische Krieg von 1979 und die nachfolgende Schreckensherrschaft von Obote II, aber auch die ständigen Grenzgeplänkel Ugandas mit Kenia, die Rolle Ugandas in der jüngsten Katastrophe Rwandas, die permanenten Spannungen zwischen Tansania und Kenia sowie die jüngste Verfolgung von ugandischen Staatsbürgern in Kenia als Ausfluss des *nation-building* interpretiert werden. Das Scheitern des regionalen Wirtschaftsabkommens von Arusha vom November 1993 (*Community* II) noch ehe es faktisch anlief, untermauert diese These.[21]

Ditutu Bukasa beklagte schon 1980 in seiner Dissertation[22] die mangelnde Originalität der afrikanischen Eliten bei der Gestaltung ihrer Länder nach der Unabhängigkeit. Zehn Jahre später gerann diese Frustration in der Feder *Axelle Kabous* zu einer leidenschaftlichen und viel diskutierten Streitschrift gegen jene Gründergeneration, die ihre Herrschaft auf die Platitüden der *négritude* (Senghor), der *self-reliance* (Nyerere) oder *authenticité* (Mobuto) stützte - um nur drei sehr unterschiedliche Embleme zu nennen. Das erste Scheitern demokratischer Versuche nach dem Westminster- oder dem Elysée-Modell in den unabhängigen Staaten Afrikas hatte die Schwäche der von den Kolonialmächten übernommenen Institutionen und Traditionen vor der sozialen Wirklichkeit Afrikas

---

20 Dazu etwa Günther Bächler: Ausscheidungskampf auf ethnischer und ökologischer Grundlage - Das Beispiel in Rwanda, in: OSFK/SFS/AFK (Hrsg.): Friedensbericht 1995; Tod durch Bomben - Wider den Mythos vom ethnischen Konflikt, (=Dialog/28), Chur/Zürich 1995.

21 The New African vom November 1994 und Mai 1995.

22 Bukasa, Die Integrationsbewegungen in Afrika (Fn. 8), p. 309.

erwiesen. Das führte zu einer Vielzahl von autokratischen Diktaturen mehr oder minder charismatischer Führer und zu Einparteisystemen, die mit der Unvereinbarkeit von westlicher Demokratie und ethnischer Heterogenität in den jungen Nationen gerechtfertigt wurden. Reduziert auf die Vorgaben eines aufgeklärten europäischen Staatsrechtsverständnisses erscheint diese Rechtfertigung sogar noch schlüssig. Gerade deshalb stellt sich bezüglich der in den achtziger Jahren auf entwicklungspolitischen Druck der Geberländer hin begonnenen zweiten Welle von Demokratisierung in Afrika die Frage nach der inneren Qualität. Diese Versuche sind von ihrem kulturellen und intellektuellen Gehalt her eher als Unterordnung unter das nach dem Kalten Krieg unvermeidbar gewordene Demokratisierungsparadigma denn als emanzipatorisch zu verstehen. Die "Demokratisierung der Machtlosigkeit"[23] bedeutet aber, dass es den Menschen in Afrika jetzt politisch schlechter geht als unter den früheren Bedingungen, als die Machtlosigkeit in ihrer undemokratischen Form noch als öffentliches Problem thematisierbar war. Die Universalisierung von demokratischen Formen kann nämlich nicht nur als Erfolgsstory des europäischen Vorbildes gefeiert, sondern auch als Zeichen dafür verstanden werden, dass Demokratie inzwischen soweit trivialisiert wurde, dass sie für die Eliten nicht mehr gefährlich ist. Jean Baudrillard schreibt:

> "Dass sich demokratische Werte so gut ausbreiten ... liegt daran, dass sie nichts mehr wert sind. Die ganze Zeit der Moderne über waren sie teuer und man musste teuer für sie zahlen. Heute, in der Postmoderne, werden sie verramscht. Wir wohnen einer gewaltigen Verschleuderung der demokratischen Werte bei, die in vielem einer überhitzten Spekulation gleicht. Von da her ist die Wahrscheinlichkeit gross, dass es, ganz wie bei einer Börsenspekulation, zu einem Einbruch eben dieser Werte kommt."[24]

Wenn man also den Panafrikanismus als Reaktion auf den abendländischen Universalismus, den Nationalstaat als spezifische Schöpfung der europäischen Aufklärung bezeichnet und den friedenspolitischen Wert der regionalen Integration nur als in seiner Aussenwirkung problematisches Mittel für Regionen akzeptiert, die den Prozess des *nation-building* nach innen abgeschlossen haben, so muss im heutigen Afrika nicht nur von Neokolonialismus im Sinne Nkrumahs gesprochen werden, sondern auch von *Postkolonialismus*. Dieser Begriff umschreibt gerade nicht jene Phase der afrikanischen Geschichte, die nach dem Kolonialismus kommt, sondern jene Phase des Kolonialismus, die auf die formelle Unabhängigkeit der Kolonien folgt. Dieses *Post* bezieht sich also mit seinen wirtschaftlichen und rechtlichen Strukturen und in seiner machtpolitischen

23 Claude Aké: Die Demokratisierung der Machtlosigkeit in Afrika, in: Jochen Hippler: Demokratisierung der Machtlosigkeit, Hamburg 1994, pp. 59–82.
24 Jean Baudrillard: Das Jahr 2000 findet nicht statt, Berlin 1990, p. 60.

Finalität vollkommen auf den Kolonialismus. Damit verlängert es Anomie und Abhängigkeit , wenn es sie nicht gar verschärft.

Es darf vermutet werden, dass die Geschichte aus der Perspektive der betroffenen Völker, für die der Übergang von der Kolonie zum Nationalstaat in vielen Fällen nur den Wechsel der herrschenden Eliten und die Verschärfung von wirtschaftlicher Not und politischer Repression bedeutete, nicht wesentlich anders geschrieben worden wäre, hätte sich Nkrumah mit seinem Panafrikanismuskonzept durchgesetzt. Die prosperierende Kopie der Vereinigten Staaten von Amerika war angesichts der weltsystemischen Vorgaben nicht realisierbar, und es wäre wohl eher ein streng zentralistischer Superstaat nach jenem Muster entstanden, das Nkrumahs entschiedenster Anhänger in Ostafrika, *Oginga Odinga*, in seiner biographischen Programmschrift "Not Yet Uhuru"[25] für Kenia und für Afrika einforderte. Für *Odinga* lag Afrikas Zukunft in einem einzigen zentralistisch organisierten und starken Staat, der dem Imperialismus widerstehen sollte. Mehrere solcher Staaten betrachtete er als zweitbeste Lösung.

Nachdem der Panafrikanismus in seiner ersten Phase im wesentlichen ein politisches Konzept unter dem Vorzeichen der Unabhängigkeitsbestrebungen, des Anti-Apartheidskampfes und aus afrikanischer Sicht erst in zweiter Linie ein wirtschaftliches Unterfangen darstellte, verkehrte sich diese Gewichtung mit dem Ende des Kalten Krieges. In dieser neuen Phase des Panafrikanismus wird Integration nach europäischem Vorbild unter wirtschaftlichen Prioritäten versucht, über welche auch zur politischen Integration vorangeschritten werden soll. Das rasche Scheitern von *Community II* in Ostafrika kann für sich allein nicht als Beweis für die Aussichtslosigkeit dieses Versuches gewertet werden. Einerseits erwiesen sich derartige Integrationsansätze im Westen und Süden Afrikas als stabiler, anderseits nehmen nunmehr alle drei Länder Ostafrikas an der 1984 gegründeten *Preferential Trade Area for Eastern and Southern African States (PTA)* teil, die von ihrer Integrationstiefe her bislang zwar bei weitem nicht an die ehrgeizigen Ziele der *Community* heranreicht, sich entgegen ihrem Namen aber durchaus auch auf Bereiche bezieht, aus deren Verfolgung eine weiterreichende wirtschaftliche Integration resultieren soll. Vorläufig gemahnt ein extrem niedriger intraregionaler Handelsanteil und die noch zu meisternde Aufgabe der Abstimmung und Anpassung der zur Integration bestimmten Nationalökonomien allerdings zur Vorsicht mit jedweder Prognose hinsichtlich dieser Einrichtung.[26]

Das Problem liegt dabei weniger im organisatorischen Bereich als vielmehr im Umstand, dass dieses Integrationsmodell wiederum einer ausserregionalen Doktrin folgt und die PTA als periphäre Zone im Weltsystem auch den globalen Rahmenbedingungen, also den Interessen der Zentren, den Wünschen der sogenannten *Geberländer* unterworfen bleibt.[27] Daher ist zu bezweifeln, dass

[25] Oginga Odinga: Not Yet Uhuru, Nairobi 1967, pp. 155–156.
[26] Kisanga, Industrial and Trade Cooperation (Fn. 5), pp. 201–225.
[27] Asante, Pan-Africanism and Regional Integration (Fn. 13).

diese Integrationseinrichtung ihr Ziel erreicht. *Asante* meint sogar, sie wirke kontraproduktiv: "The major beneficiaries of African regional integration have been centres of foreign investment, aid and technology."[28]

An dieser Stelle gelangen wir zurück zum *Wieder*– in der etymologischen Herleitung des Integrationsbegriffes. Afrika war vor seiner Kolonialisierung nie vom Mythos des Nationalstaates geprägt. Afrika war nie eine Einheit, nie zentral verwaltete Interessengemeinschaft schwarzer Völker, keine Kulturgemeinschaft und kein gemeinschaftliches Sicherheitssystem. Integration könnte im besten Fall human und aufgeklärt sein, als *Wieder*–herstellung eines *integren* Zustandes kann sie aber sicher nicht interpretiert werden. Auch in der Kolonialzeit waren die Völker Afrikas nicht *die* unterdrückte Mehrheit, sondern stets Mehrheiten. Pluralität ist in der Geschichte Afrikas durchgehend evident. Sucht man folglich in den afrikanischen Überlieferungsformen nach einem Grundbegriff, der mit *Frieden* übersetzt werden könnte, so wird man stets auf energetische Interpretationen stossen, die auf das Gleichgewicht von Gesellschaft, Natur und Kosmos abzielen. Dieses Gleichgewicht wird je nach örtlicher und zeitlicher Vorgabe unterschiedlich erreicht. Dabei ist es für persönliche Gesundheit ebenso verantwortlich wie für gesellschaftliche Harmonie. *Kindoki* heisst das im Kongobecken, *Imáana* in Rwanda, *Ewu* in Kamerun.[29] Wenn Integration in Afrika also in einem Zusammenhang mit Frieden stehen soll, so wird auf diese energetische Interpretation abzuzielen sein – und allein deshalb die Berücksichtigung der ursprünglichen Pluralität jene Stelle besetzen müssen, die mit der *Wieder*–herstellung gemeint ist.

Wer so argumentiert, muss sich die Frage nach den potentiellen oder tatsächlichen Akteuren in einem Friedensprozess gefallen lassen, der in Ländern wie Uganda, Rwanda, Burundi, Somalia, Sudan und vielen anderen dringend nötig ist. Die Antwort darauf kann aller Anomie zum Trotz nur die sein, dass ein wie auch immer verstandener Frieden tatsächlich nur auf der Basis des Weltbildes der betroffenen Menschen selbst funktionieren kann. Von aussen wird oft als anomisch und chaotisch wahrgenommen, was bei näherer Betrachtung auf der Logik alter Organisationsformen und auf einem beachtlichen Quantum neuer sozialer Schöpfungskraft und Improvisationskunst beruht. Mit einem neorealistischen oder institutionalistischen Ansatz wird wenig Verständnis und wenig Vertrauen für eine solche Überlegung zu gewinnen sein. Im Hinblick auf die Zwischenbilanz des *peace–building*, das nach den Richtlinien dieser Schulen unternommen wurde, ist es aber gestattet, diesen Widerspruch stehen zu lassen.

Integration in Afrika bedeutet nach diesen Überlegungen also nicht weltsystemische Vereinheitlichung – weder im Sinne des Nationalstaates, noch des kontinentalen Superstaates. Ebensowenig meint sie das Vorbild der Zusam–

---

28 Ibid., p. 731.

29 Siehe dazu Richard Friedli: Die Kindoki sind gestört; in: Friedensbericht 1995 (Fn. 20), pp. 273–287.

menschlüsse in den industrialisierten Zentren des Systems, aber auch nicht Mythologisierung einer romantischen Vergangenheit in friedlichen Stammesgemeinschaften. Für die Menschen, die diese Integration auch im Alltag leben können sollen, muss sie die Bereitschaft bedeuten, auf der Basis der konkreten historischen Vorbedingungen die Möglichkeiten eines Zusammenlebens im demokratischen Dissens dieses Pluriversums zu prüfen. Gerade die traumatisierenden Erfahrungen mit Nationalstaat, Integrationszonen und Assoziierung mit den Zentren sollte die Bereitschaft stärken, *Kindoki* wieder ins Lot zu bringen.

Diese Vorstellung ist radikal demokratisch, denn Demokratie ist in ihrem ganzen Wesen eine Einrichtung für den Dissens von Ansprüchen, Rechten und Interessen. Zur Demokratie gehört die Annahme, dass

> "... in der Gesellschaft unterschiedliche, gleichermassen legitime, im letzten jedoch unvereinbare Ansprüche bestehen. Deren Koexistenz kann nur demokratisch gelingen. Was in den Augen vieler an der Postmoderne prekär und beunruhigend ist, dass nämlich zwischen den heterogenen Ansprüchen keine rechtlich begründete Entscheidung mehr getroffen werden kann, dieses irritierende Moment eines radikalen Pluralismus ist in der Demokratie prinzipiell akzeptiert und institutionalisiert. Die Demokratie ist die Organisationsform für eine derartige Heterogenität."[30]

Der entscheidende Unterschied dieses Demokratieverständnisses zu dem oben von *Aké* und *Baudrillard* kritisierten liegt darin, dass es inhaltlich auf die tatsächlich unvereinbare Pluralität menschlicher Gesellschaften abzielt und nicht auf die inflationäre Übermacht eines global formal-demokratischen Imperativs. Ob dieser demokratische Dissens für afrikanische Menschen und Gemeinschaften aus der vielerorts anomischen Gegenwart heraus im Sinne der Postmoderne oder des Kommunitarismus zu gestalten ist, erscheint eher als Problem der Theoriebildung denn der Praxis. Um nicht wieder jene Diskussionsebene zu verlassen, die sich zwischen Europa und Afrika durch diese Ansätze geöffnet hat, wage ich das als europäischer Wissenschaftler daher nicht zu entscheiden. Dies nicht nur, weil ich es tatsächlich nicht kann, sondern auch deshalb, weil bereits der blosse Versuch es zu tun, in dieselbe Falle zu gehen hiesse, die vor zweihundert Jahren am Beginn des liberal-universalistischen Denkens und dann des Panafrikanismus in Amerika, der Karibik und Europa stand.

Für die deutschsprachige Friedensforschung sollte die Vorstellung von einem demokratischen Dissens verständlich und kein romantischer Exotismus sein, hiess Frieden in unserer Sprache doch einmal: "Das Behandeln der anderen,

---

30 Wolfgang Welsch: Wege aus der Moderne; Schlüsseltexte der Postmoderne-Diskussion, Berlin 1994, p. 39.

wie die Mitglieder der eigenen Sippe."[31] *Wie* die Mitglieder der eigenen Sippe bedeutet, dass weder versucht wird, die anderen den eigenen Standards anzupassen, noch sie als Unterlegene in einem aus ihrer Sicht fremdbestimmten System zu tolerieren. Es bedeutet aber auch nicht Abkehr. Dieser Ansatz hat also nichts mit den entwicklungstheoretischen Abkoppelungsvorstellungen der siebziger Jahre zu tun. Es geht vielmehr darum, dass als *Frieden* begriffen wird, die Effekte des eigenen Tuns für die anderen, die man wahrnimmt, mit denen man sich auseinandersetzt, mit denen man verkehrt, sorgfältig zu überdenken. Das richtet sich an die hohe Politik im gleichen Mass wie an die persönliche Begegnung im Alltag. Es geht also um Respekt, nicht um Toleranz oder Ignoranz. Würde sich die Europäische Gemeinschaft dieses in ihrer eigenen Geschichte verborgenen Prinzips besinnen, fänden die Friedensbemühungen in Afrika wohl unter wesentlich besseren Rahmenbedingungen als zu denen der Lomé–Verträge statt. Selbst beschäftigt mit dem ernsthaften und auch die Aussenwirkungen der europäischen Integration bedenkenden Versuch *friedlich zu sein*, könnten wir den Afrikanern vertrauensvoll die Bemühungen um *Kindoki* überlassen.

[31] Friedrich Kluge (Hrsg.): Etymologisches Wörterbuch der deutschen Sprache, Berlin/New York 1989, p. 232.

Teil III

Konfliktbearbeitung in Theorie und Konzeption

Nicht die Konflikte müssen beendet werden, sondern die Kriege

Möglichkeiten der Transformation von innerstaatlichen Kriegen mit nicht-militärischen Mitteln

Von Thania Paffenholz

Einführung[1]

In der Diskussion um nicht-militärische Möglichkeiten zur Transformation von gewaltsamen innerstaatlichen Auseinandersetzungen zählt die Vermittlung zu den am häufigsten verwendeten zivilen Interventionsformen. In der Praxis der Konfliktbearbeitung wechseln sich erfolgreiche Beispiele mit erfolglosen ab. Im Süden Afrikas, in Mittelamerika oder im Nahen Osten wurden Friedensverträge erfolgreich durch Vermittlung erzielt, in Tschetschenien oder im Sudan sind Vermittlungsbemühungen bislang gescheitert.

In der öffentlichen Debatte werden in der Regel nur offizielle Vermittlungsbemühungen von Staaten oder internationalen Organisationen wahrgenommen. Seit einiger Zeit wird behauptet, dass zeitgemässes Konfliktmanagement nicht mehr alleine Aufgabe von Staaten sein können, und gesellschaftliche Akteure zunehmend an Bedeutung gewinnen. Ziel des vorliegenden Beitrages ist es deshalb, vorzustellen, auf welche Weise unterschiedliche staatliche und nicht-staatliche Akteure vermitteln, und wie sich diese Aktivitäten wissenschaftlich einordnen lassen. Mit Hilfe eines kurzen empirischen Beispiels wird illustriert werden, wie diese verschiedenen Vermittlungsarten und -ansätze für zeitgemässe Konfliktbearbeitung zu verwenden sind bzw. wie sie modifiziert werden müssen.

Den Stand der Diskussion möchte ich akteurs- und ansatzbezogen darstellen. Da es sich bei der Mehrzahl der Vermittlungsansätze um induktive Herangehensweisen handelt, die keinen umfassenden wissenschaftlichen Hintergrund haben, ist hier von Ansätzen und nicht von Theorien der Vermittlung die Rede. Ich möchte von der klassischen Herangehensweise der Unterscheidung zwischen

---

[1] Der Beitrag basiert auf Ergebnissen der im Abschluss befindlichen Projektstudie "Die Rolle externer Akteure bei der friedlichen Transformation von innerstaatlichen Konflikten unter besonderer Berücksichtigung des Instruments der Vermittlung". Das Projekt wird von Thania Paffenholz an der HSFK bearbeitet, Prof. Lothar Brock ist Projektleiter, die Finanzierung erfolgt durch die Evangelische Kirche Deutschland und die Deutsche Bischofskonferenz.

Vermittlung auf der staatlichen und auf der gesellschaftlichen Ebene nicht abweichen, diese aber um neuere Diskussionen und eigene Forschungsergebnisse erweitern. Neuere Forschung der letzten fünf Jahre hat sich zum Ziel gesetzt, die jahrzehntelange Dichotomie zwischen Vermittlung auf der staatlichen und auf der gesellschaftlichen Ebene durch integrative und langfristigere, transformationsorientierte Ansätze zu beenden. Letztere sind derzeit aber nicht ausreichend in den Stand der Forschung zu Vermittlung integriert. Es ist deshalb mein Anliegen, diese Integration voranzutreiben.

Es hat sich im Zuge der empirischen Aufarbeitung von Friedens- und Vermittlungsprozessen sowie der Untersuchung von Nachkriegsgesellschaften gezeigt, dass erfolgreich abgeschlossene Friedensverträge noch kein Garant für dauerhaften Frieden sind. Diese Entwicklungen haben meines Erachtens viel mit dem Problem zu tun, dass nicht alle relevanten Gruppen in Friedensregelungen miteinbezogen worden sind, und dass Frieden zu sehr als punktuelles Ereignis in Form eines Waffenstillstandes und Friedensvertrages gesehen wird. Als Konsequenz dieser Sichtweise werden zu wenig konzeptionelle und materielle Ressourcen in die Zeit nach einem Krieg investiert und zu wenig Prozesse langfristiger Konfliktbearbeitung in Gang gesetzt. Damit ist die Gefahr neuer kriegerischer Eskalation gegeben. Deshalb sollte meiner Ansicht nach stärker transformationsorientiert gedacht werden.

Aufgrund der Kürze des Beitrages werde ich hier[2] nicht auf Institutionen[3] und Methoden[4] der Vermittlung eingehen.

Vermittlung auf der staatlichen Ebene

Arten der Vermittlung

Vermittlung gab es von jeher und ist ein fester Bestandteil des Völkerrechts, fand jedoch erst in den fünfziger Jahren Eingang in andere Wissenschaften. Die Debatte um Vermittlung ist eine nahezu ausschliesslich angelsächsische, die unterschiedliche englische Termini entwickelt hat. Nun stellt sich die Schwierigkeit, diese Begrifflichkeiten ins Deutsche zu übertragen, da aufgrund der geringen

---

2 Das habe ich an anderer Stelle ausführlich vorgenommen. Siehe dazu Thania Paffenholz: Vermittlung, Wege und Konzepte der Kriegsbeendigung, in: Volker Matthies: Vom Krieg zum Frieden, Bremen, im Erscheinen.

3 Siehe dazu die Beiträge von Peter Schlotter und Claudia Schmid in: Norbert Ropers/Tobias Debiel: Friedliche Konfliktbearbeitung in der Staaten- und Gesellschaftswelt, Bonn, Stiftung Entwicklung und Frieden, im Erscheinen.

4 Roger Fisher/William Ury: Das Harvard-Konzept, Frankfurt a.M./New York 1988. - Christoph Besemer: Mediation, Stiftung Gewaltfreies Leben, Königsfeld 1993.

Beschäftigung mit Vermittlung viel weniger Begriffe vorhanden sind. Der Terminus *Vermittlung* wird hier deshalb als eine Art Oberbegriff verwendet. Vermittlung auf der staatlichen Ebene (*track 1*) findet im Rahmen der klassischen Diplomatie statt. Hier sind die vorherrschenden Formen Gute Dienste, Fazilitation, Verhandlungen, Mediation und Schiedsgerichtsbarkeit.[5]

Gute Dienste sind in diesem Kontext die geringste Form der Einflussnahme von Dritten.[6] Gute Dienste sind neutral, informell, können zu jedem Zeitpunkt innerhalb eines Friedensprozesses stattfinden und bestehen in der Praxis aus der Bereitstellung von Räumlichkeiten oder Kuriertätigkeiten für die Konfliktparteien, manchmal unterstützt von Sicherheitsgarantien und Übernahmen von finanziellen Aufwendungen für die Konfliktparteien. Die Guten Dienste Norwegens im Rahmen der Geheimverhandlungen zwischen Israel und der PLO sind sicherlich das bekannteste Beispiel der letzten Jahre.

Fazilitation[7] wird normalerweiser nicht als Vermittlungsart auf der staatlichen Ebene verstanden. In Anlehnung an *Kumar Rupensinghe*[8] sind unter Fazilitation vermittelnde Gespräche auch staatlicher Akteure im Vorfeld von offiziellen Verhandlungen zu verstehen. Dabei handelt es sich in der Regel um Bemühungen in separaten Treffen mit einzelnen Konfliktparteien, diese zum Dialog mit der Gegenseite zu bewegen. Diese Auffassung schliesst meiner Einschätzung nach die Lücke zwischen Guten Diensten und Verhandlungen. Fazilitation kommt sowohl in der Vorverhandlungs- als auch parallel zur Verhandlungsphase vor.[9]

Bei *Verhandlungen* handelt es sich dann um eine Art der Vermittlung, wenn bei der offiziellen Zusammenkunft von Delegationen der Konfliktparteien UnterhändlerInnen vermittelnd beteiligt sind. Diese UnterhändlerInnen (*negotiators*) machen keine eigenen Eingaben, sondern übermitteln lediglich die unterschiedlichen Vorstellungen der Konfliktparteien.

Mediation ist die stärkste Form der Vermittlung innerhalb der klassischen Diplomatie. Sie liegt dann vor, wenn der Vermittler oder die Vermittlerin (*mediator*) eigene Vorschläge in die Verhandlungen einbringt. Ein Beispiel dafür ist der Vance-Owen-Plan von 1993 oder der amerikanische Friedensplan vom Sommer 1995 für die Regelung des Krieges in Bosnien-Herzegowina. In der Praxis sind die Übergänge zwischen der Rolle von Unterhändlern und Mediatoren oft fliessend.

Gerichts- und *Schiedsgerichtsbarkeit* sind in der völkerrechtlichen

[5] Siehe ausführlicher in Paffenholz, Vermittlung (Fn. 2).

[6] Es müssen nicht zwangsläufig Dritte sein. Die Bezeichnung hat sich in der Literatur durchgesetzt. Galtung bezeichnet VermittlerInnen als n-plus x party.

[7] Die Eindeutschung der Form erfolgt in Anlehnung an Ropers/Debiel, Friedliche Konfliktbearbeitung (Fn. 3), p. 224.

[8] Rupensinghe macht keine explizite Definition, erwähnt aber den Begriff "facilitation" eindeutig in dieser Bedeutung. Siehe in: Berthold Meyer (Hrsg.): Eine Welt im Chaos; Friedensanalysen, Frankfurt a.M., im Erscheinen, p. 378.

[9] Siehe Schlussfolgerungen.

Auffassung die stärksten Formen der friedlichen Konfliktbeilegung. Hier beugen sich die Konfliktparteien dem Schiedsspruch eines unabhängigen Gerichts oder einer Kommission, wenn alle anderen Versuche einer Einigung fehlgeschlagen sind. In innerstaatlichen Kriegen wird diese Form wenig angewendet. Das nachfolgende Schema fasst die unterschiedlichen Arten der Vermittlung auf der Ebene der klassischen Diplomatie zusammen:

Vermittlungsarten auf der Ebene staatlicher Akteure

Art der Vermittlung	Ausführende Personen
Schiedsgerichtsbarkeit *arbitration*	internationales Gericht
Mediation *mediation*	MediatorIn *mediator*
Verhandlungen *negotiation*	VerhandlungsleiterIn Unterhändler *negotiator*
Fazilitation *facilitation*	Fazilitator *facilitator*
Gute Dienste *Good Offices*	keine spezifische Bezeichnung

©Thania Paffenholz, 1995

Der abkommenorientierte Ansatz

Den bereits vorgestellten Vermittlungsarten auf der Ebene staatlicher Akteure liegt ein abkommenorientierter Vermittlungsansatz zugrunde.[10] Ziel dieses Ansatzes ist es, die repräsentativen Führer der bewaffneten Konfliktparteien zu identifizieren, mit ihnen Kontakt aufzunehmen, sie an einen Tisch zu bringen und mit Hilfe von Verhandlungen und Vermittlung zu einem Waffenstillstand und

10 In der englischsprachigen Literatur finden sich Bezeichnungen wie "outcome-oriented", "settlement" oder "competitive-approach", siehe den Überblick bei David Bloomfield: Towards Complementarity in Conflict Management; Resolution and Settlement in Northern Ireland, in: Journal of Peace Research, Vol. 32, No. 2, 1995, p. 151.

einem Friedensvertrag zu gelangen. Vermittlung im Rahmen dieses Ansatzes erfolgt über ergebnisorientiertes Krisenmanagement.

Eine Variante des abkommenorientierten Ansatzes ist die Machtmediation (*power mediation*). Hier geht es um Vermittlungsmöglichkeiten von Staaten, die mit Ressourcen (finanzielle, militärische etc.) ausgestattet sind sowie Eigeninteressen in einem Konflikt haben und deshalb auch gewillt sind, positive und negative Sanktionen ("sticks and carrots") einzusetzen. Ein zentraler Aspekt dieses Ansatzes ist das Konzept der Reife[11], das auf der Annahme basiert, dass innerhalb von Konfliktverläufen günstige Momente ("ripe moments") für Verhandlungen existieren, die es von Seiten der Vermittlung zu nutzen oder zu forcieren gilt.[12] Ein geradezu klassisches Beispiel für Machtmediation ist der amerikanische Friedensplan für Bosnien vom Sommer 1995. Hier wurde auf der einen Seite mit der Bombardierung von bosnisch-serbischen Stellungen und der Aufhebung des Waffenembargos für die bosnische Regierungsarmee gedroht, auf der anderen Seite wurde Wiederaufbauhilfe nach einem Friedensvertrag angeboten.

Allgemeine Kritik am abkommenorientierten Ansatz kommt aus unterschiedlichen Richtungen: Die akteursbezogene Kritik bemängelt, dass bei Verhandlungen im Bereich staatlicher Diplomatie nur die Machteliten der Konfliktparteien beteiligt sind. Denn der Ansatz geht von der Annahme aus, dass diejenigen Personen, die sich als führende VertreterInnen am Konflikt beteiligter Gruppen darstellen, auch die Mehrheit dieser Gruppen hinter sich wissen. Diese Annahme hält *John-Paul Lederach* für falsch. Er kritisiert, dass dies nicht den komplexen Realitäten von Bürgerkriegssituationen entspreche.[13] Ferner birgt diese Konstellation die Gefahr neuer Konflikteskalation, denn die Akzeptanz von Regelungen, die bestimmte Parteien oder Gruppen nicht selbst mitverhandelt haben, ist gering.[14] Problematisch ist meiner Ansicht nach auch, dass normalerweise nur die bewaffneten Konfliktparteien an den Verhandlungen beteiligt werden, da auf den ersten Blick nur sie als Konfliktparteien wahrnehmbar sind. Doch innerstaatliche Konfliktkonstellationen betreffen oft viele Gruppen eines Landes bis hin zur gesamten Gesellschaft. Werden nur die bewaffneten Konfliktparteien beteiligt, wird meiner Auffassung nach zudem ein beträchtliches kreati-

---

[11] Siehe William I. Zartman: Ripe for Resolution; Conflict and Intervention in Africa, New York/Oxford 1985, pp. 267ff. - Dean G. Pruit/Jeffrey Z. Rubin: Social Conflict; Escalation, Stalemate and Settlement, New York 1986. - Jeffrey Rubin: The Timing of Ripeness and the Ripeness of Timing, in: Louis Kriesberg/Stuart J. Thorson: Timing the De-escalation of International Conflict, 1993, pp. 239ff.

[12] Siehe ausführlicher Thania Paffenholz: "Die Waffen nieder!" Wege und Konzepte der Kriegsbeendigung, in: Volker Matthies: Frieden durch Einmischung? Bonn 1993, pp. 62ff.

[13] John-Paul Lederach: Building Peace; Sustainable Reconciliation in Divided Societies, United Nations University, Tokyo, im Erscheinen, Manuskriptseiten (1994) 16f. Ich danke John-Paul Lederach für die Möglichkeit, vorab zitieren zu dürfen.

[14] Dies war beispielsweise in Angola der Fall. Siehe dazu Thania Paffenholz: Waffenstillstand in Angola, HSFK-Standpunkt 1/95.

ves Konfliktregelungspotential vergeben. Kritisch ist jedoch anzumerken, dass jede Erhöhung der Teilnehmerzahl bei Verhandlungen dem Ziel eines schnell auszuhandelnden Waffenstillstandes zuwiderläuft. Weitere akteursbezogene Kritik betrifft die Vermittlerinnen und Vermittler. Da im Rahmen dieses Ansatzes staatliche Akteure agieren, seien sie, so *Norbert Ropers*, bei innerstaatlichen Konflikten nicht neutral, da die Tendenz bestünde, staatliche Regelungen zu bevorzugen.[15]

Kritik gegen das Eigeninteresse von VermittlerInnen, die Verwendung von Zwangsmitteln und gegen das Konzept der Reife richtet sich speziell gegen die Machtmediation.[16] Grundsätzlichere Kritik stellt den Ansatz als solches in Frage: Wesentliche Gesichtspunkte und auch vielfach die Ursachen von Kriegen werden dieser Kritik zufolge[17] ausser acht gelassen, da nur politisch verhandelbare Themen auf die Tagesordnung gelangen. Als Konsequenz geraten die Vermittlungsbemühungen immer wieder in eine Sackgasse, weil die Konfliktparteien an ihren Positionen festhalten und die komplexen Beziehungen und tiefer liegenden Dimensionen des Konfliktes nicht berücksichtigt werden.

Zusammenfassend lässt sich feststellen, dass gemäss der unterschiedlichen Kritik die abkommenorientierte Vermittlung nicht in der Lage ist, langfristige Stabilität in festgefahrenen Konflikten zu erzeugen. Dieser Kritik ist in allen Punkten zuzustimmen. Ob es deshalb gerechtfertigt ist, den gesamten Ansatz in Frage zu stellen, scheint jedoch nicht hinreichend begründet. Insofern ist es besser, über seine Modifikation nachzudenken, als ihn grundsätzlich in Frage zu stellen.

Vermittlung auf der gesellschaftlichen Ebene

Arten der Vermittlung

Vermittlung auf der gesellschaftlichen Ebene wird von einer Vielzahl unterschiedlicher Akteure betrieben. Die Palette der Akteure und Aktivitäten reicht von professionellen Workshops, die von VermittlungsexpertInnen geführt werden, über Aktivitäten von internationalen und lokalen Friedensgruppen bis hin zu Vermittlungsbemühungen bestimmter gesellschaftlicher Gruppen wie Kirchen

---

15 Siehe den Beitrag von Norbert Ropers in Ropers/Debiel, Friedliche Konfliktbearbeitung (Fn. 3), p. 214.

16 Roy Licklider: Stopping the Killing; How Civil Wars End, New York/London 1993, p. 309. – Rubin in Kriesberg/Thorson, Timing the De-escalation (Fn. 11), p. 239.

17 Lederach, Building Peace (Fn. 13). – Bloomfield, Towards Complementarity (Fn. 10). – Mark Hoffmann: Konfliktlösung durch gesellschaftliche Akteure; Möglichkeiten und Grenzen von Problemlösungs-Workshops, in: Ropers/Debiel, Friedliche Konfliktbearbeitung (Fn. 3).

oder Gewerkschaften. Unter diese Rubrik fallen aber auch Vermittlungsbemühungen von nicht organisierten Einzelpersonen.[18] Gemeinsam ist allen Akteuren, dass sie weder eine staatliche Regierung noch eine internationale Organisation vertreten oder ihr verantwortlich sind.[19]

Auf dieser Ebene existiert aufgrund der grossen Zahl an Akteuren und Aktivitäten eine noch grössere Überschneidung oder doppelte Verwendung von Termini als auf der Ebene staatlicher Akteure. Die bekanntesten Formen der Vermittlung sind hier Fazilitation (*facilitation*), Beratung (*consultation*) und Mediation (*mediation*) sowie Versöhnung (*conciliation*), Schlichtung (*arbitration*) und Gute Dienste. Letztere unterscheiden sich nicht von Guten Diensten durch staatliche Akteure.

Versöhnung (*conciliation/reconciliation*) als Form der Vermittlung zielt darauf ab, die Konfliktparteien miteinander zu versöhnen. Auf der Ebene gewaltsamer Konflikte arbeiten Nichtregierungsorganisationen (NGOs) seit langem mit dieser Form der Vermittlung. Ziel ist es, den verfeindeten Konfliktparteien zu helfen, den Weg der Versöhnung zu beschreiten. Da diese Auffassung von Konfliktregelung tief in der christlichen Lehre verankert ist, sind es oft christliche Organisationen oder Kirchen, die mit dieser Form der Vermittlung versuchen, in bewaffneten Konflikten zu helfen. Beispielsweise unterhält die Mennonitische Kirche eine eigene NGO, die weltweit Versöhnungsprojekte unterstützt oder initiiert. In Somalia haben der *International Conciliation Service* des *Mennonite Central Committee* und das schwedische *Life and Peace Institute* beispielsweise Treffen des Ältestenrates finanziell und logistisch unterstützt, damit dieser auf der Grundlage der versöhnenden Elemente der somalischen Tradition einen Beitrag zur Konfliktregelung leisten kann.[20]

Fazilitation/Beratung/Mediation *(facilitation, consultation, mediation)* entstanden aus dem Kontext der *Alternative Dispute Resolution*-Bewegung (ADR)[21] in den USA. Ziel von ADR ist es, dem kostspieligen und wenig partizipatorischen Weg der juristischen Konfliktregelung ein effizienteres, preisgünstigeres und partizipatorischeres System gegenüberzustellen. Seit den Anfängen Mitte der siebziger Jahre in den USA hat ADR dort und mittlerweile auch in anderen Ländern[22] eine weite Verbreitung erreicht.

Im Deutschen besteht die Neigung, all diese Vermittlungsformen entweder als Vermittlung oder als Mediation zu bezeichnen, obwohl in der Regel eine der

---

18 Hier besteht aber oft ein fliessender Übergang. Wenn beispielsweise Jimmy Carter vermittelt, ist er als ehemaliger US-Präsident in der Wahrnehmung der Konfliktparteien eng mit der amerikanischen Regierung verknüpft.

19 Siehe diese Definition bei Sidney Bailey: Non-official Mediation in Disputes; Reflections on Quaker Experience, in: Internationl Affairs, Vol. 61, No. 2, 1985, p. 205.

20 Lederach, Building Peace (Fn. 13).

21 Siehe "Alternative Dispute Resolution" in: World Encyclopedia of Peace, Oxford u.a. 1986, pp. 15-18.

22 Vor allem in Grossbritannien und in Südafrika.

Formen, Fazilitation, Beratung oder Mediation, gemeint ist. Mediation, Fazilitation oder Beratung als Form der Vermittlung sind neutral bzw. allparteilich[23] und zielen darauf ab, den Konfliktparteien zu helfen, den Konflikt selbst zu regeln. Vermittlung wird hier als Verfahren definiert, bei dem gemeinsam ein Abkommen erarbeitet wird, das die Interessen aller Beteiligten berücksichtigt und damit alle zu *GewinnerInnen* macht. Die Mediatoren bewerten nicht, sondern nehmen die Standpunkte, Interessen und Gefühle der Konfliktparteien ernst.[24] Auf der Ebene gewaltsamer innerstaatlicher Konflikte findet unter der Bezeichnung Mediation, Fazilitation oder Beratung (*consultation*) derzeit vor allem Vermittlung im Bereich der sogenannten problemlösungsorientierten Workshops[25] sowie im Bereich der Bürgerdiplomatie statt.[26] Das nachfolgende Schema fasst die Vermittlungsarten auf der gesellschaftlichen Ebene zusammen:

Vermittlungsarten auf der gesellschaftlichen Ebene

Art der Vermittlung	Ausführende Personen
Schiedsverfahren *arbitration*	aussergerichtliche Instanz *arbitrator*
Versöhnung *(re)conciliation*	KonziliatorIn *(re)conciliator*
Mediation/Beratung/Fazilitation *Mediation/consultation/facilitation*	MediatorIn/BeraterIn/FazilitatorIn *mediator/consultator/facilitator*
Gute Dienste *Good Offices*	keine Bezeichnung

23 Besemer, Mediation (Fn. 4), p. 18.
24 Ibid., p. 14.
25 Siehe ausführlich im Beitrag von Norbert Ropers in diesem Band.
26 Siehe weiter unter.

Lösungs- und beziehungsorientierte Ansätze

Diesen Arten der Vermittlung auf der gesellschaftlichen Ebene liegen unterschiedliche Ansätze zugrunde. Gemeinsam ist ihnen die Suche nach einer langfristigen Lösung von Konflikten. Ziel ist die Beschäftigung mit den tiefer liegenden Dimensionen und Ursachen von Konflikten. Der Vermittlung geht es nicht darum, eigene Vorschläge einzubringen[27], sondern die Konfliktparteien so zu stärken, dass sie ihre Fähigkeiten verbessern, mit Frustration und Gewalt konstruktiv umzugehen und so eigene Kreativität entwickeln, um selbst zu einer friedlichen Regelung des jeweiligen Konfliktes zu gelangen (*empowerment*).[28] Um dies zu erreichen, ist ein längerer zeitlicher Rahmen für Vermittlung notwendig.

Im Gegensatz zur Vermittlung auf der staatlichen Ebene ist hier die Beziehung der Konfliktparteien untereinander wichtiger als die Beziehung zum Vermittler. Die Stärke von Vermittlung auf der gesellschaftlichen Ebene liegt im Vertrauen, das die Konfliktparteien den VermittlerInnen entgegenbringen sowie in dem Wissen und in der moralischen Integrität der Vermittlung. Deshalb bedarf es nicht des Einsatzes von Zwangsmitteln. Da die vermittelnden Akteure nicht einem Staat oder einer internationalen Organisation Rechenschaft ablegen müssen, nicht an völkerrechtliche Verträge gebunden sind und nicht im Rampenlicht der Öffentlichkeit agieren, besteht auch ein höheres Mass an Flexibilität der VermittlerInnen.

Von Seiten staatlicher Akteure erfolgt immer wieder Kritik am zeitlichen Rahmen der Ansätze. Es sei in Kriegen nicht praktizierbar, dass der mühsame Weg langfristiger Perzeptionsveränderung gegangen werde, wenn währenddessen Menschen sterben. Von daher sei es besser, über kurzfristiges Krisenmanagement einen Waffenstillstand herbeizuführen.[29] VermittlerInnen auf der gesellschaftlichen Ebene setzen dem entgegen, dass gerade an diesem mühsamen Weg nichts vorbeiführt, denn nur ein so entstandenes Akommen könne langfristige Stabilität erzeugen.

Einen zentralen inhaltlichen Kritikpunkt spricht *Jacob Bercovitch* an: Es sei bei lösungs–/beziehungsorientierten Ansätzen zwar möglich, die Beziehung der Konfliktparteien untereinander zu verbessern, doch wer garantiere, dass dadurch auch zentrale Meinungsverschiedenheiten in Sachfragen geklärt würden.[30] Ich halte diese Kritik für teilweise berechtigt, denn je nach Art der

---

27 Einzige Ausnahme sind Schiedsverfahren.

28 Siehe z.B. Mark Hoffmann: Third–Party Mediation and Conflikt Resolution in the Post–Cold War World, in: John Baylis/N.J. Rengger (Eds.): Dilemmas of World Politics; International Issues in a Changing World, Oxford 1992, p. 271. – R.B. Bush/J. Folger: The Promise of Mediation; Responding to Conflict Through Empowerment and Recognition, San Francisco 1994.

29 Siehe beispielsweise Jacob Bercovitch: Social Conflicts and Third Parties; Strategies of Conflict Resolution, Boulder CO 1984, p. 116.

30 Ibid.

Vermittlung kann genau dies eintreffen. Dem kann allerdings entgegengesetzt werden, dass in einer Atmosphäre von Vertrauen und veränderten Perzeptionen Sachfragen leichter geregelt werden können.

Integrative/komplementäre Ansätze: Wider die Dichotomie

Unter integrativen Ansätzen verstehe ich solche, die sich gegen bestehende Dichotomien richten. Es gibt in der Vermittlungsdebatte unterschiedliche Dichotomien: Konfliktmanagement versus Konfliktlösung, abkommen- versus beziehungsorientierte Vermittlung, Elitenvermittlung versus Nichtelitenvermittlung etc. Letztlich geht es aber immer um die Dichotomie zwischen Vermittlung auf der staatlichen und auf der gesellschaftlichen Ebene.

Integrative/komplementäre Ansätze führen diese unterschiedlichen Ansätze auf der Ebene staatlicher und gesellschaftlicher Akteure zusammen und lehnen die Dichotomie der zwei Ebenen (*tracks*) ab.[31] Die Prämisse dieser Ansätze beruht auf der Annahme, dass sowohl die staatliche als auch die gesellschaftliche Ebene wichtige Beiträge leisten, und dass es für effiziente Konfliktbearbeitung auf ein Zusammenspiel beider ankommt. Derzeit sind zwei Richtungen von integrativen/komplementären Ansätzen zu identifizieren. Gemeinsam ist beiden, dass sowohl die gesellschaftliche als auch die staatliche Ebene in die jeweiligen Ansätze integriert sind. Die eine Richtung nimmt eine Auflösung der Dichotomie über eine grössere Differenzierung von Vermittlung durch gesellschaftliche Akteure auf mehreren Ebenen vor. Die zweite ordnet den jeweiligen Eskalationsstufen eines Konfliktes unterschiedliche Vermittlungsansätze oder vermittelnde Akteure zu. Zu den letztgenannten gehören folgende Ansätze:

Der *Kontingenzansatz*: *Fisher* und *Keashly* entwickelten auf der Grundlage des Konfliktinterventionsmodells von *Friedrich Glasl*[32] und sozialpsychologischer Forschung[33] einen Kontingenzansatz (*contingency modell*) für die Intervention Dritter in bewaffnete Auseinandersetzungen.[34] Ziel des Ansatzes ist es, "to intervene with the appropriate third party method at the appropriate time"[35], um

---

31 Siehe Paffenholz, Vermittlung (Fn. 2). – Kumar Rupensinghe versteht unter der Bezeichnung "integrative Ansätze" den Ansatz von John Burton, siehe ders.: Transformation innerstaatlicher Konflikte; Von den "Problemlösungs-Workshops" zu Friedensallianzen, in: Ropers/Debiel, Friedliche Konfliktbearbeitung (Fn. 3). Ich halte dies nicht für sinnvoll, da der Burton-Ansatz in diesem Kontext die staatliche Ebene nicht integriert.

32 Friedrich Glasl: Konfliktmanagement, Bern/Stuttgart 1990.

33 Hugo Prein: A Contingency Approach for Conflict Intervention, in: Group and Organisation Studies, Vol. 9, No. 1, 1994, pp. 81–102.

34 Ronald Fisher/Loraleigh Keashly: The Potential Complementarity of Mediation and Consultation with a Contingency Model of Third Party Intervention, in: Journal of Peace Research, Vol. 28, No. 1, 1991, pp. 29–42.

35 Ibid., p. 36.

den Konflikt zu deeskalieren. Es kommt demnach nicht auf den jeweiligen Ansatz an, sondern auf den Zeitpunkt der Intervention. Entlang der Eskalationsphasen eines Konfliktes halten sie lösungs- und beziehungsorientierte Ansätze in der Vorverhandlungsphase für besonders geeignet. Eskaliert der Konflikt zunehmend, sei Machtmediation der richtige Ansatz. Nach einem Abkommen sollte wieder mit lösungs- und beziehungsorientierten Ansätzen gearbeitet werden, um den Konflikt weiter zu deeskalieren. In einem nächsten Schritt empfehlen sie *peace-keeping* als Interventionsstrategie, um die Konfliktparteien auseinanderzuhalten. Um die Konfliktintervention effizienter zu gestalten, empfehlen *Fisher/Keashly* die Koordination der unterschiedlichen Ansätze.

David Bloomfield kritisiert den linearen Ablauf der Deeskalation im Rahmen des Ansatzes, der nicht der komplexen Realität entspreche.[36] Es müsse vielmehr in der Praxis davon ausgegangen werden, dass gleichzeitig unterschiedliche Interventionen auf verschiedenen Ebenen stattfinden.[37] *Norbert Ropers* hält es für notwendig, nicht nur die vorhandenen Ansätze der verschiedenen Ebenen miteinander in Verbindung zu bringen, sondern vor allem auch die abkommenorientierten Ansätze weiterzuentwickeln.[38]

Einen ähnlichen Ansatz wie den Kontingenzansatz entwickelten *Jeffrey Rubin* und *Jacob Bercovitch*.[39] Der *Konfliktphasen-Vermittlungsansatz* geht von denselben Prämissen wie der Kontingenzansatz aus, nimmt aber eine akteursbezogene Perspektive ein.[40] *Bercovitch/Rubin* zufolge kommt es nicht darauf an, welche VermittlerInnen besser sind, sondern wer, in welcher Phase eines Konfliktes, geeigneter ist. Die Ergebnisse sind hier ähnlich wie die von *Fisher-/Keashly*: Je stärker der Konflikt eskaliert, desto mehr Macht und Einfluss sollten die VermittlerInnen mitbringen. Welche Koordination unter den Akteuren stattfinden soll, wird nicht diskutiert.[41]

Zur Kategorie der integrativen/komplementären Ansätze, die zur Auflösung der Dichotomie mehrere Ebenen einführen, gehört die *Mehrgleisige Diplomatie* (*Multi-Track-Diplomacy*):[42] *Louise Diamond* und *John McDonald* entwickelten diesen Ansatz, der statt zwei Ebenen neun hat. Dabei handelt es sich bei der ersten Ebene ebenfalls um die klassische Diplomatie, bei den Ebenen zwei bis sieben um eine differenziertere Aufteilung der VermittlerInnen auf der

---

36 Er testete den Kontingenzansatz am Beipspiel des Nordirland-Konfliktes. Siehe dazu Bloomfield, Towards Complementarity (Fn. 10).

37 Ibid.

38 Ropers in: Ropers/Debiel, Friedliche Konfliktbearbeitung (Fn. 3), pp. 228f.

39 Die Ansätze unterscheiden sich vor allem aufgrund ihrer Vorgehensweise. Während Fisher-/Keashly ein Modell entwickelten, haben Bercovitch/Rubin die Ergebnisse eines Sammelbandes, der verschiedene Vermittlungstätigkeiten untersuchte, zusammengefasst.

40 Jacob Bercovitch/Jeffrey Rubin: Mediation in Internationl Relations; Multiple Approaches to Conflict Management, New York 1992, pp. 249-271.

41 Kritik am Ansatz soll in den Schlussfolgerungen erfolgen.

42 Louise Diamond/John McDonald: Multi-Track-Diplomacy; A System Approach to Peace, Washington DC 1993, pp. 65-78.

gesellschaftlichen Ebene, Ebene acht weist der Finanzierung einen eigenen Platz zu, und Ebene neun der Kommunikation verbindet alle Ebenen miteinander. Der Ansatz geht davon aus, dass all diese unterschiedlichen Akteure einen wichtigen Beitrag zum Frieden leisten können, und es deshalb notwendig ist, dass sie sich gemeinsam dieser Aufgabe widmen. Beziehungen zwischen den Ebenen sollen über Kommunikation, Ressourcenteilung und gemeinsame Aktionen hergestellt werden. *McDonald* und *Diamond* sehen die grössten Schwierigkeiten in der Kooperation von Seiten staatlicher Akteure.[43] Der Ansatz durch die stärkere Differenzierung der gesellschaftlichen Ebene hat einen Grossteil der Kritik gegenüber Vermittlung auf dieser Ebene entschärft. Denn durch diese detaillierte akteursbezogene Analyse treten die Stärken und Schwächen unterschiedlicher gesellschaftlicher Akteure noch weiter hervor.

Kritisch sei angemerkt, dass der Ansatz eine starke Hierarchie der Ebenen betont. Die staatliche Ebene hat meiner Einschätzung nach eine zu übergeordnete Funktion innerhalb des Ansatzes. Damit sind alle anderen Ebenen nicht nur abhängig von dieser Ebene, sondern werden nur als komplementäre Elemente zum Ausgleich der Schwächen der staatlichen Ebene gesehen. Da sich der Ansatz von seiner Entstehung her ausschliesslich auf die USA bezieht, wäre es wünschenswert, auch die Perspektive anderer Länder miteinzubeziehen.

Der *middle-out-Ansatz* von *John-Paul Lederach* fügt den zwei Ebenen (*tracks*) noch eine weitere hinzu.[44] Die erste Ebene ist für ihn nach wie vor die der staatlichen Akteure, die mit dem abkommenorientierten Ansatz vermitteln. Die zweite Ebene bezieht sich auf Führungspersönlichkeiten auf der mittleren Ebene der Gesellsellschaft (*middle range leaders*), die mit problemlösungsorientierten Workshops, Trainings, Friedenskommissionen oder als parteiische *Insider* für den Friedensprozess arbeiten. Bei parteiischen *Insidern* (*partial insider*) handelt es sich um Persönlichkeiten aus dem Konfliktland, die von allen Seiten akzeptiert sind. Ein prominenter parteiischer *Insider* ist beispielsweise der südafrikanische Bischof Desmond Tutu. Die dritte Ebene ist gemäss *Lederach* die Mehrheit der friedenspolitisch relevanten lokalen Bevölkerung (*grassroot level*). Ziel des Ansatzes ist es, Führungspersönlichkeiten auf der mittleren Ebene zu identifizieren und diese mit Hilfe von Vermittlung zu unterstützen. Denn der Ansatz basiert auf der Annahme, dass diese mittlere Ebene in der Lage ist, Prozesse oder erreichte Ergebnisse sowohl auf die staatliche als auch auf die untere gesellschaftliche Ebene zu transferieren.[45]

---

43 Ibid., pp. 170ff.

44 Lederach, Building Peace (Fn. 13). Bei diesem Ansatz handelt es sich nicht nur um einen Vermittlungsansatz, sondern um ein umfangreiches Konzept zur langfristigen Friedensschaffung. Hier soll nur auf die vermittelnden Aspekte eingegangen werden.

45 Kritik am "middle-out"-Ansatz erfolgt am Ende des folgenden Kapitels.

Transformationsorientierte Ansätze: Transformation versus Lösung

Grundlage transformationsorientierter Ansätze ist ein Verständnis von Konfliktbearbeitung, das weder auf die punktuelle Beendigung von Gewalt setzt (Abkommenorientierung), noch auf die Lösung von Konflikten (Lösungsorientierung).[46] Es geht vielmehr um die Transformation von gewaltsamen zu zivilisierten Austragsformen. Dies basiert auf der Annahme, dass es auch Konflikte gibt, die nicht lösbar sind. Der Terminus Transformation ersetzt den Terminus Lösung.[47] Transformationsorientierte Ansätze stehen in der – wenn auch kurzen – Tradition der integrativen Ansätze. Sie entwickeln diese aber weiter und stellen aufgrund anderer Prämissen eine eigenständige Richtung dar.

In Ergänzung zu seinem *middle-out*-Ansatz und im Lichte seiner praktischen Erfahrungen vor allem in Lateinamerika und Somalia entwickelte *John-Paul Lederach* einen umfangreichen transformationsorientierten Ansatz. Ziel seines Ansatzes ist es, langfristige Infrastruktur für Konfliktbearbeitung auf allen Ebenen der Gesellschaft im Konfliktland aufzubauen, um die vorhandenen Fähigkeiten der Bevölkerung für Versöhnung und Vermittlung für die Konfliktbearbeitung nützlich zu machen. Von aussen sollen diese Potentiale unterstützt und koordiniert werden, um so maximale konzeptionelle und finanzielle Ressourcen für die Konfliktbearbeitung zu gewinnen.

Der Weg aus dem Dilemma der Dichotomien führt innerhalb des *peace-building*-Ansatzes über eine *middle-range*-Perspektive, die sowohl zeitlich als auch strukturell zu sehen ist: Zeitlich sei es notwendig, einen mittelfristigen Zeitrahmen für Konfliktbearbeitung anzusetzen, worunter *Lederach* mehrere Jahrzehnte versteht, denn der mühsame Weg des *peace-building* sei nicht von heute auf morgen zu bewerkstelligen. Strukturell müsse nicht gleich das gesamte System des Konfliktlandes verändert werden, aber es müsse deutlich über aktuelles Krisenmanagement hinausgegangen werden.

Peace-building könne aber nur im Einklang mit den kulturellen Rahmenbedingen des Konfliktlandes erfolgen. Um diesen zu entsprechen, könne *peace-building* nur aus der Gesellschaft heraus ("within the setting") etabliert werden. Die Rolle externer VermittlerInnen sei limitiert: Es ginge darum, die internen Akteure zu unterstützen, einen Prozess in Gang zu bringen und aufrechtzuerhalten. Dies kann über die Schaffung von Friedenskommissionen und Netzwerken/Allianzen (*peace constituencies*) auf nationaler, regionaler und lokaler Ebene

---

[46] Siehe die Diskussion innerhalb der deutschsprachigen Friedenstheorie. Ernst-Otto Czempiel: Schwerpunkte und Ziele der Friedensforschung, München 1972. – Ders.: Friedensstrategien; Systemwandel durch Internationale Organisationen, Demokratisierung und Wirtschaft, Paderborn 1986. – Lothar Brock: Friedensforschung im Zeichen immer neuer Kriege, HSFK-Standpunkt, Nr. 2, Februar 1995.

[47] Kumar Rupensinghe: Conflict Transformation, London 1995.

umgesetzt werden. Insgesamt spielt der Kooperationsaspekt bei *Lederach* eine untergeordnete Rolle. Er zieht situationsbezogene Koordination umfassender Kooperation vor. Einer der zentralen Eckpfeiler des *peace-building*-Ansatzes ist Versöhnung (*reconciliation*). Mittelfristig könnten die gestörten Beziehungen der Konfliktparteien nur über eine Aufarbeitung der Vergangenheit wiederhergestellt werden, um gemeinsame Perspektiven für die Zukunft entwickeln zu können.

Der *peace-building*-Ansatz ist meiner Einschätzung nach der derzeit substantiellste Ansatz zum theoretischen und praktischen Umgang mit komplexen innerstaatlichen Konflikten. Er stellt einerseits eine Erweiterung der integrativen/komplementären Ansätze dar, nimmt aber anderseits aufgrund des Transformationsgedankens und durch die Integration der lokalen Akteure und Strukturen eine andere Perspektive ein. Kritik am *peace-building*-Ansatz kann sich meines Erachtens nach auf den kulturellen Aspekt des Ansatzes beziehen. Meiner Einschätzung nach ist *Lederachs* Feststellung, dass auf den kulturellen Hintergrund der jeweiligen Gesellschaft zurückgegriffen werden muss, zwar richtig, aber dennoch stark von seinen Erfahrungen in Somalia geprägt. Inwieweit sich ein Wiederherstellen traditioneller Vermittlungs- und Kommunikationsformen in anderen Gesellschaften aufgrund des höheren Grades an Entfremdung von traditionellen Werten bewerkstelligen lässt, sollte weiter empirisch geprüft werden.

Vermittlung im Krieg in Mozambique[48]

Der Krieg und seine Folgen

Bevor Ende Oktober 1994 die ersten freien Wahlen in Mozambique stattfinden konnten, hatte das Land lange Jahre unter Krieg gelitten. Begonnen hatte der Krieg 1964 als bewaffneter Befreiungskampf gegen die portugiesische Kolonialmacht. Dieser Krieg forderte 25'000 Tote und 120'000 Verletzte. Im Unterschied zu anderen Ländern der Region gab es aber nur eine Befreiungsbewegung, die *Frente de Libertaçao de Moçambique*" (Frelimo). Sie wurde 1962 im Nachbarland Tansania von intellektuellen Eliten aus dem Süden des Landes gegründet. Politisch war sie keineswegs homogen, und es kam immer wieder zu Abspaltungen. Letztlich setzten sich die marxistisch-leninistischen Gruppen durch.[49] Nach erfolgreichem Befreiungskampf übernahm diese 1975 mit der Unbhängigkeit des Landes die Regierung.

Der bewaffnete Kampf der *Resistencia National Mocambicana* (Renamo)

---

[48] Siehe ausführlicher in Thania Paffenholz: Angola und Mosambik; Konfliktregelung zwischen Fehlschlag und Erfolg, in: Matthies, Vom Krieg zum Frieden (Fn. 2).

[49] Alex Vinces: Renamo; Terrorism in Mozambique, Centre for Southern African Studies, University of York, London 1991, p. 11.

gegen die Frelimo-Regierung begann bereits kurz nach der Unabhängigkeit. Einige kleinere Gruppen, die sich von der Frelimo abgespalten hatten, bildeten die Basis der späteren Renamo.[50] Hinzu kamen Angehörige oder Sympathisanten des kolonialen Systems. Das politische Programm der Renamo war in erster Linie gegen Kommunismus und für Religionsfreiheit und die Stärkung der traditionellen Autoritäten auf dem Land. Der rhodesische Geheimdienst unter der weissen Siedlerregierung von Ian Smith gründete oder unterstützte zumindest die Gründung der Renamo - hier scheiden sich die Geister - aus diesen Gruppen. Bezweckt wurde damit die bessere Kontrolle der rhodesischen Opposition in Mozambique sowie die langfristige Destabilisierung des Nachbarlandes.

Die Renamo war in den siebziger Jahren militärisch jedoch so schwach, dass sie keine ernst zu nehmende Bedrohung für die Frelimo darstellte. Sie operierte von Malawi und Rhodesien aus und verübte vereinzelte Terrorakte auf wirtschaftliche Ziele. In der Bevölkerung verfügte sie zu dem Zeitpunkt über keine Unterstützung. Erst ab 1980 eskalierte dieser Konflikt zum Krieg. Wesentlichen Anteil daran hatte die externe Unterstützung der Renamo, die nach der Unabhängigkeit Rhodesiens von Südafrika übernommen wurde. Von da an nahm die militärische Schlagkraft der Renamo zu. Sie zerstörte systematisch zivile Infrastruktureinrichtungen, wirtschaftliche und militärische Ziele sowie die für Mozambique wichtigen Transportverbindungen in die benachbarten Binnenländer. Damit stiegen auch die kriegsbedingten Kosten für die Nachbarländer. Die Zahl der Renamo-Kämpfer wuchs auf 10'000 an. Die Regierungsarmee bestand aus 30'000 Soldaten. Die Regierung von Mozambique reagierte auf die Eskalation der Auseinandersetzungen mit der massiven Aufrüstung ihrer Armee, der Verlängerung des Militärdienstes und der Einrichtung von Militärtribunalen gegen *Reaktionäre*.[51]

Das Ausmass an gewaltsamen Menschenrechtsverletzungen gegenüber der Zivilbevölkerung nahm in den achtziger Jahren erheblich zu. Auch von Seiten der Regierungsarmee kam es zu Gewalt gegen die Zivilbevölkerung, die aber nicht vergleichbar war mit der Gewaltanwendung der Renamo.[52] Im Laufe der achtziger Jahre gelang es der Renamo, grosse Teile des Landes zu kontrollieren. In diesen Gebieten lebte die Bevölkerung in traditionellen Lebens- und Wirtschaftsformen und war von der Aussenwelt völlig abgeschlossen. Einzig die Kämpfer der Renamo durften die Gebiete verlassen. Die Frelimo kontrollierte die Städte. Von einer Stadt zur anderen zu gelangen, war deshalb nur mit dem Flugzeug möglich. Dazwischen gab es Gebiete, die immer wieder von der einen oder

50 Paul Fauvet: Roots of Counter-Revolution; The Mozambique National Resistance, in: Review of African Political Economy, Vol. 29, 1984, pp. 108-121.

51 Christian Geffray: La cause des armes au Mozambique; Anthropologie d'une guerre civile, Paris 1990, pp. 29ff und 175ff.

52 Africa Watch: Conspicuous Destruction; War, Famine and the Reform Process in Mozambique, Human Rights Watch, New York/Washington/Los Angeles/London 1992, p. 65.

anderen Seite erobert wurden.

Es lassen sich im wesentlichen zwei Ursachen für den Krieg in Mozambique nennen: Eine zentrale Ursache des Krieges war das Bestreben der weissen Eliten in Rhodesien und Südafrika, ihre Macht zu erhalten. Durch die Unabhängigkeit von Angola und Mozambique hatten sich die Machtverhältnisse innerhalb der Region verschoben. Davor hatten die *weiss*-dominierten Länder Rhodesien und Südafrika sowie die beiden de facto portugiesischen Kolonien Angola und Mozambique politisch, wirtschaftlich und militärisch kooperiert. Durch die Unabhängigkeit Angolas und Mozambiques fühlten sich Südafrika und Rhodesien bedroht. Ihr Ziel war es deshalb, diese Länder zu schwächen. Ab 1980, nach der rhodesischen Unabhängigkeit, sah die südafrikanische Regierung, die Nationale Partei der Buren, ihren letzten Partner in der Region besiegt und führte den Kampf für die Aufrechterhaltung ihres Systems allein und mit verstärkten Mitteln weiter. Südafrika wurde in den achtziger Jahren zum stärksten konfliktverschärfenden externen Akteur. Im Rahmen seiner "Totalen Nationalen Strategie" zur Aufrechterhaltung der Apartheid übte Südafrika gezielt militärischen und wirtschaftlichen Druck auf die Länder der Region aus. Die Unterstützung der Renamo war dabei ein integraler Bestandteil dieser Strategie.

Die zweite Ursache waren die innenpolitischen Veränderungen durch die marxistisch-leninistische Regierung der Frelimo seit der Unabhängigkeit 1975. Die Frelimo entmachtete die traditionellen Autoritäten zugunsten von Partei und Staat, kollektivierte die Landwirtschaft und begann einen kirchenfeindlichen Kurs. Die Politik der Frelimo war durch einen straffen Zentralismus und die Dominanz der intellektuellen Eliten aus dem Süden des Landes gekennzeichnet und führte vor allem im Norden und im Zentrum des Landes zu einer ablehnenden Haltung der Bevölkerung gegenüber der Frelimo. Gleichzeitig profitierte die Renamo – trotz der vielen Zwangsrekrutierungen – von der sozialen Unzufriedenheit auf dem Land und machte sich diese zunutze. Als Guerilla, die keine Basis im Ausland hatte, war sie für ihre Versorgung auf die Unterstützung der ländlichen Bevölkerung angewiesen.

Der Vermittlungsprozess

Am Friedens- und Vermittlungsprozess waren die unterschiedlichsten Akteure beteiligt: Die katholische Kirche des Landes als parteiischer *Insider*[53] begann bereits ab 1979 öffentlich vom Frieden durch Dialog zu sprechen. Dies geschah massgeblich über die der Kirche zur Verfügung stehenden Informationsträger wie Hirten- und Pastoralbriefe sowie direkte Gespräche mit der Regierung. Die katholische Kirche bot auch Dialogvermittlung zwischen den Konfliktparteien an.

[53] Hier ist besonders der Erzbischof von Beira, Jaime Goncalvez, hervorzuheben.

Dies lehnte aber die Regierung wegen ihrer kirchenfeindlichen Haltung ab.[54] Der Christenrat von Mozambique als Dachverband der protestantischen Kirchen des Landes nahm 1984 mit der Gründung der Kommission für Frieden und Versöhnung seine Arbeit für den Frieden auf. Ab 1985 fanden auch Gespräche mit der Regierung statt. Im Unterschied zur katholischen Kirche waren die Aktivitäten des Christenrates aber nicht öffentlich und daher weniger bekannt. Die Kirchen wurden zur kritischen Instanz im Staat, was den Konflikt mit dem Staat verstärkte.

Die Aktivitäten der Kirchen nahmen ab Mitte der achtziger Jahre eine neue Qualität an: Sie beschlossen, zunächst unabhängig voneinander, sich aktiver in den Friedensprozess einzuschalten. Als erster Schritt sollte Kontakt zur Renamo aufgenommen werden, um deren Dialogbereitschaft zu erkunden. Dies schien nahezu aussichtslos, da zum einen keiner wusste, wo diese zu finden war, und zum andern jeder auch nur versuchte Kontakt als Hochverrat von Seiten der Regierung geahndet wurde. Nachdem Christenrat und katholische Kirche anfangs getrennt vorgegangen waren, starteten sie 1988 eine gemeinsame Fazilitationsinitiative. Sie bildeten ein paritätisch zusammengesetztes Viererteam und versuchten, zunächst zur Renamo im Ausland Kontakt aufzunehmen, was ihnen aber nicht gelang. Im selben Jahr kam es aber zu ersten Treffen des Viererteams mit internen Renamo–Vertretern in Nairobi (Kenia). Die Kontakte waren mit Hilfe der kenianischen Regierung hergestellt worden, die Gute Dienste leistete.[55] Nach diesem Treffen, bei welchem die Renamo Dialogbereitschaft signalisiert hatte, informierte das Team den Präsidenten von Mozambique. Dieser zeigte sich nicht dialogbereit, beauftragte die Kirchenvertreter aber, mit ihren Bemühungen fortzufahren.

Im folgenden Jahr erreichte die Fazilitationsinitiative der Kirchen eine neue Stufe: Die Kirchenvertreter wurden vom Präsidenten als Mittler nach Nairobi gesandt, um der Renamo einen Katalog von Bedingungen für Verhandlungen zu unterbreiten. Jetzt leisteten sie Gute Dienste. So kam es im August 1989 zu indirekten Vorverhandlungen der Kirchen mit der Renamo. In dieser Vorverhandlungsphase leistete auch Tiny Rowlands, der Vorstandsvorsitzende des britisch–zimbabwischen Konzerns LONRHO, Gute Dienste. LONRHO finanzierte die Reisekosten der Renamo–Delegation. Doch die Gespräche scheiterten, weil die Frelimo direkte Gespräche mit der Renamo ablehnte.

Ende August 1989 teilte Präsident Chissano mit, dass er nun den kenianischen Präsidenten Moi und den zimbabwischen Präsidenten Mugabe als Vermittler beauftragt habe. Da diese beiden Vermittler bis Ende 1989 keine weiteren Fortschritte erzielten, unternahmen die Kirchen und verschiedene diplomatische

54 Zur Rolle der Kirche bei der Vermittlung siehe Sabine Kurtenbach/Thania Paffenholz: Kirchen können in Kriegen vermitteln, in: der überblick, 1/94.

55 Vertreten durch den stellvertretenden Aussenminister Bethuel Kiplagat.

Kreise[56] in Maputo ab 1990 weitere Versuche, die Frelimo zu direkten Gesprächen mit der Renamo zu bewegen. Nach mehreren Friedensinitiativen (USA, Südafrika) und nach einer USA-Reise im März 1990 gab Chissano grünes Licht für direkte Gespräche mit der Renamo. Eine wichtige Rolle spielte dabei der Druck der amerikanischen Regierung auf die Frelimo, aber auch auf die Perzeption der Renamo, die USA könnten sich stärker in den Konflikt einmischen. Sie hatten dies bis zu diesem Zeitpunkt nicht getan, da die Frelimo als marxistische Regierung nicht zu ihrer Klientel gehörte.

Nach dieser ersten Einigung entflammte ein sechsmonatiger Disput über den Verhandlungsort. Die katholische Kirche schaltete sich erneut ein und schlug die katholische Gemeinde von San Egidio in Rom vor. Die Laienbruderschaft hatte bereits Anfang der achtziger Jahre im Konflikt zwischen der katholischen Kirche und dem Staat vermittelt.[57] Durch den Verhandlungsort wurde auch die italienische Regierung eingeschaltet, die über ihre Botschaft in Maputo bereits informell in den Prozess involviert gewesen war. Von Juli 1990 bis Oktober 1992 fanden direkte Verhandlungen zwischen den Kriegsparteien in den Räumen der San Egidio-Gemeinde in Rom statt. Verhandlungsführer waren Mario Raffaeli für die italienische Regierung, Erzbischof Gonçalvez für die katholische Kirche und zwei Vertreter der Gemeinde San Egidio. Im Laufe der Verhandlungen wechselten die Verhandlungsführer auf Bitten der Parteien ihre Rolle und nahmen die aktivere Rolle von Vermittlern ein.[58]

Wesentlich für den Erfolg der Verhandlungen waren Vermittlungsaktivitäten, die parallel zu den Verhandlungen in Rom liefen. Wenn die Verhandlungen ins Stocken gerieten, wurden die diplomatischen Kreise in Mozambique und der Christenrat von Mozambique[59] aktiv und erreichten über Fazilitation, dass die Präsidenten der beiden Parteien zu bilateralen Gesprächen zusammenkamen. Damit wurde ein zusätzliches Kommunikationsnetz geschaffen, wodurch die Verhandlungsdauer erheblich verkürzt werden konnte. Eine wichtige Rolle spielte auch die *Shuttle-Diplomatie* der Vermittler in Rom. Gab es Schwierigkeiten mit der Renamo, traf sich Erzbischof Gonçalvez während der Verhandlungsrunden im Geheimen mit Renamo-Chef Dhlakama. Probleme mit der Frelimo fazilitierte Mario Raffaeli mit der Regierung Mozambiques. Für das Zustandekommen der geheimen Treffen leistete die Regierung Malawis fortlaufend Gute Dienste. Sie stellte die Räumlichkeiten zur Verfügung und organisierte Ein- und Ausreise der Beteiligten. Weitere wichtige Beiträge leisteten verschiedene NGOs, darunter auch die Friedrich-Ebert-Stiftung, die immer wieder Kontakte aufbaute und entscheidende Seminare veranstaltete.

56 Dabei handelte es sich im wesentlichen um die Botschafter der USA, Italiens und Portugals.

57 Alle kirchlichen Besitztümer waren verstaatlicht worden, und die Kirchen waren erheblichen Repressionen ausgesetzt.

58 Siehe die Differenzierung weiter oben im Kapitel "Vermittlung auf der staatlichen Ebene".

59 Hier ist vor allem der anglikanische Bischof Denis Sengulane zu nennen.

Wenige Monate vor Unterzeichnung des Friedensabkommens gerieten die Verhandlungen wegen militärischer Fragen ins Stocken. Die einsetzende Dürre im Land machte die Kriegsparteien von externer Hilfe abhängig und veränderte ihre Perzeptionen, den Krieg vielleicht doch noch militärisch gewinnen zu können. Im Sinne des Reifekonzeptes von *Zartman*[60] war jetzt der reife Moment gekommen. Dass dieser nicht unbemerkt verstrich, ist zweifellos das Verdienst der beteiligten Vermittler. Vor allem die USA verstärkten den Druck auf die Parteien. Auch die Involvierung der UNO war hilfreich, die auch aufgrund des Engagements der Friedrich–Ebert–Stiftung zustande kam.

Im Oktober 1992 wurde schliesslich ein Waffenstillstands– und Friedensabkommen unterzeichnet. Zur Implementierung des Abkommens bis nach den Wahlen im Oktober 1994 entsandte die UNO ein Kontingent von 7'500 Personen nach Mozambique. In der Konsolidierungsphase kam es immer wieder zu Konflikten. Die negativen Erfahrungen mit der gescheiterten Friedenskonsolidierung in Angola - dort war der Krieg unmittelbar nach den Wahlen wieder entflammt - veranlasste die Beteiligten in Mozambique dazu, Wahlen erst nach Abschluss der Demobilisierung abzuhalten. Vor allem der UN–Beautragte für Mozambique, Ajello, vertrat die Devise, kleine, aber sichere Schritte zu gehen. Er vermittelte immer wieder zwischen den Parteien, wenn es notwendig wurde. Auch die internationale Staatengemeinschaft, vertreten durch die Botschafter vor Ort, nahm die kostspieligen Verzögerungen in Kauf und mischte sich fazilitierend ein. Der UN–Generalsekretär schaltete sich persönlich ein, um Dispute zwischen den Parteien zu bereinigen.

Obwohl innerhalb von zwei Jahren die wesentlichen Punkte des Friedensvertrages erfüllt waren, mangelt es bis heute an Vertrauen unter den ehemaligen Kriegsgegnern. Der Wahlsieg der Frelimo hat die Situation nicht entspannt, und die Transformation der Renamo in eine politische Partei geht nur langsam voran. Das Hauptproblem ist derzeit aber die soziale und wirtschaftliche Misere der Menschen in Mozambique. Versöhnung ist nicht nur zwischen den ehemaligen Kriegsgegnern notwendig, sondern in der gesamten Gesellschaft. Hier sind die Kirchen des Landes aktiv. Sie unterhalten zahlreiche lokale und landesweite Programme zur Versöhnung. Zudem beziehen die Kirchen Stellung zu relevanten politischen Themen. Sie nehmen fortgesetzt die Funktion eines Bindegliedes im Sinne des *middle–out*–Ansatzes wahr. Sie bringen immer wieder die staatliche Ebene mit ins Spiel und arbeiten konstant an der Umsetzung des Friedensprozesses für die Menschen in Mozambique.

60 Siehe Fn. 11.

Phasen der Vermittlung

Annäherung Vorverhandlungen Verhandlungen Implementierung Konsolidierung

– – – – – – – – – – – – – – – – →

parallele Fazilitation parallele Fazilitation

Vorläufige Schlussfolgerungen

Es wäre vermessen zu glauben, aufgrund der Analyse eines Falles umfassende Verallgemeinerungen im Hinblick auf die Tragfähigkeit der unterschiedlichen theoretischen Ansätze treffen zu können. Hier sollen deshalb Schlussfolgerungen in bezug auf diese Fallstudie vorgenommen werden. Zudem sollen die Erfahrungen aus den im Text genannten Kurzbeispielen miteinfliessen.

1) Es hat sich gezeigt, dass der Friedensprozess in Mozambique nicht durch einen Vermittler und dessen Ansatz vorankam, sondern durch die unterschiedlichen vermittelnden Akteure mit ihren jeweils verschiedenen Ansätzen. Insofern ist die Entwicklung der integrativen/komplementären Ansätze der richtige Weg um wegzukommen von der wenig konstruktiven und praxeologisch nicht relevanten Dichotomie der zwei Ebenen (*two tracks*).

2) Bezüglich des Kontingenzansatzes zeigt sich, dass die Kritik von *Bloomfield* an der irrealen Linearität des Ansatzes sich durch den Fall Mozambique bestätigt, denn es fanden auch hier die unterschiedlichsten Interventionen auf allen Ebenen zu verschiedenen Zeiten statt.

3) Es hat sich auch gezeigt, dass ein Zusammenspiel der Akteure zwar hilfreich war, dass gemeinsame Aktivitäten aber nur in Form von aktionsspezifischer Koordination sinnvoll waren. Dies bestätigt die Präferenz für Koordinierung im *peace-building*-Ansatz. Es ist in der Praxis kaum möglich, dass sich verschiedene Akteure gemeinsam an die Konzeption ihrer Vermittlungsaktivitäten setzen. Deshalb sollte bei der Entwicklung und Modifizierung von Ansätzen eine akteursspezifische Sichtweise eingenommen werden. Jeder Akteur sollte seinen Fähigkeiten entsprechend tätig werden. Dieses Prinzip sollte Vorrang vor dem Prinzip der Kooperation haben.

4) Dennoch lässt sich feststellen, dass eine gewisse zeitliche Hierarchie der Interventionsansätze gegeben ist, wie dies *Fisher/Keashly* sowie *Bercovitch/Rubin* herausgearbeitet haben. Allerdings zeigt sich für mich, dass eine Korrelation zur

Entwicklung des Friedensprozesses und nicht zur Eskalation des Konfliktes gegeben war. Mit zunehmenden Vermittlungsaktivitäten wurde die Vermittlung effizienter, je direktiver sie wurde. Nach dem Abkommen waren wieder nicht-direktivere Ansätze vonnöten.

5) Erfolgreich konnte die Vermittlung aber nur sein, weil ein komplexer Prozess nicht nur in Gang gebracht worden war, sondern auch in Gang gehalten wurde. Die Weiterentwicklung und Integration von transformationsorientierten Ansätzen ist deshalb wünschenswert. Diese sollten auch mit der staatlichen Ebene verbunden werden.

6) Die wissenschaftliche Einteilung in Vorverhandlungs- und Verhandlungsphase ist nicht mehr zeitgemäss: Bereits lange bevor es zu Vorverhandlungen kommt, erfolgen Vermittlungsaktivitäten im Rahmen einer Annäherungsphase. Diese lässt sich je nach Fallbeispiel sicher noch in einzelne Unterphasen teilen. Auch die parallel zu den Verhandlungen laufende Fazilitationsphase war von enormer Bedeutung. Daraus ergibt sich, dass Fazilitation zum einen auf der Ebene der staatlichen Akteure mit zu den Vermittlungsarten zählen muss, und dass diese Phase zum andern als zusätzliche Vermittlungsphase ergänzt werden muss.

Der Friedensprozess ist mit einem Friedensvertrag nicht beendet. Die Friedenskonsolidierungsphase, vor deren eigentlichem Beginn die Implementierungsphase der Friedensverträge steht, ist von enormer Bedeutung für Vermittlung. Die Probleme, die seit dem Abkommen in Mozambique und anderen Ländern gleichermassen vorherrschen, haben auch deutlich gemacht, dass die Umsetzung von Verträgen, die nicht transformationsorientiert und wenig partizipatorisch sind, langfristige Probleme schaffen. Vermittlung ist auch in dieser Phase noch notwendig. Deshalb ist es wichtig, diese Phase ebenfalls mitaufzunehmen und die Erfahrungen anderer Konsolidierungsphasen bereits vor Abschluss zukünftiger Abkommen zu berücksichtigen.

7) Weiter hat sich gezeigt, dass Vermittlung auch dann erfolgreich sein kann, wenn die VermittlerInnen sich ihrer Grenzen bewusst sind. Der Erfolg der Vermittlung in Mozambique hing massgeblich davon ab, dass die kirchlichen Vermittler jederzeit bereit waren, ihre Vermittlerrolle zugunsten anderer aufzugeben.

8) Ein wesentliches Ergebnis ist auch, dass die Rolle externer Vermittler begrenzt bleibt. Diese sollten sich vielmehr – im Sinne des *peace-building*-Ansatzes – auf die Unterstützung und Zusammenarbeit mit den *Insidern* einstellen.

Gewaltprävention

Eine neue Aufgabe auch für die Entwicklungspolitik?

Von Angelika Spelten

Die Notwendigkeit einer Neuorientierung der Entwicklungshilfe

Seitdem die Weltöffentlichkeit 1992 und 1994 zuerst mit Bildern unfassbaren menschlichen Leidens aus Somalia und Rwanda schockiert und anschliessend durch die Hilflosigkeit internationaler Blauhelm-Einsätze beschämt wurde, wird die Notwendigkeit von Konzepten zur Gewaltprävention mit neuem Nachdruck diskutiert. In der "Agenda für Frieden" von UN-Generalsekretär Boutros Boutros-Ghali ist Präventionspolitik als eine neue zentrale Aufgabe der Staatengemeinschaft definiert;[1] darauf begab man sich auch in der Friedensforschung und Friedensbewegung auf die Suche nach möglichen Akteuren und Instrumenten. Neben militärischen Optionen, die eher bei friedensschaffenden oder friedenssichernden Massnahmen im Verlauf von Konflikten angebracht sind, wird für die frühe Präventionsphase, das heisst vor dem Ausbruch von massiven Gewalttätigkeiten, nach zivilen Akteuren gesucht.

Die Argumentation für eine Beteiligung der Entwicklungshilfe an dieser Aufgabe verläuft auf zwei Ebenen. Zum einen stellte während der letzten Jahre die Zunahme von innerstaatlichen Konflikten, insbesondere in den Ländern des Südens, die Legitimation der Entwicklungshilfe immer stärker in Frage: Konzepte werden obsolet, deren etwaige Erfolge durch den Ausbruch von massiver Gewaltanwendung negiert werden, wie es in Somalia und Rwanda geschehen ist. Die meisten nationalen und internationalen Entwicklungskonzepte gingen bislang davon aus, dass die Verbesserung des Lebensstandards bzw. die Armutsbekämpfung durch eine Erweiterung der technischen Handlungsmöglichkeiten der Individuen (z.B. durch neue Anbaumethoden, verbesserte Infrastruktur oder Technologietransfer) erreicht werden könnten. Die Entwicklung der letzten Jahre macht jedoch deutlich, dass nicht allein der Mangel an technischen Alternativen Entwicklung behindert, sondern die zunehmende Gewaltandrohung und -anwendung in den Gesellschaften die Menschen auch davon abhält, vorhandene Wahlmöglichkeiten wahrzunehmen. Plakativ ausgedrückt hat ein Entwicklungsprojekt

[1] Frieden schaffen mit Blauhelmen? In: Der Überblick, 4/92, Hamburg 1992.

zur Verbreitung neuer Saatgutsorten seine Legitimation verloren, wenn keine Aussaat mehr stattfinden kann, weil die Felder vermint wurden.

Vor diesem Hintergrund deutete sich in den Berichten des UNDP (*United Nations Development Program*) seit 1990 ein grundlegender Paradigmenwechsel an. In seinem ersten "Human Development Report" von 1990 lenkte UNDP die Aufmerksamkeit von Projekten zur Förderung technischer und infrastruktureller Rahmenbedingungen auf die Dimension der "menschlichen Entwicklung" um. Anstelle der Optimierung technischer Ausrüstung und wirtschaftlicher Strukturdaten sollte die bestmögliche Förderung von menschlichen Potentialen zur Zielgrösse von Projekten werden. 1994 erweiterte UNDP diesen Ansatz noch um die Kategorie der "menschlichen Sicherheit"[2] und meinte damit das Leben in Freiheit ohne Furcht bzw. die Sicherung und Erweiterung von sozialen Handlungsspielräumen.

Eine zweite Ebene der Auseinandersetzung über die Notwendigkeit präventiver Elemente im Rahmen der Entwicklungspolitik entstand vor dem Hintergrund zunehmender Aufgaben im Bereich der Katastrophenhilfe. 1995 betrug der Anteil der Katastrophenhilfe am Budget des Bundesministeriums für wirtschaftliche Zusammenarbeit (BMZ) 10% des Gesamtetats. Es ist zu erwarten, dass ohne konzeptionelle Neuorientierung der Aussen- und Entwicklungspolitik dieser Anteil in Zukunft weiter steigen wird. Das würde bedeuten, dass immer weniger Entwicklungsprojekte gefördert werden können, weil immer mehr Katastrophenhilfe nötig wird. Diese Erkenntnis, so der zehnte Entwicklungsbericht des BMZ[3], erfordert eine Neudefinition von Selbstverständnis und Zielen der Entwicklungszusammenarbeit.

Das bisherige Fazit dieser Überlegungen, wie es sich in den offiziellen Leitlinien der schweizerischen und deutschen Entwicklungspolitik niederschlägt, beschränkt sich in erster Linie auf Willenserklärungen, konkrete Konzepte stehen noch aus. So werden im Leitbild der Schweizer Direktion für Entwicklungszusammenarbeit und humanitäre Hilfe (DEH) von 1994 zwar die "Wahrung und Förderung von Frieden und Sicherheit, Förderung von Menschenrechten, Demokratie und Rechtsstaat" in Ländern der Dritten Welt als Anliegen der Entwicklungspolitik definiert, bei der Beschreibung der Instrumente wird jedoch in erster Linie auf eine Unterstützung internationaler Organisationen wie OSZE und UNO verwiesen.[4] Damit liegt die Umsetzung der neuen Schwerpunkte gerade bei denjenigen internationalen Instrumenten, die in Rwanda und Somalia ihre Hilflosigkeit bzw. Ineffizienz bewiesen haben.

---

[2] United Nations Development Program (UNDP): Bericht über die Menschliche Entwicklung, Bonn 1994, p. 28.

[3] Neue Akzente in der Entwicklungspolitik, in: Die Welt, 14.121995.

[4] Direktion für Entwicklungszusammenarbeit und humanitäre Hilfe (DEH): Leitbild Nord-Süd 1994, Zürich 1994, pp. 15f.

Für die Politik der Bundesrepublik schreibt der zehnte Entwicklungsbericht des BMZ der Entwicklungspolitik explizit eine Rolle im Rahmen der Friedenspolitik zu. Neben der Bewältigung von ökonomischen, sozialen und politischen Missständen sollen Schwerpunkte der Entwicklungshilfe zukünftig auch darin liegen, Krisenpotentiale frühzeitig zu erkennen und der Eskalation von Konflikten vorzubeugen.[5] Bei der Konkretisierung der Instrumente dieser Politik, wird allerdings auch hier auf bereits Bekanntes wie den Aufbau rechtsstaatlicher Strukturen und effizienter Verwaltungen verwiesen, immerhin mit dem Hinweis versehen, dass bessere Techniken zur Krisenprävention noch zu entwickeln sind.

Neben der Frage nach angemessenen Methoden und Instrumenten sind auch die Definition von Zielen und Grenzen einer Präventionsstrategie und selbst der Begriff der Prävention noch nicht hinreichend geklärt. Auch dieser Beitrag kann diese Fragen nicht beantworten, er will lediglich zur Strukturierung des Themas beitragen sowie den Bedarf an gezielter sozialwissenschaftlicher Forschung und den Mangel an Konzepten im Rahmen der Entwicklungshilfe konkretisieren. In den folgenden Abschnitten soll zunächst der Begriff der Gewaltprävention von dem der Ursachenbekämpfung abgegrenzt werden, daran schliesst sich die Diskussion von vier Fragen zum richtigen Zeitpunkt, den möglichen Instrumenten, den Akteuren und den lokalen Partnern für eine präventive Konfliktbearbeitung im Rahmen der Entwicklungshilfe an.

Gewaltprävention als Feigenblatt für den fehlenden Willen zur Ursachenbekämpfung?

Gewalt[6], wenn sie als Mittel zum Austrag von Konflikten angewendet wird, würde am wirkungsvollsten durch die Beseitigung der Ursachen für den zugrunde liegenden Konflikt verhindert. Die Kriegsursachenforschung hat in den vergangenen Jahren ein breites Spektrum von Faktoren identifiziert, die in unterschiedlichem Masse in vielen Ländern der Dritten Welt ursächlich an den jeweiligen Konflikten und ihrem kriegerischen Austrag beteiligt sind. Koloniale Erblasten und machtpolitische wie ökonomische Interessen westlicher Regierungen und Unternehmen stehen auf der Seite der externen Faktoren an erster Stelle. Als interne Faktoren sind vor allem schlechte Regierungsführung (*bad governance*)

---

5 Neue Akzente (Fn. 3).

6 Gewalt ist im Rahmen dieses Beitrages als politisch motivierte (im Gegensatz zur Alltagsgewalt), physische Aggression von Gruppen oder Individuen zur Durchsetzung bestimmter Interessen zu verstehen. Die Aspekte der strukturellen oder institutionellen Gewalt nach Galtung und Matz bleiben hier unberücksichtigt. Siehe Peter Waldmann: Politisch Gewalt, in: Pipers Wörterbuch zur Politik, Bd.1, München/Zürich 1987, pp. 741–745.

inklusive diktatorischer Regime und die Verschlechterung des Verhältnisses zwischen Bevölkerungswachstum und verfügbaren Ressourcen zu nennen.

Gewaltprävention im Sinne von Konfliktursachenbekämpfung müsste folglich auf die Veränderung dieser Faktoren zielen. In den meisten europäischen Staaten ist es denn auch erklärtes Ziel der Entwicklungspolitik unter anderem durch Technologie- und Ressourcentransfer sowie die Förderung von Menschenrechten und Demokratie eben diese Krisenfaktoren positiv zu beeinflussen. Ein Blick in die Statistiken des UNDP in ihren Berichten über die menschliche Entwicklung[7] der letzten Jahre sowie die Auflistung der kriegerischen Konflikte durch die Arbeitsgemeinschaft Kriegsursachenforschung[8] zeigt, dass dies bislang nicht hinreichend gelungen ist.

Die Gründe dafür sind vielfältig: Zum einen fehlt der politische Wille zur Einschränkung der nationalen Interessenpolitik[9], insbesondere bei einer für Dritte-Welt-Länder vorteilhaften Veränderung der Weltmarktstrukturen, zum anderen weisen einige Ansätze in der Entwicklungshilfe nicht die gewünschten Erfolge auf. Als betrübliches Fazit der gegenwärtigen Situation ist zu konstatieren, dass etliche Staaten Afrikas, aber auch Länder in Asien und Osteuropa, nicht nur aber auch aufgrund der Versäumnisse westlicher Aussen-, Wirtschafts- und Entwicklungspolitik in den vergangenen Dekaden heute am Rande einer gesellschaftlichen Katastrophe mit Gewaltpotentialen somalischen oder rwandischen Ausmasses stehen. In absehbarer Zeit und unter den gegebenen weltpolitischen Rahmenbedingungen auf eine erfolgreiche Entschärfung der komplexen Konfliktursachen zu setzen, die diese Situationen hervorgerufen haben, grenzt an Utopie. Nicht nur, dass Reformen bei den externen Faktoren welcher Art auch immer zu lange bräuchten, um Wirkung zu zeigen; es ist auch äusserst fraglich, ob damit eine hinreichend schnelle Beeinflussung der internen Faktoren gesichert wäre. In diesem Sinne müsste die folgende Frage beantwortet werden können: Welche Veränderungen des Ursachenbündels könnten die aktuellen Machtkämpfe der Eliten beispielsweise in Burundi, Kenia, Togo und Zaire stoppen, die nach dem Tod der jetzigen Machthaber aller Wahrscheinlichkeit nach in offene Bürgerkriege übergehen werden?

---

7 UNDP (Fn. 2), 1993, 1994, 1995.

8 Siehe den Beitrag der AKUF Hamburg in diesem Band.

9 Aussenpolitiken, die Waffenhandel zulassen und repressive Regierungen unterstützen (wie z.B. Frankreich im Falle Zaires), konterkarieren mögliche Erfolge von Friedens- und Entwicklungspolitik. An dieser Stelle sei ausdrücklich darauf hingewiesen, dass im Rahmen der Diskussion um einen möglichen friedenspolitischen Beitrag der Entwicklungshilfe auch kritisch zu diskutieren ist, welchen Anteil die Entwicklungspolitik (als Rahmenpolitik der Entwicklungshilfe) selbst an der Entstehung oder Eskalation von innerstaatlichen Konflikten in ihren Zielländern hat. Eine solche Grundsatzdiskussion kann an dieser Stelle jedoch nicht geführt werden. Der vorliegende Beitrag geht daher davon aus, dass Entwicklungshilfe grundsätzlich ein geeignetes Instrument zur Verbesserung der Lebensbedingungen in ihren Partnerländern sein kann, es aber gegenwärtig nicht in jedem Fall ist.

Dort, wo Prävention im Sinne von Ursachenbekämpfung bereits versagt hat, ist zur Begrenzung der menschlichen Opfer Prävention als kurzfristig ansetzende Gewaltvermeidungsstrategie im Sinne eines Krisenmanagements notwendig. Die Zielsetzung einer so verstandenen Präventionsstrategie hat ganz bewusst nicht mehr die Konfliktursachen im Fokus, sondern die Eskalationsdynamik der Konfliktaustragung. Nicht die Konflikte als solche, sondern nur die Form ihres Austrages werden folglich als Problem wahrgenommen. Im Rahmen dieses Beitrages wird der Begriff der Prävention ausschliesslich für solche kurzfristige, auf konstruktive Konfliktbearbeitung zielende Politik angewendet. Damit ist Prävention keinesfalls als Ersatz für eine kohärente Politik zur Bekämpfung von Konfliktursachen zu verstehen, sie kann nur deren kurz- bis mittelfristige Ergänzung sein. An dieser Stelle sei auch vor dem *Machbarkeitswahn* gewarnt. Die Überzeugung, dass die Erarbeitung und Anwendung von Konzepten zur Gewaltprävention dringend notwendig ist und auch wirkungsvoll sein kann, besagt keinesfalls, dass mit einem wie auch immer gearteten Instrumentarium jegliche innerstaatliche Gewalteskalation verhindert werden könnte. Im Gegenteil: Bereits dort, wo Präventionsstrategien im Sinne von Krisenmanagement zur Schadensbegrenzung beitragen und die Dauer, Intensität oder die Zahl der Opfer von Kampfhandlungen reduzieren, wäre von einem grossen Erfolg zu sprechen.

Wie früh muss Gewaltprävention beginnen?

Die Frage nach dem richtigen Zeitpunkt für den Beginn vorbeugender, aber dennoch bereits kurzfristig[10] wirkender friedenspolitischer Massnahmen ist bestenfalls auf einzelne Länder und den jeweiligen Konflikt bezogen, und auch dann nur vage, zu beantworten. Grundsätzlich ist jedoch davon auszugehen, dass insbesondere innerstaatliche Konflikte um die Teilhabe an der staatlichen Macht (einer der häufigsten Konflikttypen im gegenwärtigen Afrika) ihre Geschichte haben. Sie entwickeln sich von einem gewaltlosen Stadium latenter Interessengegensätze mit zunehmender Gewaltbereitschaft zu einem Stadium massiver Gewaltanwendung. Kriegsverhütung in einem solchen Szenario müsste dann ansetzen, wenn der Nährboden für Gewalt auf verschiedenen gesellschaftlichen Ebenen gelegt wird. Für den Verlauf von konflikthaften innergesellschaftlichen Entwicklungen soll hier die These aufgestellt werden, dass die Gewaltanwendung in dem Masse zunimmt, in dem immer weitere Teile einer Gesellschaft von den

[10] Die Beschränkung auf kurzfristige Massnahmen ist hier zum einen aufgrund des Problemdruckes gewählt (der dringendste Handlungsbedarf besteht bei den Staaten, die akut bürgerkriegsgefährdet sind), und zum andern, weil langfristige Konzepte zur Gewaltprävention auch eine dezidierte Auseinandersetzung mit der Gewaltzunahme in unserer eigenen Gesellschaft erfordern, die an dieser Stelle nicht geleistet werden kann.

zentralen Konfliktgegnern zur Wahrung ihrer Interessen instrumentalisiert werden.

Schaubild 1: Gesellschaftliche Hierarchieebenen potentieller Akteure eines Konfliktes

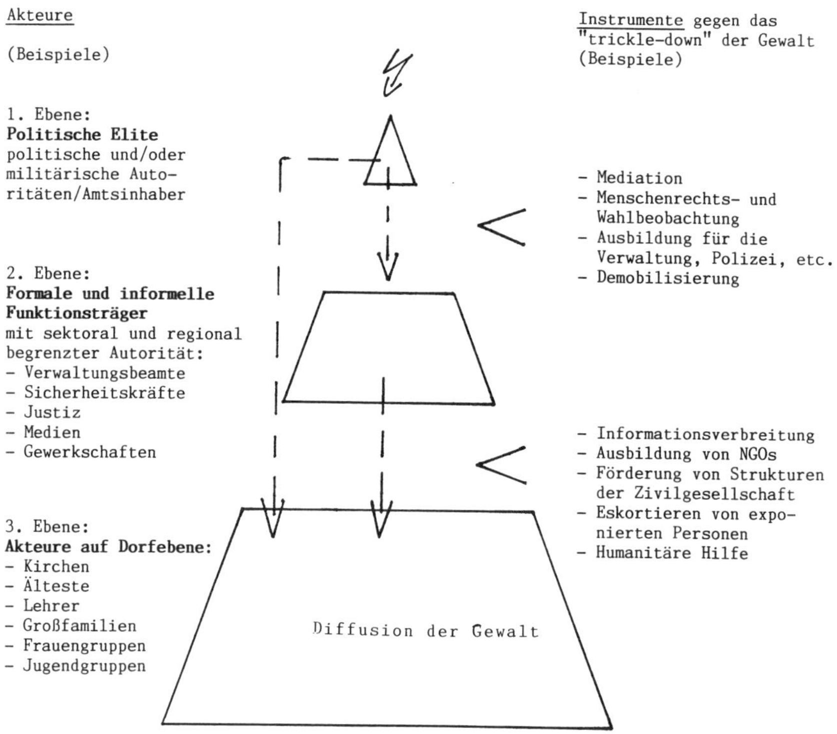

Dieser *Diffusionsprozess* der innergesellschaftlichen Gewalt wird durch Schaubild 1 verdeutlicht. Die dargestellte Gesellschaftspyramide stellt die hierarchische Strukturierung von potentiellen Konfliktakteuren dar. Sie ist, um generelle Aussagen zu ermöglichen, vereinfacht in nur drei Akteursebenen untergliedert. Für jeden spezifischen Konfliktfall müssten die relevanten Akteursebenen gesondert ermittelt und im weiteren Konfliktgeschehen mögliche Veränderungen berücksichtigt werden. Auf der obersten Ebene sind jene Entscheidungsträger angesiedelt, die in der Lage sind, den Konfliktverlauf auf nationalem Niveau zu beeinflussen. Hierzu zählen, je nach Land, beispielsweise Militärführer, Staatspräsidenten oder Rebellenführer. Zur zweiten Ebene gehören formale und informelle Funktionsträger mit sektoral und regional begrenzter Autorität; ihr Handlungsspielraum ist zumeist weisungsgebunden. Zu dieser Gruppe können die staatliche Administration, Medien, Gewerkschaften sowie Mitglieder des Polizei- und Militärapparates zählen. Die dritte Ebene ist die dörfliche Gemeinschaft, zu deren Autoritätsträgern unter anderem Kirchenführer, Älteste, Lehrer, aber auch Personen mit einer hohen persönlichen Autorität gehören.

In den meisten Ländern Schwarzafrikas sind die aktuellen politischen Krisen im Zuge der *Demokratisierungswelle* als Konkurrenzkampf innerhalb der Elite um die Macht im Staate entstanden. Beispiele dafür sind die Konflikte um das Erbe der Diktatoren in Liberia und Somalia. Auch die Rivalitäten zwischen den ehemaligen Einheits- und den neuen Oppositionsparteien in Zaire, Kenia, Togo, Burundi und Rwanda sind Interessengegensätze, die zunächst nur die Staatselite betrafen. Das System der Patronagebeziehungen bringt es aber mit sich, dass die konkurrierenden Eliten auf allen gesellschaftlichen Ebenen Anhängerschaft finden, die sie zur Durchsetzung ihrer Interessen instrumentalisieren können.

So werden in einem ersten Schritt die Mitglieder des Staatsapparates (Verwaltung, Polizei, Justiz etc.) mit mehr oder weniger repressiven Mitteln dazu bewegt, die Interessen ihrer jeweiligen *Patrone* zu schützen. Die Auflösung von Versammlungen politischer Gegner oder das Verbot bestimmter Medien sind Elemente einer solchen Vorgehensweise. Eskaliert der Interessengegensatz, wird zumeist die Autorität der Sicherheitskräfte erweitert, um bereits auf Dorfebene das Entstehen von politischer Gegnerschaft unterdrücken zu können. Parallel zur steigenden Repression durch den Staatsapparat wird in vielen Fällen der Versuch unternommen, Teile der Bevölkerung durch Klientelbeziehungen zur direkten Gewaltanwendung gegen die jeweils anderen politischen oder ethnischen Gruppen anzuleiten. Eine solche Entwicklung erfüllt zwei Ziele der um die Machtsicherung bemühten Eliten: Zum einen kann der verstärkte Einsatz der Sicherheitskräfte durch die Gewaltausbrüche in der Bevölkerung legitimiert werden, zum andern wird es dem politischen Gegner erschwert, weitere Anhängerschaft zu gewinnen und zu organisieren.

Zumeist verläuft die Einbindung weiterer Gesellschaftsteile in den Interessenkonflikt über materielle Versprechungen, die Androhung von Repression oder die Ethnisierung der politischen Konkurrenz, deren wichtigster Bestandteil die Diffamierung der jeweils anderen Ethnien ist. In den rwandischen Medien begann bereits zwei Jahre vor den Massakern von 1994 eine Strategie zur Aufwiegelung der Bevölkerung durch ethnische Hetzparolen, die den Boden für das unbegreifliche Ausmass der Gewalt bereiteten. In anderen Ländern weisen Menschenrechtsgruppen darauf hin, dass im Verlauf politischer Auseinandersetzungen zwischen Regierung und Opposition die Sicherheitskräfte zunehmend zur Unterdrückung der politischen Gegner herangezogen werden. Auch diese Entwicklung steigert die Gewaltanwendung innerhalb einer Gesellschaft und kann ein Schritt in Richtung Bürgerkrieg sein.

Eine genaue Analyse dieser innergesellschaftlichen Konfliktdiffusion, eine Aufgabe für Friedensforscher und Ethnologen, könnte wichtige Erkenntnisse über Ansatzpunkte und Erfolgsaussichten präventiver Massnahmen liefern. Präventivstrategien müssten in der Lage sein, auf diese Entwicklungen flexibel zu reagieren und der Vereinnahmung weiterer Bevölkerungsteile durch die politische Elite entgegenzuwirken. Dazu bedarf es eines Frühwarnsystems, dass Informationen über innergesellschaftliche Prozesse zur Verfügung stellt. Dies ist kein grundsätzliches Problem, denn oft gibt es genügend Informationen durch die Arbeit von Menschenrechtsgruppen und NGOs. Was fehlt, ist eine Bündelung dieser Informationen und ihre Weiterleitung an die entsprechenden Entscheidungsträger auf der entwicklungspolitischen Ebene. Hier müsste jedoch im Gegenzug die Bereitschaft wachsen und die Fähigkeit vorhanden sein, auf "early warning" mit angemessenen "early actions" zu reagieren.

Bei wem und mit welchen Instrumenten muss Prävention ansetzen?

Sind das Stadium der Gewaltverbreitung und die Mittel der weiteren Eskalation bekannt, muss entschieden werden, auf welcher Ebene der Gesellschaftspyramide präventive Massnahmen ansetzen sollten. Wünschenswert wäre ein ganzheitlicher Ansatz, der die Einflussmöglichkeiten von Aussen-, Wirtschafts- und Entwicklungspolitik gleichzeitig nutzt, um auf allen drei Ebenen der Gesellschaftspyramide gleichzeitig Initiativen zu ergreifen. Die jeweiligen Instrumente präventiver Konfliktbearbeitung müssen sich der gesellschaftspolitischen Situation und der jeweiligen Gesellschaftsebene, auf der interveniert werden soll, anpassen.

Da ein Konflikt nicht linear verläuft und auch in einer Deeskalationsphase (z.B. während Friedensverhandlungen) immer wieder Rückschläge und erneute Gewaltausbrüche möglich sind, hat Präventionspolitik nicht nur im Vorfeld von gewaltsamen Auseinandersetzungen eine Bedeutung, sondern ist auch währenddessen und danach relevant. Die Voraussetzungen für präventive Konfliktbearbeitung sind jedoch in den Phasen vor massiven Gewaltanwendungen grundsätzlich andere als in Nachkriegsphasen. Der grösste Unterschied besteht in der Gestaltungsfähigkeit der zentralen Autoritäten und in deren Einstellung zu friedenspolitischen Programmen. Die Beispiele von Kenia, Somalia und Malawi können diese Unterschiede verdeutlichen. In Kenia ist eine zentrale Autorität in der Person des Staatspräsidenten und seiner engsten Vertrauten vorhanden, die sich jedoch bemüht, Friedens- und Menschenrechtsarbeit zu unterbinden. Die

neue Regierung Malawis ist grundsätzlich offen für Massnahmen, die einen friedlichen Interessenausgleich zwischen den Bevölkerungsgruppen und den Aufbau zivilgesellschaftlicher Strukturen anstreben. In Somalia hingegen kann die zentrale Autorität die Politik ausserhalb der Hauptstadt nur in begrenztem Masse gestalten. Präventive Massnahmen müssten hier direkt auf der zweiten bzw. der dritten Ebene der Gesellschaftspyramide ansetzen. Folgende Aktivitäten sind (unter anderen) in einem solchen Falle denkbar:
1) Förderung des *Informationsaustausches*: Dies kann beispielsweise durch die Einrichtung eines speziellen Radiosenders geschehen, der die Bevölkerung über die politische Entwicklung aufklärt und ein Forum für die öffentliche Diskussion politischer Themen bietet. In Rwanda richtete die UNO nach den Massakern von 1994 einen solchen Sender ein, um die kriegstreiberische Propaganda des alten Regierungssenders "Mille Collines" zu neutralisieren und die Bevölkerung über die Absichten der neuen Regierung aufzuklären.
2) Unterstützung von *Selbsthilfegruppen*: In verschiedenen Krisenregionen gibt es kleine Gruppen (Frauengruppen, Jugendgruppen etc.), die sich für die Beilegung von Kampfhandlungen und die Förderung von Menschenrechten etc. einsetzen wollen. Diese Gruppen bedürfen teilweise einer fachlichen und in den meisten Fällen der materiellen Unterstützung. Die Aufrechterhaltung der Kommunikation zwischen moderaten Kräften oder das Zusammenführen verschiedener Akteure des Konfliktes auf *neutralem* Boden können Teil einer solchen Strategie sein. In diesem Sinne unterstützten die Kirchen eine Initiative von sudanesischen Frauen, die sich 1994 in Nairobi zur Gründung der *Sudanese Women's Voice for Peace* zusammenfanden und von hier aus einen Appell für Frieden und Versöhnung an die verfeindeten SPLA-Gruppen[11] richteten.[12]
3) *Humanitäre Hilfe* gekoppelt an Projekte zur Aufarbeitung von erlebten Gewaltsituationen: Die Eskalation der Gewaltanwendung innerhalb einer Gesellschaft kann auch die Folge einer Spirale aus Gewalt und Gegengewalt sein. Die Aufarbeitung traumatischer Erlebnisse aus Bürgerkriegs- und kriegsähnlichen Situationen kann im Sinne einer konstruktiven Vergangenheitsbewältigung zur Krisendeeskalation beitragen. Dies gilt insbesondere für Phasen der Friedensschaffung und -konsolidierung.

In Ländern, deren Verwaltung noch einigermassen funktionsfähig ist und deren Regierung präventiven Massnahmen positiv gegenübersteht, können die Aktivitäten auch auf der zweiten Ebene ansetzen. Ausbildung für die Verwaltung, die Sicherheitskräfte und den juristischen Apparat bietet sich an. Sie muss jedoch über theoretische Belehrungen hinausgehen und praktisches Training beinhalten,

[11] Sudan People's Liberation Army (SPLA) ist die südsudanesische Oppositionspartei, die sich seit 1993 in mehrere Gruppen aufgesplittert hat.
[12] Arbeitsgemeinschaft Kirchlicher Entwicklungsdienste (AGKED): Informationen zum Horn von Afrika, Heft 3/95, p. 6.

beispielsweise für die Achtung von Menschenrechten in den alltäglichen Arbeitsabläufen.

Zu den Instrumenten, die Gewaltbereitschaft auf der Ebene der politischen Elite beeinflussen könnten, zählen unter anderem die Geheimdiplomatie, die den Dialog zwischen den streitenden Parteien wiederherstellen bzw. aufrechterhalten will, Menschenrechts- und Wahlbeobachtungen sowie die Unterstützung bei Verfassungsänderungen. Problematisch werden präventive Strategien in Ländern, deren Regierungen diese Politik ablehnen. Projekte, die sich offiziell mit der Versöhnung der Ethnien, mit der Förderung von Menschenrechten oder dem Informationsaustausch befassen, sind hier nicht erwünscht. Dennoch besteht durchaus die Möglichkeit, unter einem anderen *Label* aktiv zu werden. Da eine innerstaatliche Gewalteskalation immer starke Auswirkungen auf die Agrarproduktion, den Handel und letztlich die Ernährungslage hat, könnten in Workshops, die sich diesen Themen widmen, die Gefahren der Konflikteskalation besprochen und auf einem diskreten Niveau auch Gegenstrategien entwickelt werden.

Ein Beispiel für ein solches Vorgehen geben kleine kirchliche Gruppierungen in Kenia. Einer der Wege der Gewaltdiffusion in Kenia ist die direkte Aufforderung zu ethnischen Säuberungen, die bestimmte Politiker an Jugendgruppen in bestimmten Landesteilen richteten. Diese Jugendlichen haben zumeist wenig oder gar keine Schulbildung und daher auch keine Zukunftsperspektiven. Sie schenken den Reden der Politiker Glauben, wonach in ihren Regionen Arbeitsplätze entstehen, Schulen gebaut werden und ein ökonomischer Aufschwung einsetzt, wenn nur erst "die Fremden" - gemeint sind die Angehörigen bestimmter Ethnien - die Region verlassen hätten. Zusätzlich wird inoffiziell an einige Jugendliche Geld gezahlt und weitere Beträge versprochen, damit sie sich dafür einsetzen, dass "die Fremden" auch wirklich gehen. In der Diözese Bungoma wurden 1994 kurz nach solchen Ereignissen Hütten in Brand gesteckt, Menschen vertrieben und einige hundert Personen ermordet. Man sprach davon, dass die Belohnung für ein in Brand gestecktes Haus ca. 25 DM betrug, und der Preis für Mord bei ca. 50 DM lag.

Im Rahmen von humanitären Hilfsaktionen haben lokale kirchliche Gruppen Projekte entwickelt, die Opfer wie Täter in einen Kommunikationsprozess einbinden. Zusammen mit Sozialarbeitern reflektieren die Jugendlichen über ihre Lebenssituation vor und nach dem Ausbruch der Konflikte. Es wird der Versuch unternommen, Jugendlichen verschiedener Ethnien in gemeinsamen Projekten eine Perspektive aufzuzeigen, die ihnen zukünftig wichtiger sein könnte als das Versprechen einer Bezahlung für Brandstiftung. Einige Teilnehmer, speziell einige der Täter, stellten im Verlauf der Projektarbeit fest, dass die Versprechungen der Politiker nicht eingehalten wurden, und dass ihre Lebenssituation vor den Gewaltausbrüchen besser war als danach.

Diese Ergebnisse sind zwar ermutigend, aber letztlich nur ein Tropfen auf den heissen Stein. Bislang gibt es zu wenige solcher Initiativen, ihre finanziellen

Mittel sind ungenügend, und sie laufen ständig Gefahr, die Aufmerksamkeit der staatlichen Autorität zu wecken, was ihr Ende bedeuten könnte. In Ländern wie Kenia müssen folglich in vielen kleinen Bereichen friedenspolitische Bestrebungen mit fachlicher Arbeit verbunden werden, um auf diese Weise Prävention diskret und an der offiziellen Politik vorbei zu ermöglichen. Gleichzeitig ist es aber auch notwendig, Druck auf die politische Elite Kenias auszuüben, und von ihr den Abbau von Repression und das Eintreten für Konfliktprävention zu verlangen.

Überwindung von Berührungsängsten durch Kooperation und Qualifizierung

Die Frage, welche Organisationen und Institutionen in der Lage wären, Präventionsstrategien umzusetzen, muss im Zusammenhang mit der jeweiligen gesellschaftspolitischen Situation eines Landes und den geplanten Massnahmen beantwortet werden. Aufgrund der Unterschiede in den Arbeitsstrukturen und -methoden, die zwischen den Entwicklungseinrichtungen bestehen, sind sie jeweils für bestimmte Aufgaben mehr oder weniger geeignet. Staatliche Einrichtungen, wie die Deutsche Gesellschaft für Technische Zusammenarbeit (GTZ), sind durch die Anbindung an die Regierung für Ansätze auf der zweiten Ebene, im Bereich der Ausbildung von Mitgliedern des Staatsapparates prädestiniert. In denjenigen Ländern, in denen die Regierungen ernsthaftes Interesse an Prävention zeigen, böten Projekte der GTZ durch die materiellen Anreize, die sie der Bevölkerung zu bieten haben, auch auf der dritten Ebene einen guten Ansatzpunkt für Präventionsarbeit. Die Bedeutung materieller Anreize darf insbesondere für ländliche Gebiete nicht unterschätzt werden. Wie sollen sich Menschen für Strategien zur Verminderung oder Vermeidung von Gewalt interessieren, wenn sie die Frage, wie sie morgen die Familie ernähren sollen, noch nicht beantwortet haben.

Kirchliche Gruppen haben aufgrund ihrer Basisstrukturen und dem Vertrauen, dass sie in breiten Bevölkerungsschichten häufig geniessen, Vorteile bei der Arbeit in ländlichen Regionen und bei der Durchführung inoffizieller (d.h. ohne Kenntnis der staatlichen Administration) Projekte. Sie können dabei auf vielfältige Erfahrungen im Bereich der Vermittlung in einigen afrikanischen und lateinamerikanischen Ländern zurückgreifen. Politische Stiftungen zeichnen sich durch langjährige Beziehungen zu Persönlichkeiten der politischen Elite (aus Regierungskreisen wie auch der Opposition) aus, ihnen fehlt aber die vertikale Anbindung an die ländliche Bevölkerung. Stiftungen haben als regierungsunabhängige Einrichtungen die Möglichkeit, sich ihre Partner vor Ort frei zu wählen und könnten ihre Kontakte nutzen, um moderate, aber gefährdete Personen in ihren Bemühungen zur friedlichen Konfliktbearbeitung zu unterstützen.

Im Verlauf der letzten Jahre haben mit Dezentralisierungsprojekten, Projekten zur Demobilisierung und Reintegration ehemaliger Soldaten und bei Problemen mit Landnutzungsrechten neue Ansätze Einzug in die Entwicklungshilfe gefunden. Hier wäre zu untersuchen, inwieweit solche Elemente entweder Teil einer umfassenderen Präventionsstrategie werden könnten, oder ob weitere Instrumente der Prävention in die bereits bestehenden Projekte zu integrieren wären. In jedem Fall wäre es wünschenswert, wenn Entwicklungsorganisationen, Stiftungen und Kirchen die Erarbeitung von Konzepten der Gewaltprävention zu ihrem Anliegen machen würden. Dazu wäre eine engere Kooperation und systematischer Informationsaustausch zwischen den verschiedenen Akteuren vonnöten.

Spricht man in der aktuellen Situation staatliche oder kirchliche Träger von Entwicklungshilfe, politische Stiftungen oder humanitäre Hilfsorganisationen auf das Thema Gewaltprävention an, so zeigen sie zwar grosses Interesse und bestätigen dessen Wichtigkeit, halten sich aber nicht für zuständig. Humanitäre Organisationen und die Kirchen verweisen auf ihr Mandat, das politische Aktivitäten - und als solches wird Prävention aufgefasst - ausschliesst. Die GTZ fürchtet ein Kompetenzgerangel mit den politischen Stiftungen und dem Auswärtigen Amt und setzt vielfach auf die üblichen Felder der Regierungsberatung und der Effizienzsteigerung von Verwaltungsstrukturen ohne hinreichendes *Monitoring* der politischen Interessen, die diese Verwaltungen transportieren. Die Aktivitäten der politischen Stiftungen sind im weitesten Sinne dem Instrumentarium präventiver Politik zuzurechnen. Aus finanziellen Gründen sehen sich die Stiftungen jedoch nur zur Unterstützung einzelner Persönlichkeiten oder bestehender Organisationsstrukturen in der Lage, was ohne Zweifel wertvoll ist, aber keinen Ersatz für eine umfassende Präventionsstrategie im Rahmen der Entwicklungszusammenarbeit darstellt.

So verständlich die Argumente der Organisationen für ihre Zurückhaltung in Sachen Prävention auch sein mögen, so wenig akzeptabel ist es doch, dass gerade diejenigen Akteure, die in den entscheidenden Phasen vor Ort sind, die sukzessive Zunahme der Konflikt- und Gewaltpotentiale direkt erleben und über ihre Projekte auch den Zugang zu betroffenen Bevölkerungsgruppen haben, diese Potentiale nicht für eine konstruktive Konfliktbearbeitung einsetzen.

Völkerrechtliche Mittel der friedlichen Streitbeilegung, Minderheitenschutz und Selbstbestimmungsrecht

Von Hans-Joachim Heintze

Völkerrecht als Ordnungsfaktor

Mit dem Normenkatalog des Völkerrechts wurde ein rechtlicher Ordnungsfaktor für die internationalen Beziehungen geschaffen, der die Grundlage allen zwischenstaatlichen Verkehrs ist. Das zeigt sich daran, dass sich alle Staaten ständig auf das Völkerrecht berufen. Die meisten seiner Normen werden angewandt, ohne dass es zu so schweren Rechtsbrüchen kommt, die die Einhaltung des Völkerrechts durch einen Staat insgesamt in Frage stellen würden. Selbst der Irak argumentierte hinsichtlich seiner Aggression gegen Kuwait mit seinen angeblich völkerrechtlichen Ansprüchen in einem Gebiet, dessen Eigenstaatlichkeit er nicht anerkannte. Auch die Regelung der Konsequenzen der irakischen Handlungen gegenüber Kuwait erfolgte auf der Grundlage völkerrechtlicher Vereinbarungen.

Freilich kann es bei der Anwendung völkerrechtlicher Normen – wie in jedem anderen Rechtszweig auch – zu unterschiedlichen Auffassungen kommen. Die Gefahr des Entstehens von Meinungsverschiedenheiten wird dadurch verstärkt, dass bei der Kodifikation des Völkerrechts von den Staaten wegen divergierender Auffassungen oftmals bewusst *rechtliche Grauzonen* offengelassen werden. Völkerrecht hat ein starkes konsensuales Moment, und die Konsensfindung ist in einer Staatengemeinschaft kompliziert, die durch Staaten verschiedensten Entwicklungsstandes und unterschiedlicher Werte geprägt ist. Zudem sind die Staaten souverän, und die Bereitschaft, sich der Herrschaft des Rechts unterzuordnen, setzt Souveränitätsverzicht voraus. Wegen der Schwierigkeiten bei der Entstehung des Völkerrechts weicht die Staatengemeinschaft verschiedentlich auf nicht-rechtliche Instrumente aus, um ihre Beziehungen politisch zu regeln. Der KSZE-Prozess ist ein solches Beispiel, aber auch die gesamte Praxis der UN-Generalversammlung ist hier einzuordnen. Allein der Umfang und die Auswirkungen der Aktivitäten von KSZE/OSZE und UN-Generalversammlung zeigen bereits, dass diese politischen Instrumente flexibel zu handhaben sind und dennoch eine grosse Wirkung entfalten können. Gerade die erfolgreiche Tätigkeit der KSZE bei der Festlegung von Mindeststandards für die Behandlung von nationalen Minderheiten, die mit dem Kopenhagener Dokument von 1989[1] einen ersten Höhepunkt erreichte, bestätigt diese Einschätzung.

Die einerseits weithin zu beobachtende Hinwendung zu politischen Instrumenten der Vereinbarung von Verhaltensnormen bedeutet jedoch anderseits nicht zwangsläufig eine Abwendung vom Völkerrecht. Vielmehr kommt es zu interessanten Verbindungen zwischen politischen und rechtlichen Normen, die vielfach einen wichtigen Beitrag zur Interpretation des bestehenden völkerrechtlichen Normensystems darstellen. Zugleich ist zu beobachten, dass politische Normen *verrechtlicht* werden, indem KSZE/OSZE–Bestimmungen durch den Abschluss von bilateralen Freundschafts- und Nachbarschaftsverträgen zu Völkerrecht erklärt werden. So heisst es beispielsweise in dem deutsch–tschechoslowakischen Nachbarschaftsvertrag vom 27. Februar 1992, dass die Vertragsparteien die in KSZE–Dokumenten verankerten Verpflichtungen in bezug auf Minderheiten "als rechtlich verbindliche Verpflichtungen" erfüllen.[2] Welche Bedeutung diesem Prozess der Verrechtlichung zukommt, wird daran deutlich, dass mittlerweile ein ganzes Geflecht derartiger Nachbarschaftsverträge zwischen den westeuropäischen Staaten und den neuen Demokratien in Ostmittel- und Südosteuropa abgeschlossen wurde.

Dass das Verfahren der Ausfüllung rechtlicher Grauzonen von den Staaten sehr ernst genommen wird und nicht unproblematisch ist, wird an den Einwendungen der Slowakischen Republik gegen die Aufnahme der Empfehlung 1201 der Parlamentarischen Versammlung des Europarates in den Nachbarschaftsvertrag mit Ungarn deutlich.[3] In dieser umstrittenen Empfehlung wird Minderheiten ein Anspruch auf Autonomie eingeräumt. Da es für eine solche Forderung bislang keine allgemeine rechtliche Basis gibt[4], stellt diese Empfehlung in dieser Hinsicht tatsächlich eine neue Bewertung des weitverbreiteten Instruments der Autonomie dar.

Trotz der bei Staaten weitverbreiteten Widerstände gegen zu tiefgehende *rechtliche* Festschreibungen von Bestimmungen des Minderheitenschutzes, die *politisch* bereits vereinbart wurden, entstand in Europa mittlerweile eine solche Regelungsdichte an bilateralen Absprachen über die Rechte von ethnischen

---

1 In: Bundeszentrale für politische Bildung (Hrsg.): Menschenrechte, Dokumente und Deklarationen, Bonn 1995, pp. 367ff.

2 BGBl. 1992, Teil II, p. 462.

3 Die Einwendungen wurden in einer Auslegungserklärung der Slowakei vom 18. März 1995 artikuliert: "The Government of the Slowak Republic emphasizes that it has never accepted and has not enshrined in the Treaty any formulation that would be based on the recognition of the principle of collective rights for the minorities and that would admit the creation of autonomous structures on ethnic principle." Zitiert in Heinrich Klebes: The Council of Europe's Framework Convention for the Protection of National Minorities, in: Human Rights Law Journal, 16, 1995, p. 96, Fn. 21.

4 Hans–Joachim Heintze: Autonomie und Völkerrecht; Verwirklichung des Selbstbestimmungsrechts der Völker innerhalb bestehender Staaten, in: Interdependenz, Nr. 19, Bonn 1995, pp. 1ff.

Gruppen, die es gestattete, einen Stabilitätspakt für Europa abzuschliessen, der im wesentlichen auf diesen Nachbarschaftsverträgen basiert:

> "Die Aufnahme von bereits geschlossenen Nachbarschaftsverträgen in den Stabilitätspakt unterstreicht die Bedeutung, die alle Teilnehmerstaaten der vertraglichen Vernetzung zwischen den Nationen beimessen. ... Die Verträge selbst konnten in vielen Fällen auf die Prinzipien und Verpflichtungen zurückgreifen, auf die wir uns im Europarat und in der OSZE verbindlich geeinigt hatten."[5]

Im Lichte dieser doppelten Fundierung der Rechte der nationalen Minderheiten in Europa – auf politischer und rechtlicher Ebene – wäre an sich zu erwarten, dass die bereits angesprochenen rechtlichen Grauzonen in bezug auf den Minderheitenschutz in Europa weitgehend minimiert seien. Die Staatenpraxis widerspiegelt jedoch einen gegenteiligen Befund. Neben den bekannten und vielfach gewalttätig ausgetragenen Minderheitenkonflikten[6] weist die umfangreiche Praxis des OSZE–Hochkommissars für nationale Minderheiten auf latente Problemgebiete hin.[7]

Es erscheint daher folgerichtig, dass sich die Staaten nicht mit der Kodifizierung von Minderheiten- und Volksgruppenrechten begnügen, sondern auch Mechanismen vereinbaren, die der Beilegung von Streitigkeiten bei der Anwendung der vereinbarten Normen dienen sollen. Der friedlichen Streitbeilegung kommt mit der wachsenden Zahl von Vereinbarungen zwangsläufig eine gesteigerte Bedeutung zu, die sich auch darin ausdrückt, dass neue Wege bei der Beilegung von Differenzen beschritten werden sollen. Diese Entwicklung verdient deshalb Beachtung, weil durch die verschiedenen Methoden der friedlichen Streitbeilegung bislang ein wesentlicher Beitrag zur Ausformung des rechtlichen Inhalts der Norm des Selbstbestimmungsrechts der Völker und der Pflichtenlage bezüglich des Minderheitenschutzes erbracht wurde. Die Streitbeilegung wurde somit dazu genutzt, die *rechtlichen Grauzonen* einzuschränken.

Bedeutung der friedlichen Streitbeilegung

Im Lichte der von den Staaten bewusst offengelassenen Grauzonen bei der Kodifikation des Völkerrechts im Bereich der Volksgruppen- und Minderheitenrechte

---

[5] Abschlusskonferenz zum Stabilitätspakt für Europa, Erklärung des Bundesaussenministers, in: Bulletin der Bundesregierung, Nr. 24/1995, p. 197.

[6] Siehe die Auflistung der Konflikte im SIPRI Yearbook 1995, Oxford 1995, pp. 23f.

[7] Max van der Stoel: Report of the OSCE High Commissioner on National Minorities, in: Helsinki Monitor, 6, 1995, p. 35

kommt der friedlichen Streitbeilegung eine besondere Bedeutung zu. Sie dient in einem wesentlichen Masse der Rechtssicherheit und unterstreicht in eindeutiger Weise die Unterwerfung unter die Herrschaft des Rechts. Das wird offenkundig bei der Anrufung des Internationalen Gerichtshofes oder eines internationalen Schiedsgerichts. Während die *diplomatischen* Mittel zumeist formlos verlaufen, folgt die gerichtliche Streitbeilegung einem förmlichen Verfahren. Folglich können die politischen Verfahren jederzeit unter- oder abgebrochen werden, was bei gerichtlichen Mitteln, die durch *Vergleich*, *Schiedsspruch* oder *Urteil* enden, nicht möglich ist. Letztere führen also zu einem Ergebnis, über dessen Verbindlichkeit sich die Parteien einig sind.

Die Staatenpraxis zeigt, dass Streitigkeiten wesentlich häufiger nicht durch juristische, sondern politische Mittel beigelegt werden. Gewöhnlich leiten die Staaten Verhandlungen ein, um Streitbeilegungen durchzuführen; vielfach kommt es aber auch zur Vermittlung, zu Guten Diensten und zum Vergleich. Diese Mittel auf der diplomatischen Ebene können zur Beilegung des Streites führen. In der Praxis wird aber auch deutlich, dass die politischen und juristischen Mittel der Streitbeilegung nicht isoliert voneinander bestehen, sondern ineinander übergehen. Auffällig ist vor allem, dass das Ergebnis der politischen Mittel zumeist ein völkerrechtlicher Vertrag ist. Als beispielhaft kann der nahöstliche Friedensprozess angesehen werden. Er kam durch die Vermittlung der USA zustande und führte dann in einem langen Prozess über politische Deklarationen hin zu völkerrechtlichen Verträgen zwischen Israel und der PLO.[8] Auch die Regelung für Bosnien-Herzegowina mündete nach einem komplizierten politischen Verhandlungsprozess in die Einigung von Dayton, die einen völkerrechtlichen Vertrag darstellt.[9]

Neben diesen bekannten Formen der friedlichen Streitbeilegung entstanden in der jüngsten Vergangenheit im Rahmen der OSZE neue Verfahren der Streitschlichtung. Zu nennen ist vor allem der 1991 geschaffene sogenannte *Moskauer Mechanismus*, der von jedem Staat in Gang gesetzt werden kann, wenn er meint, dass die Prinzipien der humanitären Dimension der OSZE verletzt worden sind.[10] Der Mechanismus umfasst Massnahmen des *fact-finding*, der Berichterstattung und der Erstellung von Empfehlungen. Bislang wurde der Moskauer Mechanismus viermal angewandt (zweimal Jugoslawien, Estland und Moldawien). Zwei Versuche scheiterten am Widerstand des betroffenen Staates (Serbien stellte keine Visa aus) bzw. an der mangelnden Unterstützung durch andere Mitgliedsstaaten (Massnahmen bezüglich der Türkei). Insgesamt zeigt sich, dass der

8 Agreement on the Gaza Strip and the Jericho Area, in: International Legal Materials, XXXIII, 1994, pp. 622ff.

9 Süddeutsche Zeitung vom 23.11.1995, p. 10.

10 Rachel Brett: The Human Dimension Mechanism of the CSCE and the CSCE Response to Minorities, in: Michael R. Lucas: The CSCE in the 1990s; Constructing European Security and Cooperation, Baden-Baden 1993, pp. 147ff.

Moskauer Mechanismus die klassischen völkerrechtlichen Massnahmen der friedlichen Streitbeilegung weithin überschreitet und mit Verfahren der Kontrolle und des *fact-finding* verbindet. Freilich bleibt zu konstatieren, dass ihm ein wesentliches Element der Streitschlichtung zugrunde liegt: Das Verfahren bedarf im Prinzip der Zustimmung des betroffenen Staates. Allerdings folgt die OSZE nicht mehr in all ihren Tätigkeitsfeldern generell diesem Grundsatz, denn 1992 wurde der sogenannte *Valletta-Mechanismus* zur friedlichen Streitbeilegung zwischen den OSZE-Staaten dahingehend überarbeitet, dass nunmehr eine *Commission for Concilation* ohne Zustimmung der betroffenen Parteien auch dann tätig werden kann, wenn der Ständige Rat dies fordert. Der neugeschaffene OSCE-*Court for Conciliation and Arbitration* verbindet die Vermittlung und die Schiedsgerichtsbarkeit, was in bezug auf die Theorie der Streitbeilegung zweifellos neue Fragen aufwirft, aber zugleich die These untermauert, dass politische und rechtliche Mittel nicht isoliert voneinander gesehen werden können, sondern zunehmend in enger Verbindung angewandt werden. Hinsichtlich der OSZE ist schliesslich auf die Institutionen der Missionen und des Hohen Kommissars für Nationale Minderheiten hinzuweisen, die zweifellos auch der Streitschlichtung dienen.

Der von der EU geschaffene und an die OSZE übergebene Stabilitätspakt für Europa vom 21. März 1995[11] ergänzt die OSZE-Verfahren zudem um das Instrument des regionalen runden Tisches, dessen Aufgabe in einem Grenzbereich zwischen Kooperation und Streitbeilegung liegt. Im Sinne der Bewältigung der *geerbten* Probleme in den Staaten Ostmittel- und Südosteuropas sollen gemäss Art. 6 des Stabilitätspaktes Beratungen zur Vertiefung der gutnachbarlichen Beziehungen "unter allen ihren Aspekten - einschliesslich derjenigen, die mit den Rechten der Angehörigen von Minderheiten zusammenhängen - in den Mittelpunkt gestellt" werden. Diese Forderung des Paktes zeigt die Flexibilität, mit der die Staatengemeinschaft mittlerweile Streitigkeiten, die Minderheitenkonflikte einschliessen, einer Lösung zuzuführen versucht. Damit trägt sie auch dem Umstand Rechnung, dass derartige Konflikte zwischen Einheiten ausgetragen werden, die nicht Völkerrechtssubjektivität haben. Wie jeder Rechtszweig regelt das Völkerrecht aber in erster Linie Verhaltensanforderungen an seine Subjekte. Ethnische Gruppen sind in aller Regel keine Subjekte des Völkerrechts.

Allerdings ist heute keine starre Trennung zwischen völkerrechtlichen und innerstaatlichen Angelegenheiten mehr möglich. Durch die Aufnahme des Selbstbestimmungsrechts der Völker in das Völkerrecht, durch den völkerrechtlichen Menschen- und Minderheitenschutz sowie durch das humanitäre Völkerrecht übernehmen Staaten internationale Verpflichtungen, die sie gegenüber ihren eigenen Rechtsunterworfenen durchzuführen haben. Bei ihrer Nichterfüllung entsteht ein völkerrechtliches Verantwortlichkeitsverhältnis zwischen den

[11] Bulletin der Bundesregierung, Nr. 24/1995, pp. 198ff.

Mitgliedsstaaten des jeweiligen Vertrages. Mithin erhielten Völker und Individuen eine partielle Völkerrechtssubjektivität. Bei der exakten Herausarbeitung der völkerrechtlichen Pflichtenlage haben die Entscheidungen im Rahmen der friedlichen Streitbeilegung zweifellos einen wesentlichen Beitrag geleistet.

Einfluss von Streitschlichtungsentscheidungen auf die Herausbildung des Selbstbestimmungsrechts der Völker

Völkerbundgutachten zu den Ålandinseln von 1921

Das finnisch-schwedische Problem der Ålandinseln führte erstmals zu einer völkerrechtlichen Bewertung der Selbstbestimmungsidee. Die Inseln waren 1809 im Frieden von Friederikshamn an Russland abgetreten worden; nach der Sezession Finnlands von Russland im Gefolge der Revolution von 1917/18 gingen auch die Ålandinseln an Finnland über. Die Bevölkerung äusserte sich dagegen eindeutig für eine Zugehörigkeit zu Schweden. Deshalb sprach sich Schweden für eine formelle Volksabstimmung aus. Finnland stimmte dem aber nicht zu. Auch wandte es sich gegen jede Einbeziehung des Völkerbundes mit der Begründung, dass es sich um eine innere Angelegenheit handle. Da sich die Positionen unversöhnlich gegenüberstanden, wurde von beiden Staaten die Anrufung einer Schiedskommission vereinbart. Eine Juristenkommission sollte ein Gutachten über die Zugehörigkeit der Ålandinseln erstellen.

Das Gutachten[12] verdient heute noch Beachtung, weil es erstmals eine intensive völkerrechtliche Auseinandersetzung mit dem Anspruch der Völker auf Selbstbestimmung enthält. Darin wird nämlich die These aufgestellt, dass eine Geltendmachung der Selbstbestimmung lediglich in aussergewöhnlichen Situationen, nicht aber unter normalen Umständen, zulässig sei. Aus dieser Betrachtungsweise der Juristenkommission resultierte zwangsläufig, dass die Selbstbestimmung der Völker als entscheidender Faktor für die Gestaltung der Nachkriegsordnung angesehen wurde. Zutreffend wurde weiter festgestellt, dass eine eindeutige normative Grundlage nicht gegeben war. Die Völkerbundsatzung konnte nicht als eine solche angesehen werden und auch die verschiedentlichen Erwähnungen der Selbstbestimmung in Verträgen liessen den Schluss nicht zu, von einer positiven Regel des Völkerrechts auszugehen. Aus der fehlenden rechtlichen Grundlage für einen Selbstbestimmungsanspruch folgerte die Expertenkommission, dass dieses Prinzip nur dann angewandt werden könne, wenn durch einen Krieg oder sonstige Ereignisse eine instabile Lage entstanden sei, und der souveräne Staat deshalb nicht mehr als Vertreter des Volkes auftreten könne. Die

[12] League of Nations, Doc. B.7. 21/68/106, Official Supplement No. 5, July 1921, pp. 24ff.

wichtigsten Anwendungsbereiche der Selbstbestimmung bezögen sich auf die Staatenbildung und Entscheidungen über die Zugehörigkeit zu einem anderen Staat. Für die Ålandinseln konstatierte die Kommission das Vorliegen einer aussergewöhnlichen Situation, in der die Bevölkerung eine Entscheidung treffen müsse. Damit wurde ein Selbstbestimmungsanspruch der Bevölkerung von Åland bejaht.

Auf der Grundlage des Gutachtens ernannte der Völkerbundsrat Berichterstatter, die die Zugehörigkeit der Inseln zu Finnland bestätigten. Allerdings wurde die Auflage erteilt, dass der Minderheitenschutz eingehalten und die Inseln entmilitarisiert werden müssten. Doch dies war nicht die einzige Beschränkung der inneren Angelegenheiten Finnlands. Es wurde weiter festgestellt, dass der Bevölkerung Ålands bei einer Verletzung der Minderheitenrechte ein Sezessionsrecht zustünde. Insofern kam es zu einem Kompromiss zwischen der finnischen Souveränität und den åländischen Selbstbestimmungsforderungen.

Die Bedeutung des Gutachtens zu den Ålandinseln für die Herausbildung des rechtlichen Charakters der Selbstbestimmung der Völker liegt darin, dass die Respektierung der Rechte der Bevölkerung von Åland zur Grundlage der Lösung des Streitfalles zwischen zwei Staaten gemacht wurde. Dies erscheint um so bedeutsamer, als eine rechtliche Verpflichtung zur Achtung des Selbstbestimmungsrechts oder des Minderheitenschutzes noch nicht konstatiert werden konnte. Wichtig ist im Lichte des Gutachtens weiterhin, dass der Völkerbund im Gefolge dieser Expertenentscheidung in seiner Praxis davon ausging, dass die Behandlung der Minderheiten keine ausschliesslich innere Angelegenheit eines Staates ist, und dass bei instabilen Situationen Lösungen auf der Basis des Selbstbestimmungsprinzips anzustreben sind. Damit muss das Ålandgutachten als Meilenstein bei der Herausbildung des Rechts auf Selbstbestimmung angesehen werden.

Namibia-Gutachten des Internationalen Gerichtshofes von 1971

In einem Rechtsgutachten über die rechtlichen Folgen der fortdauernden Präsenz Südafrikas in Namibia (Südwestafrika) entgegen der Aufhebung des Mandates vom 21. Juni 1971[13] stellte der Internationale Gerichtshof Grundsätzliches zur Rechtsnatur des Selbstbestimmungsrechts der Völker fest. Demnach gestatte es die Entwicklung des in der UN-Charta verankerten Völkerrechts bezüglich der nicht selbstverwalteten Gebiete, davon auszugehen, dass das Selbstbestimmungsrecht der Völker auf alle diese Gebiete anwendbar sei. Dies widerspiegle auch die

13 Advisory Opinion Concerning the Legal Consequences for States to the Continued Presence of South Africa in Namibia (South West Africa) Notwithstanding Security Council Resolution 276 (1970), in: International Court of Justice, Reports 1971, The Hague 1971, pp. 16ff.

Dekolonisierungserklärung der UN-Generalversammlung von 1960, die von einem Recht aller Völker spricht, die noch nicht die Unabhängigkeit erreicht haben. Der Internationale Gerichtshof kommt zu dem Schluss, dass sich aus dem Völkervertragsrecht und aus dem Völkergewohnheitsrecht ein Rechtsanspruch aller Völker unter kolonialer Unterdrückung auf Selbstbestimmung ergibt.

Westsahara-Gutachten des Internationalen Gerichtshofes von 1975

Im Westsahara-Gutachten vom 22. Mai 1975[14] bestätigt der Internationale Gerichtshof ausdrücklich, dass das Selbstbestimmungsrecht bezüglich kolonial unterdrückter Völker den Charakter von Völkergewohnheitsrecht hat. Er äussert sich auch zum Inhalt dieses Rechts, das einerseits durch die Schaffung eines eigenen Staates, anderseits durch die Assoziation bzw. Integration in einen anderen Staat verwirklicht werden kann. Hervorhebenswert erscheint deshalb, dass bereits zu diesem Zeitpunkt Selbstbestimmungsrecht und Eigenstaatlichkeit nicht gleichgesetzt wurden. Vielmehr unterstrich der Internationale Gerichtshof, dass der zukünftige Status eines Gebietes vom "freely expressed will of the peoples concerned" abhänge. Weiter kommt das Gutachten zu dem Schluss, dass das Selbstbestimmungsrecht in seiner rechtlichen Qualität nicht dadurch beeinträchtigt werde, dass es die UN-Generalversammlung in einigen Fällen unterliess, die Bevölkerung eines bestimmten Gebietes über ihren Willen zu befragen.

Es werden keine Kriterien dafür aufgestellt, wann Plebiszite durchzuführen sind. Vielfach wurde bedauert, dass das Gutachten hinsichtlich des Inhalts und der Tragweite des Selbstbestimmungsrechts der Völker vage bleibt.[15] Demgegenüber ist die Bedeutung des Gutachtens wohl eher in dem Umstand zu sehen, dass das Selbstbestimmungsrecht nicht als absolutes Recht charakterisiert wird, sondern seine Einbettung in den Gesamtzusammenhang der Normen des Völkerrechts unterstrichen wird. Somit muss die Wahrnehmung des Selbstbestimmungsrechts in einer Weise erfolgen, die sowohl die Interessen eines Volkes als auch der Staatengemeinschaft berücksichtigt.

Burkina Faso/Mali-Entscheidung von 1986

Im Grenzstreit zwischen Burkina Faso und Mali hatte eine Kammer des Internationalen Gerichtshofes über einen grundsätzlichen Widerspruch zu entscheiden, der hinsichtlich der Anwendung der Selbstbestimmungsnorm in der Praxis

[14] Advisory Opinion Concerning Western Sahara, in: Ibid., Reports 1975, pp. 6ff.

[15] So Denise Brühl-Mose: Die Entwicklung des Selbstbestimmungsrechts der Völker unter besonderer Berücksichtigung seines innerstaatlichen-demokratischen Aspekts und seiner Bedeutung für den Minderheitenschutz, Basel 1994, p. 79.

besteht. Einerseits räumt diese Bestimmung den Völkern das Recht ein, über ihren politischen Status frei zu entscheiden. Anderseits zeigt die Staatenpraxis, dass die Völker das *uti possidetis*-Prinzip respektieren müssen. Demnach muss die Verwirklichung des Selbstbestimmungsrechts im Rahmen der Staatsgrenzen des Vorgängerstaates erfolgen, selbst wenn damit Siedlungsgebiete eines Volkes zertrennt werden. Im Falle des Grenzstreites zwischen Burkina Faso und Mali[16] bekräftigte der Internationale Gerichtshof das uti possidetis-Prinzip. Allerdings argumentiert er nicht damit, dass das Selbstbestimmungsrecht der Völker das uti possidetis-Prinzip einschliesse und verlieh damit den von den Kolonialmächten oftmals im Interesse der Maxime "teile und herrsche" gezogenen Grenzen keine neue Legitimation. Er bezieht sich auch nicht auf die Notwendigkeit der Absicherung internationaler Stabilität, die dann gefährdet wäre, wenn man einmal mit Grenzveränderungen in Afrika beginne, weil nahezu alle Grenzen auf diesem Kontinent nicht historisch gewachsen sind. Statt dessen unterstreicht der Internationale Gerichtshof in seiner Entscheidung ausdrücklich, dass sich die Verbindlichkeit des uti possidetis-Prinzips aus der Zustimmung sowohl Burkina Fasos als auch Malis zu diesem Prinzip bei ihrer Unabhängigkeit im Jahre 1960 ergebe. Eine allgemeine völkergewohnheitsrechtliche Verbindlichkeit des uti possidetis-Prinzip wird damit nicht behauptet. Dies erscheint insofern bemerkenswert, als auch nach dem Zerfall der Sowjetunion und Jugoslawiens mit grosser Selbstverständlichkeit die Grenzen der einzelnen Gliedstaaten der Föderationen in Staatsgrenzen umgewandelt wurden, wobei man als Begründung auf das uti possidetis-Prinzip verwies.[17]

Auswirkung der Streitbeilegungsentscheidungen auf die Anwendung des Selbstbestimmungsrechts der Völker

Die Entscheidungen im Rahmen der friedlichen Streitbeilegung haben einen Beitrag zur Herausarbeitung der Rechtslage bezüglich des Minderheitenschutzes und des Selbstbestimmungsrechts erbracht. Sie weisen einen Weg, auf dem beide Bestimmungen und die Souveränität der Staaten in Einklang gebracht werden müssen. Zweifellos müssen Staaten etwas von ihrer *Allmacht* abgeben, wenn Personen und Gruppen in ihrem Hoheitsbereich Rechte eingeräumt werden. Dieser Prozess ist im Gange und lässt sich am besten mit der Anwendung des Prinzips der Subsidiarität umschreiben.

---

16 International Court of Justice, Reports 1986, pp. 554ff.

17 Alain Pellet: The Opinions of the Badinter Arbitration Committee; A Second Breath for the Self-Determination of Peoples, in: European Journal of International Law, 3, 1992, p. 180.

Nicht zu übersehen ist, dass die Herausbildung des Selbstbestimmungsrechts der Völker den Volksgruppen innerhalb eines Staates ein grösseres Mitspracherecht bei der Gestaltung ihres Lebens einräumt, weshalb diese die Mehrheitsherrschaft und die Leugnung ihrer Rechte nicht einfach hinnehmen. Die daraus resultierenden Konflikte lassen sich nicht allein mit rechtlichen Mitteln lösen, zumal häufig Massnahmen auf den Gebieten Ökonomie und Soziales notwendig sind. Streitbeilegungsentscheidungen können auch zu Autonomieregelungen führen, und diese können einen praktischen Beitrag zur Lösung solcher Konflikte vor Ort leisten. Zumeist werden auf der Grundlage der - nicht zuletzt durch Streitbeilegungsentscheidungen - ausgedeuteten Inhalte der Normen Einzelfallregelungen notwendig sein. Deshalb entzieht sich die Autonomie einer generellen Definition.[18] Eine Verallgemeinerung möglicher Massnahmen zur politischen Teilhabe der Minderheiten und zur Konfliktlösung hat *Eide* für die UNO vorgenommen. Er empfiehlt den Staaten und Minderheiten eine Reihe von Massnahmen. Im Vordergrund stehen eindeutig die Autonomieregelungen.[19]

Der konkrete Umfang der Autonomie wird durch ein staats- oder völkerrechtliches Dokument bestimmt. Es sind auch Vereinbarungen möglich zwischen Staaten, die Autonomierechte einräumen, und Volksgruppen bzw. Minderheiten, die den Autonomiestatus annehmen. Die Regelungen können sich im einzelnen stark unterscheiden, gemeinsam ist ihnen jedoch, dass sie "means of resolving conflicts between majority and minority groups short of separation" darstellen. Zu dieser Schlussfolgerung kommt *Hannum*, der 21 aktuelle und zehn Dokumente von historischer Bedeutung auswertete.[20] Aus verfassungsrechtlicher Sicht kann der Grad der Autonomie anhand der gesetzlichen Macht gemessen werden, die von den Zentral- oder sonstigen Behörden an die Institutionen des autonomen Gebietes übergehen.[21] Nach der Analyse der einzelnen Autonomieregelungen muss der Schluss gezogen werden, dass man im Bereich der institutionellen

---

18 Hurst Hannum: Documents on Autonomy and Minority Rights; Introduction, Dordrecht 1993, p. xvii.

19 Es sind dies: "a) Advisory and decision-making bodies in which minorities are represented, in particular with regard to education, culture and religion;

b) elected bodies and assemblies ('parliaments') of national or ethnic, religious and linguistic minorities;

c) self-administration (functional autonomy, cultural autonomy) on a non-territorial basis by a minority of matters which are essential to its particular identity, such as the development of its language or its religious rites;

d) Decentralized or local forms of government or autonomous arrangements on a territorial and democratic basis, including consultative, legislative and executive bodies chosen through free and periodic elections without discrimination;

e) special measures to ensure minority representation in the legislature and other elected bodies of the national society ... ." In: UN-Doc. E/CN.4/Sub.2/1993/34/Add.4, p. 4, para. 17.

20 Hannum, Documents on Autonomy and Minority Rights (Fn. 18), p. XV.

21 Frederik Harhoff: Institutions of Autonomy, in: Nordic Journal of International Law, 55, 1986, p. 31.

Fragen mit so unterschiedlichen Ansätzen und Lösungsmodellen konfrontiert ist, dass keine internationale oder auch nur regionale Gemeinsamkeit zu konstatieren ist. Daher sind strikt normative Aussagen zu dieser Problematik kaum zu machen. Dennoch stellen Autonomieregelungen oftmals erfolgreiche Modelle zum Abbau von Spannungen zwischen Gruppen und zur Verwirklichung von Menschenrechten dar. Allerdings können sie nicht als Universalrezept mit einem Allgemeinverbindlichkeitsanspruch angesehen werden. In diese Richtung deuten auch die Entscheidungen, die im Rahmen der friedlichen Streitbeilegung erreicht wurden.

Zusammenfassung

Es gibt wohl kaum eine Norm des Völkerrechts, die so umstritten ist wie die des Selbstbestimmungsrechts der Völker. Unbestritten ist lediglich ihre Anwendung auf kolonial unterdrückte Völker, während sie sonst ebenso begeisterte Zustimmung wie heftige Ablehnung bei den Staaten wie im Schriftgut findet. Die Kritik bezieht sich zumeist darauf, dass das Selbstbestimmungsrecht ein Moment der Instabilität in die Staatenbeziehungen einbringt und die Existenz von Staaten in Frage stellt. Aber auch die Schwierigkeiten bei der Definition der Selbstbestimmung, bei der Abgrenzung von Völkern und Minderheiten sowie der Umstand, dass es sich bei dem Volk um einen unbestimmten Rechtsbegriff handelt, hat viel Kritik hervorgerufen. Um so wichtiger ist es unter diesen Umständen, dass sich mit den Mitteln der friedlichen Streitbeilegung ein völkerrechtlicher Weg aufzeigte, einige der Unklarheiten einer Lösung zuzuführen. Die dargelegten Beispiele zeigen, dass es derartige Mittel auf den verschiedensten Ebenen gibt. Noch grössere Unterstreichung verdient, dass die Entscheidungen politischer und rechtlicher Einheiten tatsächlich einen durchaus wirksamen Beitrag zur Klärung der staatlichen Pflichtenlage bei Minderheiten- und Selbstbestimmungsrechtsfragen und Wesentliches zur Auslegung des Inhalts der völkerrechtlichen Normen in diesem Bereich erbracht haben.

Präventive Rüstungskontrolle als Beitrag zur Krisenvorbeugung

Probleme und Chancen

Von Götz Neuneck

Mehr als fünf Jahre nach dem Ende des Ost–West–Konfliktes sind Rüstungskontrolle und Abrüstung aus den Schlagzeilen geraten und auf die letzten Zeitungsseiten verbannt worden. Was vor kurzem noch heiss debattiert wurde, scheint nun, für die Öffentlichkeit kaum einsichtig, den Gang des Alltäglichen zu nehmen: Die Implementierung und Überprüfung von Rüstungskontrollabkommen. Der Abschluss der Chemiewaffenkonvention von 1993 und die unbefristete Verlängerung des nuklearen Nichtverbreitungsvertrages vom Mai 1995 erwecken den Eindruck, dass die Entsorgung der Arsenale des Kalten Krieges zügig voranschreitet, und dass Massenvernichtungswaffen einer effektiven Kontrolle unterstellt werden.

Rüstungskontrolle widmete sich zu Zeiten des Ost–West–Konfliktes hauptsächlich der Beschränkung ausgesuchter Waffensysteme der beiden sich feindlich gegenüberstehenden Militärblöcke. Die in Jahrzehnten angehäufte Militärmaschinerie des Kalten Krieges ist jedoch weit davon entfernt, entscheidend abgebaut zu werden. Angesichts der weltweiten Verbreitung von Technologien, fortgesetzten Exporten von Militärtechnologien und der gesteigerten Verwendung von militärrelevanter Wissenschaft und Technologie bei der eigenen Streitkräftemodernisierung insbesondere durch die führenden Industriestaaten sind in den nächsten Jahrzehnten neue bedrohliche und destabilisierende Tendenzen durch die Einführung neuer Waffensysteme zu erwarten. Der qualitative Rüstungswettlauf ist keinesfalls beendet.

Deshalb sollte sich Rüstungskontrolle in den nächsten Jahrzehnten vorbeugend auch der Forschung, Entwicklung und Erprobung neuer destabilisierender Waffen widmen und deren Stationierung verhindern, um regionale Rüstungswettläufe zu verhindern, Kosten zu sparen und Abrüstung abzusichern. Es ist die Aufgabe einer präventiven Rüstungskontrolle, Rüstungskontrollkriterien wie Krisenstabilität, Rüstungskontrollstabilität und Verteidigungseffizienz bei niedrigen Streitkräfteniveaus frühzeitig in den Rüstungskontrollprozess miteinzubeziehen, möglichst schon in der Phase von Forschung und Entwicklung. Im folgenden werden Ansatz und Stand der klassischen Rüstungskontrolle und deren präventive Funktion vorgestellt sowie die Möglichkeiten und Probleme präventiver Rüstungskontrolle erläutert.

Klassische Rüstungskontrolle[1]

Rüstungskontrolle sollte von der Erkenntnis geleitet sein, zukünftige Kriege zu verhindern. Sie wurde in ihren Ursprüngen als Funktion der Politik definiert, "einige Aspekte der militärischen Potentiale und Fähigkeiten zu regulieren". Rüstungskontrolle wird zum einen durch die Schaffung, Verbreitung und Verwendung von militärischen Machtmitteln nötig, zum anderen durch die Bedingungen und Umstände, die zu bewaffneten Auseinandersetzungen führen:

> "Die technische Zivilisation wird uns nötigen, die Institution des Kriegs zu überwinden, wenn wir überleben wollen. Das ist unmöglich ohne rationale Planung. Aber in der Fülle der Konflikte reicht rationale Planung nicht aus. Eine Ethik und Legalität gewaltloser Konfliktaustragung muss ins allgemeine Bewusstsein dringen."[2]

Rüstungstechnische Lösungen alleine werden nicht genügen, um den sicherheitspolitischen Herausforderungen der Zukunft entgegenzutreten. Die klassische Rüstungskontrolle hat ihre Entstehung der Ost-West-Konfrontation zu verdanken, während Abrüstung das ältere Konzept bildet, um den Gebrauch von Waffen durch deren Eliminierung einzuschränken. Genau genommen lässt sich zunächst nur abrüsten, was an Militärausrüstung und -personal schon existiert. Während Rüstungskontrolle sich nach dem Zweiten Weltkrieg eher auf die Steuerung von Rüstungsprozessen bzw. auf die Krisenprävention der Supermächte und den ungewollten Gebrauch von Waffen in bestimmten Gebieten und Situationen bezog, meint Abrüstung ganz konkret die Reduktion von verfügbaren, militärischen Instrumenten. Angesichts der technologischen Rüstungsdynamik ist zu unterscheiden, ob sich Abrüstung und Rüstungskontrolle auf vorhandene oder zu erwartende Rüstungspotentiale richten. Tatsächliche Abrüstung findet statt, wenn vorhandene Waffen verschrottet werden, vorbeugende Rüstungskontrolle, wenn noch im Labor- oder Erprobungsstadium befindliche Waffensysteme nicht mehr

---

1 Die folgenden Gedanken basieren auf Reinhard Mutz/Götz Neuneck: Präventive und qualitative Rüstungskontrolle; Erfahrungen und Probleme, Januar 1994 (unveröffentlichtes Gutachten für das Büro für Technikfolgenabschätzung des Deutschen Bundestages). – W. Liebert/Götz Neuneck: Wissenschaft und Technologie als Faktoren der Rüstungsdynamik, in: Erwin Müller/Götz Neuneck (Hrsg.): Rüstungsmodernisierung und Rüstungskontrolle, Baden-Baden 1991-92, pp. 45ff.

2 Carl-Friedrich von Weizsäcker: Zeit und Wissen, München 1992, p. 520.

produziert werden können.[3] Vollständige Abrüstung bedeutet strenggenommen den Verzicht auf sämtliche militärischen Fähigkeiten. Rüstungskontrolle hingegen beschäftigt sich in erster Linie mit der rationalen Planung zur Verringerung des Kriegsrisikos.[4]

Im Laufe der Zeit hat sich die übergreifende Zielsetzung der Rüstungskontrolle, das Kriegsrisiko zu verringern und die wechselseitige militärische Bedrohung herabzusetzen, zu verschiedenen Unterzielen ausdifferenziert. Gewachsen ist die Erkenntnis, dass sich Stabilität nicht nur durch direkten Eingriff in die Rüstungsdynamik mittels Begrenzungen und Verboten von Waffensystemen vergrössern lässt, sondern auch auf indirektem Weg durch die Verhinderung horizontaler Weiterverbreitung, die Erhöhung der Transparenz bei militärischen Aktivitäten zu Ausbildungs- und Übungszwecken sowie die Verbesserung der Kommunikations- und Beratungsmechanismen in Krisensituationen. Nichtverbreitung, Vertrauensbildung und Krisenmanagement wurden anerkannte Elemente vereinbarter Rüstungskontrolle. Entsprechend vielgestaltig ist der Katalog von Massnahmen, die inzwischen zur festen Agenda der Rüstungskontrolle gerechnet werden:[5]

1) Geografische Massnahmen (entmilitarisierte Regionen; Sicherheitszonen),
2) strukturelle Massnahmen (Defensivorientierung von Streitkräftestrukturen),
3) operative Massnahmen (Begrenzungen von Manövern),
4) Verifikationsmassnahmen (Datenaustausch, Satellitenüberwachung, Inspektionen etc.) und
5) deklaratorische Massnahmen (Verzicht auf den Ersteinsatz von Nuklearwaffen).

Insgesamt sind heute mehr als zwanzig bilaterale und multilaterale Rüstungskontrollabkommen in Kraft. Sie stammen überwiegend aus der Zeit seit den sechziger Jahren, in der der Rüstungskontrollansatz konzeptionell entwickelt wurde. Insbesondere die bilateralen amerikanisch-sowjetischen Rüstungskontrollverträge bringen das ursprüngliche Leitmotiv der Rüstungskontrollidee zum Ausdruck: Dem Risiko eines Krieges mit Massenvernichtungswaffen durch Begrenzung der militärischen Konkurrenz der nuklearen Supermächte entgegenzuwirken. So wurde duch die SALT-Verträge die Anzahl der strategischen Trägersysteme zwischen den USA und der UdSSR beschränkt. Ein Beispiel für qualitative

---

[3] So wurden im Rahmen des INF-Vertrages sowohl stationierte Mittelstreckensysteme (Marschflugkörper, Raketen) verschrottet, als auch für die Produktion vorgesehene Systeme verboten bzw. nicht mehr hergestellt.

[4] Auf deutscher Seite wird vielleicht treffender auch von "kooperativer Rüstungssteuerung" gesprochen. Siehe dazu Wolf Graf von Baudissin/Dieter S. Lutz (Hrsg.): Kooperative Rüstungssteuerung, Baden-Baden 1981.

[5] Siehe dazu Liebert/Neuneck: Wissenschaft und Technologie als Faktoren der Rüstungsdynamik (Fn. 1), pp. 45ff.

Rüstungskontrolle stellt der ABM-Vertrag von 1972 dar, der nicht nur die Begrenzung der Abwehrmittel gegen ballistische Raketen einführte und damit die Verwundbarkeit der beiden Supermächte festschrieb, sondern auch die Entwicklung, den Test und die Stationierung bestimmter ABM-Mittel verbietet. Dieser Vertrag hat jedoch weder die SDI-Forschung verhindert noch den Test neuer, strategisch nutzbarer Abwehrmittel wie das mobile US-Raketenabwehrsystem THAAD.

Während die SALT-II-Verträge von 1972 und 1979 Auswirkungen auf den Stationierungsmodus und die Zahl der Weiterentwicklung von neuen Offensivsystemen der beiden Supermächte hatten, aber die Zahl der Träger nicht entscheidend begenzten, liegen die Obergenzen des 1991 unterzeichneten START-I-Vertrages ca. ein Drittel niedriger als die damaligen Obergrenzen. Mit dem START-II-Vertrag, der 1993 unterzeichnet wurde, soll bis zum Jahr 2002 nochmals eine Halbierung der Arsenale der beiden Supermächte erreicht werden. Damit werden die strategischen Offensivwaffen der USA und Russlands zwar den heutigen Bedingungen nach Ende des Kalten Krieges angepasst, sie übersteigen aber die Arsenale kleiner Nuklearmächte wie Frankreich oder China immer noch um ein Vielfaches. Der Fortbestand von Rüstungskontrolle wird heute zudem von gewissen Kreisen in den USA und in Russland in Frage gestellt. Die Republikaner, die zur Zeit den amerikanischen Kongress dominieren, setzen einiges daran, um die zur Ratifikation anstehenden Verträge (START II, CWC) zu behindern bzw. ganz zu Fall zu bringen.[6] Auch eine Abschaffung des ABM-Vertrages erscheint möglich. Zudem ist die Ratifizierung des Vertrages durch die russische Duma nicht gesichert.

Im INF-Vertrag von 1987 wurden (erstmals) zwei Waffenkategorien vollständig eliminiert: Mittelstreckenraketen und Marschflugkörper mit einer Reichweite zwischen 500 und 5'000 Kilometern samt den dazugehörenden Startgeräten und der benötigten Infrastruktur. Die bereits stationierten Systeme wurden zerstört, und die Produktion und Flugerprobung von INF-relevanten Systemen ist verboten und wird überwacht. Es gibt Vorschläge, diesen bilateralen Vertrag auch auf andere Länder auszudehnen, die Raketen in diesem Reichweitenspektrum besitzen.[7]

Neben den bilateralen Verträgen gibt es die heterogene Gruppe *multilateraler* Rüstungskontrollabkommen, die in einer zunehmend multipolaren Welt an Bedeutung gewinnen. Die Mehrzahl dieser Verträge sind der nuklearen Rüstungskontrolle bzw. der Kontrolle von Massenvernichtungswaffen zuzurechnen. Eine wichtige Rolle spielt das Ziel der Nichtweiterverbreitung solcher

---

[6] John Isaacs: Cold Warriors Target Arms Control, in: Arms Control Today, September 1995, pp. 3-7.

[7] Kanada hat einen älteren Vorschlag der US-Abrüstungsbehörde ACDA aufgegriffen und ein globales Verbot von Raketen zwischen 300 und 5'500 km Reichweite gefordert. Arms Sales Monitor, No. 31, 5 December 1995, p. 4.

Waffen, das sich ausser im Nichtverbreitungsvertrag von 1968 auch im begrenzten Teststoppabkommen, in den Konventionen über biologische und chemische Waffen und in den Regionalverträgen niederschlägt.

Die B-Waffenkonvention von 1972 verbietet eine ganze Waffenkategorie, die zudem zu den Massenvernichtungswaffen gerechnet wird. Artikel I verpflichtet die Vertragsstaaten dazu, biologische Wirkstoffe und Toxine "niemals und unter keinen Umständen zu entwickeln, herzustellen, zu lagern oder in anderer Weise zu erwerben oder zurückzubehalten".[8] Die Forschung über die genannten Substanzen ist nicht explizit untersagt, d.h. die Forschung an biologischen Substanzen in kleinen Mengen, beispielsweise zum Zweck der Gegen- oder Schutzforschung, ist erlaubt. Die Einhaltung der B-Waffenkonvention hängt entscheidend ab von adäquater Verifikation, die durch den Vertrag nur höchst unzureichend geregelt wird, aber seit der Dritten Überprüfungskonferenz 1991 Gegenstand von Expertengesprächen ist. Zu einer Verhinderung von Forschung und Entwicklung auf dem Gebiet der B-Waffen hat die Konvention bisher nicht geführt.[9]

Nach Jahrzehnten internationaler Bemühungen haben im Januar 1993 rund 130 Staaten in Paris die Chemiewaffenkonvention unterzeichnet. Diese Konvention ächtet nicht nur die Verwendung von chemischen Waffen völkerrechtlich und schafft - neben der B-Waffenkonvention - eine internationale Norm über den Besitz von Massenvernichtungswaffen, sondern fordert die Vertragsparteien auch auf, sowohl die chemischen Waffen in ihrem Besitz als auch die dazugehörigen Produktionsanlagen zu zerstören. Die C-Waffenkonvention etabliert ein differenziertes Verifikationssystem mit Routine- und Verdachtskontrollen, bei welchen auch die zivile chemische Industrie einbezogen wird. Zu diesem Zweck wird eine eigenständige Organisation in Den Haag aufgebaut. Das Wissen zur Herstellung einfacher chemischer Substanzen zum Zweck militärischer Anwendung ist heute in den meisten Staaten der Erde verbreitet. Die Produktion stellt in erster Linie ein verfahrenstechnisches Problem dar. Es kann aber nicht ausgeschlossen werden, dass technologische Durchbrüche bei der Herstellung neuer Substanzen gelingen. Die grösste Herausforderung der C-Waffenkonvention liegt darin, dass sich insbesondere Staaten aus Krisenregionen voraussichtlich nicht beteiligen werden bzw. Rüstungsexportkontrollen den Handel mit den notwendigen Produktionsanlagen nicht effizient genug kontrollieren können. Die

---

8 Die Verträge sind z.B. zu finden in Gundolf Fahl: Rüstungsbeschränkung durch internationale Verträge, 2. Auflage, Berlin 1989.

9 Über zwanzig Staaten verfügen neben den bekannten Nuklearmächten über Kurz- oder Mittelstreckenraketen aus westlichen oder östlichen Importen bzw. entwickeln diese eigenständig. Siehe dazu Götz Neuneck/Otfried Ischebeck (Eds.): Missile Proliferation, Missile Defense and Arms Control, Baden-Baden 1993. Über zwanzig Staaten sollen über Produktionsanlagen für chemische Waffen verfügen und über zehn werden mit der Entwicklung von biologischen Waffen in Verbindung gebracht. Zu den B-Waffen siehe O. Thränert: In zehn Staaten basteln Forscher an biologischen Waffen, Frankfurter Rundschau, 5.9.1991.

Verifikation existierender Anlagen von Nichtmitgliedern ist nicht vorgesehen. Die C-Waffenkonvention ist jedoch der erste globale, multilaterale Rüstungskontrollvertrag, der, abgesichert durch ein umfassendes Verifikationssystem, eine Waffenkategorie einschliesslich der betreffenden Produktionsanlagen verbietet.

Das "Übereinkommen über das Verbot der militärischen oder einer sonstigen feindseligen Nutzung umweltverändernder Technologien" vom 18. Mai 1977 (ENMOD) umfasst das Verbot einer Kategorie zukünftig möglicher Waffenarten und Handlungsweisen, die heute der Umweltkriegführung zugerechnet werden. Der Vertragsschluss hat eine präventive Funktion: In der Präambel wird unter anderem hervorgehoben, dass der Vertrag "in der Erkenntnis, dass wissenschaftliche und technische Fortschritte neue Möglichkeiten hinsichtlich der Umweltveränderung eröffnen könne", geschlossen wurde. Der ENMOD-Vertrag hat bisher in der Rüstungskontrolle keine grosse Rolle gespielt. Die Anzahl der Vertragsstaaten ist gering. Der Nutzen umweltverändernder Techniken wird heute von militärischer Seite nicht als sehr hoch eingeschätzt. Umweltkriegführung ist dem Militär im allgemeinen suspekt, da ihre unberechenbare Wirkung der rationalen Planung von Kriegführung entgegensteht. Umweltkriegführung als Terrorakt hat 1991 beim Rückzug der irakischen Armee aus Kuwait durch das Anzünden der dortigen Ölfelder traurige Berühmtheit erlangt.

In fünf geografischen Regionen wurden mittels multilateraler Verträge nuklearwaffenfreie Zonen vereinbart und eingerichtet: Antarktis 1959, Weltraum 1967, Lateinamerika 1967, Meeresboden 1972, Südpazifik 1985. Die Verhandlungen für die Schaffung einer nuklearwaffenfreien Zone in Afrika wurden wieder aufgenommen.

Der Teststoppvertrag trat am 10. Oktober 1963 in Kraft und untersagt die Durchführung von Kernwaffenexplosionen oder die Beteiligung daran "in der Atmosphäre, im Weltraum und unter Wasser" sowie unterirdische Kernwaffenexplosionen, bei denen radioaktiver Staub die Territorialgrenzen des betreffenden Staates verlässt. Die Sowjetunion und die USA haben zusätzlich zwei separate Teststoppabkommen geschlossen: Den Testschwellenvertrag (TTBT) vom 3. Juli 1974 und den Vertrag über unterirdische Kernexplosionen zu friedlichen Zwecken (PNET). Für die von den Verträgen behandelten Explosionen wird eine obere Schwelle von 150 Kilotonnen bei Einzelexplosionen und eine Schwelle von 1,5 Megatonnen bei Gruppenexplosionen festgelegt. Der PNET wurde von den USA und der Sowjetunion erst 1990 ratifiziert und trat somit relativ spät in Kraft. Die Begrenzung durch die Schwelle von 150 kt liegt sehr hoch, so dass die Verträge keine qualitative Bedeutung erlangt haben. Ein umfassender Teststoppvertrag ausgehend von den traditionellen Nuklearwaffenstaaten wird für 1996 angestrebt.

Der Nichtverbreitungsvertrag (*Non-Proliferation Treaty*) trat am 5. März 1968 in Kraft und wurde auf 25 Jahre mit der Möglichkeit der Verlängerung abgeschlossen. Der Vertrag kennt zwei Klassen von Mitgliedern: Die Kernwaffenstaaten und die Nichtkernwaffen–Staaten. Den Kernwaffenstaaten, die Mitglieder des Vertrages sind, ist jegliche Weitergabe von Kernwaffen verboten (Art. I). Die Nichtkernwaffen–Staaten hingegen unterliegen einem Bezugs- und Herstellungsverbot (Art. II). Artikel IV garantiert die friedliche Nutzung von Kernenergie auch für Nichtkernwaffen–Staaten. Artikel VI verpflichtet die Kernwaffenstaaten zu weiterer nuklearer Abrüstung. Zur Überprüfung der Einhaltung der Bestimmungen für Nichtkernwaffen–Staaten wurde die Internationale Atomenergieorganisation (IAEO) gegründet. Aufgabe der IAEO ist insbesondere, ein Sicherungssystem zur Kontrolle des spaltbaren Materials der Nichtkernwaffen–Staaten aufzubauen. Dies bezieht sich in erster Linie auf die Ausgangsstoffe zur Herstellung von nuklearen Sprengkörpern. Militärrelevante Forschung und Entwicklung können insoweit überwacht werden, als die betreffenden Forschungsreaktoren vorher notifiziert und der IAEO zugänglich gemacht worden sind. Ein Hauptproblem bleibt jedoch die Tatsache, dass einige wichtige Schwellenländer (z.B. Indien, Pakistan) nicht Mitglieder des *Non–Proliferation Treaty* sind, und dass der Transfer von militärrelevantem Nuklearmaterial nur unzureichend kontrolliert werden kann. Ende Mai 1995 wurde in letzter Minute die unbefristete Verlängerung des Vertrages beschlossen. Insbesondere die Kernwaffenstaaten verpflichteten sich zu weiteren Auflagen, so der Abfassung des Umfassenden Teststoppvertrages für 1996, der Einhaltung "äusserster Zurückhaltung" bei Nukleartests und der Durchführung von Überprüfungskonferenzen.

Ingesamt wurden die Bemühungen, den weltweiten Handel mit Waffen- und Produktionstechnologien zur Herstellung von Massenvernichtungswaffen zu kontrollieren, in den letzten Jahren intensiviert. Dazu gehören zum einen die Stärkung der vorhandenen Nichtweiterverbreitungsregime, zum andern die Einrichtung eines Waffenregisters auf UN–Ebene. Vor allem die beiden Golfkriege 1980–1988 und 1991 gaben der internationalen Diskussion über die Eindämmung von Technologien zur Herstellung von Massenvernichtungswaffen und von Rüstungsexporten Auftrieb. Teil der multilateralen Rüstungskontrolle ist auch die Errichtung von informellen Einzelregimen zur Verbesserung und Überwachung von Rüstungsexportkontrollen. Dazu gehören unter anderem die Australiengruppe, die *London Supplier*–Gruppe, das Zangger Komitee, das *Missile Technology Control Regime* (MTCR) und die COCOM–Nachfolge Neues Forum. Diese Art einseitiger Rüstungskontrolle, die Transfers bestimmter Technologien in gewisse Länder nicht zulässt, wird allerdings von vielen Entwicklungsländern als diskriminierend abgelehnt.

Konventionelle Streitkräfte und Rüstung werden erst seit Anfang der siebziger Jahre in den Rüstungskontrollprozess einbezogen. Bei den in den letzten Jahren geschlossenen Abkommen steht die Bewaffnung konventioneller Streitkräfte im Vordergrund. Nach weniger als 21 Monaten Verhandlungsdauer wurde am 19. November 1990 vor der Eröffnung des Pariser OSZE–Gipfels der Vertrag für Konventionelle Streitkräfte in Europa (VKSE) unterzeichnet. Die Unterzeich–

nung des KSE–Vertrages wurde allgemein als epochaler Erfolg auf dem Gebiet europäischer Sicherheit und Rüstungskontrolle begrüsst. Der KSE–Vertrag eliminiert die zahlenmässigen Asymmetrien zwischen den sechzehn NATO-Mitgliedern und den sechs Mitgliedern des ehemaligen Warschauer Paktes in fünf ausgesuchten Hauptwaffensystemen. Mit der Erfüllung des Vertrages werden die numerische Überlegenheit der Sowjetunion abgebaut und paritätische Obergrenzen in vier Subzonen im Gebiet vom Atlantik bis zum Ural (ATTU) festgelegt. Von den fünf erfassten Waffenkategorien werden nach Durchführung rund die Hälfte der 1988 vorhandenen 290'000 Waffensysteme zerstört sein.[10] Viele Definitionen der vertragsrelevanten Waffen sind jedoch nicht resistent gegenüber technologischen Innovationen, d.h. es sind beispielsweise Panzerkonstruktionen denkbar, die extra entwickelt werden können, um die festgelegten Obergrenzen zu umgehen. Die Modernisierungsprogramme vieler Staaten widmen sich in erster Linie der Effizienzsteigerung von Waffensystemen und nicht mehr der quantitativen Produktion. Der KSE–Vertrag wird ergänzt durch die "Abschliessende Akte der Verhandlungen über Personalstärken der Konventionellen Streitkräfte in Europa" (KSE–Ia), in der Höchstgrenzen für militärisches Personal festgelegt wurden, und durch den "Vertrag über den Offenen Himmel", der am 24. März 1992 unterzeichnet wurde und Luftbeobachtungen "von Vancouver bis Wladiwostok" erlaubt.[11]

Am 17. November 1990 konnte im Rahmen der Verhandlungen über vertrauens- und sicherheitsbildende Massnahmen das Wiener Dokument 1990 von den OSZE–Teilnehmern verabschiedet werden. Aktuellere und erweiterte Versionen sind die Wiener Dokumente von 1992 und 1994. In der Nachfolge des Stockholmer Dokumentes wurde die Verpflichtung zum gegenseitigen Datenaustausch über Streitkräfte ausgebaut. Es werden nun nicht nur detaillierte Angaben über Truppen der OSZE–Teilnehmer, ihre Organisation, Standort, Anzahl etc. bis hin zur Brigade/Regimentsebene verlangt, sondern auch jährliche "Informationen über ihre Planungen zur Indienststellung von Hauptwaffensystemen und Grossgerät" sowie "Informationen über ihre Militärhaushalte, Beschaffungskosten" etc. Das Wiener Dokument 1994 enthält unter anderem die Selbstverpflichtung der OSZE–Staaten, zusätzliche qualitative Angaben über Hauptwaffensysteme zu machen und bei Indienststellung neuer "Hauptwaffensysteme und Grossgerät" Vorführungen für die Teilnehmerstaaten zu veranstalten. Es wurde ein "Standardisiertes Berichtsystem" für bestimmte Waffenkategorien geschaffen, in dem

---

10 Siehe ausführlich zur Entstehung, zum Ablauf und zur politischen Einordnung Wolfgang J. Zellner: Die Verhandlungen über konventionelle Streitkräfte in Europa; Konventionelle Rüstungskontrolle, die neue politische Lage in Europa und die Rolle der Bundesrepublik Deutschland, Baden–Baden 1994, p. 18.

11 Jörg Wallner: Konventionelle Rüstungskontrolle und Fernerkundung in Europa; Eine exemplarische Untersuchung des Beitrags technischer Mittel zur Friedenssicherung unter den Bedingungen einer erweiterten Rüstungskontrollkonzeption, Baden–Baden 1995.

die OSZE-Mitglieder jedes Jahr bestimmte Angaben zu Truppen, Beschaffung und Stationierung machen müssen. Daten zur militärischen Forschung und Entwicklung werden zwar erfasst, aber nicht im Detail spezifiziert. Die Wiener Dokumente erhöhen die militärische Transparenz und damit die Vertrauensbildung in Europa, sind aber im Hinblick auf präventive Rüstungskontrolle noch ausbaubar. Der nächste Schritt, nämlich eine Verringerung der Budgets und Streitkräftestärken der konventionellen Streitkräfte in Europa zu erreichen, wurde allerdings bisher nicht in Angriff genommen.[12]

Das "Übereinkommen über das Verbot oder die Beschränkung des Einsatzes bestimmter konventioneller Waffen, die übermässiges Leiden verursachen oder unterschiedslos wirken können" (UN-Waffenkonvention), wurde am 10. April 1983 geschlossen und ist seit dem 2. Dezember 1986 in Kraft. Es wird dem Humanitären Völkerrecht zugeordnet und soll, ähnlich wie die Haager Konventionen, den Einsatz bestimmter, besonders unmenschlicher Waffen verhindern. Die Konvention wurde von 59 Staaten unterzeichnet (u.a. von der Bundesrepublik Deutschland, den USA und Russland). Die Einzelheiten sind in Protokollen geregelt. Sie verbieten den Gebrauch von Waffenfragmenten, die im menschlichen Körper nicht durch Röntgenstrahlen erfasst werden, und beschränken den Einsatz bestimmter Minentypen, versteckter Sprengladungen (Protokoll I) sowie von Brandwaffen (Protokoll II). Dieses Übereinkommen ist kein klassischer Rüstungskontrollvertrag. Es fehlen beispielsweise jegliche Verifikationsmassnahmen und Überprüfungsinstanzen. Die Verwendung von in die genannten Kategorien fallenden Waffen beispielsweise durch die USA und die Sowjetunion[13] hat trotz ihrer internationalen Ächtung nicht die erforderliche öffentliche Aufmerksamkeit erhalten, so dass dem Vertrag wenig Wirkung zuzusprechen ist. Die Überprüfungskonferenz in Wien konnte sich zwar im Herbst 1995 auf ein neues Protokoll zum Verbot von Laserwaffen einigen, konnte aber keine Einigkeit über das Verbot von spezifischen Landminen erreichen und musste sich auf 1996 vertagen.

Am 9. Dezember 1991 beschloss die UN-Vollversammlung, ein Register über den Export von konventionellen Waffen in New York einzurichten. Die UN-Mitgliedsstaaten werden aufgefordert, dem Generalsekretär bestimmte Daten über den Ex- und Import konventioneller Waffen zu melden. Die UNO richtet auf der Grundlage des eingegangenen Datenmaterials eine Transferstatistik über sieben Kategorien von Waffensystemen[14] ein. Mehrere Regionalworkshops

[12] Ein kleiner Fortschritt ist darin zu sehen, dass im Friedensabkommen von Dayton mit Bosnien-Herzegowina, Kroatien und Restjugoslawien Rüstungskontrollgespräche zur weiteren Reduktion der Waffenbestände geführt werden.

[13] Einsatz von Fuel-Air-Explosives im zweiten Golfkrieg; als Spielzeug getarnte Minen.

[14] Kampfpanzer, gepanzerte Gefechtsfeldwagen, Artilleriegeschütze mit einem Kaliber von 100 mm und mehr, Kampfflugzeuge, Kampfhubschrauber, Kriegsschiffe ab 850 Tonnen Ver-

wurden von der UNO abgehalten, um die Vertreter der Mitgliedsstaaten in die Prozeduren und Probleme der Datenerhebung für das Waffenregister einzuarbeiten. Bis zum November 1995 hatten 87 Länder Berichte abgegeben.[15] Mittels dieser Statistik dürfte es zukünftig möglich sein, genauere Angaben über die Exportflüsse konventioneller Waffen zu erhalten und das Vertrauen in einigen Regionen aufzubauen.

Die vorbeugende Wirkung von Rüstungsbeschränkungen

Rüstungskontrolle kann sich auf Waffen oder Streitkräfte beziehen, alle oder nur bestimmte Kategorien von Rüstung einschliessen, deren Besitz oder lediglich den Gebrauch regeln, global oder regional ausgerichtet sein. Hervorzuheben ist, dass die grosse Mehrzahl bestehender Übereinkünfte Festlegungen über vorhandenes Kriegspotential betreffen. Zu erwartende oder bereits geplante militärische Kapazitäten werden in der Regel nicht berührt. Die Beschränkung militärrelevanter Forschung, Entwicklung und Erprobung war bisher allenfalls ein Nebenaspekt.[16]

In keinem der genannten Verträge wird militärrelevante Forschung auf dem Gebiet der jeweils erfassten Systeme explizit verboten oder begrenzt. Lediglich der (bilaterale) ABM-Vertrag und die B-Waffenkonvention erwähnen Beschränkungen bei der Entwicklung der jeweiligen Waffen. Das *Testen* ist explizit bei den Atomtestverträgen (TTBT, PNET, PTBT) sowie beim INF-Vertrag verboten. Die *Herstellung* und *Produktion* wird bei den Verträgen von Tlatelolco (Lateinamerika-Vertrag) und Rarotonga (Südpazifik-Vertrag) sowie beim INF-Vertrag verboten. In einigen (Zonen-)Verträgen werden nicht nur die Herstellung und die *Erprobung* von Kernwaffen miteinbezogen, sondern es werden auch "Massnahmen militärischer Art wie die Einrichtung militärischer Stützpunkte und Befestigungen, die Durchführung militärischer Manöver sowie die Erprobung von Waffen jeder Art" verboten (Antarktis-Vertrag, Art. I;Weltraumvertrag, Art. IV).

---

drängung, Lenkwaffen und Raketensysteme mit einer Reichweite von mindestens 25 km sowie Raketenabschussrampen.

15 Arms Sales Monitor, No. 31, 5 December 1995, p. 5.

16 Siehe zur technologischen Umgehung von Rüstungskontrollverträgen Reinhard Mutz/Götz Neuneck: Konventionelle Stabilität und qualitative Rüstungsdynamik, in: Erwin Müller/Götz Neuneck: Abrüstung und konventionelle Stabilität in Europa, Baden-Baden 1990, pp. 119-133. - Hans-Günter Brauch/Henny J. van der Graaf/John Grin/Wim A. Smit (Eds.): Controlling the Development and Spread of Military Technology; Lessons from the Past and Challenges for the 1990s, Amsterdam 1992. - Wim A. Smit/John Grin/Lev Voronkov (Eds.): Military Technological Innovation and Stability in a Changing World, Amsterdam 1992.

Unter den Defiziten bisheriger Rüstungskontrolle an erster Stelle zu nennen ist das Problem unvollständiger Vertragsabdeckung. Definitionen und Kriterien in Vertragswerken sind häufig ungenau oder ambivalent formuliert, so dass Umgehungen möglich werden. Quantitative Rüstungsbegrenzung, die festlegt, dass von einem bestimmten Waffensystem nur noch eine vereinbarte Stückzahl zulässig bleibt, stimuliert geradezu die qualitative Rüstungsdynamik. Die nuklearstrategischen Abkommen (SALT, INF, START) eröffnen den Vertragsparteien vielfältige Möglichkeiten, eingebüsste militärische Optionen durch *nicht erfasste technologische Lösungen* zu kompensieren. Die fünf Waffenkategorien des KSE–Vertrages sind beispielsweise so definiert, dass die Obergrenzen durch veränderte Konstruktionsmerkmale unterlaufen werden können.

Ebenfalls nicht abgedeckt von den bisherigen Rüstungskontrollverträgen wird die *militärrelevante Forschung und Entwicklung*. Trotz der Restriktionen des ABM–Vertrages konnten jahrelang Forschungs- und Entwicklungsarbeiten für Waffensysteme zur Abwehr strategischer Sprengköpfe betrieben werden. Einigen Verträgen kommt das Verdienst zu, wenigstens deklaratorische Hürden gegenüber neuen wissenschaftlichen und technologischen Entwicklungen zu errichten[17], was zur Bewusstseinsbildung in Bereichen militärisch nutzbarer wissenschaftlicher Forschung beigetragen haben mag.[18] Die B–Waffenkonvention untersagt darüber hinaus die Entwicklung von biologischen Wirkstoffen und Toxinen, die Verifikation des Verbotes ist bisher jedoch nur unzureichend vorgesehen. Die Erprobung neuer Waffensysteme wurde durch rüstungskontrollpolitische Vorkehrungen kaum behindert. Exemplarisch seien die Tests angeführt, die im Rahmen des SDI–Programmes vorgenommen wurden, aber auch Tests von Antisatellitenwaffen durch die USA und die Sowjetunion.

Ein Hauptziel von Rüstungskontrolle bleibt die Beherrschbarkeit militärischer Potentiale, zu denen nicht nur die stationierten Waffen und Streitkräfte, sondern auch die militärische Forschung und Entwicklung zu zählen sind. Die *quantitativ ausgerichtete Rüstungskontrolle* orientiert sich in erster Linie an einer numerischen Begrenzung von speziellen Waffenkategorien. Sie ist zwar nicht direkt auf den Prozess rüstungstechnologischer Innovationen bezogen, gleichwohl kommt auch ihr eine, die jeweilige Waffenentwicklung dämpfende Bedeutung zu, da eine Verlagerung oder Eingrenzung rüstungstechnologischer Innovationen impliziert wird. Militärische Missionen werden jedoch durch die Verlagerung auf andere Gebiete nicht im eigentlichen Sinne begrenzt, sondern eher umgangen (z.B. INF–Vertrag). *Qualitative Rüstungskontrolle verweist* hingegen auf die Eingrenzung oder sogar Beseitigung bestimmter militärischer Missionen (z.B.

---

[17] So die B–Waffenkonvention, der ENMOD–Vertrag und der Non–Proliferation Treaty.

[18] Jüngstes Beispiel sind schwerwiegende Einwände gegen den Bau des Forschungsreaktors München II (FRM–II), der mit waffenfähigem Uran betrieben werden soll. Eine Zustimmung könnte weltweite Forschungen in Gang setzen, die bisher aus Proliferationsgründen vermieden wurden. Siehe Süddeutsche Zeitung vom 11. November 1993.

keine Stationierung von Waffen im Weltraum). Zu denken ist hier einmal an die qualitative Begrenzung der Leistungsfähigkeit bestimmter Waffensysteme (z.B. Verbot von Gefechtsfeldlasern bestimmter Energie) oder an das Verbot der Indienststellung neuer Waffentypen (z.B. Elektromagnetische Kanonen, Laserwaffen). Direkte Konsequenzen für den technologischen Innovationsprozess ergeben sich durch die Blockierung bestimmter Entwicklungslinien. *Präventive Rüstungskontrolle* ist eine Variante der qualitativen Rüstungskontrolle, da sie zum Ziel hat, Rüstungskontrollkriterien möglichst frühzeitig in militärrelevante Forschung, Entwicklung und Erprobung miteinzubeziehen. Damit soll erreicht werden, dass

- technologische Rüstungswettläufe unterbunden werden,
- die Weiterverbreitung von Waffen behindert wird,
- neue destabilisierende militärische Optionen verhindert werden,
- Kosten gespart werden und
- Rüstungskontrollkriterien frühzeitig anerkannt und durchgesetzt werden.

Möglichkeiten und Chancen für präventive Rüstungskontrolle[19]

Nach dem Ende des Ost-West-Konfliktes änderten sich auch die Bedingungen, Möglichkeiten und Aufgaben zukünftiger Rüstungskontrolle. Vielfach wird auf die bestehende Gefahr der Weiterverbreitung von nuklearen Waffen und den Export bzw. Transfer von konventionellen Waffen verwiesen. Im multipolaren Zusammenhang werden zudem stärker zu berücksichtigen sein:[20] Eine Ungleichheit der Beteiligten, eine Ungleichzeitigkeit der Entwicklungen, eine Verschachtelung unterschiedlicher Interessen und eine Regionalisierung zukünftiger Regelungen. In diesem Umfeld widersprüchlicher Entwicklungen wird sich zukünftige Rüstungskontrolle entwickeln müssen. Voraussetzungen dafür sind:

- Die Verbreiterung der internationalen Normenbasis zum Verbot bestimmter Waffensysteme,
- die Fähigkeit zur Analyse destabilisierender Tendenzen,
- die Erarbeitung anerkannter Kriterien zur präventiven Rüstungskontrolle sowie
- die Schaffung von Instrumenten, Massnahmen und Institutionen für verschiedene globale oder regionale Bezugsrahmen.

Ein auszuarbeitendes Konzept vorbeugender Rüstungskontrolle umfasst nicht nur einen Kriterienkatalog zur Beurteilung von Rüstungstechnologien, sondern zual-

19 Die folgenden Gedanken basieren teilweise auf: Reinhard Mutz/Götz Neuneck/Jörg Wallner: Vorbeugende Rüstungskontrolle, Juni 1995 (unveröffentlichtes Gutachten für das Büro für Technikfolgenabschätzung des Deutschen Bundestages).

20 Zellner, Die Verhandlungen über konventionelle Streitkräfte (Fn. 10), pp. 407ff.

lererst eine Analyse destabilisierender, militärrelevanter Technologien. Zu diesem Zweck sind Verfahren wie eine Art Rüstungstechnologie–Folgenabschätzung auf nationaler wie internationaler Ebene auszuarbeiten. Insbesondere müssen für einzelne militärrelevante Programme für Forschung und Entwicklung Interventionspunkte gefunden werden, bei denen die Einbeziehung und Überprüfung der Rüstungskontrollkompatibilität möglich ist. Voraussetzung dafür ist allerdings die Transparenz entsprechender Programme ebenso wie der Wille und die Fähigkeit der Politik, darüber zu entscheiden. Vor dem Hintergrund der *Dual–Use*–Problematik von neuen Technologien ist dabei sowohl die Grundlagenforschung als auch die militärrelevante Forschung und Entwicklung miteinzubeziehen.

Die klassische Rüstungskontrolle hat unter den Rubriken Kriegsverhinderung, Krisenstabilität und Nichtverbreitung Kriterien erarbeitet, die sich auch auf zukünftige Militärtechnologien anwenden lassen. Beispiele sind Defensivfähigkeit, Verifikationsfähigkeit und die Steigerung gegenseitigen Vertrauens durch Transparenzmassnahmen. Militärtechnologien, die diesen Kriterien widersprechen und die destabilisierend im Frieden, in der Krise und im Kriegsfall wirken, verkürzen die Vorwarnzeit, schaffen ein Durchbruchspotential oder eine strategische Überlegenheit, die einen Gegner zu Gegenmassnahmen zwingen und damit zu neuen Rüstungswettläufen führen könnten. Wirtschaftliche Kriterien schliesslich bauen auf ein hohes Kostenbewusstsein und auf die Schonung von Ressourcen. Völkerrechtliche Kriterien hingegen beziehen den Erhalt und den Ausbau bestehender internationaler Verträge und die Regeln einer humanen Kriegführung mit ein.

Präventive Rüstungskontrolle und Rüstungstechnologie–Folgenabschätzung können nicht nur auf die Forschung, Entwicklung und Erprobung bei Rüstungsprojekten auf nationaler Ebene fokussiert werden, sondern müssen auch den Transfer von rüstungsrelevanten Technologien im Rahmen der nationalen wie internationalen Rüstungsexportkontrolle umfassen. Sowohl der klassische Rüstungsexport als auch die militärisch–technische Assistenz und der allgemeine Export von *Dual–Use*–Gütern der führenden westlichen Nationen führen zum Aufbau von Militärpotentialen in einigen Krisenregionen (Asien, Mittlerer Osten) sowie zum Aufbau eigenständiger Rüstungsproduktionsstätten in immer mehr Ländern. Die führenden Exporteure von Militärtechnologien, Waffensystemen und *Dual–Use*–Ausrüstung sind teilweise selbst für die Weiterverbreitung von Waffentechnologien verantwortlich. Getreu dem Actio=Reactio–Denken der Ost–West–Konfrontation muss nun die teilweise selbst forcierte Entwicklung und Verbreitung von Waffen und Technologien zur Herstellung von Massenvernichtungswaffen als Legitimation für die Anschaffung von neuen, potenteren Waffensystemen herhalten. Die *Defense Counterproliferation Initiative* (DCPI) des Pentagon soll durch die Schaffung geeigneter Gegenmassnahmen dazu beitragen, die horizontale Proliferation von Massenvernichtungswaffen durch die Bündelung von verschiedenen Massnahmen zu verhindern. In ihrem Zentrum stehen die

Staaten, die sich in der nächsten Dekade solche Waffen zulegen könnten. Gelingt es nicht, dies zu verhindern, sollen aktive und passive Schutzmassnahmen gegen die Bedrohung amerikanischer oder verbündeter Streitkräfte durch Massenvernichtungswaffen entwickelt werden.

Den technologischen Durchbrüchen auf dem Gebiet der Mikroelektronik, der Materialwissenschaft und diversen anderen Teilgebieten angepasst, werden neue Strategien ausgearbeitet, die zwar weniger, aber weitaus potentere Waffensysteme hervorbringen werden. Beispiele sind hier die verstärkten Investitionen in den Bereich C^4I (*Command, Control, Communication, Computer and Intelligence*), neue Präzisionsmunition (z.B. zur Zerstörung von unterirdischen Bunkern), nicht-tödliche Waffen und verbesserte Raketenabwehr.

Ob diese technokratische Antwort auf neue sicherheitspolitische Herausforderungen adäquat und wirksam ist, darf aus friedenspolitischer Sicht mehr als bezweifelt werden. Nichtsdestotrotz wird durch die fortschreitende Dynamik wissenschaftlich-technischer Entwicklung und ihre Einbindung in die Sicherheitspolitik führender Industrienationen eine neue Militärmaschine aufgebaut, die in den Konflikten der Zukunft eingesetzt werden soll. Alle Hochtechnologienationen entwickeln heute Systeme oder Komponenten, die im weitesten Sinne zum Komplex *Command, Control and Communication/Intelligence* (C^3I) bzw. *Reconaissance, Surveillance and Target Acquisition* (RSTA) zu rechnen sind. Diese Systeme bzw. Teilkomponenten koppeln ein breites Spektrum von Waffen und sollen einzeln oder im Verbund die Fähigkeit zur Aufklärung, Zielerfassung und -erkennung, Zielbekämpfung, Zielzerstörung, Tarnung, Täuschung und elektronischen Gegenmassnahmen schaffen oder verbessern. Computer sind auf dem "Schlachtfeld der Zukunft" überall anwesend, um die horrenden Mengen von Nachrichten in Form von Daten, Bildern etc. von verschiedensten Sensoren (Satelliten, Flugzeuge, unbemannte Flugkörper) auszuwerten und weiterzuleiten. Die Einbeziehung des Weltraumes in diese Anstrengungen wird in den nächsten Jahren von den Staaten, die über eine entwickelte Luft- und Raumfahrt verfügen, vorangetrieben werden.

Der *Information Warfare* nimmt insbesondere in den USA einen hohen Stellenwert ein:[21] "Cyberwar is Coming" heisst der Titel eines Aufsatzes von 1993, der versucht, vor dem Hintergrund eines radikal geänderten sicherheitspolitischen Umfeldes und den Möglichkeiten zukünftiger Informationstechnologien Konsequenzen für die US-Kriegführung zu ziehen bzw. zu propagieren.[22] Die in der Entwicklung oder Erprobung befindlichen Technologien dienen dabei als Grundlage für weitere Überlegungen zur Kriegführung der Zukunft. Ein Leitsatz ist:

---

21 William J. Perry: Annual Report to the President and the Congress, USA 1995, p. 263.

22 John Arquilla/David Ronfeldt: Cyberwar Is Coming, in: Comparative Strategy, Vol. 12, 1993, pp. 141-145.

> "Kriegführung ist nicht länger primär eine Frage, wer das meiste Kapital, Arbeit und Technologie auf das Schlachtfeld bringt, sondern wer die beste Information über das Schlachtfeld hat."[23]

Im Mittelpunkt der Betrachtungen steht die These, dass es das Ziel von Informationskriegführung sein muss, die *Informationsdominanz* auf dem Gefechtsfeld zu erlangen:

> "Information wird eine strategische Ressource, die sich im post-industriellen Zeitalter als so wertvoll und einflussreich herausstellen wird wie Kapital und Arbeit im Industriezeitalter."[24]

Rüstungskontrolle spielt bei all diesen Überlegungen, Programmen und Strategieansätzen keine Rolle. Diese technologischen Herausforderungen hat die Rüstungskontrolle nach Ende des Ost-Westkonfliktes bisher nicht angegangen.

Natürlich sollen die Probleme präventiver Rüstungskontrolle hier nicht unerwähnt bleiben. Was sind die Gründe dafür, dass sich präventive Elemente in den letzten Jahren nicht durchsetzen konnten. Man könnte argumentieren, dass qualitative Rüstungskontrolle in einem bipolaren Kontext leichter umzusetzen war als in einer multipolaren Welt. Probleme ergeben sich einerseits aus der Schwierigkeit adäquater Voraussagbarkeit der Entwicklung militärrelevanter Technologien. Anderseits besteht in den meisten westlichen Industriestaaten wenig bis kein Interesse an einer vorausschauenden Technologieabschätzung. So wurde beispielsweise in den USA das *Office of Technology Assessment* des Kongresses eliminiert. In einer Zeit aber, in der die Technologieentwicklung besonders rasant und komplex verläuft, müssten die Instrumente für die Technologievorausschau verbessert und nicht abgebaut werden.

Oft ist die Förderung von Militärtechnologien auch in einem wirtschaftlichen Kontext zu sehen, wenngleich deutlich geworden ist, dass die Innovationsimpulse meistens aus dem zivilen Bereich stammen und Militärentwicklungen selten einen Innovationsmotor, sondern eher eine Innovationsbremse darstellen. Viele der militärrelevanten Entwicklungen sind zudem geheim und weder dem Parlament noch der Öffentlichkeit zugänglich. Manche Programme spiegeln unmittelbar die Eigeninteressen und die Militärplanung des entsprechenden Staates wider, und welcher Staat lässt sich schon "in die Karten schauen"? In einer Frühphase wird militärrelevante Forschung zudem als Grundlagenforschung ausgegeben. Die Freiheit der Forschung muss nach westlicher Denkart gewahrt

23 Ibid., p. 141.
24 Ibid., p. 143.

werden, wenngleich bei besonders *sensitiver* Forschung genau das Gegenteil, nämlich Auftrags- und Geheimforschung, praktiziert wird.

Je nach technologischem Stand, Bedrohungsumfeld und den jeweiligen politischen Prämissen besitzen verschiedene Staaten ein unterschiedliches Interesse an präventiver Rüstungskontrolle. Die USA haben angesichts der Grösse ihres Militärkomplexes und ihrer aussenpolitischen Ausrichtung kaum Interesse an präventiver Rüstungskontrolle, wenngleich die "arms control community" in den letzten Jahren eingehend die Dynamik destabilisierender Rüstungstechnologien untersucht hat. Staaten mit einer grossen Militärindustrie wie Frankreich und Grossbritannien dürften ebenfalls stärker interessiert sein an einer Verwendung und Lieferung bestimmter Militärtechnologien als an einer vorausschauenden Beschränkung. Dagegen dürfte in Russland wegen der Gefahr, durch die wirtschaftliche Problemlage auch militärtechnologisch ins Hintertreffen zu geraten, ein ausgeprägtes Interesse an präventiver Rüstungskontrolle vorhanden sein.

Dritt-Welt-Länder wie China, Ägypten, Indien oder Nigeria, denen der Zugang zu Technologien aus sicherheitspolitschen Gründen teilweise verweigert wird, beklagen die Doppelstandards, die der Westen bei dieser Debatte anlegt. Zum einen werden bestimmte Technologien (Raketentechnologien, Computer etc.) aus wirtschaftlichen oder militärischen Gründen zur Untermauerung der militärischen Stärke des Westens gefördert bzw. an befreundete Staaten weitergegeben, zum andern wird nach Auffassung von Kritikern die Weitergabe ihrer eigenen Technologien behindert. Mittlere und kleinere Staaten, wie Deutschland oder die Niederlande, die sich nicht direkt bedroht fühlen und Rüstungskontrolle als präventives Instrument zur Verhinderung destabilisierender Entwicklungen ansehen, könnten sich auf OSZE- oder NATO-Ebene durchaus aktiver für die Beschränkung von künftigen Militärtechnologien einsetzen.

Als Einstieg in eine präventiv betriebene Rüstungskontrolle sind verschiedene Massnahmen denkbar:[25] Auf *internationaler Ebene* wäre es ein grosser Fortschritt, wenn militärische Forschungsstätten und -programme öffentlich bekanntgemacht würden. So könnten sich die Vertragsparteien verpflichten, alle militärischen Forschungseinrichtungen zu melden. In Krisengebieten könnten Verdachtsinspektionen von militärischen Forschungsstätten zur Überprüfung internationaler und regionaler Verträge durchgeführt werden. Als vertrauensbildende Massnahme könnten Waffenlabors und Testeinrichtungen von internationalen Wissenschaftlergruppen besucht werden. Ein grosser Fortschritt wäre es, wenn in den Militärbudgets und Forschungsprogrammen ausgewiesen werden würde, was militärische Forschung und Entwicklung ist bzw. welche Intention dahintersteckt. Konversionsprogramme könnten längerfristig auch für militärorientierte Forschungseinrichtungen erarbeitet werden.

---

25 W. Liebert/Götz Neuneck: Civil-Military Ambivalence of Science and the Problem of Qualitative Arms Control in: Brauch/van der Graaf/Grin/Smit, Controlling the Development (Fn. 16).

Im Rahmen laufender oder zukünftiger *bilateraler* und *multilateraler Rüstungskontrollabkommen* sind darüber hinaus eine Reihe von stabilisierenden Massnahmen denkbar. Grosswaffensysteme, die in die Truppe eingeführt werden, müssten angemeldet und vorgeführt werden, wie das jetzt bereits innerhalb der OSZE üblich ist. Im Rahmen der OSZE sollte ein Konsultativgremium gegründet werden, dass sich der Frage qualitativer Begrenzungen von Rüstungstechnologien und Militärforschungsetats im Rahmen des Forums für Sicherheitskooperation in Wien gezielt annimmt. Polen hat im Rahmen der OSZE angeregt, eine Verifikationsagentur zu gründen, die Fragen vorbeugender Rüstungskontrolle näher untersuchen könnte. Auch präventive Klauseln, die bestimmte Leistungsparameter beschneiden, sollten in zukünftige Rüstungskontrollverträge eingebaut werden. So könnten neue physikalische Wirkungsprinzipien für das konventionelle Gefechtsfeld wie Mikrowellen, Partikelstrahlen oder Laserwaffen starker Intensität ebenso verboten werden wie Kurzstreckenraketen und Flugkörper mit einer Reichweite zwischen 50 und 500 km, Druckwellenwaffen (*Fuel-Air-Explosives*), elektromagnetische Kanonen oder Antisatellitenwaffen.

Auf *nationaler Ebene* müsste zunächst die Kontrolle und Information der Parlamente über alle Einzelposten der Rüstungsforschungsetats gestärkt werden. Darüber hinaus sollte die fachliche Kompetenz zum Verständnis der Rüstungsprozesse durch die Einrichtung von unabhängigen Institutionen gesteigert werden, die neue Technologien auf ihre sicherheitspolitische Relevanz hin untersuchen und Empfehlungen für Forschungs- und Beschaffungsprogramme aussprechen.

Der Wegfall der Ost-West-Konfrontation und damit einer der Hauptantriebskräfte des Wettrüstens gibt den hochgerüsteten Industrieländern die Chance, Lösungen zur Dämpfung des qualitativen Wettrüstens zu suchen. Die Diskussion über den systematischen Gebrauch wissenschaftlicher Erkenntnisse und Leistungen bzw. deren latenter Missbrauch führt regelmässig zu dem Argument, Wissenschaft sei wertfrei und deren Resultate sowohl für zivile als auch militärische Zwecke verwendbar. Angesichts enormer Geldmittel, der Zweckorientierung von Forschung und Entwicklung, von Geheimhaltungsvorschriften und dem sichtbaren Einfluss von Wissenschaft und Technologie auf die Rüstungsdynamik lenken diese Argumente vom eigentlichen Problem ab. Jede wissenschaftliche Entdeckung oder technologische Erfindung kann potentiell irgendwann einmal militärisch verwendet werden. Der Weg, den eine wissenschaftliche Idee bis hin zur militärischen Verwendung nimmt, ist jedoch lang und kompliziert.

Carl-Friedrich von Weizsäcker umschreibt diese *Ambivalenz* "mit der Erfahrung, dass wir, gerade wenn wir etwas Angestrebtes erreicht oder verwirklicht haben, entdecken müssen, dass es eigentlich nicht das Angestrebte, sondern vielleicht sogar dessen Verhinderung war".[26] Weizsäcker skizziert ein idealtypi-

26 Carl-Friedrich von Weizsäcker: Der Garten des Menschlichen, München 1977, pp. 80ff.

sches dreischichtiges Modell zur Analyse der Ambivalenz. Die *erste* Schicht beinhaltet den Bereich wissenschaftlicher Fakten und Zusammenhänge einschliesslich der Diskussion der intendierten Hauptwirkungen und der ungewollten Nebeneffekte. Die nächsthöhere *zweite* Ebene beschreibt das gesellschaftliche Umfeld mit den dazugehörigen sozialen Interessen und Folgen, während die *dritte* Ebene die Statik und Dynamik der Gesellschaften untereinander beschreibt. Zum vollständigen Verständnis wissenschaftlich-technologischer Entwicklungen ist eine Art *Wissenschaftsfolgenabschätzung* vonnöten, die relativ früh, also schon an der Quelle, beginnt, die entstehenden Wechselwirkungen und inner- und ausserwissenschaftlichen Entscheidungspunkte freizulegen.[27] Ziel solcher Untersuchungen, die in Grossforschungseinrichtungen und an Universitäten in interdisziplinärer Form etabliert werden müssten, ist es, den militärischen Gebrauch von Wissenschaft und Technologie zu minimieren und den zivilen Gebrauch zu stärken. Naturwissenschaftler bzw. entsprechende Organisationen und Institute haben mit ihrer fachlichen Expertise zu Themen wie Kriegsfolgen und Kriegsverhütung, nuklearem Winter, strategischer Verteidigung (SDI), Verifikation, Atomtests, Entwicklung von Kernwaffen und Proliferationsproblemen wichtige Beiträge geleistet. In den USA scheint diese Art der Arbeit institutionell und finanziell, aber auch parlamentarisch wesentlich besser gestellt zu sein als beispielweise in Europa. Nach Beendigung des Ost-West-Konfliktes besteht die einmalige Chance, der Gefahr der Militarisierung wissenschaftlicher und technologischer Ergebnisse Einhalt zu gebieten. Wissenschaftler und Wissenschaftlerinnen sollten sich der humanistischen Wurzeln von Naturwissenschaft und Technik bewusst werden und für das Leben forschen – nicht für den Tod.

[27] Siehe dazu ausführlicher Liebert/Neuneck, Wissenschaft und Technologie (Fn. 1).

Gewaltfreie Regelung von Minderheitenkonflikten durch Föderalismus?

Die "Basler Charta" als Diskussionsgrundlage

Von Günther Bächler

Hintergrund

Rund neunzig Wissenschaftler aus 25 Ländern befassten sich vom 27. bis 29. September 1995 in Basel anlässlich einer von der Schweizerischen Friedensstiftung Bern organisierten internationalen Konferenz mit dem Thema "Föderalismus gegen Ethnizität". Das Expertentreffen, das im Rahmen der Feierlichkeiten zum fünfzigjährigen Bestehen der Vereinten Nationen durchgeführt wurde, hatte zum Ziel, sich mit institutionellen, rechtlichen und demokratischen Lösungen für die zahlreichen gegenwärtigen und potentiellen innerstaatlichen Konflikte im internationalen System auseinanderzusetzen. Mit der "Basler Charta zur föderalistischen Konfliktbewältigung" wurde von den Teilnehmenden ein Arbeitsdokument verabschiedet, das "weit über die Gemeinplätze hinausgeht, die beim Thema Föderalismus of beschworen werden. Diese Charta (...) enthält vielmehr eine Reihe konkreter *Empfehlungen*: Leitlinien einer friedensstiftenden Praxis, die aus historischen Erfahrungen geschöpft und offen für Experimente sind."[1]

Die Konzentration auf die zivile Regelung von Gruppenidentitätskonflikten trug dem seit 1989 unverkennbaren Trend zu innerstaatlicher Gewaltanwendung Rechnung. So sehen sich die Vereinten Nationen vor allem in den Übergangsgesellschaften auf dem Gebiet der ehemaligen Sowjetunion und in einigen multiethnischen Entwicklungsländern mit konflikthaften Prozessen konfrontiert, zu deren friedlichen Beilegung die bestehenden Instrumentarien der Friedenserhaltung kaum geeignet sind. In der "Agenda für den Frieden" stellte UN-Generalsekretär Boutros Boutros-Gali daher fest, dass sozioökonomische, kulturelle, rechtliche und politische Aspekte der Prävention und der Friedensschaffung immer wichtiger würden. Damit wurde im Jahre 50 der Vereinten Nationen unversehens wieder aktuell, was vor 200 Jahren gedacht und von Immanuel Kant

---

[1] Thomas Benedikter/Andreas Selmeci: Über den Föderalismus zum Frieden; Die "Basler Charta" zur föderalistischen Konfliktbewältigung, in: pogrom, zeitschrift für bedrohte völker, Nr. 187, 27. Jg., Februar/März 1996, pp. 44–45.

in seinem "Zum ewigen Frieden" niedergeschrieben wurde: Der Frieden muss demokratisch sein.

Frieden als verwirklichte Demokratie

Die modernen Demokratien verkehren seit dem Zweiten Weltkrieg in relativ stabilen Verhältnissen untereinander und bilden ein friedliches Segment im internationalen System. Gegenseitige wirtschaftliche Abhängigkeit, vergleichbare politische und soziale Lösungen sowie menschliche Kontakte auf allen Ebenen führen zu einer Verdichtung der zwischenstaatlichen Beziehungen, die einen nationalen Alleingang oder den Rückfall einer einzelnen Einheit in die *Barbarei* verunmöglichen. Strukturelle Verletzbarkeit der Gesellschaft steht einer hohen Wertschätzung des Individuums gegenüber. Beides zusammen erklärt die Tatsache, dass es eine spezifische Gewalthemmung im Umgang zwischen demokratischen Staaten gibt. Moralisch-ethische, politische, sozioökonomische und ökologische Gründe sind für die Infragestellung von Krieg und Militär massgebend geworden. Bellizistische Strömungen finden in dieser Situation keine gesellschaftliche Grundlage.

Anderseits sehen sich die Staaten vor allem ausserhalb und auch einige innerhalb der OECD-Welt mit gewaltsamen Konflikten innerhalb ihrer Grenzen konfrontiert. Es handelt sich bei diesen Auseinandersetzungen meist um grundlegende Positionsdifferenzen zwischen unterschiedlich definierten Bevölkerungssegmenten (z.B. Mehrheit vs. Minderheit, ethnopolitische Differenzen, regionale Antagonismen, Antiregimeformationen) im Hinblick auf die Verteilung der Ressourcen Macht, Geld und Umweltgüter. Die Gewalt ist Ausdruck gesellschaftlicher, wirtschaftlicher und politischer Krisen in Gesellschaften, die sich im Umbruch befinden.

Nur demokratische Lösungen, die den regionalen, ethnischen und gruppenspezifischen Anliegen Rechnung tragen, weisen einen Ausweg. Echter Frieden kann dort erreicht werden, wo die Grundrechte aller Bürger eines Staates, auch der Angehörigen von ethnischen, kulturellen, sprachlichen und religiösen Minderheiten, garantiert und respektiert werden.

Konfliktbewältigung durch föderale Demokratie

Das Spezifische an der "Basler Charta" ist, dass sie sich mit einem Trilemma befasst und sich an drei Adressaten wendet. Das Trilemma ergibt sich aufgrund der Zielkonflikte zwischen der staatlichen Souveränität, dem Selbstbestimmungsrecht der Völker und dem internationalen Interventionsgebot zum Schutz von Menschenrechten. Hauptakteure sind daher Regierungen, Minderheiten und internationale Organisationen. Die Charta gibt kein fertiges Modell an, mit dem sich die Konflikte innerhalb dieses Dreiecks auflösen liessen. Sie verweist vielmehr auf die Vielfalt von zivilen Lösungsmöglichkeiten, die sich ergeben, wenn nicht in Kategorien von Gewinnern und Verlierern, sondern von *win-win* gedacht und gehandelt wird.

So könnte die föderale Umgestaltung eines Staates, die Einführung lokaler und regionaler Formen der Autonomie sowie die Gewährung kollektiver Rechte an Minderheiten ein Ausmass an "interner Selbstbestimmung" herbeiführen, das Minderheiten auf Sezessionsabsichten und deren Umsetzung verzichten lässt. Sowohl der Wunsch jeder Minderheit nach einem eigenen Staat als auch die Absicht der Staaten, Minderheiten zu unterdrücken oder in unitaristischen Systemen zu ignorieren, kommt einer gefährlichen Illusion gleich. Es liegt im Interesse von Minderheiten wie von herrschenden Gruppen in Regierungen, die Kosten, die mit gewaltsamen Auseinandersetzungen und Sezessionen verbunden sind, zu vermeiden. Gleichzeitig haben es Staatenvertreter in der Hand, durch einen demokratischen Umgang mit ihren Minderheiten Interventionen zugunsten der Minderheiten von dritter Seite zu vermeiden. Anderseits sollte denjenigen Minderheiten, die tatsächlich diskriminiert werden, ein Recht auf Widerstand und internationale Unterstützung zuerkannt werden.

Die Charta geht somit in ihrem Kern davon aus, dass der Frieden angesichts der rund fünfzig innerstaatlichen Gewaltkonflikte eine ebenso starke innere Dimension aufweist, wie die Demokratie durch die humanitären Interventionsgebote der Staatengemeinschaften eine globale Dimension angenommen hat. Föderalismus kann wie jede andere politische und soziale Institution degenerieren, wie das Beispiel Nigerias veranschaulicht.

> "Föderalismus darf nicht als einmal festgeschriebene Ordnung missverstanden werden, mit der sich dann alle abfinden müssen. Er muss vielmehr Teil eines Prozesses sein, der auf eine Staatenbildung 'von unten nach oben', auf ein Höchstmass an demokratischer Beteiligung abzielt."[2]

Das Arbeitsinstrument "Basler Charta" wird im folgenden in ganzer Länge dokumentiert, um zu weiteren Diskussionen und Arbeitsgruppen zu der Thematik anzuregen.

---

2 Ibid.

Basler Charta zur föderalistischen Konfliktbewältigung

"Der Friede beginnt im eigenen Haus. Der Weltfriede beginnt mit dem inneren Frieden der Staaten"
(Karl Jaspers)

Arbeitsdokument

Die Teilnehmerinnen und Teilnehmer der Basler Konferenz,

zutiefst besorgt über

- o die wachsende Zahl von bewaffneten Konflikten, die mehr als einen Viertel aller Staaten der Welt bedrohen;
- o die zunehmende Brutalität von innerstaatlichen Auseinandersetzungen, welche die Zivilbevölkerung als ganzes oder Bevölkerungsgruppen im einzelnen besonders hart treffen;
- o die Verbrechen gegen die Menschheit, die Völkermorde, die Gewalt gegen Frauen, das Massakrieren von Kindern, die Folter und die Massenhinrichtungen, die sich allesamt gegen Bürgerinnen und Bürger von Mitgliedsstaaten der Vereinten Nationen richten;
- o die Zunahme von Handlungen gegen nationale und ethnische Minderheiten, die von rassischer, ethnischer, religiöser und sozialer Diskriminierung geprägt sind und mit nationalistischem oder pseudo-religiösem Fundamentalismus politischer Eliten einhergehen;
- o das Bestreben unterdrückter ethnischer Gruppen und Völker, die *Lösung* ihres Konfliktes durch Sezession zu erreichen, was in der Regel zu schmerzlichen und lange andauernden gewaltsamen Auseinandersetzungen führt und ebenso zahlreiche neue Minderheitenprobleme schafft;

im Bewusstsein, dass

- o die Vereinten Nationen als System der Kollektiven Sicherheit gefordert sind, wenn die Rechte der Völker oder Minderheiten massenhaft und grob verletzt sind;
- o schwere Menschenrechtsverletzungen, die massive Unterdrückung des Selbstbestimmungsrechts und die Verweigerung von Minderheitenrechten den Frieden bedrohen;

- o eine internationale Friedensordnung nur auf einer Verwirklichung des Selbstbestimmungsrechts der Völker und der Minderheitenrechte basieren kann;
- o die Vorstellung von der Gliederung der Menschheit in tausende voneinander säuberlich getrennter territorialer Einheiten angesichts der interdependenten Welt eine gefährliche Illusion ist;
- o der Zerfall und die Unregierbarkeit von Staaten und die damit einhergehenden bewaffneten Konflikte die grösste Herausforderung an die internationalen Beziehungen darstellen;

berücksichtigend, dass

- o die Friedenserhaltung der neunziger Jahre kurz–, mittel– und langfristige Massnahmen zur Krisenvorbeugung, zur Friedenssicherung und zum gesellschaftlichen Aufbau nach Beendigung eines bewaffneten Konfliktes erfordert;
- o die Krisenprävention im Vordergrund stehen muss, wenn in krisengeschüttelten Ländern staatliche Strukturen geschaffen werden sollen, die für die betroffenen Völker und Minderheiten tragbar sind.

sowie unter Bezugnahme auf die Agenda für den Frieden[3], *insbesondere*

- o Ziff. 19: "... Die Souveränität, territoriale Integrität und Unabhängigkeit von Staaten im etablierten internationalen System, und das Prinzip des Selbstbestimmungsrechts der Völker, beides von grossem Wert und grosser Wichtigkeit, dürfen in Zukunft nicht gegeneinander ausgespielt werden. Der Respekt für demokratische Prinzipien auf allen Ebenen der gesellschaftlichen Existenz ist entscheidend: In Gemeinden, innerhalb von Staaten und in der Gemeinschaft der Staaten. Unsere dauernde Pflicht sollte es sein, die Integrität aller Ebenen zu erhalten und gleichzeitig ein Gleichgewicht zwischen ihnen zu finden."
- o Ziff. 59, unter welcher die "Unterstützung bei der Umgestaltung unzulässiger einzelstaatlicher Strukturen und Kapazitäten und bei der Stärkung neuer demokratischer Institutionen" betont wird. Und weiter: "Die Ermächtigung der Vereinten Nationen für ein Tätigwerden auf diesem Gebiet würde sich aus der übereinstimmenden Erkenntnis ableiten, dass der soziale Frieden ebenso wichtig ist wie der strategische oder der politische Frieden. Zwischen demokratischen Gepflogenheiten – wie dem Grundsatz

---

[3] An Agenda for Peace; Preventive Diplomacy, Peacemaking and Peace–keeping, Report of the Secretary–General Pursuant to the Statement Adopted by the Summit Meeting of the Security Council on 31 January 1992, A/47/277–S/24111, 17 June 1992; Supplement to An Agenda for Peace: Position Paper of the Secretary–General on the Occasion of the Fiftieth Anniversary of the United Nations, A/50/60–S/1995/1, 3 January 1995.

der Rechtsstaatlichkeit und der Transparenz der Entscheidungsfindung – und der Herbeiführung wahren Friedens und echter Sicherheit in einer neuen und stabilen politischen Ordnung besteht ein offenkundiger Zusammenhang. Es gilt, diese Teilelemente einer guten Wahrung der öffentlichen Belange auf allen Ebenen der internationalen und einzelstaatlichen politischen Gemeinwesen zu fördern."

empfehlen den Vereinten Nationen und ihren Mitgliedern, unter Verweis auf die relevanten Deklarationen und Konventionen[4]*, die genannten Ziffern der Agenda für den Frieden entlang der folgenden Forderungen, Erkenntnisse und demokratischen Prinzipien zu konkretisieren und in die Tat umzusetzen:*

Verwirklichung des Selbstbestimmungsrechts und der Minderheitenrechte

1 Die innerhalb des Systems der Vereinten Nationen geleistete Arbeit zur Förderung und zum Schutz der Menschenrechte, der Rechte von Personen, die nationalen oder ethnischen, religiösen und sprachlichen Minderheiten angehören sowie des Rechts auf Selbstbestimmung ist voll anzuerkennen und deren noch wirksamere Umsetzung nach Kräften zu unterstützen.

2 Die Vereinten Nationen sollen sich weiterhin und noch verstärkt für Konfliktregelungen einsetzen, die einerseits die Wahrnehmung des Rechts auf Selbstbestimmung der Völker fördern und anderseits einer Bedrohung oder einem Bruch des internationalen Friedens entgegenwirken.

3 Die Staaten sind aufgerufen, die freie Willensäusserung von Völkern zur Gestaltung ihrer politischen, wirtschaftlichen, sozialen und kulturellen Belange zu respektieren. Sie sind dazu aufgefordert, eine noch wirksamere Umsetzung der Minderheitenrechte zu gewährleisten.

---

[4] – United Nations Charter;
– Resolution of the General Assembly. An Agenda for Peace: Preventive Diplomacy and Related Matters;
– Declaration on the Prevention and Removal of Disputes and Situations Which May Threaten International Peace and Security and on the Role of the United Nations in this Field;
– Declaration on Principles of International Law concerning Friendly Relations and Co-operation among States in Accordance with the Charter of the United Nations;
– Declaration on the Rights of Persons Belonging to National or Ethnic, Religious and Linguistic Minorities;
– Declaration on the Elimination of all Forms of Intolerance and of Discrimination Based on Religion or Belief;
– Declaration on the Elimination of all Forms of Racial Discrimination;
– International Covenant on Civil and Political Rights.

4 Das Spannungsverhältnis zwischen dem Recht auf Selbstbestimmung und der Wahrung der territorialen Integrität der Staaten verweist auf ein Dilemma: Sowohl die Gewährung als auch die Verweigerung des Selbstbestimmungsrechts können den Staat in seinem Bestand gefährden. Die Staaten müssen anerkennen, dass neue Formen der Konfliktregelung gefunden werden müssen, wenn beide Ziele in Einklang gebracht werden sollen.

5 Der Menschenrechts- und Minderheitenschutz sowie das Selbstbestimmungsrecht der Völker können nicht mehr als innere Angelegenheit von Staaten betrachtet werden. Daraus folgt, dass die Völker und Minderheiten bei der Wahrnehmung ihrer Rechte die Normen und Prinzipien zum Erhalt des internationalen Friedens beachten sollen.

6 Die Verwirklichung des Selbstbestimmungsrechts soll nicht per se in der Staatswerdung münden. Vor dem Hintergrund zahlreicher bewaffneter Konflikte sind Formen lokaler oder regionaler Autonomie zu verwirklichen, die mit der kulturellen, sprachlichen oder religiösen Identität von Minderheiten vereinbar sind und die die Verwirklichung des Selbstbestimmungsrechts unterhalb der Staatenbildung ermöglichen.

7 Das Völkerrecht soll zu einem Recht der Völker auf die Umsetzung demokratischer Prinzipien und einer rechtsstaatlichen Ordnung weiterentwickelt werden, welches international verbürgte Rechte auf Autonomie, Teilhabe und Subsidiarität umfassen soll.

8 Bei massiver Diskriminierung haben die Völker ein Recht auf Widerstand und auf internationalen Beistand. Die Sezession soll in diesem Rahmen als ein Recht auf Notwehr (ultima ratio) in einer ausweglosen Situation verstanden und akzeptiert werden.

Konfliktbewältigung durch Autonomie und Vielfalt in einer föderativen Ordnung

9 Es gibt kein allgemeingültiges Modell zur Regelung von Minderheiten- und ethnopolitischen Konflikten. Jedes Kollektiv muss seine eigenen politischen und rechtlichen Lösungen (sui generis) finden.

10 Es gibt Prinzipien und Regeln, deren Anwendung, Einhaltung und Durchsetzung besser als andere geeignet sind, den internationalen Frieden zu wahren oder herbeizuführen. Der Föderalismus beinhaltet solche Prinzipien, die zu einer friedenstauglichen Regelung von Minderheiten- und ethnopolitischen Konflikten beitragen.

11 Minderheiten- und ethnopolitische Konflikte lassen sich mit verschiedenen Mitteln regeln: Autonomieregelungen, Durchsetzung des Selbstbestimmungsrechts und der Minderheitenrechte. Der Föderalismus stellt dazu keine Alternative dar, sondern er bietet den Vorteil, dass er einen institutionellen Rahmen schafft, der diesen Mechanismen mit einem Höchstmass an Rechtssicherheit und politischem Machtausgleich zum Durchbruch verhilft.

12 Der Föderalismus ist weder ein Allheilmittel noch ein Ziel an sich. Auch gibt es kein Modell des Föderalismus, das überall und für alle Zeiten Gültigkeit beanspruchen könnte. Föderative Ordnungen variieren von Land zu Land und von Region zu Region. Die Unterschiede hängen nicht allein von der jeweiligen politischen Struktur und Verfassung ab, sondern ebenso sehr von der kulturellen Vielfalt und den sozialen und ökonomischen Grundlagen einer Gesellschaft.

13 Der Föderalismus stellt ein durchgängiges Prinzip zur Organisation und Teilung gesellschaftlicher Macht dar. Als solches soll eine föderative Ordnung dazu beitragen, gesellschaftliche Ziele zu verwirklichen, ohne dass es dabei zu überbordender Macht einerseits und zu völliger Ohnmacht anderseits kommt.

14 Föderationen sollen die Mitwirkung und Eigenständigkeit von territorialen Gruppen im Rahmen einer pluralistischen Ordnung gewährleisten, die von unten nach oben, nach dem Prinzip der Subsidiarität, strukturiert ist.

15 Die Glieder eines Bundes sollen über die grösstmögliche Autonomie in den verschiedensten Sektoren verfügen. Darüber hinaus sollen sich föderative Ordnungen dadurch auszeichnen, dass sie dem Gedeihen unterschiedlicher gesellschaftlicher Wertvorstellungen grösstmöglichen Raum gewähren.

16 Die jüngste Vergangenheit hat gezeigt, dass Föderationen nicht als Zwangsvereinigungen funktionieren können, die von einer Zentrale gesteuert werden. Ein Bund zwingt vielmehr seine Gliedstaaten zur Verhandlung, zu Kompromiss, zum Ausgleich und zur Solidarität, was einen Grundkonsens über zentrale Werte voraussetzt.

17 Ein Bund soll sich durch eine gewachsene und willentliche Integration von Gruppen und Individuen auf den verschiedenen Ebenen des Staates konstituieren. Dabei spielt das Gefühl der Zugehörigkeit zu seiner *eigenen* Ordnung eine entscheidende Rolle. Die politische Mitwirkung im überschaubaren Raum und die Entfaltung der eigenen Kultur im vertrauten Umfeld soll die Identifikation mit dem Gesamtsystem fördern.

18 Während heute viele Gruppen Autonomie durch Sezession zu erlangen hoffen, sollen föderativ strukturierte Staaten die Bewahrung der Einheit anstreben, um grösstmögliche Autonomie gewährleisten zu können. Sezessionen in einer Föderation werden dann zu einem inneren Vorgang, der nicht zu Abspaltungen, sondern zur Bildung neuer Teilstaaten mit ihrer je eigenen Autonomie führt.

Mechanismen und Bausteine einer föderativen Friedensordnung

19 Konföderationen (Staatenbünde) und Föderationen (Bundesstaaten) sollen der Komplexität in einer interdependenten Welt Rechnung tragen und auf die unterschiedlich gelagerten Probleme eine differenzierte Antwort geben: Lokale Probleme sollen lokal geregelt werden, während Probleme, die die begrenzten Handlungsräume der lokalen Entscheidzentren überschreiten, auf nationaler, inter- oder supranationaler Ebene verarbeitet werden sollen.

20 Eine Föderation stellt ein System innerstaatlicher kollektiver Sicherheit dar, das seine internationale Verlängerung im System der Vereinten Nationen findet. Verfassungs- und völkerrechtliche Normen und Massstäbe der friedlichen Streitregelung sollen künftig noch stärker in Übereinstimmung gebracht werden. Das erhöht die Stabilität sowohl des Gesamtsystems als auch seiner Teile.

21 In einer Föderation soll Politik nicht als Nullsummenspiel oder als Kampf um Alles-oder-Nichts betrachtet werden, bei dem es nur Sieger und Verlierer geben kann. Das Ziel müssen ausgehandelte Kompromisslösungen sein, die für alle Einheiten annehmbar und gewinnbringend sind.

22 Sozioökonomische, religiöse und ethnische Gräben dürfen in einer Föderation nicht zu einem einzigen breiten Graben zusammenfallen. Dadurch lässt sich verhindern, dass Konflikte immer zwischen den gleichen Akteuren vorkommen oder dass sich eine Gruppe dauerhaft und auf untolerierbare Weise übergangen fühlt.

23 Wenn die Völker und Minderheiten in einem Staat stark ineinander verwoben sind und keine geschlossenen Siedlungsgebiete aufweisen, so soll eine föderative Ordnung mit nicht-territorialen, d.h. personalen Autonomierechten verknüpft werden.

24 In einer Föderation lässt sich der Anteil derjenigen, die sich in eine Minderheitenrolle versetzt sehen, verringern. Minderheiten werden in Fragen, die sie unmittelbar betreffen, in ihrer Region zu einer Mehrheit.

Gleichzeitig können sie Minderheitenanliegen durch nationale Mitwirkungsrechte besser vorbringen.

25 Föderationen stellen eine Ordnung der Einheit in der Vielheit, der Vielheit in der Einheit dar. Damit widerspiegeln sie die Vielgestaltigkeit und Verschiedenartigkeit der Welt von heute und von morgen, in der Völker unabhängig sein wollen und doch voneinander abhängig sind.

Adressaten und Umsetzung

26 Angehörige nationaler und ethnischer Minderheiten, indigener Völker und regional verankerter Volksgruppen sowie kriegsbetroffene Staaten wie überhaupt alle Staaten sind aufgerufen, diese Forderungen, Erkenntnisse und Prinzipien bei der Regelung ihrer Konflikte in allen Phasen und auf allen Ebenen zu berücksichtigen und zu verwirklichen.

27 Nichtregierungsorganisationen, die sich mit Menschenrechts–, Minderheiten– und Friedensfragen befassen, sollen zentralistische Regime, Angehörige von Minderheiten und sezessionistische Bewegungen von den friedenspolitischen Vorteilen von Autonomieregelungen im Rahmen einer föderativen Ordnung zu überzeugen versuchen.

28 Die Wissenschaft, insbesondere das Völkerrecht, das Staats– und Verfassungsrecht sowie die Friedens– und Konfliktforschung sind dazu aufgefordert, die Forderungen, Erkenntnisse und Prinzipien zu konkretisieren und Wege aufzuzeigen, wie föderative Konzepte in der Krisenprävention und bei der Regelung bewaffneter Konflikte erfolgreich umgesetzt werden können.

29 Die Vereinten Nationen sind aufgerufen, die Forderungen, Erkenntnisse und Prinzipien zu prüfen und bei allen ihren friedenserhaltenden Aktivitäten, insbesondere bei der Krisenvorbeugung und der Friedensgestaltung mit den betroffenen Parteien zu erörtern, sie von den Vorteilen föderalistischer Konfliktregelung zu überzeugen und sich für die Umsetzung föderativer demokratischer Prinzipien auf allen Ebenen ihrer Tätigkeit einzusetzen.

Verabschiedet in Basel, 29. September 1995

"Reinventing Governments" - Die *Neuerfindung* von Regierungen

Die Chancen und Risiken des *peace-building* der Vereinten Nationen

Von Eva Bertram[1]

Nach dem Ende des Kalten Krieges übernahmen die Vereinten Nationen eine führende Rolle bei der Einführung demokratischer Prinzipien in Drittweltstaaten. Von UN-Generalsekretär Boutros Boutros-Ghali "post-conflict peace building" genannt, verzeichnete diese neue Art des UN-*peacekeeping* bemerkenswerte Erfolge in Ländern wie El Salvador, Mozambique, Kambodscha und Namibia. Doch die Leistungsbilanz ist gemischt. Aufgrund der Probleme, die durch die Spannungen zwischen der *peace-building*-Praxis und den UN-Grundprinzipien Souveränität, Neutralität und Sicherung eines demokratischen Friedens entstanden sind, sehen sich die Vereinten Nationen beim *peace-building* ernsten Herausforderungen gegenüber. Und selbst wenn diese Dilemmata gelöst werden können, gibt es drei Einschränkungen, die die Möglichkeiten der UNO beim *peace-building* grundlegend behindern: Der politische Wille der Mitgliedsstaaten, der Wille und die Fähigkeit der lokalen Akteure sowie die Funktionsfähigkeit lokaler Institutionen. Der langfristige Erfolg der Vereinten Nationen in diesem Bereich hängt zum Teil davon ab, ob die UN-Funktionäre in der Lage sind, die richtigen Schlüsse und Lehren aus den ersten fünf Jahren des UN-*peace-building* zu ziehen sowie die Konflikte zwischen Prinzipien und Praxis erfolgreich anzugehen.

Im Gefolge des Kalten Krieges setzten die Vereinten Nationen von Zentralamerika bis zur Westsahara Missionen ein, um alte und neue Konflikte zu lösen und zerrüttete Gesellschaften wiederaufzubauen. So erlebte Namibia unter Anleitung der UNO die Entstehung einer neuen und demokratischen politischen Ordnung. El Salvador liess zwölf Jahre Bürgerkrieg hinter sich und handelte eine Übereinkunft aus, die zu einem umfassenden politischen System führte. Kambodscha wurde Zeuge eines geregelten Rückzuges vietnamesischer Truppen und der ersten fairen Wahlen seit zwanzig Jahren. Aber so deutliche Erfolge gibt es nur wenige, und die sind labil; der Verlauf der letzten UN-*peacekeeping*-Mis-

---

[1] Übersetzung von Catherine Schiemann Rittri.

sionen war sehr verworren und ihr Ende im besten Fall ungewiss. Diese gemischte Bilanz enthält auch wichtige Lehren über die Schwierigkeiten und Möglichkeiten von UN–Bemühungen, Frieden nach dem Ende des Kalten Krieges zu schaffen.

Ursprünglich als Antwort auf die politischen und militärischen Gegebenheiten des Kalten Krieges entwickelt, war das Konzept des traditionellen *peacekeeping* einfach und überzeugend: Um den Frieden zu wahren, wurde internationales militärisches Personal unter UN–Kommando zwischen feindliche Armeen gestellt, die einem Waffenstillstand zugestimmt hatten, während sich beide Seiten auf die Bedingungen für eine politische Lösung des Konfliktes einigten und diese umsetzten. Weil aber der Kalte Krieg den UN–Sicherheitsrat in fast allen regionalen Konflikten spaltete, wurde nur sehr wenigen Einsätzen zugestimmt. Das Ende des Kalten Krieges konfrontierte die Vereinten Nationen mit einem Bündel neuer Probleme – von Bürgerkriegen bis hin zu Sezessionen – während sich kleine, labile Staaten der jahrzehntelangen Kontrolle durch die Supermächte entzogen. Doch es bedeutete auch das Ende der Lähmung des Sicherheitsrates. Zusammen mit einem aktivistischen Generalsekretär ab 1992 engagierte sich die UNO in einem nie gekannten Ausmass in Konflikten überall auf der Welt. Von den 38 *peacekeeping*–Operationen seit der Gründung der UNO 1945 fallen 25 auf die Jahre zwischen 1988 und 1995.

Ebenso wichtig wie die Erhöhung der Anzahl war das veränderte Wesen der UN–Einsätze.[2] *Peacekeeping*–Operationen seit dem Ende des Kalten Krieges weichen in zwei Punkten deutlich vom ursprünglichen Konzept ab: 1) Der vieldiskutierte Trend hin zu einer stärkeren militärischen Beteiligung der UNO mit dem Ziel, den Frieden zu erzwingen (*enforcement*), wie beispielsweise in Ex-Jugoslawien oder Somalia; 2) die zunehmend wichtigere Rolle der Vereinten Nationen als Förderer von demokratischen Übergängen. Dies bedeutet, dass politische Bedingungen geschaffen werden müssen, die einen anhaltenden und demokratischen Frieden vor allem in den Ländern ermöglichen, die durch gesellschaftliche Unruhen lange Zeit zerrissen waren, anstatt den Frieden zwischen feindlichen Staaten oder bewaffneten Parteien aufrechtzuerhalten oder durchzusetzen. Boutros–Ghali nannte diese neue Form des UN–*peacekeeping "post-conflict peace building"*.[3]

---

2 Für eine Diskussion der Entwicklung des peacekeeping und seiner Implikationen siehe z.B. W. Durch: The Evolution of UN Peacekeeping; Case Studies and Comparative Analysis, New York 1993. – M. Goulding: The Evolution of United Nations Peacekeeping, in: International Affairs, 69 (3), 1993, pp. 451–464. – J.G. Ruggie: Wandering in the Void; Charting the UN's New Strategic Role, in: Foreign Affairs, 72 (November/December 1993), pp. 26–31.

3 "Post–conflict peace building" ist ein entscheidendes Bindeglied im Rahmen der UN–Friedensaktionen, die der Generalsekretär in seiner "Agenda for Peace" nennt: "Preventive diplomacy seeks to resolve disputes before violence breaks out; peacemaking and peacekeeping are required to halt conflicts and preserve peace once it is obtained. If successful, they strengthen the opportunity for post–conflict peace building, which can prevent the recurrence of violence among nati–

Obwohl die Parameter des *peace-building* in der UN-Doktrin vage oder schlecht definiert sind, haben die *peace-building*-Missionen in der Praxis meistens die folgenden Merkmale:
1) Anstelle von zwischenstaatlichen Konflikten befassen sie sich mit inneren Konflikten;
2) die gastgebende Regierung ist eine der Konfliktparteien;
3) Ziel ist, während oder nach der Beendigung von militärischen Auseinandersetzungen eine politische Veränderung zu entwickeln und/oder zu implementieren;
4) eine Kernkomponente ist die Reform oder das Errichten der wesentlichen staatlichen Institutionen.

Obwohl sich die verschiedenen Mandate unterscheiden, bauen alle auf einem Grundmodell auf. Eine typische *peace-building*-Mission besteht aus mehreren Komponenten und hat zur Aufgabe, eine ausgehandelte Vereinbarung zwischen zwei oder mehreren Konfliktparteien zu überwachen und umzusetzen. Es gibt normalerweise eine komplexe Abfolge von drei Kernelementen:
1) Überwachung eines Waffenstillstandes,
2) Entwaffnung und Demobilisierung einer oder mehrerer Armeen sowie Aufbau und Ausbildung einer neuen, integrierten nationalen Armee und/oder Polizei, und
3) Überwachung oder Durchführung nationaler Wahlen zur Einsetzung einer neuen Regierung. Einzelne Mandate beinhalten zusätzliche Zielsetzungen, die vom Aufrechterhalten von Recht und Ordnung bis zur Überwachung von Bodenreformen reichen.

Von den 25 seit 1988 durchgeführten UN-*peacekeeping*-Einsätzen zogen zwölf auch *peace-building* nach sich. Einige, wie die Missionen in Rwanda und Somalia, verbanden begrenzte *peace-building*-Ziele mit anderen humanitären und militärischen Zielen. In Zentralamerika und der Karibik beinhalteten solche Einsätze auch Wahlbeobachtung und Demobilisierung von Streitkräften (Nicaragua 1989-1992), die Vermittlung und Implementierung von komplexen Friedensabkommen (El Salvador 1991-1995), die Wiedereinsetzung eines demokratisch gewählten Präsidenten sowie Reform der Sicherheitskräfte (Haiti 1993-Gegenwart). In Südostasien sollte die *peace-building*-Mission in Kambodscha (1989-1990) eine umfassende politische Vereinbarung implementieren; UN-Personal führte Wahlen durch, nahm zivile Verwaltungsaufgaben wahr und siedelte Flüchtlinge um. In Afrika sollte UN-*peace-building* die Umsetzung politischer Vereinbarungen und den Übergang zur Demokratie in Angola (seit 1991), Mozambique (1992-1995) und Liberia (seit 1993) gewährleisten. Andere

ons and peoples." Boutros Boutros-Ghali: An Agenda for Peace, New York (United Nations) 1992, pp. 11-12. - Siehe auch Independent Working Group on the Future of the United Nations: The United Nations in Its Second Half-Century, New York 1995.

afrikanische Missionen umfassten: Die Durchführung von Wahlen zum Aufbau eines unabhängigen Staates in Namibia (1989–1990); Vorbereitung eines nationalen Referendums über die Unabhängigkeit der Westsahara von Marokko (seit 1991); Bereitstellung humanitärer Hilfe, Entwaffnung der Kriegsparteien und Wiederaufbau institutioneller Strukturen in Somalia (1993–1995); und Hilfe bei der Umsetzung des Übereinkommens zur Errichtung einer Übergangsregierung in Rwanda sowie bei den Wahlen (seit 1993).

UN–Funktionäre weisen richtigerweise darauf hin, dass in der Zeit nach dem Kalten Krieg die UNO oft die einzige Organisation war, die in gewalttätigen inneren Auseinandersetzungen auf konstruktive Weise intervenieren konnte. Gleichzeitig werden aber die Implikationen, die sich aus dem Engagement der Vereinten Nationen im *peace–building* ergeben, zu oft übersehen. *Peace–building* bringt die UNO in einen Bereich, der von UN–Praktikern bisher nicht erforscht und von UN–Strategen und –Spezialisten nicht erfasst wurde. Viele Aufgaben des *peace–building* versetzen die Vereinten Nationen in eine gänzlich neue Rolle; so hatte beispielsweise die UNO vor der Nicaragua–Mission 1989 nie den Versuch unternommen, Wahlen in einem unabhängigen Staat zu beobachten oder eine Guerilla–Armee zu entwaffnen und zu demobilisieren. Die bestehenden UN–Richtlinien waren auf traditionelles *peacekeeping* zugeschnitten und sind keine adäquate konzeptionelle und organisatorische Grundlage für die neue *peace–building*–Rolle der UNO.

Im Grunde sind grossangelegte *peace–building*–Anstrengungen nichts anderes als Versuche des *nation–building*; die staatlichen politischen Institutionen, die Sicherheitskräfte und die wirtschaftlichen Beziehungen sollen neu geschaffen werden. Für viele weckt das Konzept des *nation–building* Erinnerungen an die verhängnisvollen Anstrengungen der USA vor dreissig Jahren, staatliche und militärische Institutionen in Südvietnam wiederaufzubauen. Obwohl die UN–Einsätze von ganz anderen Prinzipien geleitet werden und unter anderen Umständen durchgeführt werden, können die Erfordernisse des *nation–building* die Anstrengungen der Vereinten Nationen auf ähnliche Weise torpedieren, wie es beim Scheitern der amerikanischen Bemühungen der Fall war. Grundsätzlich wird die Macht und die Fähigkeit der UNO, Regierungen neu zu *erfinden*, von gewaltigen Hindernissen eingeschränkt, und der Erfolg der UNO hängt zum Teil von der Fähigkeit ab, ihre eigenen Grenzen und Möglichkeiten zu erkennen.

Die Ergebnisse der bisherigen UN–*peace–building*–Versuche bieten eine Grundlage für vorsichtigen Optimismus. Im Gegensatz zu einigen risikoreicheren *peace–enforcement*–Missionen der Vereinten Nationen endete keine der grösseren *peace–building*–Operationen mit Desillusionierung oder Rückzug. Tatsache ist, dass die meisten *peace–building*–Einsätze viele, wenn nicht sogar alle ihrer Zielsetzungen erfüllt haben. Die Leistungen der Vereinten Nationen in anscheinend unlösbaren Konflikten wie beispielsweise in Mozambique, El Salvador oder Namibia verdeutlichen, dass die UNO unter den richtigen Bedingungen dabei helfen kann, Frieden zu schaffen. Dennoch wissen wir wenig darüber, warum und wann *peace-building* erfolgreich ist, und wo und wie es wahrscheinlich fehlschlägt. Dringend erforderlich ist deshalb eine genaue Analyse dieser neuen Form des *peacekeeping*, der Herausforderungen, die es für die Prinzipien und die Praxis der UNO darstellt, sowie der Erfolge und Fehlschläge.

Die Fähigkeit der Vereinten Nationen zu bestimmen, ob, wann, und wie *peace-building* erfolgreich umgesetzt werden kann, setzt ein tiefes Verständnis für die Risiken der jeweiligen Mission voraus. So hängt der langfristige Erfolg von UN-*peace-building*-Einsätzen möglicherweise davon ab, wie geschickt UN-Spezialisten und -Praktiker zwei problematische Dimensionen des *peace-building* angehen, die im folgenden behandelt werden:

1) Die Bemühungen der UN-*peace-builders* werden durch drei Probleme gefährdet, die sich aus den grossen Spannungen zwischen den Anforderungen des *peace-building* und den UN-Grundprinzipien Souveränität, Neutralität und Sicherung eines demokratischen Friedens ergeben.

2) UN-*Peace-builders* werden durch internationale und lokale politische Gegebenheiten in ihrer Arbeit eingeschränkt; zu oft sind sie ausserstande, die notwendigen Bedingungen für ihren Erfolg zu schaffen.

Gefahren des *peace-building*: Drei Probleme der Prinzipien und der Praxis

Das Souveränitätsdilemma

Die Respektierung der staatlichen Souveränität war seit Bestehen der Vereinten Nationen ein zentraler Grundsatz. Artikel 2.7 der Charta besagt, dass "nichts in der gegenwärtigen Charta die Vereinten Nationen autorisiert, in Angelegenheiten zu intervenieren, die im wesentlichen innerhalb der nationalen Jurisdiktion eines jeden Staates liegen", es sei denn, der Sicherheitsrat setzt die kollektiven Sicherheitsbestimmungen der Charta um. Der gegenwärtige Generalsekretär hat aber bestätigt, dass die Vereinten Nationen bei der Umsetzung seiner aktivistischen Agenda "die Souveränität des Staates achten müssen".[4]

In den letzten Jahren gab es eine Flut von wissenschaftlichen Publikationen über die Bedeutung und die Rechtmässigkeit von staatlicher Souveränität. Viele Autoren weisen darauf hin, dass Souveränität ungenügend und unklar definiert ist. Diese Behauptung, die von Machthabern häufig benützt wird, um internationale Kontrollen zu umgehen, verliert in einer Ära des globalen Kapital- und Kommunikationsflusses zunehmend an Bedeutung. Gewisse Analytiker, wie

4 Boutros-Ghali, An Agenda for Peace (Fn. 3), p. 17.

beispielsweise *Helman* und *Ratner*, kamen zum Schluss, dass im Fall von *gescheiterten* Staaten die traditionelle Sichtweise der Souveränität so verkommen ist, dass die Angemessenheit von UN–Massnahmen in Mitgliedsstaaten akzeptiert werden sollte, um diese Staaten vor der Selbstzerstörung zu retten.[5]

Aber unter den UN–Mitgliedsstaaten ist das Prinzip der Souveränität komplizierter und umstrittener. Eigenstaatlichkeit und Souveränität waren seit der Gründung der UNO die Säulen der Organisation. Die politische Bedeutung der Souveränität ist sogar im Zunehmen begriffen, seit sich das Gleichgewicht der UN–Mitgliedsstaaten zugunsten neu geschaffener, kleinerer und politisch schwächerer Staaten verschoben hat. Diese Staaten verteidigen die Staatssouveränität vehement als unantastbar; sie sind davon überzeugt, dass das Festhalten an diesem Prinzip sie vor Dominanz oder Manipulation durch mächtigere Staaten schützt.

Durch die neue Generation von *peacekeeping*–Missionen wird jedoch an diesem Prinzip gerüttelt.[6] UN–Vertreter haben versucht, die andauernde Respektierung des Souveränitätsprinzips zu vermitteln und boten daher verschiedene Begründungen für UN–Interventionen an. So argumentieren UN–Vertreter, dass die Souveränität in Fällen wie El Salvador, Nicaragua, Kambodscha und der Westsahara gewahrt wurde, da die Vereinten Nationen über die Zustimmung der nominellen Regierungen verfügten. Im Fall von Namibia wies die UNO die Souveränitätsansprüche der Besatzungsarmee Südafrikas einfach zurück. In anderen Situationen, vor allem in Somalia, war die Souveränität kein Thema für die UNO, da keine rechtmässige und funktionierende Regierung existierte.

Solchen Fall–zu–Fall–Begründungen liegen die grundlegenden Spannungen zwischen den Anforderungen des UN–*peace–building* und der traditionellen Einstellung zur staatlichen Souveränität zugrunde. Es geht dabei um die ewige Frage, ob aus der Respektierung der Souveränität die Respektierung der Forderungen einer amtierenden Regierung oder einer Bevölkerungsgruppe folgt, die nach demokratischer Selbstbestimmung strebt, wenn deren Forderungen voneinander abweichen. In den ersten vierzig Jahren vertrat die UNO eine einigermassen konstante Position der Nichteinmischung in die inneren Angelegenheiten von Staaten, ohne Rücksicht auf den Demokratisierungsgrad in den verschiedenen Staaten zu nehmen. Die Organisation konnte die Frage der Rechtmässigkeit einer Regierung weitgehend umgehen, da es ihr Ziel war, Spannungen *zwischen* und nicht *innerhalb* von Staaten beizulegen. Im Gegensatz dazu verlangen die neuen *peace–building*–Missionen, dass die Vereinten Nationen direkt in die inneren Angelegenheiten von Staaten eingreifen, indem sie die Beziehungen zwischen

---

5 G.B. Helman/S.R. Ratner: Saving Failed States, in: Foreign Policy, 89, Winter 1992/93, pp. 3–20, hier p. 12.

6 Für die Diskussion über Souveränität und peacekeeping siehe ibid. sowie P.J. Fromuth: The Making of a Security Community; The United Nations after the Cold War, in: Journal of International Affairs, 46 (2), 1993, pp. 341–366.

Regierungen und der Bevölkerung neu definieren und in vielen Fällen die Legitimität des Volkes gegenüber traditionellen Forderungen staatlicher Souveränität unterstützen.

In fast allen *peace-building*-Operationen ist die Regierung eine der Konfliktparteien; und in praktisch allen ist die Regierungsautorität umstritten. *Peace-builders* stehen also vor dem Problem, einerseits die Staatssouveränität wahren zu müssen, während sie anderseits zumindest teilweise die Rechtmässigkeit der Regierung anfechten. Im Fall von Regierungen mit einer langen Geschichte von Missbrauch und Korruption kann die Linie zwischen Reform und Unterminierung der Regierung sehr fein sein. *Bryan Hehir* hält fest, dass *peace-building*-Mandate zum Schutz der Menschenrechte "die Mauer des souveränen Schutzes abtragen und in die Beziehungen - seien es Verträge, Hörigkeit oder Angst - zwischen dem Staat und seinen Bürgern eindringen".[7]

Das Souveränitätsdilemma stellt ernste Fragen an Politik, Prinzipien und Präzedenzfälle. Es war bis anhin relativ einfach, die traditionelle Interpretation staatlicher Souveränität in Politik umzusetzen und zu überwachen. Aber wie steht es mit der entstehenden Neudefinition? Welche neuen Präzedenzfälle werden geschaffen, und wie vernünftig und anwendbar sind sie als Politikgegenstand? Wenn das Kriterium die Zustimmung der involvierten Regierung ist - wohl die Mindestforderung in bezug auf die Respektierung der Souveränität[8] - wie explizit muss dann die Zustimmung sein? Ist das simple Fehlen einer Opposition in einigen Fällen ausreichend, wie *Helman* und *Ratner* vorschlagen?[9] Wenn Fragen der Souveränität nicht angesprochen werden müssen, weil es keinen funktionierenden Staat gibt (z.B. Somalia), wer soll dann entscheiden, ob eine Regierung *existiert* und auf welcher Grundlage? Wenn die Zurückweisung der Souveränitätsansprüche des Besatzers Südafrika durch die UNO eine Vorbedingung für *peace-building* in Namibia ist - während gleichzeitig bei der Westsahara-Mission die Forderungen des Besatzers Marokko auf dem Verhandlungstisch liegen - welchem Prinzip folgt die UNO in bezug auf die Souveränitätsansprüche von Besatzerstaaten?

Das Souveränitätsdilemma ist mehr als nur eine Frage der Doktrin. Es verursacht ernsthafte Probleme an der Basis, indem es die Glaubwürdigkeit und die Fähigkeit der UN-*peace-builders* bei der Durchführung ihrer Mission unterminiert. Unausweichlich werden Gruppen, denen bei einer UN-Intervention eine Niederlage droht, eine Verletzung der staatlichen Souveränität beklagen - berechtigt oder nicht -, was wiederum zu Widerstand in der Bevölkerung führen kann.

---

[7] El Salvador: Peace and Human Rights; Successes and Shortcomings of the United Nations Observer Mission in El Salvador, 1992, News from Americas Watch, September 2, pp. 1-26, hier p. 8, note 23.

[8] Helman/Ratner, Saving Failed States (Fn. 5).

[9] Ibid.

Und selbst wenn die Zustimmung der involvierten Regierung vorliegt, bewegen sich die Vereinten Nationen auf unsicherem Boden. So drohte die *nation-building*-Rolle der UNO immer wieder, die Autorität der amtierenden Regierung von Mozambique zu untergraben. Einige Regierungsbeamte murmelten, dass Aldo Ajello, Leiter der UN-Mission (ONUMOZ), zum "Prokonsul" geworden sei.[10]

In einem zersplitterten und umkämpften Land wie El Salvador wurde selbst um die Frage gestritten, wer für die Regierung die Zustimmung zu UN-Aktionen aussprechen soll. Der frühere Präsident des Obersten Gerichtshofes, Mauricio Gutierrez Castro, erklärte wiederholt, dass die Judikative als unabhängiger Zweig der Regierung nicht an den von der UNO vermittelten Frieden, den die Exekutive und die Rebellen der *Farabundo Marti National Liberation Front* (FMLN) unterzeichnet hatten, gebunden wäre. Das führte zu ernsthaften Problemen bei den UN-Bemühungen zur Beobachtung der Menschenrechte und zur Stärkung von gerichtlichen Verfahren; es ging so weit, dass sich Richter weigerten, die für Untersuchungen notwendigen Dokumente freizugeben.[11] Der Konflikt spitzte sich zu mit der Veröffentlichung des Berichtes der *UN Truth Commission* im März 1993. Diese Kommission war im Gefolge des Friedensabkommens geschaffen worden und war beauftragt, Missbräuche aus der Zeit des mehr als zehn Jahre langen Krieges aufzudecken und zu untersuchen; die drei Mitglieder waren vom UN-Generalsekretär ernannte Ausländer. Eine der Empfehlungen des Berichtes war der Rücktritt der amtierenden Richter des Obersten Gerichtshofes wegen der "enormen Verantwortung des judikativen Zweiges für die Straflosigkeit im Umfeld schwerer Gewalttaten". Laut Menschenrechtsbeobachtern wiesen die Richter die Empfehlung zurück und führten sie "als Beweis an für die zu weit führenden und unangebrachten Versuche der *Truth Commission*, die Verfassungsordnung und die salvadorianische Souveränität zu verletzen".[12]

Das Neutralitätsdilemma

Neutralität ist das Prinzip, das am häufigsten mit den Vereinten Nationen in Verbindung gebracht wird. Festgeschrieben wird sie beispielsweise in Artikel 40 der UN-Charta, der besagt, dass provisorische Massnahmen zur Verhinderung einer erhöhten Friedensbedrohung oder eines Friedensbruches "ohne Beeinträch-

---

[10] J. Wurst: Mozambique; Peace and More, in: World Policy Journal, 11 (3), 1994, pp. 78-82, hier p. 81.

[11] El Salvador, Peace and Human Rights (Fn. 7), p. 10. - El Salvador Information Project: Keeping Hope Alive; Implementation of the Salvadoran Peace Accords, Washington DC 1994, p. 10.

[12] J. Spence/G. Vickers: A Negotiated Revolution? A Two Year Progress Report on the Salvadoran Peace Accords, Cambridge MA 1994, p. 8.

tigung der Rechte, Forderungen oder Stellungen der betroffenen Parteien erfolgen sollen".

Marrack Goulding, früherer Leiter der UN–Abteilung für *peacekeeping*–Operationen, weist darauf hin, dass *peacekeeping*–Einsätze von Anfang an als unparteiische Interimsabkommen geplant waren. Wenn UN–Truppen eine Seite wählen würden über die eng umschriebenen Grenzen hinaus, die zum Friedenserhalt notwendig sind, würden sie selber die Bedingungen verletzen, die von den Beteiligten für diese Mission vereinbart wurden.[13] Grösstenteils wurde diesem Prinzip in den traditionellen *peacekeeping*–Einsätzen auch Rechnung getragen: Eine passive Militärpräsenz der UNO mit dem expliziten und begrenzten Ziel, zwei feindliche Parteien getrennt zu halten, kann in Zuschnitt und Durchführung durchaus unvoreingenommen sein. Im Gegensatz dazu widerspricht gerade die Zielsetzung der neueren Generationen von *peace–building*–Operationen dem Neutralitätsprinzip in wichtigen Aspekten.

Peace–building ist nichts anderes als die Umverteilung der politischen Macht; es ist kein neutraler Akt. Die Behauptung, dass es objektive Massstäbe für Menschenrechte und Demokratie gibt, an denen alle Parteien ohne Vorurteile gemessen werden können, ist ethisch und theoretisch zwingend. Aber im hochpolitisierten Zusammenhang der Schaffung bzw. Wiedererschaffung staatlicher Institutionen diktieren Politik und Macht, wer diese Massstäbe interpretiert und wie.

Peace–building–Einsätze sind im allgemeinen mit der Implementierung einer politischen Vereinbarung verbunden, die von den Streitparteien ausgehandelt wurde. Und wenn Krieg die Fortführung von Politik mit anderen Mitteln ist, dann ist eine ausgehandelte Übereinkunft die Fortführung des Krieges mit politischen Mitteln. Neue institutionelle Regelungen begünstigen zwangsläufig gewisse Gruppen und benachteiligen andere; wie in Kriegen gibt es Sieger und Verlierer. Und die Beteiligten sind sich darüber im klaren. In der Westsahara sind sich Marokko und die Rebellen der *Popular Front for Liberation of Saguia el–Hamra and Rio de Oro* (Polisario) bewusst über den hohen Einsatz bei einem Unabhängigkeitsreferendum, welches die UNO dort anstrebt. Ein Beamter erklärte: "Hier wird man gehängt, wenn man verliert."[14]

Die Aura der Unvoreingenommenheit der UNO bei der Aufsicht über die Schaffung neuer institutioneller Regelungen ist absolut notwendig; eine UN–Mission kann nur erfolgreich sein, wenn beide Seiten Vertrauen in die Unparteilichkeit der Organisation haben. Für die Vereinten Nationen ist das Dilemma offensichtlich. Eine strikte Befolgung der Neutralität würde jegliche *peace–building*–Operation verunmöglichen. Aber auch die Abkehr von der Neutralität wäre gleichermassen unhaltbar; wenn erst einmal Einseitigkeit wahrgenommen wird,

---

[13] Goulding, The Evolution of United Nations Peacekeeping (Fn. 2), pp. 454–455.

[14] Durch, The Evolution of UN Peacekeeping (Fn. 2), p. 418.

sind die Rechtfertigung für und die Glaubwürdigkeit der UNO, die Vorbedingungen für erfolgreiches *peace-building*, gefährdet. Was passiert beispielsweise, wenn verfeindete Parteien der Implementierung einer umfassenden Vereinbarung durch UN-*peace-builders* zustimmen und sich eine Partei in der Folge nicht daran hält?

> "Können die Vereinten Nationen weiterhin unparteiisch bleiben? Sollten sie nicht Massnahmen gegen die schuldige Partei ergreifen, um sie zu überzeugen oder zur Erfüllung ihrer Verpflichtungen zu zwingen? Vielleicht. Aber wenn sie diesen Weg wählen und damit als Gegner der schuldigen Partei wahrgenommen werden, riskieren sie dabei nicht, der Zusammenarbeit mit dieser Partei verlustig zu gehen, von der der Erfolg des ganzen Unternehmens abhängt?"[15]

Die Fälle von Bosnien und Somalia zeigen, dass selbst die begrenztesten und scheinbar neutralsten nicht-militärischen Ziele, wie beispielsweise humanitäre Hilfe, von denjenigen, die um die Macht kämpfen, als eindeutig parteiische Massnahme wahrgenommen werden können. In Somalia wurden die Nahrungsmittellieferungen von den kämpfenden Gruppen konfisziert als Teil der Auseinandersetzungen um die Macht.[16] Wenn die UN-Politik dahin eskaliert, verschiedene Gruppen zu entwaffnen, um die Versorgung der Bevölkerung zu ermöglichen, dann gefährdet diese Politik die neutrale Rolle der UNO. Beobachter warnten, dass, wenn nicht alle Gruppen gleichzeitig und im gleichen Umfang entwaffnet würden, die Vereinten Nationen das Machtgleichgewicht stören und als weitere kriegführende Partei angesehen würden.[17]

Bei den komplexeren *nation-building*-Operationen ist das Problem noch komplizierter. In El Salvador ist die Beobachtung der Menschenrechte kein unvoreingenommener Akt. Um die Aura der Ausgewogenheit in den wichtigsten staatlichen Sektoren zu wahren, trafen UN-Vertreter eindeutig parteiische Entscheidungen, vor allem zu Anfang der Operation. Aus den ersten Berichten der UN-Mission (ONUSAL) schloss *Americas Watch*, dass "ONUSAL die Missbräuche der FMLN kategorischer verurteilt hatte als die der Regierung", trotz Beweisen für schlimmere Verletzungen durch die Regierung. UN-Funktionäre waren im Neutralitätsdilemma gefangen:

---

15 Goulding, The Evolution of United Nations Peacekeeping (Fn. 2), p. 458.

16 D.C. Unger: Editorial Notebook; UN Troops Cannot Stop Genocide, in: New York Times, 31 July 1994, E14.

17 Die Suche nach Aidid brachte seine Gegner dazu, die Vereinten Nationen als Unterstützer ihrer Bemühungen zu betrachten. Siehe dazu ibid. - J. Preston: Expanding Demands Expose Limitations of Peacekeeping Forces, in: Washington Post, 15 June 1993. - J.F.O. McAllister: Pity the Peacemakers, in: Time, 28 June 1993, 46-8.

> "Leitende UN-Vertreter glauben offensichtlich, dass eine öffentliche und aggressive Herangehensweise an Menschenrechtsverletzungen, besonders in Fällen, wo eine Seite - die Regierung - grösstenteils verantwortlich war, die Wahrnehmung von ONUSAL's Objektivität und Neutralität untergraben würde, die notwendig für die Erfüllung ihrer Rolle sind."[18]

Das Dilemma wurde in Kambodscha besonders deutlich. Die 1991 begonnene UN-Mission UNTAC besass ein weitgefasstes Mandat. Darunter befanden sich folgende Aufgaben: Beobachtung der Menschenrechte, Organisation von Wahlen, militärische Vereinbarungen, zivile Verwaltung, innere Sicherheit, Wiedereingliederung und Umsiedlung von Flüchtlingen sowie die Rehabilitierung kambodschanischer Institutionen und der Infrastruktur in der Übergangszeit. Trotzdem sollte sie, so Boutros-Ghali, als *peacekeeping*-Operation "in der alt bewährten Tradition" durchgeführt werden, das heisst "basierend auf der Zustimmung und Zusammenarbeit der Parteien". Als sich aber die *Khmer Rouge*, eine der vier Parteien des Abkommens, weigerten, "den Verpflichtungen nachzukommen, war die UNTAC mit grossen Schwierigkeiten konfrontiert".[19] Angesichts der glatten Abkehr von der Vereinbarung war es schwierig, das Neutralitätsprinzip zu wahren; der Versuch, es allen Parteien recht zu machen, um eine neutrale Position beizubehalten, erwies sich als undurchführbar. Die UNO hatte zwei gleichermassen unattraktive Optionen:

1) Beendung der Mission und damit Anerkennung der Tatsache, dass die politischen Bedingungen für einen demokratischen Übergang und eine neutrale Rolle der UNO nicht länger gegeben waren.

2) Abkehr vom Neutralitätsprinzip (zumindest teilweise) durch Abweisung der Forderungen und Einwände der unkooperativen Partei.

Letzten Endes entschied sich der Generalsekretär für die zweite Option:

> "Ich war entschlossen zu verhindern, dass eine unkooperative Partei die beispiellosen und weitreichenden internationalen Bemühungen zur Wiederherstellung des Friedens in Kambodscha zunichte macht."[20]

Das Dilemma Sicherheit versus Demokratie

Wenn die zentralen UN-Prinzipien Souveränität und Neutralität ein Dilemma für *peace-building* darstellen, dann gilt dies auch für die beiden Ziele des UN-

---

[18] El Salvador, Peace and Human Rights (Fn. 7), p. 15.

[19] Boutros Boutros-Ghali: Report on the Work of the Organization from the Forty-Seventh to the Forty-Eighth Session of the General Assembly, New York 1993, pp. 142-143.

[20] Ibid.

peace-building: Sicherung des Friedens und Förderung von Demokratie. Im Prinzip stützen sich diese Ziele gegenseitig. So sagt Boutros-Ghali:

> "Ohne Frieden gibt es keine Entwicklung und keine Demokratie. Ohne Entwicklung fehlt die Grundlage für Demokratie, und Gesellschaften werden zu Konflikten neigen. Ohne Demokratie gibt es keine nachhaltige Entwicklung; ohne Entwicklung kann der Frieden nicht lange aufrechterhalten werden."[21]

Aber in der Praxis gibt es oft eine inhärente Spannung zwischen dem unmittelbaren Ziel des *peacemaking* (ein Ende des Tötens sichern) und dem längerfristigen Ziel des *peace-building* (die notwendigen Bedingungen für einen andauernden und demokratischen Frieden sichern). Ein UN-Funktionär erklärte in Mozambique: "Man braucht die militärische Dimension, um die zwei Seiten auseinanderzuhalten, und die politische, um sie zusammenzubringen."[22] Die Notwendigkeit, beides zu tun, führt zu operationellen Konflikten.

Bei der Menschenrechtsfrage wird dieses Dilemma am deutlichsten. Vertrauen in die Verpflichtung einer Regierung, ihre Bürger zu schützen - beispielsweise durch die Garantie der Menschenrechte und der bürgerlichen Freiheiten - ist die Grundlage einer demokratischen Gesellschaft. In Gesellschaften mit einer langen Geschichte von Missbrauch durch die Herrschenden ist der Aufbau dieses Vertrauens ein langwieriges und schwieriges Unterfangen - deshalb liegt das Schwergewicht der meisten *peace-building*-Missionen auf den Menschenrechten. Aber gleichzeitig sollen die *peace-builders* eine schnelle Beendigung des Blutvergiessens erreichen und ein Heim für die Vertriebenen finden. Damit entsteht eine überzeugende, wenn auch unbeabsichtigte Logik von Frieden und Sicherheit zuerst - und erst dann Demokratie. Allzu oft droht diese Logik, die notwendigen Bedingungen für ein langfristiges Fussfassen der Demokratie zu unterlaufen. Besonders die Suche nach einem schnellen Frieden kann dazu führen, dass Unterhändler Menschenrechtsverletzungen *übersehen*, um die Zusammenarbeit mit feindlichen und unnachgiebigen Parteien zu sichern.

Bei der Mission in El Salvador kam es schon sehr früh zu diesem Dilemma Sicherheit versus Demokratie, was das oben beschriebene Neutralitätsdilemma verschlimmerte. Der Leiter von ONUSAL's Menschenrechtsabteilung insistierte laut *Americas Watch*,

> "... dass es einen echten Konflikt zwischen den allgemeineren politischen Interessen und dem Interesse an den Menschenrechten der Mission gab. ... ONUSAL glaubte offensichtlich, dass während der Dauer der Verhandlungen, bei denen der gute Wille aller Parteien benötigt wurde, übertriebene

---

21 Ibid., p. 3.

22 Wurst, Mozambique (Fn. 10), p. 81.

Kritik an der Regierung (wegen Menschenrechtsverletzungen) dem gesamten Friedensprozess abträglich sein würde."[23]

Der deutlichste Beweis für diese Spannungen findet sich in den ONUSAL-Berichten über die Befolgung der Friedensvereinbarungen durch beide Seiten: Der Ton und die Zielvorstellungen veränderten sich im Laufe der Zeit mit der Erfüllung der Sicherheitsziele. In den ersten zwei Berichten vom September und November 1991 fasste ONUSAL die Menschenrechtsverletzungen durch die Machthaber mit Samthandschuhen an und konzentrierte sich auf die Greueltaten der Rebellen. Nach dem Waffenstillstand vom Februar 1992 richteten sich die ONUSAL-Berichte mehrheitlich gegen die Regierung.[24]

Eines der schwierigsten Probleme für *peace-builders* ist die Frage, was mit denen geschehen soll, die zurückliegender Menschenrechtsverletzungen beschuldigt werden. Unterhändler, die ein sofortiges Ende der Kampfhandlungen oder die militärische Kontrolle anstreben, benutzen oft Amnestieversprechen, um Rebellengruppen oder Militärregierungen zur Niederlegung der Waffen zu bringen. Aber ein solches Verhalten sendet ein eindeutiges Signal an diejenigen, die unter den Menschenrechtsverletzern gelitten haben; deren berechtigte Frage ist, was diese offiziell sanktionierte Straflosigkeit für eine neue demokratische Ordnung bedeutet? Für Ernst Charles, einen 29 Jahre alten Bauernaktivisten, der im August 1993 von Haiti's Militärpolizei verhaftet, drei Tage lang blutig geschlagen und dann auf den Strassen von Port-au-Prince ausgesetzt wurde, ist die Antwort klar: "Wenn eine Generalamnestie beschlossen wird, müssen wir uns unsere Gerechtigkeit selber suchen."[25]

Letztendlich liegt die Frage einer Amnestie oder von Wiedergutmachung bei den Bürgern eines Staates. Aber die Rolle der Vereinten Nationen bei der Beratung der involvierten Regierung darf nicht unterschätzt werden. Die Bemühungen der UNO, sich aus solchen internen Debatten herauszuhalten, können leicht als stillschweigende Zustimmung für die lokalen Eliten und Militärs ausgelegt werden, die für eine Amnestie sind. UN-Vertreter, die das Dilemma durch Unterstützung oder Tolerierung einer "Hände-Weg"-Position gegenüber den Schuldigen lösen wollten, zogen Vorwürfe von Menschenrechtsgruppen auf sich. *Kenneth Roth*, Direktor von *Human Rights Watch*, beschwerte sich im Juni 1993, "der Generalsekretär predige, dass die Menschenrechte erst nach Erreichen des Friedens angesprochen werden sollten", und verurteilte die Vereinten Nationen unter anderem wegen ihrer Billigung der Amnestie für Massenmörder in der

23 El Salvador, Peace and Human Rights (Fn. 7), p. 14.
24 Ibid., pp. 14-16.
25 C.J. Hanley: Who Should Pay, Who Forgive? Global Debates Reach Haiti, Associated Press, 9 October 1994.

haitianischen Armee und wegen ihres Versagens bei der strafrechtlichen Verfolgung somalischer *Warlords* und kambodschanischer politischer Mörder.[26]

Ein zweites Beispiel für das Dilemma Frieden versus Demokratie entsteht bei der Durchführung von Wahlen im Rahmen von UN-*peace-building*-Operationen. Die bisherigen Ergebnisse deuten an, dass freie und faire Wahlen ein Klima des Friedens und der Sicherheit erfordern; in diesem Zusammenhang ist "Frieden zuerst" ein angebrachtes Diktum. Deshalb wollen *peace-builders* die Wahlen bis zu einem gesicherten Waffenstillstand und der Entwaffnung beider Seiten hinausschieben. Aber bewaffnete Gruppen (und Regierungen) sind vielleicht nicht zur Demobilisierung bereit, solange sie nicht davon überzeugt sind, bei den Wahlen ein Chance - oder einen Vorteil - zu haben. Zu langes oder zu häufiges Verzögern kann es unnachgiebigen Parteien ermöglichen, den demokratischen Prozess zu sabotieren oder einen unfairen Vorteil durch die Kontrolle des Timings für die Wahlen zu erlangen.

UN-Vertreter haben versucht, das Dilemma durch ein zweigleisiges Vorgehen zu lösen: Entwaffnung der kämpfenden Verbände bei gleichzeitiger Vorbereitung der Wahlen. Mit vielen Anpassungen im Zeitplan und kontinuierlichen Verhandlungen war dieser Prozess in El Salvador relativ erfolgreich. Aber komplexe Zeitpläne und Beobachtungsmechanismen reichen nicht immer aus, um das Problem unter Kontrolle zu bringen. Fehlendes Vertrauen in den politischen Prozess kann zu glatter Verweigerung oder unbestimmter Verzögerung bei der Demobilisierung führen und den *peace-builders* nur zwei unattraktive Optionen lassen:

1) Die Wahlen soweit möglich nach Zeitplan durchführen und eine Wiederaufnahme des Krieges riskieren;

2) die Wahlen hinausschieben, bis alle Bedingungen erfüllt sind und dabei riskieren, das Vertrauen der Bevölkerung zu schmälern, indem man zulässt, dass bewaffnete Gruppen die Schaffung einer neuen demokratischen Ordnung sabotieren.

Die *peace-building*-Operation in Angola demonstrierte den hohen Preis der ersten Option. Die Entwaffnung der Parteien durch die UNO nach sechzehn Jahren Bürgerkrieg war noch lange nicht abgeschlossen, als Ende 1992 die nationalen Wahlen termingerecht abgehalten wurden. Die UN-Mission war zum Scheitern verurteilt, als die Rebellen von Jonas Savimbi's *National Union for the Total Independence of Angola* (Unita) den Bürgerkrieg nach ungünstigen Wahlergebnissen für die Unita wiederaufnahmen.

Die Erfahrung in Angola bewegte *peace-builders* anderswo, die zweite Option zu wählen. "Lektion Nummer Eins: Keine Wahlen ohne Demobilisierung", folgerte Ajello, Leiter der UN-*peace-building*-Mission in Mozam-

26 Kenneth Roth: The UN; Weak on Rights, in: Washington Post, 25 June 1993, p. A25.

bique;[27] und tatsächlich war der Entwaffnungsprozess eines der am besten überwachten Elemente der Mozambique-Operation. Aber auch die Entscheidung für eine Verzögerung des Demokratisierungsprozesses hat ihren Preis. Das Friedensabkommen für Mozambique von 1992 sah Wahlen nicht später als im Oktober 1993 vor. Dieser Termin kam und ging; die Wahlen wurden auf Oktober 1994 verlegt. Aber angesichts des immer noch unvollständigen Entwaffnungsprozesses tauchten in einem UN-Bericht im Juli 1994 Bedenken auf; falls die Demobilisierung nicht vor den Wahlen abgeschlossen wäre,

> "bestünde die Gefahr, dass während der Wahlperiode drei Armeen in Mozambique existieren. Dies könnte eine ernste Gefährdung der Stabilität bedeuten und damit der Durchführung freier und fairer Wahlen sowie einer friedlichen Regierungsbildung."[28]

Geichzeitig war Ajello besorgt über die Folgen einer weiteren Verzögerung. Ausländische Investoren wollten das Wahlergebnis abwarten, bevor sie sich an der Entwicklung in einem der ärmsten Länder der Welt beteiligten. Mehr als ein Dutzend Parteien hatten Kandidaten für die neue Nationalversammlung und die Präsidentschaftswahlen aufgestellt. Und das Mandat der ONUMUZ sollte ein paar Wochen nach der Oktoberwahl auslaufen. "Das Schlimmste was passieren könnte ... wären weitere Verzögerungen der Wahl", sagte Ajello. "Es wäre vernichtend, mit den endlosen politischen Kampagnen weiterzumachen."[29]

Während Mozambique schliesslich Ende 1994 erfolgreich Wahlen durchführte, ist Liberia ein Beispiel für das ungelöste Dilemma. Die im September 1993 geschaffene UN-Beobachtermission sollte das *Cotonou Peace Agreement* implementieren, welches zwei Monate zuvor von allen Parteien des Bürgerkrieges, der auf den Sturz von Präsident Samuel Doe 1990 folgte, unterzeichnet worden war. Die Wahlen waren für September 1994 geplant. Im Frühling 1994 hatte UNOMIL nur wenig Fortschritte bei den Demokratisierungsvorhaben erreicht: Eine nationale Übergangsregierung wurde zwar eingesetzt, konnte ihren Einfluss aber nur auf die relativ sicheren Gebiete ausdehnen. Rund 40% der Wahlberechtigten waren vertrieben, 700'000 Menschen waren in benachbarte Staaten geflüchtet. Und Ende August waren nur 3'612 der ca. 60'000 Kämpfer entwaffnet und demobilisiert.

Wie diese Probleme gelöst werden würden (oder sollten), besonders die Abfolge der demokratischen Wahlen und der Demobilisierung, blieb trotz des näherrückenden Wahltermins im September ungewiss. Laut einem Bericht des Generalsekretärs im Juni 1994 gab es

---

27 Wurst, Mozambiqe (Fn. 10), p. 80.
28 Ibid.
29 Ibid., pp. 80-81.

> "... einen breiten Konsens unter den liberianischen Beratern der Mission, dass substantielle Fortschritte bei der Entwaffnung der Kämpfenden eine absolute Vorbedingung für die Durchführung freier und fairer Wahlen waren."[30]

Gegen Ende des Jahres kam es zu einigen Verschiebungen. Der Wahltermin wurde erst auf Oktober und dann auf November 1995 gelegt, und die Kämpfe wüteten weiter.

Die bisherige Leistungsbilanz erlaubt nur wenige klare Schlüsse für eine Lösung der Dilemmata des *peace-building*. Für das staatliche Souveränitäts- und Neutralitätsdilemma gibt es keine einfache Antwort. Und obwohl die konzeptuelle Verbindung zwischen Friedenssicherung und Förderung von Demokratie überzeugend und zwingend ist, ergeben sich daraus keine adäquaten und anwendbaren Richtlinien für *peace-builders*, die den Spannungen zwischen diesen beiden Zielsetzungen während schwierigen politischen Übergangsperioden ausgesetzt sind. In jedem Fall müssen bewährte UN-Prinzipien und Ziele mit den neuen Anforderungen abgestimmt werden, die sich für die UNO aus ihrer Hinwendung zum *peace-building* ergeben haben. Dies erfordert unter anderem ein besseres Verstehen der *peace-building*-Politik und der Einschränkungen, denen sich die UN-Vertreter gegenübersehen.

Peace-building-Politik

Drei Einschränkungen der UN-Macht

Eine Analyse der Dilemmata, mit denen *peace-builders* konfrontiert sind, zeigt, dass viele Fallen des *peace-building* in den Prinzipien und Zielen der Organisation selbst zu suchen sind. Eine solche Analyse lässt aber eine Grundfrage unberührt. Ganz abgesehen von Themen wie Prinzip (Neutralität und Souveränität) und Priorität (Sicherheit versus Demokratie) stellt sich die Frage, wie fähig die UNO ist, die notwendigen Bedingungen für den Aufbau des Friedens in "post-conflict"-Situationen zu schaffen, und wie oft ein vollständiger und anhaltender Erfolg erwartet werden kann? Die Antworten auf diese Frage lauten "nicht sehr" und "selten".

Die Implikationen sind von Bedeutung für die Glaubwürdigkeit der Organisation; nur wenn die Effektivität der UNO wahrgenommen wird, werden kämpfende Parteien den Rat der Organisation suchen und Mitgliedsstaaten solche

---

[30] United Nations: Report of the Security Council mission established pursuant to the statement made by the president of the Security Council at the 3406th meeting, held on July 19, 1994 (UN Document No. S/1994/1009), August, New York, p. 6.

Einsätze unterstützen. Die Frage nach den Fähigkeiten ist verbunden mit der Notwendigkeit adäquater finanzieller und technischer Möglichkeiten von *peace-keeping-* und *peace-building*-Operationen. Das Interesse an solchen Fragen ist berechtigt und wichtig. Aber leider würde nicht einmal die Erfüllung aller technischen Erfordernisse ausreichen, um die notwendigen Bedingungen für ein erfolgreiches UN-*peace-building* zu schaffen.

Die Fähigkeit der Vereinten Nationen, Institutionen für Frieden und Demokratie in zerstrittenen Gesellschaften aufzubauen, ist durch mehrere strukturelle und politische Zwänge begrenzt. Die Fähigkeit der UNO, ihre *peace-building*-Ziele zu erfüllen, hängt grundsätzlich ab von 1) dem politischen Willen der Mitgliedsstaaten, 2) den Interessen der Hauptakteure vor Ort und 3) der Struktur und den Fähigkeiten der lokalen Institutionen. Jeder Punkt liegt ausserhalb der direkten Kontrolle der UN-Vertreter. Die Vereinten Nationen können die Bedingungen für ihren eigenen Erfolg nicht selbst schaffen; diese Bedingungen müssen bereits bestehen oder im Entstehen begriffen sein. Der Erfolg der UNO hängt deshalb auch von der Fähigkeit der *peace-builders* ab, die Grundstrukturen eines Konfliktes zu verstehen und zu erkennen, wo und wann die notwendigen Bedingungen für *peace-building* bestehen oder gefördert werden können - und wo und wann sie nicht existieren.

Der politische Wille von UN-Mitgliedsstaaten

Die beiden Quellen des UN-Einflusses sind der Anspruch auf die moralische Autorität der internationalen Gemeinschaft und auf die politische und militärische Macht der Mitgliedsstaaten. Ohne den moralischen Anspruch fehlt dem letzteren das Gewissen und die Glaubwürdigkeit. Gleichzeitig ist der moralische Anspruch, wie die Jahre des Kalten Krieges schmerzhaft gezeigt haben, wirkungslos ohne starke politische und finanzielle Unterstützung durch die UN-Mitgliedsstaaten, vor allem die mächtigen Mitglieder des Sicherheitsrates. Aber diese Unterstützung fehlt häufig. Daher geht die erste Beschränkung der Vereinten Nationen von den Mitgliedsstaaten selbst aus.

Das Ende des Kalten Krieges löste eine wichtiges Problem des UN-*peacekeeping*: Der Sicherheitsrat wird nicht länger durch die Rivalität zwischen den USA und der Sowjetunion gelähmt. Dennoch konstatiert *Brian Urquhart*, früherer Generaluntersekretär für besondere politische Angelegenheiten und ein UN-Veteran mit vierzig Jahren Erfahrung, dass die Tatsache, dass der "Sicherheitsrat sich nun auf einfachste Weise auf ... jeden Gegenstand im Buch verständigen kann", die tieferen Probleme der Unterstützung für UN-Einsätze nicht gelöst hat.[31] Viel zu oft fehlt den mächtigsten Mitgliedsstaaten der UNO das

[31] B. Hall: Blue Helmets, Empty Guns, in: New York Times Magazine, 2 January 1994, p. 20.

Interesse oder der Wille, die rhetorische Unterstützung von *peacekeeping*-Zielen mit Geld und Truppen zu untermauern. Ed Luck, ehemaliger Präsident der UN *Association*, bemerkt dazu, dass

> "... die Nationen des Sicherheitsrates einen ganzen Haufen von neuen Einsätzen anordneten, obwohl sie kein tieferes nationales Interesse am Resultat haben. Es entsteht eine Glaubwürdigkeitslücke, weil sie meistens nicht den politischen Willen haben, die Beschlüsse zu unterstützen."[32]

Selbst von Krieg zerstörte Staaten, die als Schlachtfeld für die Supermächte während des Kalten Krieges dienten und weiterhin unter den Folgen leiden (z.B. Angola), werden häufig als zu unbedeutend für die Sicherheitsinteressen der Supermächte angesehen, um heute viel Aufmerksamkeit zu erregen. In einigen Fällen weigern sich die Mitgliedsstaaten einfach, Personal und Gelder für eine *peace-building*-Operation bereitzustellen. Meistens erhält der Generalsekretär am Ende widerwillige Zusagen für Geld- und Truppenverpflichtungen - aber nur zu Bedingungen, die die Erfolgschancen des Einsatzes garantiert vermindern. Staaten, die Beiträge leisten, werden enge Grenzen für die Verwendung ihrer Truppen (z.B. die Dauer des Einsatzes) oder ihres Geldes durchsetzen - selbst dann, wenn die Erwartungen an die *peace-builders* ehrgeizig und unrealistisch sind. So kam die UNO mit utopischen Mandaten zur Wiederherstellung von Ordnung und Demokratie innerhalb von zwei Jahren oder weniger nach Kambodscha und Somalia.

Die Entscheidung bzw. die Androhung einzelner Staaten, ihr Personal abzuziehen, kann einen ganzen Einsatz gefährden. In Haiti war die UNO von den USA abhängig, die den UN-Einsatz zur Implementierung des *Governor's Island Agreement* vom Juli 1993 zur Wiedereinsetzung des demokratisch gewählten Präsidenten Jean-Bertrand Aristide leiten sollten. Der erste kritische Schritt der Operation war die Entsendung einer internationalen technischen Mission, die das haitianische Militär umerziehen sowie beim Aufbau einer getrennten zivilen Polizei und bei der infrastrukturellen Entwicklung helfen sollte. Als Teil der Mission sollten im Oktober 1993 200 Amerikaner und Kanadier an Bord der USS Harlan County ankommen. Die unilaterale Entscheidung der USA, angesichts bewaffneter Demonstranten nicht anzulegen, führte zum Abzug aller UN-Truppen und Menschenrechtsbeobachter aus Haiti und veränderte die Beurteilung der Ernsthaftigkeit der UN-Intentionen durch die lokalen Akteure: Drei Tage nach der amerikanischen Entscheidung weigerte sich General Raoul Cedras abzutreten, wie eigentlich im Abkommen vereinbart worden war. Frustriert zuckte Boutros-

[32] Preston, Expanding Demands (Fn. 17), p. A1.

Ghali die Achseln: "Wenn die Mitgliedsstaaten die Resolution nicht implementieren wollen, können wir nichts tun."[33]

Vielleicht am schwierigsten zu akzeptieren für UN-*peace-builders* ist die Behinderung ihrer Arbeit durch drei charakteristische Eigenschaften der Mitgliedsstaaten:

1) *Mitgliedsstaaten sind geizig.* Aufgrund finanzieller Engpässe oder konkurrierender politischer Imperative sind Mitgliedsstaaten oft nicht bereit, in UN-Einsätze zu investieren. *Peace-building*-Operationen sind teuer - meistens teurer als traditionelle *peacekeeping*-Missionen. Die ehrgeizigen Ziele und das Fehlen klarer Strategien beim *peace-building* führen zu Besorgnis über die Verlängerung von Mandaten und über steigende Kosten. Der Einsatz in Kambodscha, der einem kompletten *nation-building*-Versuch am nächsten kam, benötigte 22'000 militärisches und ziviles Personal und kostete 2,8 Mrd. US-Dollar in achtzehn Monaten; und trotz bedeutender Erfolge halten die Kämpfe an.

2) *Mitgliedsstaaten sind wankelmütig.* Ihr Engagement für *peace-building*-Operationen ist weder konstant noch prinzipiengeleitet. Mitgliedsstaaten sind oft bereit, *nation-building* dort zu unterstützen, wo es erfolgreich und billig ist, aber sie können sich auch von den Vereinten Nationen abwenden, wenn es zu Fehlschlägen - besonders zu teuren - kommt. Nehmen wir den Fall der USA und des Somalia-Einsatzes. Im Juni 1993 schilderte Aussenminister Warren Christopher die aussenpolitischen Erfolge der Clinton-Regierung in einem Telegramm an amerikanische Botschafter. Unter anderem sprach er vom Übernehmen "der Führung beim Weiterleiten der Verantwortung an ein UN-*peacekeeping*-Kontingent, wo zum ersten Mal eine starke amerikanische Beteiligung den Vereinten Nationen helfen wird, einen lebensfähigen Nationalstaat wiederaufzubauen". UN-Vertreter weisen darauf hin, dass die USA jede Resolution über Somalia unterstützte, inklusive der Resolutionen des Sicherheitsrates über den Wiederaufbau der Institutionen Somalias und über die Gefangennahme von General Aidid. Aber als sich die Mission im Oktober 1993 als Fiasko erwies - bezahlt mit achtzehn amerikanischen Leben - machten die USA eine Kehrtwendung. Der damalige Verteidigungsminister Les Aspin wies *nation-building* als Ziel der UNO explizit zurück, und der Präsident informierte den Kongress, dass "die amerikanischen Streitkräfte zu keinem Zeitpunkt mit solchen Missionen wie *nation-building* beauftragt waren".[34]

Viele Mitgliedsstaaten sind nur solange bereit, *peace-building*-Einsätze zu unterstützen, solange dies zu Hause von der Öffentlichkeit gutgeheissen wird. Der argentinische Präsident Carlos Menem war beispielsweise der einzige lateinamerikanische Führer, der sich der Clinton-Regierung im Juli 1994 anschloss, als sie

---

[33] Hall, Blue Helmets (Fn. 31), p. 41.

[34] E. Sciolino: UN Chief Has to Direct Peace Efforts at U.S., too, in: New York Times, 16 October 1993, p. 1.

eine UN-Resolution zur Intervention in Haiti vorschlug. Zuerst bot Menem 600 Soldaten für den Einsatz an. Als eine Umfrage im August zeigte, dass 82% der Einwohner von Buenos Aires dies ablehnten, machte die Regierung Menem einen Rückzieher und reduzierte das Hilfsangebot von Truppen auf Schiffe.[35]

3) *Mitgliedsstaaten sind voreingenommen.* Werden die Vereinten Nationen zum einen durch fehlende Bereitschaft zum *peace-building* behindert, können sie zum andern auch durch das Überinteresse einiger mächtiger Staaten eingeschränkt werden. Wenn Staaten mit eigenen Interessen in gewissen Einsätzen eine zu auffallende Rolle spielen, wird die Glaubwürdigkeit der UNO als unabhängiger Vertreterin der Selbstbestimmung unterlaufen.

Oft müssen die Vereinten Nationen wählen zwischen ungenügenden Ressourcen und dem von Mitgliedsstaaten mit ethnischen, historischen oder religiösen Verbindungen zu einer Konfliktpartei bereitgestellten Personal. Selbst als die Bosnien-Mission zu scheitern drohte und dringend Truppen benötigte, zögerte der Generalsekretär, die Truppenangebote von radikalen muslimischen Staaten wie dem Iran anzunehmen. Das Angebot der Türkei, 1'000 Soldaten zu entsenden, war verlockend, gleichzeitig hätte es aber die bosnischen Serben den *peacekeepers* eines alten und bitteren Feindes gegenübergestellt. Ausserdem erklärte Griechenland, das historische Verbindungen zu den Serben besitzt, dass im Falle einer Stationierung türkischer Soldaten auch die Griechen Soldaten entsenden würden. Eine unausweichliche Eskalation des Konfliktes lässt sich leicht vorstellen. Anfang 1994 beschwerte sich der bosnische Präsident Alija Izetbegovic bei der UNO über das Benehmen der russischen UN-Truppen, die von den Serben sehr freundlich aufgenommen worden waren.[36] UN-Funktionäre sind sich des Problems bewusst. Aber da sie dringend Geld und Personal benötigen, sind sie immer empfänglicher für solche Angebote geworden: "Bettler können nicht wählerisch sein, und wir schliessen nichts aus", sagte Alvaro de Soto, ein führender politischer Berater.[37]

Eine Folge der fehlenden unvoreingenommenen Unterstützung der UN-Einsätze ist ein Phänomen, das Madeleine K. Albright "Einflusssphären-*peace-keeping*" genannt hat. Aufgrund ungenügender Mittel haben die Vereinten Nationen es zugelassen, dass Grossmächte das Kommando bei der Lösung von innerstaatlichen Konflikten in ihren traditionellen Einflusssphären übernehmen. Frankreich intervenierte in seiner früheren Kolonie Rwanda, nachdem deutlich geworden war, dass die anderen Grossmächte nicht interessiert und daher auch nicht bereit waren, eine Intervention anzuführen, und dass das Zusammenstellen einer grossangelegten UN-Operation Monate dauern würde. In Haiti unterstützten die Vereinten Nationen eine von den USA dominierte und bezahlte Militär-

---

35 Argentina Backpedals on Haiti Troops, Reuters, 9 August 1994.

36 L. Mouat: Need for Peacekeepers in Balkans May Force UN to Revise Its Rules, in: Christian Science Monitor, 16 March 1994.

37 Ibid., p. 3.

operation und willigten ein, diese erst mit einer UN–Mission zu ersetzen, wenn die von den USA geführten Truppen sichere Bedingungen aufgebaut hätten. Und im Juli 1994 befürwortete der Sicherheitsrat einen russischen *peacekeeping*–Einsatz in Georgien, obwohl er gleichzeitig festhielt, dass die Mission kein offizieller UN–*Blauhelm*–Einsatz war.

Die Georgien–Mission zeigt, dass Einsätze von ehemaligen regionalen Hegemonen oft weniger neutral und friedlich sind. So unterstützten 1993 einige russische Truppen die gegen die Regierung des georgischen Präsidenten Edward Schewardnadze kämpfenden Separatisten. Moskau behauptete, dass es sich bei diesen Einheiten um abtrünnige Verbände handelte, die ausser Kontrolle geraten waren. Als aber Schewardnadze Moskau um Hilfe bei der Unterdrückung der Revolte ersuchte, hörte die Intervention der Abtrünnigen abrupt auf, und die russische Führung arrangierte einen Vermittlungs- und *peacekeeping*–Einsatz. Im Gegenzug wurde Schewardnadze gezwungen, der GUS beizutreten und Russland die Kontrolle über drei Militärbasen in Georgien abzutreten.

Im Rahmen des Sicherheitsrates bedeutet das Einflusssphären–*peacekeeping*, dass traditionelle Machtpolitik das tief verwurzelte UN–Prinzip der kollektiven Sicherheit teilweise überlagert. Als Albright die Unterstützung der UNO für die US–Intervention in Haiti suchte, drohte Russland, den Einsatz mit einem Veto im Sicherheitsrat zu blockieren, es sei denn, die USA würden Moskaus Intervention in Georgien unterstützen. Dies taten die USA am Ende.[38]

Die UN–Funktionäre können wenig gegen den fehlenden politischen Willen der Mitgliedsstaaten unternehmen, wodurch die effektive, neutrale Durchführung der wachsenden Zahl von *peacekeeping*– und *peace–building*–Missionen gravierend behindert wird. Resigniert meinte Boutros–Ghali: "Ich muss die Widersprüche der Mitgliedsstaaten berücksichtigen. Das ist mein Job."[39]

Die Situation vor Ort ("Ground Truth")

Peacekeepers haben schon lange erkannt, dass ihr Erfolg bzw. Misserfolg überwiegend von der Situation vor Ort abhängt, oder was sie *ground truth* nennen.[40] Ein erfolgreiches *peacekeeping* beruht nach *Durch* vor allem darauf, "dass die Parteien zuerst ihre Grundannahmen verändern, weg vom Gesamtsieg hin zum

[38] D. Williams: Powers Assert Influence in Peacekeeping Roles, in: Washington Post, 30 July 1994, p. A12.

[39] Hall, Blue Helmets (Fn. 31), p. 38.

[40] Für eine Diskussion dieses Aspektes siehe Durch, The Evolution of UN Peacekeeping (Fn. 2), p. 26.

Bewahren einzelner Dinge".[41] Kurz: Eine Kompromisslogik muss die Konfliktlogik ersetzen.

Die UNO kann die ***ground truth*** nicht schaffen oder wesentlich verändern; sie ist sozusagen ein einheimisches Produkt, das Ergebnis hart umkämpfter Schlachten zwischen lokalen Gruppen. Nur wenn alle Seiten davon überzeugt sind, dass ihren Interessen am besten durch Frieden und einen Demokratisierungsprozess mit ungewissem Ausgang gedient ist, kommt es zur Übernahme der Kompromisslogik. Oft müssen erst allgemeine Erschöpfung und eine Pattsituation auf dem Schlachtfeld eintreten, bevor die feindlichen Parteien bereit sind, den bewaffneten Konflikt gegen einen politischen Prozess einzutauschen mit freien und fairen Wahlen, öffentlicher Kontrolle und einer funktionierenden Rechtsordnung.

Diese Verlagerung lokaler Interessen kann durch interne Entwicklungen ausgelöst werden, die das Kräftegleichgewicht verändern, oder durch externe Massnahmen, wie die Einstellung von Hilfslieferungen durch eine Regional- oder Supermacht. In ihrer Funktion als Augen und Ohren der internationalen Gemeinschaft kann die UNO moralischen Druck auf unnachgiebige lokale Gruppen ausüben. Aber noch entscheidender ist ihre Möglichkeit, relevante externe Mächte unter Druck zu setzen, um Massnahmen zu veranlassen, die die Situation der lokalen Akteure verändern. Der Druck der UNO auf Südafrika war beispielsweise entscheidend bei der Blockierung von Anstrengungen, den namibischen Unabhängigkeitsprozess zu unterlaufen. Aber ein solcher Einfluss ist gleichzeitig indirekt und unbestimmt. Grundsätzlich haben UN-*peace-builders* zu wenig Gewicht, um die Kompromisslogik zu fördern, von der ihr Erfolg abhängt.

Die bisherige begrenzte Leistungsbilanz deutet an, dass *peace-building*-Einsätze nur dann Erfolg haben, wenn sie *nach* Verankerung der Kompromisslogik anlaufen; Ungewissheit oder Fehlschlag kennzeichnen die Einsätze, bei denen der Wechsel von Konflikt zu Kompromiss unvollständig war oder ganz fehlte. Wie wird also eine Logik des politischen Kompromisses geschaffen und aufrechterhalten? Es ist hierfür lehrreich, die beiden bemerkenswertesten Erfolgsgeschichten – El Salvador und Namibia – genauer zu analysieren und mit den frustrierenden Ergebnissen des *peace-building* in Angola und in der Westsahara zu vergleichen.

Peace-building-Erfolge: El Salvador und Namibia

Es gibt auffallende Parallelen zwischen den Operationen in El Salvador und Namibia. In beiden Fällen brachte das Zusammenspiel interner und externer

---

41 W. Durch: Building on Sand; UN Peacekeeping in the Western Sahara, in: International Security, 17 (4), 1993, pp. 151–171, hier p. 169.

Faktoren die Hauptakteure an einen kritischen Punkt, an welchem jede Seite genug Macht besass, um die andere Seite von einem entscheidenden militärischen Sieg abzuhalten, nicht aber, um zu sie zu besiegen. In dieser Pattsituation überzeugten zusätzliche interne und externe Anreize die Konfliktparteien, weitere Schritte zu unternehmen, um aus der Sackgasse herauszukommen und einen Kompromiss zu akzeptieren.

Verschiedene internationale Entwicklungen Ende der achtziger Jahre bildeten den Rahmen für die von der UNO vermittelten Friedensinitiativen in El Salvador. Das Ende des Kalten Krieges hatte die politische Landschaft weltweit verändert. In den USA kam es 1988 zu einem Regierungswechsel. Präsident George Bush vertrat eine pragmatischere und weniger ideologische Position in bezug auf Mittelamerika, zum Teil aufgrund des anhaltenden Widerstandes im Kongress gegen die militärbetonte Politik seines Vorgängers Ronald Reagan. Auf der regionalen Ebene kam es zu Durchbrüchen beim Kampf um den Frieden; vorläufiger Höhepunkt war die Vereinbarung *Esquipulas II* von 1987, die von fünf Präsidenten Mittelamerikas unterzeichnet worden war.

In El Salvador waren die achtziger Jahre von politischen und militärischen Machtkämpfen geprägt.[42] 1989 hatte der Konflikt einen kritischen Punkt erreicht. Nach einer weiteren fehlgeschlagenen Verhandlungsrunde begannen die FMLN-Rebellen am 11. November 1989 ihre *Tet-Offensive*. Im Verlauf dieser Offensive brachte die salvadorianische Armee sechs Jesuitenpriester und zwei Zeugen um. Die Stärke der FMLN-Offensive und die Ermordung der Jesuiten waren die wichtigsten Katalysatoren für eine Einigung.

Zusammen mit den internationalen Entwicklungen bildeten diese Geschehnisse einen Anreiz für die lokalen Hauptakteure – Militär, Zivilregierung und FMLN –, über einen demokratischen Frieden zu verhandeln.[43] Die salvadorianische Armee kam zum Schluss, dass sie nicht in der Lage war, die FMLN militärisch zu besiegen. Die Zukunft des Militärs war auch durch die drohende Verringerung der US-Hilfe gefährdet: Mit dem Abflauen des Kalten Krieges war die anti-kommunistische Logik immer weniger populär, die die Versorgung mit US-Dollar bis dahin garantiert hatte; gleichzeitig nahm der Kongress aufgrund der Jesuitenmorde die lange Geschichte des militärischen Missbrauchs genauer unter die Lupe.

---

[42] Siehe z.B. M. Blachman/W. Leogrande/K. Sharpe: Confronting Revolution; Security through Diplomacy in Central America, New York 1986. – N. Hamilton/J.A. Frieden/L. Fuller/M. Pastor Jr. (Eds.): Crisis in Central America; Regional Dynamics and U.S. Policy in the 1980s, Boulder CO 1988.

[43] Diese Diskussion bezieht sich zum Teil auf zwei exzellente Analysen. Siehe dazu D. Holiday-/W. Stanley: Building the Peace; Preliminary Lessons from El Salvador, in: Journal of International Affairs, 46 (2), 1993, pp. 415–38. – T.L. Karl: El Salvador's Negotiated Revolution, in: Foreign Affairs, 71 (2), 1992, pp. 147–164.

Währenddessen sah sich die neue Zivilregierung in El Salvador, angeführt von der rechtsorientierten *National Republican Alliance* (ARENA), mit Bedingungen konfrontiert, die ein Regieren unmöglich machten: 1989 war ein Viertel der Bevölkerung vertrieben, ein Drittel des Landes wurde von der Guerilla kontrolliert, und das Bruttosozialprodukt war auf den Stand von 1975 gefallen. Die Wählerschaft der ARENA-Partei inklusive wichtige Teile des privaten Sektors und der salvadorianischen Elite hatte im Anschluss an die FMLN-Offensive das Vertrauen in die militärische Strategie verloren und wollte wirtschaftliche Stabilität. Zusammen mit dem Druck aus den USA ergaben sich für die ARENA-Regierung Anreize, den Frieden ernsthaft zu suchen. Die FMLN ihrerseits kam im Anschluss an die Offensive endlich zu der Erkenntnis, dass sie nicht in der Lage war, die Regierung zu stürzen oder eine Erhebung der Bevölkerung auszulösen. Der Zusammenbruch der Sowjetunion und die Isolation Kubas bedeuteten zudem eine verringerte internationale Unterstützung der Rebellen. Gegen Ende der achtziger Jahre setzte sich die Kompromisslogik langsam durch. Das letzte einer Reihe von Friedensabkommen wurde im Januar 1992 unterzeichnet; die UNO begann mit ONUSAL 1991, und trotz vieler Rückschläge war der *peace-building*-Einsatz im Ganzen gesehen erfolgreich.

Es gibt deutliche Parallelen zu den Ereignissen, die zum UN-Einsatz in Namibia von 1989 bis 1990 führten.[44] Obwohl der Sicherheitsrat dem Unabhängigkeitsplan bereits 1978 zugestimmt hatte, unterzeichneten Kuba, Angola und Südafrika das notwendige trilaterale Abkommen erst im Dezember 1988; ein bilaterales Abkommen über den Abzug kubanischer Einheiten aus Angola war an den Unabhängigkeitsplan gekoppelt.

Wie in El Salvador wurde eine politische Lösung erst in den späten achtziger Jahren möglich. Die Rebellen der *South West African Peoples's Organisation* (Swapo), die seit ihrer Gründung 1960 für Namibias Unabhängigkeit kämpfte, waren nicht in der Lage, Südafrika aus den seit dem Ersten Weltkrieg besetzten Gebieten zu vertreiben. Aber auch Südafrika war ausserstande, die Guerilla-Armee der Swapo aufzureiben, die Stützpunkte im angrenzenden Angola unterhielt. Angolas Regierung konnte die wiederholten Überfälle Südafrikas auf Swapo-Stützpunkte nicht verhindern, und Südafrika war nicht in der Lage, die von Kuba unterstützte angolanische Armee ohne eine inakzeptable Eskalation des Krieges zu schlagen. Der Krieg befand sich in einer Sackgasse, woraus sich die notwendigen Anreize für die Erarbeitung eines Kompromiss ergaben.

In den späten achtziger Jahren hatte jeder der Hauptakteure - Swapo, Angola, Südafrika - ein ausgeprägtes Interesse an der politischen Beilegung des Konfliktes. Die Führer der Swapo waren sich bewusst, dass sie Südafrika mili-

44 Die Beschreibung der Situation in Namibia ist zum Teil übernommen von V.P. Fortna: United Nations Transition Assistance Group, in: Durch, The Evolution of UN Peacekeeping (Fn. 2), pp. 353-375.

tärisch nie schlagen konnten und deshalb bereit, jegliche Vereinbarungen zu akzeptieren, die eine bedeutungsvolle Rolle der Swapo im politischen Prozess innerhalb eines unabhängigen Namibia garantieren würden. Angola befürwortete die namibische Unabhängigkeit, hatte aber lange die Verbindung des kubanischen Abzuges mit einer Einigung über Namibia abgelehnt. Zwei Faktoren bewegten die Machthaber in Angola zum Kompromiss. Der erste war finanzieller Art: Die kubanischen Truppen kosteten Angola 20 Mio. US-Dollar pro Jahr. Die eigentliche Aufgabe der kubanischen Einheiten war ausserdem, Angola vor Übergriffen Südafrikas zu schützen, eine Bedrohung, die durch den Friedensplan eliminiert werden würde. Wenn Angola dem Abzug zustimmen würde, war Kuba bereit, das Abkommen zu unterstützen und seineTruppen aus Angola abzuziehen.

Wie der salvadorianische Konflikt hatte auch der namibische Krieg seine *Tet-Offensive*, die Kämpfe bei Cuito Cuanavale von November 1987 bis März 1988. Diese Kämpfe waren entscheidend, um den unnachgiebigsten Akteur - Südafrika - an den Verhandlungstisch zu zwingen. Zusammen mit der Aufstockung der kubanischen Soldaten in Angola und ihrer Verlegung bis auf dreissig Meilen an die namibische Grenze markierte Cuito Cuanavale den Wendepunkt auf dem Weg zum Frieden:

> "(Es) zerstörte Südafrikas Annahme, dass seine überlegene Armee unschlagbar war. Die Aussicht auf weisse südafrikanische Jungen, die auf fremdem Boden starben, führte in der Heimat zu einem Umschwung der öffentlichen Meinung gegen den Krieg. Cuito Cuanavale wurde zum Symbol für das Desaster, zu dem der Krieg wurde."[45]

Andere Anreize für Südafrika, eine Vereinbarung zu akzeptieren, häuften sich. Die Wirtschaft Südafrikas war durch die Auswirkungen der internationalen Wirtschaftssanktionen mitten in einer globalen Rezession ins Schleudern geraten, während der Krieg und die Verwaltung Namibias enorme Kosten verursachten. Innenpolitisch wurde die Ablösung P.W. Bothas durch den pragmatischeren F.W. de Klerk 1989 von einer Abkehr der öffentlichen Meinung von rechtsextremen Kreisen, die am stärksten gegen die *Aufgabe* Südwest-Afrikas protestierten, begleitet. Zur gleichen Zeit wurde Südafrikas Bedrohungswahrnehmung durch zwei Entwicklungen deutlich verringert: Die Garantie für einen kubanischen Abzug aus Angola und eine weniger ideologische und expansive sowjetische Aussenpolitik.

In El Salvador und Namibia waren also am Ende der achtziger Jahre nicht nur die Bedingungen für einen Frieden, sondern auch für eine Vereinbarung, die Bestand haben könnte, vorhanden. Erst dann intervenierte die UNO mit weitgefassten Mandaten zur Umsetzung der Vereinbarungen. Drei wichtige Schlüsse

---

[45] Ibid., p. 356.

können dabei gezogen werden: In beiden Fällen war der Weg zu einer politischen Vereinbarung lang und schwierig; eine ganze Dekade verging beispielsweise zwischen der Zustimmung des Sicherheitsrates zur Unabhängigkeit Namibias und dem Kompromiss vor Ort. Es brauchte die Annäherung einer Anzahl getrennter Entwicklungen – lokal, regional und international –, um ein *Fenster* für Frieden und Kompromiss zu schaffen. Vor allem kam es erst dann zum Frieden, als jeder der Hauptakteure ein unabhängiges Interesse an einer politischen Lösung hatte; dieses Interesse war die einzige Garantie dafür, dass jede Seite die Abkommen grösstenteils einhalten und die Kompromisslogik aufrechterhalten würde. Diese beiden Erfolgsgeschichten stehen in deutlichem Kontrast zu den *peace-building*-Operationen in Angola und in der Westsahara.

Peace-building-Pattsituationen: Angola und Westsahara

Angola ist ein Beispiel dafür, wie Akteure durch eine Reihe *negativer* Faktoren genauso leicht vom Friedensschluss und demokratischer Politik abgeschreckt werden können – und wie dies wiederum die notwendigen Bedingungen für ein erfolgreiches UN-*peace-building* unterläuft.

Der Abzug der südafrikanischen und kubanischen Truppen im Anschluss an die namibischen Vereinbarungen erzeugte bei den kämpfenden Parteien in Angola nicht die erwarteten Anreize zum Frieden:

> "Jede Seite glaubte, dass sie durch den Abzug der ausländischen Unterstützer des Gegners die Oberhand gewinnen würde, und dass eine definitive militärische Lösung des Konfliktes möglich wäre."[46]

Daher brauchte es eine weitere Kampfrunde, um beide Seiten davon zu überzeugen, dass sie den Konflikt nicht auf dem Schlachtfeld beilegen konnten. Erst 1991 unterzeichneten die Regierung Angolas und die Rebellen von Savimbi's Unita das Friedensabkommen, welches einen von der UNO überwachten Waffenstillstand, die Integration der beiden Armeen und Wahlen unter internationaler Beobachtung vorsah. Dennoch reichten die Anreize, um sich an die Bedingungen der Vereinbarung zu halten, nicht aus, um weitere Konflikte zu verhindern. Ironischerweise unterminierte das Ende des Kalten Krieges, das die Voraussetzungen für einen Frieden in Angola geschaffen hatte, die Bedingungen für *peace-building*, denn es reduzierte das allgemeine Interesse an den Ereignissen in Angola drastisch:

---

46 V.P. Fortna: United Nations Angola Verification Mission II, in: Durch, The Evolution of UN Peacekeeping (Fn. 2), pp. 388–89.

"Die Kubaner waren weg, die Südafrikaner waren weg, der Kalte Krieg war vorbei und andere Ereignisse verdrängten Angola aus dem internationalen Rampenlicht. ... Die gleiche Entwicklung der internationalen Politik, die Verhandlungen über einen Friedensplan gefördert hatte, reduzierte die externen Interessen an seiner Durchführung."[47]

Ausserdem waren die ehemaligen finanziellen Unterstützer der angolanischen Regierung und der Rebellen - hauptsächlich die Sowjetunion und die USA - nicht bereit, umfassende *peacekeeping*-Einsätze zu berappen. Daher wurde die UN-Mission (UNAVEM) *billig* geplant. Dies bedeutete, dass der Löwenanteil der Implementierung der Friedensvereinbarung den beiden feindlichen Parteien überlassen blieb, und sich die UNO auf eine reine Beobachterrolle beschränkte.[48] Die Tatsache, dass die zwei feindlichen Parteien als ihre eigenen Aufseher fungierten, schaffte von Anfang an ein Klima des Misstrauens und reduzierte die Anreize für beide Seiten, sich an die Übereinkunft zu halten, da keine Seite von der Einhaltung durch die andere überzeugt war. Aus der geringen globalen Aufmerksamkeit und der schwachen UN-Macht schlossen die lokalen Akteure, dass Verletzungen der Vereinbarungen nur geringe Folgen nach sich ziehen würden.

Die abwärts gerichtete Spirale hin zu einem misslungenen *peace-building*-Einsatz fing mit den Demobilisierungsplänen an. Da es nur wenige UN-Beobachter zur Überwachung des Prozesses gab, fürchteten viele Armee-Einheiten eine Falle und waren nicht bereit, zu demobilisieren. Das Fehlen finanzieller Mittel bedeutete, dass denjenigen, die sich entwaffnen liessen, weder mit Nahrung noch mit anderer Unterstützung beim Übergang ins zivile Leben geholfen werden konnte. Zum Zeitpunkt der Wahlen hatte die Regierung 80% der betroffenen Truppen demobilisiert, während die Unita einen weitaus geringeren Anteil entwaffnet hatte.[49] Die Wahlen im September 1992, von den UN-Vertretern als frei und fair eingeschätzt, brachten dem *Popular Movement for the Liberation of Angola* (MPLA) der Regierung in der Legislative sowie im Rennen um die Präsidentschaft den Sieg. Savimbi reagierte mit der Wiederaufnahme des bewaffneten Kampfes.

Savimbi's Anreize waren klar. Ersten konnte er im "Gewinner kriegt alles"-Wahlsystem nichts mehr verlieren - und vielleicht viel gewinnen - wenn er weiterkämpfte. Für das State Department war die Hauptursache für den fehlgeschlagenen Friedensprozess die Entscheidung für ein überexklusives Wahlsystem. In einem Bericht von 1993 hiess es, dass "... beide, (Präsident Jose Eduardo) dos

---

47 Ibid., p. 393.

48 Ibid. - Congressional Research Service: Angola; Situation Update, Report to Congress, 30 August 1993, p. 3.

49 United Nations Information Notes: United Nations Peacekeeping; Update May 1994 (DPI-/1306/Rev. 3, June 1994, 7M), New York, p. 24.

Santos und Savimbi, nach dem einzigen bedeutsamen Preis strebten".[50] Zweitens waren die Rebellen durch die misslungenen Demobilisierungsbemühungen weiterhin gut bewaffnet, während die Regierungsarmee schwächer war als vor der Wahl. Und drittens boten die militärischen Erfolge der Unita im wiederaufgenommenen Kampf weitere Anreize für eine Weiterführung der militärischen Kampagne: Die Unita sicherte sich so die Kontrolle über 70% des angolanischen Territoriums. Die Eroberung des Diamantenproduktionsgebietes an der Atlantikküste[51] machte die Unita wesentlich unabhängiger von externer Hilfe und verringerte damit den Einfluss ihrer früheren Förderer USA und Südafrika.

Gescheiterte Versuche 1993, eine neue Einigung zu erzielen, bestätigten die düstere Lage vor Ort: Der Unita fehlten Anreize zum Kompromiss, und sie besass die Mittel, um weiterzukämpfen. Die Rebellen deuteten an, dass der einzige Anreiz ein grösserer Einfluss auf die Regierung wäre. Der angolanischen Regierung fehlte aber sowohl die Macht, Savimbi zum Verhandeln eines Kompromisses zu zwingen, als auch der politische Wille, seine Partei in die Regierung zu integrieren, sei es durch Parlamentssitze oder Ministerposten.[52]

Der Fall Westsahara ist wiederum ein Beispiel dafür, wie der fehlende politische Wille einer der beiden beteiligten Parteien einen *peace-building*-Einsatz lähmen - wenn nicht sogar zum Scheitern bringen - kann. Wie in Namibia sollte die UN-Operation einen Waffenstillstand überwachen und die Selbstbestimmung der Bevölkerung ermöglichen, in diesem Fall durch die Organisation eines Referendums über die Unabhängigkeit des Territoriums von Marokko. Während aber die Vereinten Nationen in Namibia erst intervenierten, als Südafrika seine territorialen Ansprüche aufgegeben hatte, begann der UN-Einsatz in der Westsahara *bevor* Marokko einem Rückzug zugestimmt hatte. Vor Ort entstand dadurch eine grundlegend andere Situation. Anders als Südafrika hatte Marokko eine starke Position im Friedensprozess; es kontrollierte das ganze

---

50 A. Reynolds/A. Lijphart: Ethnic Power Sharing; South Africa's Model, in: Christian Science Monitor, 14 September 1994, p. 19.

51 Laut einigen Berichten haben die Rebellen Diamanten im Wert von 100 Mio. US-Dollar durch Zaire geschmuggelt. Siehe z.B. Congressional Research Service, Angola (Fn. 48), p. 2, note 1.

52 Ibid., p. 4. 1994 schien sich die Situation vor Ort zu verändern. Angolanische Regierungstruppen eroberten die wichtige diamanten- und ölproduzierende Region sowie die symbolisch wichtige Stadt Huambo zurück. Im November unterzeichneten Vertreter beider Seiten das Lusaka-Protokoll, welches der Unita vier Ministerien und sieben stellvertetende Ministerposten zusprach. Dennoch wich Savimbi weiter aus. Im Februar 1995 stimmte der UN-Sicherheitsrat einer neuen 7'460-Mann-starken *peacekeeping*-Einheit zu mit dem Vorbehalt, dass der Grossteil erst dann entsandt würde, wenn die Kämpfenden getrennt wären. Im gleichen Monat sprach Savimbi an einem Unita-Kongress, wo er weiterhin keine klare Stellung gegenüber dem Lusaka-Abkommen bezog, aber zugab, dass sich das Blatt gewendet hatte. Das erste UN-Kontingent traf am 31. Mai ein. Mitte Juni bot die Regierung Savimbi eines der zwei Ämter des Vizepräsidenten an, wobei sie dem südafrikanischen Versöhnungs- und Machtteilungsmodell folgte. Obwohl vielversprechend, bleibt das Ergebnis ungewiss.

Territorium und verfügte somit über ein starkes Druckmittel gegenüber der Polisario, die seit 1973 für die Unabhängigkeit kämpft.

Marokko sah wenig Anreize für einen Kompromiss. König Hassan II. stand kaum unter internationalem Druck und realisierte, dass sein mächtigster potentieller Kontrahent, die USA, viel stärker daran interessiert waren, Marokko als "arabischen Moderaten" im Nahost-Friedensprozess zu behalten, als es zu einer friedlichen und demokratischen Lösung des Westsahara-Konfliktes zu bewegen. Marokko betrachtete das Referendum als Möglichkeit, seine Rechtshoheit zu bestätigen und unternahm eine Reihe von Schritten (z.B. die Manipulation der Wahllisten), um das Ergebnis sicherzustellen. Die Macht der Polisario war begrenzt; die Rebellen konnten wenig mehr tun, als ein Referendum nach Marokkos Bedingungen abzulehnen.

Die "ground truth" war nicht vielversprechend, und das Referendum wurde nicht, wie geplant, im Januar 1992 durchgeführt. Den lokalen Akteuren fehlte bei diesem Prozess ein attraktiver Gewinn, wie *Durch* erklärt:

> "Marokko stimmte eigentlich nur zu, ein erfolgreiches Referendum abzuhalten, welches den Anspruch der Polisario auf politische Legitimität zerstören würde, und zog daher die Zustimmung zurück, als das Ergebnis des Referendums nicht sichergestellt werden konnte. Da die Zeit auf seiner Seite war, begnügte sich Marokko mit Warten, wohlwissend, dass die UN-Mitgliedsstaaten eine Mission in einer Sackgasse nicht auf unbestimmte Zeit hinaus finanzieren würden."[53]

Trotz wiederholter und intensiver UN-Vermittlung wurde der Zeitpunkt für das Referendum immer wieder hinausgeschoben und ist nun für Januar 1996 geplant.

Die *ground truth* zu interpretieren und darauf zu reagieren, könnte die schwierigste Herausforderung für UN-*peace-builders* sein. Die relevanten Faktoren für oder gegen eine politische Lösung rückblickend zu bewerten, ist eine Sache. Vor Ort die realen und wahrgenommen Interessen der lokalen Akteure und das Gleichgewicht von Anreizen und Abschreckungen für einen Frieden zu identifizieren, ist weitaus schwieriger. Doch zum Teil hängt der Erfolg oder Misserfolg einer Operation genau von den Fähigkeiten der UN-Planer und *peace-builders* vor Ort ab zu entscheiden, wo eine Kompromisslogik besteht oder entstehen könnte – und wo dies nicht der Fall ist.

---

53 Durch, Building on Sand (Fn. 41), p. 430.

Die lokalen Institutionen

Selbst wenn die Interessen der lokalen Akteure eine Kompromisslogik entstehen lassen und alle Seiten – inklusive wichtige UN-Mitgliedsstaaten – einen klaren politischen Willen demonstrieren, können die Vereinten Nationen aufgeschmissen sein, wenn die von ihnen geförderte Demokratisierung nicht von lokalen Institutionen unterstützt wird.

Peace-builders betrachten den Aufbau lebensfähiger Institutionen als eine ihrer Hauptaufgaben. Aber es gibt ernstzunehmende Einschränkungen der Fähigkeiten einer internationalen Macht, beständige lokale Institutionen aufzubauen. Diese Lektion mussten die USA lernen bei ihren fruchtlosen Versuchen, eine lebensfähige und effektive südvietnamesische Armee und Regierung aufzubauen oder die brutalen Sicherheitskräfte in Zentralamerika im Zaum zu halten.

Ohne Zweifel sind UN-*peace-builders* in der Lage, die technische Expertise, Fähigkeit und Effizienz lokaler Institutionen zu steigern. Aber Institutionen sind keine neutralen Instrumente, die für einen Zweck geschaffen werden und dann, sich selbst überlassen, eine bestimmte Funktion mit Effizienz und Objektivität ausführen. Vielmehr reflektieren sie die politischen Interessen der Machthaber; weit davon entfernt, über die Politik hinauszugehen, sind sie Produkte der und Arenen für die Politik. Als solche können sie unterentwickelt, extrem voreingenommen, voller interner Konflikte und konkurrierender Interessen oder einfach korrupt sein. Und weil sie per Definition Verhaltensmuster *institutionalisieren*, sind sie ohne Ausnahme äusserst immun gegen genau die Art der Transformation, die das Ziel der UN-*peace-builders* ist.

Daher ist es nicht überraschend, dass *peace-builders* oft auf lokale Institutionen angewiesen sind, die ihre Mission gleichzeitig unterlaufen. Mit dem Schutz der Menschenrechte beauftragte UN-Vertreter können ein Gerichtswesen vorfinden, das nicht in der Lage ist, Verbrechen zu untersuchen oder zu verfolgen. Mandate für den Wiederaufbau einer Armee oder der Polizei können durch tief verwurzelte Korruption oder die institutionelle Loyalität für eine politische Agenda oder einen charismatischen Anführer blockiert werden.

Bei der Durchführung von Menschenrechtsuntersuchungen in El Salvador war es beispielsweise klar, dass die UN-Operation die Rolle der Judikative bei der Verfolgung von Verbrechen oder der Verteidigung von Häftlingen nicht übernehmen konnte. Dennoch wurde die Mission der ONUSAL durch den nicht funktionierenden Gerichtsapparat matt gesetzt: "Was 'richterliche Macht' genannt wird, ist nicht Macht", klagte ein ONUSAL-Funktionär. "Nichts funktioniert, nicht nur die Richter. Die Verteidigung verteidigt nicht, das Büro des Generalstaatsanwaltes untersucht nichts."[54]

---

[54] El Salvador, Peace and Human Rights (Fn. 7), p. 11.

Ähnlich frustriert berichtete der New Yorker Polizeipräsident Raymond Kelly, der im Oktober 1994 nach Haiti geschickt worden war, um ein Team internationaler Beobachter zu begleiten, die die repressive Polizei des Landes in eine professionelle zivile Einheit umwandeln sollten. Kelly's Beobachter hatten gehofft, die haitianische Polizei am ersten Tag ihrer Mission auf einer Patrouille begleiten zu können. Aber am späten Nachmittag wurde es klar, dass die haitianische Polizei nicht auf normale Patrouillen geht, sondern nach Berichten über Demonstrationen routinemässig in die betroffenen Viertel rast und von der Ladebrücke ihrer Toyota-Pickups aus mit ihren Waffen herumfuchtelt. In der Erkenntnis, dass solche Institutionen mehr als reine Expertise benötigten, hofften die internationalen Beobachter, dass die Trainingsprogramme für die haitianische Interimspolizei erfolgreich gewisse *Werte* vermitteln würden, erklärte ein Beobachter:

> "Sie arbeiten für die Regierung. Sie hüten die Verfassung. Sie schlagen keine unschuldigen Bürger zusammen. Sie handeln nicht mit Drogen. Sie nehmen kein Bestechungsgeld an."[55]

Die lange Bilanz von fehlgeschlagenen Bemühungen, die Sicherheitskräfte in Lateinamerika zu reformieren, bestätigt aber, dass solche Programme nur eine begrenzte Wirkung haben.

Die Schaffung *brandneuer* Institutionen, anstatt alte zu reformieren, ist nicht leichter. *Peace-builders* haben gelernt, dass sie zwar neue Institutionen mit klaren Prinzipien und Richtlinien planen können, es aber eine ganz andere Sache ist, sie zum Funktionieren zu bringen. Viel zu oft brechen sie unter dem Gewicht ungelöster lokaler Interessen- und Machtkonflikte zusammen - Konflikte, die ausserhalb des Einflussbereiches der UN-Vertreter liegen. Die Operation in El Salvador, eine der ehrgeizigsten beim Institutionenaufbau, liefert zwei Beipiele.

Die Einrichtung eines Ombudsmannbüros für Menschenrechte war ein wichtiges Element der Friedensvereinbarungen, die besonders darauf ausgerichtet war, institutionelle Kapazitäten zu schaffen, um Menschenrechtsverletzungen zu untersuchen, deren Ahndung zu fördern, den Opfern zu helfen sowie die Öffentlichkeit über Menschenrechte zu informieren. Aber die ARENA-Regierung hatte angesichts ihrer Liste von Verfehlungen kaum ein politisches Interesse daran, dieses Büro voll in Betrieb zu sehen. Die fehlende Bereitschaft der Regierung, erste Gelder für dieses Vorhaben zur Verfügung zu stellen und die Ernennung eines unerfahrenen Ombudsmannes bedeuteten, dass das Büro von internationaler finanzieller Hilfe abhängig blieb und dass, in den Augen des UN-Menschenrechtsexperten Pedro Nikken, ihre Nachforschungsaktivitäten bescheiden waren:

[55] W. Booth: Overhauling Haiti's Corrupt Police; Not an Easy Task, in: Washington Post, 4 October 1994, p. A1.

> "Dieses Unvermögen, eine überzeugende Beobachterrolle einzunehmen, bringt die Gefahr, die Bevölkerung zu befremden, das Vertrauen der Bürger in nationale Institutionen zu unterlaufen und eine nicht aufrechtzuerhaltende Abhängigkeit von der Menschenrechtsabteilung der ONUSAL weiterzuführen."[56]

Ein zweites Beispiel ist die *National Commission for the Consolidation of Peace* (COPAZ), ein primär einheimisches Gremium, das eingerichtet wurde, um die Implementierung der Vereinbarungen zu verifizieren. COPAZ bestand aus Vertretern der Regierung und der FMLN sowie aus politischen Parteien oder Koalitionen der gesetzgebenden Versammlung. Wegen der zum Teil immens unterschiedlichen ideologischen Positionen war die neue Institution nicht in der Lage, bei Verletzungen oder Verzögerungen das Einhalten der Vereinbarungen durchzusetzen.[57] Ein UN-Funktionär spekulierte im Oktober 1992, dass der Mechanismus effektiver hätte funktionieren können, wenn ONUSAL vermittelt hätte, anstatt nur als Beobachter zu fungieren. Dies hätte allerdings eine grössere Abhängigkeit geschaffen – selbst wenn bessere Ergebnisse dabei erzielt worden wären. Am Ende wurde die Last wieder der UNO aufgebürdet:

> "Die Unzulänglichkeiten von COPAZ bedeuteten, dass die meiste Verantwortung für die Verifikation der Implementierung der Vereinbarungen an ONUSAL fiel."[58]

Diese Beispiele zeigen zwei gleichermassen unattraktive Situationen auf, mit denen die UN-*peace-builders* vor Ort konfrontiert sind. Angesichts eines nicht funktionierenden institutionellen Apparates, eines ehrgeizigen Mandates und eines undurchführbaren Zeitplanes müssen *peace-builders* zusehen, wie ihre Missionen wegen fehlenden institutionellen Kapazitäten nur wenig vorankommen. Oder sie können improvisieren und, wenn möglich, gewisse Aufgaben selber erledigen. Die erste Option hat offensichtliche Nachteile, während bei der zweiten Option die Gefahr besteht, dass die Aufgabe der Mission, Institutionen aufzubauen, umgangen wird. Dies kann dazu führen, dass die Vereinten Nationen eine Abhängigkeit von ihrer Beratung und ihren organisatorischen Fähigkeiten schaffen, anstatt lokale Kapazitäten und Institutionen aufzubauen. Viele Salvadorianer aus ländlichen Gebieten stellten dann auch immer wieder die gleiche Frage an die ONUSAL-Funktionäre: "Ist es wahr, dass der Krieg wieder anfangen wird,

---

56 Holiday/Stanley, Building the Peace (Fn. 43), p. 427.
57 Ibid., Fn. 31.
58 Ibid., p. 429.

wenn ONUSAL das Land verlässt?"[59] ONUSAL verdeutlichte das Problem in seinem Bericht vom September 1993:

> "Die allgemein positiven Tendenzen, die der Frieden im Bereich der Menschenrechte gebracht hat, sind noch nicht ... unumkehrbar. Diese Trends können nur bestehen, wenn die als Ergebnis des Friedens aufgebauten Institutionen effektiv funktionieren, wenn staatliche Institutionen das Gesetz gewissenhaft befolgen, wenn das Gerichtswesen die Autorität und Autonomie besitzt, um Nachforschungen anzustellen und angemessene Strafen auszusprechen, wenn das Büro des Ombudsmannes (für Menschenrechte) gestärkt wird und seine konstitutionellen Funktionen von staatlichen Stellen respektiert werden, und wenn die bürgerliche Gesellschaft gestärkt wird."[60]

Zusammen mit dem politischen Willen der Mitgliedsstaaten und relevanter lokaler Akteure schränkt die Abhängigkeit der Vereinten Nationen von der Kapazität lokaler Institutionen die Fähigkeit der UNO enorm ein, Frieden in schwachen und gespaltenen Gesellschaften zu schaffen.

Zusammenfassung

Einige der schwierigsten Herausforderungen an die internationale Politik heutzutage sind genau die brutalen, scheinbar unlösbaren Konflikte, in denen UN-*peace-builders* eingesetzt werden. Und genau diese inneren Kämpfe wirken extrem destabilisierend, treiben Millionen von Menschen zur Flucht, stören die wirtschaftlichen Beziehungen und tragen manchmal den militärischen Konflikt über die Grenzen hinaus. Häufig fordern diese Konflikte auch die meisten Opfer: 140'000 Tote in Guatemala, 300'000 bislang in Angola und mehr als eine Million in Kambodscha. Und es sind diese Konflikte, die am ehesten als selbstverursacht, unvorstellbar oder einfach als hoffnungslos beiseite gelassen werden.

In vielen solchen Fällen gibt es einen deutlichen moralischen Imperativ für die internationale Gemeinschaft, sich durch die Vereinten Nationen zu engagieren. Aber gleichzeitig existiert ein gleichwertiger Imperativ, die Grenzen des effektiven Einflussbereiches der Organisation zu erkennen und taktische Zurückhaltung mit Mut zu verbinden. Es können einige Lehren aus den ersten fünf Jahren des *peace-building* nach dem Kalten Krieg gezogen werden.

1) *Grenzen*: *Peace-builders* sollten nirgendwo hingeschickt werden, wo es keinen Frieden zu schaffen gibt. Wenn die lokalen Akteure kein Interesse an einem demokratischen Frieden haben oder entwickeln, der das Ziel der Vereinten

59 El Salvador, Peace and Human Rights (Fn. 7), p. 21.
60 Spence/Vickers, A Negotiated Revolution (Fn. 12), p. 8.

Nationen ist, bauen UN-Vertreter Institutionen auf Sand auf. Und wenn die UN-Mitgliedsstaaten die *peace-builders* nicht mit den notwendigen Mitteln zur Erfüllung ihrer Arbeit ausstatten, sind alle Bemühungen frustrierend und von vornherein zum Scheitern verurteilt. Aber es gibt einiges, was die UNO tun kann fast bis zum kompletten *nation-building*, auch wenn die Bedingungen vor Ort ungünstig oder die verfügbaren Ressourcen beschränkt sind – *ohne* Rückzug auf die engeren Zielsetzungen des traditionellen *peacekeeping*. Viele Durchbrüche beim *peace-building* waren das Ergebnis gezielter Interventionen im kleinen Massstab wie ständige Verhandlungen und selektive technische Hilfe. In gewissen Fällen müssen UN-Vertreter akzeptieren, dass dies das Beste ist, was die Organisation erreichen kann und sollte.

2) *Möglichkeiten*: Trotz aller Anstrengungen von UN-Experten ist es nicht immer offensichtlich, wo und wann die notwendigen Bedingungen für *peace-building* zu erreichen sind; das Messen des politischen Willens internationaler und lokaler Akteure ist äusserst schwierig. In Fällen, in denen die Bedingungen zwar vorteilhaft, aber unvorhersehbar erscheinen, müssen UN-Vertreter und Mitgliedsstaaten einen Versuch wagen – und einen möglichen Fehlschlag in Kauf nehmen.

Aber Chancen wahrzunehmen, bedeutet nicht, dies blind zu tun. Wo Frieden geschaffen werden soll, muss die UNO die Lehren der Vergangenheit anwenden, um die Chancen eines Erfolges abschätzen zu können. Dies verlangt eine genaue und systematische Beurteilung früherer *peace-building*-Missionen, um konkrete Lehren für die Zukunft daraus zu ziehen. Genauer gesagt: Welche Mechanismen können angesichts des Geflechtes von Interessen und Anreizen, welche die UNO behindern, geschaffen werden, um Anreize für einen andauernden Frieden zu fördern? Anleitung dazu erhält man am besten von den Erfolgs- und Misserfolgsmustern vor Ort. Die unterschiedlichen Ergebnisse der von der UNO überwachten Wahlen in Angola und Mozambique, um nur ein Beispiel zu nennen, erlauben zwei Rückschlüsse auf die notwendigen Anreize für erfolgreiche Wahlen in gespaltenen Gesellschaften: Erstens, Demobilisierung der kämpfenden Parteien vor den Wahlen und, zweitens, Förderung eines umfassenden Wahlsystems (wie Machtteilung oder proportionale Vertretung), um alle Seiten für den politischen Prozess zu interessieren. Eine gründliche, vergleichende Analyse aller UN-*peace-building*-Missionen würde eine Reihe von wertvollen, wenn auch vorsichtigen Schlussfolgerungen liefern, die zukünftige UN-*peace-builders* anleiten könnten.

3) Wenn die *Chancen* des *peace-building* erkannt (und die Hindernisse überwunden) werden sollen, dann müssen auch die Dilemmata und Beschränkungen von Doktrinen und Politik frontal angesprochen werden. Es ist weder fair noch angebracht, solche Dilemmata einzig den *peace-builders* vor Ort zur Ad-hoc-Lösung zu überlassen. Die fehlende Bereitschaft, zwischen Doktrin und Anforderung des traditionellen *peacekeeping* und denjenigen des *peace-building* zu unterscheiden, hatte ernste Probleme zur Folge. Einerseits verschleierte es das

Ausmass, in welchem UN-*peace-builders* unerforschtes Territorium ohne adäquate Anleitung oder Instrumente begehen. Anderseits behindert es die Fähigkeit der UNO, die Ergebnisse ihrer ersten Versuche von *peace-building* systematisch zu bewerten. Das Verwischen der Unterschiede zwischen traditionellem *peacekeeping* und *peace-building* führte auch zu einer Umgehung der elementaren Frage, ob die Organisation überhaupt so strukturiert, trainiert, ausgerüstet und finanziert ist, dass sie mit den neuen Einsatzarten umgehen kann, die zu einem immer grösseren Bestandteil ihrer Funktion werden. Solange nicht alle Implikationen des UN-*peace-building* angesprochen werden, solange wird es schwierig bleiben, die Mitgliedsstaaten davon zu überzeugen, dass eine Wendung hin zum *peace-building* ein wertvolles Unterfangen ist, dass ihre Unterstützung verdient, selbst wenn bislang nur wenige und zerbrechliche Erfolge zu verzeichnen sind.

Es sind die Verheissungen, nicht die Gefahren des *peace-building*, die zur Vorsicht mahnen. Der Preis von Fehlschlägen ist hoch. UN-*peace-builders* wären gut beraten, sich an das letzte Mal zu erinnern, als sich ein aktivistischer Generalsekretär für eine Ausweitung der UN-Rolle einsetzte, um die Ursachen innerer Konflikte anzugehen. Dieses Experiment endete im früheren Belgisch-Kongo (jetzt Zaire).[61] Unter der Führung von Dag Hammarskjöld entsandten die Vereinten Nationen 20'000 Soldaten und Zivilpersonal, um den Dekolonisierungsprozess zu retten, der in sezessionistische Bewegungen, Bürgerkrieg und unermessliches menschliches Leid zu zerfallen drohte. Aber keine der notwendigen Vorbedingungen - dafür alle dornigen Dilemmata - des *peace-building* waren vorhanden. Die Mitgliedsstaaten waren ambivalent und gespalten. Lokale Faktionen waren nicht auf Kompromisse aus. Die UNO wollte die Staatssouveränität nicht verletzen und entschied sich, die Kongalesische Nationalarmee nicht zu entwaffnen. Der innere Konflikt verschärfte sich, als sich der Präsident und der Premierminister trennten, um rivalisierende Regierungen zu bilden, und ihre Förderer unter den mächtigeren Mitgliedsstaaten mit sich nahmen. Trotz des Erfolges bei der Sicherung der territorialen Integrität des Kongo hinterliess die Mission tiefe Narben. Dazu *Brian Urquhart*:

> "Die Kongo-Erfahrung trug viel dazu bei, die Hoffnungen auf die UNO als aktives Instrument des Friedens und der Konfliktkontrolle zu dämpfen und zurückzustufen, die Hammarskjölds frühere Bemühungen so sehr ermutigt hatten."[62]

---

[61] Siehe z.B. Brian Urquhart: International Peace and Security; Thoughts on the Twentieth Anniversary of Dag Hammarskjold's Death, in: Foreign Affairs, 60 (1), pp. 1-16. - Durch, The Evolution of UN Peacekeeping (Fn. 2).

[62] Urquhart, International Peace and Security (Fn. 61), pp. 6-7.

Für die nächsten zehn Jahre finanzierte die Organisation keine neuen *peacekeeping*-Einsätze mehr. Schwarzafrika, für seinen Teil, liess für weitere 25 Jahre keine *peacekeeping*-Mission zu.

Nun hat die Verbindung von globalen Ereignissen und einem aktivistischen Generalsekretär die Vereinten Nationen wieder an den Rand einer vielversprechenden, aber gefährlichen Chance gebracht, Frieden in gespaltenen und bedrohten Gesellschaften zu schaffen. Mit der richtigen Mischung von Vorsicht und Mut könnte die UNO dieses Mal wirklich beim Aufbau eines neuen Friedens helfen.

Teil IV

Brennpunkt

Ogoni gegen Shell und die nigerianische Militärregierung

Konfliktlösung in der Deltaregion Nigerias

Von Doris Danler

Öl ist ein Zauberwort in Nigeria – mit ihm waren und sind Träume von Reichtum, Entwicklung und Fortschritt verbunden. Nun – fast vierzig Jahre nach Beginn der Ölförderung in Nigeria – ist immer noch keiner dieser Träume wahr geworden, und der Optimismus der Pionierzeit ist gänzlich verschwunden. Wohl konnten einige wenige ihren Traum vom ganz grossen Reichtum verwirklichen und Millionen von Dollars auf ihre Privatkonten transferieren, doch für die Mehrzahl der Nigerianer war der grösste Reichtum des Landes gleichzeitig ihre grösste persönliche Katastrophe. Unter dem Druck billig importierter Lebensmittel brach die Landwirtschaft zusammen, und aufgrund rücksichtsloser Ölförderung und fehlender Umweltbestimmungen haben sich grosse Teile früher landwirtschaftlich genutzter Flächen in unfruchtbares Land mit verseuchtem Wasser verwandelt. Am Beispiel von Shell in Nigeria, insbesondere im Ogoniland, wird diese Entwicklung sichtbar.

Überblick

Im Niger-Delta Nigerias wächst der Widerstand gegen die umweltzerstörende Ölförderung durch multinationale Ölkonzerne und gegen den Verlust von fast allen politischen und wirtschaftlichen Mitbestimmungsrechten. Sechs Millionen Menschen aus mehr als zwanzig verschiedenen ethnischen Gruppen leben in diesem Feuchtgebiet im Südosten Nigerias. Das – mit 500'000 Mitgliedern zahlenmässig kleine – Volk der Ogoni hat mit dem *Movement for the Survival of the Ogoni People* (MOSOP) als erstes den Widerstand gegen Militärregime und Ölkonzerne organisiert. Seit 1991 hat sich MOSOP zu einer Massenbewegung mit einem relativ hohen Organisationsgrad entwickelt. MOSOP hat mit zivilem Ungehorsam und Auftritten bei internationalen Organisationen auf die Zerstörung des Lebensraumes der Ogoni und deren politische Unterdrückung aufmerksam gemacht. Dem international bekannten Autor Ken Saro-Wiwa gelang es, die katastrophale Situation der Ogoni in Europa und den USA zu thematisieren. Der nigerianische Staat, dessen Wirtschaft weitgehend von den Ölexporten abhängt, reagierte mit Terror und Repression: Gezielte Militäreinsätze während der vergangenen zwei Jahre in Ogoni forderten Hunderte von Toten und Verletzten. Zahlreiche MOSOP–Mitglieder wurden verhaftet, einige leben im Untergrund oder im Exil. Ken Saro–Wiwa wurde zusammen mit acht anderen führenden MOSOP–Mitgliedern Ende Oktober 1995 nach einem höchst fragwürdigen und unfairen Prozess von einem Sondergericht zum Tode verurteilt und zehn Tage später im Polizeigefängnis von Port Harcourt erhängt.

Das Ogoniland wird bis heute militärisch kontrolliert, und es kommt immer wieder zu Militäreinsätzen mit Plünderungen, Verhaftungen, Vergewaltigungen und der Zerstörung von Häusern und Ernten. Die soziale Situation ist nach wie vor katastrophal: Es gibt keine Elektrizität, kein Leitungswasser, keine ausreichende Gesundheitsversorgung, zu wenig Schulen und keine Unterstützung für jene Menschen, die durch die Militäreinsätze oder durch die Ölverseuchung ihre Existenzgrundlage verloren haben.

Der grösste und einflussreichste Ölkonzern in Nigeria, die *Shell Petroleum Development Company of Nigeria* (SPDCN), hat sich 1993 aus dem 1'000 km^2 grossen Ogoniland zurückgezogen, produziert aber in der übrigen Deltaregion weiterhin rund eine Million Fass Rohöl pro Tag. Umweltschäden, die durch eine Vielzahl von verheerenden Ölaustritten während der vergangenen dreissig Jahre verursacht wurden, hat SPDCN nicht behoben.

Der nigerianische Staat reproduziert sich im wesentlichen über das Öl der Deltaregion.[1] Die schnell und leichtverdienten Petrodollars versetzten das Land und seine Eliten in einen Rauschzustand und erzeugten eine Rentiersmentalität, die bis heute Politik, Wirtschaft und Gesellschaft Nigerias bestimmt. Zugleich wurden die traditionellen Strukturen und Werte gebrochen oder korrumpiert. Zur Zeit erlebt Nigeria die schwerste politische und wirtschaftliche Krise seit dem Bürgerkrieg Ende der sechziger Jahre. Die Ölgelder wurden auf ausländische Privatkonten transferiert oder für unsinnige Prestigeprojekte im Stahl– und petrochemischen Sektor verprasst. Symptomatisch für die Verschwendungssucht ist das gigantische Stahlwerk in Ajaokuta in Zentralnigeria, das niemals den Betrieb aufnehmen wird, und die mit Millionen von Dollars aus dem Boden gestampfte neue Hauptstadt Abuja. Die einst relativ breite Mittelschicht ist dezimiert und der Grossteil der Bevölkerung lebt heute im Elend. Das einstmals in Afrika vorbildliche Schul– und Universitätssystem ist ebenso wie das Gesundheitswesen zusammengebrochen.

---

[1] 80% der Staats– und 98% der Deviseneinnahmen Nigerias stammen aus dem Ölgeschäft; 1992 stammten 56% dieser Einnahmen aus der Ölproduktion im Niger–Delta – das sind rund 3,9 Milliarden US–Dollar. Zahlen aus World Bank: Defining an Environmental Development Strategy for the Niger Delta, Vol. I, 30 May 1995, p. 4.

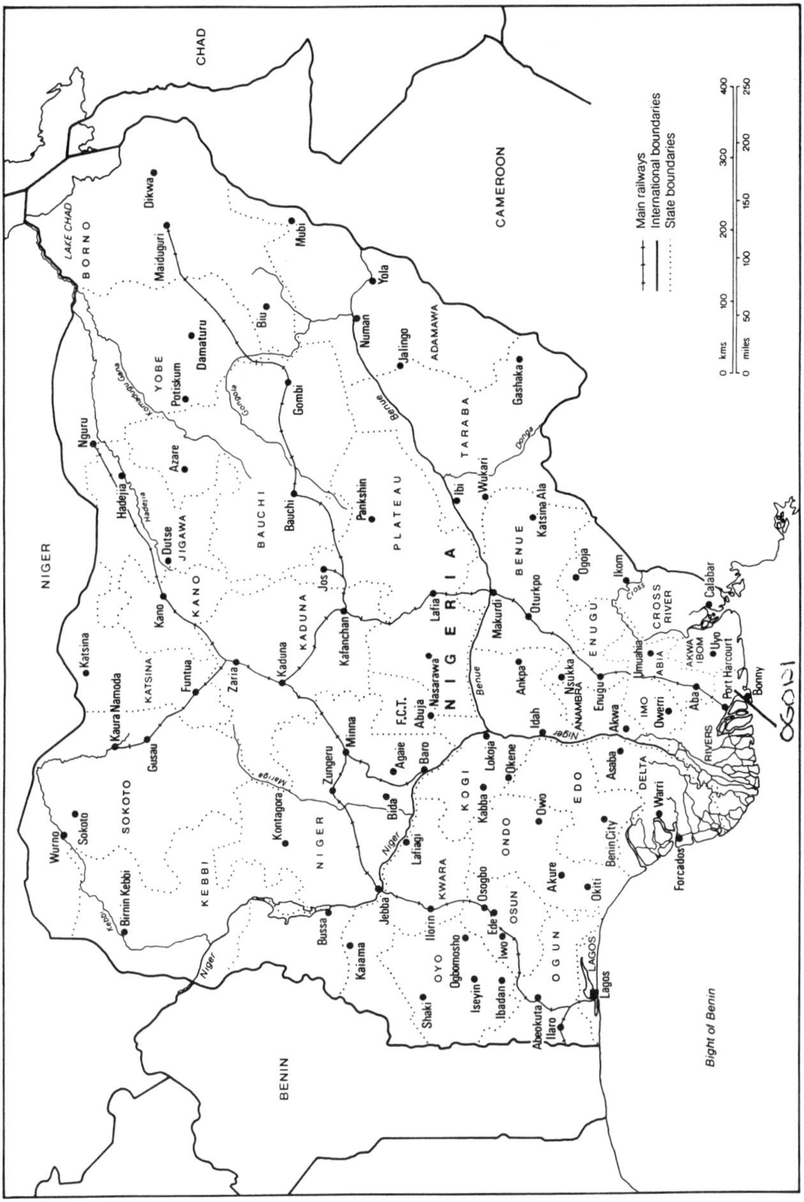
CHAD
NIGER
CAMEROON
BENIN
Bight of Benin
LAKE CHAD
N I G E R I A
Main railways
International boundaries
State boundaries
0 kms 100 200 300 400
0 miles 50 100 150 200 250
BORNO
YOBE
JIGAWA
KANO
KATSINA
SOKOTO
KEBBI
NIGER
KADUNA
BAUCHI
PLATEAU
ADAMAWA
TARABA
BENUE
KWARA
KOGI
F.C.T.
OYO
OSUN
OGUN
ONDO
EDO
LAGOS
DELTA
ANAMBRA
ENUGU
IMO
ABIA
AKWA IBOM
CROSS RIVER
RIVERS
Dikwa
Maiduguri
Mubi
Yola
Numan
Biu
Damaturu
Potiskum
Nguru
Hadejia
Azare
Gombi
Jalingo
Gashaka
Bauchi
Pankshin
Ibi
Wukari
Katsina Ala
Dutse
Kano
Katsina
Kaura Namoda
Funtua
Zaria
Kaduna
Kafanchan
Jos
Lafia
Makurdi
Oturkpo
Ogoja
Ikom
Calabar
Uyo
Umuahia
Port Harcourt
Bonny
Aba
Owerri
Enugu
Nsukka
Ankpa
Idah
Akwa
Asaba
Warri
Forcados
Benin City
Okiti
Akure
Owo
Okene
Lokoja
Kabba
Nasarawa
Abuja
Baro
Agaie
Minna
Zungeru
Bida
Lafiagi
Kontagora
Gusau
Sokoto
Wurno
Birnin Kebbi
Jebba
Bussa
Kaiama
Ilorin
Osogbo
Ede
Iwo
Ogbomosho
Iseyin
Ibadan
Shaki
Abeokuta
Ilaro
Lagos
Niger
Benue
Kebbi
Mariga
Gongola
Komadugu Gana
Hadejia
Donga
Cross
OGONI

Nigeria

Nach der Annullierung der Präsidentschaftswahl von 1993 und einer dreimonatigen Interimsregierung kehrten die Militärs im November 1993 zurück an die Macht. Die Militärjunta unter General Sani Abacha hat zwar ein politisches Übergangsprogramm verkündet, die Chancen für eine baldige Machtübergabe an eine ziviles Regime stehen jedoch schlecht.

Die zentralen Konfliktfelder im Niger-Delta am Beispiel der Ogoni

Das Niger–Delta im Südosten Nigerias umfasst ca. 20'000 km^2 und gehört zu den grossen Feuchtgebieten der Erde. Die Ogoni zählen mit rund 500'000 Menschen zu den mittelgrossen Ethnien in Nigeria und bewohnen ein rund 1'000 km^2 grosses Gebiet östlich der Ölmetropole Port Harcourt. Sie leben hauptsächlich von Landwirtschaft und Fischerei. Seit den ersten Ölfunden 1956 bestimmt das Erdöl das Schicksal der Ogoni und der anderen ethnischen Gruppen im Delta. Das qualitativ hervorragende Erdöl katapultierte das industriell unberührte Randgebiet der Weltökonomie innerhalb weniger Jahre ins grosse Ölbusiness und in die Interessensphäre der internationalen Ölkonzerne sowie der neuen Machteliten in Nigeria.

Die Ogoni betrachten ihren Raum als Basis für die Landwirtschaft und als religiöses Netzwerk, in dem sie, ihre Vorfahren und die alten Mythen eingebunden sind. Daher müssen die Bindung an die Natur und die Vorfahren durch religiöse Rituale immer wieder erneuert werden. Diese Bindung wurde durch das Eindringen der Ölindustrie systematisch zerstört. Pipelines, Ölbohranlagen, Strassen und Verschmutzungen ruinierten Böden, Gewässer und einen Teil der Kultur. Zwei grosse Konfliktlinien zeichnen sich ab:

1) Der Konflikt zwischen den *Ogoni* und dem *nigerianischen Staat*. Der nigerianische Staat und die Macht der Militärs basieren auf dem kontinuierlichen Fluss der Petrodollars und auf der staatlichen Einheit der multiethnischen Bevölkerung. Genau diese beiden Elemente werden durch den Widerstand der Ogoni, der sich auch bei anderen Ethnien im Niger–Delta entwickeln könnte, bedroht. Auf diese Bedrohung reagiert das herrschende Regime mit Staatsterrorismus: Massive Militäreinsätze und schwere Menschenrechtsverletzungen gehören zum Alltag im Ogoniland.

2) Der Konflikt zwischen den *Ogoni* und den *Ölmultis*. Ein Weltkonzern trifft auf eine Subsistenzgesellschaft, deren sozioökonomische und soziokulturelle Basis durch die Ölförderung zerstört wird, ohne dass mit einem Teil des Gewinnes tragfähige Alternativen geschaffen worden wären.

Die beiden Konfliktlinien überschneiden sich im Verhältnis zwischen den Ölkonzernen und der nigerianischen Bürokratie bzw. den Machteliten. Bis 1993 durften ausländische Ölgesellschaften in Nigeria nur in *Joint Ventures* mit Mehrheitsbeteiligung der staatlichen *Nigerian National Petroleum Corporation* (NNPC) tätig sein. Daraus entstand eine enge Verquickung zwischen den internationalen Ölkonzernen und dem Staatsapparat, der sich zum verlängerten Arm der Konzerninteressen entwickelte.

Nigeria - Öl und Militär halten einen Staat zusammen

Die Heterogenität der nigerianischen Gesellschaft spiegelt sich in der föderativen Struktur des Landes wider: Dreissig Bundesstaaten, 589 *local governments* und das Bundesterritorium Abuja strukturieren eine Bevölkerung, die aus über 400 ethnischen Gruppen[2] besteht. Der Kampf um den Zugang zum Staatsapparat prägte die Auseinandersetzungen zwischen den drei grössten Ethnien Hausa-Fulani (24%), Yoruba (21%) und Igbo (12%)) seit der Unabhängigkeit.[3] Die Hausa–Fulani leben grösstenteils im Norden Nigerias, dem militärischen und politischen Machtzentrum. Die Igbo leben im Osten und die Yoruba im Südwesten mit der Wirtschaftsmetropole Lagos. Die zahlreichen Minderheiten des *Middle Belt* (die Region zwischen Nord- und Südnigeria) und des Deltas haben nur für eine kurze Periode (1966–1975) eine führende Rolle im Staatsapparat einnehmen können. Bisheriger Höhepunkt der Auseinandersetzungen war der Biafrakrieg von 1967 bis 1970, ausgelöst durch den erfolglosen Sezessionsversuch der Igbo. Seit dem Ende des Biafrakrieges sind drei grosse Entwicklungen auszumachen:
1) Weitgehender Machtverlust der Minderheiten;
2) Entwicklung zu einem autoritären Zentralstaat mit Hilfe der Petrodollars;
3 Militarisierung der nigerianischen Gesellschaft.

Ethnische Zugehörigkeiten bestimmen in hohem Masse politischen und wirtschaftlichen Einfluss und Macht. Ethnizität hat im verschärften Verteilungskampf in den vergangenen Jahren sogar an Bedeutung gewonnen.

Der zentrale politische Faktor ist das Militär. Während 25 von 35 Jahren seit der Unabhängigkeit beherrschten Militärregierungen das Land. Gewählte Zivilregierungen gab es nur von 1960 bis 1966 und von 1979 bis 1983. Im Gefolge des Biafrakrieges hat sich das Militär zum dominanten Akteur ent-

---

[2] Zahlen aus Heinrich Bergstresser: Nigeria, in: Dieter Nohlen/Franz Nuscheler (Hrsg.): Handbuch der Dritten Welt; Westafrika und Zentralafrika. Bergstresser gibt über 430 ethnische Gruppen in Nigeria an - basierend auf der Sprachenkarte von K. Hansford u.a. 1976, in: Afrika Spectrum 77/3.

[3] Zahlen aus Bergstresser, Nigeria (Fn. 2).

wickelt, der tief in die Gesellschaft hineinwirkt. Die Generäle bilden eine hochpolitisierte *Kaste*. Sie legitimiert sich als einzige nationale Kraft, die sich mit dem Nationalstaat Nigeria in seinen kolonialen Grenzen identifiziert. Die vielbeschworene Einheit Nigerias bildet zusammen mit dem Öl die Machtbasis des Militärs. Der Ölboom nach dem Bürgerkrieg hat erheblich zur weiteren Konsolidierung der Militärmacht beigetragen. Der Sieg der Bundestruppen sicherte dem Zentrum endgültig die Hoheit über die Ölressourcen und garantierte den direkten Zugriff auf die Öleinnahmen. Das Landnutzungsdekret von 1978 legalisiert das absolute Zugriffsrecht des Staates auf alle Rohstoffe des Landes und besagt, dass nicht nur die Rohstoffe staatlicher Besitz sind, sondern darüber hinaus das gesamte Land, auf bzw. unter dem Rohstoffe vorkommen.[4] Damit verloren unter anderem auch die Ogoni jedes Anrecht auf ihr Land, und die Ölförderung wurde zum lukrativen Geschäft, das sich Staat und Ölkonzerne teilen.

Dem Norden gelang es, seine politische Vormachtstellung auch nach Verlust der eigenen ökonomischen Basis, die vor allem in der Landwirtschaft lag, aufrechtzuerhalten. Er besetzte alle strategisch wichtigen Positionen in Militär und Bürokratie und konnte sich so einen Grossteil der Staatseinnahmen aneignen. Diese Dominanz des Nordens führte zu einer tiefen Unzufriedenheit in weiten Teilen der nigerianischen Gesellschaft. Besonderer Widerstand regt sich in jenen Regionen, in der diese Dominanz am deutlichsten hervortritt: Unter den zahlreichen Minderheiten im *Middle Belt* und im ölreichen Niger–Delta. Die Marginalisierung der Deltavölker durch die Militärregierung wird am Aufteilungsschlüssel der Exporteinnahmen sichtbar. Zum Zeitpunkt der Unabhängigkeit 1960 gingen noch 50% der nationalstaatlichen Exporterlöse zurück in die jeweilige Ursprungsregion. Doch mit der rasch zunehmenden Bedeutung des Erdöls sicherte sich das Zentrum nach Beendigung des Bürgerkrieges schrittweise fast die gesamten Exporterlöse, indem es diese Form des Finanzausgleichs de facto abschaffte. 1984 erhielt der Bundesstaat, in dem die exportierten Rohstoffe gefördert wurden, nur noch 1,5% der Erlöse. Unter der Regierung von General Babangida wurde der Anteil auf 3% erhöht und für die ölproduzierenden Staaten wurde eine *Oil Mineral Producing Areas Development Commission* (OMPADEC) zur Verwaltung der Gelder geschaffen. Bei dieser Regelung ist es bis heute geblieben. Doch auch diese Einnahmen versickern durch Korruption, so dass die Dörfer und Gemeinschaften kaum davon profitieren.[5]

---

4 Ben Naanen: Oil–Producing Minorities and the Restructuring of Nigerian Federalism; The Case of the Ogoni People, in: Journal of Commonwealth & Cooperative Politics, Vol. 33, No. 1, March 1995.

5 Report of the UNPO Mission to Investigate the Situation of the Ogoni of Nigeria, 17–26 February 1995.

Der Ölkonzern Shell

Das britisch-niederländische Konsortium Shell D'Arcy begann bereits 1937 mit der Suche nach Öl in der britischen Kolonie Nigeria und sicherte sich die Förderkonzession. Doch erst 1956 wurde man fündig. In Oloibiri begann Shell mit einer Fördermenge von durchschnittlich 5'100 Barrels Rohöl pro Tag. Heute fördert SPDCN, als wichtigste der vier 100%igen Tochterunternehmen von Shell International in Nigeria, durchschnittlich 900'000 Barrels täglich.[6] Seit 1959 wurden Förderkonzessionen auch an andere Konzerne wie Mobil, Gulf (heute Chevron), Agip, Satrap (heute Elf), Tenneco und Amoseas (heute Texaco/Chevron)[7] vergeben, doch ist Shell weiterhin die grösste und einflussreichste Ölgesellschaft des Landes.

Die Basis für die Arbeit aller multinationalen Ölkonzerne in Nigeria sind *Joint Ventures*, in denen sie als operative Partner der zu 100% staatlichen NNPC auftreten. Die derzeit gültigen Vereinbarungen zwischen der nigerianischen Regierung und den Ölgesellschaften (*Memoranda of Understanding*, MOU) garantieren letzteren einen Mindestgewinn von 2,30 bis 2,50 US-Dollar pro Barrel nach Abzug aller Kosten und Steuern unter der Bedingung verstärkter Anstrengungen bei Exploration und Ölfeldausbeutung.[8] SPDCN ist der Betreiber eines *Joint Ventures* aus NNPC (55%), Shell (30%), Elf (10%) und Agip (5%).[9] Da alle bisherigen Machthaber direkten Zugriff auf NNPC hatten, ergibt sich eine unmittelbare Zusammenarbeit zwischen Shell und dem jeweiligen Regime.

Im Ogoniland hat SPDCN zum Zeitpunkt ihres Rückzuges Mitte 1993 rund 28'000 Fass Rohöl gefördert. Bei einem garantierten Mindestgewinn von 2,30 US-Dollar pro Barrel entspricht dies einem täglichen Gewinnanteil von SPDCN von 19'320 US-Dollar - bzw. einem Quartalserlös von über 1,7 Millionen US-Dollar - der tatsächliche Ertrag liegt jedoch weit höher.[10] Der Anteil, den die Zentralregierung über Steuern, Abgaben und NNPC durch die 55%ige Beteiligung erhält, ist wiederum grösser als der angegebene Gewinn von SPDCN. Letztere betrieb in Ogoni fünf Hauptölfelder mit 96 Bohrlöchern, die mit fünf

---

6 Shell spricht in seiner Annual Review 1994 von 853'000 Barrels täglich (b/d), weist aber darauf hin, dass 1994 aufgrund des neunwöchigen Streiks der Ölarbeiter 68'500 b/d (umgerechnet auf den Jahresdurchschnitt) Produktionsverlust zu verzeichnen waren.

7 Peter Okoh: Environmental Degradation, Conflicts and Peaceful Resolution in Nigeria and between Nigeria and Neighbouring States, in: Regional Study of the Environment and Conflict Project; International Project on Violence and Conflicts Caused by Degradation and Peaceful Conflict Resolution, im Erscheinen, p. 8.

8 Wirtschaftskammer Österreich: AW-Warenreport; Nigeria, Marktbericht Erdöl in Nigeria, 24. Juli 1995, p. 3.

9 SPDCN, Annual Review 1994.

10 Die Mindestgewinnmarke kommt aufgrund der geringen Kosten der Ölförderung in Nigeria kaum zum Einsatz. Zudem verrechnet der Betreiber des Joint Ventures, in diesem Fall SPDCN, auch eigene Lieferungen und Leistungen, in denen beträchtliche Gewinnspannen inkludiert sind.

Pumpstationen in Bomu, Korokoro, Yorla, Bodo West und Ebubu verbunden sind. Die meisten Ölfelder und Anlagen sind mittlerweile zwischen 25 und 35 Jahre alt. Laut Angaben von SPDCN wurden bisher in Ogoni insgesamt 634 Millionen Barrels Rohöl gefördert. Die Produktionsspitze wurde 1973 mit 108'000 Barrels pro Tag erreicht.[11]

Angesichts dessen ist auch das SPDCN-Entwicklungsprogramm nur ein Tropfen auf den heissen Stein: Zwischen 1987 und 1992 gab SPDCN zwei Millionen US-Dollar für Entwicklungsprojekte in Ogoni aus. 1993/94 gingen 220'000 US-Dollar in ein humanitäres Programm für Ogoni und die benachbarten Andoni. [12]

Umweltzerstörungen

Zwei Jahre nach dem Rückzug der SPDCN aus dem Ogoniland sind grosse Teile des Landes ölverseucht. Immer wieder brechen Pipelines, und wochenlang sickert Öl in den Boden. An manchen Stellen ist so eine dicke Ölschicht entstanden. Jedes Jahr laufen im Niger-Delta rund 2'300 m^3 Rohöl bei 300 Unfällen aus[13], wobei die kleinen täglichen Ölaustritte in dieser Zahl noch gar nicht mitgerechnet sind. Die Gesamtmenge des ausgelaufenen Rohöls ist beträchtlich höher. Von 1993 auf 1994 gab es eine signifikante Zunahme der Menge des ausgelaufenen Öls von 3'251 Barrels auf 18'527 Barrels pro Jahr.[14] Ein Bericht von traditionellen Führern in Rivers State beschreibt die Auswirkungen des verseuchten Wassers auf die Fischerei:

> "... we have widespread water pollution and soil/land pollution that respectively result in the death of most aquatic eggs and juvenile stages of life of fin-fish and shell-fish and sensible animals (like oysters) on the one hand, whilst, on the other hand agricultural land contaminated with oil spills

---

11 SPDCN, Nigeria Brief: The Ogoni Issue.

12 Ibid. In der gesamten Deltaregion waren es - laut SPDCN-Bericht "Nigeria Brief: The Environment" vom Mai 1995 - zwischen 1987 und 1992 rund 14 Millionen US-Dollar. Mittlerweile spricht Shell in ganzseitigen Zeitungsinseraten in allen grossen Tageszeitungen Deutschlands, Österreichs und Grossbritanniens von 120 Millionen US-Dollar, die allein 1995 in umweltbezogene und soziale Projekte im Delta gegangen sein sollen. Eine derartige Steigerung in so kurzer Zeit erscheint zumindest unwahrscheinlich.

13 World Bank: Defining an Environmental Development Strategy (Fn. 1), p. 49. Zu beachten ist, dass die Weltbank hier die Angaben von Shell übernommen hat.

14 Ibid., Vol. II, 25 May 1995, p. 95. Auch hier hat die Weltbank die Angaben von Shell übernommen.

become dangerous for farming, even where they continue to produce any significant yields."[15]

Die Auswirkungen alter Ölunfälle sind heute noch an vielen Orten im Ogoniland sichtbar.[16] Die Dorfbevölkerung berichtet von zahlreichen Ölaustritten und Lecks in freiliegenden Pipelines, aus denen oft wochenlang Rohöl ausfliesst. Stränge von Pipelines führen in einer Entfernung von ein bis zwei Metern an Häusern vorbei, und man sieht spielende Kinder auf halbverrosteten Pipelines sitzen. Immer wieder entstehen Brände aufgrund von Gaslecks.

SPDCN-Quellen führen 69% der zwischen 1985 und 1993 gezählten Ölunfälle auf Sabotage der Dorfgemeinschaften zurück. Für 31% der Fälle werden verrostete Pipelines als Unfallursache angegeben.[17] Die Dorfgemeinschaften gestehen einige Sabotageakte ein, aber konkrete Zahlen liegen nicht vor. Angesichts des Zustandes der Pipelines, die fast ausschliesslich oberirdisch verlaufen, besteht Grund zur Annahme, dass wesentlich mehr als 31% der Ölunfälle auf defekte Pipelines zurückzuführen sind.

Bis zum Rückzug von SPDCN war auch die Gasabfackelung ein gravierendes Umweltproblem in Ogoni. Bis heute wird noch in allen anderen Ölgebieten des Deltas das anfallende Gas abgefackelt. Für die Bevölkerung bedeutet das meterhohe Flammen, manchmal nur einige hundert Meter von den Dörfern entfernt, Lärm und Russ 24 Stunden, und niemals eine Nacht, die wirklich dunkel ist. Eine Folge der Luftverschmutzung durch die Gasabfackelung sind Atemwegs- und Hauterkrankungen. SPDCN fackelt fast das gesamte Gas, das bei der Erdölproduktion anfällt, ab - das sind rund 31 Millionen m^3 pro Tag.[18] Daran wird auch das neue - mit 3,8 Milliarden US-Dollar projektierte - Flüssiggaswerk (*Liquified Natural Gas Plant*, LNG) nicht viel ändern. Bei diesem vor dreissig Jahren konzipierten Werk handelt es sich um eines der teuersten Projekte Afrikas. Shell, Elf, Agip und NNPC sind daran beteiligt. Kurz vor der endgültigen Vertragsunterzeichnung wurden Ken Saro-Wiwa und seine acht Mitstreiter hingerichtet. Daraufhin wurde Shell von einigen Regierungen, insbesondere Südafrika und Grossbritannien, unter Druck gesetzt, aus dem Projekt auszusteigen, was für Shell aber nicht in Frage kam. Ausgestiegen ist ein wichtiger Finanzierungspartner - die *International Finance Corporation*, eine Unterorganisation

---

15 Chief Dr. Dappa-Biriye HJR/Chief Briggs RR/Chief Dr. Idoniboye-Obu B/Professor Fubara DMJ: The Endangered Environment of the Niger Delta; Constraints and Strategies, an NGO-Memorandum of the Rivers Chiefs and Peoples Conference for the World Conference of Indigenous Peoples on the Environment and Development and the United Nations Conference on Environment and Development, Rio de Janeiro 1992, pp. 59f. Zitiert in Greenpeace International: Shell-Shocked; The Environmental and Social Costs of Living with Shell in Nigeria, Juli 1994, p. 13.

16 Aufenthalt im Ogoniland im September 1995.

17 SPDCN, Nigeria Brief (Fn. 11).

18 Ibid.

der Weltbank. Die anderen nicht-nigerianischen Partner übernahmen diesen Finanzierungsteil und der Vertrag über das LNG-Projekt wurde unterzeichnet. Demnach soll Nigeria ab Mitte 1999 jährlich Flüssiggas im Wert von einer Milliarde US-Dollar exportieren. Dabei wird aber nur ein geringer Teil des bisher abgefackelten Gases verarbeitet, der Grossteil stammt aus neuerschlossenen Gasfeldern.[19]

Ölbohranlagen, Pipelines, eine Düngemittelfabrik, zwei Raffinerien und ein petrochemisches Werk haben den Boden im dichtbesiedelten Ogoniland weiter verknappt. Unter Bezug auf das Landnutzungsdekret wurden kaum Kompensationen bezahlt:

> "As a responsible Nigerian company, SPDCN obeys the laws of the country, one of which is the Land Use Decree of 1978 (...). Thus royalties and rents are paid to the government which is where we believe MOSOP should direct any royalty claims."[20]

Dorfbewohner berichten von lächerlich geringen Zahlungen für die Ernte auf den jeweiligen Feldern, nicht aber für Land. Eine Angabe, die SPDCN bestätigt: "Today, we give compensation for the surface rights of all land acquired for use and for damage to land for subsequent activity, including oil spills."[21]

Ogoni - Leben auf dem Reichtum

Die Ogoni leben in kleinen, festgefügten Gemeinschaften mit traditionellen Oberhäuptern – sogenannten *Chiefs*. Ihre Wirtschaft basiert auf Fischfang in den Mangrovensümpfen und Landwirtschaft. Die Ölförderung hat allerdings die meisten Flüsse und küstennahen Gewässer derart verschmutzt, dass der Fischfang nicht mehr profitabel ist. Viele Männer sind heute auf andere Einkommensmöglichkeiten angewiesen, arbeiten meist in schlecht bezahlten Jobs in den Städten und kommen nur am Wochenende nach Hause. Die Landwirtschaft wird hauptsächlich von den Frauen bestritten, die bei ihrer Hochzeit ein Stück Land von ihrem Ehemann erhalten. Von diesem Land ernähren sie sich und die Kinder. Unter der Verschlechterung der Bodenqualität und den verminderten Erträgen

---

19 SPDCN-Vorsitzender und Geschäftsführer Brian Anderson wird von Nigerian Petroleum News, Januar 1996, folgendermassen zitiert: "... not all of this will be associated gas (gas produced in association with oil). Suppliers are expected in due time to substitute non-associated gas (produced from entirely gas-bearing reservoirs) by associated gas, thus contributing to a reduction in gas flaring." Im Petroleum-Report 1994 der US-Botschaft in Nigeria heisst es dagegen: "The plant will not use associated gas, as that would have required substantial additional capital investment for compression facilities."

20 SPDCN, Nigeria Brief (Fn. 11).

21 Ibid.

leiden daher vor allem die Frauen. Falls überhaupt Kompensationen für das Land gezahlt werden, gehen diese an die Dorf–Chiefs, die das wenige Geld für Kulthandlungen verwenden oder in die eigene Tasche stecken.

Der Landverkauf verdeutlicht den Zusammenprall zwischen modernem Geschäftsgebaren und traditioneller Lebensweise. In Ogoni ist dies ein sensibler und komplizierter Vorgang, denn zum Land gehören die Geister der Vorfahren. Diese müssen mittels bestimmter ritueller Handlungen dazu bewegt werden, ihren angestammten Ort zu verlassen. Erst nachdem die Priester dieses Ritual beendet haben, wird das Land übergeben. SPDCN folgt anderen Regeln - Bulldozer walzen das Gelände nieder, manchmal werden Sprengladungen gezündet und mit Druckwellenmessungen vorhandene Ölreserven ausfindig gemacht. Den Bauern wird mitgeteilt, dass das jeweilige Feld nicht mehr ihnen gehöre und der Zugang ab sofort nicht mehr möglich sei. Zum materiellen Verlust und zur Demütigung kommt für die Bauern nach diesem brutalen Vorgang auch die Angst vor dem Zorn der gestörten Vorfahren - ein vorhandenes Gleichgewicht gerät unwiderruflich aus dem Lot.

Nach Jahrzehnten solcher Erfahrungen gepaart mit katastrophalen Umweltschäden stieg die Spannung zwischen den Ogoni, SPDCN und dem Militärregime, das die rücksichtslose Ausbeutung der Region ermöglichte und davon besonders profitierte. Nach dreissig Jahren Ölförderung ist Ogoniland eine der höchstindustrialisierten und zugleich ärmsten Regionen Nigerias.

MOSOP - organisierter Widerstand

Die jahrelangen Auseinandersetzungen um Partizipation und gerechtere Verteilung der Öleinnahmen veranlassten die Ogoni–Chiefs im August 1990 zur Verabschiedung der "Ogoni Bill of Rights" (OBR). Deren zentralen Punkte sind:
- Das Recht auf Selbstbestimmung innerhalb der Föderation Nigeria;
- adäquate Vertretung in allen nationalen Institutionen;
- gerechter Anteil an den wirtschaftlichen Ressourcen für die eigene Entwicklung;
- das Recht, die Umwelt vor weiteren Schäden zu schützen;
- strikte Gewaltlosigkeit.[22]

Besonders die Gewaltlosigkeit ist ein Aspekt, den Ken Saro–Wiwa in seinen Reden immer wieder betont hat. Ein Zusatz zur OBR, der ein Jahr später beschlossen wurde, richtet sich direkt an die internationale Gemeinschaft. Darin wird die strikte Gewaltlosigkeit festgelegt und unter anderem darauf hingewiesen,

---

22 Ogoni Bill of Rights (OBR), Presented to the Government and People of Nigeria with an Appeal to the International Community, Port Harcourt, June 1992.

dass die Ogoni ohne die Intervention der internationalen Gemeinschaft von ihrer Regierung nicht gehört werden. Daneben wird die Regierung aufgefordert, Einkünfte aus dem Ölverkauf und der Vergabe von Bohrrechten an die Ogoni weiterzugeben:

> "The Federal Republic of Nigeria has refused to pay us oil royalties and mining rents amounting to an estimated 20 billion US$ for petroleum mined from our soil for over thirty-three years."[23]

Der damalige Präsident des Militärregimes, General Babangida, und die Mitglieder des *Armed Forces Ruling Council* ignorierten die Forderungen der OBR. Um ihre Ziele national und international vertreten zu können, gründeten die Ogoni-Chiefs 1991 das *Movement for the Survival of the Ogoni People* (MOSOP). Die erste Führungsschicht von MOSOP setzte sich aus angesehenen Persönlichkeiten der Ogoni zusammen: Präsident Dr. G. B. Leton war früher im Aufsichtsrat von NAFCON, Nigerias Kunstdüngerunternehmen, Vizepräsident Chief E. N. Kobani war traditioneller Herrscher im Gokana-Königreich (Ogoni). Ken Saro-Wiwa, der bekannte Schriftsteller, Publizist und TV-Regisseur, wurde MOSOP-Sprecher. Er nutzte seine nationalen und internationalen Verbindungen, um den Ogoni-Konflikt und MOSOP bekannt zu machen. Im Ogoniland machten ihn seine Reden und Veröffentlichungen zu einer anerkannten Autorität.

Erste internationale Aufmerksamkeit fand MOSOP 1992, als Ken Saro-Wiwa den Konflikt vor die UN-Arbeitsgruppe für indigene Völker und 1993 vor die Generalversammlung der *Unrepresented Nations and Peoples Organisation* in Den Haag brachte. Es folgten zahlreiche Veröffentlichungen von Organisationen wie *Amnesty International*, *Greenpeace*, *Human Rights Watch/Africa* und Berichte in nationalen und internationalen Medien. Ende 1992 setzte MOSOP den Ölgesellschaften im Ogoniland (Shell, NNPC und Chevron) ein Ultimatum: Sie wurden aufgefordert, innerhalb von dreissig Tagen Gewinnanteile und Kompensationen, die während der vergangenen dreissig Jahre angefallen waren, zurückzuzahlen oder Ogoniland zu verlassen. Die Ölgesellschaften ignorierten die Forderungen. Am 4. Januar 1993 nahmen 300'000 Menschen am *Ogoni-Day-March* teil. Damit sollte der Beginn des UN *Year of the World's Indigenous Population* markiert und MOSOP's Organisationsstärke gezeigt werden. Der Marsch verlief ohne jeden Zwischenfall und brachte die Anliegen der Ogoni in die nigerianischen Medien. Wenig später gab SPDCN bekannt, dass sie sich aus Ogoniland zurückziehen werde, nachdem einer ihrer Mitarbeiter tätlich angegriffen worden sei.

Im Februar und März 1993 folgten weitere Massenmobilisierungen, und immer wieder wurden führende MOSOP-Mitglieder verhaftet und unter dubiosen

---

23 Ibid.

Anklagen eingesperrt. MOSOP gab sich eine schlagkräftige Organisationsstruktur. Als Vorbild diente die traditionelle Dorforganisation mit einem Ältestenrat, einer Frauen- und einer Jugendvereinigung. Sie werden auf lokaler und auf regionaler Ebene von den jeweiligen Dorfgruppen beschickt, die dafür ihre Vertreter und Vertreterinnen wählen. Das höchste Entscheidungsgremium auf regionaler Ebene ist das *Steering Committee*, in dem jeweils zwei Vertreter aller Gruppen das Wahlrecht besitzen. Später kamen noch weitere Unterorganisationen dazu. Die Jugendorganisation NYCOP (*National Youth Council of Ogoni People*) entwickelte sich schnell zum stärksten und schlagkräftigsten Teil:

> "NYCOP brachte die Idee von MOSOP in jedes Dorf und veranstaltete überall Versammlungen und Seminare, an denen oft mehrere tausend Menschen teilnahmen."[24]

Mittlerweile gibt es Hinweise darauf, dass NYCOP militante Züge entwickelte und der MOSOP-Führung zunehmend entglitt.

Trotz der Rückzugsankündigung von SPDCN begann ihr Tochterunternehmen Willbros Ende April 1993 mit dem Einebnen von Farmland in Biara für den Bau der Rumuekpa-Bomu-Pipeline. Laut SPDCN war diesen Arbeiten ein legaler Landerwerb und eine Kompensationszahlung in Abstimmung mit den Dorfbewohnern vorangegangen.[25] Die Bewohner wiesen diese Behauptung jedoch zurück und blockierten die Zufahrt für die Bulldozer. Willbros arbeitete unter dem Schutz nigerianischer Soldaten weiter, die am 30. April das Feuer auf die unbewaffneten Demonstranten eröffneten und mindestens elf Menschen dabei verwundeten.[26]

Im Juni 1993 fand in Nigeria die Präsidentschaftswahl statt. Im Vorfeld der Wahl kam es zu ersten Abspaltungen in der MOSOP. Als das *Steering Committee* zum Wahlboykott aufrief, traten die beiden MOSOP-Präsidenten und einige traditionelle Chiefs zurück. Sie standen der sozialdemokratischen Partei und deren Präsidentschaftskandidaten Moshood Abiola nahe und wollten die Ogoni für dessen Wahlkampf mobilisieren. Ken Saro-Wiwa wurde zum neuen Präsidenten gewählt. Zu diesem Zeitpunkt war er vorübergehend in Haft. Er beschreibt die Gründe für den Wahlboykott folgendermassen:

---

24 Ein führendes NYCOP-Mitglied. Einige meiner Interviewpartner sind auf der Flucht vor der nigerianischen Sicherheitspolizei. Ich nenne daher keine Namen oder sonstige Hinweise auf die jeweilige Person.

25 Human Rights Watch/Africa: Nigeria; The Ogoni Crisis, A Case Study of Military Repression in Southeastern Nigeria, Juli 1995, p. 11.

26 Amnesty International: Extrajudicial Executions/Fear for Safety; Members of the Ogoni Ethnic Group", UA 249/94, AI Index: AFR 44/06/94, London, 27 June 1994. Ken Saro-Wiwa und UNPO geben an, dass im Zuge dieses Zwischenfalls auch ein Mann von den Soldaten erschossen wurde.

> "MOSOP had to be neutral among the two existing Nigerian parties (...) but more importantly, a boycott would make the point that the Ogoni were disenchanted with the Constitution under which the elections were being held since its provisions deprived them of their oil resources, and this was regarded as discriminatory."[27]

1993 eskalierte die Gewalt gegen die Ogoni. Die nigerianische Regierung und SPDCN sprachen von "ethnic clashes" zwischen den Ogoni und benachbarten ethnischen Gruppen wie den Andoni, Okrika und Ndoki. Doch gibt es zahlreiche Hinweise und Indizien, dass die gewalttätigen Auseinandersetzungen von der Regierung inszeniert worden waren. Besonders der Gebrauch von automatischen Waffen und Granaten untermauert diesen Verdacht. *Human Rights Watch/Africa* kommt nach Interviews mit Dorfbewohnern und beteiligten Soldaten zu dem Schluss, dass die Regierung eine aktive Rolle im Schüren von ethnischen Konflikten spielte und mehrere Attacken von militärischen Einheiten in Zivil ausgeführt worden waren.[28] So berichtet *Amnesty International*, dass am 4. August 1993 in Kaa mindestens 35 Menschen von bewaffneten Männern ermordet wurden. Unter den Opfern seien mindestens drei Kinder gewesen. Drei Wochen vorher waren alle ogonistämmigen Polizisten abgezogen worden, und das Militär griff nicht ein – das lässt darauf schliessen, dass der Angriff vom Militär unterstützt wurde.[29] Im Zuge dieser manipulierten ethnischen Zusammenstösse starben 1993 mehrere hundert Menschen, Häuser wurden zerstört, und es gab Tausende von Flüchtlingen.[30] Nach ähnlichem Muster verliefen die Zusammenstösse zwischen Okrika und Ogoni im Dezember 1993.

Im April 1994 eskalierte ein Konflikt über Landrechte zwischen den Ogoni und den Ndoki, bei dem es Sachschäden auf beiden Seiten gab. Es folgte eine Militäraktion, die vorgeblich den Frieden wiederherstellen sollte. Die Regierung von Rivers-State setzte eine *Internal Security Task Force* ein, die in sechs Ogoni-Dörfern Strafaktionen durchführte. Augenzeugen, die seit Jahren im Ogoniland humanitäre Arbeit leisten, berichten darüber:

> "On Tuesday, 5th April 1994, six villages housing Ogoni people were destroyed. 13 people had been arrested and were detained in Bori Camp in Port Harcourt. The people who escaped fled from the villages in terror as houses were burned and looted. (...) We passed through one village after

27 Ken Saro-Wiwa: Statement to the Ogoni Civil Disturbances Tribunal, September 1995.

28 Human Rights Watch/Africa, Nigeria (Fn. 25), p. 12.

29 Amnesty International: Staatlicher Mord; Nigeria, mindestens 35 Angehörige der ethnischen Gemeinschaft der Ogoni aus der Stadt Kaa in Rivers State, darunter Herr Nwiku und drei jüngere Kinder, UA 268/93, AI-Index: AFR 44/11/93, Wien, 10. August 1993.

30 Amnesty International, Nigeria: Military Government Clampdown on Opposition, AI Index: AFR 44/13/94, London, 11 November 1994, p. 6.

another, horrified at the sight. Burned, dead bodies were strewn all over, of men, women, children, even babies and mothers. Death toll was estimated at 800. Many others are still missing. It was ghostly; not a human being in sight. Destruction everywhere!"[31]

Die brutalen Strafaktionen der Militärs sollten den Widerstand der Ogoni brechen und den anderen Völkern des Deltas als Warnung dienen. Die Konfliktspirale begann sich schneller zu drehen. Am 21. Mai 1994 wurden vier traditionelle Ogoni–Chiefs in Giokoo (Ogoni) getötet.[32] Der MOSOP–Präsident Ken Saro–Wiwa wurde verhaftet und beschuldigt, Mitglieder der Jugendorganisation NYCOP zur Tat angestiftet zu haben. Die *Internal Security Task Force* führte zahlreiche Razzien durch und überfiel erneut mehrere Ogoni–Dörfer. Dorfgemeinschaften wurden für ihre angebliche oder tatsächliche Unterstützung von MOSOP kollektiv bestraft. Die nigerianische Menschenrechtsorganisation *Civil Liberties Organisation* (CLO) berichtet von 43 Dörfern, die zwischen Mai und Mitte Juli von der *Internal Security Task Force* überfallen wurden.[33] *Amnesty International* stellte fest, dass Überfälle der Spezialtruppe immer nach demselben Muster verliefen: "Troops fired at random, destroyed and set fire to homes, killing, assaulting and raping, and looting and extorting money, livestock and food."[34] Mindestens fünfzig, vermutlich aber einige hundert Menschen wurden während dieser Militärüberfälle getötet, und Tausende flüchteten in den Busch. *Amnesty International* berichtet weiter, dass der Anführer, Lieutenant–Colonel Paul Okuntimo, öffentlich damit geprahlt habe, dass SPDCN ihn dafür bezahle, die Öleinrichtungen zu schützen.[35]

Die Terrorwelle von 1994 ebbte 1995 etwas ab, doch die starke Militär–präsenz blieb. Die Militärs versuchten, Ogoniland für unabhängige Beobachter von Menschenrechts– und Umweltorganisationen sowie in– und ausländische Journalisten zu sperren. Dabei kam es immer wieder zu Verhaftungen und Misshandlungen. Mehr als hundert führende MOSOP–Mitglieder waren und sind auf der Flucht vor dem nigerianischen *State Security Service* (SSS).

---

31 Bericht und Name dem Verfasser bekannt. Die Personen arbeiten immer noch im Ogoni–Gebiet. Eine Namensnennung würde ihre Arbeit sehr erschweren.

32 Dabei handelte es sich um Chief Edward Kobani, Chief Samuel Orage, Chief Theophilus Orage und Chief A. T. Badey.

33 Civil Liberties Organisation: Human Rights Call; Terror in Ogoni, A Civil Liberties Organisation Action Report, 1 August 1994, p. 2.

34 Amnesty International, Nigeria (Fn. 30), p. 7.

35 Ibid.

Aktuelle Situation

Am 10. November 1995 um 11.30 Uhr wurden Ken Saro–Wiwa und acht Mitverurteilte[36] im Gefängnis von Port Harcourt hingerichtet. Die Folge waren weltweite Proteste von Menschenrechts- und Umweltorganisationen sowie von Regierungen vieler Industrieländer und afrikanischer Staaten gegen das nigerianische Militärregime und den Ölmulti Shell. Nur zehn Tage vor den Hinrichtungen waren Ken Saro–Wiwa und acht seiner Mitstreiter von einem Sondergericht in Port Harcourt zum Tod durch Erhängen verurteilt worden. Sein Stellvertreter in MOSOP, Ledum Mitee, wurde "mangels Beweisen" freigesprochen. Am 8. November hatte der "Provisorische Regierungsrat", dem ausschliesslich Militärs unter dem Vorsitz von Staatschef General Sani Abacha angehören, das Urteil von Richter Ibrahim Auta bestätigt.

Das Tribunal

Nach den Morden an vier Ogoni–Chiefs am 21. Mai 1994 in Giokoo setzte die Militärregierung ein Sondergericht ein, das *Civil Disturbances Special Tribunal*, das speziell diese vier Fälle untersuchen sollte. Bisher wurden fünfzehn Personen vor diesem Sondergericht angeklagt. Dabei wurden zwei parallele Verfahren vor demselben Tribunal abgehalten. In einem Verfahren wurden Ken Saro–Wiwa, Barribe Kiobel, John Kpuimen, Baribon Bera und der MOSOP–Vizepräsident Ledum Mitee angeklagt, im zweiten die zehn anderen Ogoni. Saro–Wiwa, Ledum Mitee und Barribe Kiobel wurden beschuldigt, die anderen zwölf Angeklagten zum Mord an den vier Ogoni–Chiefs angestiftet zu haben.

Der britische Anwalt Michael Birnbaum hat das Verfahren für das *Bar Human Rights Committee* und für die britische *Law Society* beobachtet und analysiert. In seinem Bericht kommt er zum Schluss, dass die Verfahren vor dem Sondergericht offenkundig unfair waren und sowohl die nigerianische Verfassung als auch eine Reihe von Menschenrechtsdokumenten, die Nigeria unterzeichnet hat, verletzten. Die Verurteilung erfolgte nicht aufgrund des Strafgesetzes, sondern aufgrund eines, wie Birnbaum es ausdrückt, "neu erfundenen" Gesetzes gegen Mord, das Schuld durch Zugehörigkeit zu einer Gruppe vorsieht. So wurde eine höhere Position innerhalb von MOSOP bereits als Schuldbeweis gehandhabt. Im Falle von John Kpuimen sprach jedoch laut Gericht gerade die Tatsache gegen ihn, dass er angab, nicht zu MOSOP zu gehören. Das gesamte Verfahren war

---

36 Barribe Kiobel (Regierungsbeamter in Rivers State), John Kpuimen (Vizepräsident der MOSOP–Jugendorganisation NYCOP), Baribon Bera (NYCOP–Mitglied), Saturday Dobee, Felix Nwate, Nondu Egwo, Daniel Gbokoo und Paul Levura.

gekennzeichnet von Widersprüchen, zweifelhaften Zeugenaussagen und fragwürdigen Schlussfolgerungen von Seiten des Gerichts:

> "The Tribunal made no attempt to consider whether the prosecution evidence was true. It presented a one-sided picture of the case ignoring allegations that a large number of prosecution witnesses had been bribed. The whole tenor of the judgement is overtly political. It is a polemic against MOSOP and NYCOP."[37]

Ungeklärt bleibt bis heute, wer die Morde in Giokoo wirklich verübt hat und welche Rolle dabei die MOSOP-Jugendorganisation NYCOP gespielt hat. NYCOP hat angesichts der anhaltenden Aggression durch Militär und Polizei im Ogoniland militante Züge angenommen. Fest steht aber, dass Ken Saro-Wiwa zum Zeitpunkt der Tat nicht einmal am Ort des Geschehens war. Weiter legt Birnbaum in seiner Analyse detailliert dar, dass das Tribunal offensichtlich zuerst die Urteile gefällt und erst danach die Argumente zu dessen Rechtfertigung gesucht hatte. Weitere 19 Ogoni sind im Gefängnis und sollen Anfang 1996 vor dasselbe Tribunal gestellt werden. Die für eine Deeskalation des Konfliktes so wichtige Klärung der Umstände rund um die Morde in Giokoo hätte nur mit einem fairen öffentlichen Gerichtsverfahren vor einem unabhängigen Gericht und internationalen Beobachtern Chancen gehabt.

Nigeria nach den Exekutionen

Die Reaktionen in Nigeria waren - im Vergleich zum massiven Proteststurm im Ausland - schwach. Das lag zum Teil daran, dass Ken Saro-Wiwa eben nicht ein nigerianischer Oppositionsführer war, wie es ausserhalb Nigerias oft behauptet wurde. Seine Basis war ein kleines Volk im ethnisch zersplitterten Niger-Delta - 500'000 Menschen in einem Staat mit 100 Millionen Einwohnern. Er gehörte zu keiner der drei grossen ethnischen Gruppen, die seit der Unabhängigkeit Nigerias um die Macht im Staat kämpfen und Politik und Wirtschaft dominieren. Ken Saro-Wiwa hat nie versucht, für die Anliegen der Ogoni eine nationale politische Basis zu finden. Das Neue an MOSOP war, dass es eben keine Organisation innerhalb der politischen Klasse Nigerias war, sondern eine Graswurzelbewegung, die bis in die kleinsten Dörfer hineinwirkte. Einzigartig war auch die Verbindung zwischen einer intellektuellen, westlich gebildeten Führungsschicht und weitgehend subsistenzorientierten Bauern und Fischern.

Geschockt reagierten Teile der nigerianischen Mittelschicht. Für sie widerspiegelten die Exekutionen den allgemeinen Niedergang in Wirtschaft und

---

37 ThisDay, Lagos, 16 January 1996.

Politik. Sie hatten während der goldenen Jahre des Ölbooms eine ausgezeichnete Ausbildung erhalten und sind nun mit dem Kampf ums Überleben konfrontiert, der ihnen kaum die Chance gibt, jemals das zu verwirklichen, was ihnen in ihrer Jugend verheissen wurde. Mit der Exekution von Ken Saro–Wiwa wurde auch ein Tabu gebrochen; noch nie zuvor war in Nigeria jemand hingerichtet worden, der ein ähnliches nationales und internationales Profil hatte.

Aus der relativ kleinen intellektuellen Mittelschicht, zu der Ken Saro-Wiwa zählte, rekrutieren sich auch die diversen Menschenrechts- und Oppositionsgruppen – bisher noch eine relativ lose Szene aus engagierten Anwälten und Journalisten, die durch ihr couragiertes Auftreten gegen das Militärregime nationale Berühmtheit erlangt haben. Diese Szene reagierte insofern auf die Exekutionen, als die Zusammenarbeit zwischen den einzelnen Gruppen intensiver geworden ist und nun eine Plattform entschlossener Oppositionsgruppen zu entstehen scheint.

Der profilierteste Vertreter dieser Szene ist der Menschenrechtsanwalt und Verteidiger von Ken Saro–Wiwa, Gani Fawehinmi. Seine Partei des nationalen Gewissens (*National Conscience Party*) organisierte nach den Exekutionen Demonstrationen in Lagos und Ile–Ife (240 km nordöstlich von Lagos). Am 13. Januar trafen sich über 100 Menschenrechtsaktivisten in Jos (nordöstlich von Abuja) und verabschiedeten Resolutionen, in denen das Militärregime hart kritisiert wurde. Im Zentrum der Kritik stand das von der Regierung verabschiedete Programm zur Übergabe der Macht an eine zivile Regierung, das einen Machtwechsel erst für 1998 vorsieht. Es wurde zum Boykott der Produkte von SPDCN und der für März 1996 angesetzten Wahlen für die Lokalregierungen aufgerufen. Weiter wurden die Freilassung aller politischen Gefangenen und die freie Gründung politischer Parteien gefordert.

Ebenso wie die Menschenrechtsgruppen ist die nigerianische Presse einem immer stärker werdenden Druck des Regimes ausgesetzt. Mehrere kritische Journalisten befinden sich derzeit unter dubiosen Anklagen bzw. ohne offizielle Anklage im Gefängnis. Zeitungen werden beschlagnahmt und Verlagshäuser Opfer von mysteriösen Brandanschlägen. Paul Adams, der Nigeria–Korrespondent der *Financial Times*, wurde am Ogoni–Day (4. Januar) in Bori (Ogoniland) verhaftet und erst eine Woche später wieder freigelassen.

Ogoniland

In Ogoniland herrschte nach den Exekutionen Entsetzen, Trauer und Agonie. Das gesamte Gebiet ist militärisch besetzt, wer schwarze Kleidung als Zeichen der Trauer trägt, wird von den Sicherheitskräften belästigt bzw. verhaftet. Das Massengrab der Hingerichteten steht immer noch unter schwerer Bewachung. Trotz eines massiven Polizei- und Militäraufgebotes demonstrierten am 4. Januar

1996 über tausend Menschen in verschiedenen Dörfern und Städten in Ogoniland. Die Rivers State *Internal Security Task Force* reagierte darauf wie bei ähnlichen Anlässen zuvor und schoss in die Menge. Dabei wurden, laut MOSOP, drei Jugendliche erschossen, acht weitere angeschossen und fünfzig Personen verhaftet.

Wer letztendlich Ken Saro–Wiwas Stellung als MOSOP–Präsident einnehmen wird, ist noch nicht entschieden, da bislang noch keine Wahlen abgehalten werden konnten. Es scheint, als ob Ledum Mitee, der frühere Stellvertreter von Saro–Wiwa in MOSOP, als einziger für dieses Amt zur Verfügung steht. Er ist Anwalt in Port Harcourt und galt bisher als die überlegte und ordnende Kraft hinter Ken Saro–Wiwa. Seine erste Erklärung anlässlich des Ogoni–Day war ein Aufruf zum friedlichen Kampf und zur Disziplin.[38]

Internationale Reaktionen

Die Hinrichtungen lösten einen internationalen Proteststurm aus. In vielen westlichen Industrieländern demonstrierten Menschenrechts- und Umweltaktivisten gegen das nigerianische Militärregime und gegen Shell. Der Ölkonzern geriet wegen der ihm vorgeworfenen rücksichtslosen Ölfördermethoden im Niger–Delta und seinem (von Shell bestrittenen) engen Verhältnis zum Militärregime ins Kreuzfeuer der Kritik. Ebenso scharfe Kritik kam von den Regierungschefs bzw. Präsidenten der meisten EU–Länder, der USA, Kanadas, Südafrikas und Zimbabwes. Nach anfänglichen Drohungen mit einem Ölembargo fielen die tatsächlichen Massnahmen jedoch eher milde aus.

Sofort nach Bekanntwerden der Exekutionen wurden alle fünfzehn Botschafter der Europäischen Union sowie die Botschafter der USA, Russlands, Kanadas und Südafrikas zu Beratungen in ihre Heimatländer zurückgerufen. Insbesondere der Präsident Südafrikas, Nelson Mandela, engagierte sich für einen Ausschluss Nigerias aus dem Commonwealth und für die Verhängung eines Ölembargos. Nigeria wurde vorläufig für zwei Jahre vom Commonwealth suspendiert.

Die USA und Kanada verhängten ein Einreiseverbot für höherrangige Militärangehörige und ein Waffenembargo. Die Europäische Union beschloss ähnliche Sanktionen, wobei bestehende Lieferverträge vom Waffenembargo ausgenommen wurden. Visarestriktionen gelten für Angehörige des Militärs, der Sicherheitskräfte sowie für die Mitglieder des Provisorischen Regierungsrates, des Föderalen Exekutivausschusses und deren Familien. Weiter beschloss der

---

38 "The task ahead is no doubt daunting. It calls for sacrifices and extreme discipline on our part. Ours is a peaceful struggle but genuine peace must be founded on justice", so der Wortlaut des MOSOP–Statements zum Ogoni–Day, das von Ledum Mitee unterzeichnet ist.

EU-Ministerrat, die sportlichen Kontakte zu Nigeria abzubrechen, indem keine Visa für offizielle Delegationen und nationale Athletenteams mehr ausgestellt werden dürfen. Auch die EU-Entwicklungszusammenarbeit mit Nigeria wurde ausgesetzt.[39] Die UN-Generalversammlung verurteilte Ende Dezember die Exekutionen in Nigeria. Zum mehrfach diskutierten und geforderten Ölboykott gegen Nigeria konnte sich bislang aber noch kein Staat entschliessen.

Einschätzung

Nach den Exekutionen scheint eine Entschärfung bzw. eine Lösung des Konfliktes im Niger-Delta wieder in weite Ferne gerückt zu sein. Nicht nur in Ogoniland, sondern im gesamten Deltagebiet hat die Hinrichtung der neun Ogoni möglicherweise zu einer weiteren Radikalisierung des Widerstandes geführt.

Auf dem Gebiet der Umweltverschmutzung können weder Shell noch die anderen in Nigeria arbeitenden Ölkonzerne aus der Verantwortung entlassen werden. Die Art, in der im Niger-Delta Öl gefördert wird, würde keinen europäischen Umweltstandards standhalten. Ein weniger arrogantes und einfühlsameres Umgehen mit der Bevölkerung im Delta hätte Shell Geld und Schwierigkeiten erspart. Der Versuch, mit ein paar Schul- und Strassenbauten das Vertrauen der Bevölkerung im Delta wiederzugewinnen, ist weitgehend fehlgeschlagen. Tiefsitzende Ängste und Verletzungen gepaart mit einem Gefühl der Ohnmacht können mit mehr oder weniger grosszügigen Dollar-Beträgen nicht behoben werden. Es ist an der Zeit, dass Weltkonzerne wie Shell ihre gesellschaftspolitische Verantwortung wahrnehmen, und es ist an der Zeit, diese Verantwortung gegenüber Gesellschaft und Umwelt auch in Länder zu tragen, in denen sie nicht per Gesetz dazu gezwungen werden.

Das Niger-Delta hat heute eine gründliche Bestandsaufnahme der Umweltsituation nötig. Eine Boden-, Luft- und Wasseranalyse durch eine unabhängige und fachlich qualifizierte Umweltorganisation, ohne bestimmenden Einfluss der Ölkonzerne, könnte die Basis für eine effiziente und gründliche Behebung der Umweltschäden im Delta liefern, soweit dies noch möglich ist. Verlässliche Daten über den Status quo sind unverzichtbar, wenn es darum geht, das künftige Zusammenleben und -arbeiten von Bevölkerung und Ölkonzernen im Delta zu verhandeln. Die von Shell angeregte und finanzierte Studie (*Niger Delta Environmental Survey*, NDES) kann - auch wenn sie tatsächlich nach objektiven Kriterien erstellt wird - keine brauchbare Basis für eine

39 Von letzterem ausgenommen sind Programme zur Förderung der Menschenrechte und der Demokratie sowie für die Armutsbekämpfung, insbesondere die Deckung des Grundbedarfs der ärmsten Bevölkerungsschichten.

Konfliktlösung sein, weil die Bevölkerung des Deltas den so erhobenen Daten nie trauen wird.

Die Militärregierung unter General Sani Abacha hat mit den Hinrichtungen gezeigt, dass sie an keinerlei politischer Verständigung mit den Ogoni interessiert ist. Sie setzt auf Machtpolitik und Gewalt. Das Ziel einer Dezentralisierung von Macht und Öleinnahmen in Nigeria ist in weite Ferne gerückt. Innerhalb Nigerias gibt es keine Opposition, deren Basis breit genug wäre, um diesem Druck zu widerstehen. Die einzige Massnahme, die das Regime in der aktuellen Situation von aussen in Gefahr bringen könnte, wäre ein konsequent durchgeführter Ölboykott. Das Argument, dass ein solcher vor allem die Armen treffen würde, gilt für Nigeria kaum. Die überwältigende Mehrheit der Nigerianer sind Kleinhändler und subsistenzorientierte Bauern, die ohnehin noch nie vom Ölgeld profitiert haben. Die Infrastruktur des Landes verfällt bereits seit Jahren dramatisch, auch ohne Ölboykott. Das Bildungs- und Gesundheitswesen ist faktisch schon zusammengebrochen. Die Hauptleidtragenden eines Boykottes wären somit die Profiteure des herrschenden Regimes und die Ölkonzerne. Sicherlich könnte ein Ölboykott auch zu gewalttätigen Unruhen und möglicherweise sogar zum Auseinanderbrechen des Staates führen, aber dieses Risiko ist bei der Weiterführung der Politik des bestehenden Regimes mindestens ebenso hoch.

Jene zersplitterte Opposition, die sich für Menschenrechte und Demokratie in welcher Form auch immer einsetzt, braucht jetzt Unterstützung und Förderung. Dabei müssten die Massnahmen von einem Bildungs- und Aufklärungsprogramm für Dörfer und arme städtische Regionen bis zur Initiierung einer neuen verfassunggebenden Konferenz reichen. Die dramatischen Ereignisse seit Beginn des Widerstandes der Ogoni gegen Unterdrückung und Umweltzerstörung lassen keine schnelle Lösung des Konfliktes zu, aber anhaltender internationaler Druck auf die nigerianische Regierung und das Aufzeigen der katastrophalen Menschenrechts- und Umweltsituation im Niger-Delta könnten zumindest eine Basis für politische Veränderungen in Nigeria und damit auch für die Ogoni legen.

Chronologie der Ereignisse

1938	Shell D'Arcy erhält eine Bohrlizenz für ganz Nigeria
1956	erste Ölförderung durch Shell in Nigeria
1960	Nigeria wird unabhängig
1967–1970	Biafrakrieg
1978	Landnutzungsdekret
1990	Unterzeichnung der *Ogoni Bill of Rights* (OBR)
1991 (Aug.)	Zusatz zur OBR und Gründung des *Movement for the Survival of the Ogoni People* (MOSOP)
1992	Gründung der *Oil Mineral Producing Areas Development Commission* (OMPADEC)
1992 (Juli)	UN–Arbeitsgruppe für indigene Völker beschäftigt sich mit Ogoni-Konflikt
1992 (Dez.)	MOSOP–Ultimatum an die Ölgesellschaften
1993 (Jan.)	Ogoni–Day–March
1993 (Jan.)	MOSOP–Mitgliedschaft bei der *Unrepresented Nations and Peoples Organisation* (UNPO)
1993 (Apr.)	Demonstration gegen Willbros–Arbeiten, Militär eröffnet das Feuer
1993 (Juni)	MOSOP–*Steering Committee* beschliesst Wahlboykott, Rücktritt der MOSOP–Präsidenten
1993 (Juni)	SPDCN stellt seine Produktion in Ogoniland ein
1993 (12.6.)	Präsidentschaftswahlen in Nigeria
1993 (Juni)	Annullierung der Präsidentschaftswahlen
1993 (Juli)	Ken Saro–Wiwa wird neuer MOSOP–Präsident
1993 (Aug.)	Kaa und zwanzig andere Dörfer werden zerstört (Ogoni–Andoni-Konflikt)
1993 (Nov.)	General Sani Abacha übernimmt die Macht
1993 (Dez.)	Gewalttätige Zusammenstösse zwischen Okrika und Ogoni
1994 (Apr.)	Militär zerstört sechs Dörfer in Ogoniland
1994 (Mai)	Vier Ogoni–Chiefs werden bei einer Kundgebung in Ogoni getötet
1994 (Mai)	Verhaftung von Ken Saro–Wiwa und anderen MOSOP–Mitgliedern
1994 (Mai)	*Internal Security Task Force* überfällt 43 Dörfer der Ogoni
1994 (Nov.)	ein dreiköpfiges Tribunal wird eingesetzt, um Ken Saro–Wiwa und die anderen angeklagten Ogoni zu richten
1995 (Okt.)	Ken Saro–Wiwa und acht weitere MOSOP–Mitglieder werden zum Tod verurteilt
1995 (Nov.)	Die neun Verurteilten werden im Gefängnis von Port Harcourt erhängt
1996 (Jan.)	Über tausend Menschen demonstrieren am Ogoni–Day in verschiedenen Städten und Dörfern in Ogoniland

Zusätzliche Quellen

A.M. News, Lagos, verschiedene Ausgaben von 1995.
Africa Leadership Forum & Academic Associates, Summary Report & Papers, Presented at the Seminar on Conflict Management Mechanism, 29. Januar bis 2. Februar 1993.
Amnesty International, Urgent Action, 10. August 1993, sowie 4. Mai 1994, 24. Mai 1994, 27. Juni 1994,
– , News Service, 29. Juni 1994.
– , Nigeria: The Ogoni Trials And Detentions, 15. September 1995.
Heinrich *Bergstresser*/Sibylle *Pohly–Bergstresser*: Nigeria, München 1991.
James *Coleman*: Nigeria; Background to Nationalism, Benin City 1986.
Constitutional Rights Journal, Lagos, verschiedene Ausgaben 1994 und 1995.
Constitutional Rights Project: Suppression as Law; The Arbitrary Use of Military Decrees in Nigeria, Lagos 1994.
Daily Times, Lagos, verschiedene Ausgaben von 1995.
Der Überblick, 1/94.
Embassy of the United States of America: The Petroleum Report; Nigerias Petroleum Sector, November 1994.
Gani *Fawehinmi*: Reports on the Trial of Ken Saro–Wiwa And Others before the Ogoni Civil Disturbances Special Tribunal Held at Port Harcourt, February 1995.
Human Rights in Developing Countries, Yearbook 1995, Den Haag.
Elizabeth *Isichei*: A History of Nigeria, New York 1983.
Axelle *Kabou*: Weder arm noch ohnmächtig, Basel 1993.
Alexius O. *Makozi*: Conflict Management in Rivers State, Press Statement, Port Harcourt, June 1994.
Marchés Tropicaux et méditerranéens, Paris, verschiedene Ausgaben von 1994 und 1995.
Movement for the Survival of the Ogoni People (MOSOP): Reply To Shell's 'The Ogoni Issue', ohne Datum.
– : Ogoni Bill Of Rights, Dezember 1991.
– : verschiedene Briefe und Dokumente von 1993 bis 1995.
Nigeria: A Complete Factfinder 1995, Ibadan, 1995.
Nigerian Journal of International Affairs, Vol. 18, No. 2, Lagos 1992.
Nigerias Oil & Gas Monthly, verschiedene Ausgaben von 1995.
Nigerian Petroleum News, No. 139, January 1996.
Ogoni Review, verschiedene Ausgaben von 1993.
Ogoni Welfare Association, Press Briefing, June 1994.
Petrobusiness Weekly, verschiedene Ausgaben von 1994 und 1995.
Ken *Saro–Wiwa*: On a Darkling Plain, Port Harcourt 1989.
– : Genocide in Nigeria, Lagos 1992.
– : Ogoni Moment of Truth, Port Harcourt 1994.

Shell Petroleum Development Company of Nigeria: Nigeria Brief; The Ogoni Issue, ohne Datum.
– : Nigeria Brief; The Environment, May 1995.
Shell Petroleum Development Company of Nigeria Limited (SPDCN): Annual Review 1994.
– : Statement of General Business Principles, January 1994.
Südwind, Wien, verschiedene Ausgaben von 1995.
The Economist Intelligence Unit: Country Profile; Nigeria 1995–96, London 1995.
The Guardian, Lagos, verschiedene Ausgaben von 1994 und 1995.
The Ogoni Outlook, September/October 1994.
Vanguard, Lagos, verschiedene Ausgaben von 1995.
World Bank, Industry and Energy Division, West Central Africa Department, Nigeria: Strategic Options For Redressing Industrial Pollution, Vols. I and II, February 1995.
– : World Development Report 1995, June 1995.

Teil V

Dokumentation

Friedenserklärung der Stadt Linz 1995

Das Ende des Zweiten Weltkrieges vor fünfzig Jahren und die Befreiung vom Naziterror ist von der Stadt Linz mit vielfältigen Veranstaltungen und Ausstellungen gebührend gewürdigt worden. Es war uns wichtig, die Ereignisse von damals nicht in Vergessenheit geraten zu lassen, denn sie sind von entscheidender Bedeutung nicht nur für die Überlebenden, sondern auch für die späteren Generationen – und wirken bis in die Gegenwart.

Die Aufgabe, der wir uns heute stellen müssen, ist es, konkret darüber nachzudenken, welchen Beitrag die Stadt Linz leisten kann, damit Frieden in unserer Nachbarschaft möglich wird. Wir begrüssen das Friedensabkommen von Dayton. Aber selbst wenn die Waffen endlich schweigen, herrscht noch lange kein Frieden im ehemaligen Jugoslawien. Massenmord, Vertreibung, Vergewaltigung haben zu tiefe Wunden verursacht. Sie könnten den Frieden noch über Jahrzehnte gefährden. Was ist zu tun, damit der Kreislauf der Vergeltungen beendet wird? Die geplante massive Präsenz von Truppen der NATO und Russlands mag *vorübergehend* eine Unterbrechung dieses Teufelskreises bewirken; auch die österreichische Transporteinheit wird das ihr Mögliche tun. Aber ohne neue Formen und attraktive Modelle des *Zusammenlebens*, der Integration und Versöhnung wird eine *nachhaltige* Entwicklung zum Frieden nicht möglich sein.

Denkbar wäre folgender Beitrag der Stadt Linz: In Zusammenarbeit mit den dort tätigen humanitären Organisationen könnten wir an *einem* Ort im bisherigen Kriegsgebiet die Entwicklung von Regeln und Formen des (Wieder-) Zusammenlebens von Serben, Kroaten und Muslimen unter Nachkriegsbedingungen und ihre Erprobung in der Praxis unterstützen. Diese Regeln und Formen müssten den Ängsten und Wünschen aller Bevölkerungsgruppen, ihren Kriegserfahrungen und –traumata sowie den besonderen Erfordernissen der Integration von Alteingesessenen und Flüchtlingen Rechnung tragen. Auf einem begrenzten, überschaubaren Territorium, in einer mittelgrossen Stadt, müssten Wege gesucht werden, Minderheiten- und Menschenrechtsschutz zu ermöglichen und zu sichern. Dazu gehört die gleichberechtigte Teilnahme an Verwaltung, Ressourcen, Bildung und Kultur. *Konstruktive Konfliktaustragung* über alle damit zusammenhängenden Fragen wäre unter fachkundiger Anleitung einzuüben; ein Mechanismus der Konfliktregelung wäre für diesen besonderen Raum mit seiner besonderen Geschichte zu entwickeln, zu erproben und schliesslich fest zu etablieren – in der Hoffnung, dass das Gelingen eines solchen Versuches auf die Region ausstrahlt.

Erste Voraussetzung für ein solches Projekt ist die Zustimmung der Behörden, politischen Repräsentanten und Friedensinitiativen an einem unmittelbar vom Krieg betroffenen Ort, an dem ein für Integrationsbemühungen hinreichendes Mischungsverhältnis der drei Bevölkerungsgruppen besteht. Das kann unter Nachkriegsbedingungen kaum heissen, dass alle drei Gruppen gleich stark sind. Weiters müssten sich *mehrere* Städte an einem solchen Projekt beteiligen, da es die Finanz- und Personalressourcen einer einzelnen Stadt übersteigt.[1] Das Projekt wäre nur mit wohlwollender Unterstützung des Aussenministeriums zu realisieren, das formell vielleicht die Federführung innehaben und die Städte koordinieren könnte. Das Friedenskuratorium der Stadt Linz hat beschlossen, sich bei seiner Frühjahrssitzung 1996 ausführlich mit den praktischen und finanziellen Implikationen eines solchen Projektes zu befassen, das eine wechselseitige Verpflichtung über mehrere Jahre erfordert.

Im Gedanken an solche Friedensprojekte beunruhigt uns zugleich die Aussicht, dass Friedenstruppen der NATO und Russlands ohne *faktisch* integrierte Führungsstruktur in Bosnien stationiert werden könnten. Angesichts des unterschiedlichen Engagements der russischen Öffentlichkeit und der Öffentlichkeit in den NATO-Ländern für und gegen Serben, Kroaten und Muslime, für und gegen serbische, kroatische und muslimische Politik und Machtansprüche, könnten aus einem solchen Nebeneinander leicht neue kriegerische Verwicklungen entstehen, die dann ganz Europa in Mitleidenschaft ziehen würden.

Diese Gefahr ist umso grösser, je konkreter die Pläne für eine Osterweiterung der NATO auf Polen, Ungarn und Tschechien werden. Eine Osterweiterung der NATO - unter Ausschluss Russlands - ist für dieses grösste Land Europas aus vielen Gründen unannehmbar. Eine grosszügige Ausstattung der Organisation für Sicherheit und Zusammenarbeit in Europa (OSZE) mit Mitteln und Kompetenzen scheint der einzige Ausweg aus dem Dilemma, das durch die historisch verständlichen Sicherheitswünsche der genannten ostmitteleuropäischen Staaten entsteht. *Österreichische Neutralitätspolitik* ist auf diesem Feld und im Hinblick auf die historisch gewachsenen Empfindlichkeiten im osteuropäischen Raum neu gefordert.[2] Wenn es gelingt, die OSZE unter Beteiligung Russlands zur entscheidenden internationalen Organisation in Europa zu machen, dürfte sich das Konfliktpotential zwischen der NATO und Russland auch auf dem Balkan verringern.

---

[1] Vorbild könnte die Aktion "Gemeinden gemeinsam Belgien" und in Anlehnung daran "Gemeinden gemeinsam Schweiz" sein. Hier haben jeweils mehrere Gemeinden begonnen, einen Gemeindebezirk im ehemaligen Jugoslawien zu unterstützen. Diese Aktionen hatten u.a. zur Folge, dass der Europarat das Konzept der kommunalen "Ständigen Botschaften der lokalen Demokratie" entwickelt hat (bisher verwirklicht in Osijek und Maribor).

[2] Wir verweisen dazu auf den Linzer Gemeinderatsbeschluss vom 19. Oktober 1995, in dem die österreichische Bundesregierung aufgefordert wird, an der Politik der immerwährenden Neutralität festzuhalten. Sie ist mit der Mitgliedschaft in Militärbündnissen (wie NATO und WEU) nicht vereinbar.

Die vorgeschlagene Hilfestellung bei der Entwicklung attraktiver Modelle des friedlichen Zusammenlebens im ehemaligen Jugoslawien kann indessen nur glaubwürdig sein, wenn es uns gelingt, den Umgang mit Flüchtlingen und Fremden im eigenen Land befriedigend zu gestalten und des Terrors Herr zu werden, der auch Österreich erschüttert. In diesem Zusammenhang sprechen wir den Opfern der Bombenserien in Österreich unsere Anteilnahme aus. Maria Loley und andere sind uns Leit- und Vorbild, weil sie trotz Verletzung durch eine Briefbombe und trotz neuerlicher Drohungen unerschütterlich am einmal begonnenen Engagement für menschenwürdige Lebensbedingungen der Flüchtlinge in Österreich festhalten.

Aus den politischen Entwicklungen *jenseits* des Kriegsgeschehens auf dem Balkan und der Entwicklung des gewalttätigen Terrors und des Rechtsextremismus in Österreich möchten wir drei Faktoren besonders herausheben:
1) Wir möchten noch einmal betonen, dass wir für die Fortsetzung der *Atomwaffenversuche* nach dem Ende des Ost-West-Konfliktes durch Frankreich und China keinerlei Verständnis haben. Die offiziell dafür gegebenen Begründungen können nur dazu beitragen, ein neues Lagerdenken, neues Misstrauen zwischen Ost und West und letztlich einen neuen Ost-West-Konflikt hervorzubringen.
2) Wir bedauern ausserordentlich das Scheitern der Wiener Konferenz, bei der unter anderem über die Ächtung von *Landminen* beraten wurde. Schon die derzeit ausgelegten Minen werden weiterhin jährlich rund 25'000 Menschen, grösstenteils Kindern, das Leben kosten oder sie für immer verstümmeln. Wir müssen darauf bestehen, dass Antipersonenminen, ob "intelligent" oder "dumm", nichts mit Verteidigung zu tun haben, sondern einfach lebensverachtend sind. Produktion und Verwendung dieser Minen sind daher weltweit zu verbieten. Wir begrüssen in diesem Zusammenhang ausdrücklich die Initiative des oberösterreichischen Privatmanns Rudolf Hubmann, der seit Jahren in couragierter Weise Hilfe zur Selbsthilfe bei der Entminung in Afghanistan leistet.
3) "*Frieden ohne Partner gibt es nicht*": Wir sind tief betroffen von der Ermordung des israelischen Ministerpäsidenten *Yitzhak Rabin*. Er, der nicht zu allen Zeiten seines Lebens für Ausgleich und Versöhnung mit dem palästinensischen Volk eingetreten ist, wurde am Ende zum Märtyrer ("Zeugen") des Friedens. Yitzhak Rabin und seine Regierung haben sich ebensowenig wie *Yassir Arafat* und die politische Vertretung der Palästinenser vom Terror extremistischer Gruppen abhalten lassen, den eingeschlagenen Weg zum Frieden fortzusetzen. Dass sich daran unter Rabins Nachfolger *Shimon Peres* nichts ändern wird, erfüllt uns mit Hoffnung. Wenn auch die *soziale* Lage in den autonomen palästinensischen Gebieten sich entspannt – was nur mit starker ausländischer Hilfe möglich ist –, wird der Terror allmählich an Boden verlieren und der Frieden gewinnen.

Gegen Rassismus, Gewalt und Diskriminierung

Deklaration von Schlaining

Juni 1995

Die Teilnehmer der Internationalen Konferenz "Gegen Rassismus, Gewalt und und Diskriminierung", veranstaltet vom Europäischen Universitätszentrum für Friedensstudien (EPU), der Österreichischen UNESCO–Kommission, dem Institut für Humanbiologie der Universität Wien und in Zusammenarbeit mit der UNESCO und dem Österreichischen Bundesministerium für Wissenschaft, Forschung und Kunst, traten vom 8. bis 11. Juni 1995 in Stadtschlaining zusammen, um nachstehende Deklaration auszuarbeiten.

Der deklarative Abschnitt des Textes enthält die Ergebnisse, die in den beiden Hauptteilen der Konferenz, die sich mit den naturwissenschaftlichen Fragen (II) und den interdisziplinären Aspekten (III) des Konferenzthemas auseinandergesetzt haben, erarbeitet wurden, während der operative Teil (IV) die Strategien und den Aktionsrahmen gegen Rassismus, Gewalt und Diskriminierung beinhaltet. Damit soll ein wesentlicher Beitrag zum Internationalen Jahr für Toleranz 1995 geleistet werden, das von der UN–Vollversammlung beschlossen und mit dessen Durchführung die UNESCO betraut wurde.

I. Präambel

(1) In UN–Instrumenten (Internationale Konvention und UN–Deklaration zur Beseitigung aller Formen rassistischer Diskriminierung), in der UNESCO–Deklaration über Rassen und Rassenvorurteile von 1978 sowie in vier vorausgegangenen Erklärungen zur Rassenfrage wurden die Staaten und Völker aufgerufen, Rassismus und Rassenvorurteile zu bekämpfen und mit allen ihnen zur Verfügung stehenden Mitteln die Ausmerzung der Rassendiskriminierung in allen ihren Formen zu unterstützen.

(2) Trotz seiner historischen Widerlegung, weltweiten Verurteilung und des wissenschaftlichen Nachweises der Obsoletheit des "Rassen"–Begriffs ist die "Geissel des Rassismus" aber nicht überwunden. Im Gegenteil, nach dem Ende

des Ost–West–Konfliktes hat der Rassismus in vielen Teilen der Welt, die sich in tiefgreifenden Umbrüchen befindet, erneut zu Gewalt in Form von Vertreibungen, Vernichtungen und Versuchen der Ausrottung von Volksgruppen und Minderheiten geführt. Rassistische Diskriminierung, Rechtsextremismus, Fremdenfeindlichkeit, Sexismus und Intoleranz breiten sich aus. Diese Wiederbelebung und Eskalation des Rassismus und seiner gewaltträchtigen alten und neuen Ausdrucksformen stellen eine der grössten Herausforderungen der Menschheit dar. Zu ihrer Bewältigung sind neue Erkenntnisse, Strategien und Aktionen erforderlich.

(3) In der Erklärung von Sevilla 1986, die sich gegen den Missbrauch von Ergebnissen biologischer Forschung zur Legitimierung von Kriegen und Gewalt wendet, wird der Irrglaube zurückgewiesen, dass der organisierten Gewalt der Menschen eine biologische Determinante zugrunde läge.

Diese wissenschaftliche Erkenntnis genügt aber nicht, die Gewalt aus der Geschichte zu verbannen. Die Kriegsbelastung ist seit 1945 in armen und Entwicklungsregionen kontinuierlich angestiegen. Die zwischenstaatlichen Kriege sind zurückgegangen, die innerstaatlichen und Bürgerkriege laufen jedoch Gefahr, zur Normalität zu werden.

(4) Die Deklaration von Yamoussoukro 1989 stellt als Ursache der zunehmenden bewaffneten Auseinandersetzungen Rassismus, Intoleranz und Diskriminierung fest und fordert die Unterstützung von Friedensprogrammen und die Förderung der Friedensforschung. In visionärer Form wurde gleichzeitig das Konzept einer Kultur des Friedens begründet.

(5) In der UN–Resolution zum Jahr für Toleranz 1995 wird die Verwirklichung einer toleranten Gesellschaft gefordert und hervorgehoben, "... dass Toleranz - die Anerkennung und Wertschätzung des anderen, die Fähigkeit mit anderen zusammenzuleben und ihnen zuzuhören - die solide Grundlage jeder zivilen Gesellschaft und des Friedens ist".

(6) Der Kampf gegen rassistische Intoleranz und Diskriminierung darf sich nicht auf moralische Entrüstung und öffentliche Empörung beschränken, so verständlich und wichtig diese Reaktionen als erste Zeichen des Protestes sind. Auch eine Behandlung der Symptome und die Linderung der Folgen von Rassismus, Diskriminierung und Gewalt durch direkte und schnell wirksame Schutzmassnahmen und humanitäre Hilfeleistungen in aktuellen Notfällen sind ein notwendiges Gebot aktiver und solidarischer Menschlichkeit. Um aber Rassismus, Gewalt und Diskriminierung wirkungsvoll zu begegnen und dauerhaft zu überwinden, ist eine systematische Erforschung und konsequente Beseitigung der Ursachen erforderlich.

(7) Mit der Deklaration von Schlaining ergeht deshalb der Aufruf an alle Menschen, gleich welchen Geschlechts, welchen Berufes, welcher sozialen Stellung und welchen Alters, zum gemeinsamen Handeln gegen Rassismus, Gewalt und Diskriminierung.

II. Zur Obsoletheit des Begriffes der "Rasse"

(8) Das radikale Umdenken im Bereich der Bevölkerungsgenetik und Molekularbiologie hat zu einem sprunghaften Anstieg unseres Wissens über Lebewesen geführt. Zu den Anschauungen, die sich grundlegend gewandelt haben, gehören auch die Konzepte menschlicher Vielfalt. Der Begriff der "Rasse", der aus der Vergangenheit in das 20. Jahrhundert getragen wurde, ist völlig obsolet geworden. Trotzdem wurde dieser Begriff zur Rechtfertigung von Menschenrechtsverletzungen missbraucht. Ein bedeutender Schritt zur Verhinderung eines derartigen Missbrauchs genetischer Argumente ist das Ersetzen des veralteten "Rassen"-Konzeptes durch Anschauungen und Schlussfolgerungen auf der Grundlage des heutigen Verständnisses genetischer Vielfalt in ihrer Anwendung auf die menschliche Bevölkerung.

(9) Traditionellerweise gelten "Rassen" als in sich genetisch homogen und voneinander verschieden. Diese Definition wurde zur Beschreibung der menschlichen Vielfalt z.B. in Verbindung mit verschiedenen geographischen Orten entwickelt. Durch die jüngsten Fortschritte der modernen Biologie auf Grundlage von Methoden der Molekularbiologie und mathematischen Modellen der Bevölkerungsgenetik hat sich diese Definition jedoch als völlig ungeeignet erwiesen. Die Erkenntnisse der Wissenschaft von heute stehen der früheren Ansicht entgegen, dass die menschliche Bevölkerung in verschiedene "Rassen" wie "Afrikaner", "Eurasier" ("Ureinwohner Amerikas" inbegriffen) oder in eine grössere Zahl von Unterteilungen klassifiziert werden können.

(10) Zwischen Völkern, einschliesslich kleinerer Bevölkerungsgruppen, sind genetische Unterschiede zu erkennen. Diese Unterschiede nehmen mit wachsender geographischer Entfernung zu, die grundlegende genetische Variation der Völker ist jedoch viel weniger auffallend. Das heisst, dass die genetische Vielfalt der Menschen nur gradueller Natur ist und keine grössere Diskontinuität zwischen den Völkern bedeutet. Erkenntnisse, die diese Schlussfolgerung untermauern, widerlegen die traditionelle Klassifizierung nach "Rassen" und lassen jeden typologischen Ansatz ungeeignet erscheinen.

Weiters haben Molekularanalysen von Genen, die in verschiedenen Versionen (Allelen) vorkommen, gezeigt, dass die erbliche Varianz zwischen den einzelnen Mitgliedern einer Gruppe sehr gross, während die Varianz zwischen Gruppen vergleichsweise gering ist.

(11) Es ist leicht, Unterschiede im äusseren Erscheinungsbild zwischen Menschen aus den verschiedenen Teilen der Welt festzustellen (Hautfarbe, Morphologie des Gesichtes und des Körpers, Pigmentierung, etc.). Obwohl es paradox erscheint, die Existenz auffälliger, genetisch bedingter morphologischer Unterschiede anzuerkennen, ist die Genvielfalt bei grundlegenden physiologischen Merkmalen und Funktionen, in Hinblick auf die Durchschnittswerte der Bevölkerung sehr gering. Mit anderen Worten kann die blosse Wahrnehmung morphologischer Unterschiede zu dem Trugschluss führen, dass substantielle, grundlegende genetische Unterschiede bestehen.

(12) Es gilt als erwiesen, dass es im grundlegenden Genaufbau der Völker im Laufe der Evolutionsgeschichte des modernen Menschen kaum zu Veränderungen gekommen ist. Molekularanalysen von Genen bekräftigen die Vermutung, dass sich der moderne Mensch erst jüngst in bewohnbaren Regionen der Erde ausgebreitet hat und sich im Laufe dieses Prozesses in relativ kurzer Zeitspanne an sehr unterschiedliche und oft extreme Umweltbedingungen (z.B. rauhes Klima) angepasst hat. Die Notwendigkeit, sich an extreme Unterschiede der Umweltbedingungen anzupassen, hat lediglich in einer kleinen Untergruppe von Genen, die auf Empfindlichkeit gegenüber Umweltfaktoren Einfluss nehmen, zu Veränderungen geführt. Es ist erwähnenswert, dass diese Anpassungen in Reaktion auf Umweltbedingungen grösstenteils der Vergangenheit angehören und auf das Leben in der modernen Zivilisation keinen Einfluss haben. Trotzdem werden sie von manchen Menschen dahingehend interpretiert, dass sie grundlegende Unterschiede zwischen Gruppen von Menschen reflektieren, womit dem Begriff "Rasse" Vorschub geleistet wird.

(13) Die Kategorisierung von Menschen nach der Verteilung genetisch bedingter Faktoren ist daher auf Grundlage wissenschaftlicher Erkenntnisse künstlich und fördert die Entstehung endloser Listen willkürlicher und irreführender gesellschaftlicher Auffassungen und Ansichten. Weiters gibt es keine überzeugenden Beweise für eine von kulturellen Faktoren unabhängige "Rassen"-Divergenz im Bereich der intellektuellen, emotionalen oder anderen psychologischen und das Verhalten betreffende Eigenschaften. Es ist allseits bekannt, dass sich gewisse genetische Merkmale in einer Lebenssituation als günstig und in einer anderen als ungünstig erweisen können.

(14) Rassismus ist der Glaube, dass sich Völker durch erbliche Merkmale von sozialem Wert unterscheiden, die bestimmte Gruppen anderen über- bzw. unterlegen machen. Es gibt keinen überzeugenden wissenschaftlichen Beweis, der

diesen Glauben rechtfertigt. Dieses Dokument behauptet, dass es keinen verlässlichen Weg gibt, menschliche Vielfalt mittels der starren Begriffe "rassischer" Kategorien oder mit Hilfe des traditionellen "Rassen"-Begriffes zu charakterisieren. Es gibt keine wissenschaftliche Grundlage dafür, den Begriff "Rasse" weiterhin zu verwenden.

III. Zu Ursachen und Erscheinungen von Rassismus, Gewalt, Diskriminierung und Intoleranz aus heutiger Sicht

(15) Rassismus ist ein tief in den Strukturen und Mentalitäten von Gesellschaften und Kulturen verankertes komplexes und differenziertes Phänomen. Auch die furchtbaren Folgen und Leiden, die der Rassismus in barbarischer Weise historisch immer wieder an verschiedensten Orten hervorgebracht hat, erzeugen zumindest bislang nicht jene durchschlagende Abschreckungswirkung, die zu seiner prinzipiellen Überwindung geführt hätte. Seine Zurückdrängung und Überwindung sind nur durch das konsequente und solidarische Handeln auf allen gesellschaftlichen Ebenen zu bewältigen. Dazu müssen seine heute beobachtbaren spezifischen Merkmale aufgedeckt werden, zu denen vor allem seine Ausprägung als Ethno-Nationalismus, Kulturalismus, Rechtsextremismus und Sexismus und seine Ausbreitung auf marginalisierte Randgruppen der Gesellschaft und seine spezifische Ausformung als Antisemitismus zählen.

(16) Rassismus existiert nicht "an sich". Vielmehr handelt es sich hierbei um komplexe Einstellungen und Verhaltensweisen, die auf einer Vielzahl miteinander im Zusammenhang stehender politischer, sozialer, ökonomischer, kultureller und anderer - auch instrumentalisierter - Faktoren beruhen und vielfach als länder- und gruppenspezifische Phänomene hervortreten.

Rassismus basiert immer auf verfestigten Positionen und Vorurteilen, wonach bestimmte Völker und soziale Gruppen höherwertig und anderen moralisch und intellektuell überlegen seien. Diese Vorurteile, Verhaltensweisen und politischen Strategien werden auch durch Sozialisationsprozesse innerhalb von Gesellschaften und von Generation zu Generation übertragen.

(17) Jedes rassistische Konzept, gleich welcher Variante, schliesst vielerlei Formen der Gewalt in sich ein, insbesondere strukturelle und kulturelle Gewalt. Ihre Ausübung stützt sich immer auf eine gesellschaftlich verankerte Machtkomponente. Daraus folgt, dass die Bekämpfung des Rassismus gleichzeitig den Entzug seiner Machtgrundlagen durch eine qualitative Umgestaltung seines gesellschaftlichen Bezugsfeldes in Richtung einer Demokratisierung der gesellschaftlichen, politischen und ökonomischen Verhältnisse verlangt.

(18) Die Ursachen sozialer Konflikte - auch gewaltsam ausgetragene - sind weder biologisch noch anthropologisch, und in ihrem Wesen auch nicht kulturell zu erklären. Ebensowenig wie "Rassen" existieren, sind in der Regel kulturelle Unterschiede zwischen Gruppen die Ursachen für soziale Konflikte, auch wenn sie häufig als Rechtfertigung rassistischer und nationaler Gewalt dienen. Die wirklichen Ursachen sind im Prozess der Umwälzung traditioneller Lebensverhältnisse und der daraus erwachsenden Verschärfung sozialer Probleme, Gegensätze und Krisenlagen zu suchen. Diese Erkenntnis stimmt mit der Feststellung des "World Summit for Social Development" (März 1995, Kopenhagen; Deklaration) überein, dass Armut, Arbeitslosigkeit und Desintegration generelle Kernprobleme und Hauptursachen für Rassismus, bewaffnete Konflikte, Diskriminierung und Intoleranz sind.

(19) In Zeiten grosser sozialer Krisen, Konflikte und allgemeiner Verunsicherung wird häufig der Appell an die "Gemeinschaft" zur Wahrung der gemeinsamen Rechte und Vorrechte gerichtet. Fremde erscheinen dabei als zusätzliche Bedrohung, als Eindringlinge in die "Bluts-" oder "Volksgemeinschaft" bzw. Nation. Sie werden so - als Opfer eines rassistischen politischen Diskurses - als die eigentlichen Urheber des Konfliktes beschuldigt. Die Folge sind Existenzangst, Fremdenhass und die Zunahme von Gewaltakten.

(20) Die Ursachen für Gewalt, Fremdenfeindlichkeit und Intoleranz liegen weder in einer unzureichenden Assimilierbarkeit von Immigranten (insbesondere aus Ländern der Dritten Welt) aufgrund angeblicher kultureller Unvereinbarkeit von Fremdkulturen, in mangelnder Integrationsfähigkeit, noch in einer Bedrohung der eigenen Identität durch Multikulturalismus.

(21) Mit der Verschärfung sozialer Konflikte sind oft der Zerfall gesellschaftlicher Einheiten wie der Familie und der Verfall bisher gültiger Orientierungen, Ideale und Werte verbunden. Vielfach stellen sich zudem Vereinzelungs- und Ohnmachtserfahrungen und Perspektivlosigkeit ein, verbunden mit den Ängsten ganzer Gruppen vor dem Verlust der sozialen Stellung und Identität und der Sorge, die "Verlierer von morgen" zu sein. Sie gehen meist einher mit einem daraus resultierenden "Abwehrmechanismus" in Gestalt eines Aus- und Abgrenzungsverhaltens gegenüber Ausländern. Die "Fremden" dienen als Sündenböcke für ungelöste Probleme, politische und ökonomische Krisen und kulturelle Umbrüche.

(22) Die Zuweisung der Ursachen sozialer Konflikte und ihrer Auswirkungen an kulturelle Andersartigkeit, die Thematisierung von Xenophobie als "Kulturkonflikt" und die Erklärung politischer und wirtschaftlicher Krisen mit der "Einwanderungsproblematik" bereiten wesentlich den Resonanz- und Nährboden für

Alltagsrassismus und Rechtsextremismus. Diese finden u.a. in strategischen Lösungen ihren Ausdruck, einen "Damm gegen die Asylantenflut" zu errichten. Hinzu kommen politische Massnahmen, die Ausdruck von Fremdenfeindlichkeit sind. Zu ihnen zählen u.a.

- eine Politik, die Einwanderung erschwert;
- ein staatlicher verfolgter, oft gesetzlich sanktionierter Ausgrenzungskurs anstelle einer humanen Integrationspolitik;
- die politische Negierung der Wechselwirkung von Integration und Wahrung der kulturellen Identität;
- eine rechtsextremistisch basierte Rechtfertigung von Gewalt als natürlichem Recht des Stärkeren.

(23) Soziale Hintergründe gegenwärtiger Konflikte in der Zweiten und Dritten Welt sind vor allem in der Auflösung traditioneller gesellschaftlicher Bedingungen, den damit verbundenen innenpolitischen Auseinandersetzungen in instabilen Systemen um Ressourcen, die Neuformierung von Staaten und Nationen sowie um Einfluss- und Machtpositionen zu suchen. Religiöser Extremismus, Nationalismus und Rassismus sind in solchen Umwälzungsprozessen immer verstärkt auftretende Phänomene. Die heute weitverbreitete These von "ethnischen Gegensätzen" oder vom "Kampf der Kulturen" legt in der Regel nicht die Ursachen der Gewalt offen, sondern dient zu ihrer Rechtfertigung.

(24) Eine fundamentale Rolle im Entstehen und Fortwirken internationaler Konflikte sind dem Kolonialerbe, dem Neokolonialismus, der hohen Verschuldung vieler Länder der Zweiten und Dritten Welt, der wachsenden Nord-Süd-Divergenz sowie der gewaltigen Unausgewogenheit der internationalen Wirtschaftsordnung als permanente Faktoren für Rassismus, Diskriminierung und Gewalt zuzurechnen.

(25) Eine besonders auffällige Funktion in der Erzeugung von Gewaltbereitschaft nehmen die Medien und die Suggestivkraft der visuellen Wahrnehmung ein. Die mit ihrer Hilfe weitverbreitete "Faszination des Schreckens", die Enttabuisierung und Bagatellisierung von Horror und Greueltaten, die Ästhetisierung von Monstrosität und Verbrechen und die Verherrlichung von Gewalttätern als Helden können im Ergebnis zur Herabsetzung der Hemmschwelle von Gewalthandlungen beitragen.

(26) Das im wesentlichen negative Jugendbild einer "gewaltbereiten, gewalttätigen und egozentrischen" heranwachsenden Generation als gesellschaftliche Risikogruppe stellt eine gefährliche, kontraproduktive Verallgemeinerung dar, durch die die Jugend stigmatisiert und die Kommunikation zwischen ihr und den Erwachsenen erheblich beeinträchtigt wird. Um den Wirkungen und der Ausbrei-

tung von Rassismus, Gewalt und Diskriminierung begegnen zu können, ist aber ein aktives Bekenntnis der Jugendlichen zu Toleranz und Verständigungsbereitschaft notwendig. Das setzt eine offene, von Vertrauen getragene Kommunikation zwischen den Generationen voraus, für deren Zustandekommen in erster Linie die Erwachsenen verantwortlich sind.

(27) Gewalt ist ein gesamtgesellschaftliches, politisches Phänomen. Aus sozialem Wandel resultieren Konflikte, die dann gewaltsam ausgetragen werden, wenn legitime, geregelte Formen des Konfliktaustrages fehlen. Nationalismus sowie Ethnisierung und Kulturalisierung der Politik als neue Formen des Rassismus sind ungeeignete Konzepte, solche sozialen Konflikte zu lösen, denn der Ausschluss sozialer Gruppen verschärft die sozialen Gegensätze. Rassismus und Ethno-Nationalismus dienen nur dazu, Lebenschancen und Ressourcen für bestimmte Gruppen zu monopolisieren. Auf staatlicher und globaler Ebene müssen deshalb demokratisch legitimierte Formen und Methoden des Konfliktaustrages entwickelt werden, die allen einen gerechten Zugang zu Ressourcen und Lebenschancen ermöglichen.

(28) In nahezu allen Ländern der Welt vermischen sich Kulturen verschiedener Herkunft und prägen sich multikulturelle Gesellschaften aus. Um der Gefahr einer kulturideologisch oder rassistisch motivierten Ethnisierung von Minderheiten zu begegnen, ist die Wahrung der kulturellen Identität und die Sicherung des kulturellen Selbstbestimmungsrechts der Minderheiten eine der wichtigsten Voraussetzungen für die Überwindung der Ursachen für Rassismus und Gewalt.

(29) Von entscheidender Bedeutung für die Zurückdrängung und Überwindung von Rassismus, Gewalt und Diskriminierung ist die Entwicklung einer Kultur des Friedens als komplexes Konzept für alle Ebenen der Gesellschaft. Einen vorrangigen Platz nimmt in diesem Zusammenhang der Aufbau einer konstruktiven Streitkultur auf der Grundlage konstituiver Bedingungen ein; zu ihnen zählen vor allem die Sicherung der Existenzbedürfnisse, die Demokratisierung der Lebensverhältnisse, die Nichtdiskriminierung von Minderheiten, die Gleichberechtigung zwischen den Geschlechtern und eine gerechte Chancen- und Ressourcenverteilung.

Dabei spielt die Erziehung für Frieden, Menschenrechte, Demokratie und Toleranz eine prioritäre Rolle. Ein Hauptaspekt ist das Erlernen von Friedenskompetenz und Konfliktfähigkeit. Erziehung kann soziale Ursachen und Defizite nicht aufheben, aber sie kann Menschen gegen Rassismus und Gewaltstrukturen sensibilisieren.

IV. Ansätze für Strategien und Aktionsrahmen zur Überwindung von Rassismus, Gewalt und Diskriminierung

A. Ansätze für Strategien

(30) In zwei Hauptlinien sollten diese Strategien darauf gerichtet werden,
- die konkreten und aktuellen Formen von Rassismus, Gewalt und Diskriminierung und deren Ursachen aufzudecken und ihnen durch direkt wirkende Massnahmen des Rechtsstaates im Zusammenwirken mit allen demokratischen Kräften entgegenzutreten;
- die politischen, ökonomischen, soziokulturellen und psychologischen Ursachen durch eine langfristig konzipierte Reformpolitik zu beseitigen. Als wesentliche Ziele, Elemente und Wege dieser Strategien sind u.a. hervorzuheben:

(31) Verbreitung und umfassende Nutzung des neuesten Standes naturwissenschaftlicher Erkenntnisse zum Begriff der "Rasse" und zu genetischen Unterschieden zwischen Menschen und Gruppen, die in der Erklärung unter Teil II zusammengefasst sind.

(32) Bewusste Ausgestaltung der multikulturellen Gesellschaft als Bereicherung für alle Gruppen, mit voller Gleichberechtigung und ohne jegliche Ausgrenzung, einschliesslich der Sicherung von Gruppen- und Individualrechten auf Staatsbürgerschaft.

(33) Abkehr von "völkischen" Definitionen des Staatsbürgerbegriffs, die an einem antiquierten Konzept von "Blutsverwandtschaft" oder "Volkszugehörigkeit" orientiert sind.

(34) Entwicklung einer Kultur des Friedens, die insbesondere durch eine konstruktive Konfliktkultur geprägt und von gegenseitiger Toleranz getragen wird. Verwirklichung der Erziehung für Frieden, Menschenrechte und Demokratie als Prinzip in allen Bereichen der Gesellschaft.

(35) Verbreitung von Beispielen und Modellen gewaltfreier Konfliktlösung und von Visionen einer friedvollen Welt, einschliesslich der Popularisierung des Wirkens von Leitbildern für Frieden, soziale Gerechtigkeit und Toleranz - wie z.B. Mahatma Ghandi, Bertha von Suttner, Martin Luther King, Nelson Mandela, Rigoberta Menchu und Betty Williams.

(36) Überwindung der Stigmatisierung der Jugend als "gewaltbereit" und "gewalttätig" und die Entwicklung einer vertrauensvollen Kommunikation zwischen Erwachsenen und Heranwachsenden.

(37) Beseitigung von Gewalt gegen Frauen als Ausdruck spezifischer gesellschaftlicher Diskriminierung – sei es in Familie, Gesellschaft oder durch "Nichteinmischung" des Staates – und die Verwirklichung ihrer Gleichstellung bei der Umsetzung der Menschenrechte und Grundfreiheiten.

(38) Verbesserung der Information über die Phänomene des Rassismus, der Gewalt und der Diskriminierung durch die Medien sowie die Einbeziehung von Angehörigen kultureller Minderheiten und multikultureller Aspekte in Programm- und Bildgestaltung.

(39) Organisation und Forcierung der interdisziplinären Zusammenarbeit von Natur-, Sozial-, Kultur-, Rechts-, Erziehungs-, Religions- und Politikwissenschaftlern in der permanenten Analyse und Bekämpfung des Rassismus.

B. Aktionsrahmen

(40) Die Ergebnisse der Internationalen Konferenz sollen weltweit verbreitet werden. Die Teilnehmer der Konferenz treten dafür ein, diese Deklaration der UNESCO-Generalkonferenz im Oktober/November 1995 vorzulegen.

(41) Gleichzeitig soll der Generaldirektor der UNESCO ersucht werden, folgende Vorschläge auf ihre Durchführbarkeit zu prüfen:
- Weltweite Verbreitung dieser Deklaration durch die UNESCO-Medien.
- Empfehlung an alle UNESCO-Kommissionen der Mitgliedstaaten, die zuständigen Behörden, Institutionen und Schulbuchverlage über den neuesten Stand der wissenschaftlichen Erkenntnisse, die ihren Niederschlag im Deklarationsteil II gefunden haben, zu informieren.
- Orientierung der nationalen und internationalen Schulbuchforschung auf die neuesten wissenschaftlichen Erkenntnisse zur Unterstützung ihrer Integration in die relevanten Bildungsmaterialien sowie der Eliminierung rassistischen, sexistischen, diskriminierenden und gewaltfördernden Gedankengutes und seiner Sprache aus Curricula und Schulbüchern (insbesondere Biologie, Literatur, Geschichte, Mutter- und Fremdsprachen sowie Kunsterziehung) und aus Programmen der Lehrerbildung sowie die Aufnahme aktueller friedens- und toleranzfördernder und multikultureller Inhalte.
- Initiierung und Förderung geeigneter Aktivitäten, die dem verantwortlichen Umgang mit der Sprache (Literatur, Enzyklopädien, etc.) und mit den Mitteln der Kunst dienen und insbesondere die Eliminierung von Stigmata der Diskriminierung und kulturellen Gewalt aus Sprache und Kunst vorantreiben.

- Förderung und Popularisierung nationaler und lokaler Initiativen in multikulturellen Gesellschaften und Gruppen zum Erlernen der Sprache der kulturellen Minderheit durch die Mehrheit.
- Durchführung eines Internationalen Seminars 1996 über Erziehung zu einer Kultur des Friedens, durch das die Ergebnisse der Internationalen Konferenz für den Erziehungsbereich weiter umgesetzt werden.
- Förderung nationaler und regionaler Trainingsprogramme und -kurse für gewaltfreie Konfliktlösung sowie für Nichtdiskriminierung zwischen den Geschlechtern (*gender sensitive training*) als Beitrag zur Pflege einer Friedenskultur.

(42) Die Konferenzteilnehmer werden die Ergebnisse der Konferenz in ihren Institutionen und Arbeitsbereichen auswerten und verbreiten. Die Ergebnisse sollen überall Eingang in Forschung und Lehre sowie in die Öffentlichkeitsarbeit finden. Mitglieder in wissenschaftlichen Organisationen, Vereinen etc. werden ersucht, die Verbreitung durch deren Publikationsorgane bzw. Informationsdienste anzuregen.

Zu den Autoren

Günther *Bächler,* Dipl.Pol., Geschäftsführer der Schweizerischen Friedensstiftung (SFS), Bern
Eva *Bertram*, Yale University, New Haven/USA
Doris *Danler*, Lagos/Nigeria
Rexane *Dehdashti*, Hessische Stiftung Friedens- und Konfliktforschung (HSFK), Frankfurt a.M.
Wolfgang *Dietrich*, Dr. Dr., Gastprofessor am Institut für Politikwissenschaft der Universität Innsbruck, derzeit beteiligt am Austrian Programme for Advanced Research and Technology (APART) der österreichischen Akademie der Wissenschaften
Heinz *Gärtner*, Dr., Österreichisches Institut für internationale Politik, Laxenburg
Hans-Joachim *Heintze*, Dr., Institut für Friedenssicherungsrecht und Humanitäres Völkerrecht der Ruhr-Universität Bochum
Karen *Jaehrling*, Arbeitsgemeinschaft Kriegsursachenforschung (AKUF), Universität Hamburg
Andreas V. *Kohlschütter*, Journalist, ehem. Leiter der OSZE-Mission in der Ukraine, Ronco
Götz *Neuneck*, Dr., Institut für Friedensforschung und Sicherheitspolitik an der Universität Hamburg (IFSH)
Astrid *Nissen*, Arbeitsgemeinschaft Kriegsursachenforschung (AKUF), Universität Hamburg
Wolf *Oschlies*, Prof. Dr., Justus-Liebig Universität Giessen, Bundesinstitut für ostwissenschaftliche und internationale Studien, Köln
Thania *Paffenholz*, Hessische Stiftung Friedens- und Konfliktforschung (HSFK), Frankfurt a.M.
Dirk *Pieper*, Arbeitsgemeinschaft Kriegsursachenforschung (AKUF), Universität Hamburg
Michael *Pohly*, Dr., Berlin
Norbert *Ropers*, Dr., Leiter des Berghof Forschungszentrums für konstruktive Konfliktbearbeitung, Berlin
Catherine *Schiemann Rittri*, Dr., Schweizerische Friedensstiftung (SFS), wohnhaft in Stockholm
Klaus *Segbers*, Dr. PD, Institut für Politik und Wissenschaft, Ebenhausen
Angelika *Spelten*, Dr., Hamburg
Reiner *Steinweg*, Dr., Friedensforschung Linz

Arno *Truger*, Mag., Österreichisches Studienzentrum für Frieden und Konfliktlösung, Stadtschlaining
Frank *Unger*, Dr., Dozent am Institut für Europäische Studien der Freien Universität Berlin sowie am Center for the Humanities, Oregon State University, Corvallis/USA

Über die Herausgeber

Österreichisches Studienzentrum für Frieden und Konfliktlösung (ÖSFK)

A–7461 Stadtschlaining/Burg, Tel. (0043) 03355–24980, Fax: 03355–2662

Das ÖSFK, dessen Statuten im Januar 1992 beschlossen wurden (vormals Österreichisches Institut für Friedensforschung und Friedenserziehung) setzt sich zum Ziel

- zur weltweiten Förderung des Friedens,
- zur Förderung einer friedlichen Konfliktlösung auf allen Ebenen,
- zur Förderung des politischen und wissenschaftlichen Dialogs und
- zur Verbreitung des Friedensgedankens

beizutragen und der Stimme des Friedens mehr Gehör in Öffentlichkeit und Politik zu verschaffen. Die 1992 beschlossene Aufgabenerweiterung besteht darin, dass das ÖSFK *universitäre Lehrgänge für Frieden, Entwicklung und später Umwelt* weltweit anbietet und durchführt, in welchen neben der wissenschaftlichen Qualifikation auf die Befähigung für praktische Konfliktlösung mit friedlichen Mitteln Wert gelegt wird. Das Studienzentrum wird seine neuen Aufgaben in enger Zusammenarbeit mit der UNESCO–Organisation *Europäisches Universitätszentrum für Peace Studies* wahrnehmen, die ebenfalls in Stadtschlaining ihren Sitz hat.

Schweizerische Friedensstiftung (SFS)

Wasserwerkgasse 5–7, Postfach 43, CH–3000 Bern 13
Tel. (0041) 031–311'55'82, Fax: (0041) 031–311'55'83

Die Schweizerische Friedensstiftung, gegründet 1988, bezweckt, "die schweizerische Friedens- und Sicherheitspolitik in Forschung, Konzeption und Kommunikation mitzugestalten sowie bei ihrer Verwirklichung mitzuwirken".

Themenschwerpunkte:
- Europäische Friedensordnung und Sicherheitsarchitektur;
- Beziehungen zwischen Industriestaaten und Entwicklungsländern;
- globale ökologische Probleme und Regionalkonflikte.

Ein besonderer Akzent liegt auf der gesellschaftlichen, politischen und wissenschaftlichen Kommunikation. Dazu dienen neben zahlreichen Veröffentlichungen:
- Die jährliche Lenzburger Tagung zur Förderung der friedens- und sicherheitspolitischen Diskussion in der Schweiz mit VertreterInnen aus allen gesellschaftlichen und politischen Bereichen,
- internationale Fachtagungen mit ExpertInnen zu aktuellen Themen der europäischen Friedens- und Sicherheitspolitik,
- internationale Konferenzen zur Förderung der wissenschaftlichen Diskussion im Bereich Friedens- und Konfliktforschung,
- öffentliche Veranstaltungen mit bekannten Friedens- und KonfliktforscherInnen.

Veröffentlichungen: Bitte Verzeichnis anfordern